职场厚黑学

忠 实 主编

中国物资出版社

图书在版编目(CIP)数据

职场厚黑学/忠 实 主编. —北京:中国物资出版社,2008.5

ISBN 978-7-5047-2828-9

Ⅰ.职… Ⅱ.李… Ⅲ.人际关系学—通俗读物 Ⅳ.C912.1-49

中国版本图书馆 CIP 数据核字(2008)第 034440号

责任编辑 秦理曼

责任印制 方朋远

责任校对 孙会香

中国物资出版社出版发行

网址:http://www.clph.cn

社址:北京市西城区月坛北街 25 号

电话:(010)68589540 邮编:100834

全国新华书店经销

中国农业出版社印刷厂

开本:787mm×1092mm 1/16 印张:29 字数:721 千字

2008 年 5 月第 1 版 2008 年 5 月第 1 次印刷

书号:ISBN 978-7-5047-2828-9/C·0064

印数:00001-12000 册

定价:56.00 元

(图书出现印装质量问题,本社负责调换)

前言

Qian Yan

所谓“职场中人”，可谓是在夹缝中生存的人。他们对上要听命于上司，受其指使；对下得管理好下属，让他们乐于效劳；对同事还得提防明枪暗箭，挤压倾轧。做人难，何况是在职场。要处理好各种纷繁复杂的关系，更得多长几个心眼儿才能从容处世。否则，忙得焦头烂额还吃力不讨好，多方得罪而无立身之地。

所幸各位能跻身职场，也足以说明大家都不是省油的灯。但革命尚未成功，同志仍须努力。我们只有打好一个又一个的仗，才能赢得最后的胜利。不要忽视生活中任何一个与上司、同事、下属打交道的细节，那可能就是转变你命运的瞬间。或许你会觉得这样很累，其实不然，只要你深悟“职场厚黑学”的精髓，将之深植到你的脑中，就能使你的这些反应成为下意识的、自然的表现。就像乔丹那样的职业球员，无论你从什么角度、以多大力度传球给他，他都可以轻松地接到，甚至球到了场外他也有办法将之挽回场内，其反应只是瞬间的，无须多动脑筋，更别说“累”了。

身在职场，活学活用“厚黑学”也是一门必修课。只要你有一套过硬的厚黑本领，自可左右逢源，前途一片光明。

身在职场的人们未必都能厚黑得起来，有些人终其一生屡受挫折，碌碌无为；有些人则事无不成，业绩辉煌。生活给每个人的机会其实大致相当，关键在于你是否能在舞台上将自己扮演的角色发挥得淋漓尽致。

翻开历史,你会不时看到血腥镇压、暗箭伤人、针锋相对、钩心斗角、威逼利诱、苦苦哀求……众多功成名就者,往往为达目的不择手段,一个比一个脸更厚,一个比一个心更黑。有人说:"刘备的江山是哭出来的。"此为"厚"之典范。曹操则云:"宁可我负天下人,不可天下人负我!"可谓"黑"之极端。许多不厚不黑者,如妇人之仁的宋襄公之辈、恃才傲物的杨修之徒,只能是被世人无情地嘲笑,甚至难以自保。

现实生活也是如此。可能你埋头苦干而好处却没你的份儿,不明不白地遭人中伤,面对机遇却眼睁睁看它溜走或被人抢去。这些都只能说明你的厚黑本领还不够,还得好好修炼。

所以有人成功,有人失败。但厚黑功夫事在人为,本书即为那些天生脸薄心善的朋友指出了光明前途:将本书仔细研读,对照生活中的一言一行,潜心练习,如此这般,三两年过后,必成大器。

《职场厚黑学》要领:

对下属善于控制,

对同事善于利用,

对上司善于奉迎,

对前途善于把握。

为人不可太露,

为人不可太躁,

为人不可太狂,

为人不可太善。

编 者

2008.5

目录

Mu Lu

上篇

厚黑方略一　立威造势，控制有术

权势不立不重，架子不端不大。获得职位提升以后，就得适当表现自己的身份，否则下属不知道你姓甚名谁，你说话就没有分量，更别说去统御下属了。烧好你的领导三把火。

厚黑方略二　慧眼识人，得士则强

“浑身是铁能打几颗钉。”作为领导，不能凭一己之力玩转整个公司或部门，你应该找到最好的员工，留住最好的员工，让所有人都成为最好的员工，那你就找到了最好的赚钱机器。

厚黑方略三 收买人心,培植心腹

俗话说:"一个篱笆三个桩,一个好汉三个帮。"一个领导也该有三两个心腹帮助你打天下。所以领导必须学会收买人心、培植心腹的方法,这样你的根基才不会动摇,江山才能坐稳。

厚黑方略四 知人善任,"榨干"才能

要"榨干"下属们的全部才能,让他们最大限度地为你创造财富,领导必须懂得知人善任。可以说,没有无用的下属,只有无能的上司。木匠手中无烂木,把你手中的木材都用好。

厚黑方略五　栽培下属,挖掘潜力

作为领导,不愁手下无才,只是有的尚未成才,需要栽培。只要能把下属的潜力挖掘出来,一定可以为你创造源源不断的财富。当然,这些人才本身就是你的财富。

厚黑方略六　杀鸡儆猴,铲除异己

十个下属十个样,你的下属中难免会有让你大伤脑筋的家伙,他们对你不敬,妨碍你工作的进行。对于这种"异己",一定不要心慈手软,该惩罚就惩罚,该走人就走人,不杀鸡唬不了群猴。

厚黑方略七　拉拢关系，有话好说

同事往往是冤家，明争暗斗，可彼此又低头不见抬头见，所以和“冤家”也得好好拉关系。见人三分笑，逢事多赞美，几句好话就能把同事搞定，至少不会和人撕破脸皮，在众人面前大打出手。人缘好，吃个饱。

厚黑方略八　和气生财，互惠互利

同事不仅是与你博弈的竞争对手，其实也能作为你的一枚棋子，利用价值大大的有。不论多么可恶的同事，在工作的时候你都应该把他当情人看待，只有赢得了他们的合作，你才能有更大的成绩。给你所厌恶的人一个拥抱。

厚黑方略九　化敌为友,自留退路

多个朋友多条路,而多个敌人则断了自己一条路。与同事的摩擦、冲突在所难免,但尽量不要树敌,有了敌意也应设法消除。不要让同事成为你前进路上的"绊子",平时就应多多注意扫除路障。

厚黑方略十　明枪要躲,暗箭也防

"害人之心不可有,防人之心不可无。"把同事当做竞争对象,步步设防,时时戒备,处世如履薄冰,不授人话柄。这样眼观六路,耳听八方,你才不会吃闷亏。

厚黑方略十一 拍马有术，前途无量

你的前途掌握在老板或上司手里，讨其欢心自然也就成为了晋升的捷径。“拍马”是每个职场中人必备的生存技能，其丰富内涵也颇值研究。尽情施展你的拍马手法吧，“拍”出你的锦绣前程来。

厚黑方略十二 伴君伴虎，明哲自保

对于那些有能力、有智谋的员工来说，与阴险恶劣的老板打交道的确是一件危险而又刺激的事情。就像印度的玩蛇人，他能让剧毒的眼镜蛇“闻笛起舞”。因此，品质恶劣的老板并不可怕，可怕的是你不是他的对手。

厚黑方略十三 顺毛而摸，不捋虎须

中国人酷爱面子，视权威为珍宝。做上司者尤爱面子，很在乎下属对自己的态度。因为不识时务、不看上司脸色行事而遭遇穿小鞋儿、受冷落的人不少，足以为戒。对上司，一定要顺毛而摸。

厚黑方略十四 约束自我，藏匿锋芒

一般而言，功高震主是不会有好果子吃的。聪明的人总会想方设法掩饰自己的实力，以假装的愚笨来反衬上司的高明。他们在别人眼里似乎有点“弱智”，但上司却倍加欣赏，对其情有独钟。

厚黑方略十五 迂回进言,控制上司

上司是管你的人,但你完全有能力将之"玩弄"于股掌之间,让其言听计从。只是你在对上司施加影响时须不动声色,迂回进言,让他在不知不觉中愉快地按你之所愿行事。而上司往往更有能力将你的想法变成现实。

厚黑方略十六 脱颖而出,待机晋升

晋升是每个职场中人的梦想,但我们不能坐待天上掉下馅饼来,而应主动出击,因为"凡事预则立,不预则废",与同事的晋升之争是一场没有硝烟的战争,必须待机脱颖而出方可傲视群雄。

下　篇

厚黑方略十七　天生我材，与众不同

天生我材必然与众不同，这个世界永远只有一个你，你是不可替代的。一定要树立“我最了不起”的信念，这不是狂妄，而是一个人自尊、自信的起点。自尊者，人尊之；自信者，人信之。

厚黑方略十八　祸从口出，谨言慎语

古今中外的政治家、军事家，一言可以兴邦，一言可以丧国。对于我们一般人而言，三寸之舌虽不致招来杀身之祸，却也常常捅出娄子。嘴上多个把门的，以避免祸从口出，这是有百利而无一害的。

厚黑方略十九 深谋远虑,防患未然

“患生于所忽,祸起于细微。”智者深谋远虑,居安思危,明察忧患之预兆,以求防患于未然。在险象环生的人性丛林中生存,须有非常之头脑,非常之眼光,非常之手段,否则,大祸临头还不自知,将会死无葬身之地。

厚黑方略二十 多结良朋,少树劲敌

“多一个朋友多一条路,少一个朋友添一堵墙。”处世之法当多交朋友少树敌。人生瞬息万变,别人伸出一只援手或伸脚使个绊子,都可能改变你的一生。还是与人为善的好。

厚黑方略二十一　人性本恶，不可不防

人生从某种角度看也是一场战争。在这场战争中，为了求生存，必须要有慎重的生活方式和态度。社会上鱼龙混杂，到处都是陷阱、圈套，必须小心提防。所谓“害人之心不可有，防人之心不可无”。

厚黑方略二十二　自己做主，不为人奴

摆脱对别人的依赖，做自己的主人，因为自己并不比别人少一条腿，别人能做成的事，自己也一定能够做成。你只能做二流的别人，却能做一流的自己。请记住：活出自我来。

厚黑方略二十三 虚怀若谷，戒骄戒躁

谦虚的人将自己的野心藏起来，将自己的欲望隐化去，正如一个富足的人却又手持大碗身着破衣向人乞讨一样。而这样的人恰恰能获得别人的同情和帮助，轻易地达到自己的目的。

厚黑方略二十四 能忍即忍，忍者无敌

孔子之忍饥，颜子之忍贫，闵子之忍寒，淮阴之忍辱，张公之忍居，娄公之忍侮；古之为圣为贤，建功树业，立身处世，未有不得力于忍也。凡遇不顺之境者，忍为上策。

厚黑方略二十五　多用脑子，少用性子

一个人要时刻保持清醒、不犯迷糊是很难的。不少人往往因为意气用事或抵挡不住诱惑，落入别人设下的圈套，轻则丢财，重则丧命。奉劝各位：多用脑子，少用性子。

厚黑方略二十六　心黑手辣，胜者为王

在大自然中，一山难容二虎。在情场上，爱是排他的。在商场和政坛上则是“卧榻之地，岂容他人酣睡”。竞争因此便是必然的，要在竞争中生存并发展起来，免不了要心黑手辣，否则只能任人鱼肉。

厚黑方略二十七　怒上心头，一忍为高

日常生活中，当你被激怒时，千万不要轻易发火。谁要轻易地做了怒气的俘虏，谁的生活就会倾斜，谁就可能成为愚蠢与后悔的人。记住：怒上心头，一忍为高。

厚黑方略二十八　韬光养晦，深藏不露

古语云：木秀于林，风必摧之；堆出于岸，水必湍之；行高于人，众必非之。俗话说：枪打出头鸟。所以聪明人务须懂得韬光养晦，深藏不露，以此明哲保身。

厚黑方略二十九　凿壁借光，善用外力

俗话说：孤掌难鸣、独木不成林。就算我们浑身都是钢，也打不了几个铆钉。一个涉入社会生活的人，必须寻求他人的帮助，借他人之力，方便自己。一个没有多少能耐的人必须这样，一个有能耐的人也必须这样。

厚黑方略三十　假痴不癫，大智若愚

有智慧的人表面看来往往有点傻。其实装傻可以掩盖自己的聪明，更可以掩盖自己的失误。装得最傻的人，一定是个厚黑高手，一定是个胸中有大沟壑的人。你若是这样一个人，那几乎攻无不克。

厚黑方略三十一　人走高处，野心有理

人生如逆水行舟，不进则退。世界上所有成名之士都是坚信“人往高处走”的人，只有

志存高远,才能勇往直前。如果想成功就立即把自己身上的细胞都调动起来,原地踏步的事儿干得越少越好。

厚黑方略三十二　屡败屡战,永不放弃

人生不是几回搏的问题,而是这种搏斗一刻都不应该停止。如果你不怕失败,屡败屡战,永不放弃,你想不成功都难。感谢失败吧,它让你更坚强,成功永远属于最后的坚持者。

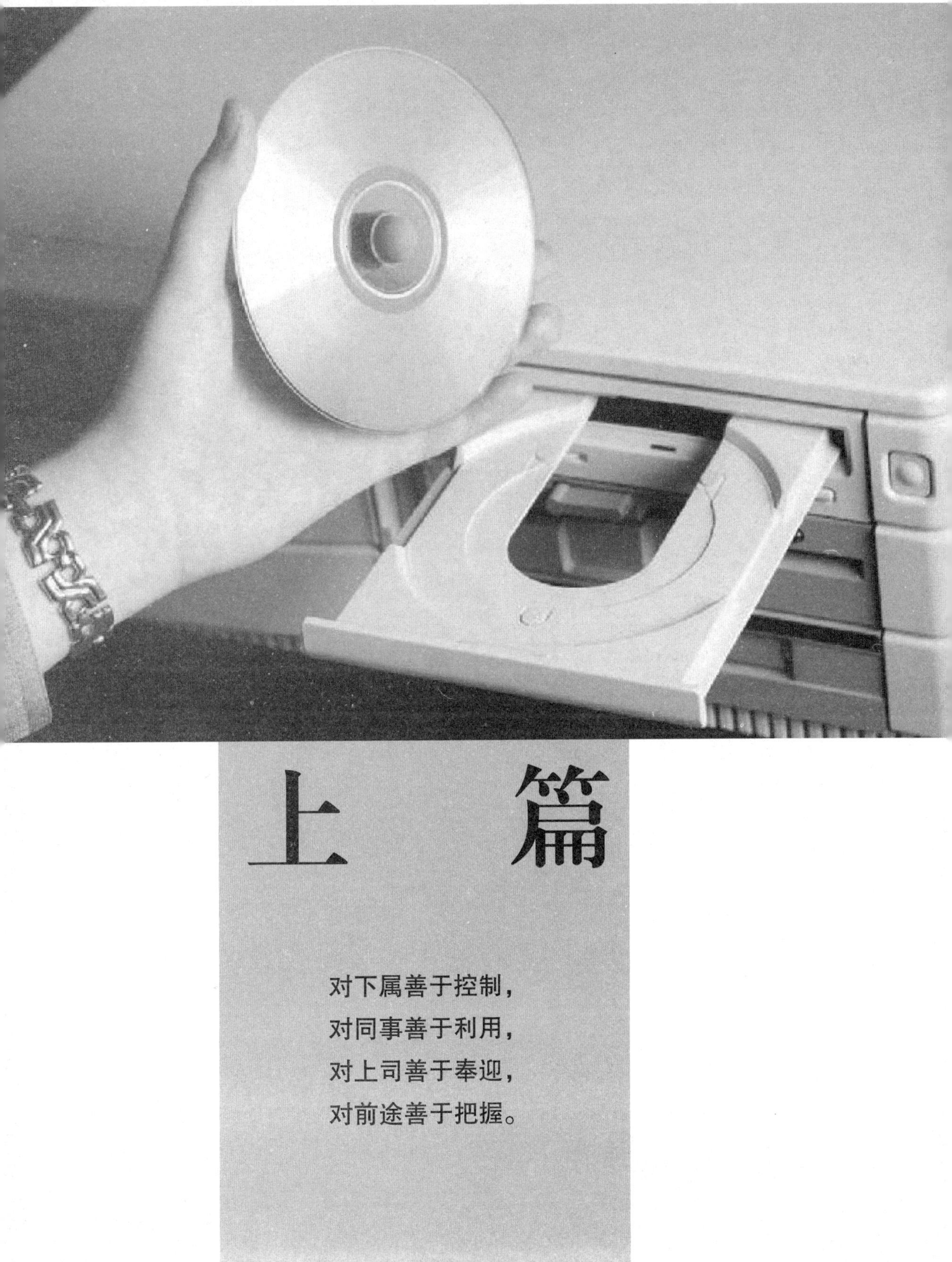

上　篇

对下属善于控制，
对同事善于利用，
对上司善于奉迎，
对前途善于把握。

厚黑方略一

立威造势，控制有术

权势不立不重，架子不端不大。获得职位提升以后，就得适当表现自己的身份，否则下属不知道你姓甚名谁，你说话就没有分量，更别说去统御下属了。烧好你的领导三把火。

新官上任三把火

“新官上任三把火”是众人皆知的俗语，但三把火应如何烧可就不是一件简单的事情了。三把火如果烧得好，你在下属中的威信和上司眼中的地位立刻就树立起来了。三把火如果烧得不好，轻则以后工作难以开展，重则可能会导致丢掉“乌纱帽”。

所以，我们建议新上任的领导为稳重起见，不要一上任就竭力显示自己的工作能力，为了烧三把火而大造声势，由于没有彻底了解情况，这种做法往往导致失败。因此，上任后的第一步应该是全面了解你所领导的部门的情况，经过综合分析之后，找出工作中的不足之处，有的放矢地烧这三把火，你的上司不会因为你没有马上烧三把火而降你的职，但如果三把火烧鲁莽了，可能会在下属中产生不良的情绪，你的工作就难以推进了。

建议新上任的领导在烧三把火时不必执意找一些根本问题大动干戈，如果在一些常常存在的小问题上烧一烧，把问题解决了，反而更能显示出你的能力。

(1)严抓制度建设

一般说来，新上任的领导宜从制度规范入手，严抓制度建设。

这里涉及违章人员进行处罚的问题。处罚的规章应该在正式场合明确宣布，让所有人都清楚了解规定。如果有人违反了规定，应严格按照规章进行处罚，让大家都知道你是有令必行的。在进行处罚时，应该掌握好分寸，注意方法，不要因方法不当而造成负面影响。但是处罚的原则、立场要坚定，也就是在原则的前提下，灵活处理。

(2)选准突破口

可以说，对于新任领导来说，选准突破口是一件成败攸关的大事。选得准就会旗开得胜、马到成功。

选准突破口，要解决下属们最关心、最迫切需要解决的问题。这些问题看似“老大难”，其实，只要认真努力，是完全可以解决的。一旦解决，就能顺民心得民意。

美国阿肯色州佛里斯特市电视机厂因经营管理无方，面临倒闭的危险。他们聘请了一位日本人做新领导。

这位领导人上任后，连做三件出人意料的事。第一件事是邀所有工作人员会餐，并赠送每人一台半导体收音机。会餐中，新领导提出厂里太脏的问题，后来大家一齐动手，把工厂清理得焕然一新。第二件事是新领导亲自会见工会代表，表示“希望得到工会的支持”，这又调动了工会的积极性。第三件事是把被解雇的老工人接回来，这些人感激不尽，拼命干活。

三件事过后，该企业的生产效率和产品质量大大提高。

这位新领导成功的关键就在于：他改变了前任只重视财物管理而忽视理顺人际关系，着力于调动人的积极性，自然就会收到奇异的效果。

(3)明确分工

领导者的一项重要职责就是要划定员工的工作范围，如果下属彼此之间职责不明，他们要么就会相互推诿工作，指望别人多干一些；要么就会相互干扰，搞得大家都干不好工作。

作为领导的你在分配工作时一定要本着细致、科学的态度,认真地做好责任划分。要明确每个人应该做什么,不应该做什么,有些工作是必须合作才能完成的,但合作中也要有明晰的分工。这样,员工间便很少会发生相互扯皮现象。

(4)制定适度标准

所谓“适度”,简单地说就是制定的标准既不过高,也不过低。再形象一点说,就是“跳一跳便可以摘到树上的桃子”。

标准制定得过低,员工不费吹灰之力就能够达到,这样考核就失去了意义;标准过高,员工无论怎么努力都不能达到,他们就会产生“破罐子破摔”的想法——反正也达不到要求,干脆不干了,这样还不如不制定标准。

只有那些经过一定努力可以达到的标准,才能对员工产生激励作用。

(5)与下属分享成果

作为一名成功的领导,应欣赏下属晋级之美,应设法让你的下属分享你现有的成果,别忘了,分享是对下属的最大激励。

谁都喜欢晋级,谁都喜欢加薪。上司这样,下属也如此。当上司晋级加薪时,别忘了底下为你打江山的员工们,设法让他们也有所晋升,或得到一些奖励、保荐他们到更好的职位,这才是对下属最大的激励。此可谓,己所欲,施于人。

“一人得道,鸡犬升天”,当你加官晋级,同时也把你的成果与手下的员工分享,可以想象下属会是何等地忠诚,这样的部门也必然是上下一心、齐心协力、谋求更大进步的部门,动力十足,也就必然充满活力,效益不断上升。

端点架子自抬身价

提起上司、领导,多数人的感觉是“架子大”、“官气十足”。而且人们总是习惯用“架子大”来形容某些上司脱离群众,目中无人。但是我们要说,“架子”绝不仅仅是一个消极、负面的东西,而有着它积极而微妙的意义,成为许多人领导和管理下属的一种十分有效的艺术性方法。

“架子”其实可以理解为一种“距离感”。许多领导正是通过有意识地保持与下属的距离,使下属认识到权力等级的存在,感受到上司的支配力和权威。而这种权威对于领导巩固自己的地位、推行自己的政策和主张是绝对必需的。如果领导过分随和,不注意树立对下属的权威,下属很可能就会因为轻慢上司的权威而怠惰、拖延甚至是故意进行破坏。所以,领导通过“架子”来显示自己的权力,进而有效地行使权力是无可非议的,对于上司很好地履行自己的职责也是十分必要的。

许多领导还喜欢通过“端架子”,从而使自己显得比较神秘。因为领导处于各种利益、各种矛盾的焦点上,若想实现自己的目的,就必须懂得掩藏自己,使自己的心机不被窥破。如果下属很容易就揣摩到上司的心理,他就很可能利用这一点来达到自己的某种目的,从而危及或破坏上司意图的实现。而不暴露自己的最好办法莫过于增加与下属的距离,减少接触,使自己保持一种神秘莫测的状态。

这就是上司爱“端架子”的另一个原因。可见,上司的“架子”绝不仅仅为了炫耀,还是一种因为提防下属而采取的防范性措施。当领导实在是太累了!

许多领导最头痛的便是事无巨细都要亲自处理。他们更希望自己抽出时间和精力来处理大事。而随和的言行会使下属产生一种错觉:这个上司好说话,是不是让他解决一下我的问题……这样,势必会使许多下属抱着侥幸的心理来请求上司的亲自批示,而一旦不能满足又会心生怨恨。所以许多领导就喜欢利用这种“轻易不可接近”的“架子”来逃避细小琐事的烦扰,把更多的精力用于谋划大政上。所以,“架子”有助于领导处理政务。

“架子”还会使领导增加仪表魅力。

曾有政治学家论证说,一般人都有服从权威的倾向。而上司通过得体的“架子”而表现出来的自信心、意志力、傲视群雄的态度以及凌驾于众人之上的气势则有助于增加自己的权威,使自己显得更有魅力,显得更像领导者,更能从形象上唤起别人的敬佩和好感。

有时,下属会发现自己的上司有点儿装腔作势,其实他只是在模仿伟人、想使自己显得更有领导者的魅力罢了。

无论是谁都有实现自己人生价值的愿望。不同的人价值观不同,实现价值的程度也不同。但就中国人而言,通过获取权力来实现自己的人生和社会价值一向是一个十分重要的衡量标准。

毫无疑问,领导也需要人生价值得以实现的满足感,有些时候,他还会因此而显得沾沾自喜或扬扬得意,不自觉地表现为某种“架子”。可以说,这种心态在中国的不少人中还是相当普遍的。

所以,领导的“架子”绝非是一个简单的道德问题,它还包含相当的领导艺术的奥妙,更有着心理学上的微妙含意。

有权力也须有魅力

领导是人人羡慕的身份,人们常将努力、财富与之相提并论,赋予它至高无上的荣耀。因此许多人刻意,甚至疯狂地追求它。

但是我们不禁要问:“那些掌握生杀大权的领导究竟有多少人魅力十足,真正令人心悦诚服,愿意矢志相随?”

抑或他们只是徒有“拳力”;只是大家趋炎附势,攀交拉结的对象而已。

有一个童话故事描述了北风与太阳斗智的情形:北风自恃风力高强,要太阳向它俯首称臣,太阳则不甘示弱,于是双方争论不休。

正争着,见前面有一些行人徐徐而来,于是它们相约以行人作为比斗的对象,看谁能使行人脱下衣服谁就是赢家。

北风抢先出手,它杀气腾腾,不断施展其强烈慓悍的雄风,企图使行人就范。

但只见行人把衣服愈拉愈紧,虽然难以忍受,但就是不肯松手。最后北风眼见其谋不遂,只好罢手。

接着轮到太阳施展身手,只见它绽开笑脸,缓缓施展其威力,于是寒气尽失,光辉普照,这些行人也就极其愉快地将大衣脱下来了。

这个故事告诉我们:北风(权力)虽然令人生畏,但也会使人极力反抗,即使人们敢怒不敢言,但也难叫他心服口服;太阳(魅力)则使人自动宽衣,解除情绪的武装,而诚心归顺,相形之下,权力显然无法与魅力一较高下。

徒有权力是不能使领导掌握民心士气的,而魅力显然是卓越领导不可或缺的条件,一个优秀的领导必须牢记:不光要善于把握和运用权力,更要善于把握和运用魅力;只有将权力和魅力两者结合起来,领导才能实现对下属的真正领导!

一个领导要想将权力和魅力结合,他就必须做到以下几点:

①正确认识自己的权力。要意识到权力只是自己顺利开展工作所必需的工具,绝不是自己借以作威作福的武器。

②要推心置腹地对待下属,要急下属之所急,想下属之所想,完成下属完不成的事,理解下属的苦衷。这才能使下属感恩戴德,投桃报李。

③领导在行使权力时一定要注意方式方法,绝不可莽撞胡来。即使是工作上的事也要考虑到下属的承受能力。

只有将权力与魅力结合起来,既领导下属,又关怀下属,领导才会受到下属的衷心爱戴,下属才会对领导心悦诚服!

要做就做优秀的“黑脸”

艾森豪威尔有尼克松为他唱“黑脸”,里根有里甘为他扮“恋人”,每个球队出了事都有个经理出面。你身为领导,得有个左右手在必要时能做出严肃而不受欢迎的决定,并且在他们过于严厉时打圆场。也许你会说领导地位超然,不可能真正知道唱黑脸是怎么回事,也不可能如此对待公司员工。你错了,如果你必须在公司里挥鞭吆喝,就不可能在公共关系上有出色的表现。

如果你打算自己扮“黑脸”,那就做名出色的“黑脸”吧。有些领导注定要扮演这个重要的角色。挥鞭驱奴隶的典型人物如约翰逊总统、巴顿将军以及隆巴顿,再好的公关也掩饰不了他们的自大,没有一家大公司,尤其是极超前同行业的大公司能够幸免于“上帝之鞭”。通常扮演执鞭的是执行主管,他们难免会在大众、新闻界或员工方面付出代价,尤其竞争对手更不会放过他。

如果你决定做一个严厉的领导,你最好拥有以下长处:

第一,要有过人的才智,可以从早上9点一直到下班时,不断提出严厉的问题。

第二,你必须公正无私(处罚甲或修理乙,要能做到毫无偏袒)。

第三,自己要能保持最高绩效。

第四,随时保持戒心,提高警惕。

第五,化解别人的批评。

换句话说,你必须有训练新兵的心理准备。你的下属不会喜欢你,但是会尊敬你——只要你能证明你比他们更强悍,而且你要求自己比要求他们更严格。这种企业精神就像玩一场登山的比赛,人人争先恐后,否则就会惨遭淘汰。

扮演“黑脸”情绪上的投资也极大,会使最高决策主管在未来没有余暇赢取信任和率先求变。这不是最好的建议,但得强调:如果你非要做这种角色不可,那么请大胆勇敢地去做吧!

做一个铁腕人物

公司的运转和管理需要铁腕的领导人物,同样也需要有下列铁的管理原则:

(1)要坚定

坚定性是指挥的要诀之一,但灵活性又是指挥艺术的核心,这两者在实践中是辩证统一的关系,即灵活性不是离开原则性的灵活,而坚定性则是指挥者落实决策目标的决心,但在落实决策目标时所采取的办法要从实际出发。这样,主管在实施决策计划过程中,要注意把握以变应变的必要措施。这里的关键,就是深入实际,进行跟踪调查,随着条件变化而及时进行调整,以实现决策的最佳效益。

(2)要变通

管理中的重大战略决策是通过科学预测,专家论证,经过反复比较后选择的最佳方案。但在实施决策过程中,面对复杂多变的市场经济,还会出现这样那样的情况和问题,这就要求在实施决策过程中进行适当的变通。这种变通还叫做随机决策或非常规决策。诚如毛泽东所说:"把已定计划加以改变,使之适合于新的情况。部分地改变的事差不多每一个作战都是有的,全部地改变的事也是间或有的。鲁莽家不知改变,或不愿改变,只是一味盲干,结果非碰壁不可。"

(3)要有重点

一般说来,没有重点就没有政策。在实施决策过程中,一方面要抓住主要矛盾,重点解决那些急需解决的问题;一方面又要在解决主要矛盾过程中注意灵活地把握政策。这就是说,既要抓主要矛盾解决主要问题,又要随着条件的变化而采取灵活措施。切不可只顾灵活放弃重点,也不可只抓重点而无灵活,那样也是抓不好重点的。

(4)要有权威

实践证明,没有权威就不能指挥。但是只有行政手段的约束力是不够的,还需要有好的人格,很强的能力并会做团队成员的思想工作,才能真正形成领导者在团队中的崇高威信。领导威信越高,影响力越大,其指挥的效果才越好。由此,在使用权力运用灵活性的手段和措施时,必须有指挥者良好的道德风尚,很强的工作能力和身先士卒的榜样作前提,这样下属才能信服,并自觉自愿地按照新的指挥意图去逐一落实。这就是说,人格、能力加行政手段所形成的权威,才是灵活指挥的基础。从这个意义上讲,指挥上的灵活不完全是技巧问题,必须要求指挥者有很好的素质修养。

(5)要有民主性

这里的关键,是要把实施决策的灵活措施交给下属进行充分的民主讨论,认真听取并吸收大家合理的意见,这样既能调动下属的积极性,又能丰富指挥者的经验。这种灵活性实际就是领导与下属结合的创造性,可见,灵活是以领导下属双向信息沟通为基础的,这样的"灵活"才能使指挥活动具有很强的生命力。

适当表现自己的“身份”

领导跟下属在一起时，要适当表现自己的“身份”。在办公室里与下属相处，别人应该一眼就能瞧出谁是下属，谁是上司。如果你不能表现出这一点，给人的印象就可能正好相反，那么你这个领导就是失败的。

虽然你不必过于矜持，但要让你的员工起码意识到，你是上司。这样，即使是活泼、轻佻的职员也不至于去拍你的肩膀，或拿你的缺点肆意开玩笑。他在你面前会小心谨慎，会看你的脸色行事，当你们一起离开办公室时，他会恭恭敬敬地把门打开，让你先行。

领导要保持自己的威严，在无形中造成的员工对你的尊敬之意，会为你的工作开展创造条件，员工会处处——至少在表面上尊重你的意见，当他们执行任务有困难时，会与你商量，而不会自作主张，自行其是。

领导要注意自己的讲话方式。在办公室里跟员工讲话要亲切自然，不能让员工过于紧张，以便更好地让对方领会自己的意见。但是在公开场合讲话，譬如面对许多员工演讲，做报告，要威严有力，有震慑力。

不管在哪种情况下，领导讲话都要一是一，二是二，坚决果断，切忌含糊不清。

跟员工交谈，即使员工一方处于主动，上司听取对方谈话，也切忌唯唯诺诺，被对方左右。如果对方意见与自己意见相左，可以明确给予否定，如果意识到员工意见的确是对公司对自己有利的，也不要急于表态。

多思考少说话，也可以以“让我仔细考虑一下”或“容我们研究、商量一下”来结束谈话。这样，在回去之后，员工不会沾沾自喜，而会更加谨慎，领导也可以利用时间从容仔细考虑是取是舍，这在无形中增加了领导的权威，总比草率决定为好。

行为是无声的语言。很多员工与上司直接交谈、交往的机会不是很多，他们了解你往往是远远地看到你的一举一动，或通过其他一些材料，员工们会根据每一个较小的事情来判断你。

当你显示自己的身份时，你是将办公室的门敞开还是紧闭，当你走出办公室如何与员工打招呼，你如何接听电话，如何回复来信等，每一个细节都会映入员工的脑中。每一个细节都是向员工们传达了你自身的一份信息。

行为有时比语言更重要，领导的身份权威很多往往不是由语言，而是由行为、动作表现出来的，聪明的领导尤其如此。

不即不离最好

中国古代大圣人孔子说过一句话：“临之以庄，则敬。”

这句话意思是说，上司不要和下属过分亲近，要与他们保持一定的距离，给下属一个庄重的面孔，这样就可以获得他们的尊敬。

领导与下属保持距离，具有许多独到的驾驭功能：

第一，可以避免下属之间的嫉妒和紧张。如果上司与某些下属过分亲近，势必在下属之间引起嫉妒、紧张的情绪，从而人为地造成不安定的因素。

第二，与下属保持一定距离，可以减少下属对自己的恭维、奉承、送礼、行贿等行为。

第三，与下属过分亲近，可能使领导对自己所喜欢的下属的认识失之公正，干扰用人原则。

第四，与下属保持一定的距离，可以树立并维护领导者的权威，因为“近则庸，疏则威”。

作为一名领导，要善于把握与下属之间的远近亲疏，使自己的领导职能得以充分发挥其应有的作用，这一点是非常重要的。

有些领导想把所有的下属团结成一家人似的，这个想法是很可笑的，事实上也是不可能的，如果你现在正在做这方面的努力，劝你还是赶快放弃。

退一步说，即使你的每一个下属都与你八拜结交，亲如同生兄弟，但是你想过没有，你既然是本部门、公司的领导，那么，你与下属之间除去有亲兄弟般的关系以外，还有一层上下级的关系。当部门、公司的利益与你的亲如兄弟的下属利益发生冲突、矛盾时，你又该如何处理呢?

所以说，与下属建立过于亲近的关系，并不利于你的工作，反而会带来许多不易解决的难题。

在你做出某项决定要通过下属贯彻执行时，恰巧这个下属与你平常交情甚厚，不分彼此，你的决定很可能会传到这个下属的手中。他如果是一个通情达理的人，为了支持你的工作，会放弃自己暂时的利益去执行你的决定，这自然是最好不过的。但是，如果他是一个不晓事理的人，他就会立即找上门来，依靠他与你之间的关系，请求你收回决定，这无疑是给你出了一个大难题。你如果要收回决定的话，必然会受到他人的非议，引起其他下属的不满，工作也无法开展。不收回就会使你与这位下属的关系出现恶化，他也许会说你是一个太不讲情面的人，从而远离你。

与下属关系密切往往会带来许多麻烦，导致工作难以顺利进行，影响你的形象。所以，请你记住这句忠告:“不即不离最好，不必称兄道弟。”

喜怒不可形于色

无论何人，只要在社会上混过一段时间，便多多少少练就察言观色的本事，他们会根据你的喜怒哀乐来调整和你相处的方式，并进而顺着你的喜怒哀乐来为自己谋取利益。你也会在不知不觉中，使自己被别人的意志掌握。如果你的喜怒哀乐表达失当，有时甚至会招来无端之祸。

因此，高明的领导一般都不随便表现这些情绪，以免被人窥破弱点，予人以可乘之机。

越是精于权术的人，城府便越深。事实上喜怒哀乐是人的基本情绪，世界上根本没有这种人——心如止水，没有喜怒哀乐!如果有的话，只能是“植物人”。

没有喜怒哀乐，这种人其实蛮可怕的，因为你不知道他对某件事的反应、对某个人的观感，让人面对他时有不知如何应对的慌乱。

其实，没有喜怒哀乐的人并不存在，他们只是不把喜怒哀乐表现在脸上罢了。对于领导来说，在人际交往中做到这一点是很重要的。所以，要把喜怒哀乐藏在口袋里，别轻易拿出来给别人看。

领导一旦露出了真情，就容易为人所看穿，受到影响，而导致做出错误的决策。

“喜怒不形于色”，亦即尽量压抑个人的感情，而以冷静客观的态度来应付事情，这种性格的人才配做一位领导。

这种性格至少有两大优点：

①当组织内部遭遇困难时，如果你露出不安的表情或慌乱的态度，便会影响到全体员工，一旦根基动摇，就会带来崩溃。这种情形下，如果能保持若无其事的冷静态度，最能安抚民心。

②在对外交涉谈判时，应该具有从容镇定、成竹在胸的风范。如果把持不住露出感情，如同自掀底牌一般，容易被对方控制，而屈居下风。

不轻易表露自己的观点、见解和喜怒哀乐，被称为“深藏不露”，这是古今中外成功的领导者用以控制下属的一种重要方法。历来聪明的当权者一般都喜欢把自己的思想感情隐藏起来，不让别人窥视自己的底细和实力，这样下属就难以钻空子了，会觉得上司神秘莫测，从而产生畏惧感，也就容易暴露自己的真实面目。这样就如同上司在暗处，下属在明处，控制起来就比较容易了。

一言重如九鼎

同是讲话，有的人讲话分量重，有的人讲话分量轻，之所以有这种差异，除了讲话者本人的身份以外，讲话的方式也十分重要。作为组织的一名领导者，你完全可以通过自己的说话方式展示你的身份。

①要“言简意赅”、“长话短说”。某君写了很多很多封应征信，填了很多很多张申请表，一一寄出，均如石沉大海。不料得着了一张回邮的明信片，仅有“某时面谈”简简单单几个字，他一定终生忘不了这张短短的回邮。

②要最后出场讲话。说话时愈将重点放在后面，愈能显出所说的话的重要性了。“重点置之于后”的心理因素，中国人最具有代表性。开会时，官阶愈高的人愈后到；舞台上角儿露脸，最后出场的角儿，便定是最最重要、最最顶尖儿的了。

③要使用口头禅。口头禅是人们常挂在嘴边的口头语，总是以这句话来介绍自己，来强调自己，使别人听起来亲切自然，也为自己树立了一个独特的商标。

④你可以采用幽默的讲话风格。幽默的话，易于记忆、又能予人以深刻印象，正是自我标榜的商标，借此必能使你永远活在别人的心目中。

⑤句子短些。短句子说起来轻松，听起来省力，吸引力也强。最好一句话一个意思，一句话的含义过于复杂，听者费力，交流就多了一层障碍。

⑥要有顺序。选择什么线索来整理说话内容，可看需要而定。要注意通俗易懂，忌讳古词语、中国洋文、专业用语。至少要吐字清晰，语速适当。

⑦你在说话时要坚定而自信，力度要适中，眼睛正视对方，这样才显示你是充满自信和颇有能力的。若讲话时眼睛不敢正视，握手软弱无力，会使人觉得你意志薄弱，容易支配。

⑧讲话时站起来，要站直。开口前先等几秒，等大家都望着你时再说。与别人谈话时，身体稍往前倾，会让别人更容易接受你的意见。

⑨作强调时运用手势，但不可指着别人的脸晃动手指。讲话慢而清晰，语言简短，等于告诉对方："我有能力控制一切。"

⑩注意对方的眼睛。研究显示，一个人紧张，目光会游离不定，而且眨眼次数增加。注意对方的小动作，一个人可以做到喜怒哀乐不形于色，但他的小动作会透露他的心情。例如你在谈话时发现对方的腿在轻轻晃动，这表示他对你的话不以为然。

努力扩大知识面。知识面越广，越能令你在各种场合充满自信地加入别人的谈话。

除此之外，你还要注意行动敏捷，笨手笨脚对你的形象损害最大。穿着上要整洁，避免刺眼的色彩和繁复的配饰，保持干净、挺括。并要注意身姿，含胸显得畏缩，昂首挺胸可以创造出你居于领导地位的形象。

胆小不得将军做

魄力对于领导们来说是至关重要的，如果你不具备这种魄力，还是做一个普通劳动者好了。什么事儿都畏畏缩缩，实在是一种痛苦，特别是在新潮理念产品冲击的时候，在激烈的市场竞争中，勇敢的领导就成了核心力量，其余都得跟着人家走。这时候，产品就开始进入了重新分配的状态，刹那间一切都变化了，原因就是勇敢能够战胜一切，在关键的时候，你就是再满腹经纶也得操作，这往往是"傻子睡凉炕"的事儿，说也说不清楚。

"胆小不得将军做"。连胆子都没有的人，就别合计做上司那出事，看着别人领导你的时候舒坦，当上官却又没勇气迈步，如果进入这种状态，要么离开这个职位，要么就尽可能地培养自己的勇气和魄力，除此之外，似乎还没有别的办法。庸庸碌碌地在那混日子没有，早晚有事儿能把你折腾个报废，所以，还是清醒一点好。在某种程度上，领导应该是一个硬汉，凡事得做出个样儿来，你不是软体动物，妥协是不是太没面子？

董仲舒所谓"正其谊，不谋其利，明其道，不计其功"，就是这个道理。胆子小的人不是硬汉，这似乎已不用解释了，做领导得有勇有谋，如果你甘心平庸，那么就越会坚持平庸的理念，因为你不知道什么是更好的，这样，你的下属就会感到非常压抑，如果他是个聪明人，不可能长时间地跟你磨蹭，赶上机会立马就走人。"良禽择木而栖，贤臣择主而事"，挡也挡不住。

在日常工作中，领导一定要对困难说不。日本谷物商人御木本幸吉常常利用闲暇时光潜入海底寻找珍珠，但是他的收获不会太乐观，即使偶有所得，也是很小的珠粒。于是，他研究资料请教专家，甚至全家搬迁以完成珍珠的养殖。他的这种举动受到了诸多反对，可是他毫不理会，依然潜心研究，一年、两年、三年，没有什么收获，到了第四年的时候，御木本珍珠引起了世界的轰动。

其实，不做这种尝试，御木本幸吉也是一个不错的商人。但是，在他身上蕴涵着一个领导者的素质,这就是人性的光彩——永远向着太阳前进,正是拥抱成功的姿态。当然,最初的姿态如同蹲马步,是挺遭罪的事儿,但是,没有经历过大苦难,也难以体会到大幸福。在这个世界上,有30岁的老人,也有70岁的少年。人的生活质量应该首推业绩,人生就是要丰富多彩,这样,生命的春天自然会向你展开怀抱。

这时候我想起了一部日产电视剧中的台词:“青年人的勇气和激情就是力量。”当然,有了足够的胆量,还需要脚踏实地的努力,如果一味傻大胆,那似乎是一件很糟糕的事情。但是无论如何,勇气构成了一个前提,尽管这个前提不是全部。所以,在做事情之前还得仔细思量,这不是一个轻巧活儿,拿破仑喊了一辈子当不当将军的事,结局却也不怎么美妙。

“独断专行”也可取

在任何公司的内部管理中,下属应该支持、服从上司,完成上司交给的任务。当然领导在布置任务时,应充分考虑到执行这一任务的条件或困难,选择最合适的人选,并尽可能地在下属遇到困难时给予各种帮助。作为下属在接受任务时,如无特殊情况,就应无条件地执行上司布置的任务,不挑肥拣瘦,以自己的好恶来行事。如果上司每布置一个任务,下属都要讨价还价,那根本都不可能做到政令畅通。

现在的问题是道理与现实之间存在着差距,在日常工作中,确有个别刺儿头,他们往往会给各级上司造成这样那样的麻烦。对这类刺儿头的纵容或姑息,都不利于工作的开展,甚至有可能影响全局。因而,领导在管理工作中,必要时就要来点儿“独断专行”。

举一个例子:小丁是办公室里一位能干的小伙子,可他老是喜欢我行我素,想干的工作就认真完成,不想干的工作逼死他也不肯做,是一匹出了名的烈马。可是新来的科长却把他这个毛病治好了。上任没几天,科长就把一个很琐碎的任务交给了小丁,小丁一见就头皮发麻,要求换一个任务,科长偏偏不同意,还反复和他讲这一任务的重要性。小丁想,你不换也没关系,反正我不干,我另外找些活,你也不能说我偷懒。

科长见小丁故态重萌,也不动声色。过了一个星期,他找小丁了:“小丁,我已经在交代任务时说明了紧迫性,但是一周下来你的工作没有进展。我将设法减去你所有的其他工作,希望你能在两周内完成这项任务。如果有什么困难,或碰到必须推迟时间的情况,请及时告诉我,我会尽量帮助你。三天后,我再核查一下你工作的进程及其相关的问题。我相信我们可以按时完成这项工作的。你说呢?”

小丁当时口是心非地答应了,可事后还是依然如故。三天后,科长又找到了他:“小丁,你的工作没有进展,主要是你一再拖延造成的。看来只有一个办法:请其他能完成这项工作的人来代替你。显然你有很强的个性,但我们没有办法给你安排一个合适的岗位,只能把你分流到其他部门。你有什么想法,考虑好了再来找我!”

小丁终于明白了,如果再以个人好恶行事,他就要被赶出办公室,而现在办公室的职位正是他所喜欢的。为了能继续留在这个岗位上,他考虑再三以后来找科长,诚恳地检查了自己的错误,并表示一定会按时按质地完成科长交派的任务。

就像再烈的烈马一旦被降伏就听命于降伏者一样,谈话以后的小丁像变了一个人似的，开始认真地做起以前死也不肯做的琐碎事来，并在科长规定的时间内很好地完成了任务。后来小丁对科长越来越佩服，对科长布置的任务认真高质地完成，而科长也越来越重用小丁。

这个例子说明，对待一些不听命令者，就需要来点儿“独断专行”，让他明白，你只有听命于我，才能在此继续干下去，否则就另谋高就吧！

撇除人情包袱

有时，公司的制度有了某些程度的变动，你接到老总的通知，你掌管的部门要减少一个人手，并由你决定把何人调离。

你顿时感到十分烦恼，因为每一个下属都有其特长，最重要的是你与下属们早已建立了关系，公事上合作愉快，私底下的交情亦不俗。

但你必须做出抉择！

请撇开私人感情，眼光放到公事上的实际需要。有几个因素得考虑：公司的人事部署将如何？生意策略有改动吗？你的部门工作方针是否有变？

知道了自己的需要，再细心分析各位下属的工作能力、性情、耐力和其他潜质。到了这个时候，相信你已经可以知所取舍。

然后便是重要的一步了，如何去跟被选中的下属讲清楚，而不致对方对你心生怨恨。

告诉对方：“公司最近在某方面有变动，各部门的人手也要做出配合。考虑到你向来忠于工作，对公司的制度十分清楚，加上你不单对本部门的工作熟悉，所以让你投效别的部门，对你或许会有更好的发展。”

态度诚恳最是重要，开门见山和避重就轻吧。你不是下属肚里的蛔虫，有时他们会给你造成难堪的局面；你平日跟他是如何地投机，甚至称兄道弟，但一个不小的问题发生了：当下属执行某项任务时，绝对失职。

公司方面十分不满，有辞退这人的念头，作为他的好友兼上司，你自然觉得责任重大，有必要为他四处奔走，力挽颓势。

不错，身为上司，有义务保护和照顾下属，但在此种情况下，请你还是保持冷静，对事情分析清楚。

首先，请撇除“好友”这个包袱，一旦有了无形压力，你一定不够客观。事实上，站在公事立场，是没有人情这回事的。

其次，请你召见下属，坦诚请他把整件事的来龙去脉讲一遍，告诉对方，若有任何隐瞒，只会令你无法伸出援手。

好了，面对老总，由于明明白白，错在下属，你没有必要为他申辩什么。倒是把下属以往的良好记录和杰出成绩拿出来，提醒老总，这是一个人才，偶尔失误，仍该给予机会的。何况你若失去这个得力助手，工作上可能会不太顺畅。

记住，你应向公司负责而不是向下属负责，这与义气无关。老总做出怎样的裁决，都应该遵守，你也问心无愧。

要做一名成功的领导，到任何时候都不能怕扮黑脸，否则只会左右为难，里外不是人，最终将一事无成。

胡萝卜加大棒

作为一个领导，要做到令出必行、指挥若定，必须保持一定的威严。

道理很简单，在领导与指挥业务上，没有令对方与下属感到畏惧的威慑力，是不容易尽责称职的。单是有一张和蔼的脸、一番美丽动听的言辞所起的推动作用，可以说非常有限。

商场如战场，《孙子兵法》中有个关于“三令五申”的典故，确可以拿来借鉴。

当年吴王委派孙子训练宫中嫔妃成为娘子军。起初，宫妃们觉得好玩，视同儿戏，整天嘻嘻哈哈。孙子一再劝说，并告诫如不听命，即要严惩。其中吴王最宠爱的两个妃子根本不当一回事。结果三日过去，孙子行使无情军法，斩掉了那两个妃子。宫妃们肃然起敬，立即军容整顿，井井有条。

当然，威严也不等于恶言相向，破口大骂，整日板着面孔训人。只是在工作时对待下属必须令出法随，说一不二。发现了下属的差错，绝不姑息，立即指出，限时纠正，不允许讨价还价。要让下属滋生敬畏之心，才会使你威风凛凛，在万马千军冲锋陷阵的商界中指挥自如。

威严始终是领导层人士的一种气质。但是，只有威严感是不行的，还得富有人情味。用大棒的同时也要带上胡萝卜。下面是一个关于美国电话业巨擘、密歇根贝尔电话公司总经理福拉多的小故事：

在一个寒冷的深夜，纽约的一条不是很繁华的道路上已经几乎没有车辆行驶。这时从街中心的地下管道洞内钻出一位衣着笔挺的人来。路旁的一个行人十分狐疑，他上前想看个究竟，一看却怔住了，他认出这钻出来的人竟是大名鼎鼎的福拉多!

原来福拉多是因为地下管道内有两名接线工在紧急施工，福拉多特意去表示慰问。

福拉多被称作“一万人的好友”，他与同事、下属、顾客，乃至竞争对手都保持着良好的关系，这位富有人情味的企业巨子，事业如日中天。

作为领导，要实现自己的意图，必须与下属取得沟通，而富有人情味就是沟通的一座桥梁。它可以有助于上下级双方找到共同点，并在心理上强化这种共同认识，从而消除隔膜，缩小距离。

有许多身居高位的人物会记得只见过一两次面的下属的名字，在电梯上或门口遇见时，点头微笑之余，叫出下属的名字，会令下属受宠若惊，从而取得良好的沟通效果。

富有人情味的上司必是善待下属的。上司要赢得下属的心悦诚服，一定要恩威并施。

所谓恩，不外乎亲切的话语及优厚的待遇，尤其是话语。要记得下属的姓名，每天早上打招呼时，如果亲切地呼唤出下属的名字再加上一个微笑，这名下属当天的工作效率一定会大大提高，他会感到，上司是记得我的，我得好好干!

对待下属，还要关心他们的生活，聆听他们的忧虑，他们的起居饮食都要考虑周全。

所谓威，就是必须有命令与批评，一定要令行禁止。不能始终客客气气，为了维护自己平和谦虚的印象，而不好意思直斥其非。必须拿出做上司的威严来，让下属知道你的判断是正确的，必须不折不扣地执行。

上司的威严还在对于下属布置工作，交代任务。一方面要敢于放手让下属去做，不要自己包打天下；一方面在交代任务时，要明确要求，什么时间完成，达到什么标准。布置了以后，还必须检查下属完成的情况。

总之，恩威并施，才能驾驭好下属，发挥他们的才能。我们对此一定要有清楚认识。

慈母手握钟馗剑

上司对于下属，应是慈母的手紧握钟馗的剑，平时关怀备至，犯错误时严加惩罚，恩威并施，宽严相济，这样方可成功统御。

慈母的心是每一个领导都应具备的。对于自己下属的员工，要细心维护和关怀。而且，也只有如此，才能团结他们，共达目标。

美国威基麦迪公司的老板查里·爱伦当选了“1995年美国最佳老板”。他非常关心员工的疾苦，能认真听取公司员工诉说自己的困难和苦恼。一旦员工家中有什么事情，他会给一定的假期，让其处理家事。由于他能与员工同呼吸、共命运，深受员工的爱戴。顾客们到他的公司后，看到公司员工一个个心情愉快，对该公司就产生了信任感，所以公司效益一直很好。

日本企业家和田努力创造一个积极、愉快、向上的内部环境，主要采用爱顾客首先要爱员工的方法。20世纪50年代末，八百伴拟贷款2000万日元为员工盖宿舍楼，银行以为员工建房不能创效益为由一口回绝，但和田夫妇以爱护员工，员工才能努力为八百伴创利的理由说服银行，终于建起了当时日本第一流的员工宿舍。

那些远离父母过集体生活的单身员工，吃饭爱凑合，和田加津总像慈母一样，每周亲自制定菜谱，为员工做出香喷可口的饭菜。

在婚姻上，和田加津也像关心自己的孩子一样关心他们，先后为97名员工做媒，其中有一大半双职员都是八百伴员工。

5月份过“母亲节”，和田加津想：远离父母，生活在员工宿舍的年轻人，夜里一个人钻进被窝时一定十分怀念、留恋父母。于是，她专门为单身员工的母亲准备了鸳鸯筷和装筷匣。当员工家长在“母亲节”收到孩子寄来的礼物后，不仅给他们的孩子，也给公司发信感谢。一些员工边哭边说：“母亲高兴极了!我知道了，只有让父母高兴，做子女的才最高兴。”

和田总是教育员工尊重、热爱自己的父母。她在每月定时进行的实务教育中，都要进行精神教育，包括创业精神、忠孝精神、奉献精神等。和田清楚，孝敬父母是与别人和睦相处的基础，把对父母的诚心变成服从上司的领导。正因为能孝敬父母，所以能尊敬上司。

对待下属除了关爱，同时还必须严厉。松下认为，一部分人不需要别人的监督和责骂，就能自觉地做好工作，严守制度，不出差错。但是大多数的人都是好逸恶劳，喜欢挑轻松的工作，拣便宜的事情，只有别人在后头常常督促，给他压力，才会谨慎做事。对于这种人，就只能严加管教，一刻不放松了。

松下认为，领导者在管理上宽严得体是非常重要的，对于那些违犯了条规的，就应该举起钟馗剑，狠狠砍下，绝不姑息。松下说：上司要建立起威严，才能让下属谨慎做事。当然，平时还应以温和、商讨的方式引导下属自动自发地做事。当下属犯错误的时候，则要立刻给予严厉的纠正，并进一步地积极引导他走向正确的路子，绝不可敷衍了事。所以，一个上司如果对下属纵容过度，工作场所的秩序就无法维持，也培养不出好人才。

厚黑方略二

慧眼识人，得士则强

“浑身是铁能打几颗钉。”作为领导，不能凭一己之力玩转整个公司或部门，你应该找到最好的员工，留住最好的员工，让所有人都成为最好的员工，那你就找到了最好的赚钱机器。

浑身是铁能打几颗钉

有句俗话叫:“浑身是铁能打几颗钉。”所以不要只靠你一个人干活,应多招聘、培养和提拔人才为你服务。

美国钢铁大王卡内基是善于训练青年的奇才。他一手提拔了43个贫苦青年,使他们后来都成为百万巨富及干练的领袖人物。

卡内基若不提拔许瓦伯请他设计种种事业,也许卡内基后来未必有显赫的成就。这就是提拔人才自己不但不会受害,反而能获益的最好证明。

曾经名震一时的德国史汀尼斯公司后来为何失败?就因为创办人史汀尼斯先生虽然有超强的能力成立规模庞大的公司,但因他从未训练或提拔一个职员,始终独揽一切工作,到他死后,公司便随之而倒。在生产上,他从未考虑公司未来的接班人,他的这种做法等于把他的事业建筑在一片泥沙之上。

一世英雄的拿破仑,在他年轻时,精力确是十分充沛,事无大小,都能一手掌理而不误,但当他年纪一大,精力一蹶不振时,事情却是那样多。他仍没想到应该把一些琐事交给下属去办理。

所以,甄选提拔能干的人才,将能胜任的工作交给他们负责办理去吧。

提拔人才的另一点便是择用不同类型的人才。

林肯组织内阁时,他喜欢选择个性、才学互不相同的人为内阁成员。在他所组织的内阁中,脾气最奇特的是他自己,其次如斯坦同将军,性情刚毅、严厉、敏捷,赛伟德端庄、肃穆,查斯恬静、多虑,肯莫隆性喜保守。

林肯深知激发他们各人的特点,使他们互相合作的方法。他对整个内阁机构颇能操纵自如。但他驾驭内阁成员的方法,并非压迫,而是用一种使人能自动同意的温和手腕。他善于忍耐,是任何人所不能及的。例如斯坦同将军平日对他十分不敬,常常漠视他的命令,固执己见,但他毫无怒色。若是换了别人,恐怕早已火冒三丈。

老罗斯福挑选助手,也喜欢用个性与自己绝对相反的人。例如他的顾问罗琪,深谋远虑,但不肯轻易行动,而他自己却常横冲直撞,不顾小节。罗琪是一位博学多才的理论家,老罗斯福则是刚毅果敢的实行家。罗琪给人的印象是冷静沉稳,老罗斯福给人的印象却是温和愉快。罗琪发言坚实犀利,老罗斯福发言却是流利圆滑,并夹杂着些许幽默。

正因为他们的才干学识和个性互不相同,所以合作起来才能取长补短,产生惊人的力量。老罗斯福熟知他在这一点上所获得的益处,故在写给罗琪的信上说:“我此生能够遇到你这样的人才,觉得十分荣幸。因为唯有你能够帮助我完成许多我无能为力的事。”

做一个成功领导的全部秘诀,可以说完全囊括在老罗斯福的这句话中。否则,如果你挑选一个性格、学识与你相仿的人,那你除了把自己的缺陷加深、障碍增多外,最大的好处也不过将你仅有的优点扩大罢了。但实际上,这些优点是不足以应付全部外来的困难的!

找到最好的赚钱机器

一个成功的公司,应该努力找到最好的员工,留住最好的员工,让所有人都成为最好的员工。这就等于找到了最好的赚钱机器。许多领导却难以跨越这一栏杆。他们权衡得失,挑选最好的,付出的工资却是最低的。他们雇用短期员工,担心在淡季时多付工资。

作为一名成功的领导,你必须不惜重金去找到一些最好的员工,这当然需要花费一定的时间、精力和资源。这种付出的结果是极为有利的。换句话说,你不能在雇用员工方面削减开支和保持节俭,否则,你雇用的只是那些不大中用或根本无用之人。

雇用员工时,要留心使用一些现代技术,如心理测试、笔迹测试、评价小组等,第一印象也可能具有一些欺骗性。仅仅留意一下自己周围的大型公司,他们都擅用所谓最新的科学技术去雇用那些他们认为的一流人才。

招聘员工是一件具有很高风险的事情,每雇用一名员工你就得冒一次风险,但你必须承担这种风险。你不可能因害怕风险而不聘用员工。否则,你就无法面对竞争者。尽量花些时间测试每一位应聘者,尽力找出他们擅长什么,他们是否真正适合你的工作,他们具有什么工作技能,你是否容易训练和改变他们。因此,你应雇用那些具有态度积极、性格良好、容易与你和员工相处的员工,他们还应诚实勇敢。同时,多研究一下他们的应聘材料,了解一下他们有关的背景,充分进行面试。

招聘员工,不要完全指望第一次面试,第一印象往往具有某些欺骗性。你可以带上你挑选的候选人员,带他们参观一下公司,观察他们对公司的兴趣程度,询问他们一些问题,让他们介绍一下自己所做的事情,让他们每个人表述一下自己。最后,你就可以知道哪些人员是最合适的,哪些人可能比其他人更加出众。

然而,你也不能完全依靠自己的判断,你越让更多的人参与录用员工,最后的决定就越可能准确。同样重要的是,让你自己的上司也参与部分工作,你所选择的员工应该在每个人面前都有说服力,而不仅仅是你自己。仔细倾听你的上司、同事和员工事先提出的意见,并慎重考虑。

更加进步的公司还能够让员工选择自己的上司,这种做法似乎有点奇特,但却更加合理有效。然而,这不能作为录用新员工的基本规则,不要让其他人为你作出选择性的决定,因为是你在对整个部门负责。因此,你必须选择谁来为你工作,你可以让员工帮助决定,但最后还得靠你个人来作出决定。

找到最好的员工加入你的部门,这也许是你作为上司面临的一个最大挑战。如果你在这一方面决定正确,今后面临的问题可能就更少。最好的员工使你的工作十分轻松容易,他们与顾客相处十分容易。既然如此,为何不去寻找一些最佳的员工呢?那些不会微笑,不积极主动、根本没有想法的人似乎随处可见,雇用这样的人只会使你变成像他们一样。换句话说,要为顾客提供最好的服务,你必须拥有一些最好的员工。

摘取吃着舒服的苹果

要选好一个人，就必须掌握选人的绝招，我们可以从以下四个方面入手。

(1)用眼睛看清他的面目

在面试时，适当提出一些问题，看他是否善辩；假装严词诘责或寻根究底，观察他是否机智，反应灵敏；给他一道大题目，然后要他回答怎样去应付，又怎样对这道题目进行创新等，这又可以看出他是否忠诚。请他吃顿饭，美酒劝醉，看看他是否失态。看清他的真面目后，你才可以放心地选用人才。

(2)根据人性的弱点选择人才

如果他因你简单的讽刺或几句过分伤人的话而受不了，这样的人才你还是少选为好。以下从三方面关于人性的弱点来帮助你考察人才及选择人才。

①聪明而性格懒散的人，很容易被人袭击。

②贪婪而好占便宜的人，很容易被人收买。

③诚实而轻信他人的人，容易被人蒙蔽。

以上三种人对作为一个老板的你来说，也许是个发财的机会。如果你用法得当，这三种人只要有才，完全可以成为你的企业之星。

(3)从原则上考虑来选择人才

原则有很多种，一般分为就地就近原则、比较择优原则、不拘一格原则、实践原则、德才兼备原则、开放性原则等。

(4)根据大众意见来选择人才

一个公司的人员有多有少，大体可以从六方面选择人才。

①民意选举法。

②竞争考试法。

③竞赛择优法。

④鼓励举荐法。

⑤张榜招贤法。

⑥信息跟踪法。

掌握了以上四大绝招，你可以从大千世界中摘取让你吃着舒服的苹果。我们从历史上的例子中吸取经验，能深入掌握以上的选人要领。

刘备听说有个叫诸葛亮者极有才，便三顾茅庐，终于得见诸葛亮。随后，刘备与诸葛亮谈论天下时势。刘备说："如今天下大乱，汉室将衰，奸臣专权，主上蒙尘。我自不量力，欲为天下伸张正义，却因智术短浅，屡屡失败。然此心此志，犹未改变。望你能为我出谋划策。"经过几番体察，诸葛亮对刘备已有较多的了解，认为刘备是理想的人君。于是便把隆中十年所观察的天下形势作了一番精辟的分析："当今天下，豪杰割据争雄，不过形势已渐渐明朗。曹操拥兵百万，携天子以令诸侯，不可与之争锋；孙权占据江东，历经三代，深得民心，可作盟友；荆益二州地势险要，然据有者皆无能之辈，将军若能得此二州以为基地，内修政治，外结孙权，一旦局势有变，即可令将士北伐洛阳，则霸业可成，汉室可兴。"这便是著名的“隆中对”。诸葛亮一席话令刘备茅塞顿开,深感此人智术超群,能助自己功成名就者非他莫属,于是便诚恳地请求他出山相助。

诸葛亮几句话就让刘备知道他的才能，是因为对话中反映了诸葛亮对情势的掌握和对天下大势的分析相当完整而高明。如果说他对刘备政权内部情况的了解是基于处身荆襄当地,而对相隔数千里之外的益州竟也如此了如指掌则令刘备惊诧。由此可见诸葛亮的见地不凡。

要识得人才则需要讲方法、讲艺术,不然你招聘进来的人不知是庸是才,会使企业的利益处于危机当中。要知道收音机的音质如何,打开放一段声音便知;要知骡马的脚力如何,牵出去遛几圈便知;刘备要了解诸葛亮的才能如何,就国内政事问题向其请教,从其各种精辟的见解中就可以看出诸葛亮的超人才能。

得士则强,失士则亡

三国时期的刘备,自从和关羽、张飞结义起事之后,几乎没有过上一天舒坦的日子,不是被人打得只剩下“光杆司令”,就是被人追得如丧家之犬。他被曹军打得大败,逃到河北新野一带。

刘备左想右想,夜不成寐——难道自己的雄心壮志就此东流了吗?他不甘心!但为什么总是一败再败呢?总结多次的教训,刘备痛感最主要的原因是因为身边除了两位一身是胆、只会冲杀的义弟,却没有一个目光远大、精通韬略的人来辅佐自己。在那群雄纷争的年代,袁绍家世代为官,家大势大;曹操靠镇压农民起义而执掌兵权,自不必说;其他各路人马也都有来头。而刘备这一路始终没有立足之地,形同流寇。势单力薄又无杰出人才来抵消固有的劣势,岂有不四处碰壁之理?

一次偶然的机会,刘备听说襄阳城外的隆中住着一个名叫诸葛亮的年轻人,他才高八斗、学富五车,文韬武略,无有不通,在当地文人雅士之中享有“卧龙”的美称。于是,刘备打定主意,要想尽一切办法,叫这位“卧龙”腾空。

但是,“卧龙”之所以“卧”而不“飞”,自有他的道理。在天下江山你坐得我也坐得,皇帝老子你当得我也当得的年代,一般略有才华的人都纷纷抢着表现自己,争当一个乱世英雄。而诸葛亮这条“龙”竟能在村野之中卧得住,足见其见识又是非同一般。俗话说:“良禽择木而栖,贤臣择主而事。”诸葛亮连那么多将多兵广的主子都没有放在眼里,岂能瞧得上屡战屡败的刘皇叔?

好在刘备已经认清了一个真理:要挽救自己的败局,非屈身求贤不可了。为了这个目标,哪怕是丢面子,掉架子,甚至痛哭跪地也做得出来了。抱定这样的决心,刘备就演了一折流传千古的三顾茅庐求贤戏。

隆中的“卧龙”终于被刘备的精诚所动,答应出山。这是一条真正的“龙”。起初,关羽、张飞对他非常不服,可诸葛亮上任的第一把火,就烧得曹军魂飞魄散,令这两位武将大开眼界,佩服得五体投地。后来,诸葛亮又联合孙权,在赤壁大败曹操的百万大军,西取巴蜀,为刘备建立了巩固的根据地,三分天下而得其一。

成功者依靠人才来拯救危局,对杰出人才不遗余力地千呼万唤,是企业反败为胜的一条重要谋略。正如东方朔所说:得士则强,失士则亡。

慧眼识出千里马

在一个企业里，一些员工的巨大潜力被无谓地浪费掉或未能得到充分的发挥，是常有的事。为了企业的利益和事业的发展，领导可以从以下几个方面对下属进行考察：

(1)他有没有雄心壮志

优秀员工必然有取得成就的强烈愿望。他通过更好地完成工作，不断地去寻求发展的机会。

(2)有无需要求助于他的人

如果你发现有许多人需要他的建议、意见和帮助，那他就是你要发现的明星了。因为这说明了他具有解决问题的能力，而他的思想方法为人们所尊重。

(3)他能否带动别人完成任务

注意是谁能动员别人进行工作以达到目标，因为这可以显示出他具有管理的能力。

(4)他是如何作出决定的

注意能迅速转变思想和说服别人的人。一个有才干的高级管理人员，往往能在相关信息都已具备时立即作出决定。

(5)他能解决问题吗

如果他是一个很勤奋的人，他从不会去见老板说："我们有问题。"只有在问题解决了之后，他才会找到老板汇报说："刚才有这样一种情况，我们这样处理，结果是这样。"

(6)他比别人进步更快吗

一个明星人物通常能把上司交代的任务完成得更快更好，因为他勤于做"家庭作业"，他随时准备接受额外任务。他认为自己必须更深地去挖掘，而不能只满足于懂得皮毛。

(7)他是否勇于负责

勇于负责是一个经理人员的关键性条件。敢于负责的人都能独当一面地承揽一个部门的工作。

作为一名领导，欲想较快地识别和发现潜在人才，应从以下几方面入手：

(1)听其言识其志

潜在人才都是尚未得志。他们的话，绝大多数是在自由场合下直抒胸臆的肺腑之言，是不带"杂音"的本质之声，因而就更能真实地反映和表达他们真实的思想感情。刘邦和项羽在未成名之前，见到秦始皇威风凛凛地巡行，各说了一句话。刘邦说："嗟乎!大丈夫当如此也!"项羽则说："彼可取而代之也!"两个都有称王称霸的雄心，短短一句话，刘、项二人的志向都表露得清清楚楚。

(2)观其行别其求

一个人的行为，体现着一个人的追求。一个人，一旦进入了自己希望进入的角色，就会为了保住角色而多多少少地带点"装扮相"，只有那些处在一般人中的人才，他们既无失去角色的担心，又不刻意寻觅表现自己的机会。所以，他们一切言行都比较质朴自然。作为领导，若能在一个人才毫无装扮的情况下透视出他的"真迹"，而且这种"真迹"又包含和表现出某种可贵之处，那么大胆起用这种人才，十有八九是可靠的。

(3)析其异辨其才

既是人才,就必然具有人才的先天素质。或有初生牛犊不怕虎的胆略,或有出污泥而不染的可贵品格,或有"三年不鸣,一鸣惊人"之举,或有"雏凤清于老凤声"的过人之处。总之,既是人才,就必然有不同常人之处,一位善识人才的"伯乐",正是要在"千里马"无处施展拳脚之时识别出它与一般马匹的不同。

(4)闻其誉察其性

人们对潜在人才的称赞是发自内心的,是心口一致的。用人者如果听到大家对一位普通人进行赞扬时,一定要引起注意。古往今来许多人才都是用人者听到别人的赞誉而得知的。刘备就是听到人们对诸葛亮的赞誉而"三顾茅庐"请得贤才的,周文王也是在百姓的赞誉声中得知渭水边的贤才姜太公的。人才多出身卑微,而出身卑微的人一旦受到人们的赞誉,就是其价值得到了"民间"的承认,用人者就要大胆起用。

英雄不问出处

历史的经验反复证明,普通老百姓中的确有许多优秀人才;普通下属中也潜藏着出色的经营管理人才,关键就看上司的选才观是不是正确。只要领导善于发现,下属中就有用不尽的人才。

世界第五大百货公司萨耶·卢贝克公司创业之初只有萨耶和卢贝克两人,他们密切合作,公司第一年营业额达40万美元,第二年发展更快。他俩决定为自己的生意找个经营管理人。

为上百万元的生意找个经营人,比找伙计难多了。这种将相之才本来就很稀少,即使有这种人才,恐怕也早被人抢走了,萨耶和卢贝克三番五次地谋划,最后决定改变思路,到一般的小商人中去寻找。

在一次偶然的机会中,萨耶发现了一个名叫路华德的小布贩子,推销手段十分高明。从他的目光中,发现了一种飞扬的神采,具有强大的吸引力。萨耶开门见山地说:"我们想请你参加我们的生意,坦白地说,想请你去当总经理。"路华德要求给他三天的时间考虑。萨耶说:"可以,但你不要再接受其他公司的邀请。"就这样,萨耶又一次表现出他的思维敏捷和处事周到。果然,第二天就有两家化妆品公司请路华德去主持推销方面的业务,如果不是有言在先,路华德完全可能被其他公司拉去。

当上总经理的路华德为报知遇之恩,天天废寝忘食地工作,终于做出了惊人的成绩。萨耶·卢贝克公司生意兴隆,10年之中营业额增加了600多倍。现在,该公司拥有30万员工,每年的销售额将近70亿美元。对于零售行业,这简直是不可思议的天文数字。

内举不避亲,外举不避仇

识才必须至公,而不为私利所惑,不为个人感情所欺,不为外部压力所屈,实是不易。要做到至公,除了领导本身具有以公为上的高尚品质以外,还要跟自己的憎恶喜好斗争，还要游离于亲性之外，还要能抵制外部来的压力，做到不避亲仇。

毕竟“血浓于水”，常人对自己的亲人总有一种特殊的感情，无论是在外工作或是待在家里，都希望能为亲人做点什么。对朋友也是一样，凡个人志同道合、情同手足，那份感情真是剪不断也诉不完。那么在识才用才的问题上，领导的天平该向哪边倾斜呢？

几千年前，一个叫祁奚如的人说要“内举不避亲，外举不避仇”。即识人用人必须不管是自己的亲人还是自己的仇人，只要是才就必须努力地去识去用。在识才举才中，祁奚如也真正做到了不避亲仇，为后世做出了榜样。

春秋霸主之一齐桓公不计前仇而重用管仲，成就了一番春秋霸业。起初由于襄公乱政，公子小白和公子纠逃到国外，分别由鲍叔牙和管仲辅佐。襄公被杀，两位公子所逃至的莒、鲁两国分别派兵护送公子小白、公子纠回国争王位。管仲率兵埋伏于公子小白从莒国回来的途中，见小白到，张弓射之，小白倒地；管仲以为小白被射死，便派人急报公子纠，叫护送公子纠的鲁兵不再急于赶路，六日后才到齐。这时，先到的小白已被立为齐君，是为齐桓公。原来管仲只射中了公子小白束腰皮带上的金属钩，公子小白佯死倒地，等管仲带兵撤走，便迅速兼程返齐，提前登上王位。

事后，桓公欲杀死管仲，鲍叔牙说：“臣幸得从君，君竟以立，君之尊，臣无以增君。君将活齐，即高溪与叔牙足也；君且欲霸王，非管仲不可。夷吾所居国国重，不可失色。”于是桓公就从鲁国要回管仲，封之为大夫。管仲曾感叹：“生我者父母，知我者鲍叔牙也。”管仲能被破格重用，一方面得力于鲍叔牙知贤识贤且与管仲从小亲近，更重要的是桓公能以大业为重，不记前仇，予以重用。假若桓公是气量极小之人，这世间人才又少了一个，而在后世也绝少有人会知道齐桓公。

知人而不为亲仇所束缚，真的很难，而正是由于不易，才使得齐桓公的识才更加光辉，后人对齐桓公本人也评价极高。

选好火车头

你所领导的部门就像一列火车，常言说得好：火车跑得快，全靠车头带。因此，选好火车头是非常重要的，这就要求你必须善于选拔人才。

适时适度地选拔人才，提升一些有能力的人，不仅有利于本部门的发展，还可以利用这些被提升的下属，借以了解其他下属的思想状况，并据此有的放矢地领导下属。

你所提升、选拔的下属，多少会对你有些感激，至少对你有信任感。当你的领导工作遇到困难的时候，他们会主动伸出手帮助你渡过难关。当你的工作万事俱备、只欠东风的时候，他们也往往会助你一臂之力，起到率先示范的作用。

被提升的下属往往比你更容易接近其他下属，而且他们之间的关系通常也比较密切。所以当你的某项正确决定不为人理解而难以贯彻实施时，被提升的下属一带头，大家也许就跟着一起干了。被提升的下属如果和大家解释你所作出的决定的道理，大家可能会马上明白理解。在这时，被提升的下属无疑已成为你的得力助手。

在下属之中选拔人才，加以提升，并不是胡乱地选拔、胡乱地提升，一定要建立在有所根据的基础上。

首要的一条,被选拔、提升的下属必须是德才兼备,令其他下属所信服的人。

一些下属在业务能力、技术水平等方面的确高人一筹,出类拔萃,但是,他们却缺乏起码的职业道德,经常违反工作条例,不能够给予其他下属以好感。

这样的人是有才无德,如果被你不加分析地选拔、提升上来,很难说服其他下属,弄不好大家还会产生不良情绪,给你的领导工作带来麻烦。

一些下属善于拉拢人心,待人接物可圈可点,工作上从没有违反过工作纪律,对同事、上司和其他人都一团春风、八面玲珑。但是,这类人在实际工作中却是水平低、能力差,工作任务勉勉强强能够完成,且质量极差。

这种无才之人,尽管其他下属都能给予一些好评,但绝不能提升。如果他真的被提升上来,新的更重要的工作会使他招架不住而败下阵来,既影响了本部门、公司的工作,也会让你这位选拔者感到难堪。

更重要的是,这种下属虽然因为善于团结人而受到其他下属的好评,但是,如果他真的被选拔提升了,那么,其他下属就会有意见。他们会认为:这种人只是人缘好,才能并不比别人高,反而要差一点儿,为什么提升他而不提升我们呢?再说,他根本就胜任不了新的工作。这种意见的存在无疑也是不利于工作的。

关键时刻见人心

识别下属人才是否可用,首先要看他的德,其次要看他的才。古代人通过反复的实践,总结出下列三种观察下属的技巧,对今天的领导们也有帮助。

(1)授人以权,观其公正

明朝的王翱任吏部尚书,掌握选拔官员的人事大权。他为人廉洁、忠厚,能坚持原则,办事不徇私,谢绝私事会见。每次选拔官员,如因皇帝召见,便交副职代理,他回来虽晚,也抽空认真审阅,唯恐选择不当。他选拔官员不使人知,说:“吏部岂快恩怨地耶。”女婿贾杰在京附近任职,王翱夫人数次派人去迎接女儿回家,贾杰对妻子发牢骚说:“若翁典铨,移我官京师,反手尔,何来不惮其烦也。”夫人听了女儿的转告,便向王翱说情,王翱气得推翻台案,伤及夫人脸部。他始终没有将女婿调到京城。

王翱掌握全国人事大权,他日夜操心的是如何选择人才得宜,深恐用错人。他选择了官员也保密,这说明他选拔官员是出于公心,不希望得到被选择者的感恩戴德。本来调回女婿是举手之劳的事,虽有夫人求情,他也坚持拒绝。这种大公无私的精神,很值得人事工作者学习,只有如此,才能杜绝在人事工作中的以权谋私的弊端。

(2)识人于危,可以知忠厚

汉代时,班超出使外国,而小人李邑上书朝廷,中伤班超只顾在外享福,拥妻抱子,不思中原,还说班超联络乌孙、牵制龟兹的计划根本行不通。但汉章帝相信班超的忠诚,下诏责备李邑说:“即使班超拥妻抱子,不思中原,难道跟随他的一千多人都不想回家吗?”诏书命令李邑与班超会合,并受班超的节制。汉章帝又诏令班超收留李邑,与他共事。使班超出色完成使命。

(3)识人于困,可以知气度

班超出使时,李邑从中作梗。有人对班超说:“过去李邑诽谤将军,破坏将军的名誉。今日正可奉诏把他留下,你怎么反倒放他回去呢?”班超说:“如果把李邑扣下,那就显得气量太小了。正因为他曾经说过我的坏话,所以让他回去。这才是忠诚的行为。”

李邑知道后,对班超十分感激,从此再不诽谤别人了。俗话说,“宰相肚里能撑船”,如果一个人有接纳庸俗的气度和宽恕他人的雅量,不自命清高,那么就能团结天下朋友。

三流中的“一流”

1976 年:声量试验。

1978 年:早餐试验。

1979 年:清扫厕所的试验。

1980 年:通知求职者应试的时间,然后以到达的先后顺序决定录取。

1981 年:招考留级生。

以上的招考办法确实有点怪,但正是因为这种独到的招揽人才法,1984 年的日本电产年营业额为 80 亿日元。

这就是日本电产的成功秘密。

总经理永守重信曾经这样说:既然没有一流人才愿意来,我们只好从三四流的企业中挖掘被我们评价为“一流”的人才,然后加以培养。但是,我们究竟应该以何种条件作为评价的标准呢?永守重信认为:想从三四流的企业中掘取一流的人才,单靠学科考试或常识测验是无法达到目的的。因为所谓“三流中的‘一流’”,必定都是“虽然功课不好,却有着天生的聪明才智”的人。

如何才能找出经琢磨以后会闪闪发光的美玉呢?永守重信开始回忆过去上班族的生活,并绞尽脑汁地想出才华横溢的旧同事有哪些共同的特征。

①声音大。

②吃饭速度特别快。

③很早就到公司上班。

于是,该公司从 1976 年开始就有了别开生面的几种考试,首先是声音考试。公司先准备一篇供朗诵用的文章,然后让应试者依次朗诵这篇文章,最后依声量大小而决定录取。此外,该公司还采用了在车站前演讲,以及打电话等各种不同的方式。

日本电产相当有耐性地尝试了各种不同的方法,结果有了意外的发现,如果仅就招考的效果而言,“早餐试验”几乎接近满分。

那一年该公司大做广告,并多次举办公司介绍,以及工作性质说明会。在广告中还特别强调,正式考试之前,公司将免费提供午餐,希望有心人士前来踊跃应考。也许因为能白吃一顿午餐,那年的应征者多达 160 名。

在举行考试的前天,公司就特别叮嘱餐厅:饭要煮得很硬,甚至米心都可以是生的,另外,绝不能用很容易下咽的蔬菜,最好是菜和肉都很老很硬。

就结果来说,那年录用的人,现在都已成为能独当一面的优秀人才。

作为领导,有什么启发呢?

不让金子埋没沙中

作为领导,应该努力去做一个能识“千里马”的伯乐。在你发现有潜质的人才后,应对其加以提拔和培养,具体说来应做到以下几点:

(1)鼓励他公开讨论自己的观点和建议

此举是增加其对主管的信任,以及对公司或部门的归宿感,显示他的建议受到你的重视,为了有所表现,他必更乐于创新。

(2)赞美他杰出的工作

不要害怕他会被宠坏,在他杰出表现之后,加以称赞和鼓励。因为你的冷漠,会使敏感的他以为你嫉妒他。通常卓越的人均懂得鉴貌辨色,为免功高盖主,招你猜忌,他宁愿把创造性的建议藏起来,待有机会即另谋高就。

(3)给他明确的目标和富有挑战性的工作

卓越人才做事有点天马行空,但又有出乎意料之外的成功;你给了他们明确的目标和富有挑战性的工作,他定感到被重用而满怀工作激情。

(4)推荐他就读有帮助的课程

“学习如逆水行舟,不进则退。”如果你将卓越人才的工作编排得密密麻麻,他根本没有时间学习新事物,不断工作的结果会使他精神疲累。同时,为了委派任务给他,主管应该先对其进行培养,在这方面,推荐他去就读有关的课程和上有关的培训班是一个良策。

(5)对他额外的贡献给予赞赏鼓励

在你未能给予他更佳的报酬时,一些物质奖励是必要的。对于他对公司额外的贡献,如无特别待遇,动力自然减弱,但不表示他不再追求进步。

多用几只眼看人

要真正透彻地了解一个人、做到知人善任,并不是件容易的事情。只有了解掌握每一个下属的能力和特性,才能更恰当地使用他们,更有效地指导他们。所以,每个领导都要不断提高判断人、鉴别人的能力。而在这方面有哪些需要注意的问题呢?

(1)不要仅从表面看人

单纯从表面看人常常体现在以下几方面:一是以貌取人;二是以文凭取人;三是以年龄取人;四是以言取人;五是以资历取人;六是以表面是否忠顺、老实、听话取人,等等,这些都是应注意防止的。

就拿文凭来说吧,日本索尼公司已经把公司所存的职工学历表全部烧掉,其真意并不是说学历没有一点儿用处,而是要彻底防止单凭用学历来衡量人。诸葛亮对人的表里不一也有论述,他说人“有温良而伪诈者,有外恭而内欺者,有外勇而内怯者,有尽力而不忠者”，如果只看外表，就容易看错了人。

(2)不能先入为主

对于一名下属，在上司全面接触他之前，总会得到一些间接的材料或反映，如“某人骄傲自大，目空一切”，或“某人谦虚谨慎，忠诚老实”等。这些材料和议论，只能作为上司考察下属时参考，不能把它作为有色眼镜来用。一个下属究竟怎么样，应通过在使用中观察了解，才能得出正确结论。

(3)不以一时一事看人

一个人某一句话说得好，或某一件事办得漂亮，就说这个人如何之好；某人一时说错了话，或哪件事没办好，就说这人如何不行，未免失之偏颇。要彻底了解一个人，客观地评价一个人，必须看他的全部历史和全部工作。

(4)不凭个人好恶看人

有人专门喜欢唯唯诺诺、善于逢迎的人；有人格外宠爱对自己有过好处的人；有人格外信任自己那个小圈子里的、与自己气味相投的人；还有人习惯于用自己那套“模式”来衡量人，等等。这种凭个人好恶、恩怨、亲疏、得失看人用人的现象，是任人唯亲的反映，它容易使一些德才平庸甚至有严重问题的人受到青睐，而使一些真正有才能的人受到冷落和埋没。

(5)不把人看死

就是说，不要用静止的观点看人。过去有错误或功劳，不能记在今天的账上。同样，今天没干好，不等于明天也一定干不好。任何事物都在发展变化之中，人也是会变的。我们不能说任何人是“出窑的砖——定型了”，而要通过积极的努力，促使其坏的方面向好的方面转化，防止好的方面向坏的方面转化。

(6)不以一人之见取人

一个下属的优劣，既需要通过长期工作实践来检验，也要靠众多的人来鉴别。光靠上司一个人来观察了解显然是不够的，凭一人之见来作结论常常有片面性。只有依靠下属的力量、团体的力量，才能了解得更全面、更深刻。

厚黑方略三

收买人心，培植心腹

俗话说："一个篱笆三个桩，一个好汉三个帮。"一个领导也该有三两个心腹帮助你打天下。所以领导必须学会收买人心、培植心腹的方法，这样你的根基才不会动摇，江山才能坐稳。

提供好乘凉的地方

当老鹰盘旋在天空时，我们看到草地上觅食的老母鸡总是急忙招拢来小鸡，将它们藏匿在自己温暖的翅膀下。其实，上司对其下属也应如此。

俗话说“大树底下好乘凉”，倘若你能给你的下属提供一个好乘凉的地方，那么你的下属将会由于你的施恩而“报效”于你。

在老板眼中，你既是“头头”，你的下属犯错，即等于是你的错，起码你是犯了监督不力或用人不当的错误。

所以下属闯祸，请你冷静检讨一下自己，如果完全是因为下属自己的疏忽，可把他叫到跟前来，冷静地向他分析事件过程，告诉他错在什么地方，最后重申你的宗旨——要每一个下属做事全力以赴，并冷静地处理事情，但你永远是他们的后卫。

要是下属犯错，你也有间接责任，就请你与下属单独会面时，将事情弄清楚，不是叫你认错，而是一起去研讨犯错的前因后果，并鼓励下属以后多多与你磋商。

无论成因是哪一种，切忌向下属大发雷霆，尤其是在大庭广众之前。你尊重对方，下属才会更内疚，更敢于正视问题，避免了日后跟你闹情绪。

还有，在你的上司面前，只顾推卸责任，这只会令上司反感。你应该有领导者的风度——与下属一起承认过错。另一方面，即使有其他人搬弄是非，你仍应站在下属一边，替他挡驾。

不过，挡驾也不能毫无原则。比如：一位客户向你投诉，你的某下属十分无礼，又欠缺责任感，教他怪不好受。你要做的是，立刻替下属道歉：“对不起，他可能只是无心之失，平日他的表现不是这样的。保证以后不会有这类事情发生，请您多多包涵。”下属做事不力，你也要负一定的责任。

将客户的怒火平抑了，事情却仍未摆平，你必须有所行动。然而，立刻找来下属责备一番，是最不明智之举，应该先静静地对事情进行了解。例如，下属平日待人是否也是一派傲气?处事是否马虎随便?

如果答案为否定的，那么有两个可能性，一是客户咄咄逼人，二是下属偶尔情绪欠佳。不妨提醒一下下属，请注意情绪起伏，或者不了了之也没大问题。

相反，事情如果属实的话，即是说下属的确经常得罪客户，你就必须找下属来倾谈一下了。告诉他有客户投诉其工作态度，而你已代为道歉，并予以训诲，请他谨记“工作第一，客户第一”。

慷慨不用讨价还价

有这样一种说法：管理是一门精密的科学，每个人所获得的报酬与他所做出的贡献是成正比的。这样就形成了一种思想，即任何事情都是可以商谈的。每一个简单的变化都意味着一份额外的费用，而且员工也不必要多工作一分钟的时间。这种说法也导致了这样一种思想，即任何事情都可以根据成本量化，且这一成本必须尽量减少，员工就像其他设备一样,可以随时使用和搁置,其他因素也是如此。因此,工作也就成了一个讨价还价的过程,员工付出最小限度的劳动,上司给出的也是最小限度的报酬。

在激烈的商业竞争时代,这种说法已经变得落后与陈旧,且极为少见。但许多管理者可能还残存着某些根深蒂固的陈旧意识。为了提高生产力,你必须善于激励员工,必须变得慷慨大方,而不能让员工时时感觉到你在拼命地克扣和压榨他们。当然,对于什么才是慷慨,每个员工的想法各不相同,所以我们也无法准确划分出慷慨与吝啬的界限。因此,不管你何时决定给出去时,从主观上讲,你必须站在慷慨的角度,不管你是准备给员工加薪还是奖励一打饮料。

当然,这种慷慨也不可能是讨价还价之事。当你给出去时,不应当期待任何回报。而事实上,你会因此得到更多的回报。如果你对员工付之以慷慨,他们会表现得比你更加慷慨。当然少数员工可能会利用你慷慨之便,但你很快就会知道这一点,并且相应作些处理。

因此,作为上司,你应该毫不犹豫,该花给员工的你就得花费出去。这些费用也许有时是由公司支出,但也许有时你得自己掏钱。作为上司,你要在这点上作出一点牺牲,而不应该在任何事情上对费用斤斤计较。有些费用,你必须自己掏出,如买打饮料、赠送新年贺卡、当员工生病时送上一束鲜花等。如果你过于计较这些费用,并将这些费用转嫁到公司头上时,员工们迟早会发现这一点,并认为你极不真诚。

作为领导,牺牲一点自己的费用也许极为值得,这也是你向员工作出反馈的一种机会,而且你将因此得到更多的回报。尽管你花费的费用比他人要多,但毫无疑问的是,员工们在你的激励之下会拼命地工作,最终为你带来更多的报酬。至少你可以偶尔掏点钱花在员工身上。

慷慨也是你自己的价值观的一种体现,其中也包括你如何评价员工的价值。生活中不乏许多小气之士,他们尽量避免掏自己的腰包,当所有的员工都到了时,他们会找个机会离开饭馆;当账单递到桌上时,他会找个借口离开;当大家倡导捐款时,你会找不到他的身影。当然,这些人很快就容易被人看透。作为领导,你当然不能成为这类人中的一员,这样虽然看来省下了一点开支,但这种逃避行为给自己的工作将造成许多问题。

慷慨高兴地给出去!这种规则既适用于工作,也适合于家庭。在家庭之中,如果家庭成员取得进步时,你也应该主动地给出去,这既是一种奖励,也是密切家庭关系的一种方式。对一般人来讲,当我们得到别人的东西时总是感到快乐,因为我们过于强调拿来而不是给出去。当你成为一名领导时,就有了一种与众不同的机会。

疑人不用,用人不疑

大家都有过这样的感受,当你的上司怀疑你的能力或人品时,你定会火冒三丈,要找他理论一番,脾气稍微温和者从此会士气大消,更有毒辣者,会暗中使坏。这些都源于一个“疑”字,结果给公司带来了极坏的影响。

因此,身为公司领导,一定要引以为戒,切记疑人不用,用人不疑。

刘备有一次被曹操追至当阳长坂坡,忙乱之际,有人来报说赵云已投奔曹操,刘备当即说:“赵云乃忠义之士,知交故友,此患难之际,必会忠贞不贰。”果然不久,赵云救回阿斗而归，流言被攻破。

这里体现的就是一种信任下属、团结下属的精神。下属为何要为你鞠躬尽瘁?正是因为你衷心欣赏他的才华，肯定他的努力奉献，把他视为兄弟朋友。作为领导，无故怀疑下属的才干或能力，实乃一大忌。

对下属信任，一来可以展示你广阔的胸襟与忠实的人品，换取下属对你的信任与尊敬;二来可以作为一剂兴奋剂，刺激下属竭尽全力，办好事情，因为谁也不愿在别人面前丢面子，显得自己很无能，得到了上司的信任，正是表现自己的绝好时机，谁也不愿放过。所以，一句信任的话，一个鼓励的眼神都是展示领导魅力、换取下属忠心的有效办法。

如何做到用人不疑，疑人不用?

(1)独具慧眼，选拔人才

这里所说的不要怀疑下属是指在你选定人员、派以职务之后，而非选人之初。选拔人才，必然要独具慧眼，多加考察，充分认识下属的各方面的素质，综合评估他的能力，给下属安排适合的职位。选好之后，才是你日后用人不疑的前提与保障，因此，选拔工作至关重要。

(2)选出人才，用人不疑

对于你确信出色的下属，认为其能独当一面了，这时就让他们按自己的打算放手去干，不宜过多地干涉，否则有时善意的询问也会被下属误以为是对自己不信任，效果适得其反。在许多情况下，不妨“难得糊涂”一次。

(3)设立监督机制与赏罚机制

用人不疑，让下属放手去干，不是毫无章法的。设立监督机制，不能让下属借此机会谋取私利，设立赏罚机制，使他们为自己的行动方案负责，以督促他们谨慎行事。

总之，作为一名领导，信任是你网罗人心，推进上下关系的一大法宝，如果你选择出可以信赖之才，并对其充分信任，那么整个公司必是一片生机，关系融洽。

不痴不聋，不成姑公

南朝宋文帝时，朝廷有一种规定:吏部官员不得在吏部尚书家过夜。可吏部尚书庚炳之有事和下属商量，谈话晚了，庚炳之就让那人在家里住了一晚，以为没人知道，只要自己守口如瓶，也就没事。偏偏出了鬼，竟有一个人告他一状。触犯王法，那还了得。但宋文帝刘义隆却从团结的目的出发，不想理会这无关紧要的事，左丞相万礼也为庚炳之解脱，并堂堂正正地说出一种更聪明的见解:糊涂也是才智，原话就是“不痴不聋，不成姑公”。宽恕下属的小过失，别人才乐于与你共事。

无独有偶，唐代宗也曾碰到类似的事。郭子仪是肃宗时的老臣，有平定“安史之乱”、抵抗吐蕃入侵的大功，有一回这位老功臣的儿子郭暧竟和升平公主吵了起来，把公主气坏了。公主是金枝玉叶，触犯不得。功臣归功臣，还是把郭子仪吓倒了，没办法，争取从宽处理，自己把儿子五花大绑，领到朝堂向代宗请罪。代宗在这件事上也十分英明，笑哈哈地摇摇手:“松绑吧，不痴不聋，还做得家阿翁!”就这样，一场郭子仪看来是天塌地陷的大事，虚惊一场结束，换来郭子仪一家的感激不必说了。

福特原是一名普通技工，于 1903 年创办福特汽车公司，到 20 世纪 20 年代，福特汽车公司已发展成为当时世界上最大的汽车公司,福特本人也成了亿万富翁。他的成功是和他对人才的态度分不开的。他注意招揽人才,并善于根据人才的特点,让他们发挥更大的作用。福特梦寐以求的T型汽车的畅销,是广告设计师佩尔蒂的功劳,而改革装配技术、工序,建立世界第一流的汽车流水装配线却是聘用能人弗兰德斯和三位青年经理——索伦森、马丁和怒森的结果。负责福特汽车推销的库兹恩斯是一个优点和缺点都很突出的人。他虚荣、自私,却又聪明能干;性情粗暴,却又善于交际,处事果断,他对汽车业的经营有着丰富的阅历和经验,精力充沛,工作热情,雄心勃勃。旧主不识良骥,未予重用,而福特却用其所长,视为臂膀,委以重任。结果,库兹恩斯独创一种推销方式,轻而易举地在各地建立了代销点。到1913年,几乎全国每千人以上的小镇至少有一家福特车的代销点,以致1913年福特厂虽然以每3分钟一辆的速度出车,却仍然有十几万辆的订货单无法供货。

英国科学家弗兰西斯·培根,被人称为"人世间最聪明而又最卑鄙的人",他忘恩负义,落井下石,终于爬到王国最高职位——大法官的位置,但终因受贿被判处监禁、罚金,并永远不许担任官职。一个有进取意志、敢冒风险的人,难免处事不同;一个敢于奋争、不畏权威的人,难免自以为是;一个有魄力、敢于果断行事的人,难免主观武断。如果我们忽视人的优势、长处,而只注重劣势、短处,那么,就如让人总看着自己的阴影走路,很可能使其无所适从。

用兵要狠,爱兵要深

齐桓公称霸诸侯的时候,有一位得力的助手管仲。他在公元前7世纪就提出了用人的十二条准则,可见领导对于下属的选拔任用是至关重要的,甚至重要到了如此精密的程度,为的就是如虎添翼。被选中的人大都是精英,他们往往都是目光远大的人、高瞻远瞩的人、大器晚成的人或寡言少语的人,这样的人往往值得委以重任。如果是偏激、急躁、有忌妒心的人就不要考虑了,这样的人不仅不能帮助你,还可能牵累你。

还有一些人不能任用,比如说轻易肯定的人或者是轻易许诺的人都是不可靠的。在某种意义上讲,轻易肯定是一种草率,至少你对这件事情还没有一个足够深刻的认识,而轻诺和寡信是紧紧连在一起的。一个人拥有责任感就决定了他不可能轻易许诺,随口就答应你的人往往完成不了使命。他们能答应你的事,也就能答应别人,而任何人的精力都是很有限的,他们最终的结局往往是推诿,那时候,你后悔都来不及了。

有道是"一将难求",你只要贴出招聘广告,就能有几百人报名应聘,但是,在这里挑出一个领兵打仗的人物就不容易了。可是,这样的人威力无穷,他可以让你在统筹之间获得胜利果实,特别是观察问题的角度,很可能跟你产生共识,而且,他能深入细致地去开展工作,你就不必"事必躬亲"了,但选拔不是一件容易的事情,你在相马之后还得赛马,得到良驹之后还得为他们安排一个舒适的环境,这套环节是很烦琐的。

这样就想起一句话,"用兵要狠,爱兵要深"。两者丝毫也不矛盾。"狠"更多指的是大胆任用,领导要放手让他们开展工作。当然,人都是有懒惰意识的,在适当的时候,你必须对他们给予点拨,否则,他们就会停顿继而反抗。如果你过于宽厚,在某种程度上似乎就耽误了他的前程,但是,你是爱他们的,特别是他们处于危难的关头,你一定要为他们设置好一顶顶保护伞，这样，公司的整体发展就成为必然。

有时候，你的“将领”可能还会对你产生某种领导，这不意味着凌驾于你之上，他们总是在掌握着一个局部，在这个区域，他们比你掌握得更全面，因此，适当地提出自己的真知灼见，有一点儿“领导”你的意思也未尝不可。其实，开明的上司都知道处理与下属的双向关系，下属如果只是“听喝的”，他们就会失去创造意识，在某种程度上讲，对公司长远的发展是不利的。因为他们最终不是关注团体，而只是个人利益。

所以，你务必要有大将风度。千万别在这个问题上“小家子气”，你的心胸不够宽广，下属还能有什么魄力，诸葛亮之所以是诸葛亮，在于他不会像周瑜一样被气死，那是荣辱不能惊、顺逆不会改的风度，从而由“必然王国”过渡到了“自由王国”。在这个意义上讲，能带兵的人往往都是很了不得的，因为他要考虑的元素太多了，有士兵们的，还得有将军们的。将才就是将才，帅才就是帅才，这种事情是非常容易感知的，当你亲眼目睹将军的指挥时，不用奇怪也不用惊诧，赶快去掌握好几个环节，或许也有速成的可能。

为下属邀功

下属虽是为你做事，但下属也是人。既然是人，也要追求成就感，也怕办错事大祸临头，丢了饭碗，趋利避害是所有人的人性需要。

因此，作为领导，应该让下属分享你的成果，为其举荐，当下属办砸了事，还要为他开脱，鼓励他重新振作。

上司若只为私利，私窃下属的功劳，下属自然不会为你卖命效力。老子所谓：“长而不宰，为而不恃，功成弗居。”这就是劝诫领导要能“容人，共享繁荣”。

然而，最难做到的是对下属让功，或公开张扬下属的才华功劳。领导若有这样的火候涵养，下属自会感恩图报。这是最高境界掌握人的方法。同样，当下属犯错，能挺身而出，承担责任，势必会得到下属的敬佩与爱戴。

张汤出身为长安吏，却能平步青云登上御史大夫的宝座，且深得汉武帝信任。每当有政事呈上，武帝不满，提出指责，张汤立刻谢罪遵办，并说：“圣上极对，我的某下属也提出此意见，我却未采纳，一切都是我的错。”反之，若武帝夸奖他，他则大肆宣扬其下属某某点子好，某某办事利落。如此得到了下属的爱戴。可见，张汤达到了用人的无上境界。

作为公司领导，你也可以有如此造诣，只要做到：

(1)开阔襟胸，不计小利

当你的上司表扬你，不妨举荐几个有功之臣，一来可以在上司面前表现你胸怀大度；二来可以使上司明白你领导有方，培养人才效果颇佳；三来可以使下属对你无限崇拜，一箭三雕，如此划算的买卖，为何不做。

你举荐之后，或许你的下属会得到提升，或许会被加薪，这时不要感觉心理不平衡，敞开心胸，不必斤斤计较，更不可看别人加薪就眼红，因为如此获来的是对全体下属的激励，使之为你效力。

(2)掌握分寸，推功揽过，而又维持自身形象

过犹不及，若把功劳全部归为下属，把你这个主管显得像个白痴，或承担所有过错，被上司看做毫无办事能力，那么你自己的乌纱帽就要丢了，你还如何去庇护别人呢？

总之，推功揽过，为下属申功，为下属代罪，这是获得下属忠心的最好办法之一，也是在上司面前树立形象的捷径之一。聪明的领导，不妨一试。

给下属镀镀金

对能干的下属配备值得炫耀的条件，是许多聪明的上司都曾采用过的管理方法，清朝后期的封疆大吏曾国藩曾经用这种方法激励自己的将士。

那是曾国藩初练湘军，从太平天国手中夺回了岳州、武昌和汉阳后，取得了建军以来第一次大胜利。为此，曾国藩上书朝廷，为自己的下属邀功请赏，朝廷对此也给予了恩准，给这些人都封了官。

但是，曾国藩并不认为这样做就够了，还必须给那些最勇敢的下属配备值得炫耀的条件。鼓励他们在作战时更加勇敢。同时，因为这些下属有了值得炫耀的条件，其他的将士肯定也希望得到这样的奖赏，这样一来，全体官兵就会同仇敌忾，奋勇作战。

给下属们配备什么样的条件他们才会引以为豪呢?思来想去，曾国藩决定以个人名义赠送有功的将士一把腰刀，这既表达了自己与对方的特殊感情，又鼓舞了湘军的尚武精神。于是他派人锻造了 50 把非常精致美观的腰刀。

这一天，曾国藩召集湘军中哨长以上的军官在湖北巡抚衙门内的空阔土坪上听令，这些军官都穿着刚刚被赐予的官服，早早等候在那里，不知道曾国藩要发布什么命令。

正在大家胡乱猜疑的时候，曾国藩迈着稳重的步伐从厅堂里走出来。这一天他头戴装有花珊瑚红顶帽，身穿石青四爪九蟒袍，束一根金方玉版中嵌红宝石腰带，脚登粉底黑缎朝靴，显得格外高贵而庄重。这阵势顿时使得土坪鸦雀无声。

这时，曾国藩开口说话了，他说："诸位将士辛苦了，你们在讨伐叛贼的过程中英勇奋战，近日屡战屡胜，皇帝也封赏了大家。今天召集这次大会，是要以我个人名义来为有功的将士授奖。"

到这时，湘军军官才知道自己的最高统帅要为他们发奖，奖什么呢?谁能得奖呢?大家都在暗自思忖。

只听曾国藩大喊一声："抬上来。"两个士兵抬着一个木箱上来，几百双眼睛同时盯住了那个木箱，士兵把木箱打开，只见里面装着精致美观的腰刀。曾国藩抽出了一把腰刀，刀刃锋利，刀面正中端正刻着"殄灭丑类，尽忠王事"八个字，旁边是一行小楷"涤生(曾国藩的字)曾国藩赠"。旁边还有几个小字是编号。

曾国藩说："今天我要为有功的将士赠送腰刀。"接着一一亲自送给功勋卓著的军官。

顿时，在场的人们心中涌动着不同的心情，有的为得到腰刀而欣喜；有的为腰刀的精致而赞叹；有的在嫉妒那些得到腰刀的人；然而更多的人则在暗下决心，在以后的战争中一定要冲锋陷阵，争取也得到这样一把腰刀。

就这样，曾国藩给他能干的下属配备了值得炫耀的物件，这使受刀者受到了激励，同时，没有收到腰刀的将士就会向这些收到刀的人看齐，在以后的战斗中奋不顾身，为的就是得到这把值得炫耀的腰刀。曾国藩的腰刀达到了他激励将士的目的。

历史上这种给能干的下属配备值得炫耀的条件的事很多。刘邦即位后，就给他的功臣萧何"剑履上殿，入朝不趋"的厚待，现代社会中也有许多这样的事。上司给自己的下属配备手机，给他们一辆轿车，这都是为了给下属足够的面子，让他们认为值得炫耀，从而达到激励下属的目的。

以真心换忠心

一个公司，一个部门，如果要长期稳定地发展，就必须要有一个稳定的"人才集团"。可以想象，如果千里马是请过来了，但是只跑了一天便走了，那么其效果也是微乎其微的。如何防止"跳槽"，使人才长时间地为你服务呢?这就是"留才"所要解决的问题。在自我意识越来越觉醒的今天，权威性或强制性的领导越来越不受欢迎，而在事实上也愈来愈成为不可能。所以领导必须进行情感投入，用真情打动下属的心，通过留心来达到留人。

诚然，现在的很多事情与物质待遇有着直接的或间接的联系，但是另一重要问题——感情也是不容忽视的。中国人的确有其独特的民族特性，具有法律效力的契约不一定能束缚住他(她)，丰厚的薪水也不一定能吸引得了他(她)，而唯独一个"情"字却能发挥出特有的功效。

中国的社会非常注重这个"情"字，所谓"人情债"是永远也还不清的。所以，我们常常会听到一些公司企业的员工这样说："干了很多年了，上司待我也不薄，这一走了之，可真有点说不过去啊!"由此不难想象，只要用真诚的情去打动下属的心，就很容易堵住下属将要提出辞呈的口。这也恐怕就是"留才"的最佳途径了。

领导如何用真情去打动下属的心呢?

(1)要加强自身修养，情出自"真心"

情应该是发自内心的。不管你是面善的领导还是脸色难看的领导，如果你能够从内心深处去尊敬每一个人，你就能够拥有一种谦逊的胸怀，你就能够发自内心地和蔼待人，你自然就会看到员工的长处，认可他们为公司所做出的贡献，相信他们的潜力，以一颗宽容慈爱之心对待他们。平常时刻，上司脸色柔和，给人以春风沐浴般的温暖，员工自然心领神会，春风愉快地工作，公司上下都和和气气，真可谓"和气生财"。上司尊敬下属，注意说话的语气，从不大声地喊叫、呵斥，说话友善，平易近人，对他们的态度十分亲近。下属自然也就愿意靠近你、接受你、信赖你，进而把你的事业当成他(她)自己的事业。你还要记住下属的名字，不要忘了跟对方打招呼，当对方以善意的态度与你打招呼时，你一定要回应对方。尽管你很忙、很烦，要知道你的一声招呼，会使你的下属舒心愉快，尽心尽力地为公司工作一整天。如此保持下去，你们的关系会越来越近，你的工作也会非常顺畅。这要归功于上司"真情"的效用。如果下属看到笑容满面的上司有一颗狡诈的心时，就会对虚伪的笑容十分反感、厌恶。

(2)要接纳你的下属，关照他、帮助他、称赞他

如果你的下属在你手下工作两年了，你们很少接触，你对他的事一无所知，你怎么会用真情打动他呢?但是，如果你换一种方法，和他聊聊天，请他吃顿饭，多征求他的意见，对一些好的建议及时称赞，在工作上给予一定的帮助，经常找个理由聚一聚，即使他有一颗顽固禁闭的心，也会向你打开。

(3)他困难的时候，伸手帮他一把

你的下属有时会遇到生活中的烦恼、工作中的难题，这个时候，你要积极地表现出

愿意帮忙的态度，鼎力相助。对这些事，他会终生难忘、心存感激，并为你效力的。

把幕后英雄当真英雄

每一个组织都需要一些幕后英雄，他们了解自己的工作，并且不求引人注目而能默默地工作，他们值得信任。

但通常情况下，这些幕后英雄的功劳常常被那些喜欢制造事端、夸夸其谈者所代替。这样，上司往往变成了调解员，专门注意那些叫得最响的人，并帮助他们解决问题，这就使得他们越发放肆。上司自己也没有时间去注意那些优秀的工作者，从而忽视了他们。

大多数人并不在意自己所付出的辛勤劳动，但他们确实在乎自己付出的努力是否得到承认。如果他们努力一番却无人所知，这会使他们感到被人利用，遭受剥削，因而灰心丧气。当这种情形发生时，他们只得采取不再卖力或进行一些消极怠工的活动以示反抗。

每个人都希望别人能看到自己所做出的事情被认可。忽视幕后英雄而浪费大量时间应付那些叫嚷抱怨者的领导很快就会发现，他们的身边到处都是叫嚷者。

寻找幕后英雄，鼓励和奖励他们，最容易使领导深获人心。我们太容易忽视那些忠实可靠的人了，而他们却是一个企业成功的精英。

幕后英雄有以下几个特点：很少旷工，在压力之下仍然工作出色；一直按时完成高质量的工作；愿意在集体需要时再作一次努力。他们默默无闻，为人谦逊，除了出色完成工作外，你根本不知道他在哪儿；当上司不在时照样很好地工作，令人放心；他提供的答案多于提出的问题；他经常改进工作方法，经常帮助别人使之工作得更好等。

激励那些幕后英雄的另一种奖励方式是对他们的工作表现出真诚的兴趣。不仅仅把他们当做下属，而且视为与你同等的人。听他们讲述自己的希望与担心，喜好与憎恶，欢乐与苦恼，时时准备帮助他们解决问题，在他们产生自我否定心理时，应重新唤起他们的自信心。

记住：那些幕后英雄永远是你的心腹干将，是你的可靠助手。

适合当心腹的六种人才

俗话说：“一个篱笆三个桩，一个好汉三个帮。”一个光杆司令是打不了天下的，领导身边还需要精明的副手。所以说一个有作为的领导，选择好身边的心腹是很重要的，那么哪类人才可以作为心腹的候选人呢？一般认为，下列六种人才可以作为考虑的对象：

(1)忠诚型人才

忠诚老实是传统美德。可以说，忠诚型人才是任何时代、任何上司都欢迎的人。他们忠心耿耿的优秀品质成就了他们在上司心中不可动摇的地位。当然，这种忠诚绝对不是不经思考的“上司让干啥就干啥”式的“忠诚”，而是忠实地执行上司的意图，维护集体的利益是他们的最高使命，当上司的某些言行与政策相抵触时，或与公司的共同目标发生偏差的时候，他们又会义不容辞地以适当的方式向上司提出中肯的建议。

(2)实干型人才

实干型人才是每一个领导班子中必需的人才。这类人才以埋头苦干、任劳任怨、高效率、高质量、高节奏而出名，是领导身边不可或缺的人才。但是，这类人在大多数情况下缺乏自我保护的意识与能力，因此他们总为明枪暗箭所伤。作为一个有爱心的领导，你要善于为他们保驾护航。

(3)潜在型人才

这类人才以年轻人为主，年轻人充满朝气，敢为天下先，才华初露但未成熟，其才能处于隐性阶段，需要经过一段时间的培养、实践、训练方能脱颖而出担当大任。所以对这类人才，你要有长远眼光，要有关怀爱护之心。

(4)综合型人才

该类人才知识面广博，基础深厚，善于出奇制胜、集思广益，有很强的综合、移植、创新能力，善于站在战略高度深谋远虑。当领导本身不是这类通才时，一定要选拔通才为左右手。

(5)竞争型人才

这种人才有能力，能在复杂多变的环境下独立地处理好公司的问题，面对困难敢于拼搏，无嫉妒之心，有“敢为天下先”的魅力与激情，不达目的绝不罢休，直至取得重大成就。正是这种人才不屈不挠的斗志与咄咄逼人的锐气，对上司容易造成心理压力，因此，这类人才常常成为某些心胸狭窄的领导不予重用，甚至贬斥的对象，他们也将比常人遭受更多的非议和委屈。作为一个英明的领导，应该懂得这种人才是开创新局面、拓宽道路所必需的。当他们遇到各方面的困难时，要多给予他们以关怀、爱护，并以一种豁达的心境主动地与他们展开友谊的竞赛。

(6)补充型人才

补充型最适合做领导的心腹。该类人才可以分为两类：一是自然补充型，即具有上司所短的方面的长处，进入班子便顺乎自然地以其之长补上司之短，强化了班子集体的优势。此类人才主要在于上司善于挑选。二是意识补充型，即能自觉地意识到自己的地位、作用，善于领会上司的意图，明白上司的长处与短处，积极地以己之长去补上司之短。

领导选用身边的心腹，并不是要求每个人都精明能干，而应根据工作的不同需要，分别选用不同的人才，从而将这种不同类型的人组合成一个有效率的整体。

笼络关键人物

战国时期，有一次齐王和魏王谈起两国的珍宝。

魏王问：“你们齐国有什么国宝？”

齐王答：“没有。”

魏王便说：“那太糟了，我们国家虽小，但有12颗硕大的珍珠，珍珠的光可以照亮12辆车子。你们齐国那么大，难道没有宝吗？”

齐王答道：“我对‘国宝’的理解与你不同。我有四位大臣，大臣擅子镇守南方，令楚国不敢侵犯；大臣田盼镇守西方，令赵国人不敢到黄河捕鱼；大臣黔夫镇守徐州，令燕、赵百姓来投奔我；大臣种首负责治安，令盗贼绝迹，道不拾遗，夜不闭户，百姓安乐。他们光照千里，岂止照亮12辆车子。”

魏王听罢，自然惭愧不已。

这个故事包含着人才是宝和关键人物起着重要作用这两方面道理。

作为一名领导，不必亲自去管理每一个员工，以取得每一个人的合作，只要通过少数几个关键人物就可调动起大多数人。

心理学家曾对地理、化学、解剖学等7个领域做过研究，研究的结果是：各领域底层50%的人所做贡献的总和，抵不过最有贡献的10%的人的贡献，这个结论同样适用于公司的管理。公司中的关键人物包括重要的管理人员，业务骨干，同时更应包括“非正式领袖”。在公司中常能见到这样的情景，最高决策层做出某项决定，传达给员工后，员工马上会聚在一个“非正式领袖”周围，待听取了他的意见之后，人人才去执行。

所以，领导若要全体下属通力合作，为自己的目标而努力，要做的事应是找出关键人物，并用恰当的方式将他们凝聚在自己周围，利用他们的影响力取得事半功倍的效果。

把“刺儿头”收为“心腹”

在一个企业中，总有这样一些人物：他们极其聪明，有着鲜明的个性，不愿拘泥于形式，在奇思妙想方面有上佳表现，而且在企业中颇能“兴风作浪”。

你也许会将他们当做企业中最不安分的分子，是企业中违反纪律、煽动不满情绪的罪魁祸首。这样的人通常被称作“刺儿头”。

由于他们的一些想法太离谱，工作不安分守己，甚至公然煽风点火让员工与你作对，因而你往往对他们恨之切切，但同时又很为他们惋惜，认为他们没有将心思用到正处，空有聪明智慧。

其实企业中的“刺儿头”与那些“人事秘书”相比，应该算是企业中的积极力量，他们能为人际的真正和谐创造良好的氛围，关键在于上司怎样看待他们，怎样对待他们。如果方法得当，“刺儿头”也可变成“心腹”。

你不妨与他们和平相处，有效利用他们的个性特点，为企业人际和谐的达成和自由创造氛围的形成创造条件。

由于“刺儿头”开朗、好动，所以他们有很好的人缘，而且那天赋的“煽风点火”的本领也使他们很善于集结群众，如果不看其他方面，单就发动人员、组织活动而言，他们也许比你更适合当领导。企业人际的和谐需要人们在一次次的集体合作、活动中逐渐培养形成，刺儿头似乎便成了这些活动的最好组织者。

你应该给他们充分施展“个人魅力”的空间，把他们从不习惯的工作中解放出来，让他们帮你策划企业的集体活动，并且委之以重任，使他们能充分施展自己的才能。

“刺儿头”的新奇想法有时看起来很离谱，但这种创新精神值得你大力提倡。

企业的活力需要每个成员的创造性活动，“刺儿头”在这里可算是“急先锋”了。他们为企业引入了活跃的思维空气和自由开放的绝妙气氛，为企业的创新活动提供了良好的氛围。千万别与“刺儿头”对立起来，聪明的领导会因势利导，让他们在企业中上蹿下跳，充当活跃气氛的角色。

“刺儿头”是绝不会拘泥于形式的，这也许正是你所担心的。其实这正是你的多虑，你公司中的那些条条框框恐怕连你自己都很少顾及吧。随着企业的发展，你会注意到那些条条框框最终会流于形式，这些东西在某种程度上反而会限制人们创造性的发挥。“刺儿头”的出现，正是为企业破除旧有观念，建立新秩序准备了人选。只要你合理利用他们的长处，就可以变“害”为利。

通过合理引导，“刺儿头”不仅不会再是“刺儿头”，而且还会成为你的有力支持者和左膀右臂；而这样的人一旦站到你的一边，也必然会做名副其实的“贴心人”，因为他们做出任何一项选择，都是经过深思熟虑的，他们相信自己的选择，一旦决定了的事情便不会轻易改变。因此，领导能将这样的人收为“心腹”，是很值得庆幸的事，这同时也表明了领导自身的领导才能。

精心培养你的心腹

身为领导，你可以环顾四周，看看员工是否拥有类似的特质，最好的方法是从你的办公桌后面冷眼旁观他们工作的样子。例如：他们与同人、顾客、上司、下属员工共事时，显现何种专业特长？在压力之下，或是工作脱离原先计划的轨道时，他们所表现的领导特质又是什么？他们所展现的哪一些特质和你自己的领导风格最相似？或者，他们的行事与你的风格有何不同？你能够在两者之间找到彼此吻合的交集吗？

如果你觉得自己已经找到一位或多位适合的心腹人选，接下来就把他们请进你的办公室，和他们讨论你的想法和计划，看看他们是否有同感。有些人喜欢有保障、安逸性质的工作，无意往上爬；另一些人对改变的态度比较开放，当你对他们解释你的计划时，马上就显得跃跃欲试。你的选择过程应该保持非正式的基调，目的是言谈之间透露这样的信息：“我已经观察你的工作有一段时间了，我认为你拥有的一些实力显示你能做个出色的领导。我愿意帮助你，反过来，我也能从你这里获得一些帮助。”

获得你青睐的人选者应该立即展开学习的历程，基于你对自己工作的了解，必须清楚他在哪一个部分最需要帮忙，哪些工作又是最容易示范领导力的领域，还有这些人选者发展必要技巧时，最需要下工夫和他人协助的地方又在哪里。

在这个调教过程里，你可以很正式，也可以采取轻松的做法，时间长短任你决定，要深入细节或是抓住大原则，也都由你视情况而定。记住，你不是在举办一场比赛，看谁最先跑到领导终线，反之，你的任务是集合人员展开长途旅程，并在旅途中不断提供支援；对你的心腹来说，也是一样的意义。

也许你很忙，调教左右手所能做的毕竟有限，有时候你必须给员工更多自由，任由他们去进行工作；如果他们碰到问题，或是他们够敏锐的话，就会回来找你帮忙。你应该赋予心腹真正的责任、新的挑战，并且暗示他们在处理新问题时会遭遇到哪些危险与困难，接下来看看他们想出来的解决之道，你会感到非常惊讶。

有朝一日，这些员工回顾今天的情况，同时发现他们已经不需要向你求助能解决问题时，表示他们也已领略到这项领导技巧了。切记，当你第一次授权给心腹时，不能寄望一定会成功。你不可以轻率地决定：“好吧，既然第一次交给他一项大计划他就搞砸了，我们还是先喊暂停，检讨一番再说。”事实上，从错误中学习是无价之宝，在学习过程中最重要的是这个员工有没有从犯错中学到教训，这意味你身为上司和考察业绩的人，必须花长一点时间，才能得到最有价值的信息。

厚黑方略四

知人善任，“榨干”才能

要“榨干”下属们的全部才能，让他们最大限度地为你创造财富，领导必须懂得知人善任。可以说，没有无用的下属，只有无能的上司。木匠手中无烂木，把你手中的木材都用好。

上司应该少做事

正如约翰·洛克菲勒说:“假如与人相处的能力是可以用钱买的话,我情愿付出比全世界最贵的东西更高的价格,去获得这种能力。”

高昂的士气是生产的激素,因此一位好的领导应知道怎么跟下属们相处,怎样对待他们,从而激发他们自尊、自重的心理,提高他们的工作士气,只有员工们努力地去工作,你才能少做事,却能拥有更大的收益。

一个领导要怎么做才能培养下属的“自我重要性”呢?

第一,仔细倾听他们讲话,让他们知道你尊重他们的想法,也让他们讲出心中的意见,你也可以趁机向人学习。举一个很简单的例子,一位上司向下属们这样说:“你们提出的建议,我考虑过,简直不能和我的比,你们只需好好做本职工作。”可以想象下属们的自尊心受到何等大的打击,士气也随之低落,从而影响到工作的效率,反而使上司得去做更多的事。

第二,鼓励下属去主动工作,并对下属的工作积极性和主动性给予表扬,对工作的成绩给予奖励,如果出现了问题,应对之进行帮助和教育,使其能从失败中学到应有的东西,个人能力和素质得到进一步的提高,并给予期望。

上司少做事,不是为了偷懒,而是为了给下属们更多的表现机会,上司最大的危机,也就是下属最大的危机,就是:对于一些上司自己本不应该做,而实际上又正在做的工作,舍不得交割给下属去做,不论因为什么原因,这都是不明智的,是一个成功上司的大忌。

交出去之后“放不放心”是上司经常自问的,把工作交出去之后,十分担心下属不能像自己一样尽心尽责地把工作做好或没有足够的能力把工作做好,认为下属这里不如自己做得完备,那里不如自己考虑得周全。

如果你对员工的能力产生怀疑,认为他不能承担那么大的责任,那么就应该找一项你能放心去让他干的、和他的能力相适应的工作。如果确实找不到,那就干脆把他炒了,而你手上的这项工作,你公司如果找不到人来干,你就应该招聘一个你认为合适的人来干,不然你公司就是不完善的,发展前途是暗淡的。

下属们最忌讳上司把工作交给他之后,又常常通过各方面施加自己的影响,添加自己的意见。这样做虽然间接地满足了上司“我是公司里最强的,除了我之外没有人能干好这项工作”的虚荣心,却使下属不能完美地发挥自己的能力,从而使他们认为做不好这项工作也是注定的,下属不能发挥自己的能力,这是一个下属的悲哀,更是一个上司的悲哀。

下属们的能力本身就是在不断的工作实际中锻炼出来的,经验也是在不断的工作实际中增长的,潜能也是在不断的工作实际中发现的,没有人天生会做事,上司的一个重要责任就是培养人,教下属干某事,并渐渐把事干好。培养人才的土壤就在你公司,而上司就是那辛勤的园丁。

上司的地位和身份决定了上司首先要做的是知人,把下属能出色完成的事尽可能地分配给下属们去做;如不能圆满完成时,考虑的不是去包办代替,而是教他们怎么做,多给予下属们一些鼓励,他们才会更起劲地工作。

举一个反例:有人举办了一次年度表彰晚会,会上有几个穿蓝马夹的下属,这种衣服穿在他们身上明显地不合适,也与整个会场的气氛不相衬。整个晚会不见一个公司的领导人出来致辞表扬优秀下属,晚会以一顿晚宴结束,穿着蓝马夹的下属很尴尬地离开了会场,最后大家才知道他们就是今年的优秀下属,而他们的奖品就是令人生厌的蓝马甲,也许对他们来说这不是表彰会,而是出丑会,因为整个晚会他们像小丑。我相信以后很少会有下属去争当这样的优秀员工,也不会有积极性去工作。

作为一个领导,你应该知道任何人都不例外,都需要通过赞美来建立自信。不过,赞美必须发自于内心的真诚,如果你愿意,你总是可以找出无数的机会,给予下属们发自内心的赞美。所以,就这样做吧!赞美如果被秘密藏在心中,是不会有繁衍的机会的,那你就失去了一股茁壮成长的力量来帮助你成就你的事业。

众人划桨开大船

作为领导,应该使自己手下的员工团结一致,左右亲和,这样不仅有益于员工身体健康,更便于工作积极性的发挥,产生高昂士气。否则,上下异心,左右矛盾,内耗增大,组织士气低落,员工的积极性无法发挥。

要实现上下同欲,从根本上讲,就是上下的利益必须一致,没有共同的利益,仅仅依靠空洞的说教,充其量只能是貌合神离。尊重全体员工的负责精神和创造精神,是团结一心的重要方面。在西方国家,有的资本家很注意把他们和工人们的对立关系说成是"伙伴关系",比如开展"全员经营"、"质量检查小组"活动,让所有的工人都参加管理,工人有权标定自己的产品等级,有权把不合格的部件扔掉,甚至有权在流水线上决定停车。

而在国内,"和为贵"的管理经验倒被许多管理者所忽视。如有一位曾风云一时的企业家,他把自己的办公室搬进一个精心修建的密室中,员工要见他必须经过四道门。第二道门装有窥视孔,第三道门是一面大镜子。他还宣布:"副厂长及其他人找我,要经过厂办公室安排才能接见。"他不参加厂长会议,厂内工作由副厂长写出书面报告,呈送给他批示,他外出的必备条件是舒适的头等舱、软席包厢、高级宾馆的套房、进口小轿车、丰盛的宴席。这些做法使他隔断与员工的联系,在离心离德、人心涣散的情况下,这家"明星企业"开始负债累累。

可见,搞企业需要有上下一心、荣辱与共、同心同德的精神。

西方发达国家的企业研究者为了使员工与管理者同心同德,总结正反两方面的经验,提出如下一些建议:善待你的下属,让他们懂得你是为他们着想;多参与他们的活动,了解他们的苦衷;给下属创造良好的工作环境,让他们知道你处处体贴他们;认同下属的表现,要向下属表示赞赏,不仅要口头肯定,还要适当加薪、让他们知道你随时肯定他们的贡献;容忍每个人的个性和风格,使他们作为一个活生生的人存在,不要把他们管理成只会说话的机器。

在现代企业中,简单的命令主义和惩罚措施是难以奏效的,因为命令仅可以指示人去做某事，而不能唤起人的积极性；惩罚可以阻止人们的某些行为，却无法激励出人的干劲。只有上司与员工同心同德、荣辱与共，才能唤起他们发自内心的工作热情。

木匠手中无烂木

众所周知，杂技团里的猴子为了获得吃的，通常都是非常听话地表演各种绝活儿，以赢得阵阵掌声，而且观众越多它表演得越起劲。其实，人也是一样，除了特别自卑的人，几乎每个人都喜欢在众人面前表现自己的长处和最拿手的绝活儿。因为每个人都有优越感，只不过程度不同罢了。作为上司，应充分发挥下属的长处，避其所短，用其所长。这样做，不仅仅是出于工作需要，同时也是给下属一种满足感，让他知道你知人善任，从而竭力回报你的知遇之恩。

“人尽其才，物尽其用”，木匠手中无烂木。在某种意义上说，会用人的人可以使任何人都派上用场，“智者不用其短，而用愚人之所长也”。

南宋兵马大元帅张浚有一次游后花园时看见一个老兵在太阳下睡懒觉，就把他踢醒，喝问道：“你为什么这么喜欢睡懒觉?”老兵没好气地说：“不是我喜欢睡懒觉，是没事可做，不睡觉干什么?”张浚问他：“你都会做什么事?”老兵毫不谦虚地说：“什么事都会做，不过经商更在行。”张浚问他经商需用多少钱。老兵回答说：“大帅，你是懂得无本难求利、大本求大利这个道理的。如果经商是为了你个人一家吃喝花销，几百两银子就足够了。如果是为了军饷，钱越多越好。”张浚听了老兵的话感到言之有理，就起用老兵专门做生意，为筹备军饷立了大功。

汉高祖刘邦平定天下以后，大宴群臣，问在场的文武百官说：“项羽是位有勇气、有胆略、英勇善战的将军，这些我都自叹不如。而我却能打败项羽，平定天下，各位知道这是为什么吗?”高起和王陵回答：“陛下每攻下一座城池或取得一块土地时，都会和全体下属共享。然而项羽却嫉妒立下军功的将领，憎恨智者，打胜仗也不分封奖赏，得到土地也不肯赐给下属。”刘邦却说：“运筹帷幄，决胜于千里之外，我不如张良；镇国家、安百姓，萧何都有万全的计策，我也不及萧何；统率百万大军，百战百胜，是韩信的专长，我不如也。这三位都是当世英杰，皆能为我所用，这才是我能得天下的原因。至于项羽，连唯一的贤臣范增都不能用，焉能不败?”

刘邦所言的确有理，一个人在社会上扬威成名，很需要外力相助。也许有很多人愿意帮助你，关键在于你要尽人之才，毕人之功，只有这样才能得到他人的真诚拥戴。

知人善任，这是上司获得事业成功并赢得下属信赖的重要手段。作为上司，一方面要选贤任能，同时要适时淘汰平庸之辈。在这方面，一代枭雄张作霖可谓棋高一着。

张作霖成为“东北王”以后，下属都跟着升了官，只有他的秘书长被撤了职，手下人都觉得奇怪，不明白是怎么回事。

张作霖解释说：“一个人做了八年的秘书长，竟然没有给我提过一条意见或建议，难道八年之中，我就没有做错一件事吗?只是奉承我，这样的秘书长又有何益?”

严格地说，下属都是供上司驱使的马。上司需要的都是有能力的帮手，而不是十足的蠢材。“兵熊熊一个，将熊熊一窝。”即使是一匹千里马，如果由于笨拙的驭者骑乘，可能连普通马也赶不上。因此，要想利用好下属，上司一定要当一名好骑手。

十个下属十个样

使用下属，首先就是要去了解他的特点。十个下属十个样，有的工作起来利落迅速；有的则谨慎小心；有的擅长处理人际关系；有的人却喜欢独自埋头在统计资料里默默工作。

对于只求速度、做事马虎的下属，做领导的若要求他事事精确，毫无差错，几乎是不可能的。对于这种做事态度的下属，能要求他既迅速又正确吗?可是，许多领导明知这个事实，却仍性情急躁地要求他们达到不可能有的工作效率。

各公司的人事考核表上，都印上很多有关处理事务的正确性、速度等评估项目，能够取得满分者才称得上是一位优秀的管理人员。于是，有许多的领导就死守着这些评估项目，作为人事考核的依据。世上真有万能的管理者吗?其实所谓一切满分者，不过是上司高估了他，给予他的过高评价。

假如要让工作的正确度更高，那么必须花费许多时间增加磋商的次数，而不得不放弃速度的要求。有些下属力求快速而省去许多磋商，没有发生枝节，只是纯属侥幸，或是因为他有丰富的经验和高超的技能。有些上司领导往往不加考虑，仅依据一张人事考核表，就凭着自己的主观意识而对下属妄下断言。

简言之，在人事考核表上观察一个人的工作情形，合计各项评估的分数，这是没有多大意义的。领导应该实际观察，给予下属适当的工作，再从他的工作过程中观察他的处世态度、速度、准确性、成果，如此才可以真正测出下属的潜能。也唯有如此，领导者才能灵活、成功地运用他的下属，促使业务蒸蒸日上。

对下属有了明确的认识之后，才能妥善地分配工作。一件需要迅速处理的工作，可以交给动作快速的下属，然后再由那些做事谨慎的下属加以审核；相反的，若有充裕的工作时间，就可以给谨慎型的下属去做，以求尽善尽美。万一下属都属于快速型的，那么就要尽可能选出办事较谨慎的，将他们训练成谨慎型的下属。只要肯花时间，必然可以做得到。

什么人都可以用

领导要面对各种各样的人，如何与这些人相处，而且能相互取长补短，更好地发挥他们的长处，是智慧领导者必备的领导艺术之一。以下是对待一些性格有缺陷的人的一些办法，你应该学学：

(1)*刻薄易怒的人*

古希腊哲学家亚里士多德说："谁都会发脾气，但要针对合适的人，掌握合适的分寸，在合适的时候，本着合适的目的，使用合适的方式，但不是人人都能办到的，那是不容易的。"如今，在公司里，在家中，在公共场所，发怒的人比比皆是。发怒意味着恐吓，强迫别人屈服、让步、听说、认输和俯首帖耳，使其他人的感情降到次要地位，这是一种不健康、不文明的行为。发怒可以像突然爆发的火山,也可以如缓慢上涨的潮水,无论采取何种形式,发怒的用意总是威胁和恐吓,对付它的秘诀就是不要害怕。请看一个例子。

玛格丽特是一位衣着保守、年约45岁的中年妇女,她在一家银行当数据输入的主管,工作一向给她带来满足和某种成就感。后来她得到了提升。刻薄尖酸的上司终于找到了一次机会,对玛格丽特大发雷霆。面对尖酸的上司,玛格丽特首先做了一次深呼吸,保持镇定的情绪。她是这样做的:上司发脾气时双臂挥舞声嘶力竭,她却双手下垂不动声色;上司紧绷着的脸流露出嘲弄的神色,她却坦然自若,显示出大将风度;上司挥舞拳头时,她却稳如泰山;上司声嘶力竭谩骂不绝时,她却心平气和。无奈的上司终于悄悄地离开。

如果生气是工作上某种原因造成的或具体情况造成的,并不直接牵涉到你,这时可以找一个借口暂时回避。"你也许是对的……我不怪你……",这些诸如此类的话是有益的。气头上的人需要有一个同盟军,你就可以扮演这样的角色,以使对方慢慢平静下来,但事后必须严肃地指出他的不对之处,告诫他以后不可再如此随心所欲。

(2)猜忌多疑的人

遇事留神、猜忌多疑的人认为,随时都会被人攻击、伤害他。为了保护自己,他们的思想总是高度警惕,惶惶不可终日,心里老嘀咕这嘀咕那。在他们的心目中,别人都是两面派和告密者。当然,为了保护公司的或个人的利益不受侵犯,在人与人的交往中,存有一点戒心是必要的,但是不信任别人,尤其是自己的同事,那就有害了。研究表明,疑心重、不信任和爱挑刺的人,即使不吸烟不喝酒,他们的寿命也没有同龄正常人长。医生认为疑心病重的人,心脏病发病率明显高于正常的人,心理学家说猜忌是不健康的表现。

领导在管理工作中,一定要掌握猜忌的人的这些特征:他们永远不会感到满意,无任何理由地警惕别人;分析问题多从坏的方面去考虑;往往是弱者。经理对待这样的人不要急于表白自己,要提供可靠的信息和有力的证据,这样会无形之中提高你的威信,消除他的疑心。

(3)悲观失望的人

悲观主义者的一些言行举动,有时会令人可笑,有时会令人可悲。悲观失望的人也许会占用你宝贵的时间,耗费你的精力,模糊你重要的判断,但要记住,悲观主义者尽管千方百计地搜寻事物的阴暗面,他们一般并无恶意,他们只是懦弱,值得同情。那种认为他们是自作自受的观点是不对的。

对待悲观失望的人,不可轻视他们的人生观对你的神经的麻痹,松懈你的警惕。一个集体内,如果某一个人有悲观的情绪,就可能阻碍整个集体的前进。必须注意两种结果:一是这个集体的整体成绩是否欠佳;二是你本人的热情和干劲是否降低。

对待悲观主义者除了思想帮助外,给他一个合适的工作岗位也是应该的。如将他放在流水线的末尾,在这种地方,悲观主义者可以成为良好的监督者,即使不出现问题,他也会鸡蛋里挑骨头,要是确实存在差错,他也会比别人更能把差错找出来。

(4)愤世嫉俗的人

这些人对一切都存在疑问,他们对人的本性和动机都不信任。怀疑、悲观、自私,都是其表现。不可轻视他们的作用。他们的态度与其他一些消极行为一样,也具有传染性,在公司里悄悄地蔓延,就会逐渐毁掉人们的热情、信任和忠诚,影响人们的士气,磨去人们竞争进取的锋芒。

如何对待愤世嫉俗的人呢?这里介绍一种夸张消极法。你可以这样做:故意模仿愤世嫉俗者的言辞和举止，甚至有过之而无不及，不过在说话时尽量显示出大智若愚的样子。这样做就可以消除他们对公司的消极传染性影响。

(5)争强好胜的人

这类人有其积极的一面，那就是不甘人后，但也有消极的一面，那就是易于走极端，给公司带来消极影响妨碍他人有效的工作。

对待他们，不可以同样的咄咄逼人的态度，或以其人之道还治其人之身的方法，而应该一方面从正面引导他们，发挥其积极的一面，促进企业人力资源的有效利用。另一方面找准机会，指出其消极影响，克服自身缺陷。

“车”、“马”、“炮”各得其所

象棋的智慧多不可言，单是思考“车”、“马”、“炮”三者就很丰富有趣。象棋以“将/帅”为核心，“车”、“马”、“炮”仿佛组织的中坚干部，各具特色，各有功用。他们不像“卒”，兵卒人数多，默默无闻，行动处处受限，但死一两个不严重，近似“死不足惜”。“士”与“象/相”毫无攻击力，属于防御型的角色，虽靠近权力核心，最大的功能却是“挡子弹”，随时要牺牲自己，成全将帅。“车”、“马”、“炮”显然是“攻击性”的角色，比赛要胜利主要靠他们。

但是“车”、“马”、“炮”再怎么神勇，还只是“将/帅”手中的“棋子”，必须执行“将/帅”的意志。如果不被重用，“车”、“马”、“炮”就像废子，完全没有用。也许到下完棋，动都没动过。

领导的最大挑战之一是挑适合当“车”的人去做“车”，适合当“马”的人去做“马”，适合当炮的人去做“炮”……并在适当时机发动进攻，让“车”横冲直撞，让“炮”隔山打牛……

下列几种类型的人都很常见，该如何配合其个性专长来适当安排？如果你要提拔其中一位来做其他人的上司，该如何抉择？

某甲是专业人才，有很高的专业水准，在他的领域里备受肯定。某乙是行政老手，做事经验丰富，又沉稳又有耐心，对组织中的沟通协调等事务十分熟悉。某丙能言善道，热心待人，内外都打点得不错，人际公关工夫很好。某丁是小派系的意见领袖，善于拉拢一群人，会采用软硬兼施的手段达到预期的目标。

你是领导者，如果选甲，优点是增强公司的专业水准，组织的声誉会提高不少。选乙，优点是他可四平八稳地让大小事情运作顺利，组织可减少人际摩擦。选丙，能增加组织的知名度，对外争取资源更为便利。选丁，可安抚一群人，避免丁和其他派系成员联手捣乱。

当然，选择每一个人也都各有缺点。如果你是悲观主义者，难免会比较留意该缺点对组织产生的伤害程度。站在领导策略的角度看，不妨乐观又实际些，首先分析组织的情况和需要，一切应以组织的生存发展为最优先考虑。其次是多数成员的接纳程序，毕竟“民意”是关键。再次是与组织中最重要的计划方案相融的程度，谁最有助达成该计划的目标，谁优先升迁。最后，也常是多数领导者放在第一位的思考因素是“与你配合的程度”及“对你的忠诚度”。

何时动“车”，何时用“马”，看你的智慧，但是，一切为组织，“计利首计天下利”，领导的智慧之所在，是能放手支持“车”、“马”、“炮”各自发挥才能。

不让下属戴着镣铐跳舞

领导要管理下属,但也不能对下属管得过死,如果领导过于严厉和苛责,那下属就会畏首畏尾,组织行为就会趋于僵化。

有时候,上司适当地创造出一些空间供下属发挥自己的能力,反倒能有益于提高组织的工作效率。

这就像在驾校中一样:驾驶教练相当吃力,初学者要开车过桥,好像喝醉了酒一样,让旁观者心惊肉跳,可是他本人却一点也不了解其危险性,所以很难处理。

另外,如果是自己在驾车,即使自己的水平多么的不济,遇到危险的时候,还是可以立刻处理的,但是一旦教别人驾驶时,由于驾驶的人不是自己,因此就一直提醒学生要注意某些细节,以免真的发生危险时猝不及防人仰马翻。

可是对于学生来说,自己原本要做的事,老师还要喋喋不休,难免心生厌烦,甚至产生反抗心理。

“我现在正要这么做呀,还唠叨什么?眼见得要冲出路基了我还会不知道踩一下刹车吗?……”

驾训班的教练虽然相当了解学生技术不佳,却要经常忍住不对学生唠叨,但是如果不叮嘱他们几句,又怕真的会发生危险,再也没有比这种工作更难的了。

许多驾训班的教练很少说好听的话,就是因为有这种精神状况所致。

实际上如果改变这种教育方针,让学员尽可能随便地驾驶,不要求他们开得多么高超,反倒容易教会。

因为这样一来,学员们就不会那么在意开得好不好。而且意外的是他们的驾驶技术也不是原本想象的那么危险。学员们驾驶起来也不再畏畏缩缩了,而且手脑并用,真正做到了操作自如。

许多驾训班的教练认为学员的操作方式太慢,那是因为他们总是从自己的立场(熟手的立场)来间接操作(通过学员的头脑与手册)的缘故。而且学员们也时刻记挂着要以我们所记述的方式来操作。

另外,教练若在“不要造成事故”的条件上起步,对学员的迟钝反而更加无法忍受,结果更使学员变得迟疑不决。

如果将这种警告的方式降低到一定的程序,学员的运动神经反而能自由伸展,那么就能更快地进入状态。

领导对下属也是一样。领导在业务方面已经十分熟练,但下属可能尚处于学习阶段,所以领导千万不要期待下属做得跟自己一样的完美。更不能因为下属的不熟练就束缚他们的手脚。

“海阔凭鱼跃,天高任鸟飞。”在对待下属的问题上,领导就要学习这种气概!

初生牛犊可大用

有不少公司都很重视员工的资历,希望员工有较高的学历、丰富的工作经验。当然,有一定资历的人对企业有很大的作用,一般而言,资历高的人总伴随着相应的能力。然而,资历并不直接代表能力,也有很多资历不高的却能力出众的年轻人。有时,高资历反而成为人才发挥自己才能的一大障碍,因为这些人自以为是。因此,企业选用人才时应该以资历为参考,以能力为依据,尽量把有能力的人用上场去。

美国钢铁公司是美国钢铁工业的老大,可是很早就百病丛生,只是由于市场供不应求,才得以继续生存,到 1982 年,公司陷入困境,弊病充分暴露出来了。原来,美国钢铁公司选用人才时过分注重资历。各分厂的监督人员一般要在 55 岁以上,资深主管要在 60 岁以上。即使是最精通业务的人员,也必须在某个岗位上工作 5 年以上才能出任小厂的厂长。若想在这家公司出人头地,难于上青天。年长的主管制订出一套陈规旧章,不思变革,阻碍年轻有为者升迁,给公司的发展造成了很大的障碍。在美国钢铁公司的年轻管理者只是耐着性子,止步不前。更有甚者,公司的生产主管,狂妄自大,唯我独尊,一副老子天下第一的神气,完全由他们对公司的经营作决定,推销人员无权过问。这些生产主管不关心产品品质的提高,把"顾客至上"的信条抛弃不用,他们受到各方的批评。同时,改革计划在军事化管理制度的影响下难以执行,资深主管不愿接受批评,其他主管人员不愿承担责任,毫无企业家精神,如要增设小炼炉,他们也不愿做主,都要请示上司。正是在这一系列问题的影响下,公司最终陷入了困境。

在 1979 年上台的大卫·罗德里克董事长,一开始便注意到这些问题。当公司在 1982 年陷入困境,每卖出一吨钢亏损 154 美元的情况下,他决心进行变革。于是他请来了格雷厄姆。

格雷厄姆是个经营奇才,在美国钢铁业界很有名气。他善于以各种新鲜的经营方式克服企业的大危机。针对美国钢铁公司的弊病,他决定使用其绝活,一方面裁员,一方面提拔年轻有为者。格雷厄姆裁减了大批自以为是、倚老卖老、狂妄自大,却一事无成的资深主管,从而消除了推行改革的障碍。通过提拔年轻人才,使员工具备了敢于负责的优良品质。在裁员的过程中,格雷厄姆废除了四至六层的管理阶层,使组织机构大为精简。累赘重叠的组织机构消失了。1985 年,他将中央研究机构的人员从 500 名减至 330 名。另外,格雷厄姆又将负责广告的人员从 30 人减至 5 人,并解散了外销拓展部门和经济预测小组。因为格雷厄姆认为广告对增加钢铁销量没有太大的作用,后两个公司也没有实际的意义再存在下去。

格雷厄姆的改革清除了美国钢铁公司的陈规旧习,为年轻有为者施展才能提供了广阔的空间,员工的工作积极性大为提高,市场占有率迅速回升,公司业务快速扩展,取得了让人羡慕的业绩。

格雷厄姆成功地挽救了美国钢铁公司。在多数钢铁业巨头要为提高效率设法筹集数以百万计巨款的希望很渺茫时,他不费分文使公司的生产效率大为提高。

格雷厄姆的成功之处在于使用才能出众的年轻人,消除阻碍变革和创新的资深主管，通过激励经理和员工，使生产效率得到大幅度提高。因此，领导们千万要注意使用才能出众的年轻人。

人有长短，世无全才

世界上的一切事物都是既有长处，也有短处的。人本身也是长与短的统一体，都是优点与缺点同在，长处与短处并存。上至伟人，下至百姓，莫不如此。正所谓"人有长短，世无全才"。

从这个意义上说，任何领导者所用之人，无一不是有短处之人，又无一不是有长处之人。明白了这个道理，则天下无不可用之人。

那么，怎样才能掌握好"长"与"短"的关系呢？

(1)看人先看其长，后看其短

这一先一后，看似平常，其实十分重要，不可颠倒。

一个人的长处往往就是他的优势，或者蕴藏着未被充分发掘的潜力。看人先看长处，能使其充分施展他的才能，发掘他的潜力。如果一事当先，先看短处，长处就容易被忽视，其"优势特征"就被淹没了。另外，所选的是要能干事的能人，而不是选圣人、完人。所以要先看他有什么本事，而不应该像产品检查员那样，千方百计挑毛病。

事实证明，先看长处，到处有人才；先看短处，则天下无人才。有些领导对人不是先问他有没有才干，而是先问有没有问题。结果挑来挑去，只选了一些无所作为的庸人。

当然，不是说有问题也装作看不见，而是说这种态度和方法不对头。

(2)用人之长，避人之短

既然人是长与短的统一体，故在用人时，只能是择其长者而用之，恕其短者而避之。古人对此有许多精当的论述。如"任人之长，不强其短；任人之工，不强其拙"等。古人既然如此，现在更要看到：任何人的长处，大都有其固有的条件和适用的范围。长，只是在特定领域里的"长"。如果不顾条件和范围，随意安排，长处就可能变成短处。

有那么一位颇具盛名的女园艺工程师。专业上很有造就，不料被上司选中，一下子提为某局局长。结果，女园艺工程师的业务用不上了，对局长的工作呢，既不擅长，又不乐意干，两头受损失，精神很苦恼。这就叫做"舍长就短"。举人者也是出于好心，想重用人才，但由于不懂用人的"长短之道"，反而浪费了人才，造成了新的外行。

(3)善于短中见长

唐朝大臣韩晃一天接待了一位经别人推荐来求官的年轻人。在韩晃置酒招待他时，感到此人脾气古怪，不善言谈，不懂世故，耿直不阿。这时候，如果把韩晃换成别的官员，这个年轻人恐怕是不会有被录用的希望了。可是韩晃却从他不通人情世故之短，看到他有铁面无私、不曲不阿之长，于是便命他"监库门"，用今天的话讲，就是让他当仓库主任。果然，自他上任之后，库亏之事极少发生，就这样韩晃发掘了一个称职的守库官员。

从这件事上人们可以受到启发，短中见长，会有意外的收获。有些领导也并非不想用人才，但因为不善于短中见长，一见到缺点多的人才就摇头叹气，认为“朽木不可雕也”，这样就难于发现其人的可用之处，往往埋没了可用之才。

(4)正视长中之短

我们说避其所短，不是不看其短，不问其短。对任何一个人才或下属的短处，作为领导者都要了解和掌握，做到心中有数，正确对待。方法是：

第一，用其所长时，要容其所短。人的短处也不是一天形成的，不可能一个早晨都改掉，要允许他带着短处干工作。况且，对有些无碍正事的细枝末节，大可不必过问，有碍正事的短处，也要让他慢慢克服。

第二，在发挥其长处的同时，要帮助他补其所短，使其尽快提高，以适应工作的需要。

用人如器，各取所长

对待不同的下属、不同的条件，要区别对待，充分发挥他们的优势。

对表现比较好的人，一是用他的长处，使他用自己的实绩显示自我。二是用人才互补结构弥补他的短处，保证他的长处得以发挥。表现一般的人，给其在他人面前表现自己的机会，求得别人的信任和自己的心理平衡。也要注意鼓励他们用自己的行动证明自己的能力。表现较差的人，可以给他们略超过自己能力的任务，使他们得到成功体验，建立起可以不比人差的信心。同时注意肯定他们的长处，一点点启动起来。

对有能力、有经验、有头脑的人，可以采取以成果管理为主的方式。在目标、任务一定的情况下，尽量让他们自己选择措施、方法和手段，自己控制自己的行为过程。还可适当扩大他们的自主权，给他们回旋的余地和发展的空间。对能力较弱、经验较少、点子不多的人，可以采取以过程管理为主的方式。用规程、制度、纪律等控制他们的行为过程；或用传帮带的方式，使他们逐渐积累经验，提高能力。

对有能力的年轻人，可以给他们开拓性的、进取性的、有一定难度的工作。对有经验的中老年人，可以让他们做稳定性的、改进性的、完善性的工作。

对个性突出，缺点、弱点明显的能人，一是用长。长处显示出来了，弱点便被克制，也容易得到克服。二是做好思想和情感沟通的工作。一年里谈几次话，肯定成绩，指出问题，沟通感情，使他们感到领导的关心和理解，自己也会兢兢业业。三是放开一点，采取忍的办法。不要老是盯住人家，而是给人家留有一定的余地，帮助也只是在大事上、在关键性的问题上。否则，束缚住手脚就很难有所作为。

对有特殊才能的人，一定要尽可能给他们最好的条件和待遇。特殊人才，特殊条件，特殊待遇，这是我们应该遵守的原则。他们之中有的人并不是安分者，可能有这样那样的毛病和问题，以致很不好管理。对此我们不只是要容忍，而且应该做好周围人们的工作，以便使他们能够集中精力发挥长处和优势。在特殊的情况下，还应该放宽对他们的纪律约束和制度管理，甚至采取明上掩盖、暗中支持的办法。

对有很强能力的人，可采取多调几个岗位、公司的办法，既能够让他们发挥多方面的、更大的作用，又可以调动他们乐于贡献、多出成绩的积极性。对年轻又有能力的人，则应该给几个轻便的台阶，让他们尽快地负起更大的责任。如果有可能，可以为他们创造条件，让他们去举办新的事业。江苏神鹰集团就为一个从驻外使馆回来的人办了一个海外发展公司,他策动20多位德国老板来访,有6家公司与他们合作办厂。

对被压住了的能人,一个是先把他们调出去,给他们显示自己本领的机会,也给他们从另外的角度审视自己的空间。等有了成绩,被公众认可,在必要时就可以调回来加以任用。另一个办法是把压他们的人调开,让能人上来。这都要根据具体情况决定。

对尚未被认可的能人。一是采取逐渐渗透的办法,让人们逐渐认识他们的长处和成果。二是给机会显示其才能,以实绩让人们信服。解放初,国民党起义将领陈明仁担任解放军二十一兵团司令员,毛泽东同志就是让他去广西剿匪,以帮助他树立威信。三是采取普遍性考察的方式,有意突出他们的业绩,使人们认可。

对道德上有缺陷的能人可采取这样几种办法:一、任其副职,以正职制约。二、派给他副手,告诉是协助他工作,同时也要接受他的帮助,即派副职监督、帮助。三、派给他能够监督、约束他的工作人员,比如会计、审计、监察人员等,在职能权力上约束他。四、派给他素质好的直接下属人员,以此作防御层。应该注意的是,不要用同事人员来制约他,比如用书记来制约厂长,这很容易闹矛盾。

对犯有错误的能人,一个办法是调到外部门去,改了还可以再回来。再一个办法是根据实际情况降职使用,但仍给实权,是降而不压,既发挥作用,又留有后路。

对跟自己亲近的能人,一是调离自己的身边,让其显示自己的才干。好处是,因为和自己的关系好,到底是不是能人还可以再看;是好样的,别人也会服气。二是采取外冷内热的办法严格要求,使他们不依靠上司,而是依靠自己,不断地求得发展。

让下属干劲冲天

关于干劲,有两种说法:

一是下属原来不具有干劲,即工作欲望,要使下属拥有干劲,必须由主管从外部向他注入。

二是下属原本具有干劲,要激发下属的干劲,全要由主管将其引出即可。

相比之下,第二种说法更为合理。

举个例子,老人们最想要的不是生活费,而是给他们工作场所,这一点我们都很清楚,商业界人士经常讨论的“老害”问题,就是说年老的经营者不愿退休,其原因据说是:

①不愿失去身份和名誉。

②不愿失去董事长的收入和权力。

其实,据一位资深的董事长说,他们不退休的真正原因是:想再工作下去。

不难理解,生命的意义在于工作,在于社会对你的承认。主管应学会利用下属的这种心理,充分发掘他们的潜力和干劲,激发他们工作的欲望,为公司效力。

下属生来即具有十足的干劲,领导的任务在于想办法使下属认识到这一点,同时排除确实存在的将它发挥出来的障碍,最后达到让下属自己将它挖掘发挥出来的最佳境界。

这里为领导们提出几条建议。

(1)为下属创造成功的机会

你必须先让下属做成几件事,让他树立信心,感觉到自己也很重要,自己能办好很多事,这就是激发下属去主动办好一件事的有效方法。

(2)适当奖励

下属办成事后,要注意给予一定的奖励,使其认识到办好事情是有利可图的,是可以得到上司赏识的,在这种利益的刺激下,他们必然会尽力争取下一次成功。

但奖励要适当,不可让下属养成居功自傲的坏毛病,取得一点成绩就把尾巴翘上天,这正好消除了下属的干劲。

(3)安排下属到他最适合的岗位上

人只有在做自己愿意做的事时,干劲最大、劲头最足、态度最认真、效率也最高。因此调动他们对自己工作的兴趣,做自己喜爱的工作,是激发工作欲望的重要条件。

因此,领导们一定要记住,让下属做自己喜欢的工作,让工作成为他们的享受,再给予适当的物质利益,那么下属的干劲必会直冲九霄云外,为公司带来滚滚财源。

厚黑方略五

栽培下属，挖掘潜力

作为领导，不愁手下无才，只是有的尚未成才，需要栽培。只要能把下属的潜力挖掘出来，一定可以为你创造源源不断的财富。当然，这些人才本身就是你的财富。

培养人才要下血本

上司用人和下属做事之间有一杆秤，而上司是那定盘的星。用人最关键在于上司。

上司愿意肯定下属，给予下属接受训练和学习，从而不断成长发展的机会，下属才有成为有用之材的希望。明白说，培养下属，肯在下属身上投资，多下工夫，正是为了上司自身日后能得到更多回报，受益的正是你自己。

试想自己手下的人精明又能干，公司的效率不断提高，当然你是最大的赢家。所以帮助下属成长，发挥其长处，对其投资马上就会反馈在自己身上。也就是说，你的所作所为，归根结底都是在“帮下属替上司做事”，也就是为你自己做事。

某家电生产厂原来效益不好，产品类型比较落后，职工生产积极性不高，导致企业连年亏损。新厂长上任后，将厂里有一定文化程度的年轻工人都派到上海学习先进生产技术，一年学成回来后，这些年轻工人不再懒散成性，也不再抱怨工资低，而是摩拳擦掌，满腔热情，要把所学赶快用于生产。结果，一个季度下来，先进技术与本厂生产完全结合，实现扭亏为盈利润上涨，全厂职工的热情和积极性扶摇直上，全年内实现了巨额利润增长。

可见，对下属的投资回报是相当大的。尽管刚开始时可能要消耗一部分资金，但从长远看，它所带来的利益都是这区区小利所不能比的。

所以，领导应做到舍得投资，培养人才，可谓“放长线，钓大鱼”。

(1)要视野开阔，舍得下本投资

精明的领导深谙“不入虎穴，焉得虎子”之理，若不对下属进行必要的训练，使其多受磨炼，那么即使是真金也会被埋没，变得与石头无异，所以一定要开化头脑，放开心胸，培养人才。

(2)以大局为重，切不可嫉贤妒能

有些领导在培养人才上总是顾虑重重，以为下属变得出色能干，则显出自己愚笨无能，堂堂上司，岂不被人耻笑。其实不然，一个出色的人为你办事，总比一个愚笨的好，成功率高，下属精明，你才是最大的赢家。

因此，出色的领导切莫故步自封，要为培养人才下血本。现代社会，竞争激烈，不进则退，只有占有人才、培养人才，才能在成功之路之上不断前进!

年轻人是早上的太阳

在现代企业中，年轻人往往占企业员工的大多数，他们年富力强，有工作热情，是企业的中坚力量。领导如果能把握年轻员工的特点，善加引导，妙用手段，可以焕发其无穷的创造力，使你的部门的发展一日千里。

一般年轻人分为三类：

①充满事业野心。

②做事得过且过，常想着要自立门户。

③随波逐流、唯命是从，只求有份工作，不知理想为何物。

无论属于哪一类型，他们都拥有一股干劲，只是不懂得如何自我发挥，或根本不愿意发挥。身为他们的上司，引导他们发挥干劲，是不能逃避的责任。

那么，如何帮助下属发挥其干劲？

(1)给他们一些较重要的工作

许多上司习惯指派某些下属做重要的工作，却从不了解其他下属能否担当同类工作。演变下去，造成有些人忙得透不过气，有些人则被闲置。

(2)给予下属适当的座右铭

有些下属过分急进，把冲动误以为干劲。面对这类年轻人，应赠与一些办事技巧的隽语给他们：让他们知道凡事按部就班，瞄准机会再作一击，不应乱冲乱撞，坏了大事。

(3)少贬多褒

年轻人的自尊心极强，被上司称赞就会喜不自胜；被贬则没精打采。上司应多予褒扬，他们才敢于更进一步。

对事业有野心的下属，都会把自己的新意念提出，盼望得到上司的认同，肯定自己的才能。遇到这类型的下属就等于得到一个宝藏，只要懂得如何开采，其利无穷。

愚蠢的上司肆意地驳回下属的建议，或干脆搁置一旁看也不看，对于下属来说这是一种侮辱，表示在上司心目中，自己地位等于隐形。

当你发觉有下属主动地提出工作的意念时，应该欣然倾听；眼神落在对方的脸上，而不是看着其他东西。

无论他的创意是否管用，也要予以鼓励；尽管不能立刻实现，也应将他的建议收在档案中。倘若决定采用，就要与他一起研究进行时要注意的地方。千万不要采纳甲的建议，却拿出来与乙谈，然后再交给丙去执行。如此一来，甲不愿再提出有建议性的意见，乙没多大心情去分析事情的利弊，丙却成为一部机器，只是做而不懂建议。

年轻的人较为吃香，但如果缺乏适当的指导，使用错误的处事方法而不自知。结果公司得不到利益，自己的受害更大。

上司应对年轻下属进行有步骤的指导，包括效率与素质并重的处事方法，以及鼓励他们多学、多想、多实践，缺一不可。

鼓励下属学习不是单凭说话，而是要实际行动，例如亲自传授一些心得，开办一些短期课程、聘请专业人士授课、定期或不定期的演讲等，使下属了解上司是一个言行一致的人。

对年轻下属，切忌滥用高压政策。因为，在任何环境之下对下属采用高压政策，都只会培养出以下两种性格的人：反叛性和奴隶性。

反叛性的下属对公司会造成或多或少的破坏，效率和素质都只是表面性质，后遗症还多着呢!例如下属阳奉阴违，表面替公司工作，实则替其他公司工作，并对本身公司做出不利宣传。奴隶性的下属欠缺主动，唯利是图，没有主见，久而久之，会失去对工作的敏感度，追不上工作进度。

不培养温室里的花朵

不培养温室里的花朵,这本来是针对教育孩子而言的。孩子长大成人后,要自己承担生活的责任,把他们养成了温室里的花朵,经不起风吹雨打,到头来只能是害了他们。领导者与下属当然不是家长与孩子的关系,但如何培养自己的下属仍然是一个问题。

所谓把下属培养成温室里的花朵,多指三种情况:

第一种情况就是"僭越"下属的权限,什么事都由上司亲自出马,独当一面,下属成了陪衬。久而久之,他们既失去了工作的兴趣,也失去了工作的能力,像温室里的花朵一样,娇嫩无比。若没有上司给他们布置的"温室"环境,他们就无法生存。

有的企业平时看上去好好的,一有人事变动,就觉得后继无人,原因即在于此。

第二种情况是反对下属与外界接触。有的领导确实爱才心切,他们希望自己的得意下属永远留在自己的手下。所以,他们不希望下属与外界接触。生怕接触外界会使他们想入非非,或者会有别家企业看中他们而以优厚的待遇引诱他们"跳槽"。

长此以往,这批下属对自己手中的业务是熟悉了,对上司的脾性也摸熟了,但却仍是"温室里的花朵"。因为一旦要他们参加社会活动,他们就像是怯生生的乡下人,毫无应付裕如的风度和反应敏捷的头脑。

第三种情况是对女性职工的特殊照顾。有不少领导,对自己下属为数不多的女职员非常宽松。时常不安排什么切实的工作,做什么事都让她们占便宜,造成她们一种娇生惯养的习惯。办事敷衍塞责,事情做错了装作没看见。把少数女性作为"万绿丛中一点红"的装饰,或是玩具、花瓶。这不仅对女性下属的成长大有妨碍,而且从人格尊重的角度来看也是错误的。这会引起男性下属,甚至女性下属本身的反感,认为你是不怀好意。

把下属培养成温室里的花朵,说到底对企业是大不利的,领导们要胸怀广阔,目光远大,看到今日的下属明日就可能成为管理者。不论是男性还是女性,凡是有事业心的人都不会安于做温室里的花朵。

台湾有家企业,一个小姐主动提出要换工作,主管以为她是嫌现任工作太重,不堪负担。她却说:"不,我现在的工作太轻了。我既然和男职员拿同样多工资,我就要和他们干一样的工作,否则太不平等了。"从这位有志女性的言行中,我们可以看到,培养温室里的花朵肯定是扼杀人才的。

没有人才的企业,怎么会有强大的竞争力?

把心放准位置

作为公司领导,正确的态度是管理者选人、用人、培养人的关键。只有心态健康的管理者,才能有唯才是举的魄力,知人善任的作风,甘为人梯的胸怀。因此,培养任用下属时要树立正确的态度。

(1)克服用人偏见,不搞任人唯亲

培养下属要根据他们的能力,因才施“用”,用其所长,避其所短,绝不能以个人感情、好恶、亲疏作为任用人员的标准,坚持任人唯贤。

(2)对下属不要求全责备

俗话说“金无足赤,人无完人”。生活在一定历史条件下,每一个人都要受到诸多社会及现实条件的制约,必然具有一定的局限性。“才干越高的人,其缺点往往也越显著。与人类现有的博大知识、经验、能力的汇集总和相比,任何伟大的天才都不能及格。”(杜拉克语)因此,不要因下属的一两个缺点而不予重用,也不要指望一个人所有方面都完美无缺。只要下属有一方面的特长,就要将他放在最合适的岗位上,发挥他的作用。

(3)当下属超过自己时不要嫉妒

嫉妒是心胸狭窄的表现,是一种不健康的情感。在现实的工作环境中,下属的才能超过自己是非常正常的现象,应该感到自豪。新陈代谢是事物发展的规律,为了培养下属,给下属的成长创造条件是管理者及领导者胸怀宽广的表现。况且,下属的成长进步也不一定要以为自己让位为代价,能将下属培养成超过自己的领导者,必定是非常优秀的管理人才,也是社会极为宝贵的人力资源财富,因此不要怕下属超过自己。

(4)主动承担责任

大胆地放手让下属独立工作,尤其是在下属工作有失误时,要及时帮助他进行分析判断,积极寻找解决问题的方案,并为下属工作的失误承担责任,鼓励他吸取教训,继续做好工作。

(5)重视下属的建议或意见

给下属的成长创造更多的参与决策的机会,并努力创造一种民主决策的氛围。平时要经常启发下属发表意见,调动他们主动参与的热情,培养他们创造性思考问题的习惯。搞“群言堂”,不搞“一言堂”。

(6)用自己榜样的力量去影响培养下属

上司的言传身教和人格的力量对下属的影响至深。因此,领导要以自己健康的人格、积极的人生态度、优良的工作作风和工作方法潜移默化地影响下属。

(7)贤才早用,快出人才

日本管理学家士光敏夫在《经营管理之道》中说过:“人越早负重任,进步也就越大,在工作安排上,要实行重任主义。”不要因为青年干部资历浅,经验少,不敢及早使用。要敢于打破陈旧观念,给优秀人才脱颖而出创造条件和机会。

(8)尊重人才,充分信任

尊重和信任是归属感产生的基础。如果不尊重下属,就会产生心理上的疏远,也不可能调动他们的积极性。充分信任,就是要做到“用人不疑”,只有对下属充分信任,才能激发他们的创造潜力。

授人以鱼不如授人以渔

公司里很多下属和后辈,都会要求上司和前辈传授工作秘诀,而上司和前辈也认为,这样做才是亲切的表现。

但也别忘了一位商界前辈的说法："要帮助人，最快的方法就是给他一条鱼。对于那收到鱼的人而言，晚餐就有着落了（可是吃完了，又不知道下一餐在哪里）。其实，以长远的眼光来看，最好的方法应该是教他钓鱼，这样他就不用再为三餐烦恼了。"

有时技巧的传授并不是亲切的真正表现。就像发"参考书"给学生，只会使他们死记书上的解题技巧，却不会活用，结果遇到不同题目就无法应付了。

上司把自己的顾客转给业务不佳的下属，就像是给他一条鱼。告诉他"要怎么开拓新市场"、"要抓住什么样的顾客"之类的要点和秘诀，才是教他怎么钓鱼的方法。

这让我想起了报上的一则新闻。有位刚获得世界级影展最佳导演奖的新锐导演回忆他从前任副导时，一位资深的导演曾对他的教诲。他说："我觉得这位前辈先生的演技指导是最正确的。他不曾直接告诉演员要怎么做。而告诉他们哪里错了，然后演员自己想要怎么改过。这不但很辛苦，也很花时间；但是这位前辈先生所培养出来的演员个个演技精湛，都能独当一面。如果不用这种方法，就无法培养一位优秀的演员。拍戏除了时间上的限制外就让演员自由发挥。"这番话意义深远，其实，演技指导和工作指导在本质上是一样的。平常我们会因时间的限制而帮别人做事，就像有时导演会耐不住性子，亲身示范，但这样永远栽培不出好演员。诚如这位导演所说的，在可容许的范围内，让当事者自己解决问题。这才是培育人才的"精髓"所在。

给下属表演的舞台

对下属而言，只要服从上司的指示，自己根本不必花脑筋思考，反倒轻松，何乐而不为呢？

然而，事实上，上司直接表示自己的方法，毕竟无法让下属真正学到工作的实际技巧。

如果上司能够指出多种方法，让下属自己有机会加以思考，下属一方面会认为上司是给自己面子，另一方面则将提高对上司的信赖感。

此外，在教导工作时，有时也可稍加改变说话的方法及语气。例如可强调：先考虑对方的立场，让对方了解我们的利益，也就是他们的利益。如此指导工作就可事半功倍，何乐而不为呢？

有家电脑公司业务经理陈先生，奉派到国外出差 10 天。陈先生平时做事就很仔细，什么事都亲自下命令，并一一验收成果。虽然他手下有好几个人，但他从不将有责任性的工作交给他们做，因为陈先生认为："他们做事没有效率。"就因为这样，他很难想象他不在这 10 天，公司里会发生什么事。陈经理将出差前能处理的事全部处理完，并将在这 10 天里可能发生的事都写在笔记本上，然后才动身出国。但因工作上遇到一些问题，所以原本打算停留 10 天的行程，只好延长到一个多月。陈经理一直担心那些"不值得信赖的下属们"，在这段期间都做了什么呢？所以就利用工作之余打国际电话、电报和他们联络；但又没有当面说得清楚，他心想在他回国时，公司可能已经大乱了吧？

但是陈经理回国后发现，这些下属的工作完全没有因为他的出差而受到任何影响。反而当他的行程决定延长时，下属们自动自发的心理更加强烈。陈经理的下属们因为这次事件，对工作也有了醒悟。领导者有时候不妨故意制造些这种机会，这样一来将会意外地发现下属的潜力。

一家中小企业的业务科长郑先生，是个做事勤快、个性亲切的好好先生。但这些优点反而为身兼指导者的他带来困惑，上司、下属，甚至是其他部门的同事，全都依赖他。女职员连一点点计算方面的问题，也非来请教他不可。他会亲切地做说明，直到最后大家一有问题就来找他，而他也都毫不拒绝加以接受了。人都有偷懒的心态，当他们知道郑先生会帮忙到底时，连自己能解决的事也要来麻烦他。

结果下属们永远无法独当一面，而郑先生把下属应该做的事全揽到自己身上，当然每天都是孤军奋斗、分身乏术。

虽然做事勤快、个性亲切是优点，但太过满足别人的要求，只会害苦了自己。既然是领导，就要将各种任务分配给员工做，让他们负起该负的责任。

下属你大胆往前走

作为上司，你必须让下属安排自己的计划，不要任何事情都由你过问，让下属拥有自己的头脑，同时给予下属足够的自由空间，让他们自我决定怎样最好地实现你所要求他们达到的结果。作为上司，你不要过多干涉下属去做自己的工作，放手让他们去做好了。只有在一个目标明确，又有充分自由空间去实现目标的环境下，下属才有可能最大限度地发挥自己的才智。如果你规定了他们的工作目标，又为他们划定了许多做事的条条框框，那他们当然就失去了行动的主观能动性。所以培养下属拥有自己的头脑，发挥下属的智慧是大有必要的。

在现实生活中，领导并非处在做出决定的最恰当的地位。当他们做出决定时，必须充分依靠下属提供的信息和建议。所以，更为切实的做法是尊重下属，让下属做出某些决定，让下属承担一些责任。

当然，作为领导，尊重下属时也应划清界限，因为有些决定是无法做出的。比如，允许他们做出一些在他们责任范围内的决定，而不能做出那些影响其他部门的决定。他们可以在公司的经费计划内决定如何最大限度地安排自己的工作，如何进行培训等，但他们无权决定公司的某些制度与办公设备应如何处置等问题。

尊重下属，也是对下属的一种挑战，他们必须对自己的决定负责。有时，你也许只需向下属提供有关资料和信息，然后由他们做出最终的决定，如果你将此视为向下属提供帮助，这是十分正确的。当下属困难时，向他们提出建议和解决办法是可行的，是否会被他们接受又完全取决于他们自己。如果你的建议带有强制性，这一决定似乎就是你做出的了，只不过你巧妙地转移了自己的责任。因此不要鼓励下属遇到事就找你，否则，你将背上过重的提出建议、做出决定的包袱，而成为一种“万能”领导者。当下属带着问题走到你身边时，不能一开口就做出决定，因为有时只有下属才能做出决定，尤其是那些在他们工作范围之内的决定。

很多人与上司相处时，总会感到紧张不安。他们总想让上司高兴却不知怎样去做。同样，当上司离开时，他们反倒能全身心地投入到工作之中，并能从中自娱自乐。没有领导在场，他们相反能更好地做出决定。

作为上司，你可以离开下属一段时间，尽量给他们留一些自我发展的空间，让他们自行其是。很多人也许都有这种体验,当你离开之后,他会轻松地嘘一口气,并开始真正感到自由,庆幸自己终于可以干自己感兴趣的工作了。这样当你回来时,你会吃惊地发现下属在你不在的时候取得了多么令人满意的成绩。离开下属是检验领导是否成功的最好方式。如果你已经能够培养下属按照你所构想的方式去做,如果你让他们真正承担起自己的责任,如果你能让他们自行其是,那么,当你离开的时候,所有的一切可以照样圆满地成功完成。

作为上司,你只需为下属指引方向,而且不在较短的时间内就做出改变。即使出现一些问题,你的下属也应该像你一样妥善地处理。当然,如果是一个十分重大的问题,那他们不可能自行其是,必须报告于你。

当你离开时,下属们也许有些不太习惯,或许有些想念你。当你回到他们身边,他们会集中精神向你展示自己所实现的东西。因此你的回归又成了他们表现自己及证明你是权威的机会。

让下属拥有自己的头脑,其前提是你必须充分相信和认可他们。你给予他们的自由空间越大,他们做的事情就越成功。当你真诚地信任下属时,如果他们对你安排的某一工作确实无法胜任,他们会主动说出并要求另换一个更合适的人选,这实际上是对你负责任,这比勉强答应,但最后把事情弄得一团糟的下属要好得多。

颁发“官样委任状”

名衔是最眩惑人的一种公开誉扬的方式。所以,名衔是刺激人使他更加努力的好方法,也是人表现忠心、热忱的好策略。任何人都不会拒绝名衔的光环。

30个同业工会的首创者,美国劳工协会的缔造者冈波士开始任职的时候,处处感到非常困难,压力很大,因为劳工们多半是毫无组织,也不知怎样去组织。同时,他们没有钱,他们得不到协助的人。

有一天他想起一个计划来。他创设“官样委任状”,对于愿意组织工会的人,他都给以一个委任的荣誉。在一年中间,这样被委任的有80人之多。从此,美国劳工协会的会员渐渐增加,也逐渐庞大、健全。

同样,奇异电器公司原来也是一家一团糟,几近破产的企业,但领导心里很清楚,主任管理员斯坦美兹并不是一个庸才,而是位有能量、非常敏锐、能干的人。那么对他施用什么巧妙的策略,使其充分发挥潜能呢?

公司领导便在无形中使斯坦美兹享有两个名衔,一个是职务上的,一个是非职务上的。职务上的名衔是正式的,就是奇异电器公司顾问工程师,这是公司内外的人都知道的;非职务上的名衔是非正式的,封他为“最高法庭”,是让他的下属称呼他的尊号,表示他是公司生死攸关的最高把关者。

果然,不久以后,斯坦美兹连续创造了许多奇迹。同时,公司里的气象也焕然一新。于是,公司的领导便很容易地解决了那一团糟的难题。原来这个巧妙而有成效的策略不是别的策略,是用赏给名衔的方法。

纽约一家一流印刷公司的董事长万德先生想纠正一名技师的态度和观念,但又不能伤害到他的自尊心。这位技师负责公司的维修工作包括打字机,以及其他昼夜不停运转的机器。他抱怨工作量太大,工作时间太长,工作又枯燥无味,所以要求一位助手来帮助他。

万德先生既没有另派助手,也没有降低工作分量和时间,便使对方感到非常满意。原来万德先生给这位技师一间专门的办公室,在门口钉上"维修科科长"的名牌。这么一来,他就不再是普通技工,摇身一变而升为维修科科长了。他被其他同事承认具有这一方面的能力,满足了他的自重感,竟将过去不满的情绪统统忘掉,而且更卖力地工作。

一个优秀的企业管理者,光做到不阻止别人的升迁是远远不够的,最重要的还是要善于发现人才,去启用那些真正有才能的人,充分发挥其智慧。

美国佛勒顿金属公司总裁安德逊说:一个管理者如果发现了有才能的职员,就要经常提醒他、督促他,使他敢于表露出自己的才干,不要让他自己埋没了自己的才干。

"有时,你要用手中的尺子敲一下他,使他猛醒。"安德逊说,"我曾经发现公司有一个职员很有才干,可是他从来不肯表露出他的才干。当时公司的某分部经理调走了,有一个空缺。我就对他说:'现在,我想提升你到某分部去当经理,可是你总是不肯表露你的才干。'我的话使他受到一次深刻的教育。从此他就大胆地干,表现很出色。我把他提升为经理,他把这个公司管理得很好。"

挖掘潜力的金矿

人的潜力犹如一座等待开发的金矿,又好比一座冰山沉没在水下的部分,水上的部分约占十分之一,这一部分叫做表意识,而水下的那十分之九则叫做潜意识,也叫做潜力。潜力博大深厚,无穷无尽。

潜力创造了现代人类、创造了现代社会、创造了现代文明。人更伟大的潜力是不断地创造新的奇迹,创造新的世界。你的下属,是为你、为你的公司创造财富的主要源泉,是你的一笔巨大的智慧财富。他们无疑都是一座座金矿,关键是你有没有挖掘好这些金矿,开采出更有价值的矿源。

作为领导,要善于通过多种激励方法,把下属中蕴藏的潜力充分挖掘出来。具体可以采用以下几种方法:

(1)树立榜样,典型示范

榜样是一面旗帜,是先进生产力的代表,由于先进典型具有一定的具体性、鲜明性、说明力强、号召力大,容易引起下属感情上的共鸣,使大家学有方向、赶有目标,因此老板要善于发现典型、宣传典型。

(2)建立目标,明确任务

目标是人们在各项活动中希望达到的境地或标准,目标可以以实体为对象,如产量、质量、利润、成本等,也可以以精神为对象,如思想水平、道德风尚等。有了目标,下属就会感到有奔头。

(3)关怀体贴,以情感人

上司关怀下属的内容是多种多样的,关心下属的学习、工作和生活上的实际困难,即使是见面打个招呼,也会增强与下属感情上的接近。

(4)奖优罚劣,扬善抑过

惩罚的主要形式有点名批评、检讨、处分、经济罚款、法律惩办等,能够化消极因素为积极因素。奖励能够鼓舞人心,激发下属的荣誉感和事业心。

(5)现场鼓气,正面引导

打仗需要鼓气,公司的各项管理活动也需要鼓气,特别是在动员下属完成生产中的急、难、险等突击任务或进行各项比赛时,实行“战前”鼓动,最能有效地激发大家的拼搏精神,掀起挑战、应战的热潮。

(6)自我教育,互相影响

发掘下属内在的潜力,不仅要靠外界的动力去启迪,而且还要靠下属自我激励。

(7)以身作则,率先垂范

领导严于律己、廉洁奉公,就会激励下属去努力工作。这样一来,就能真正引导下属的言行,实现出色管理。

(8)公布数据,排列名次

用数据表示成绩和贡献,最能激励下属的竞争意识。领导要善于通过这种方式调动大家的积极性,在竞争中创造高效益。

“急功近利”的用人手段

上司用人就是要最大限度地发挥下属的潜能,因此在用人过程中就要采取一些“急功近利”的手段,尽快让他们为公司创造出最大的效益。

(1)业绩最佳时立即调整

这是一种打破常规的做法。人才成长是有规律的,人的才能增长是有周期性的,通常一个人在一个岗位上工作的时间以三至四年为宜。前三年是优点相加,后三年是缺点相加。因此,经历也是一种财富,与其给庸才不如给人才。适时地调整那些优秀人才的岗位和职位,对于他们不断提高、继续成长大有益处,这是造就复合型人才的有效方法之一。

(2)饥饿疗法

就是说让下属吃七成饱,使他们始终保持一种饥饿的状态,这有助于增强下属的内在活力。俗话说,惯子不孝,肥田收瘪稻。温室里培育出来的花朵是不可能长久的。经常给下属创造一些危机感和饥饿感,可以增强他们艰苦奋斗、努力拼搏、不畏艰险、知难而上的精神。得之越难,爱之越深。患难之交,情深似海。“幸福递减律”讲的就是这个意思。

(3)让低职者高就

这是开发人才的一种成功做法。意思是让低职者高就,目的是压担子促成长。我们的传统做法是量才使用、人事相宜,什么等级的人就安排什么等级的事。让 b 级人做 a 级事这种做法既不同于人才高消费,又有别于人才超负荷,比较科学,恰到好处,即使下属感到有轻微的压力,但又不至于感到压力过大,工作职位稍有挑战性,有助于激励下属奋发进取。

(4)下属想干什么就让他们干什么

有人说，这还了得，下属想干什么就干什么，那还不乱了套?如果他们都想当经理、书记、县长、市长，哪有那么多位置呢?这里说的完全不是这个意思。众所周知，在计划经济条件下，就业要求是干一行爱一行，其实未必爱，不爱也无奈。如今在市场经济条件下，择业应当是爱一行干一行。人才资源开发就是要营造一种宽松的社会环境，在可能的情况下，尽力去满足下属的兴趣、爱好和志向，喜欢干什么就让他们干什么，想干多久就让他们干多久，自主择业，心情舒畅，才能各展其长，充分释放自身的能量。

(5)走动管理

这是西方当前比较流行的一种管理新方法，克林顿较为擅长此法。他经常是采取突然袭击的办法走进白宫的各部办公室，有时别人开会他也偷偷地溜进去旁听。走动管理有两大好处：第一，可以掌握幕僚们的第一手资料；第二，可以增强下属们的责任感和自豪感。

领导具备一些特殊的素质对开发下属很有必要，例如“懒惰”、“简单”等。这里所说的“懒惰”指的是领导者遇事不必事必躬亲，该谁干的事就让谁去干，各司其职，各负其责，给下属一定的自主权。上司太勤快，下属有依赖，这似乎已成规律。这里所说的“简单”指的是上司要注意发挥下属的积极性和创造性，在部署工作时只需要告诉他们做什么即可，不需要告诉他们怎么做，给下属发挥创造才能的机会。如果上司想得太复杂，下属就会很简单，这是一种相辅相成的关系。

压力之下出人才

领导不患无才，但有时目前在位的人或许不如想象出色。这时，领导就应多给下属一些机会，让他们历经磨炼才能成才，常言道棍棒下出孝子，同样，压力下也出人才。

一家外贸公司目前正受到美国开放市场的压力，急需大批谈判人才上阵，无奈朝中无大将，仅有的几个公关部人员都已出差，这种情况下，陈经理大胆起用推销科及秘书部的人员，把他们推向谈判桌，这样一回生，两回熟，不久，这班人马就如鱼得水，应付自如，有些甚至超过公关部成员，美国人自愧不如，公司的利益因而得以保全。

可见，做领导一定要有创见，有胆有识，不要拘泥于条条框框，推销科的人一样也可以担当谈判大任，秘书部的人也未必只会倒茶打水。人的潜力是巨大的、惊人的，只要你敢于去挖掘，那么其效力也会大得惊人。

科学家验证一般人的一生只能用掉10%的脑细胞，但一般人都可至少开发到20%，只是人们不怎么使用，没有压力，自然不会投放更多精力。

因此，作为领导，如何运用你掌握的权力，对你的下属适当施加压力，使其充分发挥潜能，塑造出色人才，是成功必修的科目。在此，领导要注意如下几点：

(1)创造机会，磨炼人才

公司中的下属一般各司其职，但有时未必是各尽其用，若小王是块做主管的料，而你只任他为秘书，势必会影响他积极性和能力的发挥。因此，领导更多创造一些机会，让下属都可有机会一试，从中择优，这样才会达到人才利用效率的最大化。

(2)施加压力，逼出人才

有些下属精力充沛，没有压力，就会满足现状，不思进取，成绩平平，时间一长，必会惰性大发，懒散成性，影响整个公司的效率和干劲。对这样的下属一定要施加压力，用掉他的过剩精力，这样一来可以提高公司效率，二来可以满足下属个人的成就感，一石二鸟。因此切记，逼出人才。

(3)注意适度施压

人不是机器，再能干的人也有一定的生理和心理承受力，若一味施压，不求适度，那么必会过犹不及，既不能达到提高效率的目的，又要落个“暴君”的恶名，不但搞臭了自己的名声，又压垮了一员大将，得不偿失呀！

俗话说，蜀中无大将，廖化当先锋。因此，要做一名成功的领导，一定要记住适度施压，这是培养人才、建立大业的一大法宝。

“小泥鳅”也能成“大龙”

有些人或许令你十分头痛，他们是你的企业中的“后进分子”，浑身上下都是毛病。作为领导，对这些人必须抱以诚恳的耐心，投入你的热情，去帮助和提携他们。

提携后进，笼络其心，大胆使用，这些人必将成为支持你、帮助你的力量，至少，可以使他们在工作中不拖你的后腿。

“提携”的方式有很多种：

①升官。这是最明确，也最为人所认同的提携，但也要看他的才干才行，扶不起的阿斗反而会害了你自己，成为你的负担。

②调整职务。这不一定是升官，但却可让他的才干充分发挥，而不致“闷死”。

③提供助力。例如不绑他手脚，让他可以独立自主地做，以便磨炼他的才干。

④帮助解决困难。一文钱可以逼死英雄汉，如果某人真是英雄，那么就帮他解决困难吧。

⑤帮助脱离危险。在悬崖前拉他一把，明告他、点醒他或暗示他，让他免于毁灭或受伤。

⑥鼓励对方。在他灰心的时候、遭遇逆境的时候、被小人打击的时候，在精神上支持他、鼓励他，让他振作起来。这也是一种提携。

不过提携后进时你也要有心理准备。具体来说，要注意如下几点：

①承担风险的心理准备。看人不可能百分之百准确，有时也会把庸才看成将才，也会因个人的好恶而把恶狼当家狗，因此你提携了他之后，有时候会有被拖累、背叛的危险。

②承担流言的心理准备。“提携”的动作如过大过广，会被人认为是在培植势力，甚至引起别人的反感和抵制，在大的团体里这种情形尤其常见。

总之，任何事情有利就有弊，但提携后进这件事对你个人来说，是利大于弊的，而且也不能因为有弊就拒绝提携有才干的人物。歧视和冷落，只能使“小泥鳅”变为“老泥鳅”；提携和重用，“小泥鳅”或许可以成“大龙”。很多企业家、政治家一直有忠心耿耿的下属追随，都是因为他们乐于提携后进，用感情绑住了他们，利己也利他。所以，如果你有能力，有条件，那么就伸出你有力的双手吧！

厚黑方略六

杀鸡儆猴，铲除异己

十个下属十个样，你的下属中难免会有让你大伤脑筋的家伙，他们对你不敬，妨碍你工作的进行。对于这种“异己”，一定不要心慈手软，该惩罚就惩罚，该走人就走人，不杀鸡唬不了群猴。

适当时动动刀子

对员工的过错的惩罚,公司应有完整的规章制度,适当时动动刀子。惩罚应从三个方面考虑:

①公司的规章制度一般说都是公司单方面制定的,并不具备法律效力。为了避免产生进一步的纠纷,公司的规章必须符合现行法律。否则可能使公司处于尴尬的处境。

②你任命的人员不称职,实际上并不是员工的错,而是你本人的错。你对这点自己应有明确的认识。

③员工在执行业务时所犯错误可分为两个类型:一是因主观原因而犯的过错。如没责任心,工作不努力,粗心大意,吃里扒外以及故意出错等。二是因客观原因而犯的过错。如个人能力不够,决策有错误,中间出现了未预料到的变化等。一般来说,只有第一种类型你处罚员工的理由才是充足的。

领导们处罚员工可以采取如下形式:

①向法院申诉,要求员工赔偿因他吃里扒外、故意出错等情况给公司造成的损失。

②根据员工所犯过错和有关法律法规对其作开除、免职或降职处理。

③扣发工资、奖金等。

④个人批评,对犯错员工的错误进行批评引导,使其不致再犯。

上司与员工,其法律地位是平等的。所以在这里我们提醒领导们注意:任何处分员工的做法,都必须符合现行法律规定,必须按现行法律程序办事。

处罚员工并不是目的,而是促使员工尽心尽力的一种手段。因而在很多时候,使用处罚手段是应小心谨慎的,以免一着不慎引起员工的敌意和员工的公愤。一般地说,遵循的原则应是:

①员工受处罚是其所犯过错应得的结果,而不是你意气用事或泄私愤的结果。

②员工所受处罚应是他个人的过错,而不是替罪羊或代人受过。

③惩罚应是公平的,严格按规定进行,不能因你的喜怒而畸轻或畸重。

④对于一些犯过错的亲朋故旧,应一视同仁地处罚。你替犯过错的亲朋故旧开脱,既使处罚在员工中失去表明工作优劣的作用,也使你的权威受影响。

⑤领导自己要有承担责任的勇气。在员工的错误中,有哪些是你造成的,你自己要勇敢地承担起来。给员工一种勇于负责、有气度、心怀宽广的形象。诸葛亮在马谡失街亭后,自贬三级,以惩罚自己用人失察之过。这种做法并未降低诸葛亮的权威,而是使周围的人更加心服口服。

必须拉得下脸皮

如果你的某一位下属拒绝按照你的要求去做,你该怎么办?

首先，不要向下属吹胡子瞪眼，不要发脾气，不要训斥下属，要保持头脑冷静，在头脑里仔细回顾一下所发生的事情。

然后问问自己，你让下属所做的事情有把握吗?你能肯定他理解你所说的话吗?你要想一想，他执意拒绝工作是否有某些你不知道的理由?如果你搞不清楚他为什么拒不执行你的指令，你最好直接问他："你有什么意见?你为什么不理会我的建议?"下属不执行你的命令可能有理由，你去问他就是给他机会让他讲出理由。也许你说的某些话或说话的方式使他难以接受。因而，通过询问下属，或许你就给了他一次发泄感情的机会，让他出气，然后他会心情较好地回去工作。

这里需要注意的是，千万不要因为下属一时拒绝了你的命令，你怀恨在心，予以惩罚，这样不加分析地处理问题，会造成一些"冤假错案"。

当然，如果下属拒绝听从你的命令，拒不合作，头脑发热，而又没有什么正当的理由，那你应该怎么办?

在这种情况下，如果政策允许，你可以处罚他或立刻将他免职。然而这是一种惩罚性行为，必然会导致不良后果，有可能影响到其他下属，或者难以说服受罚的下属。如果你的这位下属平时表现不错，而你又确有爱才之心，那么较明智的做法便是转而让另一位愿意接受命令的人去完成工作;同时让那个"倔犟"的下属"靠边站"一下，先回去工作，待他冷静下来，你再与他私自交换意见，化解他心中的不满，使他心情舒畅，不致影响到今后的工作。

上司的职责是借助他人的帮助完成工作。解雇或惩罚下属往往会恶化你与下属之间的关系，这样便不能很好地合作了。上司讲话要坚决，但要宽宏大量，能不用惩罚性手段就最好不用。

"最好不用"不等于"不可以用"，如果这些都做了，下属依然有"作对"的迹象，你就要让他知道，如果他再固执己见，不予合作，那就不得不给予处分甚至解雇。这时，做领导要"拉下脸皮"，秉公办事，毫不容情。当然，这是最后一招。

拒绝下属的非分要求

关心和重视下属绝对没错，但并不等于对下属的要求百依百顺，还要善于果断说："不行!"回绝别人的确很不容易，但有时却不得不为之。

几乎所有的人都想顺从人意、讨人喜爱。除非是你已经感觉到事情火烧眉毛、压力重重，否则要拒绝别人的请求的确很难。例如正赶上一年中最忙的几天，却有人要向你请假，或者别的领导想从你的部门借用一名下属，这时，你很可能一口回绝说："不行!"

但事情并非总处于急迫之中，困难在处理那些平常工作中的请求，这些请求有的听上去合情合理，有的纯属无理取闹，但从全局和长远来看，都会影响公司业务进展和业绩表现，这时你同样要学会说"不行"。千万别小看一些貌似无足轻重的请求，一旦纵容迁就，它们十分可能让你步步被动，陷入严重的恶性循环之中。让我们来看一些你非坚持立场不可的例子。

(1)不能批准下属休假

有两种情况：要么是你的下属没有按照安排休假计划的规定办事，要么是这段时间已安排给其他下属休假了。

要是前一种情况，就应该让下属知道没有遵守适当的程序。你就应该这么对他说："很抱歉，我们打算在那个时期盘点存货，一个人手也不能缺。你知道，正因为这样我们才规定在每年的一月安排休假计划。"

有时，下属的请假要求与别人预先计划好的休假有冲突。遇到这种情况，你要让他明白，批假的原则是"先申请先安排"，所以不能批准他的请求。不过，可以准许他与已安排休假的那个下属协商调换休假日期。

(2)下属要加薪或升职

遇到那些特别尽职尽力的下属请求加薪或升职时，要开口说"不行"实在是一件很为难的事。特别是有时下属的职位、薪酬早该变了，但预算紧缩，生意清淡，或其他因素使你无法对他们的勤劳予以奖励，要说"不行"更是难上加难。

处理这类问题时，切忌作出超越你职权的承诺。即使你说了你承诺的事要视将来情况而定，如等生意出现转机，预算松动之后等，下属仍可能把它看成是一个正式的承诺。这时，最后的办法是以实相告，说清楚为什么不能提职或加薪。

(3)下属要求改变上下班时间

照顾子女、交通问题以及其他事情常常给下属带来困难。能与下属配合，帮他们渡过暂时的困难当然好，但不一定总能行得通。

关键是怎么说"不行"。因为如果下属感到你对他的困难漠不关心，他就很可能另谋高就。

具体处理时要尽可能灵活，探讨各种可能的办法，这样即使不得不否决他的请求，你为这件事所做的努力也有助于消除下属的怨恨。

(4)下属要求调到另一部门

如果是一个可有可无的人请求调动，那就赶快批准，你还应该庆幸自己的运气。但要是老天安排你最得力的下属要求调动，而且是在大忙时节，或在一时找不到人顶替的时候，千万不要断然拒绝，因为那样会使一个好下属消沉下去。

你应该坐下来跟他谈谈为什么要请求调动。你会发现促使他调动的原因可能与工作无关。可能是他与某位同事关系紧张，也许是一些通过调整工作可能解决的问题。通过交谈你才会发现问题在哪里。

如果谈话毫无结果，没有什么能使他改变调动的想法，你只有拒绝。要尽可能减少给他造成的消极影响，尽量给他一线希望。比如可以说："现在不能调，过一两个月再看看有没有机会。"

这样做不仅为你赢得了考虑其他可能性的时间，而且在这段时间里，下属的想法也可能发生变化。不管怎样，对下属的调动要求表现出关心，有助于减轻拒绝对下属造成的伤害。

(5)下属请求迟上班或早下班

准许下属偶尔稍许迟到或早一点走，不是什么大不了的问题。重要的是一定要事先征得你的同意，不然，你迟早会发现下属自行其是确定上下班时间。

有时你准许某个下属提前下班，而有时候又不得不否决这类要求，这时一定要跟下属讲清楚原因，否则，他们会认为你办事没有原则或偏袒某些人。

(6)其他部门向你借人

为了团结，只要能腾出手，这类请求一般都应该应允。但要考虑下述问题：

①会不会使你人手短缺？

②在你忙得一团糟时，他会不会助你一臂之力？

③被借过去的下属本人会有什么想法？

④其他下属会不会拒绝顶替由于把下属借出去产生的空当？

⑤短期借用有没有可能演变成长期占用？

⑥答应了这一次，有多大可能还会有下次？要记住，一次说“行”，很自然地他还会来找你。

即使你的大部分顾虑都不成问题，还是让别的部门了解有关情况为好。这样就不会让人产生了你人手富余的错误印象。另一方面，即使有充分理由拒绝借出下属，怎样拒绝对方依然至关重要，因为你不会希望别人认为你不合作，何况你将来也有求人的时候。所以即使拒绝，也一定要让他知道你很想帮忙，只是客观情况所限，你爱莫能助。

要是能给他出一些主意也会有帮助。例如建议他：“何不雇个临时工？”他很可能已经这么想过了，但你提出来也就表明了你的关心，也表现了你的合作精神。

给高傲的下属浇浇水

有的下属“恃才傲物”，仗着自己才高，目空一切，有时甚至玩世不恭，对谁都不在乎。掌握这种下属的个性特点并学会与之和谐相处，是每个领导都期望的。

大凡恃才傲物者都有以下共同特性：

①自以为本事大，有一种至高无上的优越感。总以为自己了不起，别人都不如自己，说话常常硬中带刺，做事我行我素，自信和自负心强，对别人的态度则表现为不屑一顾。

②恃才傲物者大多自命不凡，好高骛远，眼高手低，自己做不来，别人做的又瞧不起。所以，做什么事都感到浅薄、不值得去做。

③恃才傲物的人往往性格孤僻，喜欢自我欣赏，听不进也不愿听别人的意见。凡事都认为自己做得对，对别人持怀疑和不信任态度。

与这种下属相处，领导必须有的放矢，科学地采取措施办法。

(1)要用其所长，切忌压制打击

恃才傲物的人，大都怀有一技之长。否则，无本可“恃”，更无“傲”之本。领导在与这种下属相处时，要有耐心，要视其所长而用之。绝不能采取冷处理的办法，为了压其傲气，将其搁在一边不予重用。

须知，这样做不仅不能使下属正确地认识自己的不足之处，相反，会使其产生一种越“压”越不服气的逆反心理，说不定从此便会与你结下难解之仇，工作中有意给你拆台，故意让你出丑。

(2)要有意用短，善于挫其傲气

恃才傲物者并非万事皆通，样样能干，充其量只是在某些方面或某个领域里才能出众、出类拔萃，在其他方面可能就不如别人。

领导欲消除恃才傲物者的傲气，就要设法让他们认识自己的不足，最好是在单独场合，安排一两件做起来比较吃力而且比较陌生的工作让他去做，并且要求限时完成任务。下属要完成这些任务就必须付出更大的努力，即使勉强完成了任务，也会深感做好一件自己不熟悉的工作是相当艰难的。

(3)要敢担担子，以大度容傲才

这种人干什么工作都掉以轻心，即使再重要、再紧迫的事情，他们也会表现得漫不经心、微不足道，所以，常常会因其疏忽大意而误事。作为上司切不可落井下石，一推了之，要勇敢站出来替下属担担子，使他感到大祸即将临头，上司一言解危。日后，他在你面前不会傲慢无礼，甚至对你感恩不尽、言听计从。

老虎不发威，当你是病猫

拥有众多的有修养的下属固然可喜，但下属不断流动的结果，也许你会聘用一些行为不太检点的下属，当他们做出一些对你不敬的态度时，你该如何招架?

对你不敬的原因大致有以下几种：

①有些人喜欺善怕恶，你礼貌对待他们，他们却以为你是“软柿子”，凡事以和为贵，遇事不敢张扬，故常存心为难你。

②早已萌“此地不留爷，自有留爷处”的心理，喜哗众取宠，当众人心目中的英雄。

③看准公司用人之际，态度嚣张，以为你不敢对他们怎样，因一下子雇不到这样的“人才”。

无论下属基于什么原因，只要你问心无愧，他们的不敬行为应该予以惩戒。老虎不发威，当你是病猫。

在第一种中，是时下部分人得寸进尺的表现，以为一旦跟你热乎，即肆无忌惮，看你能够怎样。对此类下属，宜采用公事公办的方法，友好尽管友好，平日要暗示他你公私分明，若有得罪千万别见怪。

第二种中，下属要是不负责任的人，也多数发生在刚毕业踏进社会工作的年轻人。从受保护的学校踏进办公室，难免感到丝丝失落，以及有被欺侮的感觉。一月内跳几次槽大有人在，往往也是与老板咆哮一顿才不干，真拿他们没法。跟这些小伙子说道理几乎是对牛弹琴，只有不与他们计较，抱着“何必跟他们一般见识”的心理，自然好过一些。当他们在社会多泡一两年，自然领略个中滋味，偶然想起你的雅量来。

最可恶莫过于第三种下属，趁公司用人之际，肆意批评公司政策，每当有新下属到任，立刻数落公司的坏处，令人像被浇冷水般，心凉了半截。

对待此类下属，大刀阔斧是必要的，宁可将雇人的薪金增多，另聘人才，再警告嚣张的下属，声明随意毁坏公司名誉，后果自负。

不骂不行，非骂不可

领导不要随便责骂下属，要和他们说道理，要把你的要求和盘托出，要求他们听从你的指示行事，你尊重他们，也要求他们尊重你。如果你已经把指令告诉了他们，他们却不遵行，故意违反，或是屡劝不改，那就一定要骂。

有三类下属一定要骂，就是平时不懂得骂，也应该用强烈的态度，给予他们明确的信息。这三类下属是：

(1)行为失德的下属

有些下属品行不端，甚至心术不正，虽然没有什么有损公司利益的事，但对其他下属却可能造成骚扰，最常见的就是性骚扰。有些男性下属对女同事口无遮拦，拿她们的身材做评论对象，喜欢说性话题，这会令公司的气氛变得很恶劣；有些甚至更过分，可能借故挨身挨势，毛手毛脚，使女同事几乎有被非礼的感觉。这类下属绝不要容忍，必须加以指责，如果劝而不改，就应大骂，或更严重的，可能要考虑解雇他。

(2)懒惰的下属

上司付出薪酬，便有权要求下属做好工作，有什么合理要求，他们都应该达成。但懒惰似乎是很多人的天性，他们总想找种种机会偷懒，尤其是上司不在时，更是得其所好。如果是做外勤的，偷懒的机会更多，你在下午三四时，经过快餐店，跑进去看看，估计当中有多少个是公司的外勤人员，就知道偷懒者何其多，若再加上下午跑入电影院看电影的营业代表，数目就更多。

你和下属一起工作，大家要像战士一样努力前进。工作效率差，懒散不负责任的下属，会把整个团队精神拖垮，尤其公司是小公司，下属数目已经不多，就更应排除这些害群之马，要先改造他，要激起他的自尊自重之心，使他奋发起来。不过，有些大懒虫的确是没有自尊自重感的，骂了也是一条软皮蛇，无计可施，唯一的方法就是解雇。

(3)态度恶劣的下属

有些下属的性格不善，如果上司的性格温和，他们就不会把上司放在眼内，对上司毫不尊重，这类下属，有些是恃着自己工作表现好，办事效率高，他们甚至可能在上司面前闹脾气，或是驳上司的面子。对这类下属，如果不还以一点颜色，他们就会变本加厉，你的地位就更是大降。自己性格比较温和，就可能被恶人所欺，这绝对需要用严厉态度，加以指责。

如果他们被骂了还不改过，对你不敬，那就逼不得已，需要用上最后的手段，把他解雇。因为既然他对上司不尊重，上司的任何决策和指令他们都可能违背，这对公司有害无益。

施威不忘善后

领导在工作中不免有生气发怒的时候，而所发之怒足以显示上司的威严和权势，对下属构成一种令人敬畏的风度和形象。应该说，对那种“吃硬不吃软”的下属，适时发火施威，常常胜于苦口婆心和千言万语。

上下属之间的感情交流，不怕波浪起伏，最忌平淡无味。数天的阴雨连绵，才能衬托出雨过天晴、大地如洗的美好。暑后乘凉，备觉其爽；渴后得泉，方知其甘，此中包含着心理平衡的辩证哲理。

有经验的领导在这个问题上，既敢于发火震怒，又有善后的本领；既能狂风暴雨，又能和风细雨。当然，尽管发火施威有缘由，毕竟发火会伤人，甚至会坏事，领导对此还是谨慎对待为好。

(1)适度施威

适度适时发火是需要的，特别是涉及原则问题或在公开场合碰钉子时，或对有过错的人帮助教育无效时，必须以发火压住对方。况且上司确实为下属着想，而下属又固执不从时，上司发多大火，下属也会明白理解的。

首先，发火不宜把话说过头，不能把事做绝，而要注意留下感情补偿的余地。领导话语出口一言九鼎，在大庭广众之下，一言既出，驷马难追，而一旦把话说过头则事后骑虎难下，难以收场。所以，发火不应当众揭短，伤人之心，导致事后费许多力也难挽回。

其次，发火宜虚实相间。对当众说服不了或不便当众劝导的人，不妨对他大动肝火，这既能防止和制止其错误行为，也能显示出上司运用威慑的力量，设置了“防患于未然”的“第一道防线”。但对有些人则不宜真动肝火，而应以半开玩笑、半认真或半俏皮、半训诫的方式去进行，这种做法虚中有实、情意双关，使对方既不能翻脸又不敢轻视，内心往往有所顾忌——假如上司认真起来怎么办。

另外，发火时要注意树立一种被人理解的“热心”形象，要大事认真，小事随和，轻易不发火，发火就叫人服气，“拿住人”，长此以往，你才能在下属中树立起令人敬畏的形象。日常观察可见，令人服气的发火总是和热诚的关心帮助联系在一起，领导应在下属中形成“自己虽然脾气不好但心肠热”的形象，从而使发火得到人们的理解和赞同。

(2)发火不忘善后

领导的日常发火，不论怎样高明总是要伤人，只是伤人有轻有重而已。因此，发火伤人之后，需要做及时的善后处理，即进行感情补偿，因为人与人之间，不论地位尊卑，人格是平等的。妥当的善后要选时机，看火候，过早了对方火气正盛，效果不佳；过晚则对方郁积已久的感情不好解开。因而，宜选择对方略为消气、情绪开始回复的时候为佳。

正确地善后，要视不同对象采用不同的方法，有人性格大大咧咧，是个粗人，上司发火他也不会往心里去，则善后工作只需三言两语，象征性地表示就能解决问题。有的人心细明理，上司发火他也能谅解，则不需下大工夫去善后。而有的人死要面子，对上司向他发火会耿耿于怀，甚至刻骨铭心，则需要善后工作细致而诚恳。对这种人要好言安抚，并在以后寻机通过表扬等方式予以弥补。还有的人量小气盛，则不妨使善后拖延进行，以日久见人心的工夫去逐渐感化他。

艺术地善后还应体现出明暗相济的特点，所谓“明”是领导亲自登门进行谈心、解释甚至“道歉”，对方有了面子，一般都会顺势和解。所谓“暗”是指对器量小者发火过了头，单纯面谈也不易挽回时，便采用“拐弯抹角”或“借东风”法。例如在其他场合，故意对第三者讲他的好话，并适当说些自责之言，使这种善后语言间接传入他的耳中，这种背后好言很容易使他被打动、被感化。另外，也可以在他困难时暗中帮忙，这些不在当面的表示，待他明白真相后，会对你由衷感激。

打一巴掌给个甜枣

责备是对别人的否定，而否定又有轻重之别。有鉴于此，就需要区别对待。

当下属在工作中出现了失误，为了纠正错误而责备他时，不要在大庭广众之下进行。

有的下属因为本身的原因，常常缺乏干劲，工作没有主动性。对于他们想要调动主动性，你指责他一通，也无济于事，主动性必须从其内心激发出来。对他们指责只能是隐晦的，在表面上要进行激励。

如他喜欢养花，可以将他的工作和花儿进行联系，就能引起下属的积极性，使他认真、热情地去工作。不仅如此，这种激励的方法还能使下属产生一种责任感，而责任感恰恰是做好工作的前提。

如此一来，下属必能心服口服，愉快地接受你的责备，因为他的努力得到了承认，他的积极性得到了肯定。

人们在受到责备时，都会感到不痛快。但是林子大了什么鸟都有，有一种特殊的人，任你怎样批评，怎样责备，他只听之任之，我行我素，依然如故。

有位女经理精明强干，手下的一班干将也都十分出色。前不久，一名助手因为迁居别处而调走了，接任的是一位刚刚毕业的大学生。这位新来的女大学生，做事又慢又马虎，常常将印过的资料不加整理便交出去。办公桌上也乱七八糟。时间如流水在不停地流淌，可她却总是老样子。而这个女孩对于任何批评、责备，都只当做耳边风，让人急不得气不得恨不得恼不得。后来，那位女经理决定改变责备方式，只要一发现她的优点就称赞她。

没想到，这个办法真灵验了，仅仅十几天，那女孩就好了很多。一个月后，做出了非常显著的工作成绩。

可见，责备有时可以从另一个角度进攻，利用称赞来使他们改掉毛病，进而提高你所领导的整体的工作效率。

不要当众责备下属当然是最好了。可是，有些领导比较容易冲动，特别是看到下属犯了比较严重的错误，严重影响全体的时候，就可能按捺不住火气，当众责骂起下属来。这时，就好像是“丢了羊”一样。为了防止继续“丢羊”，就必须立即采取“补牢”的措施，使你因一时冲动而产生的副作用减到最小。

某位经理脾气比较暴躁，并且对工作总是一丝不苟，如果看到部门经理对工作不负责任，或者令他不满意，就会情不自禁地要当时当地直截了当地指出来。

尽管经理这样做是为了工作，部门经理心里也明白，知道经理并不是责骂他一个人。但是心里毕竟不是滋味。

事后，经理冷静下来，知道自己太冲动了，而且后来听下属解释说，这个部门平时工作也是十分出色的，只是因为特殊情况有些小错，但工作成果还是可观的。

于是，经理马上进行“补牢”工作。在他那天下班之前，派人把部门经理找来说：“今天委屈你了，首先怪我太冲动没有十分了解情况，对你的责怪不当，请原谅。不过，你们部门的工作仍需要提高，相信你能做到这一点。”

几句话使部门经理的心得到了安慰，同时又有一种被信任感，再大的委屈也就飞到九霄云外去了。

俗语说：“打人一巴掌再给一个甜枣。”虽然不能轻易地“打一巴掌”，但既然“打”了，给与不给“甜枣”效果便大不相同。丢了羊，再补牢，这便是一个不是办法的办法，当你一时冲动当众责备了你的下属时，不妨一试。相信还是有些效果的。

借力治人的高招

任何领导，都会遇到个别颇难对付的下属。对于这些下属，作为上司，应该持的正确态度是：因势利导，对症下药，热情帮助，严肃批评，积极促使他们改掉毛病，向着好的方向转化。

然而，在一些领导看来，如此对待下属未免太无能了，远不如一物降一物显得“高明”。

因为采用后一种方法，一来可以省去你不少精力和时间；二来可以化“害”为“利”，变“废”为“宝”，充分利用这些特殊下属为自己服务；三来可以彻底制伏这些下属；四来可以通过驾驭他们，从中获得不少乐趣。

所谓一物降一物，就是利用下属的缺点、毛病来制伏下属，或者利用下属之间的矛盾，指使这一下属去制伏那一下属，领导不用亲自动手，就能达到控制下属的目的。

常见的手段有：

(1)以其人之“道”，还治其人之身

某甲喜欢上领导家里打“小报告”，出卖别人。针对他这一毛病，你可以故意向他提供假信息、假情报，借他之口，传到某个领导者耳朵里，造成领导者的决策失误，从而最终使某甲受到该领导者的惩罚。

(2)以严治恶人

某下属品行恶劣，不服管教，谁也制伏不了他。你特意将他交给一个以严著称的中层领导者整治，没有多少时间，该下属就变老实了。

(3)以懒人治懒人

张三办事不勤快，爱动嘴，不动手；李四干活节奏慢，干一天，歇半天。你干脆将他俩搁在同一个科室里，给他们规定下各项硬指标，并且指定由李四“管”张三。这样一来，他们谁也依靠不了谁，完不成任务都得受罚，不用你费嘴，他俩都变“勤快”了。

(4)以庸人治能人

某下属才华横溢，傲心十足，谁也看不起。为了控制他，你故意让他接受某个德才平庸的中层干部管辖。能人碰上庸人，有理说不清，有话听不懂，有事干不得，有才使不上……时间一长，锐气减退，棱角磨掉，成了一匹驯服的马。

(5)以能人治能人

张三才华出众，傲气十足，经常顶撞上司；李四知识渊博，能力非凡，经常在上司面前发表不同意见。好,你俩今后谁也别直接和上司打交道,从现在起,将你俩都交给精明强干、足智多谋的经理管辖,看你俩还能再逞能不了。

(6)以贪人治贪人

某甲圆滑,待人处世爱占小便宜,从不愿吃亏;某乙也同样如此。你故意将他俩安排在一起,指定某甲管辖某乙。由于两个都有同样的毛病,也不愿意吃亏,但也很难再做到事事都占便宜。时间长了,两人便达成默契,双方利益均摊,谁也不沾谁的光。通过采用这种方法,限制了某甲和某乙的“危害性”。

上述手段,在动用时,只要适宜、对路,一般都能制伏有缺点、有毛病的下属。

下有计策,上有对策

俗话说:上有政策,下有对策。对领导来说,这句话应该说成是“下有计策,上有对策”,无论什么样的下属,都可以针对他的弱点而采取相应管理方法。

(1)进攻性下属

对付富有进攻性的下属,应引导和鼓励他们表达真实意见。与任何一位富于进攻性的人打交道,不管他是否怀有敌意,头一条是要敢于面对进攻。此外,还应注意以下几点:

①给对方一点时间,让对方把火发出来。

②对方说到一定程度时,打断对方的话,随便使用哪种方式都行,不必客气。

③如果可能,设法让其坐下来,使下属不那么好斗。

④以明确的语言阐述自己的看法。

⑤避免与对方抬杠或贬低对方。

⑥如果需要并且可能,休息一下再和他私下解决问题。

⑦在强硬后做一点友好的表示。

(2)缺乏信心的下属

对缺乏信心的下属说“你一定干得好”,会使对方发挥你想象不到的潜力。一位相声大师年轻时对自己的能力丧失了信心,想放弃相声这个专业,但他妻子积极鼓励他说:“你说得生动有趣,总有一天会得到承认的。”大师经过努力,果然迎来了成功的那一天。不管是大人还是小孩,对他们说“你一定做得到”,这种积极的暗示会使听者发挥想象不到的潜力,信心倍增,带来成功。故善于做上司的人,安排缺乏信心的人工作时,一定会说“这件事也许比较困难,但好好努力,定能办到”,从而引发对方潜力,使人尽其所能。

(3)油头滑脑的下属

对油头滑脑的下属,要用真心话去批评他们。领导对于下属的批评是不可避免的,关键在于如何批评。领导要因人而异,对待不同的下属采取不同的批评方法。

对于领导来说,有两种下属比较容易接受批评,一种是直率的下属,另一种是较弱的下属。但这两种人接受批评后的表现不一样,直率的下属接受批评后便改正错误,没有多大的心理负担,但较弱的下属接受批评后,会更加胆小怕事。因此,对后一种人的批评应温和些,采取鼓励式的一对一的批评。心怀不满的人最不好管理,因为上司越是批评他们，他们心里的不满就会越重，因此，批评这种人时，要认真地听取他们的意见。

对那种油头滑脑的下属，过分批评并不能获得预期的效果。因为即使受到批评，他们也不会认真改正，反而会更加偷懒怠工。对于这种人，要用真心话来批评他们，心里怎么想就怎么说。虽然这种方法显得缺乏领导艺术，但对这类人也许会起到较好的作用。

(4)难以管理的下属

学会与难以管理的下属相处。谁也不想遇到难以对付的人，但是公司里这种人到处都有。作为领导，如何调教棘手的下属，并与其相处呢?

首先应当明白这一点，谁也不会轻易地接受那些棘手的下属。因此，你如果发现自己的集体中有这样的人，就应当考虑如何使用他们，如何让他们积极工作。

如果你对这样的下属根本不予理睬，或者无视他们的存在，那么就可能出现浪费人才的现象。同时，也不能压制和约束那些不好管理的人，而给自己带来无穷后患。

总之领导要学会既要使用不好管理的下属，又要同他们保持一定的心理距离。

好虎不得罪一群狼

领导可能会遇到这种情况，即大多数人犯错误，比如公司开会，大多数人都迟到了，在这种情况下，你不管不问不行，进行处理又有难度。

中国有句古话叫“法不责众”，挨批评的人多了，大家会觉得无动于衷，点了谁的名进行批评，谁就会心中不服，他会想：“大家都是这样，又不是我一个，凭什么单挑我的刺?”大多数人因为有着共同的心理，会觉得你所做的批评是唠唠叨叨，吹毛求疵，十分讨厌，说不定还要“触犯众怒”呢。

那么，这个时候应该怎么办呢?聪明的领导会采取表扬少数的办法来服众。

比如说，总经理召开工作会议，只有财务部主任准时到达会场，而其他人全部迟到。总经理大为恼火，但他没有批评任何人，只是表扬了财务部主任，高度赞扬了他的守时作风。结果，其他的人都面带愧色。

因为在迟到的人当中很可能有人有正当理由，如果不分青红皂白，将他们批评一通，那么有正当理由者必然心中不服，觉得冤枉要申辩。而他一申辩，其他的人也会纷纷申辩，结果不但达不到目的，反而把大多数人都给得罪了。

其实在场的人谁也不怕批评，因为有这么多人陪着，又不丢脸，一旦有人申辩，何不跟着起哄?可是若将“有正当理由的”和“没有正当理由的”区别对待又不可能。就算你能区分，后者也会恼怒。

所以，表扬少数在这时是最佳做法，既扬了正，又压了邪，受表扬者当然非常高兴，而对大多数人来说，虽然你含蓄地批评了他们，但并没有得罪他们，他们一方面心里感到羞愧，一方面还觉得你给他们留面子，会对你更加感激和服气。

记住：好虎不得罪一群狼。领导行使批评的手段不可触犯众怒。如果把所有的人都得罪了，一旦众人联合起来抵制你，拆你的台，那时你吃不了可要兜着走。

砸烂软钉子

作为领导难免遇到个别捣蛋鬼，而最难管最棘手的又是那种以软对硬的捣蛋鬼。对付这种软钉子，千万不要心慈手软，当硬则硬。硬硬的锤头砸下去，把软钉子砸个稀烂，不能被软钉子迷惑，钉子再软也是钉子，弄不好便扎你个头破血流，伤痕累累。最好的办法就是直接解雇他。

你想解雇自己公司的一名捣蛋鬼，切不可在下属大会上当面宣布，这样无论是因为什么被解雇，下属都会感到非常尴尬和不快。最好的时间是在星期五下午，下班后将他单独留下，坐下来面对面地谈这个问题。谈话的方式也很重要，不要硬邦邦甩出一句："你被解雇了。"然后拿出一叠钱摔给他，即使你对这个人极为不满也不该这样。你最好耐心地回顾一下他所犯的错误，当然也没必要都说出来，你可以这样说：

"我们公司对工作有一定的标准，我认为这些标准都是在公正合理的基础上建立的，而你一直达不到这些标准。我也和你谈过几次，知道你也并非不努力，但结果却令我们大家都感到比较失望，我想你大概不太适合这个工作，在别的工作中你的才能也许会发挥得更好。从今天起我们决定停止你的职务，我对此也深感抱歉，这是你这个月的工资，包括解雇费。这些不过是短期补助，希望你在此期间能找到新的工作。"

这样，既达到了解雇他的目的，又没给他造成太大的伤害，相信他不会记恨你的，当他在其他领域有所建树时，说不定还会感激你。解雇捣蛋鬼这一类的人，一定要注意策略，这种人都善于揭人伤疤，在你最怕尴尬或最不应该丢人的时候，让你尴尬，让你出丑，做管理者的尤其怕这一手，当然，对领导，这种人的手段更隐蔽，更阴险。那么，怎样对付这样的人呢?人都有长有短，这种人也是必定有其短处，你不妨抓住适当的时机也揭他一把，把他丑恶行径抖搂出来，让他也尝尝难堪的滋味。

打蛇打七寸，对付坏人也要瞅准要害，迎头痛击，挥戈直杀，出奇制胜。

有的人为了一些芝麻大的小事而怀恨在心，大做文章肆意造谣中伤，恶毒攻击；有的人为了一己私利，甚至以牺牲他人的利益为代价；有的人在自己的利益受到威胁时会不择手段，拆别人的台。

诸如对害群之马防范不周而致自己遭殃的事情屡见不鲜。值得做领导的人认真学习，汲取经验，总结教训，借鉴得失。

解雇没商量

在任何一个公司，并不是每个下属都十分完美，都能出色地完成工作，都能在你的引导和培养之下尽职尽责。有时，你还会碰上一个根本不中用的人，不管你怎么努力，他也不能完成你期望的十分之一。

在当今商海中，由于竞争的残酷，慈善行为的生存空间是十分有限的，你不可能总是对那些不能完成工作的人，都提供一种慈善性的宽容。当你觉得这类下属无可救药时，你应在他导致灾难性后果之前将其解雇。

一般来讲，对于公司的某些问题，有些下属可能比你知道得更早、更清楚，他们期望你能采取行动，他们希望你解雇那些怪异的同事。如果你忽视了那些不良行为，并且不能正视和面对表现很差的下属，你的信任度将受到极大影响。每个下属都为自己所做的事情和取得的成功感到自豪，他们不希望有人拖他们的后腿。

作为领导，你也可能被一些统计数字所迷惑，使你不能从中发现一些令你失望的下属。某位下属可能永远达不到你的期望，而且这种人还会浪费你大量的时间和精力。有时你还必须帮助他们摆脱困境，解决问题。

因此，面对这种下属，你应当机立断地采取行动，但也要小心。你的决定十分重要，你实施决定的方式也十分重要，所以小心是很必要的。这里的小心意味着对待被解雇的下属要敏感、公正与理解，而不是胆小害怕。

有些领导很容易忽视一点，即被解雇的下属也是人。解雇下属也是对下属一个打击。回到家里他们必须面对自己的家庭、邻居和亲友的议论。被解雇的理由可能令他们回去无法交代，他们可能还得为自己找到托词，如“事情不妙”，“我长相不太合适”，“我不能与上司相处”，“我不喜欢我干的工作”等。作为上司，你应该给人留点面子。不论你多么坦直、诚实，但必须给人留面子，找一些语言来帮助安慰他人。有可能的话，你甚至还可以帮他们推荐、介绍一下更适合他们的地方。

作为领导，你应该说服那些表现很差的下属，让他明白你现在唯一能做的事情就是将他(她)解雇，除此别无选择。好的领导就能做到这一点，他们能引导下属认识到他们工作确实缺乏成效，工作的质量确实很差，确实不适合干现在的工作。其实，每个人都具有某方面的才能，只是有些才能不适合于某项工作，但却可能在另一地方干得十分出色。

解雇下属，对你和下属来讲都是一项重大的决定，而且许多领导经常容易犯错。你应当避免这种情况，你可以在解雇前先警告一下他。大多数公司在制度上都规定了这一点。作为领导，你必须绝对公正、客观，防止出现不公正的解雇行为。你必须分清下属的问题是一些偶然的事件、微小的失误、暂时的问题，还是十分严重、非开除不可。换句话说，解雇的动机中不可带有任何偏见，不能带有任何个人爱憎。

厚黑方略七

拉拢关系，有话好说

同事往往是冤家，明争暗斗，可彼此又低头不见抬头见，所以和“冤家”也得好好拉关系。见人三分笑，逢事多赞美，几句好话就能把同事搞定，至少不会和人撕破脸皮，在众人面前大打出手。人缘好，吃个饱。

人缘好,吃个饱

在与同事的交往中,谁都想给他人留下一个好印象,有个好人缘。一个人的人缘好坏,能直接反映出他(她)在处理同事关系时的能力和水平。那么怎样才能赢得好人缘呢?

(1)诚实待人

为人处世应保持诚实的美德,与同事交往尤其要以诚相待。虚伪、表里不一的行为只会被人疏远。诚实是你赢得好人缘的第一原则。

(2)始终守信用

守信用是一种令人敬佩的美德,人们常以讲信用来表达对别人的尊敬。言而无信的人历来受到人们的指责。当某人赴约迟到时,所有等着他(她)的人都会认为这是一种无礼的行为,除非发生了什么重大的意外,否则绝对不应找其他借口来为自己的迟到或其他失约行为开脱。如果确实发生了意想不到的事情,比如突然生病了,或临时加班等,都要想方设法通知对方,取消约会或推迟一下。跟人约好或答应的事,务必要守信。

(3)不要在别人背后说三道四

不要传播人事是非,挑拨离间。在公司里,散布小道消息是最令人生厌的。

(4)为人正派,做事出于公心

多为别人考虑,不要凡事先替自己打算,更不能为了实现个人目的而不择手段。能够一碗水端平,这样的人才能赢得大家的认可。

(5)谨慎交友

别人对你的印象,在很大程度上是通过对你所交往的朋友的了解而产生的。俗话说"鱼找鱼、虾找虾",什么人交什么人。如果别人看到你的朋友个个都很正派,有本事,自然不敢小瞧你。相反,假如你交往的圈子中全是些没法恭维的人,恐怕别人对你的印象也就不会太好了。

(6)待人热情,富有人情味

乐于助人,当别人有困难时,你都要尽力而为。谁都有遇到困难的时候,乐于助人让你有好人缘。

(7)切忌炫耀自己

在办公室,要注意谦虚待人,不要把自己的长处常常挂在嘴边,老在人前炫耀自己的成绩。如果一有机会就说自己的长处,无形之中就贬低了别人,抬高了自己,结果反被人看不起。

(8)切忌夸夸其谈

有人在与别人交往中,为了显示自己"能说会道",便喋喋不休,没完没了地长篇大论,这种人会给人以不够稳重的印象。

(9)力避直言直语

用词要委婉,要融合各方意见,不要只凭自己的主观愿望,说出不近人情的话,否则是得不到别人的好感和赞同的。只有言辞婉转贴切,才有利于融洽感情,给人留下难忘的印象。

(10)不要显露是有恩于别人的人

同事之间总会有互相帮助的地方,你可能对别人的帮助比较多、比较大。但是,切不可摆出一副有恩于他人的状态,那样会使对方难堪。

(11)不要说穿他(她)的秘密

特别是一些个人“隐私”,知道的不要说,不知道的不要问。因为这是于你无益而使他人受损的事。

(12)注意自己的声誉

要争取使自己有个好名声并设法保持下去，不要因眼前的利益而败坏自己的荣誉和名声。

跟同事好好拉关系

处理好各种关系是我们完成工作的前提和基础。与同事好好拉关系要注意做到以下几方面:

(1)不论与同事关系亲疏好歹,都要保持正常合作,不要把个人私情掺到工作中来

与同事发生些个人嫌怨是不可避免的，这些嫌怨能化则化，千万不要带到工作中来,以致在工作中处处与之为难,不合作,这样会给人一种心胸狭隘的感觉。相反,对于你很合得来的同事,因为你俩关系好就给他许多“后门”走,也会给人留下坏印象。这两种做法都会妨碍公务,影响公司的业务,也会破坏集体的利益。

因此,先公后私、公私分明是做人最高的原则。一方面,你不要因为在工作之外与哪位同事有不愉快的冲突,就在工作上找对方的麻烦,使其难堪,另一方面,也不能因为是自己私交上的好朋友,就在工作中纵容他们“宰”公司,他们犯了错,必须严格纠正,不能包庇他们。

(2)努力修正自己的嫉妒心,有利于你与同事之间和睦相处

同事,特别是一个部门之间的同事最容易产生嫉妒,因为他们年龄相仿、职务相当、学历相同。一旦有的人被上司赏识之后,其他同事中也许会有人不服气,嫉妒那个被赏识的人。你应该很好地利用嫉妒来激励自己,当你发现同事有优点、业绩突出时,你要真心地祝福他,并且向他请教,取长补短。而有的人觉得“他比我强不了多少,为什么他行我不行”,于是就怀疑这人有关系或给领导送礼了,这样想怎能成为自己进步的动力呢?

你能消除了自己的不服心理,就会把嫉妒转化为学习他人、提高能力的契机,也能和同事保持较和好的关系。

(3)同事被上司批评时,你表示同意后要说一些同事的优点

当你遇到一个肆意批评下属不是的上司正在批评你的一个同事，你应如何把握应付这种事的分寸?

首先,你应承认这个同事有缺点,上司批评得对,然后别忘了说出这位同事的其他优点。这样不至于因照顾同事的面子,不同意上司的批评而招致上司的不满,也不会因你只说同事的缺点而招来同事的怨恨。

(4)同事被上司当众辱骂后,你过一段时间再去劝导、安慰

一个下属在许多同事面前遭到斥骂,心里一定很窝火,因为他的面子在同事面前丢尽了。这时,最好不要马上对他安慰,此时他正在火头上,你的好意安慰可能被看成是冷嘲热讽,是假意安慰,实则取笑。所以,这时你要沉默,等下班后,再用适当的方式去劝导他,这时他的火气不那么盛了,也不会迁怒于你,还会对你的同情产生好感。

(5)有关同事的隐私,即使知道也要装作不知道

"嘿!他真是守口如瓶!"如果一个人能被他人这样认为的话,他一定是具有强大说服力的人。

常常有人借着喝酒来说上司的坏话,批评老板的作风,谩骂公司的制度不健全……这些都可说是公司里常见的一种现象,而这些人也喜欢借喝醉酒来胡言乱语,甚至说大话。

"……哈……科长的太太红杏出墙,谁不知道?可怜的科长老是教训我们别到外面去风流,没想到,自己的太太却……哈!"

同事之间往往会无意中把在某酒廊听到的事,在办公时间说出。

如果这件事传到科长的耳朵里,他会怎么办呢?到处散布同事隐私的人实在是太没有道德了!

"……那个家伙实在是太多嘴了,留不住一句话,可恶极了!"如果被其他同事这样认定,同事之间的情谊就完了。

像一些极粗鄙的话,如果被心怀不轨的同事听到,很可能会添油加醋地到处宣扬。因此,有关同事的隐私和秘密,最好不说。

和平共处好处多

与同事相处,应该真诚,当他工作上有困难时,你应该尽心尽力予以帮助,而不是冷眼旁观,甚至落井下石;当他征求你的意见时,你不要给他毫无意义的称赞;当他在无意中冒犯了你,又没有跟你说声对不起时,你要以无所谓的心态,真心真意原谅他,如果今后他还有求于你时,你依然要毫不犹豫地帮助他。

因为你每天白天一大半的时间都是跟他们在一起,你能否从工作中获得快乐与满足,与你经常相处的同事有很大关系。当你在办公室里,没有人理你,没有人愿意主动跟你讲话,也没有人向你倾吐谈心,你还觉得你的工作有意思吗?

同事之间有竞争、有摩擦是很正常的现象。我们要懂得如何把这种摩擦降到最低限度,应该学会怎样把这种竞争导向对自己有利的方向。

你是不是有过这样的情形:刚刚来到新的工作岗位,你感到战战兢兢,如履薄冰。可是一些资深的职员,却对你不理不睬,并且在很多事情上,故意同你作对,你又无可奈何。这时你的头脑一定要清楚,他们是你的同事,你必须跟他们很好地合作。你不要以为自己有什么过人之处,如果你想事事都进行得顺利,必须学习怎样尊重别人,广结广交,就是与自己不喜欢的人也要建立友谊。

你要仔细研究无法与对方合作的原因,特别是自身的问题,要严于律己,待人热情,努力营造愉快气氛,研究与人和平共处的技巧,它是你日后事业成败的关键。

不妨请试试以下办法,相信你一定会有收获。

①同事们聚在一起聊天,你应该暂时放下工作,走过去跟他们很融洽地开些无伤大雅的玩笑,让同事感觉你与他们很合得来。

②不能随便把同事对你说的话告诉上司,否则你会很容易遭致大家联手反对。

③同事有意无意表示自己有多能干,想获得上司的信任时,你切勿妒忌他,而应该诚心诚意欣赏他的优点,最好还可帮着找几条实例。

无论你跟谁共事,要想创造辉煌业绩,首要条件是双方默契配合,共同合作努力。

多赞美少批评

除非必需的批评,否则我们最好不去批评同事,而更多地肯定和赞赏他人。

很少有人能认识到在日常工作和生活中,我们是多么需要他人的赞赏和鼓励,因为在此当中,我们不仅能够感受到乐趣和温馨,同时也能增添自信。林肯曾经说过:“人人都喜欢受人称赞。”威廉·詹姆士也说过:“人类本质中最殷切的需求是渴望被肯定。”“这种渴望不断地啃噬着人的心灵,少数懂得满足人类这种欲望的人,便可以将别人掌握在手中。”在美国还有一则经典的忠告,切斯特菲尔德爵士在忠告里建议他的儿子以尼韦努公爵为榜样:“你会发现,他通过先使人们喜欢他们自己来使得人们喜欢他。”很显然这位公爵使用的是赞美他人的艺术而赢得众人的喜爱的。美国钢铁公司第一任总裁夏布先生也曾说过一段意味深长的话:“我想,我天生具有引发人们热心的能力。促使人将自身能力发展至极限的最好办法,就是赞赏和鼓励。来自长辈或上司的批评,最容易葬送掉一个人的志气。我从不批评他人,我相信奖励能使人工作有原动力。所以,我喜欢赞美而讨厌吹毛求疵。如果说我喜欢什么,那就是真诚、慷慨地赞美他人。”这就是夏布成功的秘诀。

工作成绩被肯定,是人最期望的东西,当他们得到肯定、赞赏和鼓励后,会本能地焕发出更多的光和热。为什么我们不能学得慷慨一些呢?试着去寻找你周围同事身上值得你赞赏和称颂的东西,并且真诚地告诉他。这一开始也许并不容易,但你会习惯的。夏布曾广泛接触过世界各地不同层次的人,他的经验告诉我们:“无论如何伟大或尊贵的人,他们和平常人一样,在受认可的情况下比在受指责的情形下,更能发奋工作,效果也更好。”所以我提醒大家:别忘了我们所接触的人,包括我们所接触的同事,他们渴望被赞赏。在你每天的工作中,真诚地给予你的同事以赞赏,你将会发现一个鲜亮的世界。

在赞美别人时,要注意如下的一些技巧:

对别人的赞美不必过于频繁,过于频繁就失去了鼓励的意义,并显得滑头、俗气,反遭轻视。赞美的话语不宜过分,超过其实的恭维话就成了“拍马屁”,只会被人耻笑。这都说明赞美他人需要掌握一定的“度”。

一个恰如其分的赞美,还表现在赞美题材的选择上,即根据不同的对象,不同的关系,不同的场合,选择不同的赞美题材。

比如:对于长者,可赞美他的健康、经验、知识、地位或成就;对同辈人,可赞美他的精力、才干、业绩和风度;而初见面,则主要赞美其可见的外表或已知的实绩;在公共场合，赞美对方那些可引起众人同感的品德、行为、外表和长处，比较适宜；到别人家中做客，则赞美其孩子的聪明、妻子的烹调手艺和家居布置等。

实际上，除了对方的忌讳和隐私以外，只要实事求是、态度诚恳，赞美的题材随手可拾。

睁大眼睛找亮点

所谓亮点就是你能一眼就看到，并印象深刻之处。你发现了亮点，那就应该及时给予赞美和肯定。

(1)难忘的第一印象

当你跨进公司，第一次见到同事时，定会印象深刻，你可能会觉得小梁很热情，有种亲切感；小冯很文静，颇为讨人喜欢；小张很豪爽，笑起来会令你放松……

作为一个新的同事，你初来乍到一个公司，难免有些拘谨和紧张，但老同事的笑容和话语可能会使你融入其中的氛围。如果同事给你留下了美好的第一印象，你可以给予赞美，或者记下这些想法，再找个机会表达你的赞美之情。

第一次见面，你可能会觉得他的名字很特别，很有意思，那么，你可以赞其名字的独特，并可以玩笑式地赞美，“名如其人，而且，人也与众不同，出类拔萃”。有的人，名字则很有趣，比如：高兴、王子等，那么，也可以表达你的感受，也可以关心地问是谁取的名字，再对取名者表示赞扬，这是一种间接的赞美方法。

也许，你觉得你的同事有点像韦唯，或者有点像周润发……总之，你不妨勇敢地将你的直觉表述出来。对方可能会欣喜地感激你将他(她)与明星并列在一起。这是一种很巧妙的赞美。也许，他(她)会告诉你，别人也这么说，那么“英雄所见略同”，你的赞美还是具备鉴赏力的。同事会觉得心里美滋滋的，同时也颇为认同和欢迎你。如果你说他像你的同学、邻居，那么，这表示你对他已有亲切感，他可能也会觉得快乐。其实，你也可以直接赞美同事的伟岸和潇洒。当然，这是第一次见面，不宜过分煽情，特别是对异性同事的赞美，更应矜持而有分寸。

第一次见面，你可能发现小白的笑容很灿烂，那么你也可表达你的羡慕。小杜说话风趣幽默，自我介绍得很有吸引力，那么你可以说：“与你这样的同事共处，我将会年少许多岁，开心每一天。”

不管第一印象是否很美好，但总会有难忘之处，闪光之处，那么就慷慨地赞美一番，或者再找个空闲来夸一夸令你难忘之处。

(2)共事的乐趣

同事是朝夕共处的，既存在事实上的竞争关系，又具有工作中的合作关系，相处颇有几分艰难和复杂。

赞美是人际关系的润滑剂，应学会在工作、休闲中发现同志的有趣、光亮之处。阿波是一个很有文艺细胞的同事，性情开朗、活泼，在一次公司的晚会里，他高歌了两三曲，最有意思的是他的小品令人忍俊不禁。大孙在晚会结束时，特地走到阿波身边说：“幸好你没去演小品，要不赵本山陈佩斯他们准没饭吃了；我也会损失惨重，难以拥有如此有趣的同事。”

方巧特喜欢与李威共事，因为李威总是一副精力极其充沛的形象，并且有足够的自信，他总是戏言：没有摆不平的事情，只有不愿做的事情。事实上，李威的工作能力也很强。方巧纳闷地问："李威，你做了那么多的事，为什么还如此有精神？"这是很真诚的间接赞美。在竞争激烈的现代社会里，始终都处于健康状态，精力充沛，这的确是令人羡慕的。

只要留意，同事的闪光处会如同天上的星星般耀眼醒目。

勿以事小而不赞

请别吝啬对别人的赞赏，尤其是办公室里，这是你搞好人际关系的一大武器。

同事穿了一件新衣服，你第一次撞上他，可以摆出欣赏神色，兴高采烈地赞扬："这件衣服很适合啊！""噢，打扮得叫人眼前一亮哩！""嗯，今天打扮这样漂亮，有喜事呀？"或者说："你真有眼光，这衣服太帅了！"

有人穿了新鞋子、烫了个头发，甚至背了个新手袋，你也可以套用以上的赞叹词，不过，记着必须在第一次见面时就说，否则就流于虚假和公式化。除了打扮，也可以注意别人的工作表现。某同事刚好成功地完成了某项任务，或者顺利地出差回来，别忘了恭贺人家，说："你真棒，难怪老板器重你！""你的干劲实在值得我们学习！""旗开得胜，下一个任务又是你的囊中物了！"

这些说话并非叫你做人虚伪，而是多留意点别人，学会欣赏别人，对你有一定好处。

如果你发现自己与同事们在业余兴趣方面格格不入，一定很不开心。一则你与同事共处的时间一天就占了三分之一，各走各路，谈也谈不成，实在不好受；二则人是有感情的动物，如果有共同语言，相处会更融洽，合作起来亦愉快得多。

可是，难道要强迫自己改变兴趣去取悦别人？这当然犯不上。消遣玩意儿多的是，你大可发掘一种你们都会喜欢的共同兴趣，不过，进行时不要过于着痕迹，轻描淡写、低姿态是最理想的。

例如相约同事去看演唱会、去看电影等，乃最自然和最理想的，因为这些消遣与性格没有直接关系，不致与某些原则有抵触。

要是同事们喜欢讲笑话，你却不苟言笑，怎么办？当同事们大讲笑话，笑得前仰后合时，记着切勿板起脸孔，如大笑不出的话，也请微笑一下，表示你不介意和尊重他们。相反，你不妨争取主动，讲笑话之余，也逗同事轻松点，或者鼓励他们讲其他的新鲜话题。

一般人总爱听赞美话，聪明的你就不妨大方一点，多赞美别人吧！"这个意见不错，就这样做吧！""真棒，你给我提供了一个好办法！"这样，下一次他会更努力地帮助你。

好事见面都有份

有一句俗话叫：好东西与大家分享；还要一句话叫：好事见面都有份。可见，同事间利益均分的观念在当今十分普遍，所以你如果要做一个受人欢迎的人，就要记住无论什么好事都要与同事共分一杯羹。要学会与同事共享功劳，即使你凭一己之力得来的成果，也不可独占功劳。让那些属于同一部门，曾经协助过你的同事一起来分享这份荣耀吧!别担心你所扮演的角色会被人遗忘，因为你的所作所为在上司眼中瞧得清清楚楚，如果自己一味卖弄、夸耀，反而会落得邀功之嫌。

为了避免过于靠近而导致的伤害，你应与同事维持一种“刺猬式”的交往方式。所谓“刺猬式”的交往，是美国精神分析医师布列克为了形容现代人际关系的复杂与困难而首创的用词：“两只刺猬在寒冷的季节互相接近以便取暖，但是如果过于接近，彼此会刺痛对方，若离得太远，又无法达到取暖的目的。因此它们总是保持有利于双方的距离，既不会刺痛对方，又可相互取暖。”这则寓言清楚地显示了人际关系的微妙之处。

防止他人背后议论你的方法是不要在背后议论他人。有的人喜欢说别人是非，也许正表示了他本人多多少少还有点不成熟，这种谈话虽然可以发泄心中的苦闷，然而，经常说别人是非给对方听的人，恐怕有一天连对方都会成为他批评的对象。

有些初出道的年轻之辈，喜欢对同事评头论足，也许自己并没有什么恶意，但由于一传再传，若再加之被别有用心的人利用，故意添油加醋，使整件事严重起来，或许传到了当事人的耳中，芝麻大的小错便变成了西瓜大的大错。这么一来，人际关系当然便会出现一条很深的裂痕了。还要注意的是，当你从他人口中听到某同事的闲言闲语时，绝对不可以去附和他，让这话从右耳进、左耳出，那么，你就已经拥有成熟的个性了。

不要自筑高墙

你搭档多年的同事另有他就，公司调来了新搭档。

此人原是服务别的部门的，在公司里有着很坏的名声，诸如霸气、自私、不合作就批评，你听得太多了，教你十分不安，生怕将来合作会有不愉快的事件发生。

既然有了这种心理准备，要面对就并不困难。

不妨抱着这个大原则：只信自己眼睛，不要相信耳朵。那就是凡事由自己去观察分析，再下评语，切忌胡乱听信别人的是非之言。

所以，不要自筑高墙，凡事自顾自地去想、去做，那等于是摆出不合作姿态，或向对方提出挑战，这样必然惹得满城风雨，而始作俑者是你自己!

无论我跟谁搭档，要业绩辉煌，首要条件是双方够默契，同样合作的努力；要达此目的，你不妨先走一步。

拿出你的诚意来，跟对方好好分工合作，处处采取客观态度，不分彼此地合作，终能共享美满成果的!

过去曾与你合作过的同事，今天竟赫然在同一间公司和你相遇，公事上更要合作无间。这一点教你有些忐忑不安，生怕会有不愉快的事情发生。

大家要合作愉快，贵在真诚，如果心存芥蒂，恐怕做起事来多掣肘，芥蒂不时出现，这样只会成事不足败事有余，要打破这个可怕的僵局，困难不大，因为解铃还须系铃人。

你是最清楚过去你俩的关系是怎样的。如果一向不俗,相信问题不大,公事公办就是了。

若是大家均对对方印象不佳,那就得下些工夫了。首先,你要摆出大公无私的态度,有任务必须交代清楚,并抱着愿意随时伸出援手的宗旨,目的只为任务圆满完成。请明白一点,没有人是会拒好意于千里之外的。

还有一种情况,就是对方往往只属点头朋友,这反而最易办,就当对方是新同事一样看待就可以了,公余闲谈则避免大谈过去。

有竞争才有进步,你一直努力工作,以为升职是迟早之事,可是上司公布了新职由你的好搭档充任,就仿佛一盆冷水浇下来。

不错,老板曾私下向你保证,一有机会就会先擢升你,请你忍耐一下,但你仍感到不是味儿,尤其是面对其他同事的"关心"。

因为人们都将你视为失败者,向你投以怜悯的目光,假如,在公司大堂遇上你,总是腼腆不已,仿佛不知如何表示怜悯,亦不知如何与你攀谈。在这样的情况下,你必须尽快由被动转为主动。

首先,恭贺搭档升职,表示你的大度和支持。同时,做事要像往常一样的专注和投入,在同事跟前,保持开朗。

此外,切莫向外倾诉老板对你许过的承诺,这样令老板难做,只会坏了事。

即使有好事者直接询问你事件的情况,淡淡地答道:"我当然希望升职,我看机会还多呢,只要我努力和有实力。"这种说法最为上策。

心地宽容人缘好

与同事相处时,你会发现心地宽容的人人缘更好,经常微笑的人人缘也不错。

笑容是最犀利的武器。当你托同事把文件做妥,说声"麻烦你",加一个笑容,他会被你的友善感染,特别努力;或者同事把做好的计划书交给你,你别忘记谢谢他和微笑一下,这不但是礼貌,亦是感谢的表示。任何人都喜欢得到赞美。说一些别人爱听的话,只要不是谎话,便不算埋没良心。切莫对同事大叫大嚷,这不但不礼貌、不友善,还表示你缺乏信心。

即使你遇上难解的死结,情绪低落极了,更需要微笑,抛开烦恼,跟同事们谈笑,借此把恶劣心情冲淡,使精神集中于工作。还要注意不要自扫门前雪,若同事需要你的帮忙,不应吝啬,尽力而为吧,即使不会立刻获得回报,但你的投资是不会白费的,起码他会认为你是大好人。

如果你做错了事,且影响到别人,快道歉!勇于认错的人并不多,这样做自然给对方留下深刻印象。还有,处处设身处地去感受他人的心态,再给予支持,没有人会不喜欢你的。如果有人招你烦,你也大可不必理会,假设出差时你的同事从中间挤牙膏,这让你无法忍受。你经常闲谈中提起此事,他还不改变,你就随他去吧。你还有许多其他办法,不值得在此耗费精力。其他的办法是什么呢?一管牙膏,无论从中间挤得如何不像样,我都认为是可以校正的。拧紧帽儿,从底部往上挤,把牙膏从管末挤到管上端。现在拧开帽儿,把挤到顶端的牙膏挤到牙刷上刷牙。你也可以买一个金属装置连到牙膏管的一端,随着牙膏的使用,用它来卷起用完部分,不断减少你的同事从中间挤牙膏的可能。这样就能够消除麻烦。

有时候,在工作上造成了一次严重的冲击,例如跟某同事大吵大闹起来,对你的专业形象和信心会有无形的坏影响,因为这显示了你对控制人事问题有欠成熟。

该怎样去补救呢?以下是一个比较普遍的例子。你与某同事在某事上持不同意见,又互不相让,以致言语上有冲突,你自问是因为过分坦白。而你最失败的一点是,曾列写了过去三个月来,这位同事做过的所有错事。如今,你感到后悔不已,希望扭转坏情况,并愿意向对方道歉,可是,同事似乎仍处于极度失望和苦恼当中,教你歉疚更深。

其实,最佳和最有效的策略是,向他简单地道歉:"对不起,我实在有点过分,我保证不会有下一次。"

要是你重提旧事,企图狡辩些什么,只会惹来另一次冲突,同时,显得你缺乏诚意,人家日后再也不会相信你了。记着,你的目标是将关系缓和下来,与同事化敌为友。所以,最好静待对方心情好转或平和些时,正式提出道歉。

所谓冤家路窄,你的死对头,或者曾经结怨者,被调派到你部门来,且和你工作关系密切。事实既然摆在眼前,你必须好好处理之。

要你忘记怨恨,是不可能的事。但有几项原则,是有必要遵守的。

首先,无论那一次结怨谁是谁非,也不要介入工作的讨论范围里,从此只字不提,以免双方公私不分。要是对方先触及疮疤,请你平心静气,紧盯着他道:"我不会记着过去不愉快之事,尤其是在工作时间内,避免影响自己情绪。"

其次,摆出大公无私之态。或许你过去与搭档工作,一切讲默契、讲信赖,但对这位新同事,就必须事事讲清楚,以免有所误解,导致不愉快事件,或心病愈重。例如交代一件任务,必须清楚指出任务的目标、完成日期和报告书的规划等,切莫想当然。

不妨对同事屈就一下

保持与同事良好的人际关系,并不需要凡事都要摆出一副"公事公办"的架势,相互之间事事较真儿,不苟言笑,彼此都要保持一定的距离。事实上,搞好同事关系,避免"得罪人"情况的发生,在坚持原则的前提下,还应随机应变,应付自如。一般说来,同事大都是年龄相当、资历相近的人,尽管脾气性格多有差异,但总有很多地方还是"谈得来"的。在工作上应该求同存异,融洽关系,避免不愉快的事情发生。

同事之间如果干的是同样的工作,那么相互之间应多多交谈、商量,共同制定工作方法、步骤,有了问题及时交换意见等是十分重要的,这是融洽关系,避免互相得罪的重要方法。即使分工不同,但属一个公司的同事,也应多多来往,互相支持。我们觉得,在实际工作中同事之间的相互"得罪",往往是由于相互不了解以致产生误会,而误会出现以后又不及时消除,过于坚持自己的"尊严",不愿使自己去"伤心"所造成的。曾经有这样一个例子,在某一公司的一次会议上,财务主管王某对自己的同事生产主管张某发言中的有些观点提出了不同的意见,王某比张某年轻几岁,但他是本着向同事学习的目的来说这番话的，言辞虽然有些激烈，但态度还是诚恳的。但王某的话却引起了张某的误解，在他看来，这是王某有意找茬寻事，同自己过不去，因此在会上他来了个“沉默是金”，对王某“商榷”式的发言未置一词，会下也未再交换意见。而王某看到张某的态度，则以为他仗着自己资格老，摆架子，卖关子，看不起人，不讲道德，等等。二人别别扭扭了很长时间，直到最后由他们上司出面才基本解决了问题。

其实，如果王某和张某其中有一人大度一些，诚心诚意地解释一番，哪怕随意地开几句玩笑，幽默一下，问题可能就要简单得多，结果可能也会好得多。但由于两人谁也不愿意“屈就”，谁也不愿放下“架子”，谁也不谙熟“交际”的招数，出现“得罪”局面就是自然的了。

同事之间应多理解，多从工作上着想，心胸放宽一些，多来往，多交谈，还很有必要学会一些交际的手段和方法。在交际中还应注意如下几点避讳。

一避讳在上司面前信口开河。有些人在同事之中无话可说，显得老成甚至有点木讷，但在上司面前却可以信口开河、滔滔不绝，张三李四飞短流长。这种人是公司里不团结的因素之一。因为他在同事和上司面前不是同一副嘴脸，搞两面派，这种行为最让人讨厌，也最容易引起别人的“怪罪”。还有的人，则纯粹是为了讨好上司，不是凭真才实学，而是靠踩着别人的肩膀，贬低别人，抬高自己，结果是一人得道，得罪众人。

二避讳在同事当中骄傲自大。曾经有这样的说法，有真本事的人骄傲自大一些尚可理解，而没有真本事却又要妄自尊大最令人厌恶。其实，有真本事的人也不应该骄傲自大。你成就大、贡献多别人是看得见的，心中有数的。但如果说大话、摆架子、清高自傲，自以为比别人强，不把同事放在眼里，这种人是最容易得罪人的。

三避讳在工作上面混事当差。工作当中，靠什么得到别人的尊重?最根本的还是要靠工作的态度和成就。所以，良好的工作作风，积极上进的精神状态，是赢得别人尊重的基础。有的人工作上吊儿郎当，混事当差，不思进取，像“万金油”似的，到处蹭别人，这种人是最让人看不起的，也是最容易让别人“怪罪”的。

同事不记隔夜仇

一个人要想在工作中面面俱到，谁也不得罪，谁都说好，恐怕是不可能的。因此，在工作中与其他同事产生种种冲突和意见是很常见的事，碰到一两个难于相处的同事是很正常的。

应该说，同事之间尽管有矛盾，仍然是可以来往的。首先，任何同事之间的意见往往都是起源于一些具体的事件，而并不涉及个人的其他方面。事情过去之后，这种冲突和矛盾可能会由于人们思维的惯性而延续一段时间，但时间一长，也会逐渐淡忘。所以，不要因为过去的小意见而耿耿于怀。只要你大大方方，不把过去的当一回事，对方也会以同样豁达的态度对待你。

其次，即使对方仍对你有一定的成见，也不妨碍你与他的交往。因为在同事之间的交往中，我们所追求的不是朋友之间的那种友谊和感情，而仅仅是工作，是任务。彼此之间有矛盾没关系，只求双方在工作中能合作就行了。由于工作本身涉及双方的共同利益,彼此间合作如何,事情成功与否,都与双方有关。如果对方是一个聪明人,他自然会想到这一点,这样,他也会努力与你合作。如果对方执迷不悟,你不妨在合作中或共事中向他点明这一点,以利于相互之间的合作。

因为,你与大多数人的关系都很融洽,所以你可能会觉得问题不在于你这一方;你甚至发现其他人也和他有过不愉快的经历,于是大家都不约而同地将矛头指向了那个人,所以,你会认定是他造成这种不融洽局面的。

你们双方都没有花时间去进一步了解彼此,也没有创造一些机会去心平气和地阐述各自的看法,因而,双方缺乏对彼此的信任,个人间的关系也就会不断倒退。怎样才能够改变这种局面、改善彼此的关系呢?

你不妨尝试着抛开过去的成见,更积极地对待这些人,至少要像对待其他人一样地对待他们。一开始他们会心存戒意,而且会认为这是个圈套而不予理会。耐心些,没有问题的,将过去的积怨平息的确是件费工夫的事儿。你要坚持善待他们,一点点地改进,过了一段时间后,表面上的问题就如同阳光下的水一蒸发便消失了一样。

也许还有深层的问题,他们可能会感觉你曾在某些方面怠慢过他们,也许你曾经忽视了他们提出的一个建议,也许你曾在重要关头反对过他们,而他们将问题归结为是你个人的原因;还有可能你曾对他们很挑剔,而恰好他们听到了你的话,或是听有一些人转述了你的话。

那么,你该做些什么呢?一种方法就是任问题存在下去,这是很危险的,它很可能会在今后造成更恶劣的后果。另外一种方法是找他们沟通,并确认是否你不经意地做了一些事儿得罪了他们。当然这要在你做了大量的内部工作,且真诚希望与对方和好后才能这样行动。还曾见到一些人坐在一起,表面上为了解决问题,而实际上却是大家更强硬地陈述自己的观点。

他们可能会说,你并没有得罪他们,而且会反问你为什么这样问。你可以心平气和地解释一下你的想法,比如你很看重和他们建立良好的工作关系,也许双方存在误会等。如果你的确做了令他们生气的事儿,而他们又坚持说你们之间没有任何问题时,责任就完全在他们那一方了。

或许他们会告诉你一些问题,而这些问题或许不是你心目中想的那一个问题,然而,不论他们讲什么,一定要听他们讲完。同时,为了能表示你听了而且理解了他们讲述的话,你可以用你自己的话来重述一遍那些关键内容,例如,"也就是说我放弃了那个建议,让你感觉我并没有经过仔细考虑,所以这件事使你生气"。现在你了解了症结所在,而且可以此为重新建立良好关系的切入点,但是,良好的关系的建立应该从道歉开始,你是否善于道歉呢?

如果同事的年龄资格比你老,你不要在事情正发生的时候与他对质,除非你肯定你的理由十分充分。更好的办法是在你们双方都冷静下来后解决,即使在这种情况下,直接地挑明问题和解决问题都不太可能奏效。你可以谈一些相关的问题,当然,你可以用你的方式提出问题。如果你确实做了一些错事并遭到指责,那么要重新审视那个问题并要真诚地道歉。类似"这是我的错"这种话是可能创造奇迹的。

同事不是出气筒

对于自己喜欢的人，他提的看法我们较易接受。相反，对于自己讨厌的人，不论他提出什么，我们第一个感觉就是反对。

每一个人都喜欢受欢迎，也不断追求被别人接受。不过，人与人相处，多少也要讲些缘分。换句话说，不会人人都喜欢你，也不会人人都讨厌你，正所谓“曹操也有知心友”。所以大家不要强求公司内人人喜欢自己，偶然出现些反对势力也不错。

要受欢迎，首先要对人亲切，令人清楚地感受到你内心的关怀和善意。

由于人与人相交，往往有很微妙的心灵感应，所以你如果有事心烦，不论你外表装得多么愉快，也掩盖不了内心的不快。正因如此，要人人喜欢和你接近，你一定要是个快乐的人。君不见一些乐天知命的人，身边总不乏朋友，不论是什么类型的人，也乐于和他们亲近。即使意见不同的，也乐于和他们相处，最重要的原因是——快乐。

一个乐观的人，内心无忧，自然能感染到别人，令别人也轻松下来。只有内心无忧的人，才能聆听别人的不快之事，为别人分忧。

同时，一个乐天的人，不会处心积虑和别人争名逐利，自然容易被人接受。一个没攻击性的人才会成为同事间受欢迎的对象，而且往往是两虎相斗后得益的第三者。

有很多时候，我们也会遇到情绪波动，或突然间很不开心。如这种情况在家中出现，还可以找家人倾诉，或出外跑跑步，或做些剧烈运动，缓和一下不安的情绪。

不过，如果这种情况在办公室内出现，我们又不可以随便离开岗位，胸中的气又如何抒发呢?

如果以同事为出气对象，绝对行不通。即使那位同事十分大度，知道你也是一时情绪化，所以不怪你；但其他同事眼见你乱发脾气，对你的印象会大打折扣。

这种情况如让上司知道，更会影响到你的升职机会。因为一个情绪化的主管，很容易令下属不满，直接影响到工作和生产力，所以上司一般也不喜欢挑选脾气大的员工做管理人员。

既然情绪化有那么多的坏影响，那应怎么办?要控制自己的情绪，首先要对症下药。先找出病源，才能找出根治的方法。不然的话，只盲目抑制，令下一次爆发时，更加不可收拾。

有些人在工作压力大时，便会情绪低落，所以对工作量增加，应先有心理准备，多做些轻松活动。

有些人会因感情问题而影响情绪。这只好提醒自己，在办公室内以公事为重，不要把私人感情问题带进工作里。在情绪不稳时，可暂时去洗手间，以冷水洗洗面，使自己冷静下来。

有话说到头里

与同事相处，互通声气，有话说到头里是很重要的。这是减少误会、取得同事信任所必需的。

生活中有些人，他们往往只考虑到自己或某个部门的利益，而没有全局观念，因此有什么有利的事情都不愿告诉别人，生怕别人抢了去，他们习惯于孤军奋战，不敢取得“外援”，这样做事自然不会有好的结果。即使有人出于至诚，真想帮他一把，但是一方面，因为他不愿透露消息，所以别人不知道；另一方面，即使知道了又能怎么样呢？人家又没请你帮忙，你又何必多操这份心呢？有事不说，就是对别人不信任，怕一旦说出去有人“加害”。一个不信任别人的人，别人自然也不会信任他，不会将他当做朋友和事业上理想的合作伙伴，结果是自我孤立，自取其败。

当然，有些人并不是害怕同事“拆台”才不愿声张，而是性格使然，或者是一种工作方式。如果是这样，那就要改一改，在今后的工作中，多增加一些透明度，使同事对你多了解一些，这样更有利于你们的合作。

另外，如果上司做出一项决定，要处理你的一位同事，而上司又指派你去调查这件事情。本来，你与这位同事的关系很好，现在让你去找他的材料，一定非常为难，但是“上”命难违。你最好先同那位同事打个招呼，说明你不得不这样做，不是有什么个人恩怨，而是“上支下派”。一旦开始调查，那就要公事公办，请他有个思想准备。千万不要小看这一“手”，你这样做了，那么以后出了问题他也不会怪你，因为你有你的苦衷，他是可以理解的；如果你没有这样做，而是上司一下令，你就手持“上方宝剑”，拿出一副“钦差”的架势，即使你是秉公办事，对方也会怀疑你“公报私仇”，想趁机“整”他一下。这样，不论有事还是无事，他都会记恨你，原来很好的关系，也会因此断送。

遇事先打个招呼，一方面表现出自己对同事的尊重，让他觉得你心里有他；另一方面，你既打了招呼，让他对某件事情、某个决定、某项决策有了了解，那么他就会在可能的情况下帮你出谋划策，解决问题。如果你们是同一部门的同事，那么这样做就更加必要了，如果事情没办好，那你也可以拉他一块共担责任，这总比你一个人受过要好吧。

多琢磨事，少琢磨人

你有时也许会有这样的困惑：老板对你印象不错，你自己的能力也不差，工作也很卖力气，但却总迟迟达不到成功的峰顶，甚至常常感到工作不顺心，仿佛时时处处有一只看不见的手在暗中扯你的后腿。百思而不得其解之后，你也许会灰心丧气，颓然叹道：“唉，那是上帝之手吧！”

错了，朋友，如果你当真遇到上面说的这种困惑，提醒你一句：也许那并不是什么上帝之手，而是你左右同僚的手，很可能，是你与他们的关系上出了什么毛病！

同事之间存在竞争的利害关系。在一些合资公司，特别是外资公司里，追求工作成绩，希望赢得老板的好感，获得升迁，以及其他种种利害冲突，使得同事间天然地存在着一种竞争关系。而这种竞争在很大程度上又不是一种单纯的真刀实枪的实力较量，而是掺杂了个人感情、好恶、与老板的关系等复杂因素。它是一种变了形的扭曲了的世界级运动会，其中有多种可能影响成绩的因素：服用兴奋剂，裁判不能秉公执法，以及偷跑、抢跑等情况。表面上大家同心同德，平平安安，和和气气，内心里却可能各打各的算盘。利害关系导致同事之间也可能同舟共济，也可能各想各的心事，因此关系免不了紧张。

同事之间，彼此年龄不同，同事关系也是多样的。热情、友好、大方、满怀善意，你得到的将是理解、信任和友谊。相反，冷淡、自私、小气、算计他人，则会招致别人的反感、怀疑和戒备。

有两种态度容易损害同事关系：一种是待人刻薄，还有一种人，热衷于算计他人。一个公司里，这样的人越多，则人际关系越复杂，"内耗"越严重，工作效率越低。相反，大家都集中精力干工作，不过多地关注别人的缺点，人际关系就会比较正常、简单，工作效率就会提高。"多琢磨事，少琢磨人"，确是处理好同事关系的一条原则。

在竞争愈演愈烈的社会中，同事之间也不可避免地会出现或明或暗的竞争，表面上可能相处得很好，实际情况却不是这样，有的人总想让对方工作出错，自己有机可乘，得到老板的特别赏识。

人人生而平等，每个人都有足够的条件成为老板，但必须要懂得一些待人处世的技巧，以下是"职场厚黑学"的建议：

①无论你多么能干，具有自信，也应避免孤芳自赏，更不要让自己成为一座孤岛，在同事中，你需要找一两位知心朋友，平时大家有个商量，互通声气。

②想成为众人之首，获得别人的敬重，你要小心保持自己的形象，不管遇到什么问题，无须惊慌失措，凡事都有解决的办法，你要学会处变不惊，从容面对一切难题。

③你发觉同事中有人总是跟你唱反调，不必为此而耿耿于怀，这可能是"人微言轻"的关系，对方以"老资格"自居，认为你年轻而工作经验不足。你应该想办法获得公司一些前辈的支持，让人对你不敢小视。

④若要得到老板的赏识与信任，首先你要对自己有信心，自我欣赏，不要随便对自己说一个"不"字，尽管你缺乏工作经验，也无须感到沮丧，只要你下定决心把事情做好，必有出色的表现。

⑤凡事须尽力而为，也要量力而为。尤其是你身处的环境中，不少同事对你虎视眈眈，随时准备指出你的错误，你需要提高警觉，按部就班把工作完成，创意配合实际行动，是每一位成功公司职员必备的条件。

⑥利用午饭时间与其他同事多沟通，增进感情，消除彼此之间的隔膜，有助于你的事业发展。

厚黑方略八

和气生财，互惠互利

同事不仅是与你博弈的竞争对手，其实也能作为你的一枚棋子，利用价值大大的有。不论多么可恶的同事，在工作的时候你都应该把他当情人看待，只有赢得了他们的合作，你才能有更大的成绩。给你所厌恶的人一个拥抱。

携手合作吃饱饭

有这样一个故事：

一个人去参观天堂和地狱，以便选择自己的最后归宿。在地狱里，他看到每个人手臂上部扎着四尺长的刀叉，根本无法吃到桌上的美味佳肴，所以人人瘦得皮包骨头。而天堂里，虽然刀叉的把手也是四尺多长，但人们都相互喂对面的人，因此都能吃得好吃得饱。

这个故事给人以启示：携手合作反而要比只顾自己收效更大。

在竞争中，也是会遇到类似情况的。虽然有时吃掉对方、独霸天下是最理想的结果，但往往是两败俱伤，也不能达到预期的目的。

美国的水晶杯公司和细瓷公司，分别推出的水晶玻璃高脚杯和细瓷餐具都是高档的名牌餐具，在市场上竞争比较激烈。经过一段时间的怒目相向，两家公司决定联合推销，携手合作。水晶杯公司利用细瓷餐具多年在日本市场的信誉，通过联合促销，将其产品打入日本；而细瓷公司则利用水晶杯公司百分之五十产品销往美国的优势，使细瓷餐具走进美国家庭和饭店的餐桌。结果双方都扩大了销售市场，大幅度提高了销售金额。

有益的合作是化解风险、走向成功的高明手段。

作为企业的领导人员，对内对外要和许多人发生联系，如果仍然拘泥于比较狭窄的交际原则，与自己志同道合、脾气相投的人则亲，与自己性格迥异、职级相差、文化背景不同，甚至年龄悬殊的人则疏，是很不利于工作的。

工作上产生的人际关系，不同于个人选择挚友良朋，应该从工作的层面上考虑，尽量搞好彼此间的合作。这种合作，是比较宽泛和宽容的。

任何人都有自己的思想、习惯及爱好，如果在与他人合作中，过分强调对方在行为性格中与自己的不同之处，就会因为这些微小的隔阂而引起沟通上的障碍，产生好恶，而影响合作。这是应该避免的。

所以，企业的白领人员必须敞开胸怀，广交朋友，要善于和自己性格、气质不同的人相处，要学会理解对方，求同存异，这样才能扩大交际面，广泛进行合作。

同事也可帮你忙

人们在找同事帮忙办事儿时，总认为同事之间只存在猜疑和忌妒，实际上，这是一个错误的认识。现代社会中，同事之间更需要同舟共济，特别是因为在一起共事，友谊会自然而然地产生，一个人在家和家人相处的时间和在公司与同事相处的时间几乎差不多，如果在办事儿时，不会利用同事关系，不但有些事儿办起来费劲，还容易让人觉得你没有人缘。

同事关系是办事儿最直接最方便利用的关系。

每一个人在公司都有表现自己的欲望，求同事办事儿就等于为他提供了一次表现个人能力的机会，即便遇到困难也得办；即便有时担心领导不满也得办，以此在同事中维护自己急公好义的形象。同事的事儿和公司的事儿一样,每个人都会感到自己有一份责任和义务。因此,找同事办事儿不用存有任何顾虑,该张嘴时就张嘴。

那么,我们该怎样利用好同事关系办事儿呢?

(1)找同事办事儿要有诚意

同事之间了解得比较多也比较深,如果找同事办事儿藏藏掖掖,想托人办事儿又神神秘秘,不把事情说明白,容易使同事产生你不信任他的感觉。因此,找同事办事儿就要先说明究竟要办什么事,坦言自己为什么办不了,为什么要找他。这样,精诚所至,同事只要能办到的事,一般是不能回绝你的。

(2)找同事办事儿要客气

同事不是朋友,一般都没有太深的交情。因此,找人之前说话一定要客气,而且要以征询的口气与同事探讨,激他帮忙想办法,受到如此的尊重,同事如果觉得事情好办,自然会自告奋勇地去办,几句客气话,省却许多麻烦。办完事之后,一般不要用钱来表示谢意,客气几句,说声谢谢就可以了,如果执意要拿钱来表示,容易引起反感,因为同事之间办点事就接受物质感谢会给大家留下坏印象。

(3)找同事办事儿要有的放矢

一些比较笼统不明的事儿一般不找同事去办,办一件事儿之前,要先知道你这位同事的社会关系,以及他是否办起来没有太大的难度。只有掌握了这些情况,你才能做到张口三分利,也不至于叫同事左右为难。

(4)什么样的事儿不能找同事办

自己能办的事儿尽量自己去办,这样的事儿求同事会使人感到你老大自居,不把同事的腿脚当回事儿,这样既可能耽误事,又影响了同事感情。

需要请客送礼的事儿不要托同事办,在公司里,请客送礼毕竟不是什么光彩的事儿,“流行”只是指在社会大环境里。

如果同事不能直接办也得“人托人”,费周折这样的事儿,不如转求他人。

和同事利益相抵触的事不能找同事去办,即使这利益涉及的是另一个同事。

赢得别人的合作

在学校里,你对不喜欢的同学可以敬而远之,不加理睬,对你也不会有显著的影响。

但是在工作场合,你能有效地完成你的工作,必须能和每一个人合作,不管是喜欢或不喜欢的人。因此,经营企业内的人际关系第一个重要的态度是积极地赢得任何一个人的合作。

如何赢得别人的合作呢?合作是双方向的事情,你若对某人有好感或某人对你有好感,就会产生双方合作的意愿。因此,好的印象应该是赢得合作的一个要因。此外,支撑长期合作的另一个原因是互惠。如何赢得别人的好感而增加你的人际关系呢?下列的一些方法,你若能力行,相信你必能成功地建立你的人际关系,并能从这些人际关系中获得丰厚的利益回报。

(1)自我管理

自我管理就是管理好自己,不要给别人带来困扰。例如不守公司的规定、不尽责完成自己的工作、只考虑自己利益不顾及周边的人、不能做到自己承诺的事情……

自我管理也是控制好自己的情绪，不要让别人感觉你是烦躁、不安、畏缩、悲观、暴躁、愤怒、挫折、消沉、懊恼、沮丧、孤独、无力的。而应该让别人感觉你是活力、热诚、振奋、毅力、信心、愉悦、快乐、好奇、体贴、宽大、感恩的。总之，自我管理是获得别人的尊重与合作的起点。

(2)随时能站在别人的立场考虑事情

每个人开始表达意见及看法时，都代表着他的价值观或部门的立场。立场不一样或价值观不同，对同一件事情产生相异的看法是最自然不过的一件事情。但是企业的行动必须目标一致，因此彼此间一定要能达成共识，才不会各自为政、四分五裂，让企业的运作停顿。

如何达成共识呢?站在别人的立场考虑事情是一个有效的方法。你能站在别人的立场考虑事情时，表示你在处理人际互动时，能先了解对方的处境后，再理解对方的看法，不会如一般人当听完别人不同意见时，第一个反应不是想要了解他所说的，而是想要评断他，批评他是好、是坏、是或非，而评断别人的对错往往是拿自己心中的那把尺。

企业内不同的部门的立场，例如业务部希望生产部门能生产多种颜色、各种样式的产品供客户选择；生产部门反对太多的样式、颜色，因为太多不同的样式、颜色不但影响大量生产的成本效益，同时增加采购作业的复杂度，及造成存货方面的问题大为提升。不管业务部门也好、生产部门也罢，大家的想法都对，也都不对，这要看你站在什么角度来看。但若你只站在一个角度来看，恐怕无法能从自己的角度赢得别人的合作。若是生产部门也能以业务部门的立场来思考的话，他会理解到产品要能满足客户的需求，但是生产式样、颜色多选择性的产品势必让每个产品的成本上升不少，售价一定要比现在贵很多。若是业务部门知道售价会提升很多时，他们是否还会坚持要那么多种类的产品呢?答案恐怕不一定呢。的确，业务部门知道多样式、多种颜色将使售价上涨，他们不会再坚持要那么多种类的产品，而慎重考虑后只选出几样最有把握销售的产品。

站在别人的立场来考虑事情，并不是牺牲自己的立场，而是能以协调合作的态度，找出一个双方都有利的基准或是双方都想达成的目标。上述例子中营业部门及生产部门找出的基准是生产客户最喜欢也最有能力购买的产品，这个基准是双方共同达成的目标。你本着随时站在别人的立场考虑事情的态度，你会发现对方的合作大门也都会很快地开启。

(3)主动地去关怀别人、帮助别人

人们最关心的是谁? 人们最关心的是自己。你自己回想一下，你脑筋里最常想的事情和谁最有关系，大概百分之九十以上的时间，脑子里出现的事情都和自己有关。你和别人谈论事情时，是不是也迫不及待地将话题引向和自己有关的内容?

由于大部分的人都最关心自己，但又渴望能得到别人的关怀。这实在是一个很普遍的现象，但是大多数的人又都不能突破这种矛盾。谁能突破这种矛盾，谁就肯定能成为一位受欢迎的人。为什么我们敢肯定这样说呢?

相信你也能发觉，一般家庭饲养的宠物以小狗最多。小狗一不能看家，二不事生产，三不会捉老鼠，四不会耕田，五不能挤牛奶，为什么它能赢得那么多人的喜爱呢?因为狗最懂得亲近人们。早上你出门时，狗会摇着尾巴，依依不舍地送你出门；回家时，还没有进门，小狗就高兴得叫个不停，热烈地摆动着尾巴，热情地迎你进门，还有谁能像它那样地关怀你,你能不喜欢它吗?

因此,我们要做一个成熟的人,想要赢得友谊、想要处理好人际关系,主动地去关怀别人、帮助别人,你必定能得到你想要的友谊,也能得到别人的关心。

一荣俱荣,一损俱损

做任何一项工作,都要有一个主要负责人。之所以需要有一个主要负责人,是因为责任落实到某个人头上,便可极大地调动他的工作积极性,发挥他的主观能动性,使他将工作干得更好,同时也能极大地提高工作效率。另外,如果工作出现纰漏,上司也可以很容易地找到责任人,及时纠正错误。

一项工作不可能有几个主要负责人,如果有,那也是很不合理的。因为一项工作有几个人负责,会产生相互扯皮的现象,从而会大大降低工作效率。一般的做法,是由其中一个人负主要责任,其他人协同配合,分工负责。

负主要责任的人,一般是对某项工作很内行的人,他对这项工作很了解,即使不是对每个细节都了如指掌,起码也能有个总体了解;或者这个人曾做过这项工作,很有经验。这些都是上司在布置工作任务时所要考虑的。

因此,如果上司给你和你的一位同事布置了一项任务,让你们共同去做,而且还要你的同事负主要责任,让你协助他的工作,那么你千万不要有什么想法,因为事情就是这样,不是由他负责,就是由你负责。

上司让你的同事负责,那就肯定有他的理由:或者是同事对这方面有较多的了解;或者是他较有经验;或者是他在上司面前较多地展露过才华,等等。总之,同事比你更适合担当大任,这不是因为上司偏心,也不是上司用人不明,而是出于对工作的考虑。

因此,你应该放下思想包袱,不要因为做了同事的助手而感到难为情或者心怀不满,你要与他紧密配合,尽力而为,尽量将工作做得圆满一些。

同事与你研究问题,你要知无不言,言无不尽,对于同事不正确的看法或决定,也要及时指出来加以讨论;同事交给你的任务,你要按时保质保量地完成,不要扯同事的"后腿",更不能挖他的"墙脚"。要知道你与他上了同一条船,那就只能同舟共济、有福同享、有难同当了。工作出了问题,不仅是同事的耻辱,也是你自己的耻辱,最起码人们会对你的工作能力提出疑问。你与同事是"一荣俱荣,一损俱损",因此只有和衷共济,才能达成双赢。

当需要你为同事做助手时,那就争取做个好助手吧!

不要破坏了"合作网"

在公司里,同事之间免不了互相帮帮忙,你对这种事情应当采取什么态度呢?平常我们总说"助人为乐",但是,在办公室这个战场上,怎样助人,才能真正成为乐趣,才能被对方所接受呢?

只要是人，都会有善恶之分。但是在办公室里交朋友却不可以如此任性，最好是一视同仁地与他们打交道。

同事之间要能同甘共苦。“今天如果不加班的话，工作是怎样也赶不完的!”假如有一位同事一边看表，一边叹气地说这些话时，你也许会说：“唉!真是够辛苦啦!要不要我来帮你忙啊!”若能对他这么说的话，那位加班同事的内心该会多么感激你啊!今天我帮你忙，明天也许变成你帮我忙了，这种情形在工作上也是经常发生的。

所以同事之间，在有困难之时应该彼此互助，形成一个“合作网”。有这个合作网之后，当网内的任何一个同事必须加班时，突然来了一位客人，连茶都没人倒，当然也可以由合作网的同事代为倒茶，或是有困难时大家都一起来帮忙。但是身居合作网中，如果只管接受别人的服务，而不考虑帮助他人的话，这个合作网便马上会垮掉。因此不要忘了“礼尚往来”这句话，这才是合作网得以形成并持续的秘诀啊!

工作认真、乐于助人的你，终日忙得团团转。因为除了本身的工作，你还是“清道夫”，对其他同事的要求援手，一并接纳。

但不妨检讨一下，这样做，是否经常弄得你透不过气来，甚至要超时工作。如果达此程度，奉劝你应该重新估计自己的能力和态度了。

谁都需要休息，要是你没有停下来喘息和“加油”的时间，对本身的工作肯定有坏处。其次人是不能纵惯的，长久做“好人”，人家是不懂珍惜的，即是说你可能是辛苦了自己，却吃力不讨好。所以你应该学习去拒绝别人。

当然不是叫你一反常态，只顾自己，而是请你预先分析一下，每一件工作需要花多少时间，自己的能力和精力又可以承受多少工作。别以为自己是超人，没有人可以长期在巨大压力下工作，请解放自己。

好了，你确实有剩余时间，不妨“择人而助”，那就是研究一下哪种工作可以让你学到新技巧，或在人际关系上有好处。否则，请婉转地拒绝吧。

同事意欲另谋高就，且坦白向你要求做其介绍人。这位同事跟你颇为投契，甚至视你为“好友”，所以你总不应袖手旁观。

然而，在伸出援手之余，请注意自己的身份。

对工作不满意的，是你的同事，不是你。所以，你是绝对不值得为此给自己的工作造成坏影响。即使插手，也得聪明点、理智点。

首先，同事仍服务于公司，你若给他介绍工作，等于跟公司作对，即使老板不怪你，要是有人拿此做话柄，在背后中伤你，多少对你是不利的。

如果刚巧确有份工作十分适合这位同事，不妨考虑以下方法：请公司以外的第三者给同事做介绍人，就是两全其美之策了。

当然，若同事已离开公司，即已不是你的同事，以朋友身份向你求助，你就可以放开手去帮助他了。因为没有了利害关系、同僚关系，许多问题都不会发生，你要伸出援手，对你和他都是有益无害的了。

处处留意给人面子

生活中经常有这样的人，帮了别人的忙，就觉得有恩于人，于是心怀一种优越感，高高在上，不可一世。这种态度是很危险的，常常会引发反面的后果，也就是：帮了别人的忙，却没有增加自己人情账户的收入，这是因为这种骄傲的态度，把这笔账抵消了。

古代有位大侠郭解。有一次，洛阳某人因与他人结怨而心烦，多次央求地方上有名望的人士出来调停，对方就是不给面子。后来他找到郭解门下，请他来化解这段恩怨。

郭解接受了这个请求，亲自上门拜访委托人的对手，做了大量说服工作，好不容易使这人同意了和解。

照常理，郭解此时不负人托，完成了这一化解恩怨的任务，可以走人了。可郭解还有高人一着的棋，有更技巧的处理方法。

一切讲清楚后，他对那人说：

"这个事，听说过去有许多当地有名望的人调解过，但因不能得到双方的共同认可而没能达成协议。我在感谢你的同时，也为自己担心，我毕竟是外乡人，在本地人出面不能解决问题的情况下，由我这个外地人来完成和解，未免使本地那些有名望的人感到丢面子。"

郭解进一步说：

"这件事这么办，请你再帮我一次，从表面上要做到让人以为我出面也解决不了问题。等我明天离开此地，本地几位绅士、侠客还会上门，你把面子给他们，算做他们完成此一美举吧，拜托了。"

人都爱面子，你给他面子就是给他一份厚礼。有朝一日你求他办事，他自然要"给回面子"。即使他感到为难或感到不是很愿意。这，便是操作人情账户的全部精义所在。

在记取人们是如何注重面子之后，还必须尽量避免在公众的场合内使你的对手难堪，必须时时刻刻提醒自己不要做出任何有损他人颜面的事。

永远记住一个物理反应：一种行为必然引起相对的反应行为。只要你有心，只要你处处留意给人面子，你将会获得更大的面子，你能想象吗？

所以，为同事帮忙时应该注意下列事项：第一，不要使对方觉得接受你的帮助是一种负担；第二，要做得自自然然，也许在当时对方或许无法强烈地感受到，但是日子越久越体会出你对他的关心，能够做到这一步是最理想的；第三，为同事帮忙时高高兴兴的，不可以心不甘、情不愿的。如果你在为同事帮忙的时候，觉得很勉强，意识里存在着"这是为对方而做"的观念，假如对方对你的帮助毫无反应，你一定大为生气，认为"我这样辛苦地帮你忙，你还不知感激，太不识好歹了！"如此的态度甚至想法都是不自然的表现。

一山能容二虎

一般而言，与同事有点小想法、小摩擦、小隔阂，也是很正常的事。但千万不要把这种"小不快"演变成"大对立"，甚至成为"一山不容二虎"的敌对关系。殊不知在"小不快"的时候还可以在一起合作和共事，但在产生"大对立"以后，连在一起共事也做不到了。所以，为了不要在同事中树敌，必须把握好以下分寸。

(1)从批评中寻找积极成分

如果同事对你的错误大加抨击，即使带有强烈的感情色彩，也不要与之争吵不休，而是从积极的方面来理解他的抨击。这样,不但对你改正错误有帮助,也避免了语言敌对场面的出现。

(2)关心别人的成就

关心同事的成绩,是化敌为友的纽带。对别人的行动和成就表示真正的关心,是一种表达尊重与欣赏的方式。如果同事喜欢夸耀一下自己与工作无关的成就,你表示关切与祝贺,就会赢得他的好感。

(3)不要理会威胁

威胁性的话,如"你以为你是谁"、"你连最基本的常识都不懂吗"等,都是为了挑衅找由头,是导火索而已。如果你按捺不住气恼,势必要相互破口大骂或大打出手;如果不予理会,就等于不给别人破口大骂的机会,减少他表示强烈敌意的可能性。

(4)让同事知道你"倚重"他

每个人都希望自己很有"分量",适时地表达对方在你心目中的"分量",抬高他的地位,满足他的自尊,就可以避免一些矛盾激化,尽可能减少或消除将来的敌对怨恨。

(5)对同事的意见很"在意"

当同事对你很郑重地表达某种意见时,听完之后,你不妨扼要重复他的观点,表明你很"在意"他提出的观点。还可在以后的工作中在相关的问题上提及他的意见,表明你对他很尊重,很重视,很肯定,很支持,很赞赏,很钦佩。

(6)肯认错

同事指出你的错误,一定要很感激地致谢,并以"良药苦口"、"当面纠错是最大的爱护"来恭维他。而且,积极认错往往能够让对方很快闭上嘴巴,以免他"越说越来劲"。

(7)工作不要太靠前,也不要太靠后

既要让同事知道你有较强的工作能力,又不在同事面前出风头,尽可能不引起同事的嫉妒,让同事忽略你是他最有力的竞争对手。

(8)紧睁眼,慢张口

看清了事情的本质再说话,而且涉及飞短流长和对领导或同事评头论足的话不要说,免得被同事利用,或以此制造谣言,破坏你与领导或其他同事的关系。

不做拆台的"小人"

同事之间最怕互相拆台,本来很有可能办好的一件事情,有人拆台,结果办砸了;本来眼看就要成功的事情,有人拆台,也功败垂成了;本来就没有多大成功希望的事情,有人拆台,那结果更是可想而知了。拆台不仅会把所做的事情搞糟,而且会使被拆台的同事颜面丢尽,不仅是引起上司的不满,而且会使他在下属面前威信尽失,使今后的工作更加难以开展。

人事部最近新来了一位经理,工作认真负责,下属对他也很尊敬。但是有一次在工作接触中,业务部经理王某不经意地向人事部的一位秘书透露了一个消息:人事部经理是某董事的亲戚,要不按照他的资历根本不可能坐上经理的"交椅"。言谈之间,王某流露出颇为不屑的神情。

这个消息在人事部很快传开了。那位新经理却不知情，仍然像往常一样工作着，他只是觉得下属的态度似乎有所改变。以前下属见到他总是热情主动地打招呼，现在却似乎老远就躲着走了，尤其是资格较老的几位副经理，言谈举止间颇有些不敬之意；以前他每下达一项命令，总是能够得到很好地贯彻执行，但现在“阳奉阴违”的现象时有发生，工作布置下去，却往往不能很好地完成，甚至有人当面提出反对意见，使他面子上很过不去，工作阻力越来越大。后来他了解到，所有这些变化都是由王某的一句话引起的。通过这件事情，这两位经理之间不可能形成良好的工作关系，就是显而易见的。

拆别人台的人，也必然会遭到别人“反拆台”的报复，你今天打他一“拳”，就要提防他明天还你一“脚”，这就形成了恶性循环，最终的结果只能是两败俱伤。

拆人家台的人，必然不会有好“人缘”，因为在别人眼里，你不够光明磊落，而是一个喜欢给人“下绊子”的“小人”，不仅同事对你不满，不愿与你合作，就是上司甚至自己的下属，也不会喜欢“拆台”的人。上司需要自己的下属精诚合作，有大局观念，这样才能把他布置的任务很好地完成，如果下属之间相互拆台，交代的任务不能完成，那怎能不令他头疼呢?对于自己的下属来说，他们也喜欢自己的上司做一个“正人君子”，跟着这样的上司，脸上也有光彩，而且喜欢拆台的人也不会干出什么大事业来。

因此，要想处理好与同事的关系，就不要做喜欢拆台的“小人”；不但不能拆台，而且还要想办法“补台”，给同事“打圆场”、“争面子”，支持他把工作搞好，这样也就等于给自己争取到了一个“同盟军”，何乐而不为呢?如果你的公司里新提拔了一位经理，你对他的下属说：“虽然某某很年轻，但他有知识、有经验，一定可以干出一番事业来，能够与他共事，大家真有福气啊!”这不比说：“他这么年轻，能有多大能量呢?等着看好戏吧!”要强得多吗?

多行不义必自毙

打“小报告”不外乎两种人：一种是所谓“争取上进”的人，他们定期或不定期地向上司汇报情况，其中往往夹杂着打“小报告”的内容。

有时，汇报者本人也未必觉察得到，反而会以为是正常的。

另一种则是居心叵测的家伙，热切地希望踏着别人的肩膀往上爬。他们的小报告中还时常掺有很大的水分。

对于后一种人，人们除了深表厌恶之外，还要奉劝一句：

“多行不义必自毙。”

随着时间的推移，被你暗中中伤的人总会知道事实真相，经常从你这儿收到小报告的上司，也会从中嗅出不良的气味。人一旦到了这种地步，下场就非常惨了。如果造谣诬蔑的话，还要负刑事责任。

到那时候，真可说是四面楚歌，众叛亲离，人人讨厌，个个唾弃。

对于前一种人，有必要先区分一下，什么是正常的汇报情况，什么是“小报告”。

对于同事在工作上的缺点和错误，最好能在适当的时间和地点，用恰当的方法当面指出，而用不着动不动就去向上司汇报。假如真有必要向上司汇报，那也应该是在向当事人指出之后。

有的人当面不说，甚至还说好话，转身却到领导那儿去说长道短，以揭人之短为自己之长，这就是打“小报告”。

要求上进，首先要做的是努力工作，发挥自己的长处；同时也学习别人的长处，而不是光把眼睛盯着别人的短处。

打“小报告”是不光彩的，有些人把别人的私事当做打“小报告”的材料，就更为可耻了。

有一位能干的副经理，连年得不到提升，别人看着都觉得挺奇怪。后来有个熟悉的人问他的上司，上司说：

“他的能力是很强的，凭他的能力或许是该把他提到更重要的位置上去。但是，他有个致命伤，总爱打‘小报告’，揭人隐私，我对这个人没有信心。”

这番话，假如让那位副经理听到的话，想必他也会悔不当初的。

假如是真心要求上进，而不是在上进的面纱之下掩盖其虚荣和野心，就千万不要干这种卖人求荣的事。

现代社会的竞争应该是光明正大的，拿出魄力和干劲来，与你的同事去比一比，赛一赛吧。

喜在脸，厌在心

在实际交往中，我们肯定会碰到一些性格怪异、孤僻的人，对这些人，我们即使施展了浑身的解数，也无法跟他们接近，或者性格怎么也合不来，或者是猜不透他们的脾气，不知道什么时候就冒犯了他们。在这种情况下，与其软磨硬泡，还不如敬而远之。

如果客观上即使不和这种人交往也还过得去，或者无论怎样与对方交往也得不到什么益处(包括精神和物质上的)，那么就干脆和对方断交算了。因为我们不可能也没有必要跟所有的人都保持良好的关系。如果所有的事都能干好的话，那肯定是天才人物。虽然无论和谁交往都应该真诚对待，但如果交际对双方都没有什么好处的话，还是不交际的好，还不如把精力转移到与其他人的交往中，因为十减一还有九，百减一还有九十九，少了一个并不会破坏你的整个人际关系网。

正像当前中国的企业改革一样，如果国家去全面地抓好全国所有的大中小企业的话，势必分散精力，而且国家也不可能把所有企业都搞好。所以还不如来个“抓大放小”，抓住关系国计民生的大中型骨干企业，其他企业由其自谋生路，这样从整体经济效益来看，比全面抓还要好。人际交往也是这个道理，要处理好整体与局部、主要和次要的关系。

但是交际中如何去判别哪些人难打交道，不值得你去费时交际呢？那些无论什么时候都笑眯眯的，既不恼怒也不发火，只是缄默不语，让别人单方说话的人很难交往，因为这种人深不可测，即使你费劲地跟他结交，也是干着急，对这种人你可以敬而远之，或只表敬意而不主动接近。不过，你没有必要对其恼怒进而怀有敌意，因为被对方觉察到的话他也会对你产生敌视态度，我们又何必自己去树一个敌人呢？

有时在一个公司里，碰到一个自己十分讨厌但又不得不与其打交道的同事，这真是件不幸的事。这时候可以采取敬而不近的策略，表面上对其十分尊敬，但没有必要对其大献殷勤，随便敷衍过去就行了。不过，还是要忍耐，等待有利时机，扮演好“喜在脸，厌在心”的角色，不能被其觉察出来。这时你可能会说：“这样生活多累啊！”确实，活着不易，要活得好更是难上加难，如果只是任由自己性子去干而不“委屈一下”自己的话，是难以处理好人际关系的。

拥抱你所厌恶的人

为了赢得比赛，男孩子知道他们需要这样的队友：灵活、动作协调、臂力强劲、眼睛好、健壮。同样，当选择一个合作伙伴时，男性注重他完成任务的能力。

与此相反，女性选择和“好人”在一起。如果她们感到不能信任一个同事，就不想和他有任何往来。最终，她们可能无意识地减少了自己获得帮助的可能性。

布兰达是一家航空公司的人事部门主管，几年来她一直缺乏足够的资金来完成一些她认为是很重要的项目。她的主要绊脚石是预算部主管托德，他控制她的预算用途，要指使她如何使用资金。而如果某个部门主管是他的好友，他就没有那么严格。

当布兰达向她的上司抱怨此事时，上司却不屑一顾。他说：“布兰达，你必须学会能解决自己的问题。”

在一次有关妇女的研讨会上，玛丽建议布兰达和托德建立友谊。她却极不以为然，“我不能忍受那家伙。他是个仗势欺人的恶霸。”

玛丽指出人品与工作是两码事。“托德也许是个恶霸，”玛丽解释说，“但你要想得到你完成计划所需的经费，你就得需要他。”

布兰达很不情愿地答应一试。三个月以后玛丽碰见她，发觉她开始领会棒球的规则了。“我开始对托德友善了，”她说，“我帮助他解决了一项棘手的人事问题，有几回我甚至和他一起共进午餐。他不是那种我愿花很多时间陪的人，但他能站在我这一边，会使问题容易解决。”

许多男子并不需要这么激烈的思想斗争。他们为了与别人合作愉快，只需对其表现友善就行。他们并不需要别人进入他们的情感世界。他们习惯于和他人保持距离，个人感情只是不相干的事。在我们看来这是虚伪的，因为女性对友谊的看法不同。然而在开展工作的过程中，你真正需要的是友善。完成任务才是唯一目标。

厚黑方略九

化敌为友，自留退路

多个朋友多条路，而多个敌人则断了自己一条路。与同事的摩擦、冲突在所难免，但尽量不要树敌，有了敌意也应设法消除。不要让同事成为你前进路上的“绊子”，平时就应多多注意扫除路障。

有仇不报是君子

有一部电影描述了一个这样的故事：

美国西部拓荒时期，一位牧场主人因为全家大小被土匪枪杀，因而变卖牧场，天涯寻仇。

家被毁了，这种仇任谁都想报的，可是当这位牧场主人花了十几年的时间找到凶手时，才发现那位凶手已贫病交加，躺在床上毫无抵抗能力，要求牧场主人给他致命一枪，牧场主人把枪举起，又颓然放下。

结果是，牧场主人沮丧地走出破烂的小木屋，在夕阳照着的大草原上沉思，他喃喃自语："我放弃一切，虚度寒暑，如今我也老了，报仇，它到底有什么意义呢……"

电影是人编的，但编剧者根据的也是现实生活，因此虽然是电影，但一样可以让人们深刻的反省，而这反省也就是我们强调的"有仇不报是君子"的道理。

首先来看看一个人要"报仇"所需的投资。

精神的投资——每天计划"报仇"这件事，要花费很多精神，想到切齿处，情绪心神的剧烈波动，更有可能影响到身体的健康。

财力的投资——有人为了报仇而投下一辈子的事业，大有"玉石俱焚"的味道，就算不投下一辈子的事业，也要花费不少的财力，以做部署的工作。

时间的投资——有些仇不是说报就能报，三年五年，八年十年，甚至二十年都有可能报不成，就算报成了吧，自己也年华老去了。

由于"报仇"此事投资颇大，而且还不一定报得成，而不管报得成或报不成，只要"报仇"这件事，你不只心动而且行动，那么自己都要元气大伤，因此我们还是主张"有仇不报"。

一个成熟智慧的人知道轻重，知道什么东西对他有意义、有价值，"报仇"这件事虽然可消"心头之恨"，但"心头之恨"消了，也有可能失去了自己，所以"君子"有仇不报。

不但要有仇不报，还要学会爱你的敌人。

人和动物有些方面是不同的，动物的所有行为都依其本性而发，属于自然的反应；但人不同，经过思考，人可以依当时需要，做出各种不同的行为选择，例如——学会爱你的敌人。

"爱你的敌人"，这是件很难做到的事，因为绝大部分人看到"敌人"都会有灭之而后快的冲动，或环境不允许或没有能力消灭对方，至少也会保持一种冷淡的态度，或说说让对方不舒服的嘲讽话，可见要爱敌人是多么难。

就因为难，所以人的成就才有高有低，有大有小。也就是说，能当众拥抱敌人的人，他的成就往往比不能爱敌人的人高。此话怎讲?

能爱自己的敌人的人是站在主动的地位，采取主动的人是"制人而不受制于人"，你采取主动，不只迷惑了对方，使对方搞不清你对他的态度，也迷惑了第三者，搞不清楚你和对方到底是敌是友，甚至都有误认你们已"化敌为友"；可是，是敌是友，只有你心里才明白，但你的主动，却使对方处于"接招"、"应战"的被动态势，如果对方不能也"爱"你，那么他将得到一个"没有器量"之类的评语，一经比较，二人的分量立即有轻有重。所以当众拥抱你的敌人，除了可在某种程度之内降低对方对你的敌意之外，也可避免恶化你对对方的敌意，换句话说，为敌为友之间，留下了条灰色地带，免得敌意鲜明，反而阻挡了自己的去路与退路。地球是圆的,天涯无处不相逢。

此外,你的行为也将使对方失去再对你攻击的立场,若他不理你的拥抱而依旧攻击你,那么他必招致他人的谴责。

而最重要的是,爱你的敌人这个行为一旦做了出来,久了会成为习惯,让你和人相处时,能容天下人、天下物。出入无碍,进退自如,这正是成就大事业的本钱。

放人一条生路

每个人的智慧、经验、价值观、生活背景都不相同,因此与人相处,争斗难免——不管是利益上的争斗或是是非的争斗。而这种争斗,在竞争激烈的工商社会尤其明显。

大部分的人一陷身于争斗的旋涡,便不由自主地焦躁起来,一方面为了面子,一方面为了利益,因此一得了"理",便不饶人,非逼得对方鸣金收兵或竖白旗投降不可。然而"得理不饶人"虽然让你吹着胜利的号角,但这却也是下次争斗的前奏;"战败"的对方也是一种面子和利益之争,他当然要"讨"回来。

"得理且饶人"是你的权利,但何妨"得理且饶人"?

所谓"得理且饶人"就是放对方一条生路,让他有个台阶下,为他留点面子和立足之地,这不太容易做到,但如果能做到,对自己则好处多多。

①得理不饶人,让对方走投无路,有可能激起对方"求生"的意志。而既然是"求生",就有可能是"不择手段",这对你自己将造成伤害,好比老鼠关在房间内,不让其逃出,老鼠为了求生,将咬坏你家中的器物。放他一条生路,他"逃命"要紧,便不会对你造成伤害。

②对方"无理",自知理亏,你在理字已明之下,放他一条生路,他会心存感激,来日自当图报,就算不如此,也不太可能再度与你为敌。这是人生。

③得理不饶人,伤了对方,有时也连带伤了他的家人,甚至毁了对方,这有失厚道,得理且饶人,也是积德。

④人海茫茫,但却常"后会有期",你今天得理不饶人,焉知他日不二人狭路相逢?若届时他势旺你势弱,你就有可能吃亏,"得理且饶人",这也是为自己留后路。

另外,你也得想:你得理不饶人,到底有多少"好处"可得?"大好处"既"大",何妨"饶人",因为这对你的"大好处"影响并不大;至于"小好处",好处既小,更没有不饶人的必要。因此:

①做事做人,下手不必过重过毒。

②"理"字既明,言辞何妨圆缓。

况且,饶人也是一种快乐。

谅解别人的过错

有句俗话叫做"树要皮,人要脸"。人人都有自尊心。古往今来,不知有多少人能够含辛茹苦、历经磨难，可怎么也不能忍受“当众出丑”、“无地自容”，尤其不能忍受别人的误解和污蔑。正如古人所说：宁可毁人，不可毁誉。这个规律不可否定，因为自我防卫心理、关注自我形象是人的天性。正因为如此，我们才应当树立容纳意识，选择双方皆赢，正确面对分歧，一定要容纳别人的缺点，谅解别人的过错。

话又说回来了，我们自己可以照顾别人的情面，可别人做了错事，伤害了我们，我们的情面也重要，怎么能不计较呢?一般说来，我们不伤害别人，别人也不会伤害我们。如果是别人主动发起攻击，挑起战火，我们也可以避免争论，采取坦诚而直率的方式表达分歧，提出忠告，使问题得以解决，避免双方皆输。

办公室的一位副经理喜欢闲谈说笑，有时候还扯到男女私情的内容，话语不够健康。另一位副经理R听了很反感，便义正词严地对他提出了批评，告诉他办公室里不要胡说乱侃，不要谈论与工作无关的事情!这样一来，两个人的关系弄得有点僵。为此，经理反倒批评了R做得不好。R有些想不通：分明是对方的错，经理反倒批评了自己，这不是颠倒是非吗?

这类事情在公司里面并不少见。一旦看到同事，尤其是较熟识的同事有错误或缺点，就义正词严，我们不能否认也不能怀疑R的意见是正确的，可能语气和言辞上面尖锐了一点，他是出于好心。那位同事说了一些不够健康的话是缺点毛病，他可以不赞成、有意见，但在表明自己态度时应当注意口气，因为这类缺点过错毕竟不是重大原则问题，而只是一般问题。与其两人关系搞僵，还不如容忍对方乱侃几句。对这类问题，我们应当掂量掂量，孰轻孰重?

当你和同事发生争执时，当你对同事所做的事情看不顺眼准备提出批评时，一定要想想，是争孰是孰非重要，还是照顾对方的情面，维护人际关系重要?这就是要不要认真的分界线，也就是应当如何表达分歧的清醒剂。就那位想不通的R来说，并非是不要是非观念，也不是有了意见不能提；而是在分是非、提意见时要学会自觉地采取平等交流、双方皆赢的态度，表现良好的自我状态。这样做的效果不仅不会损害人际关系，而且会有利于教育影响对方，对双方都有好处，我们何乐而不为呢?

要耐心等待时机

同事之间最好不要形成僵化的人际关系。但是，现实生活中有许多事情，是不能用漂亮的话来解决的。这时，为了不使你的人际关系再度恶化，你所做的最低限度的努力，对自己及对周围的人都是必要的。这里先举几个努力的目标：

(1)用善意的态度对待

对方以善意的态度对待我们时，我们也要极力地回应对方。如此一来，你们二人就会越来越契合。

不过，无目的的傻笑反而会招来反感。如果能用自然开朗的表情面对对方，对方也会有善意的回应。努力去做到不要让对方采取抗拒的态度。

(2)无论如何不要忘了打招呼

跟对方打招呼，即使对方仍然转过头去，你也不要急，终究还是会出现曙光的。再一次呼唤他，当他有了善意的回应时，不要忘了，就是在这个时候，是转换人际关系的最好机会。至少这种努力,可以防止人际关系再度恶化。

(3)要特别注意说话的语调

即使你用多么美的词句,语调不当也会使其效果大打折扣。所以有没有说出凶狠的话或声调,都是要非常小心注意的。

(4)对他的主意大声地说赞成

比如在会议等场合,如果与你对立的同事提了一个很不错的提议,这时你要趁机毫不犹豫地表达赞同之意。而且,如果能将你同意的原因也清楚地讲出来,这样一来才不会被人认为是在迎合某人。

(5)当着别人的面说他的好话

与你对立的同事,也会有其良好的人际关系。如果有机会和他的朋友聊天,就多说一些有关他的事,特别是多说一些他的优点。如果当着他的面直接说,会令人觉得你是装模作样,或是有什么企图,而透过第三者传话,就能收到很好的效果。

(6)他忙的时候,伸手拉他一把

与你对立的同事如果工作量多得忙不过来,或是有不知如何处理的难题,正在苦恼时,你要积极地表现出愿意帮忙的态度,也就是下定决心,一定要接近他。

如果你期望你的人际关系不会恶化,那么,不要让任何机会从你眼前溜过。

人类是会改变的动物,再怎样激烈的对峙,眼泪也会有哭干的时候,最后反而会开始怀念起对方了。

要启开对方顽固紧闭的心扉,只能靠着一颗"不着急、等待的心"。也有人说"好命不怕运来磨",借着最后的努力你也许能够转祸为福。如果同事之间的关系已经陷入僵局,你却放任不管的话,对双方都是没有好处的。所以遇到良机时,就要好好把握,积极改善双方的关系。

蒙娜丽莎知道什么

当你面临一对一的"进攻"游戏时,不以其人之道还治其人之身是非常重要的。我们见过的出手毒辣、出言恶毒的女人就算是赢得了争论,失分也比得分来得多。试试幽默吧,它是一种了不起的武器,因为它把气氛从对抗转化成嬉戏。管理心理学家芭芭拉·麦可夫在《蒙娜丽莎知道什么》一书中写道,幽默表现了权威,因为它傲视困境而又不侮辱对手,而且它还化解了干戈,提供了反馈,取得了支持。

当佩特和她所任职的那家医疗保健公司的一家分公司的经理打交道时,她明白了这个道理。说实话,她真怕去休斯敦的分公司的总部,因为每次她进经理办公室,都知道会遇到麻烦。她总是踮着脚尖走过兰迪那玻璃隔开的办公室,但想躲也躲不开。他总会看见她,叫道:"嗨,进来!"一到了这里,不论谈什么,不出几分钟,他就把话题扯到攻击她、老板还有公司。其实,他所说的全都是不着边际的话,因为他攻击她就是要她坐立不安来寻开心。

在回洛杉矶的一路上,佩特都会意气难平,甚至向老板承认再也不想去休斯敦了,但老板不无道理地说:"我承认兰迪这人难对付。但你也得学会和这种人打交道。"

佩特后来去了休斯敦，一进门照样听到了“嗨，进来”的喊声。但是这次她坐下后说：“兰迪，很高兴见到你。我们这次要争论些什么？”

他憨憨地看了她一眼，答道：“你说什么呢？”

“我每次来休斯敦我们都有一顿好吵，”佩特解释道，“所以我想还是开门见山吧。”

他还是那样一脸和气地说：“我不知道你在说什么？见到你我总是很高兴。”他们接着聊，兰迪好像作了无关痛痒的评论，突然他吼道：“胡说!”

佩特用一种自己都难以置信的轻松的口吻，面带微笑地说：“哦，看来这就是我们要争论的事了。我还一直在想会吵些什么呢。”

兰迪看起来动摇了，他从以往的猫捉老鼠的游戏中解脱出来了，“不，不!我不想吵这件事。”他退缩了。他们继续谈，他一次又一次地挑战，但佩特都避开了。佩特总是从容自若，就好像总算找到了那个该吵的话题。佩特的办法解除了他的武装。确实这种方法是如此成功，他终于停止攻击佩特了，最后他们成了好朋友。

幽默能减轻压力，澄清问题，干扰对手。因为以毒攻毒的方法对我们并不可行。幽默常常能产生奇效。

将敌意消于无形

当我们成为上班族的一员后，要经历几十年之长的职场人际。在这漫长的时间里，往往会因各种原因，遇上若干对你怀有敌意的同事，甚至如人们所说的“小人”。但出于顾全大局，也为自己的发展着想，又不宜让矛盾激化或是公开化，一时也不能和他们论个是非真假，这就需要我们要有广阔的胸怀，采取“有则改之，无则加勉”的态度。同时，更需要我们化被动为主动，用积极的心态，把“坏事”变为“好事”，从而为自己创造和谐的人际关系，并使之成为鞭策自己的动力。为此，我们不妨采取如下的几种方法：

(1)及时与上司和同事沟通

有些人因为误会、嫉妒或是自大，因而会对你产生敌意，在工作上不与你配合、在背后散布你的谣言，甚至给你捏造一些“莫须有”的罪名。待你知道这件事后，很可能已在公司里传播开了。当面对质，要对方给你一个说法并非明智之举，一是对方可能一口否认，二是面子闹僵了，影响了工作的开展。

最好的办法是及时与上司和同事沟通，选个合适的时间和场合，把自己的情况和想法讲一讲，让谣言不攻自破。在这同时，要提醒自己不要讲攻击性的语言，也最好不要针对某人，达到澄清事实的目的就行了，而不要用报复的心理，想着将对方搞臭，否则会使倾听者误会为你是在宣泄情绪，这样反而达不到你的目的。

当你与这种同事相处，就要注意多与上司和同事沟通，多谈谈自己的工作和想法，如此，反而密切了你和上司及同事的关系，使他们对你有了更多更深的认识，“坏事”就变成了“好事”，大可不必对对方心生怨恨，影响了自己的工作。

(2)注意自我反省并激励自己

本着“有则改之，无则加勉”的良性原则，当我们得悉有人对自己怀有敌意时，我们用不着愤愤不平，不妨对自己进行一番反省，想想自己平常在工作中和在与同事交往时是否有不妥之处,从而造成对方与你产生了抵触情绪。

比如,你说话是不是随便了些,是否谈及对方忌讳的话题,或是因为工作方式、语言习惯不同引起冲突等,从而在以后相处时,多几分的谨慎,少说些易引起误解的话,甚至有必要少谈工作以外的事,避免授人以柄。这样,有助于你在人际交往中更为成熟、稳妥,少些是非。

假如某人对你怀有敌意,肯定会在某些问题上贬低你,企图使他人对你的能力、才华和业绩表示怀疑。你要做出的最好证明就是通过进一步的努力,把事业做得更出色,而不是把时间和精力放在无谓的人际纠纷上。从这个角度上来说,"敌意"对你又是一种鞭策,是你阔步向前的动力。形成这种积极的心态,无疑会对你工作和事业的发展很有益处。

(3)通过"中间人"传话来终止对方的敌意

如果可能的话,我们不妨以向你透露信息或是双方都能接受的人为"中间人",通过他们代为传话,以化解或是终止敌意。

这可以达到两个目的,一是把自己的想法和事实告知对方,起到澄清事实真相、消除误会、沟通了解的作用;二是让对方知道,自己已了解到对方的所作所为,从而起到了警示的作用,使对方会有所收敛。否则肆意扩散的话,对我们自己毕竟有副作用,因为对你不是很了解的人,可能会因此对你产生误解。

多些达观和宽容的心态,善于化解种种的敌意,会使你在职场人际中树立良好的形象,对你的工作和事业有着很大的好处。

让冷嘲热讽者缴械

冷嘲热讽的同事总是用令人恼火的、睿智的嘲讽暗示你的缺点与不是。他常常用妙语连珠、讽刺挖苦来粉饰他对你的敌意。尽管他了解你的弱点,预料得到你哪里会出错,但却不直截了当地告诉你。

冷嘲热讽的同事喜欢那些微妙的、隐晦的奚落,特别是在有听众欣赏他的机智、为他捧场的时候,更是如此。由于不必对可能出现的后果负任何责任,所以他可以尽情地挑剔你,使你处在一个非常不利的环境里。实际上,他并不觉得自己有必要顾及你的心情。长此以往,这些藏而不露的矛盾会搞得你和你的伙伴军心涣散。

同冷嘲热讽的同事共处,你的目的是:把他造成的不利影响降到最低点。如果可能的话,抑制一下他的反感和敌意。

(1)爽快地承认错误

如果你的错误已经曝光,那就承认它。公开道歉,简单地做一下解释,估计大家会接受的。

(2)淡化那些公开场合下的"攻击"

不必为此生气,你可以把话题从自己身上转到公司的政策或是工作程序上。如果他还不停止他的含沙射影,你可以暂时不理他,转而征求大家的意见,从而得到多数人的支持。你还可以反过来奚落他,那些曾经受到他伤害的人会很高兴站在你这一边的。

(3)私下交换意见

尽管他自称不过是开个玩笑,但他却不停地找你的麻烦,你不妨不带任何感情色彩地告诉他你的真实感受。请求他把问题明朗化,然后由你们双方共同解决。

(4)缴他的“械”

让他了解你的工作情况，提供机会让他加入你的项目，或是与你共同筹划某个建议。从初级阶段起就让他发表自己的看法、建议或提出异议，而不是你自己突然拿出结果，再请他评议。

不要自以为高明

在社交上，有些人不喜欢听取别人的意见，心目中只有自己而且还自以为比别人高明，事事要占上风，好出风头。对于这类人，即使是你有很大的本事，见识比别人高明，也绝对不能使用这种态度。由于你这样的做法，根本没有给别人留下一点余地，而采用趾高气扬而又蛮横的方法，使别人感到窘迫，无路可走，便明智地不想同你一般见识。如果有这种坏习惯的人，所有的朋友和同事，肯定没有一个人向你提供意见和看法，更不敢向你进一步提出忠告。这类人，人们往往不想接近他，并且有时会产生看而生厌的情绪。这类人应当有自知之明，逐渐改变其不良习惯。

你应当明白，在日常的人际交往中，谈论的话题十有八九不是学术性上的问题，或国与国之间的外交上的原则性问题，所以没有固定的是非标准，因此你的意见和看法并不一定是正确的，合理的。而别人的意见和看法也不一定是错误的，无价值的。自以为是即使是你比别人聪明，想从自己的思想中提出更高超的见解，也不能用这种方法来对待人，何况，平时的交往所说的事情大多是平凡的，不必费心费时作更高的研究和争辩。我们日常所交谈的目的，消遣多于研究，大可不必认真，大家说说笑笑便行。希望你不要自作聪明，对别人不要随便说教。即使是你的说教有一定的见解，人家也会很不乐意接受。要说教应当婉转，采用征询的口气说出你的看法、见解，人家才比较容易接受。所以，你不要随便摆出架势来教导人家。

在社交上，你的同事帮助你出点子、献策略，你若不能立刻赞成，起码你也要表示可以考虑考虑，这种场面下，不可马上提出反驳。如果你的朋友和你聊天儿，你更应当注意，不可太执拗，否则很容易把一些有趣的事情变成乏味的了。如果真的是对方犯了错，又一时不肯接受指正、批评或劝告，应往后退一步，不要急于提出来，把时间延长一些，隔几天之后或更长时间再说。否则，若双方都很固执己见，不仅没有取得成效，还会造成僵局，伤害双方的感情。

而作为你，也应学谦虚些，不要太过于高傲，要随时考虑别人的意见，不要做得太固执，应该让人们都觉得你是一个可以谈话的人，这样做才合乎情理，让别人知道你是很懂得道理的人。

谈话的目的是在于知道一下别人对某一件事情的意见和对社会世事的看法，以便增加双方的了解，增进同事之间的友谊，使大家都对生活感到兴趣，使大家的感情都得到安慰。如果发现与对方的意见、看法不一致，也能从中得到启发和学习，对方也会感到刺激和满足。如果听见别人的意见和看法同你一样时，你要立刻表示赞同，不要迟疑。不要认为这样做是为了讨好对方，也不要认为这是随声附和，因此就不吱声了。假如不吱声，反而使人觉得你与对方的意见相反，或者是没有主见了。

避免谈论别人的短处

金无足赤，人无完人；凡人皆有其长处，亦必有其短处。怎样在交谈中正确对待别人的短处，这也是一门学问。

人有短处是一点也不值得奇怪的。有的人也许因为长久以来形成一种固有的生活方式，而其他人大都对此看不惯，这便成了他的“短处”；有的人也许在自己的生活与处世中的确有些微小的毛病，但这些毛病对他的整个对外交往是无足轻重的；有的人也许不是出于主观的原因而出现一些较严重的缺点，但他自己却全然无知；如此等等，不一而足。

对待他人的短处，不同的人要使用不同的方法。有的人在与他人的谈话中，尽量多谈及对方的长处，极力避免谈及对方的短处；也有的人专好无事生非，兴波助澜有声有色地编撰别人的短处，逢人便夸大其词地谈论别人的短处；有的人虽无专说别人短处的嗜好，但平时却对此不加注意，偶尔也不小心谈到别人的短处。

用不同的方式对待别人的短处，所产生的效果也是截然不同的。避免谈及他人的短处，容易与他人建立起感情，形成融洽的交谈气氛；好谈他人短处的人，最易刺伤他人的自尊心，打击他人某方面的积极性，还会引起他人的讨厌；不小心谈及别人短处的人，虽无意刺伤他人，但很难想象人家怎样理解你的用意和对你所做出的反应，一般来说易引起别人的误解与不满。由此可见，我们在与他人的交谈中，应该尽量避免谈论别人的短处。

宇宙之大，谈话的资料取之不尽，用之不竭，我们何必一定要把别人的短处作为话题？我们若仔细想想就会明白，我们所知道的关于别人的事情不一定就完全可靠，也许别人还有许多难言之隐非我们所详悉。若我们贸然拿听到的片面之词宣扬出去，那么就容易颠倒是非，混淆黑白。我们若说出了什么话，就很难收回来了。而当事后明白了事情真相，则必须设法收回去，找那些听过我们说此话的人作更正。因此，若我们不是确切地知道某件事情的真相，切忌胡说八道。

另外，如果别人向我们谈起某人的短处的时候，我们该何以应对呢？最好的办法是听了便罢，不要深信这种传言，不必将此记在心中，更不可做传声筒。而且还要提醒谈论别人的短处的人是否对所谈的事情有所调查、确有把握。

人群相聚，都不免要找个话题闲聊。天上的星河，地上的花草；眼前的建筑，身后的山水；昨日的消息，今天的新闻，都是绝好的谈话内容。何必说东家长西家短，无事生非地议论人家的短处呢？好说人家短处是一种不道德的行为，我们必须克服。

有话好好说

日常工作中容易发生争执，有时搞得不欢而散，甚至使你与同事结下芥蒂。人是有记忆的，发生了冲突或争吵之后无论怎样妥善地处理，总会在心理、感情上蒙上一层阴影，为日后的相处带来障碍。最好的办法，还是尽量避免它。

我们常用这么一句话来排解争吵者之间的过激情绪:有话好好说。这是很有道理的。据心理学家分析,争吵者往往犯三个错误:第一,没有明确清楚地说明自己的想法,含糊,不坦白;第二,措辞激烈、专断,没有商量余地;第三,不愿以尊重态度聆听对方的意见。

又有一个调查说明:在承认自己容易与人争吵的人中,绝大多数说自己个性太强,也就是不善于克制自己。

同事之间有了不同的看法,最好以商量的口气提出自己的意见或建议,语言的得体是十分重要的。应该尽量避免“你从来也不怎么样……”“你总是弄不好……”“你根本不懂”这类绝对否定别人的消极措辞。每个人都有自尊心,伤害了他人的自尊心,必然会引起对方反感。即使是对错误的意见或事情提出看法,也切不要嗤笑。幽默的语言能使人在笑声中思考,而嘲笑使人感到含有恶意,这是很伤人的。真诚、坦白地说明自己的想法和要求,让人觉得你是希望得到合作而不是在挑人的毛病。

同时,要学会倾听,耐心、留神听对方的意见,从中发现合理的成分并及时给予赞扬或同意。这不仅能使对方产生积极的心理反应,也给自己带来思考的机会。如果双方个性修养、文化修养都比较高的话,做到这些并非难事。

如果遇到一位不合作的人,首先要冷静,不要让自己也成为一个不能合作的人。宽容忍让可能一时觉得委屈,但这不仅表现你的修养,也能使对方在你的冷静态度下平静下来。当时不能取得一致的意见,不妨把事情搁一搁,认真考虑之后或许大家能够找到解决问题的好办法。

善于理解、体谅别人在特殊情况下的心理、情绪是一种较高的修养。有的人生性敏感,有的人恰恰遇到不顺心的事所以发泄怒气,也许对方正生病,这些都可能是造成态度和情绪反常或过激的原因。对此予以充分谅解,会得到相应的回报。

心胸开阔是非常重要的。谁能没有一点言谈上的失误和过错?别人无意间造成的过错应充分谅解,不必计较无关大局的小事情。法国作家布鲁依尔说过:“两个都不原谅对方细小过错的人不可能成为老朋友。”如果以老朋友的态度进行合作,许多冲突是可以避免的。

“人能成全他人,也能毁弃他人;互相帮助能使他奋发向上,互相抱怨会使人退缩不前。”只要想到大家都是为了事业走到一起来,相互帮助,相互谅解,同事之间的冲突是完全可以缓解和避免的。

没有解不开的疙瘩

同事与你在一个公司中工作,几乎日日见面,彼此之间免不了会有各种各样鸡毛蒜皮的事情发生,各人的性格、脾气禀性、优点和缺点也暴露得比较明显,尤其每个人行为上的缺点和性格上的弱点暴露得多了,会引出各种各样的瓜葛、冲突。这种瓜葛和冲突有些是表面的,有些是背地里的,有些是公开的,有些是隐蔽的,种种的不愉快交织在一起,便会引发各种矛盾。

同事之间有了矛盾,仍然可以来往。首先,任何同事之间的意见往往都是起源于一些具体的事件,而并不涉及个人的其他方面。事情过去之后,这种冲突和矛盾可能会由于人们思维的惯性而延续一段时间,但时间一长,也会逐渐淡忘。所以,不要因为过去的小意见而耿耿于怀。只要你大大方方,不把过去的事当一回事,对方也会以同样豁达的态度对待你。

其次，即使对方仍对你有一定的成见，也不妨碍你与他的交往。因为在同事之间的交往中，我们所追求的不是朋友之间的那种友谊和感情，而仅仅是工作，是任务。彼此之间有矛盾没关系，只求双方在工作中能合作就行了。由于本身涉及双方的共同利益，彼此间合作如何，事情成功与否，都与双方有关。如果对方是一个聪明人，他自然会想到这一点，这样他也会努力与你合作。如果对方执迷不悟，你不妨在合作中或共事中向他点明这一点，以利于相互之间的合作。

同事之间有了矛盾并不可怕，只要我们能够面对现实，积极采取措施去化解矛盾，同事之间仍会和好如初，甚至比以前的关系更好。

要化解同事之间的矛盾，你应该采取主动态度，你不妨尝试着抛开过去的成见，更积极地对待这些人，至少要像对待其他人一样地对待他们。一开始他们会心存戒意，而且会认为这是个圈套而不予理会。耐心些，没有问题的，将过去的积怨平息的确是件费工夫的事儿。你要坚持善待他们，一点点地改进，过了一段时间后，表面上的问题就如同阳光下的水一蒸发便消失了一样。

如果是深层次的问题，你可以主动找他们沟通，并确认是否你不经意地做了一些事儿得罪了他们。当然这要在你做了大量的内部工作，且真诚希望与对方和好后才能这样行动。还曾见到一些人坐在一起，表面上为了解决问题，而实际上却是大家更强硬地陈述自己的观点。

你做出以上努力以后，基本可以化解同事之间的矛盾。如果遇上一些顽固不化的人，在你做出努力后，他仍然不愿意和你和解，这你也不要难过，遇上这样的人谁也没办法。问题并不在你，你只管放心地去工作，别理会这类人就是了。

厚黑方略十

明枪要躲，暗箭也防

“害人之心不可有，防人之心不可无。”把同事当做竞争对象，步步设防，时时戒备，处世如履薄冰，不授人话柄。这样眼观六路，耳听八方，你才不会吃闷亏。

同事往往是冤家

在一些合资公司，特别是外资公司里，追求工作成绩，希望赢得上司的好感，获得升迁，以及其他种种利害冲突，使得同事间存在着一种竞争关系。而这种竞争在很大程度上掺杂了个人感情、好恶、与上司的关系等复杂因素。表面上大家同心同德，平平安安，和和气气，内心里却可能各打各的算盘。利害关系导致同事之间也可能和衷共济，也可能各自想各自的心事，因此关系免不了紧张。

既为同事，几乎天天在一起工作，低头不见抬头见，彼此之间会有各种各样鸡毛蒜皮的事情发生。各人的性格、脾气禀性、优点和缺点也暴露得比较明显。尤其每个人行为上的缺点和性格上的弱点暴露得多了，会引发出各种各样的瓜葛、冲突。这种瓜葛和冲突有些是表面上的，有些是背地里的；有些是公开的，有些是隐蔽的；有些是表现于外的，有些是潜伏于内的。种种的不愉快交织在一起，便会引发各种矛盾。同事之间，尽管彼此年龄资历会有所不同，但因没有距离感，因此产生不了敬长之心。互相之间你瞧不起我，我看不上你，咱们彼此半斤八两的意识产生，必然使每个人放大对方的缺点和弱点，日积月累，便成了对立之势。

同事之间要在一起共同分工处理一些事情，这些事情如何处理，每个人都会有一些自己的想法。合适与否，对公司的发展，对每个人的利益会有什么影响，每个人都有自己的一本账，自己的一篇经。别人的见解，别人的处理方法，每个人都会拿来与自己的作一比较，一旦认为别人的水平不如自己，处理事情的能力不如自己，就会不服气。例如某人干得很出色，获得上司的肯定与看重，则又会令他人产生嫉妒之心，尽管许多人不会意识到这是嫉妒。

人们往往对同事存有戒备心。“逢人只说三分话，未可全抛一片心”的戒条在同事关系上能得到淋漓尽致的表现。大家都戴上一副面具去对待自己的同事，都不用真心去诚待同事，使得同事之间往往套话、假话连篇，而直话、真话很少。人们往往在同事面前摆出一副虚假的面孔，掩盖自己的各种弱点，掩盖自己真实的东西。

明枪易躲，暗箭难防

人们在告诫年轻后辈时常说：“害人之心不可有，防人之心不可无！”

的确“害人之心不可有”，然而在社会上，光是不害人还不够，还得有防人之心。

不过，明枪易躲，暗箭难防，别人要害你不会事先告诉你。例如有人为了升迁，不惜设下圈套打击其他竞争者；有人为了生存，不惜在利害关头出卖朋友；有人走投无路，狗急跳墙……

在职业生活的漫长岁月中，免不了会遇到出卖、敌意、中伤、陷阱等种种料想不到的事情。如果事先预料这些事的发生，并一一克服，便能使你的工作生涯一帆风顺。

与工作岗位上的人交往时，必须练得人与人之间虚虚实实的进退应对技巧。自己该如何出牌，对方会如何应对，这些可是比下围棋、象棋更具趣味的事情。

那么该如何防?

首先是“巩固城池”。也就是让人摸不清你的底细，实际上的做法便是不随便露出个性上的弱点，不轻易显露你的欲望和企图，不露锋芒，不得罪人，勿太坦诚……别人摸不清你的底细，自然不会随便利用你、陷害你，因为你不给他们机会。两军对阵，虚实被窥破，就会给对方可乘之机，“防人”也是如此。

其次是“阻却来敌”。兵不厌诈，争夺利益时人心也不厌诈，因此对他人的协作也要有冷静客观的判断，凡异常的动作都有异常的用意，把这动作和自己所处的环境一并思考，便可以发现其中玄机。

最后，人们因无法摆脱个性上的弱点和偏执而防不了人，何况“道高一尺，魔高一丈”，因此只有尽量小心了。不过若为了“巩固城池”，而把自己搞得神秘兮兮，失去朋友，那就矫枉过正，反而会成为人们排挤的目标。但无论如何，“防人”还是必要的。

当心别人藏在背后的刀子

作为职场中人，你总是无时无刻承受着来自各方面的威胁。这些绝大多数都是隐性的，都是你很难觉察到的，而且多数来自于你的同事。许多同事对你的态度很和顺，有说有笑，你甚至把他们当做了自己最亲近的人，把自己的所有情况，包括欢乐和悲伤，喜好和憎恶，都毫无保留地告诉了他们。但是，这些人往往并不会对你报以真心，反而透彻明晰地了解你，而后洞析你的弱点并作为打垮你的利器，把作为他们的潜在威胁的你清除掉，这才是他们的目的。所有的一切都是一个圈套。直到你被他们打得落花流水，地位全无，一直沉浸在畅想之中的你才会如梦初醒。

在商界，明里拉帮结派，互帮互助，暗地里却互相拆台使绊的现象不胜枚举。如果你想成为一个成功的人，那么你就要有能力洞察别人是不是对你明里赔笑，暗里动刀。要记住，这个世界并不是充满着温馨怡人的亲情和友情，还有许多时间和场合里充满着伪情和欺骗。不要将自己的底细轻易地向人兜售出去，那样会被居心不良的人当成击败你的利器。

围绕在你周围的有很多人都表现得对你非常友善，肝胆相照，并且信誓旦旦地要和你一起合作，共同创造一片新天地。面对这种情况，你也许会无所适从，因为你无法确定哪一个是真的，哪一个是假的。但是，如果你真正地观察体验，真假还是很容易鉴别出来的:

①对方在倾听你的诉说的时候是报以真诚的同情和感慨呢，还是目光闪烁，有时会出现若有所思的样子呢?如果是后者，那么对方很有可能是一个居心叵测的人。当然，这需要你去仔细观察他的言行并注视他的眼睛。

②仔细地回想一下，当你有意无意地想结束自己倾诉的时候，他是不是很巧妙地利用一些隐蔽性极强的问题重新打开你的话匣子呢?而且你随后所说的内容又恰恰是容易被别人利用的东西。

③如果你偶然得知有人总是在不经意之中向你所亲近的人打听一些有关于你的消息，那么你最好疏远他们。

④有些笑容并不是很自然，而像是从脸皮上挤出来的。有时你觉得并没有丝毫可笑的地方，而对方却能够笑起来，这种人也要适当地多加小心注意。

⑤如果有些东西你觉得实在忍不住，不吐不快，那么你要尽量找一个自己亲近的人诉说一番，比如你的父母、妻子甚至孩子。这会缓解你心中的郁结，减少情绪上的大起大落，也会更安全。

先下手为强，后下手遭殃

人在工作中难免会有得罪他人之处，如果被你得罪的人是“小人”之辈，你不得不防他在上司面前进你的“谗言”。

一般而言，那些散布流言飞语告“黑状”的人，为了使自己编造的“小报告”发挥陷害人的功效，总是要研究人们的心理。这些人在陷害人的实践中，也逐渐“摸索”到这样一个规律，即从总体来说，人们往往对第一印象来得深刻，一经形成，常常会积淀为一种思维上的定式。比如说，某人对张三并没有什么特别的印象，既没有好感，也没有恶感。如果在这时，有人对他说张三其人是如何品行不轨、道德败坏等，那么，他即使是对于该人的话并不言听计从，可是在内心深处却着实地对张三的人品如何打了个大大的问号，心理上也对其呈现出恶感的苗头。及至张三自己或者另外的人再为之辩白，说那些攻击张三品行的话语纯系无中生有，颠倒黑白，这时已经大大落后了。因为这些观点同前面形成的第一印象发生了冲突，所以很难入脑。除非这个后来的印象特别强烈，或是不断地进行多次重复，才有可能改变或是冲淡先前的第一印象。这就好比是一张白纸，第一笔画上去总是清清楚楚，若要在画过的纸上另画一幅，那么所耗的力气则不知要大多少倍，而且原先纸上已形成的影像也很难完全彻底地消除。

那些善于制造“小报告”的人正是抓住人们的思维和心理上的这一特点，想方设法地做到捷足先登，先发制人。而被“暗箭”伤害的人往往由于疏于防范，棋输后手，所以大多处于不利地位，有些人甚至连辩解的机会都不可得，白白地被人坑了一下。

我们知道，先发制人的厉害在于告黑状的人抢了先手。但是，如果是有可能被诬陷的人事先采取措施，积极进行自我保护，或者是一闻风吹草动就积极行动起来，自己抢夺了先手，局势岂不完全改观了吗?所以，对于防范和反击“小报告”的每个人来说，要做到克敌制胜，就不能总是“棋行后手”。

汉景帝时，晁错为内史，很受景帝信用，提出过许多革新的建议。丞相申屠嘉因为晁错的建议触犯了他的利益，一直在伺机构陷。晁错的府第在老皇帝太庙外空地上的短墙里，出入很是不便，于是晁错在矮墙南面开了两个门，申屠嘉借此大做文章，状告晁错擅凿庙墙为门，奏请杀头。晁错听到申屠嘉的图谋后，赶到申屠嘉之前，将真实情况报告了景帝。所以待到申屠嘉告状时，汉景帝只轻描淡写地说了一句“不是高墙，是庙外空地上的短墙”，便否决了申屠嘉的小报告。申屠嘉回家后大发脾气，说：“我应当赶在他的前面，他赶前了，我反而被他卖了。”晁错的机警使他躲过了一次谗言的灾祸。

因此，我们要积极地行动起来，在那些打“小报告”的恶人告“黑状”之前，抢夺先机，从而击败流言飞语对自己的造谣和诬蔑。

提防“舌头底下压死人”

“舌头底下压死人”，我们一定要小心应对各种“谗言”。为此，掌握如下几个招数很有必要。

(1)针锋相对

采取“针锋相对”的对策防范和反击谗言最为关键之处是选准目标，并且针对滋事生非的奸人逆行，采取公开论战的方法，对其所散播的流言飞语进行大胆揭露和坚决批驳，贬斥不可告人的卑劣行径。

首先，主动出击，把所发生的事情原委详细客观地公布给大家，使人们对此都有一定认识。

其次，与打“小报告”的奸人进行公然论战，把客观事实与那些偷偷摸摸上报的“黑材料”以及背后的各种不实之词等都摆到桌面上来。

再次，帮助和引导人们把正确的客观事实与“黑材料”相互对比、推敲，进行参照。

这样一来，那些所谓恶人先告状的“材料”、“报告”、“证明”和“肺腑之言”等的真假虚实也就昭然若揭了。

(2)利用第三者

利用第三者来对付谗言，可以给人们一种真实可靠的印象。

汉武帝是个能干的皇帝，但到晚年也变得糊涂起来。他信用一个名叫江充的无赖，江充为了自己私利，制造了一起起冤假错案，最后冤案造到了太子头上，说太子诅咒武帝，并在太子宫中挖出了事先安置的木偶。太子说不清楚，恼恨江充，便把江充杀了，但自己也只好逃亡在外。

汉武帝的晚年，疑心病极重，以为周围的人都要害他。江充利用了这一点诬陷太子，在这种情况下，要当事人自己去辩诬已无可能。这时，有一个叫令狐茂的山西上党人上书汉武帝，指出太子无辜，江充奸诈，并举出历史上种种事例，希望武帝不要听信谗言。这样才使汉武帝有所觉悟。不过，那时太子已被追捕的人杀害了。

如果没有比较超脱的旁观者勇敢地介入，江充的谗言是很难被拆穿的。汉武帝就是借助令狐茂的力量才修正了自己的错误。

(3)不给小人以把柄

俗话说：身正不怕影子斜。如果为人处世都能做到实事求是，口说老实话，身行老实事，襟怀坦荡，正直无私，做一个值得信赖、值得重用的人，那么奸诈之人就不敢有非分之心，谗佞之徒也难以抓住诬害人的把柄。因而，不给小人把柄就远离了一切罪恶之源，避免了祸患的发生。

走你的路，让人议论去吧

哲人说过，有人群的地方都会有左中右，所以不可避免，在一个集体中总会有背后的议论纷纷。事实上,处理好背后的议论也是十分重要的,处理不当会产生很多不良后果。只要合理地分析各种议论性质,然后冷静地处理,就能够很好地应付此类情况,有时甚至能起到化逆为顺的效果。下面我们首先列举分析各类言论的属性,然后寻求更加圆满的解决之道。

(1)善意的美好议论

对于这种议论应该是你的福气,善恶总会有报,你的良好德行得到了回报,但此刻你也不要得意忘形,请记住人不能太注重表现自己,作为一位老板则更应如此。在他人的赞美声中始终要保持含蓄和低调,他人的赞美声应是你不断进取,争取更大成绩的鞭策和动力。

(2)中性的客观的议论

这些议论随意性较大,但却真实,犹如一面镜子,多听一些这种议论更有利于明鉴自我。人的一个弱点,那就是认识别人总比认识自己容易,要真正地认识自己不仅需要智慧,更需要勇气。人往往不敢承认真实的自我。在自我欺骗和安慰中人常常更能得到一种满足,所以能有勇气接受这种议论,对你也是一个挑战,人不可能生活在虚幻中,对于一个理智的人而言,这其实就是一笔财富,并不是每个人都有这种更清晰认识自我的机会。

(3)恶意诽谤的议论

总有一些别有用心的人故意制造谣言,恶语中伤,以达到其不可告人的目的。我们固然应该有一颗仁慈之心。对于美好,我们始终要以美好相报;对于错误,我们要有宽容和忍耐;但对于刻意的伤害,我们也不能没有防范之心。解决的方法一是要做得正,身正不怕影子斜。在企业中你兢兢业业、勤劳刻苦,以自身的不懈努力创造了成绩,自然有些谣言会不攻自破,因为群众的眼睛是雪亮的;二是要多一些沟通和交流,与同事多一些交流时间,明晰地表达一下自己的主张和观点,让大家对你有一个总体印象。如果你给人的印象是诚实而可靠的,即使有人议论你如何不道德之类的闲话也是无济于事的。切记千万不要与诽谤你的人争执,这样只会使你形象受损,你应该始终保持一种迷人的风度,平静努力地做你所要做的事,流言自会消失。

好了,不管别人怎么议论你,你要始终保持一颗平静之心,用实际行动来证明你的优秀。不管风吹浪打,胜似闲庭信步,你会变得更加出色的。哲人也说过:走自己的路,让别人去说吧!

保护好你的隐私

如果你有喜欢窥探隐私的同事,那你可得当心了。窥探隐私的同事好奇心极强,喜欢偷看你的机密卷宗,或探听你的私事,就像你的机密或隐私应该由大家来分享似的;要不然,就是觉得自己有权知道其他人不该了解的事。

窥探隐私的同事属于那种粗暴无礼的同事,四处探听,好管闲事,他极少认识到自己提出的问题多么没有分寸,也不知道自己的一举一动有多么令人讨厌。

做研究时,好奇心极强令人钦佩,可是这类同事却像是在为“全国秘闻报”准备特写一样对你穷追不舍,偏要打破沙锅问到底。

还有的人想方设法满足自己的好奇心，提出粗暴放肆的问题还不够，他们甚至会在你出去时，坐在你办公室里翻阅你的文件。别担心你说的什么话会叫他不好意思，这种人的脸皮厚得很，伤不着。

同窥探隐私的同事共处，你没有义务回答任何关于个人隐私的询问。为了避免口气生硬，拒绝时，你可以告诉对方，涉及个人秘密的问题自己不便回答。

返回办公室时，如果发现有人在看你的文件，你可以礼貌地加以制止，比如微笑着问对方："喂，找什么呢?用不用我帮忙?"

无礼的同事脸皮很厚，他不会意识到自己的行为在使你恼火，这就如同穿小鞋使脚上打了泡，最终会使你被迫退出比赛。

你不必忍气吞声，也不必大发雷霆，挥手打掉桌子上的文件。你可以开诚布公，彬彬有礼地拒绝任何冒犯言行。

①让他自己去琢磨。装出无可奉告或天机不可泄露的样子，然后让他猜去吧。

②即使有人问起，你也不必回答。简单说明泄露出去的不妥当之处。如果你能面带微笑地解释的话，你甚至可以反问对方想知道的理由。

不把同事当密友

这一命题并非有意要大家在一个公司存心兴风作浪，而是不得不指出，晋升术中有这个观念，关系颇大，非强调不可。

除非你打算在公司草草度日，求个太平无事，否则就不要把同事当做你的亲密朋友。

对一名雄心勃勃的人来说——你必须雄心勃勃不可，否则人生还有什么意义——独占鳌头是你日日追求的目标。所以你该知道，应把天天碰面的同事当做"亦友亦敌"的道理。

办公室内微波不兴，看似诸事太平，但若给这种现象骗了，有一天你会发现同事中的谁，忽然间早你一步爬上高位，或当起你的上司来了。

这就是冷酷的现实——你把事情想得太简单、把人看得太单纯的结果。

同事之间本为点头之交，并无碍于公事的进行。但你要是傻乎乎地把每位同事都当做心事可以尽说的刎颈之交，谁能保证他不心狠手辣，来个踏着你的身躯往上爬。因为你把一切都抖了出来，他捡了个"知彼"的便宜，在晋升的竞争道上，自然要占上风。

知交只能在其他地区或另一个企业里寻找。因为彼此没有利害关系，纯真的友谊容易建立。

不知"亦友亦敌"的微妙道理，只想在同一个企业里交密友，对其他地区、社团则漠然视之——这就是一般人的通病。

再好的朋友，如果同时争一个职位，当败下阵来时，还能够心怀坦荡，向胜利者衷心致贺，这种人千万人中怕也找不出一个。何况人心隔肚皮，为了个人的前途，扯同事后腿——比如，背后耍权术，这种人越来越多了。

所以，把同事当做竞争对象，步步设防，时时戒备，处世如履薄冰，不授人话柄。这样眼观四路，耳听八方，你才不会吃闷亏。

为了同事的背叛,而把同事恨得牙痒痒的人,只能怪自己太天真。

拔下头筹、抢人先机的事,可不是小孩子过家家,你必须全力以赴,更要记住:晋升的世界是很冷酷的。

交浅之人勿言深

俗话说,“逢人只说三分话”,还有七分话不必对人说出,你也许以为大丈夫光明磊落,事无不可对人言,何必只说三分话呢?

老于世故的人的确只说三分话,你一定认为他们是狡猾,是不诚实,其实说话须看对方是什么人。对方不是可以尽言的人,你说三分真话,已不为少。孔子曰:“不得其人而言,谓之失言。”对方倘不是深知的人,你也畅所欲言,以快一时,对方的反应是如何呢?你说的话,若是属于你自己的事,对方愿意听吗?彼此关系浅薄,你与之深谈,显出你没有修养;你说的话,若是属于对方的事,你不是他的诤友,不配与他深谈,忠言逆耳,显出你的冒昧;你说的话,若是属于公共事务,对方的立场如何,你没有明白,对方的主张如何,你也没有明白,你偏高谈阔论,轻言更易招祸呢!所以逢人只说三分话,不是不可说,而是不必说,不该说,与事无不可对人言并没有冲突。

事无不可对人言,是指你所做的事,并不是必须尽情向别人宣布。老于世故的人,是否事事可以对人言,是另一问题,他的只说三分话,是不必说、不该说的关系,绝不是不诚实,绝不是狡猾。说话本来有三种限制,一是人,二是时,三是地。非其人不必说;非其时,虽得其人,也不必说;得其人,得其时,而非其地,仍是不必说。非其人,你说三分真话,已是太多;得其人,而非其时,你说三分话,正给他一个暗示,看看他的反应;得其人,得其时,而非其地,你说三分话,正可以引起他的注意,如有必要,不妨择地作长谈,这叫做通达世故的人。

在同事中发展交情宜慎重,因为大家长期相处,交友不慎将影响个人处境。

起初,同事之间大多不会显露出对公司的意见,但是俗话说“路遥知马力,日久见人心”,只要一起吃过几次饭,一些见识浅薄的人就很容易把自己的不满情绪倾诉给你听。对于这种人,你不应和他有更深的交往,只需做普通同事就可以了。

假如和对方相识不久,交往一般,而对方就忙不迭地把心事一股脑儿地倾诉给你听,并且完全是一副苦口婆心的模样,这在表面上看来是很容易令人感动的。然而,转过头来他又向其他的人做出了同样的表现,说出了同样的话,这表示他完全没有诚意,绝不是一个可以进行深交的人。

“交浅言深,君子所戒”,千万不要附和这种人所说的话,最好是不表示任何意见。

有些人唯恐天下不乱,经常喜欢散布和传播一些所谓的内幕消息,让别人听了以后感到忐忑不安。例如“公司将会裁员”、“公司将会改组”、“上司对某某人不满”等话语,都是这种人的“口头禅”,与这种人要保持距离,以免被其扰乱视听,或者被卷入某些是是非非。

多个心眼待人

人心隔肚皮，在与同事交往中需多个心眼。

(1)不要替别人背黑锅

在公司或一个行政公司里，做事好坏对错，很多时候是由上司主观决定。如果上司意志强，下属多少都要努力工作；上司若自以为是，下属便会唯唯诺诺。但有一些上司只是向他的上司交功课而已，敷衍了事，得过且过。

在这样的环境之下，最重要的事情是不要出事，一切如常就不会勾起上司的雷霆之怒。但一有差错，上司为了向他的上司交代，就会抓住一个人做替罪羊。这种情况，俗话叫做“背黑锅”。

不背黑锅的方法其实很简单。最易行的就是不冒险、不马虎、事事有根据、白纸黑字，即使错了也有充分理由解释。

另一方面，一件事的对错，错的大小，应否追究，如何处罚，都是上司决定。大事化小或小题大做，都在有些上司的一念之间。因此，在这种情况下，人缘好，特别是与上司的关系不错，就会较少获罪。

(2)同事之间最好避免金钱来往

俗语说：“如果你想破坏友谊，只要借钱给对方就行了!”金钱借来借去一定会发生问题。“王先生，你能不能借一千元钱给我，我现在手边正好没钱!”假如你像这样连续三次找人借钱，就算你手头真紧，别人恐怕也不敢借给你了。遇到大家一起分摊费用时也是一样的，只要你连续三次说：“今天我没带钱来!”人家就一定不会再相信你了。

常人有一个坏毛病，向人借来的钱很容易忘掉，借给别人的钱却经常记得牢牢的。因此，在此强调，有关钱的问题，你必须注意五点：

①在社会上工作的人，必须在身边多带些钱。

②尽量避免借钱给别人。

③借出的钱最好不要记住，借来的钱千万不要忘记。

④假如身边钱不方便时，不要参与分摊钱的事。

⑤养成计划使用钱的习惯。

(3)愚直只会招来不虞之灾

有一所著名的大学曾经举办一个为期十三周的经营理论讲习班，主题就是“诚实与坦率的好处”。一年后，有人着手调查，发现当时参加讲习班的人，有一半以上已经离开原来的工作公司。经过一连串的追踪采访，才知道他们把讲习中学来的管理法应用到工作上，而遭到严重的矛盾冲突，不得不挂冠而去。

合理的坦率与正直，乍看之下是非常可爱的，但是如果一再应用，却会把友谊、婚姻、商场交易、事业等，慢慢导向破灭之途。比如一个满口讲理论，个性坦率而愚直的人，多半不会受到周围人的欢迎。这种人如果担任公司主管职务，等于将最脆弱而无防备的一面，暴露给一些想讨好主管上司的下属，为他们制造许多越级打小报告的机会，同时将自己的把柄落在工作上的竞争对手。

每个人都有自我形象，且在心中以最高的诚意供奉着这个形象，不容别人加以毁损；更不欢迎那些心直口快的人任意将实情点破，作毫不留情的批判。因此，自认坦率的人不得不对这个问题多费一点心思去做深入的了解。

(4)不要在同事面前批评上司

有人在白天被上司没道理地骂一通之后，喜欢晚上约个同事小喝一杯，然后对着同事发牢骚。认为同事既然和自己喝酒了，应该就是站在自己的这一方，借着酒气，对上司大肆批评起来。

这种事情一定要避免。薪水阶层的社会是一个竞争的社会，不论多么值得依赖的同事，当工作与友情无法兼顾的时候，也会变成敌人。在同事面前批评上司，无疑是自丢把柄给别人，有一天身受其害都不自知。

就算你这位同事和自己肝胆相照，不会做出出卖自己的事情，但也得小心“隔墙有耳”啊！

所以，当你要向同事吐苦水时，不妨先探探对方的口气，看看其是否同意自己的看法。如此用心，是在社会上立足不可缺少的条件。

遭人排挤无须紧张

如果有一天，你发现你的同事突然一改常态，不再对你友好，事事抱着不合作的态度，处处给你设难题刁难你，出你的洋相，看你的笑话，你就得当心了。这个信息向你传送了一个危险的信号：同事在排挤你。

被同事排挤，必然有其原因。这些原因不外乎以下几种情况：

①近来升级连连，招来同事嫉妒，所以群起排挤你。

②你刚到本公司上班，你有着令人羡慕的优越条件，包括高学历、有背景、相貌出众，这些都有可能让同事嫉妒。

③雇用你的人为公司内人人讨厌的头号公敌，故连你也受牵连。

④衣着奇特，言谈过分，爱出风头，而令同事却步。

⑤过分讨好老板而疏于和同事交往。

⑥妨碍了同事获取利益，包括晋升、加薪等可以受惠的事。

如果是属于第一项、第二项，这情况也很自然，所谓“不招人嫉妒是庸才”，能招人嫉妒也不是丢面子的事。其实只要你平日对人的态度和蔼亲切，同事们不难发觉你是一个老实人，久而久之便会乐于和你交往。另外，你可培养自己的聊天魅力，因为你的同事们的最大爱好之一就是聊天。通过聊天改变同事对你的态度。

如属第三项，那便是你本人的不幸，唯有等机会向同事表示，自己应聘主要是喜爱这份工作，与雇用你的人无关，与他更不是皇亲国戚的关系。只要同事了解到你不是公敌派来的密探，自然会欢迎你的。

如果是属于第四项、第五项，那你便要反省一下，因为问题是出在自己身上，如想令同事改变看法，唯有自己做出改善。平时不要乱发一些惊人的言论，要学会当听众；衣着也应切合身份，既要整洁又要不招摇，过分突出的服装不会为你带来方便，如果你不是土包子，就是为了出风头，这会令同事们把你当成敌对的目标。

如果是属于第六项，你要注意你做事的分寸。升职、加薪、条件改善甚至老板的一句口头表扬都是同事们想获得的奖励，争夺也就在所难免。虽然大家非常努力地工作，但彼此心照不宣，谁都想获得一种优先奖励权，首先得到老板的信赖和重用，甚至是与同事的关系正常化和亲近化也是大家共同努力(或者说是争夺)的目标。

能够获利当然令人向往，但做人不要把利看得太重，更不要和同事争名夺利。有句话说得好：该是你的推也推不掉，不该是你的抢也抢不来。明白了这个道理，还有什么可争的呢？在遇到这类事情时，该让就让，摆出一副高姿态来。虽然你这次吃了亏，但以后会得到补偿的。塞翁失马，因祸得福，眼前看来不是好事，谁又能保证以后不会出现好的结果呢？

做“烂好人”没好处

“好人”是人性丛林里的“珍稀动物”，因此大家都喜欢“好人”，也欢迎“好人”。因为“好人”不具侵略性，不会伤害到别人，甚至有时还会为了别人而让自己吃亏！这种“好人”岂止是“好”，简直是“伟大”了。

那么做“好人”好还是不好呢？

事实上，做“好人”或做“坏人”是由性格决定，而不是由意志决定；换句话说，有人“性本善”，有人“性本恶”，而受教育及后天生长环境的影响，“性本善”的人有时也会呈现“恶”的一面，而“性本恶”的人有时也会不那么“恶”！性格形成的障碍和弱点，并不是想“改变”就可以“改变”的，因此做“好人”好或不好的这个问题，只能这样回答：

做“好人”是性格决定的，想不做都不行，而做“好人”也有其人际关系上的价值。因此，做好人是值得肯定的，但——不能做“烂好人”。

所谓“烂好人”就是没有原则、没有主见、不能坚持的“好人”。这种人不知是性格因素还是有意以“好”去讨别人的欢喜，反正是有求必应，也不管该不该，有时也想坚持，可是别人声音一大，马上就软化下来；因为缺乏原则与坚持，导致是非难分，当事情不能解决的时候，便“牺牲”自己来“成全”大家；有时也想“坏”一点，可是离“坏”还有一大段距离，自己就开始自责，检讨自己这样做是不是不应该……

这种“烂好人”得到的效应和“好人”是不同的，“好人”也是有原则的，所以他人在颂赞这“好人”的“好”时，还带着几分尊敬甚至“畏惧”。但“烂好人”则不然，他在人际关系上的效应是“不能担大任”的风评，而且别人因为深知他的弱点，甚至会算计他、陷害他，得寸进尺，予取予求，反正他不会反抗，不会拒绝。于是所有人都得到了好处，唯独这个“烂好人”一点好处都没有。

因此，在人性丛林里做“烂好人”实在不宜，那么，有“烂好人”性格的人该怎么办？

前面说过，人的行为是性格决定的，因此“烂好人”也只能做以下的心理建议：

——了解做“烂好人”的苦果。

——了解“拒绝”和“坚持”并不一定会得罪别人，而且还能保护自己。

——学会“拒绝”和“坚持”。

——如果自己跳脱不出性格的限制，可请旁人不时暗示你、鼓励你，以强化你不做“烂好人”的动机和决心。

总而言之，“烂好人”只能在家里做，在人性丛林里，“烂好人”是不值钱的。

悄无声息地攀升

在加入新公司一段日子里，你得找机会了解清楚公司的结构，并看看自己可能晋升的机会。

如果你要进一步攀升，而需要一些专业资格，你现时却没有的话，最好趁机出外进修，并试图向公司申请资助。

不要小看这一步，能否获得资助，或资助的数目多少完全不重要(不过有当然最好)，最重要的是向公司传达一个信息——你是好学的，而且公司数年后将会多一名专业人士。

如果公司批准你的申请，更进一步表示公司已肯定你的行动，并在日后考虑晋升时，把你将有的专业资格也一并考虑在内。

这种进修方式一方面可以充实自己，而且也可在不影响他人，或在他人不知的情况下埋下了日后晋升的资本。

其实上述的例子只是争取晋升机会方法的一种，只要我们多加留意，也可以发现好些机会，一样可以达到不招惹同事注意而增加表现机会的效果。

另外可借同事放假时，暂代他的职务，一方面可表现自己的工作热情，另一方面可增加对不同工作的认识。

当然，如上司放假时，让你暂代他职务的话，更是表现的良机，也代表了公司有意栽培你，应好好珍惜这种机会。

千万不要以为争取表现机会就一定要四处要求别人给工作，在我们周围其实存在着无数机会，招惹同事不满的做法是不值得仿效的。要想出人头地，首先应当做到不张扬。

让自己刀枪不入

众所周知，人际关系复杂多变。下面是公司白领的两条金科玉律，相信它们会帮你处理好各种人际关系：

(1)在公司里不可随便交心

在现实中，正人君子有之，奸佞小人有之，既有坦途，也有暗礁。在复杂的环境下，不注意说话的内容、分寸、方式和对象，往往容易招惹是非，授人以柄，甚至祸从口出。

人只有安身立命，适应环境，才能改造环境，顺利地走上成功之道。因此，说话小心些，为人谨慎些，对避开生活的误区，使自己置身于进可攻、退可守的有利位置，牢牢地把握人生的主动权，无疑是有益的。

况且,一个毫无城府、喋喋不休的人,会显得浅薄俗气、缺乏涵养而不受欢迎。西方有句谚语说得好:上帝之所以给人一个嘴巴两只耳朵,就是要人多听少说。

做一个"公司人",社交活动不免与公司有关。下班之后,与同事一起喝杯酒,聊聊天,不但有助日常工作,还可能知道与公司有关的消息,因此,公司所办的各种聚会自然要参加,与同事及上司打一两场"社交麻将"也有必要,但有一点要记着:不可随便交心。

同事之间,只有在大家放弃了相互竞争,或明知竞争也无用的情况下,才会有友谊的存在。如果交出真心,动了真感情,只会自寻烦恼。

比如说,甲与乙是同事,而且是好朋友,只有一个晋升的机会。如甲升了级,乙没有升,乙怎样想呢?乙如继续与甲友好,免不了会被人认为趋炎附势;甲主动对乙友好,也并不自然。

(2)孤军作战,得注意保存自己

蓝领与白领不同的地方之一,是蓝领向上流动性不大,升迁的机会不多。因此,蓝领工人打的是正规战术,集体讨价还价。而白领阶层则大有个别拼搏的机会,获得升迁是单打独斗的结果。

因而白领之间不但没有蓝领的同志感情,往往还互相猜忌,尔虞我诈。这种环境,有如深入敌后、孤军作战的游击队。

是游击队,就是打游击战。

游击战的最高原则是"保存自己,消灭敌人"。许多力争上游的白领,很注意将对手打倒,却不善于保存自己,这是不足取的。一方面要友好竞争,另一方面要在众人的竞争中保存自己,在势孤力弱的情况下,就要夹紧尾巴,千万不要露出要搏、要向上爬的样子,成为众矢之的。

俗语说:"不招人忌是庸才。"但在一个小圈子里,招人忌是蠢材。在积极做事的时候,最好摆出一副"只问耕耘,不问收获"的超然态度。

厚黑方略十二

拍马有术，前途无量

你的前途掌握在老板或上司手里，讨其欢心自然也就成为了晋升的捷径。“拍马”是每个职场中人必备的生存技能，其丰富内涵也颇值研究。尽情施展你的拍马手法吧，“拍”出你的锦绣前程来。

抱住老板的大腿不放

最令老板倾心的下属是死心塌地跟公司同舟共济，跟老板同舟共济的人。

李老板已拥有上亿元的资产，不顾多人反对，还是把小刘提升做副总，因为他知道，这个有着与公司共存亡的历史的人一定不会损害公司利益。在今天的五洲集团里，小刘的才干并不突出。可是就在五年前，公司陷入困境，职员一位又一位离开时，他坚持下来，与李总并肩奋斗，因为他相信李总的事业，结果公司终于重新壮大。

挫折与困难是不可避免的，对待它们的正确态度是锲而不舍的精神，老板当然不喜欢一遇挫折和困难便掉头就跑的下属。

还里还有一个实例，可以证明老板对锲而不舍的下属的欣赏，他把它称为“令人热泪盈眶的一件事”。

松下幸之助回忆道：

“那是我们的电池终于能够售给N汽车公司的事，这件事前后花了五年的时间才成功。

“当我获悉担任那次业务的是一位锲而不舍的年轻人时，不禁热泪盈眶。

“整整五年的时间他历尽千辛万苦，不断热心走访那家客户，一再拜托对方‘请采用国际牌电池’。

“我想，有人一定认为是他分内的事，但以他的年纪，竟然有这种耐心，真叫人佩服。一般人总是一次闭门羹就放弃了。

“今天的N公司除了电池以外，还采用了本公司其他各种产品。这都是本公司员工锲而不舍的结果。”

所以，老板们对于那些面对困难毫不气馁、坚持不达目的誓不罢休的下属，从内心里欣赏。因为企业的环境总是处于困难竞争中的，锲而不舍成为公司进步的支柱。

作为一个上班族，如果你想一步上一个台阶的话，那么就请首先选择好一个老板，然后坚定不移地跟他坐到同一条“贼船”上。

当他意识到你是真正同老板同舟共济时，自然就会重用你。你这样做比频频跳槽要实惠、有效得多。

抱住老板的大腿不放，这是“职场厚黑学”的一大秘招。

跟对人，跟到底

作为一个下属，你上面有领导，作为一个领导，你上面有上司，因此就存在一个跟人的问题。不管你喜欢不喜欢，这是一个事实。而跟人，自古以来有五种境界。跟人的最低境界是只顾个人眼前利益，谁能让眼前利益满足就跟谁，“有奶便是娘”。这种人眼界狭小，容易在主子失势时卖主求荣。这种以眼前利益跟人的人，是不讲是非、禽兽不如、境界最低、情操最差的人。

第二种境界是势利眼。这些人往往为了保住个人的身家性命迫于形势不得不屈服于强权势力的压力,见风使舵,谁势力大跟谁。这类人人数较多,也是靠不住的。

第三种境界稍高。他们不以个人利益为尺度而以民众的利益为标准跟人。但他们有时会迷惑于某些政治家或领袖人物的政治口号，或者一开始就跟了个政治骗子或者所跟的好人中途变坏。于是,他们在失望之余不得不改弦易辙,弃暗投明。虽然他们最终跟了英明君主,但他们毕竟走了弯路,落了个背叛前主的罪名与大节有亏的缺陷。

第四种境界是忠诚到底,杀身成仁,如伯夷、叔齐等。这些人一旦做出了选择,就无怨无悔,矢志不渝,表现坚定的信心和执著的精神,是许多人敬仰的楷模。对那些上级领导来说,选择这样的下属是人生一大幸事。

第五种境界是跟人的最高境界,如诸葛亮式的人物。贤臣择主而事,良禽择木而栖。诸葛亮生于乱世,不肯轻易出山辅佐诸侯而是静观其变,看谁是匡扶天下的明主,看谁能诚心待他。而刘备作为汉朝皇室之君,仁义布于四海,以诚心待人,三顾茅庐终于感动了诸葛亮。隆中对策,便确定了天下三分的形势,后辅佐刘备火烧新野,火烧赤壁,打退了曹兵多次进攻，智取荆州和四川实现了三分天下的宏伟预言。刘备不听劝告造成大败,白帝托孤,诸葛亮宣誓鞠躬尽瘁、死而后已。虽然刘禅昏庸无能,但诸葛亮还是为刘备的蜀汉天下战斗到最后一息。所以诸葛亮成为封建道德的最高典范。

故看准人,跟对人,跟到底,是跟人的最高境界。至于你想做哪种人,全看你的本事和追求了。对白领来说,目光长远一些是很有必要的。

奉迎的“变与不变”

叔孙通以制定了朝见帝王的礼仪而大受汉高祖刘邦的赏识成为西汉开国初期一位引人注目的角色,《汉书》还专门给他立了一篇传记。

其实,他的崭露头角开始于秦朝。早在秦始皇时期,他便以博士的头衔为秦王朝效力了。秦始皇在搞焚书坑儒,坑的就是这些有博士头衔的人,当时坑的人数多达四百六十余人,而叔孙通居然能幸免于难,真不知他用的什么手段讨好了秦始皇。

到了秦二世时代,陈胜、吴广农民起义,二世皇帝召来了一帮博士儒生询问对策:“南方有一些兵卒攻城夺地,你们看该怎么办呀?”

有三十余名博士纷纷进言道:“臣民不允许聚众闹事,聚众闹事就是造反,就是不可饶恕的死罪,请陛下立即发兵击讨!”

偏偏秦二世采取鸵鸟政策,不肯承认老百姓会起兵反对他,一听这话脸色都变了,一副怒气冲冲的样子。叔孙通明白了秦二世的心思,立刻上前说道:“他们说的都不对。现在天下一家,郡县的城墙、关卡早已摧毁,兵器也早已收缴销熔,向天下百姓表示永远不再值守,四方百姓心向朝廷,怎么会有造反的人?南方那些兵卒不过是些鼠窃狗盗的小偷小摸,何足挂齿,当地的官员早已将他们拘捕杀戮,根本不必大惊小怪!”

他这番话果然讨得秦二世的欢心,结果,那些说是造反的博士们都被送交司法部门斥责,而叔孙通却得到了二十匹布帛,一身衣服的赏赐,并将他的官职升了一级。

等到叔孙通返回住所,那些博士们责问他道:“你怎么那么会巴结讨好?”

叔孙通说:“你们太不聪明了,我也险些不免于虎口!”

其实,他已清楚地看出了秦国即将灭亡的形势,当夜便逃出秦都咸阳,投奔陈胜、吴广的队伍去了。陈胜、吴广失败以后,他先后又归顺过项梁、义帝、项羽,最后项羽失败,他投降了刘邦。

刘邦这个人不喜欢读书人,叔孙通为了迎合刘邦,脱掉了自己儒生的服装,特意换上一身刘邦故乡通行的短衣短衫,果然赢得了刘邦的好感。

当他投降刘邦时,有一百多名学生随他而来,可他并不向刘邦推荐,而他所推荐的,全是一些不怕死、敢拼命的壮士。学生们不免有了怨言:“我们追随先生多年,又同先生一起降汉,先生不推荐我们,专推荐一些善于拿刀动剑的人物,真不知他是怎么想的!”

叔孙通说:“刘邦现在正是打江山的时候,自然需要一些能够冲锋陷阵的人,你们能打仗吗?你们别着急,且耐心等待,我不会忘了你们!”

当刘邦当上皇帝以后,那些故旧下属全不懂得一点君臣大礼,有时在朝堂上也争功斗能,饮酒狂呼,甚至拔剑相向,刘邦显得很不耐烦。这一点让叔孙通看出来了,他便趁机建议制定一套大臣朝见皇帝的礼仪。刘邦自然同意。

由于他的那一套礼仪极大地提高了皇帝的尊严,使得刘邦十分开心,高兴地说:“我今日才体验到当皇帝的尊贵了!”

于是叔孙通加官晋级,一次便得到五百金的赐赏,成为朝廷近臣,一直到汉惠帝还恩宠不衰。

叔孙通以一介儒生,便能适应秦始皇之暴、秦二世之昏,陈胜之陋、项羽之威、刘邦之薄、惠帝之懦。在那样一个天下大乱、文人遭劫的年代,不只苟全性命,而且处处得意,荣通富贵,亦已难矣!探索一下他保身取宠的诀窍,可以发现,全在于“变与不变”之间。

所谓“变”,是要在摸清君主的脾气、秉性、喜怒、好恶的基础之上,不断地改变着自己的言行、对策。叔孙通对秦始皇采取的是“默”,对秦二世采取的是“骗”,对刘邦采取的是恭维,对惠帝采取的是“吓”,这些手段果然都能奏效。

所谓“不变”,是奉迎的媚态要始终如一。白领们身在职场,在奉上御下的时候,必须熟练运用这些诀窍,才能左右逢源,达成预期目标,建功立业。

仔细琢磨上司的心思

与上司的关系对你事业的成功有着不同程度的影响,可以说这也是关键之一。有时候你在上司身上花的时间要比你愿意的多得多,但在处理这层关系时,你仍应当注意自己的方式。如果幸运的话,能够事事顺意。以下是应付上司的建议。

(1)分清上司提供的哪些建议会对你有所帮助

没有十全十美的上司,每个人都有其优缺点。你最好是重视上司的长处,忽略其短处。分清你的上司在哪种情况下会给你提供帮助,并在有必要的时候去接受他(她)。

(2)提出可能得到上司积极反应的需求

如果你了解你的上司对什么比较看重,那你可以以较易得到其积极反应的方式提出要求。这样你就不必浪费时间去说服——或是更糟,设法改变他(她)的想法。了解什么对他(她)起作用,什么不起作用;然后运用较易成功的策略。

(3)清楚上司想从你这里得到些什么

了解上司对你的期望，以及认为你成功的几个关键因素是什么，那你就赢了一半了。如果你知道什么是需要的，那就别浪费时间去考虑别的事了，这样既能节省你的时间，也能节省上司的时间。

(4)给上司所要的东西

违背上司的希望，可能会让你白搭进好多时间。在尽可能的情况下满足上司的工作要求，上司期望你做些什么，你就应该如期如数完成，即使有些东西你认为没有必要去做，这样你才能节省好多时间，你也会因此保住自己的工作。那些认为他们的工作只取决于他们工作努力程度的人往往忽视了这种节省时间的技巧，况且，你还要与上司搞好关系呢!

(5)了解上司的生物钟

当你要向上司提出什么要求与建议时，应找到一个合适的时机和场合。从这一点来看，时间的安排便是一切。让你的上司有充分的休息与恢复的时间，不要让他(她)过于劳累或是压力过大，这样你得到的反应就会有很大的不同了。了解你上司的生物钟。哪些是好的时机，哪些是不好的时机。然后抓住好的时机，将重要的事情向他(她)提出。

(6)尽可能经常地让上司了解你的行为

这样才是安全的保证。让上司得知并不需要花太多的时间与精力。这比因为没有及时地与他(她)联系而费很大的劲修改要强得多。

(7)将你的上司看做是个极有价值的客户或顾客

正如我们与家人的关系一样，只有我们将它看成是理所当然的事时，我们才不会为自己与上司的关系感到头疼。当然为了避免出现一些问题，你应该敏感一点，细心一点。不要做某种假设，否则你很容易会产生一种怨恨心理。

这些很简单的建议，多数看起来都很平常，使你的上司较易感到他(她)能与你相互融合、相互沟通，并得以控制你的工作，这样上司就不会经常来找你的麻烦了。

当一回雪中送炭的“雷锋”

老板与下属的关系，如同鱼和水的关系。就是讲为了双方的共同利益，上司与下属、下属与上司之间，都需要互相支持、互相关心、互相协作，以结成一个和谐的利益共同体。

不仅下属有困难时应该得到上司的关心和帮助，而且上司遇到困难时，也同样有理由得到下属们的关心和协助。要知道上司和下属谁都不是万能的。

但是，就实际情况来看，上司遇到的困难与下属遇到的困难是有差异的，上司帮助下属解决困难的方法与下属帮助上司解决困难的方法，也是不尽相同的。

那么，上司需要下属协助解决的困难有哪些呢?下属到底该如何去帮助上司克服困难呢?

经验告诉我们，上司需要下属协助解决的困难主要有两大方面：一是在工作上；二是在个人生活上。

上司在工作上遇到的困难，主要有下列方面：企业流动资金不足，经营难以周转；购销业务陷入困境，难以拓展；技术革新、设备维修缺乏技术和人才；下属之间不够团结，企业缺乏凝聚力等方面。

对于上司在工作上遇到的困难，下属们应该责无旁贷地竭力相助。从某种程度上讲，上司的工作困难，也就是下属的工作困难。帮助上司克服困难，同样是在为下属自己谋利益。为此，各位下属，特别是那些有条件帮助上司克服困难的下属，应该做到有智出智、有力出力、有钱出钱、有物出物，心往一处想，劲往一处使。与企业和上司共渡难关。

对于上司自身生活上遇到的困难，下属在有意给予帮助时，则必须注意有所选择。因为上司生活上的困难多与家庭、婚姻等诸项因素有关。而当我们打算相助于他人的个人生活困难时，必须坚持的一个原则是：尽量不要介入其家庭、婚姻的生活圈子，这倒不是因为“清官难断家务事”，而是因为这与人和人的性格、价值取向、人生哲学和实际境遇的差异有关。

当然，对不涉及上司个人家庭、婚姻之外的私人困难，下属如有能力相帮的话，还是应该尽力而为的。

帮助上司解决工作上和生活上的难题，为上司分忧解愁，是每一个下属应有的积极态度。然而，需要注意的是，你的帮助应该帮在上司需要帮助的时候。

帮助帮得不是时候，就是没有帮到点子上。这种帮助的结果，往往是出力不讨好或适得其反，令人生厌。

因此，当下属打算以帮助上司的手法去和上司搞好人际关系时，选择当上司需要帮助的时候尽力相助，常常能收到雪中送炭的良好效果。

就实际生活而论，我们帮助他人的最佳方法，可以归结为两种：一种是锦上添花；另一种是雪中送炭。但是，对于上司而言，由于其身份、地位在世俗者眼里常常高于下属，因此愿为其锦上添花者是大有人在的。况且，就下属的身份、地位和实力而言，能否为上司锦上添花，在上司春风得意、工作顺利、前程似锦的时候，下属给上司送去的“花”，会不会被上司视为“花”，还是一个值得三思的问题。

雪中送炭的帮助与锦上添花不同。它是在他人面临失意、遭遇坎坷、前途暗淡等情况下，送去的一片温情、一份热心和一种支援。平心而论，锦上添花的确会使受益者感到欣喜，但雪中送炭却会令受益者感恩不尽和终生难忘。慈禧太后在位时，有多少人前往敬献珠宝表示忠心，然而能够受到这位“老佛爷”的重用和感恩者，却无几人。相反，慈禧太后还会认为是臣民对皇上应作的奉献。

与此迥然不同的是当年的韩信被刘邦拜为大将军之后，却不忘要对一位山野村妇表示感恩，而原因不过是因为韩信在发迹之前，有一次面临困境，一顿饭难倒英雄汉，而这位村妇予以慷慨施舍，从而使这位勇冠三军的大将军功成名就之后难以忘怀。

由此可见，下属对于上司的帮助，如能帮在雪中送炭的时候，常常能使你获得超值的效果。但是，雪中送炭是需要以善良、智慧和勇气作为前提的。

在现实生活中，锦上添花常有势利之嫌，而雪中送炭却往往是厚道、善良和忠诚的象征。在与上司打交道的过程中，假如你想帮助上司，你是选择前者，还是选择后者呢？

给上司面子要不动声色

当上司的，有时为了联系群众，或者休息，常常和自己的下属在一起开展各种娱乐活动，比如打打球，下下棋等。在这种情况下，作为下属，要不要客气一些呢?也就是说，给予一点照顾，让上司赢几回，给他一点面子呢?某公司办公室的老王就碰到了这样的问题。

李经理是一个象棋迷，每到午休的时候，他总要扯上老王杀一两盘，这一来是老王的象棋下得不错，二来也是一种紧张工作之余的调剂。可是，老王却并不太愿意与李经理下棋。其原因是李经理的棋艺实在是不算高明，和他在一起下棋根本没有什么意思。要是真正使出真本事，李经理根本无还手之力，准得回回输。可要是让他几着，自己又觉得乏味，人家也说不定会说自己拍马屁，讨好上司。无奈，他只得采取一种折中的方式，有时赢他，有时也输几盘。

类似于老王这样的情况还真不算少。那么，在与上司一块儿进行娱乐活动的时候，要不要客气一点呢?笔者认为，一般来说可以不予考虑。因为上司既然打算与自己的下属一块儿玩，就表明他是放下架子的，也不是作为一个上司的身份进行娱乐活动的。而且，有些上司恰恰正是希望通过这种娱乐活动与群众打成一片，进行感情的联络、沟通，缓解工作中的某些紧张关系。在这种情况下，如果我们还要把他作为一位上司看待，处处客客气气的，什么都让着一点，反而违背了上司的初衷，使之达不到真正的效果。如果你真正地以一个同伴的方式和态度与上司在一起娱乐，上司反而会觉得你对他是坦诚的、信任的，这样，也同样会提高他对你的信任程度。

但是，在这样做的时候也必须考虑具体对象。有些上司属于争强好胜一类的人，你则要让着一点，对这种上司最好的方式是不要在一起娱乐。另外，有时上司跑来娱乐则是出于另一种目的，他可能是工作中有些不顺心，也可能是受到其上司的批评，正闷着一肚子气，想找种方式调剂一下。在这种情况下，其形象和态度都会有些反常。如果是这样，出于对上司的体谅与帮助，则应该客气一些，做出一些必要的让步，使其能够在娱乐中得到某种放松和调整。

尽管是客客气气地与上司在一起娱乐，或做出某些让步，你也得有一定的、适当的方式。即在形式上仍然是认真的，不客气的，最好是让其觉察不出你在让他，使之感到是凭自己的真本事获胜，这样，便可以获得更好的效果。

冷庙热庙都烧香

“势利”这件事真是说不清，今天你是处长，大家就围在你的周围，明天自己出外做买卖，脱离了官场，同样的一个人在街上碰见你，都得装做不认识你。“势利”的他觉得你没有结交的价值了，准确地说就是没有利用价值了。他想不到你几年之后由于生财有道，加上素质品格的到位，成了人大代表了，甚至几年之后又更换了职位，这时，他见到你又会恢复到以往的状态，他大概会说，“以前我就觉得凭你的能力，做一个处长简直是大材小用，怎么样怎么样，让我说中了吧。”他怎么想的你不知道，但是，谁都不是孩子。

这跟烧香有类比意义。一般人烧香都要到最为鼎盛的庙宇去，冷庙往往是无人问津，无论这冷庙的神灵是否也神通广大，他们只相信世俗的认定。当然，这已构成了一种成功的选择，可是，趋炎附势总是不好的，一味地向当权当红的人们靠拢，自然会极大地伤害自我人格，至于说如何伤害了自我人格，有良知的人们都知道。而且，同样世俗地讲，神明再厉害也得照顾到所有的信徒，这样，你的福荫就会是被分得若干份之一，似乎不如向冷庙靠拢。

冷庙的神灵平时受冷落，你的一炷香就会让他们心存感激，把难得一用的神通变幻出来保佑你，特别是当冷庙变成热庙的时候，他还会想起曾经的你，纵是再忙再紧张，他也不会忘了你。神灵没有你那么势利，所以在适当的时候多到冷庙看看，当人家都摩肩接踵地去挤“热庙”的时候，你可以从现实的层面去考虑，也可以从道德的意义来衡量，无论以任何角度来看冷庙都是一种情感和道义上的选择。

说得再深一点儿，你原本以为的“热庙”也未必就能满足你贪婪的欲望，在这个意义上讲，亲情也有不可靠的时候，这么说倒不是企图否定亲情的意义，只是他也可能因利益而变质。要想在社会上立足，就绝不能抱着“靠我二舅帮忙”的心态，殊不知，这时候你自己给自己喂了一剂糖衣炮弹，而且是一打一个准儿，如果你平时不抱有这种念头，生活就会在劳动中自然分解，谁也不会有多余的烦恼。

而且，人们往往是“平时不烧香，临时抱佛脚”。神灵们都成了你利用的工具，实在是让人难以接受，你的心中大概也没有热庙的存在，只有遇到难事的时候，才想起庙的价值和意义。其实，任何顶礼膜拜都是一种信仰，这种信仰是日积月累的追求，不是形式上的真诚。在这个意义上讲，你要找好自己的“冷庙”，从而酝酿出属于时代的香火，这是一个不停地发展的过程，走得稳做得扎实。

对于白领来说，你的任何上司都是一种存在，作为下属，到啥时候也别对上司冷冰冰的。在通常的意义上，成功往往都得益于这种投资过程。所以说，“冷庙”还是“热庙”的问题，必须权衡利弊，更主要的问题是，心诚则灵。

“拍马”也要抓信息

“拍马”一个重要前提便是掌握上司的有关信息，一有机会便见缝插针，及时迎合其喜好，满足其欲望，以达到取悦讨好之效果。

李莲英刚进宫时，在梳头房里打杂。一次慈禧想改变一种新发型，梳来梳去总不满意，一连几天，她对梳头的太监喝来骂去。梳头的太监无计可施，回到梳头房唉声叹气，李莲英知道后，认为机会来了。他跑出宫，去了妓院。他知道，妓女们最喜打扮，也最赶时髦。整整三天，李莲英苦练梳头方法，终于掌握了几种最流行的发式。回宫之后，他恳求为慈禧梳头的大太监，向太后推荐他，并做了示范表演。终于，慈禧答应让李莲英试一试。他施尽了浑身解数，在太后的头发上做足了文章，梳出了一个让慈禧左看右看都满意的发式，人漂亮了，心情自然好，高兴之余，自然忘不了李莲英。

李莲英不仅消息灵、心眼儿快，而且出场时间也把握得好，正是太后为梳头一事大费脑筋的时候才出手，他获得了成功。

北洋军阀靳云鹏的发迹和李莲英有异“拍”同工之效。靳云鹏家境十分贫寒，靠卖煎饼度日，由于入不敷出，他的母亲去当奶妈。靳云鹏 19 岁那年投入袁世凯的“新建陆军”，后又入随营武备学堂第一期学习。

段祺瑞当时任随营武备学校的监督(校长)，二人有师生关系。1902 年，段祺瑞任北洋军政司参谋处总办，靳云鹏任该处捉调。

为了求升迁，靳云鹏潜心研究段祺瑞的爱好，他发现段祺瑞爱下围棋，经常与幕僚张某对弈。

于是，靳云鹏就从围棋入手，买来棋谱，精心研读，仔细推敲，又请名家指教，棋艺长进很快。他知道段祺瑞的棋下得不错，如超过段，会令段不满，因而不敢轻举妄动。

一天，恰好张某不在，段祺瑞想下棋找不到对手，很着急。靳云鹏一看机会到了，就上前请求：“大人，学生原来也曾下过几次，能否陪大人解闷!”

段祺瑞正求之不得，马上应允，二人就摆棋大战起来。

段祺瑞的棋不是靳云鹏的对手，但靳不敢赢段，但又不能让段赢得太顺利。

第一盘，靳云鹏惨败，段有不屑一顾的意思，兴致大减。

第二盘，段祺瑞感到下得很吃力，不由兴致大增，聚精会神，细心研究，总算赢了，段非常高兴。

第三盘，双方厮杀得难分难解，但最后还是段祺瑞赢了。

自此，段祺瑞不敢小看靳云鹏的棋艺。

以后，靳云鹏成了段祺瑞的棋友，靳云鹏与段祺瑞下棋，多数让段赢，偶尔自己也赢一两盘，以讨段祺瑞的欢心。

段祺瑞与别人下棋，也常请靳云鹏在旁观战，紧要关头，要靳出谋献策。

由于下棋的关系，再加上师生关系，靳云鹏成为段的亲信，段提拔他当上标统。

靳云鹏由此成了皖系的十将，官升得很快，甚至两度受命组阁，出任内阁总理，成了当时政治舞台上的风云人物。

对白领们来说，终日与上司接触，少不了谈一些工作之外的话题，如果抓住机会施展一番，说不定能扭转自己的人生航向，早日走向成功之路。

不把问题推给上司

管理工作因其有始无终、不断发展的特点，而使时间变成管理者的一种稀缺资源、也许解决下属自己解决不了的问题要比做其他任何事情都花时间。虽然，有一些管理者，几乎全是些管理能力强的人，很喜欢下属经常找他们来解决问题，但大多数管理者发现这是一个沉重的负担。正如一位经理所感慨的那样：

“我无时无刻不感到惊奇，那么多人想见我，又提出那么多各种各样的问题来。如果我们不尽量控制会议的话，那么我们只好一天到晚都陷在会海里。”

上司被迫去解决下属提出的问题，还不仅会耗费他们的时间，而且往往也会削弱他们的影响。

在大多数下属眼里，上司拥有的权威往往被夸大了。其实，上司的权威是很有限的。并且，几乎上司每使用一次权威，在某种意义上说，这种权威也就消失了。你也许并没有想到，当你请求上司让人事部门或生产部门澄清一件小事的时候，你的要求其实已经过分了。你想一下，假如他为了其他事务正在要求人事部门或生产部门提供合作或帮助，为了满足你的需求，上司往往不得不软化他的立场，把他认为更重要的需要人事部门或生产部门合作的事情搁置起来。一个人能要求别人做的事毕竟有限。即使此刻没什么事情需要这两个部门的配合，他也知道，今天满足了你，那么明天要满足他自己或其他人提出的与此类似的要求就会变得更加困难。

当你把问题推给上司的时候，你不仅干扰了他的工作，同样也影响了你的工作能力。至少，你失去了培养自己解决问题的能力和与别人交往的机会。而这两点恰恰是卓有成效的工作所必须具备的。而且，你还会给你的上司留下一个不好的印象：你没有能力应付工作中的变化。虽然这与你的工作并无直接联系，但再也没有别的事情比这种不好的印象对以后的工作产生更为不利的影响了。

一般地，如果你不将问题推给上司，这不仅对你有好处，而且对他也有好处。有时你这样做也许只是为了给他留下一个你处境困难的印象，即使如此，你也应该尽量抑制这种想法。因为上司认为他们自己的问题已经够多了，所以他们不会像你所希望的那样对你的困难表示同情。另一方面，大多数的上司赏识那种不怕困难的下属。

权限之争是经常发生而且让下属特别头疼的问题。当双方在他们自己的权力范围之内发生冲突时，这种局面尤其棘手麻烦。因为，如果站在自己上司的一方，那么他就会引起另一方反感疏远他的危险，如果他采取中立立场调解以使双方达成妥协，他也许就会被上司认为关键时刻没有帮自己。所以，你要尽量避免你的上司涉及此类事情，当双方陷入权限之争时，尤其要这样做。如果有人在你权力范围内插手或拒绝你所需要的合作，那么，把问题摆到上司的写字台上以前，你自己先要尽力去解决这个问题。

当然，有些问题是应该由上司来处理的。事实上，如果这些问题不让他来处理的话，他会很恼火。因为，这些涉及权力或会产生纠葛的事情是与你不相干的。当然，也有些问题在你的职责范围之内，而你又非常希望得到他的帮助，当你真的要向上司提出这种问题时，你最好向他征求建议，而不要恳求解决方法。与其说：“某某公司不愿付最后一笔贷款”，然后等他说应该怎么办；你还不如说：“我没有办法让某某公司支付最后一笔贷款。如果你有什么建议的话，我将十分感谢。”这种方法能诱使上司做出积极的反应，因为你不是要他承担责任，只是想获得他的知识和专长罢了。但是，这种方法也有其局限性，因为，如果你连续不断地向上司征求建议，他很快会感到厌倦，而且很可能他对你也会感到不耐烦。所以，如果问题确实是你自己的，那么最好的办法是将它留给你自己，并且你自己去解决它。

成为上司的心腹

成为上司的心腹，你就有了晋升的指路人。上司可以在工作中指教你，帮助你，督促你事业上的发展，为你提供心理咨询，在人际矛盾中帮你排忧解难。从而对你的晋升助上一臂之力，这是你晋升的一条最快途径。要成为上司的心腹，要注意以下几点：

(1)多请示，勤汇报

与上司相处，尤其应该讲点技巧。假如你的上司是个不苟言笑的老头，严肃有余，平易不足，似乎具有沉重的身份感，那么你如何接近他?多请示，勤汇报是个好办法，这既符合上司希望得到下属尊重的心理，又表明你是谦虚好学、诚恳待人的。更重要的是这样做给你提供了与上司接近的机会。人与人交往就是这样，一旦相处时间多，双方的紧张心理甚至戒备心理即可自然消除，交往的气氛也会轻松和谐起来，久而久之，心灵哪会沟不通?

(2)具有强烈的角色意识

每个社会成员在社会大舞台上都无不例外地扮演一定的角色。一个成功的下属，他了解自己在组织中所处的地位、将起的作用、担负的责任、应尽的义务，了解自己工作的性质、工作的方式方法、工作的环境等，并积极在工作中全力以赴演好这个角色。既不荒了自己的地，又耕了别人的田；既保质保量完成了分内工作，又为他人和上司工作的完成创造了条件。这就是白领应该时刻提醒自己的重要一点。

(3)推动你的上司发挥专长

下属晋升成功的一个重要诀窍在于推动自己的上司发挥长处、做出成绩，迅速获得晋升。下属是上司工作助手，如果上司没有被提升，下属将永居其下，若上司迅速被提升则下属也容易成功。

“上司有成效，下属才有成效。”不断地推动上司发挥自己的专长，是下属自己工作富有成效的关键。上司因个人生活经历、爱好、志趣、素质、层次不同，其专长也各异。下属要学会了解自己上司的长处何在，怎样才能发挥上司的长处，善于问自己：“我的上司究竟哪些事能干得好?他过去曾把哪些事干好了?要让他发挥长处，他还需要知道些什么?”“他需要从我身上得到什么才能取得成果?”然后积极为上司提供发挥其专长所需要的各种条件，如你的上司专长在政治方面，那你首先要提供给他的资料是政治形势；若他的专长是在用人方面，你尽量提供他所需要了解的全面准确的材料。各种条件的提供，使他决策时，最有效地发挥其专长，上司在工作中做出成效自己才有成效。只有推动上司获得成功的晋升，下属才能获得晋升的成功。

借人口中言，传我奉承话

对上司进行赞美有多种方式，可以直接赞美，也可以间接赞美。直接赞美就是直接面对上司，通过声音、表情将赞美之情传递给他；间接赞美就是不直接面对上司，而是借他人之口将自己的赞美之词传递给上司，即我们平常所说的“借你口中言，传我心腹事”。

这两种方式各有各的妙用，白领应视不同的场合灵活运用。

在此值得一提的是，当下属直接赞美上司时，对方可能会以为那是应酬话、恭维话，只有“你那么一说，我这么一听”，而不必当真；其他人也会认为你是在巴结上司，别有所图。

赞美若是通过第三者的传达，效果便截然不同了。此时，上司必定认为那是认真的赞美，毫无虚伪包含在里面，于是就会真诚接受，而且对你也会另眼相看。所以当上司不在身边时，不妨对其他同事将上司的优点和成就大肆吹捧一番。"吹捧"的范围很广，例如，可以先赞美一下上司的认真负责的工作态度；上司平易近人的工作作风；上司教育子女的成功之处，甚至他今天得体的服装；你还可以谈谈上司的"历史"，提提他的"当年勇"，等等。如果其他同事与你有不同看法，你也没必要去争论，毕竟，这只是你的个人观点。相信吧，你的口舌不会白费，总有一天，你的这些赞美之词会传到上司耳朵里，他会因为有你这样的"知音"而感到高兴。

"第三者"不仅仅是自己的同事，也包括其他人。比如，在看到上司的妻子时，你可以适当地赞美一下上司，甚至在看到上司的子女时，也可以说一些诸如此类的话："你爸爸为公司的事情操碎了心，你得劝他多多休息，保重身体"；"听说你工作干得不错，真是有其父必有其子啊!"

如果有一天你上司的上司来你所在部门视察工作，那也要寻找时机进上一言，好好把自己的上司赞美一番。当然，赞美时一定要言之有据，不可为吹嘘而吹嘘。恐怕这是上司最期望的了，自己替自己说好话，容易使上司心存反感，而由自己的下属代言，则既可避嫌，又可给上司留下较为客观的印象，效果会好得多。

这样一来，上司对你可能就要"感激涕零"了。当日后遇到升迁事宜时，自然不会忘记你。

爱上上司的爱好

在人际交往中，要想赢得上司的好感，就必须时刻留意对方的兴趣、爱好，明白上司的意图，理解上司的心思，这样才能投其所好，"对症下药"。然而，上司的意图往往捉摸不定，善逢迎者必须下工夫掌握上司的心意，揣摩上司的心理，然后尽量迎合他，满足他的欲望。甚至还能抢先一步，将上司想说而未说的话先说了，想办而未办的事先办了，把上司乐得美滋滋的。自然，上司的回报也总是沉甸甸的。

在日常生活中，待人处世也应做到知己知彼，"见什么人说什么话"，对不同的人运用不同的交往之道，随机应变，才能事事顺遂。比如，在和领导相处时，就要根据领导的性格特点和其好恶，对自己的为人处世方式做一些必要的修正，以便迅速赢得领导的好感，建立起一定的感情。在此基础上，领导才会有兴趣深入了解和考察你的才干，并使你"英雄有用武之地"。

冯某为人热情大方，很善于与各种各样的人打交道。在调到一个新公司后，他首先想到的是如何赢得领导的好感和赏识。在做了一番调查后，他得知领导为人保守就毅然舍弃了长发、牛仔等时髦装束，而以循规蹈矩的形象出现在领导面前。

在初步赢得领导的好感后，冯某就想发挥自己热情、乐于助人、慷慨大方的优点，主动与领导交往，建立友谊。不料，领导为人孤僻多疑，喜欢独处，对冯某的热情颇不习惯。冯某碰了几次壁后，就决心改变策略，去顺应领导的性格特点，不再经常围着领导转。

后来，冯某发现领导有一个最大的爱好——打乒乓球，于是他就苦练了一段时间的球艺，然后频频在领导常去的一家俱乐部露面，并每次都是和邻居在一起对阵、切磋球艺。

此举果然奏效,在球来球往中领导渐渐放松了心理防卫,与冯某成为朋友。

经过一番交往,领导水到渠成地了解了冯某身上的优点和才干,在工作中对他予以重用。冯某投其所好,出色地把自己推销给领导,从而赢得了事业上的成功。

由此可见,投其所好,曲意逢迎不仅是一种做官的手段,更是一门高明的处世艺术。

只要你仔细观察,便不难发现,现实生活中,上司说你行,你就行,不行也行的现象太多,人们必须学会"知上,知下",尽量不要"哪壶不开提哪壶",才能避免"说不行,就不行,行也不行"的难堪局面。身在职场的白领们,一定要学会爱上上司的爱好。

为上司独当一面

上司提拔助手,晋升员工待遇的重要目的之一,就是让其能够为上司独当一面。

所谓独当一面,即是在上司的统一指挥、统筹安排下,按照上司的授权范围,能够独立地、恰当地处理各类业务问题,而不是事无巨细均向上司请示汇报。

事实上,一个公司或部门的工作千头万绪,十分繁杂,上司一个人不可能,也不必要把每项工作的处置权都抓在自己手里。现代企业讲究分权治理,民主管理。只有那些落后的、愚昧的上司,才会采取集权的管理模式。

因此,那些开明的拥有现代意识的上司,总是敢于和善于选贤任能,并放手让他们独当一面,从而以优势的群体造就和发挥群体优势,以便使企业生机勃勃、一往无前。

在敢于为上司独当一面的问题上,我们常常可以见到两种情况:一种是上司给予放权,让其大胆负责某一部门、某一分支机构的具体工作。但是,由于被任用者缺乏上司工作经验,或者缺乏相应的魄力,因而畏首畏尾施展不开。此类员工,应该认识到既然你有"后台上司",何不大胆有所作为。同时,只要敢于大胆地独当一面,那么即使不够顺利,你也能够砥砺自己的能力,增长自己的才干。正如毛泽东所言:"肯干肯学,又是革命的,必定是有益的,必定是有前途的。"

另一种情况恰恰相反,即被任用者在为上司独当一面时,不是不敢将上司所放给的权力用足用够,而是时常越权行事。

俗语讲:过犹不及。就是说无论什么事情只要做过了头,那就犹如没有做足一样,自然会遭受损失。

上司放权,让任用者独当一面,往往是有范围、有界限的。在这个范围和界限内,你尽可以大显身手。但是,你绝不要忘乎所以,以为自己就是上司了,可以随意越权行事。一两次的越权行为,只要不构成重大损失和不可挽回的消极影响,一般情况下上司是不会过于重视的。假如你反复越权行事,必将自己阻断自己晋升的前途。

对此,歌德有两句名言是发人深思的。他说:

"如果你敢于宣称自己是受限制的,你就会感到自己是自由的。"

"只有具备真才实学,既了解自己的力量,又善于适当而谨慎地使用自己力量的人,才能在世俗事务中获得成功。"

所以,敢于为上司独当一面,必须以善于为上司独当一面为基础,否则你就难以不断地提升自己。

让上司脸上光彩

你也许听说过“波将金村”这个典故，这个村庄全是用坚硬纸板搭建而成的。有人认为，波将金在伏尔加河沿岸构建这些村庄是为了叶卡捷琳娜女皇和她那些显贵的外宾坐船经过此地时，给他们留下一个好印象而作的假。当代历史学家说，实际上，波将金这样做的目的并不完全如此，但是，他的确为了达到这样的目的，即为了让上司脸上光彩而经常布置一些壮观的景象。

波将金只不过做了聪明的下属应该做的事情，其他人做这种事的方式不如他那样引人注目罢了。尽力使某人的上司脸上光彩以赢得上司的青睐是众所周知而且是公认的一种策略。

例如，罗伯特·加里就引用这个策略作为不断向上司提供有用信息的附加理由。加里写道：如何使上司显得明智总是值得研究的。他接着又就此提出了一些方法，以提高信息的利用率。“千万不要在小组会或讨论会上提供新的信息，最好的办法是用书面形式写下来，让上司在会上宣读。”

为了让上司脸上光彩，有时可以让他代你接受因你的设想或发明而得到的荣誉。在很多情况下，你将发现这样做是不会过分地使你为难。虽然许多下属一般不愿意这样做，但是那些有能力的下属却往往赞同这种做法，而且有时候会鼓励他人也这样做。有些下属甚至让上司在宣布坏消息的同时，让他也讲一些好消息(在政治活动中这是一种常用的策略)。如果你与你的上司的关系十分牢固，你会发现这种做法将会有利于你长远的利益和奋斗目标。正如一个精明的英国人曾经说过的那样：“一个人在世界上可以有许多事业，只要他愿意让别人替他受赏。”

笔者曾听说过一个故事，就能说明这一点。许多年以前，联合国的一个官员举行了一个私人舞会，他以前是新西兰教育部的常务秘书。

在英国式的政府里，常务秘书或多或少地要管理他们的部门，但是却无权制定政策。制定政策的是他们的顶头上司——由总理委托的部长，这个常务秘书，不管怎样，会有很多自己的想法，总希望这些想法能变成现实。所以，他就把他的想法编辑成书，取名为《新西兰教育的未来》，书成之后交给部长，让部长以他的名义出版这本书。而部长也渴望成为这本书的作者而名扬四方，所以他欣然接受这个给予。随后，这个常务秘书就开始实施他的想法，他保证自己实行的是部长已经制定的政策，实际上，部长公开保证了这些想法的实施，成为这些想法最强有力的拥护者。

因此，可以下这样一个结论：让上司脸上光彩，你从中可以得到的好处不只局限在看到你的想法能得到实施时的快感，也不局限在从上司那里得到的对你的感激，还有另外的，虽然不是直接的然而却是实在的好处。

这些另外的好处会从以下事实中体现出来，即无论你成功与否，你在外面都是代表你的上司。所以，上司脸上光彩时，你的脸上也光彩；他提升，你提升的机会也会增多。而且，研究表明，享受高工资的上司很可能会设法使你也增加工资。

厚黑方略十二

伴君伴虎，明哲自保

对于那些有能力、有智谋的员工来说，与阴险恶劣的老板打交道的确是一件危险而又刺激的事情。就像印度的玩蛇人，他能让剧毒的眼镜蛇“闻笛起舞”。因此，品质恶劣的老板并不可怕，可怕的是你不是他的对手。

伴老板如伴虎

市场经济的大潮造就英雄，也造就奸雄。老板队伍中同样有英雄，也有奸雄。那些品质恶劣的老板就是这种奸雄，他们是一群丧失道德，不择手段的暴富者。尽管他们的企业是合法的，其经营手段也不见得非法，但是他们对员工的管理却是靠欺诈、靠剥削来维系。

这些品质恶劣的老板靠法律难以惩罚，靠道德难以追究。作为员工要想不被其玩弄，除要掌握相应的法律知识之外，主要的还是应掌握相应的周旋艺术。

这些品质恶劣的老板很少有良心发现的时候，他们的信条是"弱肉强食"或"员工的肉老板食"。因此，一些不走运的员工往往会成为老板的"玩偶"或者"替罪羊"。据说，在国外一家公司内曾发生了一件公司经理的贪污案，然而当检察官取证调查时，居然有一位"忠诚"而软弱的下属站出来，主动为老板承担"责任"，就在检察官作进一步调查时，这位老实巴交的员工却跳楼自杀了。至于老板怎样在背后做手脚，也许是买通，也许是威胁，总之留下了许多"也许"而了之。

因此，员工在与品质恶劣的老板打交道时，无论在何时、何地，都不能放松对老板的警惕，要谨防某些老板在出现工作错误或陷入困境时，将错误或危机转嫁给员工。

在签订劳动合同时，这些恶劣的老板往往在工资标准、工作内容、食宿条件等重要方面玩花样。他们或故意将其搞得含混不清，或有意识拉大上限和下限的幅度，让员工难以操作和掌握，这是他们预留陷阱的常用伎俩。为避免悲剧发生和被老板玩弄，员工在签订劳动合同之前，应向有关内行的人，比如，律师、劳务市场、职业介绍所、劳动仲裁部门的专家请教。

同时，在这类恶劣老板管辖的企业内，往往有着异常的氛围。老板玩弄员工，员工也不都是执迷者，员工也会玩弄老板，上上下下一片虚伪不实之风。一般而言，当你刚到这类老板手下工作时，请不要介入其他员工与老板的无原则的纠纷中去，不妨先学得中庸一些。还有一点必须注意的是，这些品质恶劣的老板也可能收买了(其实也是玩弄)几个所谓的"心腹"员工做耳目。因此，你要谨行慎言，特别要注意管紧自己的嘴巴。不仅在平时应注意少说，即使在开会时，也不要多讲。要知道与品质恶劣的老板打交道切忌的就是率直。自然，在你刚进入一家公司之后应不急于与其他员工结交朋友，一是谨防老板的耳目，二是避免陷入业已存在的老板不和谐的派系中，或者为这些派系所利用。

避免被品质恶劣的老板左右和玩弄，往往有着很深的学问，这也是"职场厚黑学"的重要内容，读者不妨细心揣摩。

假如遇到品质恶劣的老板，最佳的做法是脱离他的企业，另谋生路。如果迫不得已必须在他手下工作时，应随时保持警惕。一般情况下，应巧妙与之周旋。但在受到恶劣老板非法或不道德的侵害时，要敢于运用法律和社会的力量为自己讨回公道、伸张正义。不要指望品质恶劣的老板会向员工承认错误，他们没有这种良心。作为一个员工，在遇到品质恶劣的老板时，如果不是这样地认识问题和思考问题，你就有可能不是陷入老板的圈套越陷越深，就是被老板整得"体无完肤"。

请你记住罗曼·罗兰的箴言："把自己整个儿交给人家，这是不太谨慎的。"

当然，对于那些有能力、有智谋的白领来说，与艰险恶劣的老板打交道的确是一件危险而又刺激的事情。就像印度的玩蛇人，他能让剧毒的眼镜蛇"闻笛起舞"。必须明确的概念是：欺骗坏人不是罪过，而是谋略。因此，品质恶劣的老板并不可怕，可怕的是你不是他的对手。从这种角度讲，再恶劣的老板也并不能总是把员工往死里整。弱者造反，强者生畏。作恶多端的人必将自食其果。多行不义必自毙。恶有恶报，不是不报，时候不到。这不是宿命论，而是社会法则。

击中要害是关键

老板或上司也是人，也有七情六欲，也有情绪、脾气、偏好等与凡人相同的性格特点。作为聪明的你，想必不难找准上司的这些特点，从而决定自己如何与其相处。

(1)暴躁型的上司

有些人天生脾气暴躁，情绪容易失去控制。这些上司常常为了一些小事而大发脾气，甚至公开斥责下属，叫人难受极了。

请先考虑导致恶劣情况的真正原因，研究一下上司的工作习惯。一般而言，爱发脾气是否有一定的模式?是否他一直与老板之间有问题呢?还是只因现有的一个特殊任务，令他紧张不已，才会像吃了火药一般?

知道了所有问题的答案，你就可以做出反应和防止下一次事件重演。

环顾一下，办公室里是否有人比你更懂得应付上司?向他学习吧。

据心理学的推断，经常令下属惊怕的上司，只是权力欲作祟而已，你没有可能请他去看心理医生，可以做的，就是自我保护了。

当上司大发雷霆，不要推卸责任或试图解释，平静地说："我会注意这情况。"或"让我立刻去调查!"然后离开办公地方。既然目标物已在眼前消失，上司就没有咆哮的对象了。

(2)优柔寡断型的上司

你真正体会到"左右做人难"的滋味，因为你的上司经常朝令夕改，让你不知所措。

究竟上司这种态度的动机是什么?有些人确是优柔寡断，偏偏上司就是有这种性子，加上他地位比你高，自然是改变初衷也无歉意。

在这种情况下，最好什么行动都遵照他的旨意，只是既然有了"随时改变"的心理准备，凡事未到最后期限，就不必切实执行。例如做计划书，只做好草稿，随时再做加减，就是比较聪明的做法。

很不幸，你发现上司这种态度原来是故意的，目的在挫你的锐气，或是弄权，教你敢怒不敢言。

你自忖不能长此忍气吞声，那么来个怎样的对策?在适当时候，做出某些反应吧。例如，你遵照上司指示，做妥了一个计划书，呈给上司时，他竟然力指计划书之不足，不妨这样说："一切都是依你意思去做的呀，还有什么要改的呢?"

(3)集权型的上司

集权主义的上司除了对下属的工作吹毛求疵外，最叫人讨厌的是他们会如暴君一样，连你的私事也过问。例如，不准你跟其他部门的同事交往，不准你下班后去上英文课，不准你业余时间与同事一起消遣……

如果势孤力弱，精明的做法是与其他同事联合起来，静静地革命。

遇到有其他部门的同事邀约午膳，答应他们，并与你的搭档们一起赴约，大家在公在私，都不妨交流一下。还有，下班后去娱乐一番亦是一个好主意。而且礼尚往来是必需的，就由你来作主动吧。要是上司知悉，向你查问，可以直认不讳："我们一起吃午饭只属普通社交。"

充实自己是最厉害的武器，所以切莫放弃业余时间修读课程，上司根本无权反对；坚持原则，即使上司利用超时工作来制裁你，也不必惧怕。不过，你反抗的目的只是要争取自由和主动，而非在公事上与上司作对，而且不宜在其他人面前批评上司的集权，以免有后遗症。

(4)懒散型的上司

努力工作，出色表现，目的就只有一个，希望一朝获得上司赏识。但令你气恼的是，遇上一个懒散不已，又喜争领功劳的上司，叫你一万个不服气。

就此打退堂鼓，另谋他职，只属消极之法，而且一切从头开始，等于打仗重新布阵，太浪费弹药了吧。同时，一遇困难就退缩，注定你难登成功阶梯。挺起胸膛，面对挑战吧！一般而论，这类上司在接到重大任务时，必然是不假思索就交给你去实行。当任务大功告成，他又会一手接过，向老板交代，将你的辛勤汗水抹杀，一切当做是自己努力的成果，争取老板的信任和赞赏。

你当然不可能当面拆穿他，跟他理论，这只会陷你(因你是下属)于不利境地。比较理想的做法是，在每一个步骤进行时，请来一个见证者。当然不是公然地去找，而是有意无意，例如在秘书小姐面前进行，目的是要有人知晓整件事的来龙去脉。即使最终的功劳给上司夺去，在公司里也必然有人晓得真相，一传十，十传百，你的目的就可达到。

(5)不体谅下属的上司

你有一位见高就拜、见低就踩的上司，做事缺乏责任心，不会体谅下属，又疑心大，叫你满腔俱是怨言。

记着，千万不能向其他部门的同事诉苦，指出上司的不是，所谓"家丑不可外传"。何况，这些同事可以帮上什么忙呢?你给他们提供了一个上佳谈资，那只会让事情化大，对你绝没有好处!想一下，老板会用个背后中伤上司的员工吗?

即使是搭档，你也不能泄露一句怨言，以避免因为利害关系而白白给人告密的机会。就是对方先诉苦，你也保持缄默好了。

那么，怎样将自己的不满宣泄才对呢?向上司直接表态!不过请先分析对方的性格和预计其反应。

对思想保守、自尊心强的人，切勿开门见山，只能婉转相告。若对方比较开放，胸襟较宽广，不妨相约一个时间，将你的心中话一一坦言，相信不难找到一个解决办法。

对上司小心应对为妙

你的上司也许经常会关心你的情况，因为他们喜欢借着问东问西来了解你的工作状况，或者他们闲来无事只是随口问问，或许他们已经察觉你出了什么事。最安全的方法是：进一步问得更明确些“你的意思是?”这比你劈头就开口说话好得多，否则，你该回答一些不会造成问题的答案。记住，当上司询问你：“还好吗?”或者“工作顺利吗?”绝大部分时间，他们并非想仔细探究你目前的状况，而是表现友善(但不是太过友善)，并希望你的回答是一切都很好。他们并不想听到诸如工作中的不顺利、无法解决工作上遇到的问题、因失恋而心情不好，或者昨晚的宿醉还没醒等。

与上司相处时，常见的错误则是：因刻意逢迎上司，而透露了士气低落的秘密。

有一天，当上司亲切地问你最近工作如何时，你以为上司会欣赏你的坦诚，于是说：“嗯……我和同事们都觉得最近工作量大，而且你的求好心切，似乎已经影响了我们的健康。”上司却反而觉得你只是挑剔他的管理风格，并有了防备之心。结果，工作量还是有增无减，但是上司对你的态度改变了，你再也得不到他的嘘寒问暖。因此，要时刻记住他是你的上司，在任何时候都要禁忌对上司进行下列行为：

①预测上司的愿望。即便真的有正确的答案，你也很少猜对。即使你猜中了，上司也不会肯定或否定你的猜测。

②大声或快速讲话。上司不是聋子，反应也不慢，他们只是对谈话不感兴趣。

③假设上司就是不在乎。一方面，上司也许是麻木不仁或冷若冰霜。另一方面，令人费解的上司也许不是那么敏感或热情。谁能说得清呢?你所知道的就是上司看上去没在听，也不采取行动。

④问同事他们认为上司要你做什么。你怎么认为他们就会有主意呢?他们并不比你更能看透上司的心思。再说，一个居心不良的同事可能会利用这机会使你上当。

⑤纠缠、打搅、困扰或逗弄上司。和缺乏决断力的上司唠叨个没完不会使你取得任何进展。

⑥没有真正好的解决问题的办法时去见上司。这样只会显示你的能力欠缺，损失很大。

⑦公开抱怨或侮辱上司。这是一种愚蠢的处事方法。

⑧假设随着时间的流逝，上司对你的期望会渐渐明了。他们不会的。

⑨替你的上司做单方的决定。没有人会注意你的求生的努力。即使注意到了，我们敢说也没有人欣赏的。在这种情况下没有人会授予你荣誉奖章的。

⑩你自己也变得拿不定主意。这不是那种“如果你战胜不了他们，就和他们同流合污”的情形。

也许有一天，你一定免不了和上司聊聊电影，或者下班后一块儿去吃顿饭，这样的关系让你误认为彼此可以像朋友间的相处，但别忘了对方是你的上司，拥有随时可以开除你的权力。这也是为什么在礼拜一早上，上司问候你：“周末过得好吗?”你都必须不露痕迹地表现出不能忘情于工作的样子，尽管昨晚在外玩得昏天黑地，还是得三缄其口。

不怕与上司争利益

在利益面前，不要逆来顺受，也不要过分谦让，应该大胆地向上司要求自己应该得到的。“丑话说在前头”，在接受任务时谈好报酬更易让上司接受。争利把握好度，既不争小利，不计较小得失，又不过分争利。当然，折扣的方法有时也很奏效。

当我们考虑工作究竟是为什么的时候，可能有很多不同的回答，比如为社会做贡献、为人民服务等，这些都是可以上电视或发新闻的话。然而，任何人都不能否认我们是为利益而工作，比如金钱、福利、职务、荣誉等，否则就未免太虚伪了。在当今市场经济体制下，我们说为利益而工作是正大光明的。

之所以强调在与上司相处的过程中要学会争利这个问题，就是因为有许许多多的人因为不会争利而频频“吃亏”。不会争利一般有两种表现，一种是不敢争利，甚至连自己应该得到的也不敢开口向上司要求，既怕同事有看法，也怕给上司造成坏印象，大有“君子不言利”的味道；一种是过分争利，利不分大小，有则争之，结果整日跟在上司屁股后喋喋不休地讲价钱、要好处，把上司追得很烦。依我们的观点，这两者都是不会争利的，争利也有个技巧问题。

在认识上，争利是应该的。常言道：老实人吃哑巴亏，会哭的孩子有奶吃，这是我们的祖先总结出的地地道道的“真经”。

在同等条件下，两个同事工作都算对得起自己的良心，比较勤恳认真，但在分房时，一个“有苦难言”，对上司只提了一次要求，虽然自己结婚五年，可三口人仍挤在一间破旧的平房里；但另一位却三天两头地找上司诉苦，有空就拨拨上司脑子里面分房的这根弦，结果被优先考虑，而他的那位老实巴交的同事却只能眼巴巴地看着别人住进了宽敞明亮的新房，难道他不明白其中的奥妙吗？

有些人认为向上司要求利益，就肯定要与上司发生冲突，给上司找麻烦，影响两者的关系，什么都不敢提，结果往往也是一事无成。干好本职工作是分内的事，要求自己应该得到的也是合情合理的，付出越多，成绩越大，应该得到的就越多。

只要你能为上司干出成绩，向上司要求你应该得到的利益他也会满心欢喜。如果你无所作为，无论在利益面前表现得多么“老实”，上司也不会欣赏你。事实上，从上司艺术上讲，善于驾驭下属的上司也善于把手中的利益作为笼络人心、激发下属的一种手段。可见，下属要求利益与上司把握利益是一个积极有效的处理上下关系的互动手段。因而我们的鼻祖马克思也曾批判禁欲主义者，说“灭绝情禁”的禁欲主义“连对火炉旁的狗也不会发生什么鼓舞作用”，它不过是为了获得或成为“禁欲的然而只能是从事生产的奴隶”。

赵忠祥在《岁月随想》中的“义气与职称”中就专门谈过自己为评职称而争了一争的经历，写得实实在在，没有任何哗众取宠的痕迹，读来着实让人有同感。一个有价值的人，一个有成就的人，为自己的利益而争是光明正大的。

向上司要求利益大有学问，关键是要把握好火候和技巧。

(1)执行重大任务以前，争取上司的承诺

现实表明，上司在交办重要任务时常常利用承诺作为一种激励手段，对下属而言这既是压力又是动力，对上司而言心理上也感到踏实、稳定，他坚信“重赏之下必有勇夫”。如果上司在交给你任务时忘记了承诺，或不好做出承诺，你应该提前要求你应该得到的，这不是什么趁火打劫，上司也较容易接受。

王翦是秦始皇手下战功累累的大将，他协助秦始皇消灭三晋王，赶走燕王，并数破楚军，但秦始皇对他疑心重重，怕他功高震主，因而在攻打楚军时有意重用李信将军，后来王翦称病告老还乡。李信在与楚军交战时受挫，秦始皇也只好放下架子赶到王翦面前谢罪并请他出山。王翦率兵60万由秦始皇亲自送到灞上，一方面表示秦王的信任，但同时他对王翦掌握重权表示不放心的顾虑也流露出来。于是，王翦在出发前，向始皇请求许多田宅园池。始皇问："将军就要走了，为何忧虑贫穷呢?"王翦说："作为君王的将军，即使有功也不能封侯，所以趁君王的信任、重用还偏向我时，我得及时请求点好处为子孙造福。"始皇见王翦如此坦诚可爱，觉得放心不少，开怀大笑。王翦到了边关，又五次派人回都请求良田。有人觉得这样不妥，便问："将军这样强请硬求未免太过分了吧。"王翦深谋远虑地说："不然，秦王粗鄙而不信任人，现在倾全秦国的士兵而委托于我一人，我不多示田宅为子孙谋基业来巩固自己，反而让秦王因此而怀疑我吗?"

王翦不愧为智勇双全的大将，于外于内都是八面玲珑，可谓老谋深算。在接受重大任务前，当面向上司请求自己应该得的，既表明你对完成任务充满信心，也能表明你既然如此坦诚地要求了利益，那么在完成任务的过程中就可能不再玩"猫腻"，至少在上司心目中能造成一种印象。

尤其是牵挂经济、利益和好处的一些事情，上司也深明其中的利害，把这样的任务交给你去办他能不存疑心吗?比如你或许能在其中要点回扣、做点手脚、收取礼品等，上司都能想到，如果你接受任务时不声不响非常痛快，上司往往会认为"你这小子这么高兴地接受了，心存不良"。所以，你最好有话在当面，有要求提在前面，要玩"马前卒"，不要搞"马后炮"。

(2)要求利益要把握好"度"，见机行事

有些人向上司提要求很不会把握分寸，往往要求很高，引起上司的反感，招致"讲价钱"、"干了多少事"的奚落。依我们的经验，需要做到以下几点：

不争小利。不为蝇头小利伤心动气，略显宽广胸怀、大将风度，在上司心目中形成"甘于吃亏"、"会吃亏"的好印象，在小利上坚持忍让为先。

按"值"论价，等价交换。最简单的例子，如你拉到10万元赞助费或为公司创利100万元，你要按事先谈好的"提成"比例索取报酬，不能扩大要求，也不要让上司削减对你的奖励。

夸大困难，允许上司打折扣。"漫天要价，就地还钱"也是对付一些喜欢打折扣的上司的方法。有时你把困难说小了，上司可能给你记功小，给你的好处也少。因此，要学会充分"发掘"困难，善于向上司表露困难，要求利益时可以放得大些，比你实际想得到的多一些，给上司一些"余地"，不给他造成你"想要多少就给多少"的想法。比如提住房要求，按你的资格和条件，只能要求两室一厅的楼房，实际上人并不对此抱多大希望，那么上司打折扣时也不会太离谱。有的人很实在，够两室一厅的资格和条件，但没把困难充分说出来，不折不扣地提了两室一厅的要求，结果上司把两室一厅的房子优先分给"困难大，要求强烈"的人，只给他分一室一厅。所以，夸大困难和要求实在是一种必要的处世策略，关键问题是要把握住关键时机和重要关口。

不被上司"拉下水"

有时候，白领们发现他的上司干了一些不法勾当，而这是一名正直的员工最不愿意看到的事。因为，面对这样的情况，你的处境应该说是十二分的危险、十分的尴尬和八分的无奈。从你的角度来讲，这种不道德的行为当然是被社会和公司禁止的，如果是你的一位下属出现了这种问题，你一定不会轻易放过他，但偏偏做这种事的人是你曾经最信赖最崇拜的老板，而且他的手中就握着影响你的命运的令牌——真是让你大伤脑筋呀。

这个时候，你的面前实际上只是摆明了两条路：要么与老板同流合污，要么与其彻底决裂，绝不可能会出现第三条中庸之选。因为当你知道了老板的秘密之后，他和你不再会像以前一样是简单的上下属的关系，此时的你对于他来说实际上是一枚定时炸弹，一旦引爆必将会把他炸得粉身碎骨。没有人能够同一枚炸弹和平相处，除非他可以彻底控制或掌握这枚炸弹。这种比喻有些时候好像是言过其实，但请相信，你的老板绝不愿让你这枚炸弹伤他，哪怕是一点点皮肉，以至于影响他的声誉和前途。

相信你一定处于进退两难之际，尽管你心里很明确地排斥着老板的做法，但如何才能既保住自身的清白又维护个人的利益呢?下面会向你提供一些方法供你选择：

(1)让所有人知道你的公正无私和高风亮节

这种做法实际上是一剂预防针，保护你不受老板或他人“拉下水”的干扰。以你的实际行动——比如拒收贿赂、公私分明和精明细致，告诉你的老板和同事们，你是一个什么样的人。一般说来，只有当别人认为你的立场模棱两可或偏向于他们一方时，才会主动前来邀你“上船”，而当他们知道了你的本质之后，往往就不会采取这类“自投罗网”的措施，而且在许多时候他们还不得不因为你的调来而大大收敛。所以把一个刚正不阿的你展示给别人，无论是对公司还是对你个人来说，都是一条上上之选。

(2)让下属站到你的一边

作为职场中人，你处在老板和下属的夹缝之中，虽然在一些情况下，你会为如此的两面奔波而叫苦不迭，但如果你能真正协调好你们三者之间的关系，那么无论哪一方最终与你发生矛盾，另一方就是你坚强的后盾。日常生活中训练你的下属们像你一样富有正义感，一方面会使你们的关系更加紧密——志趣相投，另一方面会使你在面对非道德事件的时候不再是孤军奋战。

(3)寻求外部支援

在同事或上司的管理阶层中寻找像你一样高风亮节的管理人员，他们会是你最有效的外部支撑和智囊团，甚至是行动上的合作伙伴，与他们相处会让你时时感到希望所在。

(4)做好各种保护措施

一般说来，即使情况并不是那么糟糕也保不准会有出格的一天，如果这一天真的来临，那么，首当其冲的受害者就是你。正所谓“害人之心不可有，防人之心不可无”，做好保护自己的措施或留一手，对你一定没有坏处。像前面提到过的与高级管理阶层中的正义人士保持来往，或“无意”留一份档案或材料的副本在某个地方，要不干脆“三十六计走为上”，寻找一个会让你感到好一些的集体，这些后备计划的最终目的，是让你在隐蔽战线的斗争中取得胜利，至少是保全自己。

以上列举了一些日常措施，预防麻烦“不请自来”，还提出了一些建议，帮助你与上司“唱反调”成功。总之，对上司说“不”是件很困难的事情，你必须做好各方面的准备，并且启动了种种保护措施之后，再公开与之对立，否则掩体还未修好就引来敌人的飞机，实在是犯了兵家之大忌。

不做累死的驴子

一般说来，上司委派你过多的工作，最起码可以表明他对你的工作能力非常信任，不然的话，他也不会让你去办那么多事情。不过，这也并非完全是好事，一个人的能力毕竟有限，不可能像机器那样工作，否则终会筋疲力尽。

如果上司已经委派给你相当多的工作，你一声不吭，任劳任怨，上司听不到你的抱怨，那他还会给你更多的工作。然后，当你实在不行了，他就会感到恼怒，因为你接受自己无力完成的工作就等于告诉他你不守诺言。

遇到这种情况，你要是不言不语，吃亏的只能是你，但是抱怨也不是办法。此时该如何保护自己呢?

(1)向上司暗示，他交给你的工作太多

你可以请教上司，让他告诉你心目中什么事情最重要，以便优先给予考虑。请他列出或说明他要求予以重点考虑的事情，你就可以分清轻重缓急更好地安排工作了。

假如上司并没有领悟到你的暗示，那你就应该直截了当一些、具体一些了。比方说，当他给了你一项任务之后，旋即又要派你去做另一项工作的时候，你就去向他请示哪项工作更为重要，并从相对重要的工作着手。假如你没能完成那项比较次要的任务，那么至少你知道这是次要的，起码上司也知道你事先做了询问。最终他将了解情况，而且会认识到你工作速度太慢或效率不高的责任在他而不在你，并采取相应的措施予以补救。

(2)你可以拒绝委派

按理说，下属服从上司，按上司的指令办事，是工作原则，是合理合法的，但是，上司也不会总是正确的，下属在遇到上司无理的决定时，可以提出自己的反对意见。就拿委派工作这件事来说，如果上司委派给你的工作超过了你的承受能力，你就可以拒绝委派，但是，拒绝时要讲究策略。虽然你不一定能达到目的，但最好还是试一试。

首先，试着弄清这些工作在上司心中的重要性。委派给你的额外工作是不是很重要。它们是否决定着公司的前途与命运，或者无关大局，现在办不办都不会产生多大影响。弄清了这一点，你就可以按照下面的建议去做了。

根据你掌握的情况，准备好充分的理由，巧妙地拒绝上司的委派。如果这件事具有很高的优先地位，或对你的上司来说很紧迫……你要小心行事，先问几个温和的问题。(比如，“对这件事，你有没有兴趣考虑某种替代做法?”) 如果你能找到或者打开一个缺口，那么你应该提出至少三个能够成功完成这项工作的、详细的替代设想，并且总结一下这些替代做法在效率或时间上的优势，这样做可能就会奏效。(如果不行，那你可能就被这事黏住了，再企图从这项委派中抽身出来，很可能不利于你的事业。)

如果对你的上司来说这件事优先程度很低……那你可以提出，想花些时间讨论一下这件事，然后直奔主题。告诉你的上司，自己对这个工作的顾虑。(当然，这些顾虑不应该只是你对这工作不感兴趣!)解释一下你为什么怀疑自己不是这件工作的合适人选，提出一两个替代方案的粗略轮廓，然后直接请你的上司对此做些指示。

只要你有理有据，推掉上司委派给你的过多工作是有可能的。这样，你就不会因工作太重而劳累不堪，也就不会再去承担那些本来不应由你承担的责任了。即使推辞不掉，在以后工作出现失误时，上司也不会把责任完全推在你身上。

不当“傻帽”替罪羊

有的上司总爱把自己的过失怪在别人头上，对于他来说，至关紧要的是要保住自己的乌纱帽。为了达到这一点，他觉得有必要抓住某个人替他受过，因此你就是那只被“老鹰”抓住的“小鸡”。

嫁祸于人的上司经常不弄清情况便把你批评一顿。他这样做的目的，是要先堵大家的嘴，转移大家的视线。无疑，你成了无辜的受过者。而真正的过失者可能就是他本人。然而，不容你争辩，他已经为你判了罪。

嫁祸于人的上司因为自己犯下了过失，他绝对不会站出来认错。相反的，他会寻找那些胆小、懦弱的牺牲品。正由于你本分老实，不可能起来反抗，你才会被选中做替罪羊。

同嫁祸于人的上司共处，你要是制止他再拿你当替罪羊。你必须站起来为自己申辩，与此同时，表明你做他的同盟军比做他的替罪羊对他更有利，你要学会做到以下几点：

(1)恢复平静，不再伤心

冷静下来，消消气。更客观地想一想，就当那事不是发生在自己身上。总的来说，代他受过的不止你一个。

(2)正面处理人的敌意

礼貌地用事实为自己申辩，表明你并不像他想象的那么软弱可欺。

(3)批评但依然尊重他的领导

如果他认为你怀疑他的工作能力，那么他不仅会为自己辩护，而且还要坚持到底，因此别去指责任何人。为了避免冲突，你可以把你们之间的分歧拿到更高一级去解决。工作上，继续与他合作，而且尊重他，但是切记就事论事，不掺杂任何个人因素。

(4)给他一条体面的出路

等到冷静下来，并且恢复理智后，再与他就工作目标进行讨论，并且拿出自己的建议。看到他有可取的地方，真心称赞并且赞同他，由此提高他的自信心。

不替上司“背黑锅”

别人一时有难，伸出你的援助之手拉他一把，确实是应该的。但要把这样做的后果想清楚，不能什么事都无条件地承担，不管他是什么人。

一家公司出了一桩严重的事故，上司部门要来追查责任。负责人对下边的人恳求说：“你们就说那天我有事正好不在，是你们自作主张，只要我免予处分，我自有办法保护你们。”

有几个下属竟然同意了。他们中间各有各的想法。有的认为头儿对我不错，关键时刻不能出卖他。有的则想，这是大伙儿的事，也不能叫头儿一人承担，他倒了，我们也没个好，不如先保下他再说。还有人认为，头儿要我们保他，不保也不行，保就保吧。

这种替上司“背黑锅”的行为是十分危险的。

一般而言，有关工作的指示和命令，是由上司发出的，下属只是执行而已。照理说，责任是在上司。

希望通过帮助上司逃避责任来解救自己，是十分幼稚的想法。责任是大家共同承担的，好比好多人抬一块大石头，一个人扔掉了，另一个肩膀上只会重点而不可能轻点。

这是显而易见的。只有大家共同来承担责任，每个人所得到的才是应该属于自己的那一份。

事情有大小，责任也有轻重。有的下属习惯于替上司“背黑锅”，万一受到了严厉的惩罚，再后悔就来不及了。

为了防患于未然，作为下属，一开始就该对工作的责任界限分辨清楚，各办其事，各行其责。

不要以为替上“背黑锅”将来总会有些好处。“好处”应该是光明正大地争取来的，用“背黑锅”的办法去换，既不光彩，也未必合算。或许，上司能给予你的好处，比起你“背黑锅”所受的损害来，只有百分之一。

所以，如果有人来求你，让你替他分担责任时，你一定要搞清这种责任的性质，不可随便答应，以免后患。

当然，这种情况毕竟是少数。在日常生活中，人与人之间的请求、帮忙的事儿像这么严重的毕竟不多，大多是鸡毛蒜皮的小事，但事情无论大小，都应小心对待。为人处世，首先要懂得自我保护，使自己的利益、名誉等不受损害。

在你的周围常常有人求你给他(她)出主意。他们表面听从别人的建议，按照别人的意思行动，但实际上一点也不负责任。对这种人，千万要提高警惕，尽可能不向他们提什么建议，特别是当其主动征求你对某一问题的看法，问你某项工作如何安排，某件事怎么办时，更要注意这个“陷阱”。

如果你身边有那种不负责任，并善于推责任，诿过于人的人，请你千万不要怕丢面子，面对无论多诚挚、多谦逊的恳求甚至是命令，你都要冷静，不要上“道”。可以找出各种各样的理由婉言拒绝。退一步讲，你即使直言拒绝，可能也比给对方倒打一耙的损失小。

让上司碰碰软钉子

有不少人喜欢玩弄权力，公私不分，偏偏你就遇上这样的上司，常常要你替他做私事，教你十分气愤。

你要做的就是巧妙地拒绝他，但以不影响你的前途为前提。

记着要在第一时间说“不!”例如上司让你替他女儿写读书报告，你肯定一万个不愿意，就告诉他:“对不起，我帮不上忙。”如果他在下班后让你去做，事情就更好办，搬出这样的理由:“因为我今天晚上有约会，不能迟到!”翌日，他再次请你做，你可以找个相宜的理由，一而再，再而三，他就会知难而退，又奈何不得。

若这事发生在工作时间内，你的理由更多，说："我手上还有三个报告书要写，老板说今天一定要！"或者："我从来未写过读书报告，何况我又有大堆工作。"

由于上司本身理亏，他是没有可能强迫你做的，只会闷在心底，但只要你工作认真，从没犯错，他便"敢怒而不敢言"了。

如果上司是个工作狂，你一定终日大皱眉头。因为在工作狂的心目中，认为不断工作才是一种生活方式，每个人都应该如此。

天天超时工作，周末、周日依然要加班工作，有什么人生乐趣呢？你如果无法忍受这种无理要求，就应想办法改变它。要改善情况而又不影响工作，你得小心行事。

先将工作量和程序分析一下，是否有些任务可以交由临时员工来做？这是唯一减轻你的担子的办法。

先向有关介绍所查询适合的人选、酬劳，然后预备一份计划书，去找上司。不要提及工作量过大，或你已完全失去私人生活时间这两点，而是向他建议，多添一个临时员工，有助任务的进行，对公司绝对有好处。

其次是开始减少假日的工时。若上司问及，只告诉他你有重要家庭聚会好了，如果他表示不满，告诉他你会在平日超时工作补救。

每个刚加入某公司工作的人，大都不介意超时工作，乐于承担更多的任务。

可是，你渐渐发现工作竟是没完没了时，超时工作不是解决的方法。最可怕的是，你的上司是个理想主义者，工作就是他的生命，所以，为他效力无法有闲下来的时刻，也不会受到欣赏。

唯一或会令情况有所改变的做法是，巧妙地让上司碰几次软钉子，让他明白，不断埋头工作，花掉私人的时间，并不是聪明和应该的做法。

谨防上司的性骚扰

所谓性骚扰，是指当事人对异性进行的非正常的性挑逗，以满足自己不正当的性欲望。这种非礼行为，对异性的心理危害是不言而喻的，同时它对当事人自身价值而言，也是一种亵渎和贬值。

有关专家指出，性骚扰在实施行为上有两种常见的表现形式：一是语言上的，即在违反对方意愿的情况下，讲一些有关性刺激的语言，借以挑逗对方的性欲望；二是身体上的，即对异性的身体触摸和摩擦，比如有意的碰撞、触摸对方的性敏感部位，或强行拥抱或接吻，或者故意在异性面前，展露自己的性感部位，有目的地让对方阅视色情图片、书籍、刊物等不良行为。

心理专家的研究表明，性骚扰，侵犯了劳动者的权益和尊严，给受骚扰的异性正常心理造成严重的扰乱效应，使她们受到很大的精神压力。同时，还严重地威胁到她们的劳动和就业的基本权利，阻碍着她们的职业能力的发挥和自身价值的实现。

作为白领丽人，一旦遇到上司的性骚扰，一定要采取正当的策略和措施，使自己避免受侵犯。这些正当的策略和措施，归纳起来有以下四点：

第一,在工作场合或在异性上司面前,不要穿着过于紧身的衣服、华丽的时装,特别是不能穿低胸的衬衫和超短裙,以免被那些低素质的上司利用。

第二,一旦性骚扰发生时,你首先应该采取的态度是保持冷静,可以用对方感兴趣的话题或事物,将对方的注意力引向其他方向。千万不要采取过激行为,刺激对方,以免使他恼羞成怒出现不利局面。

第三,你可以采取虚意称赞对方的人格、道德品质的策略,来启发对方良知的发现,或借这种做法,使其陷于尴尬的境地,以让他有自我终止性骚扰的机会,达到保护自己的目的。

同时,这种策略往往能够使性骚扰者相当体面地自动停止不良行为。所以,阻止上司的性骚扰,这是一个值得推荐的策略。

第四,假如你认为上述措施难以阻止上司的性骚扰,那么,你就应该明确而坚定地对其表示拒绝。忸怩,以至于让对方理解为你在半推半就,这会进一步加剧他的骚扰行为。

策略一点,你可以明确告诉对方:“假使你没有这种行为,我会更尊重你!”直率一点,你不妨表示:“我讨厌这种行为,请你自重!”

如果采取上述措施尚不足以阻止对方的骚扰行为,你一则可以大声喧哗,加大说话的音量,以引起同事和下属们的注意,震慑对方。二则你应该找借口迅速脱离对方。

当然,一旦对方的性骚扰对你造成了损害,我们并不主张宽容这些上司,你可以运用有关的法律、法规,到司法、工会、妇联等职能部门去讨一个公道,让性骚扰者受到应得的制裁和惩罚。

将上司把柄攥在手心儿里

在工作中,由于某些原因而得罪了自己的上司是常见的事。有些上司往往会由此而在某些事情上给自己小鞋儿穿。这无疑是一种挺难受的事情。在这种情况下,我们该采取一种什么样的态度呢?如果说就此而与上司大吵大闹一番,虽然可以出一口气,但长久下去,只会造成一种可以任人欺负的印象,以后可能照旧被人穿小鞋儿。因此,你必须首先弄清楚上司的做法是否真是给你小鞋儿穿。

有时,自己由于对上司有意见,便总是把上司对自己的某些态度和做法往这方面想,如同中国寓言故事的“邻人偷斧”一样,从而采取错误或不明智的举动。实际上,如果你不是同上司有什么根本的利益冲突,上司也没有那么大的精力做这种毫无意义的事情。

假如上司是在给你“合理”地穿小鞋儿,由于他的做法往往是有理有据的,是无可指责的。在这种情况下,你很可能找不出理由去与他争吵。即使你去闹,他也完全可以用非常冠冕堂皇的话打发你,甚至以无理取闹来批评你。所以,在这种情况下,不如干脆忍着。

如果你的确有证据表明上司给你小鞋儿穿,而且他的做法也表现得十分明显。在这种情况下,你便可以与其理论一番。你不妨先私下找他谈一回,表明自己的态度。如果上司仍坚持己见,执意不改,那么,在适当的场合,把事情给予充分的曝光,则是完全必要的。这样做,一方面把事情公之于众,把矛盾公开化,让大家评理;另一方面也表明你的态度,从而给上司一种压力,使他不敢轻易地给你小鞋儿穿。

当然，如果你想彻底制伏他，最好的办法就是将他的把柄攥在自己的手心里，在需要的时候敲打敲打他，让他老老实实，不敢给你穿小鞋儿。

比如说，你发现该上司的婚外情，并且掌握了确切的证据，不要公开揭发，而是采取含糊的语气，用他能够听懂的言辞当众指出："有的上司在男女关系问题上很不严肃，我手里有事实，如果这位上司不改正自己错误的话，我将公开这些事实，如果敢对我打击报复，我就向上级反映。"

毕竟是做贼心虚，这位上司肯定会被吓住的，不但不敢再排挤打击你，而且也会大大收敛他的不轨行为。如果你老是忍受上司的欺负，那将会是另一个样子。

世上谁人无把柄。你掌握了那个欺负你的上司的把柄，又巧妙地点了出来，对他的震慑自然不用多说，很可能其他人也有同样的把柄，还以为你说的是自己。这样，也许不止一个人由于担心自己的把柄被公开而不敢欺负你。

"世界上的事，怕就怕认真二字"，兔子逼急了也会咬人，大多数人是明白这个道理的。不叫的狗咬起人来更凶，平时沉默寡言、忍气吞声的人一旦发起怒来更令人胆寒。考虑到这一点，即便是本来想欺负你的人此时恐怕也只好"惹不起躲得起"了。

除去可恶的上司

除去可恶的上司，要能冷静地出手，才能成功，因欺君罔上而良心不安固然不可，一心以为自己理直气壮要为民除害也必败无疑。总之，要把上司当做有弱点，但隐藏得很好的对手。

如果你想除掉可恶的上司，不妨试试以下撒手锏：

(1)对拼命三郎型上司火上加油

"三郎"既已决心拼命，身为下属的我们实在阻挡不了，为今之计只有推他一把，叫他快些拼掉老命。当他偶尔请病假或事假，不要忘了打电话到他家说："哎呀，科长不在，我们都慌了手脚。"最好是能使他重新披挂上阵，大耗元气，否则也要在他心中留些疙瘩，让他不能安心度假养病。

一旦"三郎"病重住院，记得每周去看他一次，所有的主管都视自己的部门为地盘，久未坐镇，就会担心权势流失。针对这种心理，你时而说："科长放心休养，科里有我们在，一切没问题。"时而说："总经理最近常跟某科科长去打高尔夫球。"又说："有好几个客户来公司找你，听说你病了他们都很遗憾。"如此这般，"三郎"死期不远。

(2)捧杀自我膨胀的上司

你不妨时常叹口气说："像某某主任那么有实力的人，待在这家公司太委屈他了，不但浪费了人才，也是国家和社会的损失。唉，可惜呀可惜。"这些表演不必当着上司的面做，只要一个月做几次，早晚上司会从侧面听到，这样效果更好。

总有一天上司会认真地想："果真如此?"由于"自己是不是天才"是个愉快的话题，一开头他会欲罢不能，想久了更是觉得理所当然，人类总免不了自我膨胀的毛病。

其实，所谓"实力"只是"应付公司要求的能力"，各行各业需要不同的人才，一旦他萌发了"我在其他公司一定更有发展"的信心，他会做出许多冒险的动作来。

(3)给上司“洗脑”

对上班族而言,似最有用却无用的就是那些以畅销为目的的管理书籍了。这些大作常标榜简明易懂,事实上却为了简明,不惜以风趣、新奇、诉诸权威来代替复杂的分析。这些读物刚刚出版时,广告自吹自擂,仿佛它要一语道破时代的盲点,不料同类书籍一本接一本地出现,仿佛武侠小说中的武林第一高手是被更高的高手取代,叫人不知道看哪一个才好。

但是,花钱买这些书的上班族却大有人在,原因何在?在于害怕自己跟不上潮流,不知道别人在想些什么。

基于以上心理,各位要常常推荐“好书”给上司说:“这本书的观念不错。”或说:“这本书很有启发性。”

当你的上司脑袋塞满了空洞文字,又担心下属读书时间比他多时,他的压力可想而知。

(4)用问句和上司交谈

上司之所以是上司,在于他常要站在高位下判断,因此我们要大量提供各种问题让他烦心,再琐碎的小事都采取恭候圣裁的策略。譬如说:

“你要搭出租车去还是坐公交车?”“中午要在中餐厅吃炒菜,还是吃火锅?”

当然,婆婆妈妈久了,难免惹火对方,上司会说:“随便。”这时你就要不瘟不火地说:“火锅的确不错,现煮现吃,滋味好,可是偶尔吃一点地道的地方小菜也无妨,萝卜干炒蛋你喜欢吗?对了,要不我们去吃日本料理?”

在任何人耳中,你的话都是关怀备至,可是由于上司是一种对问句敏感的动物,这种说话方式保证能大耗他的元气。不知大家同意不同意?

(5)告诉别人你的上司是个吝啬鬼

当我们说别人坏话时,听者常会紧张起来,可是当我们说某某人是一个小气鬼时,大家却能笑着接受。也许大家早在心中认定有权有势的人常很吝啬,也有可能“吝啬”是最温和的攻击字眼。

因此,在和上司共餐、共搭计程车时,要抢先付钱,事后再以一副委屈的表情向同事说:“那家伙真大牌,又爱贪小便宜,每次都慢吞吞地掏腰包,要不然就是拿百元大钞付小费,我只好说,我有零钱。”大家听了哈哈大笑之后,便对这位上司产生恶感,你就成功了。

小心上司把你踢出门

白领应该注意,上司有下列举动,可能就是不信任你的征兆:

(1)不让你参与原来例行性的会议

有一些会议,原本你都出席及参与,突然上司交代下来,这些会议你不必去参加了,也没有说明什么理由,这就是一种非常明显要让你自动退出的具体暗示。

尤其是一些不是在上班时间开,解决公司问题和方针的会,如果上司有通知你不要去开的话,那也就八九不离十了。有时,会还是让你去开,但不让你发言,或在你发言时上司顾左右而言他,此时的结果也是一样的。

(2)去找别人讨论你的业务或工作

在你的业务内的工作，如你是生产部经理，要如何招作业人员，这本来是你布置一下即可的事，你的上司却频频地去找别部门和你下面的科长去啰唆。此时你千万不要以为他怕了你，不敢再跟你找碴，你在办公室战争中占了上风——答案绝不是这样的。

他之所以不来找你的原因，大部分都是在他心目中的组织表内，你已被除名了，所以他不必再来找你啰唆，因为反正你很快就会不见了，找你也没用，不如直接找你下面的人或将来会代替你的人，会来得比较实际的效果。

(3)直接召集你下面的人员开会而不让你出席

开始他这么做时，还会先通知你一声，不要你出席。他也会找一些理由，好让下面的人不再拘束，可以提出一些宝贵的有意义的建议。开了一两次会后，他就会习惯性地如此做，也不再找理由或跟你作什么说明。

你的上司如此做的原因不外乎下列三种：第一，让下面的人直接受他指挥与控制，于是你便被架空。第二，利用开会和指挥你下面人的机会，削弱你的影响力和心腹的实力。第三，从开会的过程来挖掘一些你的隐私，以便开除你时有更多对你不利的因素。

(4)莫名其妙地安排你出差或出国

当然，上司要你出差或出国去散一下心，这是一番好意。一般来说，这种安排都有脉络可循，或列入预算，而非是你上司一时高兴，随意指派的。这不但不合理，也有些不合情，说不定隐藏着开除你的动机，你能不小心吗？

为什么要安排你出差或出国？只是希望因为你不在的时候，他在处理你的业务、人员时，阻力会比较小，也没有什么顾忌。

(5)让你建立制度，并将你的工作详细建档

如果你的上司一下子变得非常热心，要你建立制度、留下档案，甚至问你，如果你不在，部门应如何作业？他的需求好像也不是说着玩玩，而是颇认真的。

此时，其实他已经在想把你开除后，会不会出现不良状况？但他不会傻得跟你一样，跑来直接和你讲我辞了你，你被辞之后，我能没事吗？

他会设法伪装自己，把他要炒你鱿鱼的想法隐起来，反而强调为公司建立百年制度、千年基业，大家一起无私心、不保留，将自己知道的都提供出来，能做的尽量做好。等到他看已经差不多，也成熟了，于是一声令下，你也只好卷铺盖走人。

(6)频频招聘一些人来做你的副手

你的上司频频招聘一些人做你的副手，有时招了一个还不够，一下子招了两三个。当然，他会向你解释，你太累了，多招些人来帮你的忙；或你真是太辛苦了，这些人进来，你也不必再如此辛苦了。

有时，你或许真的会这么想，以为他之所以如此做，只是体谅你，让你不要太辛苦或操劳了。公司多招些人来帮你做事，做上司的哪会这么想，除非他有精神病！

可怜的上班族要小心了。要知道，你是宁愿一个人做，真的做到累死(历史上这类的人很多，如孔明先生)，也不要让他找那么多人来，把你挤走。你如果累死，至少还可留名青史；被挤走的话，就不光彩了。

(7)谈奖励时没有任何表示

任何公司都有一套奖励的制度，不论这套制度是成文或是不成文的。至少，大家都知道，什么时候该被奖励了或什么时候该被惩戒了。当你忽然发现，很明显你该被奖励

(8)犯小失误遭到大惩罚

有可能在工作上犯了些小错，这错别人也犯过，只要改了，不再犯了，一般都是三言两语就被解决的。今天，这失误出在你身上，你的上司却一本正经的，把“它”当一回事来办。此时，可怜的上班族你可得要小心了，你的上司可能要炒你鱿鱼了。

请上司吃鱿鱼

旧社会的江湖上流行一句黑话“风紧，扯呼”。意思即为发现势头不对，马上主动撤离。而今将这句话应用在白领族中却也同样有着重要作用。假如你发觉老板或上司对你是“横挑鼻子竖挑眼”，怎么看都不顺眼，而这份工作也不是你所理想中的工作，那就赶紧采取主动措施——请上司吃鱿鱼。这样——“扯呼!”既同样完成了你“跳槽”，或是脱离该公司的一套程序，更重要的是你的面子问题得到了大大的发扬，至少别的同事会想：“那个人挺有能耐的，毫不客气地将上司给炒了，真牛!”

跳槽，说得文雅一点，就是“转工”。在白领人士之中，有许多人患上精神病(这包括神经过敏、神经衰弱等)，原因主要是工作压力太大，引致人们精神紧张，心绪不宁，你的工作是否也令你感到很疲惫?

如果你无法好好驾驭身旁的事物，越是希望把工作做好，越会把事情弄至一团糟，你便要特别留神，专家认为如你无法改变现状，又不想被工作压垮，不妨考虑转工。如果你在工作上时常遇到下列所述的困境，唯一解决的方法便是另谋高就。

①除了要服侍上司之外，你需要帮助其他同事及部门处理事务，事无大小都要你操心，有时在同一时间之内，你要一口气处理不同的工作。

②你时常感到身体不适，精神疲倦，全身乏力，没有心情兼顾其他事情，头痛、胃痛、心跳加快等症状，差不多每天都发生在你的身上。

③你需要耗掉不少心神于人事问题上，同事之间分了不少党派，彼此倾轧。

④你无法控制工作的进度，因此上司时常加给你许多额外的工作，加上其他同事采取不合作的态度，令你无所适从，事倍功半。

跳槽不是什么难堪事，所谓“君不贤，则臣投别国”，弃暗投明是你的权利。

过去有句话叫做：“此处不留爷，自有留爷处。处处不留爷，爷去卖豆腐。”后来这句话的后半段改了，改成：“处处不留爷，爷去投八路。”再后来，又有人改成：“处处不留爷，爷当个体户。”再再后来，又有人把它改成：“处处不留爷，爷去当散户。”散户，就是以少量资金去炒作股票的人。

从这句话的演变，我们是否可以得出这样的结论：不要在乎上司逼你转工甚至炒鱿鱼，毕竟人生有三百六十行，只要你肯去面对并注入努力，肯定会中“状元”。无论你怎样脱离原工作公司，这都并不可怕，天下那么大，哪棵树上吊不死人?所以，为了自己的前途，每一位办公室人士都可以而且应该为自己多谋几条出路。

的时候，没被奖励。此时，先不忙着去争、去吵，有可能你的上司已经想开除你了。

厚黑方略十三

顺毛而摸，不捋虎须

中国人酷爱面子，视权威为珍宝。做上司者尤爱面子，很在乎下属对自己的态度。因为不识时务、不看上司脸色行事而遭遇穿小鞋儿、受冷落的人不少，足以为戒。对上司，一定要顺毛而摸。

不要逆着上司的脾气

人都有脾气。谁都有发脾气的时候,终生不发一次脾气的人是没有的。其区别仅仅在于,有人脾气大,有人脾气小,有人是乱发脾气,有人故意用发"脾气"去达到一定的目的。

上司是人,自然具有人的一切属性,即上司当然也会发脾气。就通常的情况来看,上司发脾气往往与工作有关,即上司们常常是有意无意地在用发脾气的手段去达到一定的工作目的。

发脾气对于一般人而言,是一种应该控制的不良情绪,但对于上司而言往往代表着一定的权威,这一点可以从战场上前线指挥员的行为态度得到验证。不少指挥员在激战时都是发着脾气指挥作战。发脾气往往能使对方产生心理震慑,而下属、员工的心理震慑,常常是上司希望看到的应激效果。假如,上司在指挥工作时,其指令不能对下属产生心理震慑,往往影响其工作效率。所以,就一般情况而论,权力越大的人其脾气往往也就越大。当然,所说的脾气是指理智控制下的"脾气",超过理智界限的"脾气"常常导致相反的效果。

员工在与上司打交道、相处时,必须正确对待和妥善处理上司发脾气的问题。否则,要么会使上司小看你,要么激化双方的矛盾,从而使一方或双方遭受不应有的损失。

对待上司发脾气的正确态度是:只要上司不是有意侮辱人格,或故意找茬儿,你应该以忍让为上。

特别是当员工在工作上出了差错,上司为此发脾气时,你不仅应该忍耐,而且应主动表示认错或道歉。因为,事实证明,纠正一个人的错误的最好方法,与其说是和风细雨,不如说是适当地发点脾气,只要不超过分寸,后者的教育效果往往优于前者。

因此,对待上司因工作问题发脾气的正确态度是忍耐、自我反省、总结教训。

假如,在上司发脾气时,你认为自己受到了委屈,也不应该当场顶撞和对抗,同样应该忍耐。不同的是,你可等上司冷静之后再向其作解释。当然,这是指比较重大的事情,对于一些不涉及切身利益和个人尊严的小事情,你则大可不必与上司斤斤计较。

值得指出的是,那些在上司对其发脾气之后,特别是受到委屈对待时,能主动向上司表示亲近的员工,将会被视为聪明的、有理智的人。这不是委曲求全,而是一种良好的素质修养。此时,最愚蠢的行为莫过于当场与上司对抗、顶撞。

当然,对于那些品质恶劣、视员工为奴隶,动辄以发脾气来压服下属、员工的上司,我们并不提倡逆来顺受。具体的处理方法有三:一是"绵里藏针"。即你可采取比较温和的态度,强硬的措辞,向上司表示反抗,比如,你可用和蔼的语气,向上司说出一些有分量的话。二是"旁敲侧击"。即你可以采用"借喻"、"比喻"、"暗喻"的手法,向上司表示反抗。三是"针锋相对"。对于低素质的上司,你不必过于忍让。"针锋相对"往往能使对方的行为有所收敛,但是必须注意有理、有利、有节,不可随意扩大矛盾。

恭敬不如从命

“恭敬不如从命”，这一中国古老的至理名言，谆谆告诫着后人：对上司，服从是第一位的。下属服从上司，是上下级开展工作，保持正常工作关系的前提，是融洽相处的一种默契，也是上司观察和评价自己下属的一个尺度。

在一些公司里，经常碰到一些纪律观念淡薄、服从意识差的人。他们是上司们最感头疼的“刺儿头”或称“渣子头”。这些人或是身无所长，进取心不强，对上司的吩咐、命令满不在乎，或是自己以为怀才不遇，恃才傲物，无视上司。无论是事出何因，他们一律都是在上司面前昂起高贵的头，家事、国事、天下事都可在他大脑中“存档”，唯有上司的命令不在此列。

比如某天办公室的上司问下属小蒋：“小蒋，我让你复印的资料怎么样了？”小蒋三分惊讶七分漫不经心地反问：“复印什么资料？”当着其他下属的面，这位上司很丢面子，气呼呼地训道：“你怎么对我说过的话这样不放在心上！”照常理而论，小蒋应立刻道歉，找原因给上司一个台阶下，待上司稍有息怒，迅速去把资料复印来交给他。这样，上司再火盛也会阴转晴，顶多再训他两句也许还是面带笑容，年轻人事情多，上司一般会谅解他们的疏漏的，但这位小蒋却既没道歉，也没立即去复印，而是屁股一扭，逃之夭夭。

这些“刺儿头”表面看来，超凡脱俗，潇洒自在，实则是自己有意识地与上司划出了一条鸿沟，不利于自己的工作进步，也不利于集体的团结和相处。因此，“刺”万万不可长，进取之心万万不可消。

当然，服从也有善于服从，善于表现的问题。细心的人都可能会发现这样一个事实：在公司里，同样都是服从上司、尊重上司，但每个人在上司心目中的位置却大不相同，何也？这一问题的关键是能否掌握服从的艺术。有的人肯动脑子，会表现，主动出击，经常能让上司满意地感受到他的命令已被圆满地执行，并且收获很大。相反，有的人却仅仅把上司的安排当成应付公事，被动应付，不重视信息反馈，甚至“斩而不奏”，结果往往事倍功半。

善于服从、善于表现要抓住一个火候。当上司交代的任务确实有难度，其他同事畏首畏尾时，你要有勇气出来承担，显示你的胆略、勇气及能力。

某公司单身职工李君患肺结核住进医院，上司动员下属们经常去护理。大家面面相觑，无人表态，上司很尴尬。最后年轻的小伙子刘君主动站出来，为上司解了燃眉之急。上司大为感动，会上表扬，私下感谢当然不在话下。可见，关键时刻服从一次，替上司解忧，胜过平时服从十次，而且还会深深打动上司，使其铭记心上。

敬业与服从，应该大力提倡。善于敬业、服从，巧于敬业、服从更为重要。因为，在丰收的田野上，农夫有理由让人们记住他挥洒的汗水和不辍的辛劳。这不是虚荣，是实实在在的人生需要。

对上司，服从是第一位的

对上司，服从是第一位的，下属服从上司是上下级开展工作的前提，也是上司观察和评价自己下属的一个尺度。《官场学》一书中有这样一句话：

"观察他同上司共同处理事情时是否同忧同乐，来决定他是否是个心地纯正的人。"

人的生命，总是在不满与满，愿与不愿的无休止交织中消磨、延续的。满座笑语，独一人向隅而泣的滋味，几乎每人都品尝过。你可以巧妙地表示自己的不满但绝不可抗拒。坚持服从第一，做好上司的助手这一原则是聪明之举。这样做，使上司心里雪亮，你在情感上怀着极大的不满，但理智地执行了他的决定，对你的气度胸怀，他也不得不佩服甚至敬重之情油然而生。当一个好助手也有一个善于表现的问题。

服从应该大力提倡，善于当好助手更不应忽视。通常情况下，当好助手要掌握以下的技巧和艺术：

(1)对于有明显缺陷的上司，积极配合是上策

在不断前进的时代，有些上司原来文化基础较差，专业知识不精，你不妨抓住上司的这一弱点，借鉴他多年的工作经验，以你的才干弥补其专业知识的不足。主动献计献策，既积极配合上司工作，表现出对上司的尊重，又能适当展示自己的才华。

(2)能干的下属容易引起上司的注意

认真去执行上司交办的任务，妥善弥补上司的失误，在服从中显示出你不凡的才智与能力。

(3)关键时刻挺身而出

当上司交代的任务确实有难度时，你要有勇气出来承担，显示你的勇气及能力。关键时刻替上司分忧解难，会深深打动上司，使其铭记在心。

(4)主动争取工作任务

上司并不希望通过单纯的发号施令来推动下属开展工作，当下属的要主动争取上司好感向上司申请任务，而不是被动地接受摊派。

服从命令是下属的天职

上司不总是和颜悦色的，尤其是在发号施令时，他可能显得态度生硬，不像平时那样平易近人。面对上司，下属会觉得不太"舒服"，似乎自己是上司手中的一颗"棋子"，一种工具，非得按他的意图办不可。有些下属会因此产生一些抵触心理，认为上司这样做是对自己的不尊重，既然他不尊重自己，那么自己又何必去为他"卖命"呢?于是便采取一种阳奉阴违的态度，表面上对上司的命令不表示反对意见，还很客气地说："我一定照办，请你放心。"而回去以后并不认真执行上司的命令，把上司的命令当成"耳旁风"，放到一边不理不睬。

还有的时候，上司交代的任务不符合下属的心意，有时甚至有很大的出入，在很多情况下，下属可能觉得自己的想法更正确、更有道理，按上司的命令去做，思想上一下子转不过弯儿来，于是对上司布置的任务便不去积极地执行，甚至是“他说他的，我做我的”，不把上司的话当回事。

应该说，作为下属，对上司的命令采取上述态度是不正确的。就第一种情况来说，上司在布置任务时表现威严一些，甚至态度生硬一些，是完全可以理解的，这是由他的身份、地位和所处环境决定的。上司处于领导者的地位，需要有一定的权威作支撑，从某种意义上来说，严肃的面部表情、口气的生硬和不容反驳正是权威的外化，如果要求上司在下达命令时也做到像生活中那样随和，那就会使上司有权无“威”，无“威”不立，会造成有令不行的局面；另外，严肃的态度正表明了公事需要“公”办，同时也说明了上司对所布置的任务是重视的，下属不应当等闲视之，而应当以严肃认真的态度去完成。如果上司在分派任务时也“嘻嘻哈哈”，那恐怕没有一位下属会把他的话当做一回事。

就第二种情况来说，上司所作决定、所下达的命令不尽合理，甚至有明显的错误，也是正常的。上司也是普通人，不是完人，难免在工作中出现这样那样的失误。而且在许多时候，究竟是不是上司的错误还很难说，没准还是下属自己自以为是、自作聪明了。如果下属并不能肯定上司决策的错误，而只是觉得“似乎”如此，那最好还是二话不说，遵命照办。即使错误真是出在上司一方，但上司的强硬态度却使你无法说服他，那你也最好照办，只要不是原则性的错误就行，而且你要尽力减少错误决策带来的损失。是不是按上司的命令办事是你的事，命令正确与否则是上司的事，出了事情责任不在你。

作为下属，白领要谨记：服从命令是下属的天职。对于上司的命令，听不惯也要去做！

打掉牙齿往肚里吞

白领难免受到上司的批评，面对批评，要有“打掉牙齿往肚里吞”的度量。

(1)搞清楚上司批评你什么

追求晋升的过程中，有人充满信心，有人谨小慎微，但不管怎样，突然受到来自上司的批评或训斥，当然是一个重要的关节点，都会造成很大的影响。而要处理得好，首先要搞清楚上司批评你什么。

有人说得好：上司批评或训斥下属，有时是发现了问题，促进纠正；有时是出于一种调整关系的需要，告诉受批评者不要太自以为是，或把事情看得太简单；有时是为了显示自己的威信和尊严，与下属保持或拉开一定的距离；有时“杀一儆百”、“杀鸡吓猴”，使不该受批评的人受批评，其实还有一层“代人受过”的意思……搞清楚了上司是为什么批评，你便会把握情况，从容应付。

(2)受到批评最忌满不在乎

受到上司批评时，最需要表现出诚恳的态度，从批评中确实接受了什么，学到了什么。最让上司恼火的，就是他的话被你当成了“耳旁风”。很少有上司把批评、责训别人当成自己的嗜好。既然批评，尤其是训斥容易伤和气，因而他也是要慎重其事的。一旦批评了别人，就又产生了一个权威问题、尊严问题，而如果你对批评置若罔闻，我行我素，这种效果也许比当面顶撞更糟。因为你的眼里没有上司。

(3)对批评不要不服气和牢骚满腹

批评有批评的道理，错误的批评也有其可接受的出发点。更何况，有些聪明的下属善于“利用”批评。也就是说，受批评才能了解上司，接受批评才能体现对上司的尊重。所以，批评的对与错本身有什么关系呢?比如说错误的批评吧，对你晋升来说，其影响本身是有限的。你处理得好，反而会变成有利因素。可是，如果你不服气，发牢骚，那么，你这种做法产生的负效应，足以使你和上司的感情拉大距离，关系恶化。当上司认为你“批评不起”、“批评不得”时，也就产生了相伴随的印象——认为你“用不起”，“提拔不得”。

(4)受到批评时，最忌当面顶撞

当然，公开场合受到不公正的批评、错误的指责会给自己造成被动，但你可以一方面私下耐心作些解释，另一方面用行动证明自己。当面顶撞是最不明智的做法。既然是公开场合，你下不了台，反过来也会使上司下不了台。其实，如果在上司一怒之下而发其威风时，你给了他面子，这本身就埋下了伏笔，设下了转机。你能坦然大度地接受其批评，他会在潜意识中产生歉疚之情，或感激之情。

靠公开场合要威风来显示自己的权威，换取别人的顺从，这样不聪明的上司是很少的。如果你遇到的是这样的上司，你当然可能在适当的机会给他以“反批评”。其实，你真遇到这种上司，更需要大度从容，只要有两次这种情况发生，跌面子的就不再是你，而是他本人了。

和上司发生争论，要看是什么问题。比如你对自己的见解确认有把握时，对某个方案有不同意见时，你掌握的情况有较大出入时，对某人某事看法有较大差异时，等等。切记：当上司批评你时，并不是要和你探讨什么，所以此刻绝不宜发生争执。

(5)不要把批评看得太重

绝没有必要把一两次受到批评和自己整个前途命运联系起来，觉得一切都完了，天昏地暗，灰心丧气。如果批评了你，你就一蹶不振，打不起精神，这样会很让上司看不起。如果你是这样一种表现，以后上司可能再不会批评、指责你什么了。同样，他也就再不会信任和重用你了。

(6)受到批评不要过多解释

受到上司批评时，反复纠缠、争辩，希望弄个一清二楚，这是很没有必要的。确有冤情，确有误解怎么办?可找一两次机会表白一下，点到为止。即使上司没有为你“平反昭雪”，也完全用不着纠缠不休。这种斤斤计较型的下属，是很让上司头疼的。如果你的目的仅仅是为了不受批评，当然可以“寸土必争”，“寸理不让”。可是，一个把上司搞得筋疲力尽的人，又谈何晋升呢?

受批评，甚至受训斥，与受到某种正式的处分、惩罚是很不同的。在正式的处分中，你的某种权力在一定程度上受到限制或剥夺。如果你是冤枉的，当然应认真地申辩或申诉，直到搞清楚为止，从而保护自己的正当权益。受批评则不同，即使是受到错误的批评，使你在情感上、自尊心上，在周围人们心目中受到一定影响，但你处理得好，不仅会得到补偿，甚至会收到更有利的效果。相反，过于追求弄清是非曲直，反而会使人们感到你心胸狭窄，经不起任何误解，人们对你只能戒备三分了。

上下关系要分明

凡事都必须公私分明。一旦环境熟悉之后，就会有“这么做也没有关系”的公私不分心态，这样很容易让人认为“这家伙是个不值得信任的人”。一旦被烙上这个烙印，这是个人信用的最大损失。

公私分明首要之务就是认清上下关系，这一点公司内部必须有着严格的区分，否则上面的命令便无法贯彻到下面，如此一来公司如何能够上下一心地完成任务？

在走廊上与上司擦肩而过时，稍停一下和上司打个招呼。在上楼梯的时候遇见上司从上面下来，在下面的两三阶暂停等候，等和上司打过招呼之后再继续前进。

上下关系中最引人注意的就是言辞的使用。现在的年轻人常会像对待朋友一样地对待自己的上司。

“喂!科长，经理叫你!”

这种态度值得商榷。

“科长!经理请你过去一下。”

“喂!”这一类轻佻的用语不可以对上司使用。

此外，回答上司的问话时一定要简单明了，换言之，不可以语义含混地回答“喔”或“嗯”，即使是挨刮也不可愤愤不平地顶嘴。

那些被公认为懂得节制的上班族，所具备的基本条件就是言辞运用恰当，尤其是在结尾的地方就更为重要。

年轻女子常常习惯使用一些语尾助词来表现柔美，例如“哦!”“呢!”之类的，但是这却不适合用在办公室，凡是精明干练的女性上班族，是不会这样说话的。这种说话习惯还是及早改掉为好。

对上司或长辈以“×科长”“×主任”来称呼，即使是没有头衔的人也要称呼“×先生”，不可以说：“你……”近来，许多中学生都习惯对老师说：“你……”，用这种傲慢无礼的态度对待老师的学生，一旦踏进社会就会用这种态度对待上司或长辈。这样的年轻人除了在言语上不懂得礼貌，就是做事的态度也是傲慢无礼。

在欧美的社会，有些公司一律不用职称，全部直接称呼对方名字“Mr Smith”“Miss White”等，但这并不适用于东方社会。尤其我们素有“礼仪之邦”之称，更应该分清楚上下关系。白领要学会站在上司的角度考虑问题，才能明确自己的言行，赢得上司的器重。

当一个好听众

倾听之所以备受重视，不仅是因为它有助于对事物的了解，以及对说话内容的把握，同时，也是在与对方个性契合，心灵沟通。倾听别人说话表示敞开自己的心扉，坦诚地接受对方，宽容对方，因而导致彼此心灵融通。

作为白领，怎样才能正确地倾听上司的谈话呢?应注意做到以下几点：

(1)主动积极

即对上司的感觉和意见表示出极大的兴趣，并且积极努力去听，去了解上司。如果有个不明白的问题，就及时地问清楚。

(2)要让上司把话说完，不要打断上司

有时，谈话并不是一下子就能抓住实质的，应该让上司有时间不慌不忙地把话说完，即使上司为了理清思路，作短暂的停顿，也不要打断他的话，影响他的思路。

(3)要去体察上司的感觉

一个人感觉到的往往比他的思想更能引导他的行为，愈不注意人感觉的真实面，就愈不会彼此沟通。体察感觉，意思是指将上司的话背后的情意复述出来，表示接受及了解他的感觉，有时会产生很好的效果。

(4)不要匆忙做结论

一个善于交谈的白领，应该努力弄懂上司的谈话内容，完全把握他的意思。

(5)要关怀、了解和接受上司

要鼓励他或帮助他寻求解决问题的途径，这种态度若是真诚的，不带虚假的，定能奏效。

(6)要全神贯注地聆听，不要做无关的动作

上司谈话时，如果你东张西望，或低头只顾做自己的事情，或面露不耐烦的表情，这些都是不礼貌的，都会使上司对你产生反感。

(7)不必介意上司谈话时的语言和动作特点

有些人谈话时常常带口头语或做一些习惯动作。对此你不必介意，更不要分散自己的注意力，应将注意力放在上司谈话的内容上。

(8)要注意反馈

聆听上司的谈话要注意信息反馈，及时验证自己是否已经了解上司的意思。你可以简要地复述一下上司的谈话内容，并请他纠正。这样将有助于你对上司谈话内容的准确理解。

(9)交谈时，反应要冷静

一个善于聆听的人，总能控制自己的感情。过于激动无论对讲或听的人来说，都会影响表达或听取的效果。

(10)要注意语言以外的表达手段

一个人的表达内容，并不一定都在他的话语中。因此在聆听上司谈话时，还要注意上司的声调、情调、态度以及手势、动作等，以便充分了解上司的本意。

(11)要抓住主要意思，不被个别枝节所吸引

善于聆听的人，总是注意分析哪些内容是主要的，哪些是次要的，以便抓住问题的实质，避免造成误解。

(12)要使思考的速度与谈话相适应

思考的速度通常要比讲话的速度快若干倍，因此在聆听上司谈话时，大脑要抓紧工作，勤于思考分析。如果上司在谈话时你心不在焉，不动脑筋，上司谈话的内容又记不

住，不得不让上司重复谈话内容，这样就很耽误时间，影响工作效率。

(13)不要总想占主导地位

不要表现自己，好像无所不知，只有自己才能给上司以启发。自以为是的人，往往最不会聆听上司的谈话。

(14)转移话题

不要因为你不喜欢上司的说话方式就认为他令人讨厌，不是看他们怎样说，而是要听上司在说什么。如果上司的话题使你厌烦，你可以问一个相关的问题，把话题转移到你感兴趣的问题上来。

(15)耐心地倾听

在听上司谈话时，不要因为上司的叙述平淡而漫不经心，也不要在别人结结巴巴讲不清时，流露烦躁和责怪的神情，更不应在别人讲不同意见时，听不下去而反驳或争吵。

(16)避免出现沉默

在谈话中，听者要有响应地听，不要出现沉默现象，可以采用提问、赞同、简短评论、复述上司话头、表示同意等方法。比如，“你的看法呢?”“再详细谈谈好吗?”“我很理解”、“想象得出”、“好像你不满意他的做法”等。

听上司说话，并不是默默地听，而应积极地“点头”，以专心的态度、眼神、表情、体态等做出积极的反应，表示全神贯注地聆听。尤其重要的是要能适当地与上司相呼应，使双方的交谈奏出和谐的乐曲。

(17)恭听的神态

神态是人的内心世界的外在显露。我们在听上司谈话的时候，不仅要有良好的听辨能力，而且还要表现出洗耳恭听的神态，表示尊重上司，从而增强他的信心，达到有利于交谈的目的，提高交谈效果。

(18)表示赞赏

做一个友善、同情而有耐心的倾听者，对于别人的谈话，真诚地表示赞赏，提出别人感兴趣的问题，鼓励他们谈论自己及其所获得的成就。

通过以上的介绍便可说明，善于听上司说话是一种艺术，如果听者态度诚恳，则上司思维与心情都将随之高涨、顺畅，因而谈笑风生、妙语连珠，提出许多新颖的构思，发表许多独特的见解，使谈话的气氛融洽而愉快。相反，如果听者表现出不耐烦，甚至中途打断上司的谈话，并加以反驳，那么交谈就无法进行，我们应避免这样的情况发生。

专心地倾听是我们能向上司表达的最高敬意之一，当你的上司意识到你能耐心倾听他的意见时，他会自然向你亲近，对你表示好感。

忍字心上插把刀

上司不都是通情达理、精明强干者。其间也不乏一些脾气古怪、猜忌心重的人，对下属只记过，不记功，抑或动不动就以扣工资、炒鱿鱼相威胁的。面对这种类型的上司，你若还想继续开展工作，使自己有所作为的话，只有一个字“忍”。你要维护上司的尊严，尽量不要冒犯他们，不要与他们发生矛盾冲突。

业务科长王俊才的经历就是一个百忍成金的例证。

王科长任业务科长的第三年，上司给他委派了一名新主任。新主任是老业务员出身，没有多少文化，对所管辖的下属，谁工作认真、昼夜加班、出了成绩，他看在眼里，却忘在脑后；谁迟到早退，不请假，或者没有给他及时送材料，他却牢牢记在心上，时不时地给你点颜色瞧瞧。尤其是对业务科的工作总是挑毛病、找破绽，好像咋看咋不顺眼。

面对蛮不讲理的新主任，王俊才科长既没有当面顶撞，也没有逢迎巴结。他经常和本科室的人员开会，定出工作程序，交给主任过目后，再切实执行，并做好系统记录，以便主任翻阅。

这样自行安排工作，既减少了他这个业务科长与新主任的摩擦，也减轻了自己负担。

有几次，王科长被主任严厉批评，但他没有使自己的情绪变得异常，并把这种情绪带到工作中去；相反，王科长每受到委屈，必当机立断，检查自己的工作、处事是否有错误，并且有错必改，或是重新估计自己，进一步做好本职工作。

此外，对待这样的"大老粗"主任，王科长为自己的前途着想，时时小心，处处小心，步步小心，每一件事、每一句话都对主任格外尊敬，尊重主任的意见，多向主任请教，多多体谅主任的难处。

这样一年下来，主任对业务科长褒奖有加，再也不像以前那样恶声恶气了，又过了半年，王科长被提升为业务部主管。

常言说得好："忍字心上插把刀"。忍，难能可贵；面对千变万幻的世态人情，如果不依靠一个"忍"字支撑，不知又有多少人会坠入困厄之境。白领想要在职场上游刃有余，没有忍耐的本事是不行的。

对上司要无微不至

你的上司是个大忙人，也就是说，不可能事事巨细，总有不周不到之处，这就给你提供了机会。

人人都知道"女人心，细如针"，可是不知道，经历了一生坎坷的老太太的心比针还要细，倘若你能在上司面前表现出你的心细，后果肯定令你满意。因为上司会感觉到他有一个周到的下属，从而对你产生好感，与此同时，你的晋升机会就可想而知了。

有时你会和上司一同乘车，或为上司送行。那么这是你向上司展示自己细心、周到的最佳时机。这时你的表现给人的印象往往非常深刻。

和上司一同乘车时，如果司机不认识路，你必须告诉司机怎么走。

如果司机要求指路时，你不要拒绝；如果司机没有要求你指路时可千万别顶撞司机："可是这样走比较远!"

不管是远或近、早到或晚到，那又有什么关系？为了这个让对方不愉快可就太不值得了。

如果上司要在中途先下车，你必须先打开车门下来，扶着车门让对方下车。如果你们搭乘的计程车是自动车门，车门打开之后你就先下车，然后再让对方下。

如果是搭乘公司的车，有的时候司机会自己下来开门，那么就让司机开门。司机开了门之后，你先下车，再让上司下车。对方下了车之后，在与对方慎重道别之后再度上车。

如果上司站在车外准备目送你离去,你就要把车窗摇下来向对方致意:

"不必送了!"

"有劳相送,真是过意不去。"

一直到车子离去。

相反,如果你需要先下车,那必须先得到上司的首肯。在车子接近目的地时先告诉上司:

"抱歉!我要在下一个红绿灯下车。"

这时你必须等待上司去告诉司机:

"请在下一个红绿灯前停车。"

你不可以自己指示司机:

"请在下一个路口右转……"

如果上司忘了这回事,并未给司机指示,万不得已的情况之下,你只好非常客气地告诉司机先生:

"麻烦请在下一个红绿灯前稍停一下。"

如果你要中途下车,上车时你要先坐在外侧,以免上司还要下车送你。千万不可以若无其事地、一直到目的地才表示要先下车。

此外,目送上司的车子开走,要一直站在原地直到看不见车子,因为对方一定会从车子的后窗回头看你。如果当时路上的车子很多,你可以先走到人行道上,然后目送车子离开。

如果上司自己开车送你,这个时候你必须坐在前座,让后座空着。如果对方开车而你却坐在后座,这会让上司心理很不舒服,有蔑视对方的意思。如果对方一再地请你坐在后座,你推辞再三之后,对方仍然坚持,那你就遵照对方的意思好了。

送行时不论是搭乘自用车或大众运输工具,应遵守的礼节都是一样的。无论是在公共汽车站还是在火车站台上送人,都应该要目送车子离去。

你如此尊重对方,才能够让对方产生好感。即使未必能让对方产生好感,至少也能让对方感到满足。如果你因为怕麻烦而敷衍了事,很容易会让对方觉得你是个不周到的人。

如果你能够让对方对你产生好感,这当中或许能够有新的晋升机会产生。

人活一张脸,树活一层皮

中国人酷爱面子,视权威为珍宝,有"人活一张脸,树活一层皮"的说法。而在中国官场上,上司则尤爱面子,很在乎下属对自己的态度,往往以此作为考验下属对自己尊重不尊重、会不会来事的一个重要"指标"。

从历史上看,因为不识时务、不看上司的脸色行事而触了霉头的人并不在少数,也有一些忠心耿耿的人因冲撞了上司而备受冷落。现实中一些人有意无意地给上司丢面子、损害上司的权威,常常刺伤上司的自尊心,因而经常遭到穿小鞋儿、受冷落的报复。

即使很英明、宽容、随和的上司也很希望下属维护他的面子和权威,而对刺激他的人感到不顺眼。唐太宗李世民是以善于纳谏著称的贤君,但也常常对魏徵当面指责他的过错感到生气。

一次，唐太宗宴请群臣时酒后吐真言，对长孙无忌说："魏徵以前在李建成手下共事,尽心尽力,当时确实可恶。我不计前嫌地提拔任用他,直到今日,可以说无愧于古人。但是,魏徵每次劝谏我,当不赞成我的意见时,我说话他就默然不应。他这样做未免太没礼貌了吧?"长孙无忌劝道:"臣子认为事不可行,才进行劝谏;如果不赞成而附和,恐怕给陛下造成其事可行的印象。"太宗不以为然地说:"他可以当时随声附和一下,然后再找机会陈说劝谏,这样做,君臣双方不就都有面子了吗?"唐太宗的这番话流露出他对尊严、面子和虚荣的关注,反映了上司的共同心理。

面子和权威之所以如此重要,根本原因在于他们与上司的能力、水平、权威性密切挂钩。一位牌技不高的经理在同下属打扑克时,常因输得一败涂地而对玩牌的人破口大骂,很明显地暴露出对下属"手下不留情"的不满,渐渐地,下属们不再同他一起打扑克,怕刺伤经理的自尊心。像这位经理一样小心眼的上司比比皆是,可谓防不胜防。平时娱乐时,一些人不喜欢和上司在一起,这方面的因素无疑是个障碍。

得罪上司与得罪同事不一样,轻者会被上司批评或者大骂一番;遇上素质不高、心胸狭窄的人可能会打击报复,暗地里给你穿小鞋儿,甚至会一辈子压制一个人的发展。杨雄在《法言·修身》中谈到"四轻"的危害时讲"言轻则招忧,行轻则招辜"。从与上司相处的角度讲,不慎言笃行,一旦冲撞了上司,就会影响你的进步和发展。所以,为维护上司的权威,我们必须注意以下几点。

(1)上司理亏时,给他留个台阶下

常言道:得让人处且让人,退一步海阔天空。对上司更应这样。上司并不总是正确的,但上司又都希望自己正确。所以没有必要凡事都与上司争个孰是孰非,得让人处且让人,给上司个台阶下,维护上司的面子。

(2)上司有错时,不要当众纠正

如果错误不明显无关大局,其他人也没发现,不妨"装聋作哑"。如果上司的错误明显,确有纠正的必要,最好寻找一种能使上司意识到而不让其他人发现的方式纠正,让人感觉上司自己发现了错误而不是下属指出的,如一个眼神、一个手势甚至一声咳嗽都可能解决问题。

(3)不冲撞上司的喜好和忌讳

喜好和忌讳是多年养成的心理和习惯，如一位处长经常躲在厕所抽烟，经了解得知,这位处长手下有四个女下属,她们一致反对处长在办公室抽烟,结果处长无处藏身,只好躲到厕所里过把烟瘾。他的心里当然不舒服,不到一年,四个女下属换走了三个。

(4)"百保不如一争"

会来事的下属并不是消极地给上司保留面子,而是在一些关键时候、"露脸"的时刻给上司争面子,给上司锦上添花,多增光彩,取得上司的赏识。

别在阎罗殿上逞英雄

世上总有那么一些人,他们的架子就是比别人大,他们的尊严感就是比别人强,他们的面子就是比别人重要。作为普通人,你绝不可以跟他们在面子上较量高低。俗话说

"老虎屁股摸不得","别在阎罗殿上逞英雄"。在这样的人面前,你必须夹起尾巴做人。

上司就是这么一类人,不给上司留面子,甚至"老虎头上拍苍蝇",伤了上司的面子,你就会倒大霉。

冲撞上司,最伤上司的面子,最能导致上司的恨,使他对你充满怨恨和怒火。

大多数上司喜欢听命自己的下属,这不但是上下级组织关系的必然要求,也是上司履行职责、达到预定目标的前提保障。上司们一般都会认为,自己有权要求下属去做某些事情的。

许多上司还认为自己比下属要优秀,因此才能够做上司,在潜意识中有着很强的优越感,对自己充满信心。那么优秀的人发出的指令,下属就应服从,而不是各有主张、各行其是,破坏自己的计划。

上司的尊严感最强。行使权力、发布命令,使事情向着自己所预想的目标发展,会给他带来这种感觉。尊严是一个人最敏锐,也是最脆弱的感觉,因为它总是同一个人最本质的某些东西相联系的,侵犯尊严便等于是对人的污辱和蔑视。这在自认为理所当然地享有受人尊重的权利的上司的眼里,是绝对不能被容忍,更不能被谅解的。

许多时候,下属的冲撞会使上司下不了台,面子难堪。如果上司的命令确有不足,采用对抗的方式去对待上司,这无疑会使他感到尊严受损,以敌意来对抗敌意。特别是在一些公开场合,上司是十分重视自己的权威的。或许他会表示,可以考虑你的某些提议,但他绝不会允许你对他的权威提出挑战。

下属冲撞上司,一般都会使用比较过激的言辞,特别是一些很伤感情的过头的话,这些话会像一把把尖刀直冲向上司的内心,这势必会惹得他怒火中烧,大发雷霆,视你为敌。在这种情形下,你可能是出于某种忠心才说的,但如言辞不当,反而会使上司认为你是一直心怀不满。他会想:"嗬,这家伙隐藏得好深,竟骗过了我!原来他一直对我有成见、一直是三心二意,今天终于暴露出来了!"一种算总账的仇恨就会像火焰一样地烧起来,以至于失去冷静的分析。

对抗会使上司失去理智,上司觉得尊严受损,权威受到挑战,在面子上感到相当狼狈难堪,这会使他把事态看得十分严重,一时也不会考虑什么是非曲直,只有一味地报复下属。在此种情形下,上司一般都会十分激动,甚至是头脑发昏,恼羞成怒。失去冷静的判断,你就成了他的第一号敌人,他的势必要摧垮的对手,过激行动常常会因此而发生。即使是当时比较克制,事后也会是越想越是气恼,找机会报复你。白领身在职场,对这些情形不能没有深刻的体察。

不要蔑视上司

下属与上司相处,一定要掌握分寸。也许他某些方面远不如你,但你仍得注意,当面说话不要咄咄逼人,不要冷嘲热讽;底下说话也不要评头论足,旁敲侧击;更不要让上司当众出丑,如芒刺在背。通常在下属中的出类拔萃者或者功高盖主者,他们有恃无恐,比较容易犯这类毛病;还有一些娇生惯养、目无尊长的人,他们心浮气躁,也容易犯这类毛病。

但是，如果你恃才傲物，或者顶撞上司，当你的行为直接有损上司的形象时，那你就成了一个蔑视上司的人，一旦上司对你心生厌恶，那么你的处境就不妙了。蔑视上司主要表现在恃才傲物和顶撞上司两个方面。

(1)恃才傲物

张先生是某大学科技公司的总经理，不仅具有令同龄人羡慕的博士学位和正高级职称，还具有非常强的工作能力，并且有着非凡的业绩。学校5000名教职工每人每年平均4000元的奖金中，有一半是张先生的功劳。从当初只有4个人、3万元资金的小企业发展到如今拥有1000名职工、3000万元固定资产的有限公司，其中的酸甜苦辣只有张先生和他的助手们知道。

但令张先生和他的助手们不能忍受的是张先生的大学同学——学校的沈副校长，这位张先生在大学时就看不起的溜须拍马之人，竟然成为他的直接上司——学校主管产业和科技工作的副校长。虽然没有什么业绩，但却把学校的创收业绩，都归功于他的领导有方。张先生对这种现象深恶痛绝，逢人就讲沈副校长的无能和无德，但沈副校长在表面上对张先生还是非常的客气。

直到有一年的全省财税物价大检查，上级检查部门发现了校办公司有一笔漏税行为，并通知补税交款。这件事本属工作疏忽，性质并不严重，但沈副校长立即借题发挥，在校决策会议上，力述张先生影响了学校的声誉，应该引咎辞职。其他上司虽然很同情张先生，但由于不想得罪沈副校长，加之校办公司的创业工作已初步完成，所以通过了调离张先生任学校其他职务的决议，张先生只好离开自己辛辛苦苦创建起来的校办公司。

能够在职场上打拼多年，每一位白领都不是省油的灯，但是在处理与同事间的关系时，白领不可恃才傲物，否则树大招风，会使自己陷入斗争的旋涡，悔之晚矣！

(2)顶撞上司

张工是国家某部委计算中心的计算机房管理员，业务非常熟练，别人解决不了的所有技术难题，几乎最后都要由张工来解决。可以说是计算中心的技术一把手。同时张工还是一个热心人，中心别的同事要是谁有困难，他都会给予热情帮助。在计算中心，他的群众威信非常高。

但张工就是有一个特点，如果哪一位上司做错某一件事或说错某一句话，他一定当面开炮。记得有一次，计算中心陈主任陪同某一个外商来参观实验室，外商发现门口贴着进实验室必须换鞋的规定，就开始换鞋。他旁边的陈主任马上说："今天就不用换了，过后让管理员擦一下地就可以了。"没想到张工马上反驳道："不行，这是陈主任你宣布的规定，不管是谁也不能例外吗?"让陈主任在外商面前十分尴尬。以后的事情进展，以及张工能不能得到上司的重用，大家可想而知。

顶撞上司，不给领导面子，让对方下不来台，无论有多么正当的理由都不可原谅。白领与上司相处，不是用简单的是非对错来衡量的，必须照顾对各自的身份，并对大家的心理有准确的把握。

厚黑方略十四

约束自我，藏匿锋芒

一般而言，功高震主是不会有好果子吃的。聪明的人总会想方设法掩饰自己的实力，以假装的愚笨来反衬上司的高明。他们在别人眼里似乎有点“弱智”，但上司却倍加欣赏，对其情有独钟。

让上司高你一筹

一般来说，伟大的人都喜欢愚钝的人，记住这一点是不会错的。任何上司都有获得威信的需要，不希望下属超过并取代自己。因此，在人事调动时，如果某个优秀、有实力的人被指派到自己手下，上司就会忧心忡忡，因为他担心某一天对方会抢了自己的权位。相反，若是派一位平庸无奇的人到自己手下，他便可高枕无忧了。

因而，聪明的白领要学会掩饰自己的实力，以假装的愚笨来反衬上司的高明，力图以此获得上司的青睐与赏识。当上司阐述某种观点后，他会装出恍然大悟的样子，并且带头叫好；当对某项工作有了好的可行的办法后，他不是直接阐发意见，而是在私下里或用暗示等办法及时告知上司，同时，再抛出与之相左的甚至很“愚蠢”的意见。久而久之，尽管在组织中形象不佳，有点“弱智”，但上司却倍加欣赏，对其情有独钟。

在更多的时候，上司需要并提拔那些忠诚可靠但表现可能并不是那么出众的下属，因为他认为这更有利于他的事业。中国有个古老的故事叫“南辕北辙”，意思是说，目的地在南方，但驾车的方向却对准了北方，结果跑得越快，离目标越远。同样的道理，如果上司使用了不忠诚的下属，这位下属总是同自己对着干或者“身在曹营心在汉”，那么这位下属的能力发挥得越充分，可能对上司的利益损害越大。

只有傻子才愿意引狼入室，也只有傻子才愿意搬起石头砸自己的脚。

A君在某钢厂宣传处工作，有一天处长突然叫他整理一个劳动模范的先进事迹。据知情人士透露，这其实是一次考试，它将关系到A君是否还能继续在机关待下去。本来对这样的材料，他并不感到为难，但有了无形的压力，便不得不格外用心。花了一个通宵，写好后反复推敲，又抄得工工整整。第二天一上班，就把它送到了处长的桌子上。

处长当然高兴，快嘛，字又写得遒劲、悦目，而且在内容、结构上也没有什么可挑剔的。可是，处长越看到最后，笑容越收紧了。末了，他把文稿退回，让再认真修改修改，满脸的严肃，真叫人搞不清什么地方出了差错。A君转身刚要迈步，处长像突然想起了什么似的说：“对，对，那个‘副厂长’的‘副’字不能写成‘付’，改过来，改过来就行了。”

这么简单！处长又恢复了先前高兴的样子，一个劲地夸道：“来得快，不错。”考试自然过关，还是优秀哩！

显然，从这件事中，我们可能得到这样的启示：处理上司交办的事情，一定要尽可能地争取时间快速完成，而不要过分纠缠于办事的细节和技巧。因为如果你把事情处理得过于圆满而让人挑不出一点毛病的话，那就显示不出上司比你高明的地方。否则，当上司的就会感到有“功高盖主”的危险。

所以，善于处世的人，常常故意在明显的地方留一点儿瑕疵，让人一眼就看见他“连这么简单的都搞错了”。这样一来，尽管你出人头地、木秀于林，别人也不会对你敬而远之；他一旦发现“原来你也有错”的时候，反而会缩短与你之间的距离。

其实，适当地把自己安置得低一点儿，就等于把别人抬高了许多。当被人抬举的时候，谁还有放置不下的敌意呢？就像那位处长，当发现一个错别字的时候，他不是立即又多云转晴了吗？要知道，只有当他对别人谆谆以教的时候，他的自尊与威信才能很恰当地表现出来，这个时候，他的虚荣心才能得到满足。

上司交办一件事,你办得无可挑剔,似乎显得比上司还高明。你的上司可能就会感到自身的地位岌岌可危,你的同事们可能会认为你爱表现、逞能。置身于这样的氛围,你会觉得轻松吗?

如果换一种做法,对于上司交办的事,你三下五除二就处理完毕,你的上司会首先对你旺盛的精力感到吃惊,效率高嘛。而因为快,你虽然完成了任务但不一定完美,这时上司会指点一二,从而显示他到底高你一筹。这就好比把主席台的中心位置给上司留着,单等着他来作“最高指示”。

检讨自己的“小节”

尽管你在工作上得心应手,但有时还是难免遇到一些莫名的阻力。你应仔细检讨自己是否在以下“小节”问题上招人反感。

(1)你的穿着太名贵

下属的戒条中有一条是:切勿穿得比自己的上司更好。

古代的典故告诉我们匹夫无罪,怀璧其罪。哪怕你本人谨慎小心,清白无辜,你也有可能会因为自己华丽的衣服而遭受无端迫害。

尤其是对于同性来说,基本上是符合“同性相斥”这一公理的。如果上司与下属站在一起的时候,下属的衣着、穿戴比他显得更华贵,他心中一定不高兴。而当上司与这样的下属一起与陌生人打交道时,假如陌生人不明就里,把下属当成了上司、上司当成了随员,此种情况下更会使上司勃然大怒,一定在心里把该下属打入了“死囚”的行列。这类事情一旦发生,你纵然生有千张口,也难以为自己“申冤”、平息上司心中对你的无名怒火和千般怨恨了。

相比之下,女性对外表比男性更加重视。别人的一句不经意的批评和赞扬,对她们来说都非常重要,能引起她们心中的狂涛巨澜。

身为下属的人,穿着比上司更体面,多少都会让上司反感。有时候,连上司本人也不一定清楚自己为什么会对某一个下属没有好感,原来衣着是其中非常关键的因素。

(2)办公时嬉戏

一些上司采取平易近人的“亲民政策”,在办公时间,偶尔也会与下属谈论说笑。在上司眼里,他可以这样做,并不表示做下属的也可以这样做。“拿来主义”在此是行不通的。

经常在茶水间站着边喝水、边与同事谈天的下属,在上司心目中是个怠惰的人。所以,白领在办公的时候千万不能表现出无所事事的情形,更不能有嬉戏打闹的恶习。

(3)说话太多

一些人在开会时滔滔不绝地发表意见,自以为很“醒目”,殊不知,实际上是在自招祸患。

所谓“言多必失”,在上司面前尤要警戒。作为下属,最忌的是上司说一句,你却跟着说了十几句,而且内容都是一些不切实际的空谈。

(4)有人当众说你比上司更有才华

这一点看起来似乎无所谓,实际上却非同小可。因为上司不仅会因此感到自尊心受到伤害,而且也担心你太过“醒目”,会突然跳槽而把公司的业务弄糟。

除非说这种话的人是在有心“迫害”你,否则是不会当众如此称赞你的。你更不能对说这种话的人心存感激,并因此得意忘形,相反,你应想出良策,为自己“消除影响”。

保持与上司的距离

距离产生美。在处理与上司的关系时,白领也要注意保持双方的距离感,不能因为过于亲密招致“灾害”。

(1)不做上司的情人

这当然不是断然否定上下级之间恋情存在的合理性——如果双方真有此意而且合法的话。但是,更多的时候,与上司建立情人关系是对双方都没有好处的。如果这种超出工作以外的情人关系是发生在至少一方已经有合法婚姻的情况下就更是玩火了。在大多数时候,你与上司建立了情人关系,最终等待你的极有可能是你在这家公司职业生涯的终结。

还有另外一种可能的结果,那就是你与上司的情人关系可能给上司带来麻烦。当上级管理部门发现了你们之间的关系所带来的消极影响的时候,也正是这位被丘比特之箭射中的上司丧失职务之时。男女之间的情爱关系并不能取代最好的工作关系。如果你是男性而上司是女性,你是否也能抵挡住这个诱惑呢?身为白领的你要时刻留心。

(2)不做上司的哥们儿

如果你的上司对待下属采取非常民主的方式,他愿意聆听下属的意见,愿意与下属沟通交流,并保持良好的上下属关系;如果你的上司性格温和,待人充满温情;如果你的上司非常器重你,经常带你出席各种社交场合,那么你千万不要得寸进尺,适度的距离对你是有好处的。也许你发现你正在或可能成为上司的朋友甚至哥们儿,但你应当把握好尺度。

如果你当着其他人的面与上司称兄道弟,以显示你与上司的特殊关系,那么这种行为是危险的。上司再民主也需要一定的威严。当众与上司称兄道弟只能降低他的威信。于是其他同事也开始对上司的命令不当一回事。当上司发现他的工作越来越难做,而最终让他发现是你破坏了他的威严,那么,等待你的最低限度也是疏远,或者你只能离开。也许他不会表露出来。可是,有一天,你发现你不得不接受调离的命令。

当然,你如果能够同上司交上朋友,这说明你已经能接近你的上司了。不过,这种朋友关系的最佳状态,是业务上的朋友和工作上的挚友。如果你能推动你上司在事业上的成功,你就是他最好的朋友。记住,上司起用你绝不是为了广交朋友,而是让你为他服务。

(3)不做上司的保姆

关于过分注重同上司的私人关系的情况,最严重的一种是在事实上做了上司的保姆或者说是用人。善于钻营的人希望能得到提升,他所采取的方法就是讨好上司。

怎么讨好上司呢?他总是要无限制地去为上司的日常生活服务。比如,不断地为上司端茶倒水,替上司清理办公桌等。上司也许会对这种人表示好感。经常在外出的时候带上他一同——因为他总是愿意提供一些超出职员身份的服务,这为上司带来很多的方便。在很多时候,他更像一个跟班。他满怀希望地等待着某一天上司突然对他说:“你是个好人,你是否愿意做一名管理者?”可是,这一天始终没有来。在上司心中,他的形象不知不觉地被定格为保姆，这样的人，永远只适合做下属。如果你试图用这种小伎俩打动上司的心，方向就偏了。

(4)不做上司的密友

如果说过多介入上司的私生活已经使你脱离了与上司的正常关系，那么了解上司的个人秘密和事业上的“秘密”对你更没有好处。

上下属之间确实可以建立友谊，但友谊过头，过多地参与上司的秘密，却是极其危险的。亲密的关系有一种平等化的效应，这可能扭曲上司与你之间正常的上下级关系。你应明白，你越是亲近上司，上司的要求便越高，总有一天，你会难以满足上司的胃口，你从此便失信了。过多地与上司周旋可能得到上司密友或宠儿的名声。这样一个名声会使同事们讨厌或不信任，甚至有些人会想尽一切办法拆你的台。谁知道你与上司神秘兮兮的样子是不是意味着一些阴谋或小算盘呢——人们总会本能地反感。

总之，在你和上司的关系中有一些禁忌，你千万不可冒犯。即便是上司拉你进来，你也要保持足够清醒的头脑。如果要做，也要做上司事业上的朋友。当然，如果你能因此获得上司私人朋友的地位，将是最为完美的，但时刻都应该对自己说：“我是否注意到了与上司的业务关系？”

(5)不卑不亢

无可否认，上司喜欢下属对他尊重，然而，“不卑不亢”这四个字是最能折服上司，最叫他受用的。无可否认，上司喜欢下属对他尊重，尊重的方式因人而异，其中当然会有些上司喜欢听一些甜言蜜语，也会有些上司欣赏唯命是从的下属，只要他说了不，就不敢再提出抗议。

本来，做下属的尽量迁就上司是没有什么不对的。但说得直率一些，一般上司都是聪明人，过分地受到迁就或吹捧时，他们心里会有两种反应，反而会使他产生一点反感。

其一是当助长了上司的气焰时，很多时候是不可收拾的。人与人之间的长久而和睦地相处，必须要建立在互相尊重之上，尊重的比例可以有轻重之分，比方说下属尊重上司多一些，这是合情合理的，但不可以一面倒。一旦惯坏了上司，就会被他看不起。有了这种心理，就很难成为他的心腹。尤其不要忘记，人情是淡薄的，对稳握在手的人与事，明知对方服帖待命的话，就会不大珍惜了。

其二是一般上司最怕下属想图谋好处，看到对方如此委屈自己也心甘情愿的话，可能会产生疑虑，认为他恐有不轨企图，旨在把一些权益争取到手，这反而妨碍了上司与下属宾主的正常关系和感情的发展。

(6)加强沟通

要成为上司的心腹，首先不能怕跟上司作面对面的接触。一位年轻人初入金融界时，一些同学已经在金融界内担任高职，等于说他们已经成为上司的心腹。他们教给这位年轻人的一个最重要的秘诀是：“千万要肯跟上司讲话。”说出来很好笑，职员会不肯跟上司讲话吗？

偏偏就是有这种情况，有些下属对上司有生疏及恐惧感。别说闲话不愿跟上司多讲一句，就是职责上的述职，也可免则免，一是托同事代为转述，再就是用书面形式报告。下属对与上司的这种不愿接触心态，是普遍存在的。理由是上司多具威仪，本身似是一道屏障隔开上级与下级。当然下级也有无可避免的自卑感，对初出道者更难克服。

然而，人与人之间的好感是要通过实际接触和语言沟通才能建立起来的，不打破这道屏障,自己根本不可能有被赏识的机会。所以要成为上司的心腹,首先不怕跟上司作面对面的接触。

(7)义气当先

义气当先的意思是指在非常时期，肯牺牲小我以成全大我。上司对于有义气的职员,必然会赏识。我们常听人谈起所谓义气,有义气的人始终是受欢迎的,而且是值得争取成为朋友的。

理由是从商的风险总难避免,平日太平盛世,少一个伙计,缺一双手,短一个脑袋,业务还是可以照常营运下去,不会有什么重大差错。偏就是忽然有困难产生,需要有各方面的人予以支持时,有些伙计反而趁机要挟,落井下石,这是最令上司难堪的。

如果有在上司危困之中默默地留守岗位,不计较辛苦,不要求额外回报的伙计,经此一役,必成为上司的心腹。商场上很多机构内都存在着这种熬过一次义气,就成为天之骄子的上司心腹。

当上司的除了感恩念旧之外,最主要的还是他要网罗住一班忠心之士,当他再遇上危难与困难时,知道身边会有人对自己的公司效劳,荣辱与共,那种安全感是非常有价值,非争取不可的。故此,留意在上司面前表现义气的机会,是成为上司心腹的一条捷径。

(8)身心健旺

做事要成功必须有魄力,跟在上司身边干活,必须要有魄力并配合健旺的体力。所谓魄力,是指精神与精力都繁健旺盛。在精力上如果充沛,才会有志气、志向、志愿朝着一个目标进发,坚定不移,誓要达到目的而后已。这就是精神统领行为的表现。体力的配合也是重要的。什么理想都要变为现实才有用。在实践的过程中要克服种种困难,必须有健旺的体力支撑。

因此,魄力与身心一致地达到一个极高的水平,做事才会成功。上司级人物自然是成功人士,下属要配合他的计划与行动,就必须有仅次于他的魄力。俗语有云:“天子脚下好办事。”意指近水楼台先得月,这是没错的,但必须要变成上司的心腹才成。换言之,非要先锻炼自己的魄力不可。不然,机会转瞬即逝,太多人喜欢在天子脚下任职,一下子就会为人取代。

当然,在自己的魄力健旺到与上司几乎看齐,可以担当风险,可以闯开局面,可以坚持原则时,也就应该是另起炉灶、考虑独当一面的时候了。

满招损,谦受益

在上司面前表现谦逊的品德,会给上司留下“孺子可教”的好印象。一个浑身充满着傲气的下属,他在上司那里所获得的友谊财富和信任资本必然少得可怜。所以,保持谦逊的品格是获得上司好感的又一重要因素。

众所周知,克里斯是以谦逊而闻名的。

他在阿姆斯特大学的最后一年,获得了一枚金质奖章,这是由美国历史学会奖给的最高荣誉。这在全美国来讲也是人人歆羡的,可他没有向任何人炫耀,甚至连自己父母都没相告。毕业后,聘用他的裁判官伏尔特无意中从6周以前一份杂志的消息中发现了这一记载。这使他对克里斯倍加赞赏与青睐,不久便给了他一个很重要的职位。

在克里斯的全部事业中，从一名小小的职员一直上升为著名的总统，他常以这种真诚谦逊的作风出现在众人眼里。他的身份也由此而提高。在适当的时机、对着合适的人，这位历来谦逊的人用最敏捷的方法脱颖而出。真是“不鸣则已，一鸣惊人；不飞则已，一飞冲天”。

可见，在平素以真诚的谦逊待人，博得上司和大众的好感，为自己事业的腾飞奠定基础；一旦时机成熟或者机遇已到，就要充分利用谦逊所带来的身份，一飞冲天，达到目的。

另一个以谦逊闻名于世的人便是美国南北战争时期南方联盟的战将杰克逊。有人说“天赋的谦逊”是杰克逊显著的特性和优秀的品质。

在墨西哥战斗中，总司令斯哥托对他的指挥能力予以了极高的评价，而杰克逊从未向任何人提起过这事。

不过，杰克逊并不是视功名如粪土，从墨西哥战争开始时他给他姐姐的一封信中便可以看出，他充满了树立声誉、博得大众注目的计划，因为那个时候他只不过是一个空有其名的副官。在他后来的事业进程中，这位勇敢、谦逊而聪明过人的人，巧妙地运用了他向上进取的每一计划，使斯哥托将军大有好感，在他的手下，杰克逊得到了不断的提拔。

对此，我们不难看出，杰克逊的谦逊的两重性与克里斯何等相似!这些人所不愿声张的，只是那些一定会为人所知道的事情。而当他的至关重要的功绩被人们忽略时，他们也会立即采取必要的行动来标志自己的——只是这是一种实事求是的标志罢了。

所以，只有目光短浅、胸无大志的人才会时时标榜自己做了什么，有时为了标志自己，甚至在上司和大众面前掩饰自己的过失。像杰克逊、克里斯等伟大的人物可不是这样，他们都能超脱这种浅薄的虚荣。他们深知，人们所乐意接受和尊敬的是谦逊的人。

一个有功绩而又十分谦逊的人，他的身价定会倍增。

对于谦逊，我们还要指明一点的是：在这个现实的世界，好的道德与才能，如果没有人知道，并不就是很好的回报。这不仅是在欺骗自己，也是在欺骗别人，更是对自己功绩的诋毁。所以，过度地谦虚并不是一种可取的美德。谦逊与恰当时候的自我标志相结合，也是一个人获得成功的途径之一。

谦虚的人恪守的是一种平衡关系，即使周围的人在对自己的认同上达到一种心理上的平衡，也让别人不感到卑下和失落。非但如此，有时还能让别人感到高贵，感到比其他人强，即产生任何人都希望能获得的所谓优越感。

所以，不让别人感到失落和使别人产生优越感的秘诀之一便是在他面前恰当地表现自己的谦逊。

所以，谦逊的人才容易不受别人排斥，才容易被社会和群体吸纳和认同。白领在组织中处理各种事务的时候，务必要放低姿态，以德服人。

嘴巴上加把锁

上司与下属一起共事，最好能共享所有信息。如果上司不向下属通报重要的信息，下属便很难做事。因此，从这个角度上讲，上司也应积极地对下属提供必要的情况。

如果有些信息不宜让其他部门的人知道，上司在告诉下属时，可作必要的叮嘱。提供信息时，若摆出架子或一副施舍的态度，会令人讨厌，但接触到需要保密信息的下属，则应该守口如瓶。多话的人对于自己所言而引起的重大影响并不了解。有时会因无意中的一句话，困扰到周围的人，使上司陷入困境，最后还是会自尝苦果。如果被上司认定为"重要的事不能告诉他"，则与"不可信赖"毫无两样。

然而在许多公司都经常发生一种现象：希望传播的信息在某处停住，不希望暴露的信息广为流传。换句话说，正式管理的消息窒息不通，而非正式的管理却畅通无阻。

一般人的心理是，一听到重要消息，往往不识真假，就想迫不及待地告诉别人，以满足我比你早知道这个消息的虚荣心理，也因为每个人都有这种虚荣心，所以消息就A传B，B传C，一个接一个，很快就传得沸沸扬扬。

一个聪明的下属要充分了解这种情况，成为不该开口就绝不开口的人，这样才能获得上司的真正信赖。

如果获得上司的信赖而认为你是他的"心腹"，你反而会增加接触到更多信息的机会。这对你工作的顺利进行将会有意想不到的好处。

一个人即使获得了上司的信任，也绝不能放松对自己的约束，否则就很有可能失去上司的恩宠。以下三个方面是特别需要白领为上司保密的：

(1)对影响上司关系的话要保密

人们在生气的时候容易说出一些在平时根本不可能说的话，比如会影响与上司关系的话。作为上司心腹的下属一定要对这些话保密。

有这样一件事：一天部队发生了一起事故，政委立即布置召开常委会，当秘书通知司令员时，司令员不高兴地说："这个时候开什么会，乱弹琴。"显然，这句话的分量是很重的，一旦传给政委，一定会产生很不好的效果。可后来政委问秘书有没有通知司令员，司令员说了什么的时候，秘书只是模糊的回答说："出了事故，司令员心情也很沉重，没说什么。"就这样，巧妙地掩饰过去了。试想，如果把上司在特定的条件下说的话，尤其是一些气话、过头话、牢骚话传来传去，那么后果一定是下属始料不及的。

(2)对上司的隐私要保密

经常和上司打交道的白领，熟知上司的各种言行举止、脾气爱好、行事作风和私生活，其缺点也容易被你所了解，这就要求你要从维护上司形象这一点出发，对上司的缺点和隐私加以保密。特别是上司个人生活上和婚姻上等有难言之隐的地方，更应该保密。

(3)对上司的过失和失误要保密

古人说：人非圣贤，孰能无过。不论哪个人，不可能每一句话、每一个词都用得那么准确、完整、说漏嘴的，说"走火"的无意中伤害别人的话，也是会有的。因此，作为下属，就不能把无意当有意，把偶尔当经常，把不该当回事的话传出去。下属与上司在闲谈中和非正式场合谈的话，最好都不要传，以免引起误解。

距离可以产生美

上司有时也许在工作以外的地方与你交往，而且在你进入一个新的工作岗位之后继续与你保持关系,你因而会不切实际地想方设法与上司建立一种稳固的、互相支持的关系,但是,这种关系绝不应发展到紧密牵连和涉及双方私人生活的地步。

之所以这么说,是因为经验表明,上下级之间确有可能很快建立起友谊,并且这对双方都是有利的;问题是这种密切的关系也会带来严重的危险,你一定会觉得保持一定的距离更安全。一种真诚的关系是应该得到赞扬的,但是,一般不鼓励建立涉及私人秘密和讨论个人问题的关系。

这样说是有很多理由的,其中一些理由是显而易见的。所有理由都基于这样一个事实:你和你上司的地位的确是不同的,至少在你们建立关系的组织范围里情况是这样的。亲密的关系有一种平等化的效应,所以这就可能扭曲或干扰上下级之间正常的工作关系。

设想一下,上司告诉你一个秘密,如果被泄露出去,他将受到很大的伤害。起先,你也许会因为上司如此信任你而受宠若惊,甚至得意扬扬,事实上,上司已经给了你一个你能用来反对他的武器,如果你真想这样做的话,但是,他迟早会后悔把秘密泄露给你,而且,从某种程度上说,他这样做是贬低了他自己。这样他也许就会逐渐把你看做是一个潜在的威胁。在这种情绪状态下是很难建立起令人满意的关系的。

即使上司对你吐露的秘密仅仅是局限于公司内部的事情,但它们也仍然会给你带来麻烦。

因为,你对他所关心的事情介入越深,你就越会自觉或不自觉地要为之操心;然而,当你真的想站在上司的一边为他讲话的时候,你也一定会希望保留一份为自己着想和独立行事的自由。

在这点上,再往深处探究一下,你也许就会发现,与上司之间保持一定距离对你是有好处的。当然,有许多下属经常在上司旁边讨好并施加影响于上司。此外,还有许多下属因为没有亲近上司以保护他的利益,最后以被忽略和搁在一边而告终,但是,经常与上司接触就像是抱着一把双刃剑,它既有助于你,也伤害你。

你越是亲近上司,他就越会对你提出更多的要求。这会导致你的失信,而他因此会对你感到失望。而且,如果两个人长时间在一起的话,那么,彼此最终不可避免地会了解双方的怪癖和毛病。倒不是因为你在他面前暴露了自己的缺点,而是因为他的缺点暴露在你面前了。这就可能危及你的职位。俗话说:仆人面前无英雄。然而上司却在某种程度上想在为其服务的人面前成为英雄,否则他们就得不到极其重要的尊重来扮演一个上司的角色。

频繁地与上司接触也浪费你的时间,而你本可以利用它来做其他事情的。值得人们为其工作的上司都想看到你多做工作而不是你的面孔。当你正忙于与上司接触的时候,别人也许正在完成他的计划和解决他的问题。

最后,过多地在上司那儿周旋一定会得到一个上司宠儿的名声。这样一个名声,会使同事们很容易地认可你的声望,但也会使他们讨厌你、不相信你。甚至还有一些人会想尽方法拆你的台。任何一个只是依靠上司而在组织里取得地位的人,他的基础一般是不稳固的,容易被打倒。

妥当的、危险性最小的方法是走中间道路,既不要引人注目,也不要默默无闻。让上司感觉到你的存在,但不要让他觉得你无处不在。如英格兰的查理二世在评论其助手时说:"西德尼·戈多尔芬从不挡道,也从来不会找不到。"查理二世,甚至一些他的继任者离位之后,西德尼·戈多尔芬仍在帮助处理英国政府的日常事务,这也许是其中的原因之一。

不跟上司抢镜头

上司都有着很强的尊严感。行使权力，发布命令，使事情向着自己所预想的目标发展，会给他带来这种感觉。对于上司来说，侵犯尊严等于是对自己的污辱和蔑视是绝对不能被容忍，更不能被谅解的。

许多时候，下属的冲撞会使上司下不了台，面子难堪。如果上司的命令确有不足，采用对抗的方式去对待上司，这无疑会使他感到尊严受损。特别是在一些公开场合，上司是十分重视自己权威和面子的，或许他会表示，可以考虑你的建议，但他绝不会允许你对他的权威提出批评。

作为下属，绝对不能跟上司抢镜头。如果你与上司在交往中总是咄咄逼人，不知道给上司留面子，就会引起上司的反感。更有甚者，把本该属于上司的光辉硬往自己脸上贴，完全忘了自己的身份，老做一些"越位"的事，抢上司的"镜头"。这样的人，恐怕很快就会被上司"炒了鱿鱼"。

常言道："退一步海阔天空，进一步逼虎伤人。"还是十分有道理的。因此，在利用上司的时候，如何能够采取以退为进的策略，给上司留面子呢？主要应当注意以下几点：

①在日常工作中，应该时时处处表现出对上司应有的尊重。当他向你交代任务或发出指示时，你要仔细聆听，不要显得无精打采，漫不经心。一副无所谓的态度，必然会大大伤害上司的尊严和面子，他会觉得你缺乏对他应有的尊重。

②无论上司是对是错，你都要先听他说，然后再婉转地表达自己的见解。在上司正确的情况下，下属对他表现出应有的尊重，这点比较容易做到。但是，假如觉得上司错了，一般下属的心里就憋不住气，想和上司理论一番，甚至直接指出他的过失。这样，上司虽然在心里认为你可能是对的，但面子上照样会挂不住，一定会把你视为一个可恶的下属，从而不会想着给你晋升的机会。

鲁迅先生曾经说过：中国人其实是死要面子活受罪。实际上，不仅中国人如此，古今中外没有哪个人不是如此，在人性上都有这种相同之处。处于上司职位的人，在下属面前更是这样。因此，即使上司做错了你也要尊重他，而不是攻击和责难。

如果你总是这样"退却"的话，那么上司心里就会对你有好感。因而，一旦有晋升机会时，上司自然会优先想到你。

人们常说"吃小亏占大便宜"这句话，并且大多奉行不二。殊不知，"以退为进"正是这种策略的巧妙运用。而且，在你"退"时，也根本没有吃什么亏，兴许许多大便宜照占不误。

锋芒太露易伤手

能力不足，面对竞争必定失败，但是，有能力却仍然遭到失败，那就欲哭无泪了。

以刀具为例：刀刃钝的刀子再怎么用力也切不下去，这是无法改变的事实；而刀刃锐利的刀子虽然很好用，但一不小心反而容易切伤自己，非得小心不可。

例如：你对某公司的状况十分了解，当那些弄不清楚真相的人在谈论这件事的时候，其中有些人是想借机探听消息的，而你却毫无戒心，把自己所知道的消息一五一十地说出去。结果本来对这件事并不十分了解的人，反而从你这里得到了情报。

如果是别有用心的人，他再跑到上司面前去搬弄是非，让上司以为是你在随便散播小道消息。结果本来是对自己很有利的情报，反而成为自己的绊脚石，这可真是得不偿失。

你一定会说："这个道理不用说我早就已经知道了！"但是，你是否真的能时时刻刻地记住这个原则，并且随时谨记在心？

每个公司都会有能力佳与能力不佳的人。通常主管都喜欢把工作交代给能力比较好的人，认为能力好的人一定能够不负所托地完成任务。

但是，这一类的人多半容易骄傲自满，一有了骄矜之心就容易锋芒毕露，锋芒太露的人反而容易遭人嫉妒。

所以，聪明的人一定懂得明哲保身之道，不随便展现自己全部的实力，让人了解自己有多少战斗力。

古书上说："过分聪明、过分强悍的大将反而是灭家亡国之人。"

你是否感到自己在某方面的才华锋芒毕露？别忘了宝刀不可随便出鞘的道理。

如果在决斗一开始的时候，你就先亮出自己的传家宝刀，让对方一眼就看穿了你的宝刀，这一场决斗你就输定了。

宝刀一定要在最后关头才可出鞘，这样你才有反败为胜的机会。

切不可让对方从一开始就追着你打，到最后你只有弃械投降一条路。对方越是不知道你的实力，越是不敢掉以轻心。

在一个公司里，白领事实上要懂得自我约束，保持必要的克制。这样一来，才能好钢用在刀刃上，关键时刻大有作为。

红花让给上司戴

你是否曾经有这样的经历，当你有了一个很不错的新构想，并得意地把它告诉上司时，他非但没有丝毫兴奋，而且表现得一副不高兴的态度。

如果你有这样的经历，那就表示你还不了解"当人被强迫推销新构想时，一定会本能地拒绝"的意思了。

自负是每个人与生俱来的，尤其是我们的上司，更在下意识中有一种优越感，要他接受下属向他强迫推销的构想，自然是困难重重。我们总是认为自己的构想一定比别人好，而接受他人的构想，就好像是放弃了自己的独立性，和接受了对方比自己聪明一样。

既然如此，如果你还贸然地把你的构想推销给上司，那么无论你这构想是多么优秀，都会被抛进废纸箱。

因此，你必须懂得一些技巧，学会推销自己的想法。

既然大部分人也只会接受自己的构想，那不妨间接一些，在上司旁做些提示，或把构想的一些重点无意地移植在上司的脑中，让他以为这是他自己的构想，那自然好办得多。

不过，有些人曾有这样的疑问，就是上述方法虽然可以令上司接受自己的构想，但这对自己又有何益?因为有可能上司只认为是他自己想出了那么优秀的构想,与人无关,工夫岂非白废。

其实这担心是多余的,因为即使上司无意采用你的构想,但最低限度,他是第一个认同你这"优秀构想"的人,你的智慧虽不如他,也差不了太远。日后要提升下属,自然你为首选人物。

你出力为上司完成重要的计划,取得美满业绩,按理应获称赞及奖励;才华有机会展现,自然感到兴奋。不过,在这里提醒你不要太得意扬扬——你晓得"兔死狗烹"的意思吗?

你的上司当然未必会因为你有功而迫害你,但锋芒太露、功高震主,不免容易将自己陷入危险的境地。

有人会因为自己为公司辛苦卖力,但成果被上司全都霸占而感到愤愤不平,其实是白费精神的。

退一步想想:你在公司的位置主要是协助上司,由他管辖你,在公司最高层的眼中,你部门做出的成绩,自然也是部门主管上司的成果。下属尽力完成上司指派的工作是分内之事,假如你硬要出头争抢风光,只会令人觉得你不自量力,不懂大体而已。另一方面,你会令自己变成上司的心腹大患,他自然不想地位被威胁,届时会设法除掉你。

或者你上司本身是"大老粗",地位不会被你威胁,你能干、有功,令公司赚大钱,只会让财源滚滚进入他的口袋,但你也不要太自鸣得意。因为每个人心底深处都有弱点,特别是那些有地位、有成就的人,不想被人教导。假如上司采纳了你的意见而获成功,你便将功劳归他,让他感到主意是自己想出来的,而不是你教他,你是第一个目睹他的智慧的人,那么你获得他青睐的机会便大大提高。

这种功成身退之道,其实是真正的以退为进!

小不忍则乱大谋

很多下属对自己的上司,都会有以下的批评:"他的命运比我好,但办事能力却远不及我,可恨他还作威作福,表现出不可一世的样子。只懂得一味批评下属的工作做得不好,一旦问题真正出现之际,他却推卸责任。谁也无法从他那里得到明确的指示,大家都认为他不是一位好上司。"奈何在现实生活里,每个职员都要服从他的命令。你感到很气愤,但你要记住一个事实:没有人是十全十美的,在办公室里与其明争暗斗,弄得两败俱伤,不如努力与每一位合作愉快,为日后美好的前途打好稳固的基础。凡事"小不忍则乱大谋",你应该检讨一下自己的态度,学习与办公室里的每一个人做朋友。

不要妄想于短短数月内,便可以完全改变上司的性格。良好的人际关系实在是需要慢慢建立的,尽管上司没有要求你把过去的工作记录拿给他看,你也可以把它们整理妥当,主动呈交给上司过目。让他晓得你的工作能力,对他忠心耿耿,对方自然会对你增加好感,不再盲目挑剔你的处事方法。

在环境许可的情况下,请尝试支持、爱戴你的上司。站在他的立场想一想,你会发现对方有许多不得已的苦衷。无论遇到任何工作上的困难,不可过分依赖上司帮助,避免与他发生任何正面的冲突。尊敬你的上司,你会发觉对方慢慢开始接纳你的意见。

要取得上司的器重，当然不是一朝一夕。有人认为“比其他人做更多的工作，例如超时工作”是最重要的。其实并非如此!新一代的上司可能有另一种想法:工作并不算繁重，却要超时才完成，太低能了吧!

所以要使上司对你另眼相看，最实际的是除在工作上尽责外，还要学懂每一个程序的进行，了解公司的立场;注意你的上司如何做他人的工作，怎样与主层行政人员沟通，在其他部门又担任什么角色。当你成为这个行业的专家时，上司又岂会忽略你呢?

不要只满足于做好自己分内事，而应在其他方面争取经验，提升自己的“价值”。即使是困难重重的任务，也要勇于尝试。分析一下哪些问题才应劳烦上司注意，如果真有难题，请先想想有什么建议，更不应投诉无法改变的条例。

不过，在任何方面都努力进取，容易招人妒忌。所以你要小心别人的舌头，平日最好与同事们打成一片;别离群独自去吃午饭，有什么好消息(如某大公司大减价)都不要忘记告诉他们。这样，就没有人会针对你了。

首先，你必须了解上司的脾气。例如，在接受下属意见时，有人喜欢白纸黑字的书面报告;有人则喜欢简短的口头报告。有些上司要求下属自动自觉，自己作出决定来完成任务;但有些却要求下属定时向他报告，凡事皆以他的意见为准。你若一言一行均令上司满意，要升职还不容易吗?

其次，若你能帮助上司发挥其专业水准，对你必然有好处。例如，上司经常找不到需要的文件，你赶快替他将所有档案有系统地整理吧;要是他对某客户处理不当，你可以得体地代他把关系缓和;如果他最讨厌做每月一次的市场报告，你不妨代劳。这样，上司觉得你是好帮手，你自己也可以多储存一些工作本钱。

假如上司每天早晨九点前总给你几份文件，那你该提早五至十分钟抵达办公室，配合他的步伐。若上司习惯十点才开始工作，你就要避免过早与他谈论公事。

要是他每天午饭时总一边吃盒饭一边看文件，你更应将午餐时间缩短。当然，聪明的你应利用上司开会的时间来休息，并且只有在他离开办公室时才打私人电话。

有不少白领人士遇到以下的难题:自己经过整整一星期的努力才完成的报告书，给上司过目时，他立刻指出不妥之处，并要求更改，但再经自己审慎研究，发觉错的是上司，该怎么办?

如果你在公司中仍是新人，这个报告书又是你的第一项重要任务，那么你应该小心研究上司对报告书提出的意见，并尽量照他的意思去做，这会比你努力证明自己是对的来得“稳当”。因为纯是数字上的对或错，只能证明你是个细心的人，对表现你的才干没有帮助，犯不上跟上司意见相左。

经验丰富的上司，一定有他的理由，耐心请教他“错”在什么地方，你或许会发现是资料不足;或是漏了一个要点。这时你就会暗地里佩服他，从而在讨论当中，学习到更多专业知识。当然，讨论结果，或许对的是你。而如果你在这行业中颇有经验，又在公司服务超过半年，那么你才有“本钱”去游说上司。不过，你仍得步步为营，切莫把事情弄僵。总之，无论你怎样行动，万万不能把上司的意见当耳边风。

别因才华断送了前程

对于许多能干的下属来说,断送自己前程的有时不是你的无能,而是你的才华。如果你被某上司视作真正的威胁,你会发现自己处于一种不利的处境。除非你能扭转局面,否则你可能只好被迫另找工作了。一个不能忽视的可能是,如果你在公司的业绩很好,但你的上司不能正确对待你的成功。同一个企业可能会有令你更欣赏的职位,如果没有这种可能,而所发生的事情又正如你所料,你最好的策略就是换个工作,到一个更乐于帮你提升而不是挡你道路的上司处去工作。

从最理想的解决方式来看,你想改变的不是你的工作而是你上司对于威胁的感知。如果你认为自己已抓住了问题所在,首先可试探一下对自己的行为作出轻微的修正是否能缓解或消除这种威胁。在任何一个机构,你的光芒盖过上司都是不明智的,除非你已经准备好并且有兴趣进行权力争夺。多数情况下,让你的上司保持一个受尊敬的形象只会对你的成功更有利。如果你以上司的形象来表现自己,你可能选择了短期的荣耀却放弃了长期发展。这是一种不幸的选择!

如果你确信自己只是由于表现超过上司而不小心给自己带来麻烦,你所需要做的只是找个办法与上司分享光荣,或至少把自己的成功部分地归功于上司。在多数企业组织中都有个不成文的规定,雇员的成功不仅仅由于他们的行动,而且要归功于他们的上司。违背这条规定就会使自己受到来自上层的敌意对待。

到了这种程度,你应想办法弥补失误,比如公开声明上司对你工作的帮助,或有意让上司介入你的行动。这可以减少最终会对你的事业起破坏性作用的并发症。

如果你想与上司竞争,就准备好战斗。在进入与上司的权力竞争之前,你要确信你所在的企业能允许这种挑战,最重要的是,要确信你已有了这个本钱。

木秀于林,风必摧之

为了避免"木秀于林,风必摧之"的麻烦,许多人会有意无意地贬抑自己,以此来缓和与下属或上司的关系。

许多居高位的女人都觉得,待人和善是理所当然的,原因之一可能是要讨人喜欢,向别人担保她们不会仗势欺人。正如我们已知道的,这顾虑相当合情合理。要使你的高位无损于自己的人缘,另一个方法就是确保别人不会以为你"什么都有"。许多手握大权的女人都不约而同为此担心。

有一位女士是非营利慈善机构的上司,有许多女人对她怀有敌意。她说:"我的上司和任职其他非营利机构的朋友,都尊敬我,我收入好,有权,又有影响力,而且婚姻美满。但要是我的身材再瘦一些,就不会有好日子过。"她相信自己必须有什么大缺憾,才能讨人喜欢。这正应了一位著名主持人的说辞，她指出自己也有相同的缺点："我的体重一直是我向世人道歉的借口，就好像是说：'好吧，我很有钱，我的男朋友很帅，而且生活惬意。可是你看，我太胖，所以我还是值得别人喜爱的！'"

为了应付这种情形，有些女人退而求助于对话仪式，即在言辞上有所变通，为解决之道。她们会说："哪有?这个不值钱啦!"来贬抑她们的成就和财产，试着恰当地谦让一番，如此来平衡某些人的嫉妒之心。

做下属的也有同样问题。办公室的同事都觉得很奇怪：一位业务冒尖、文笔流畅的才子阿辉，最近所写的报告接二连三出现明显的错误，让一直成心找他麻烦的上司终于有了狠狠教训他一顿的机会，阿辉唯唯诺诺而已。

次数多了，大家习惯了，但不久同事们发现，经理和阿辉也开始讨论问题，还有说有笑起来，以前的紧张渐渐化解。

有人好奇，悄悄问阿辉怎么回事。阿辉狡黠一笑说，我同经理其实没有任何私人恩怨，他不是坏人，只不过好为人师，喜欢下属尊重他，但我一向好强，经常坚持自己的意见，而且事实证明是对的，这令经理对我无法像对待其他同事一样随意，双方变得很拘谨，时间一长没有交流，便形成一些成见。一旦有误会就没有机会解释，令关系越来越差。要解开这个结，必须首先让经理感觉到他的权威，双方回到应处的位置。其实，我在报告里设计的错误也无伤大雅。

与上司的关系，有时风头占尽，可能失去良多；有时退一步，可以海阔天空。白领们必须懂得平衡的道理、进退的玄机，才能游走职场，处变不惊。

桌上三杯酒，事后两行泪

有不少人平常沉默寡言，三杯黄汤下肚就喋喋不休。有时候是唠唠叨叨地抱怨个没完，有时候是打架闹事……酒醒了之后又对自己这种举动深感后悔不已，就像只斗败了的公鸡。

像这些一喝了酒就胡闹的家伙，他们的自制力已经完全被酒给麻痹了，等到酒精的作用退去了之后，根本就不记得自己说过或是做过什么。

然而，被你的酒疯所骚扰的对方，可未必跟你一样醉得一塌糊涂，而且醒来什么事也不记得了。

俗话说："酒后吐真言"，你在发酒疯时所说的每一句话，对你而言也许是"醉话"，但对方看来，却是"肺腑之言"。

酒醒了之后，你可以不必对自己酒后的行为负责任，但对方可不会忘记你所说过的话。

有些酒品不好的人甚至于会在喝醉酒的时候，大肆批评自己的上司，这些"醉话"一旦传到上司的耳朵里，最容易引起上司的痛恨。结果不是被上司叫来斥责一顿，就是被上司戴上"酒后乱性"的帽子，这下可是因小失大了。

有些人在和上司一起喝酒的时候，总是喜欢频频地向上司劝酒，非得把上司灌醉不可。

然而，上司喝得酩酊大醉之后，就需要有人照顾。如果你请计程车司机送上司回去，上司已经醉得不醒人事了，也不知道司机是不是会安全地把他送回家。如果你要自己送上司回去，背起他沉重的身体，还要费一番力气。

所以把上司灌醉了实在是有百害而无一利。尤其是当你亲自照料了醉得不醒人事的上司回家之后，有的上司事后会感谢你，但有的上司隔天根本就不记得这些了，不记得还好，有的人反而会觉得这种事太丢脸，从此之后就刻意地回避你。

如果你认为让上司在你面前自暴其短，那么他日后就会对你另眼相待，那你可就大错特错了。对上司而言，你对他可是具有威胁性的危险人物，他不对你恨之入骨才怪呢！

酒对从商的人而言或许是种情感的润滑剂。当双方还很生疏的时候，往往三杯黄汤下肚就可以侃侃而谈，但是，你若想要利用酒来作为你的交际工具，那么你就得先具备千杯不醉的本事，以及好的酒品才行。

另外，和酒量不佳的人喝酒更要小心。有些人酒量不好却很会劝酒，到最后你醉了他却清醒得很，正好可以利用你喝醉的时候来找寻可乘之机。白领们少不了与同事或上司酒桌上碰面，无论怎样都要保持一份清醒，免得因贪杯误事。

不可有轻慢上司之心

作为下属，要更多地看到和学习上司的长处，淡化上司的缺点。不要把眼睛老盯在上司的缺点上，这样你不但在心态上难以同上司沟通，更容易有意或无意地把这些缺点告诉别人，造成不好的影响，从而恶化你同上司的关系。因此下属更要注意勿起恃才傲物轻慢上司之心，如果在闲谈中不经意地流露出来，或者对其缺点大肆宣扬，这不利于自己的形象，自取其祸。防范的具体方法有：

①如果把上司看成你命运的主宰，成功的阶梯，去逢迎他们；或是把他们看做是做官的，与自己毫不相干，除了公事以外，彼此不闻不问，敬而远之；抑或觉得他们学历比自己还低，对他们不屑一顾，这些方法都不易与上司相处。

②与上司相处最重要的是尊重主管人员的职权。在他没做主张之前，有什么意见和建议尽管提出；一旦他已拿定主意，你就不要再争议。记住，你看见的只是其一，他定的却是全盘大计。你做的事，他必须负责到底。

③公事公办。严肃也好，随便也好，让上司去选择。不要怕他，不要看到他就手足无措，或把他看做重要人物来崇拜。

④不卑不亢是起码的态度。别千方百计地讨好上司，更不要牺牲同事来博取上司的欢心，但是适时地称赞未尝不可，当上司有好方法、妙主意时，可以向他表露你的赞美之意。

⑤最得上司欢心的还是工作的表现。你工作有成绩，他也有一份功劳，你与上司处得越好，干得就越起劲；你帮他把事情办好，自己的前途也越光明。

⑥对上司应以诚相待，如果在业务上有两位以上的上司，你必须认清谁是你方的主管，应将有关业务问题向他请示，获得他的信任与支持。另一上司交给的事情，在不相冲突的情形下，也应尽力去办理；如果与直接上司的指示相冲突，你应委婉陈述困难，求得谅解，不可在两位上司之间投机取巧。否则，你会左右不讨好。

⑦不要伤害上司的自尊心。例如,不要越级呈请,不可当众谈及上司的私事。照顾到上司的面子,就是对他最大的敬意。

⑧在上司面前,要常常称道他人的才干,以促进上下级关系。一个精明的上司,不乐意别人在他面前搬弄是非,他会认为"来说是非者,便是是非人"。

⑨不要时常向上司汇报困难。如果要说困难,尽量同时提出解决困难的有效方法,否则会使他低估你的办事才能。

⑩不要经常打扰上司,小事不必件件请示。有些事等到有圆满的结果时再向上司报告,这样可以加深上司对你的良好印象。

⑪要使上司了解情况,这点最重要。上司要订计划,作主张,不可对上司隐瞒情况,无论好的或坏的消息,都要及时报告。

⑫即使上司十分信任你,也应遵纪守法,不能做任何擅自专行的事,否则,就会侵犯上司的职责或占夺同事的功劳。

上司与下属,始终是上下级关系,有主从之别。为此,我们要时刻以这种关系作为说话办事的标尺,始终建立融洽关系,发展自我。

上司的利益也是你的利益

上司掌握着你在公司里的前途,对你的情绪也会产生直接或间接的影响。上司对于下属的表现和态度非常敏感。作为下属,你不可把上司看得太低,也不要对他有过高的期望。因为前一种做法有可能会使你的前途成为定局,不可能在公司中获得升迁和加薪,而后一种做法也有可能使你对上司感到大失所望。

端正了自己的态度后,为了达到升职加薪的目的,你首先必须使自己的一切行为都要符合上司的利益,这是至关重要的。否则,你就会使上司感到厌恶,他绝不会对你有什么好印象。作为一名下属,怎样做才不会损害上司的利益呢?以下几点是应该注意的事项:

(1)别把自己捧得太高

为了突出个人才能和潜质,因此在上司面前有意无意地自夸几句,这样做不仅不能使上司惊叹和赞赏,反而使他对你失去了安全感。因此,千万不能在上司面前自夸自耀,显得神通广大,而应当谦虚谨慎,戒骄戒躁,使上司自己去感觉和发现你的才能。适当的自我推销固然是必要的,但关键在于"适当"这两个字,假如掌握不好推销的火候,做过了头,反而会起到相反的作用。

(2)灵活对待薪酬

在上司面前,你不要表现出一副"我不在乎金钱"的样子,这会使上司感到你是一个很难驾驭的人,从而对你不重用;但是,你也不能对薪酬的数目多少过于在意,这会使上司感到你只是为了金钱而工作,而没有个人对工作应有的热忱。这也不能,那也不能,似乎让人感到无所适从,处处都潜伏着危险。事实上,只要记着以下的做法,就能轻而易举地达到对薪酬的态度不收不放的地步:

①不要给人以赚钱买花戴的印象。你不妨偶然吃几下盒饭,给人以经济拮据的印

象，但不要强调自己的经济状况。

②无论何时不要和上司讨论有关加薪幅度的问题。如果上司问你想加多少，那说明你在公司一定是个重要的角色，他也很看重你。这里，送你一个屡试不爽的答案："从加多少薪上，我可以得知公司方面对我的表现的满意程度，所以我自己也很想知道我可以加多少"。

③不加入公司评价上司的活动，除非这项行动是由上司本人发起的，而且是对大家有益的。如果遇到有关对公司的意见或对加薪幅度不满的书面建议，你最好不要参与意见，而应顾左右而言他，低调处理事情。

(3)让上司知道你效忠于他

无论在工作还是生活中，凡事你都要让他出风头，把他推向前台，使他成为众人注目的焦点和风云人物。要记住，时刻保持对上司应有的效忠程度，不要在得志时便放浪形骸，连上司的尊严也不顾了。必须懂得用毕恭毕敬的态度来对待上司。

在上司面前，保持高水平的谦虚，将会使你一生踏着青云路。无论任何时候，你都要让上司感觉到你的存在，感觉到你对他的利益有帮助，从而让他确认你的忠心和价值。能够做到这一点，你便已经踏上升职和加薪的第一段坦途了。

厚黑方略十五

迂回进言，控制上司

上司是管你的人，但你完全有能力将之“玩弄”于股掌之间，让其言听计从。只是你在对上司施加影响时须不动声色，迂回进言，让他在不知不觉中愉快地按你之所愿行事。而上司往往更有能力将你的想法变成现实。

不要盲从于上司

“上司”是管着别人的人，作为下属自然应该服从他。上司毕竟是上司，但是上司也是人，他也有考虑问题不周全、处理事情不周到的时候，这时下属就必须不盲从，要有自己的主见。如果事事都顺着上司，上司怎么讲就怎么做，这样建立起来的上下属关系就根本谈不上良好的人际关系。

事实上，在一项措施尚未实施前发表意见，在决策执行过程中及时指出问题，在上司有明显失误时严肃地提出批评、告诫，既是下属的权利和义务，又是证明自己的才干、获取上司好感的一条有效途径。有人说，最不中用的职员是什么事都不关心、也不表示兴趣的职员。这话颇有道理，因为有关心、有兴趣，你才会对工作认真负责，才会有所建树。

作为一个合格的下属，最起码要对自己的工作或职业场所提出一些意见，认为“应该这样做，这样不行，这一点一定要这样改”。事实上，很多上司都很期盼这种具有热忱的下属。

当然，任何事情都须有一个“度”。在向上司提出意见时，所提的必须是积极的有建设性的言论，应切忌不负责任的空谈。另外，作为下属在提出意见时，不要有损于上司的尊严，不能让上司“下不了台”，或表现得你比上司要精明。同时，不要强调自我的私欲，不要让你的上司认为：“这家伙只是为了自己的私欲，才提出这个意见”。

只要做到以上三点，你的意见就极有可能被你的上司采纳。有人认为有意见提出来也没用，反正上司不会采纳，觉得提意见是自找麻烦，从而逃避提出意见，这只能说明他是一个缺乏勇气的人。这样的人难以得到上司的信任和好感，事业上也难以有所建树。

有的上司自命不凡，对下属言语傲慢，盛气凌人，这时下属就处于十分窘迫的境地，如果盲目违心地顺从上司又觉得过于窝囊，有损自尊，同时又助长了上司的这种不良作风；如果当面直接地表示不服，对方毕竟是上司，不好伤了他的自尊，这时就必须十分注意技巧，向上司暗示你的想法，在维护上司的自尊的同时让他明白自己的冒失。

有一次，拿破仑自得地对他的秘书说：“布里昂，你也将永垂不朽了。”布里昂迷惑不解，拿破仑进一步说道：“你不是我的秘书吗？”意思是说布里昂可以沾他的光而扬名于世。布里昂是一个很有自尊心的人，他不愿接受这个子虚乌有的“恩惠”，但又不便直接加以反驳，于是他反问道：“请问亚历山大的秘书是谁？”拿破仑答不上来，而拿破仑不仅没有怪罪他，反而为他喝彩：“问得好！”在这里，布里昂就巧妙地暗示了拿破仑：亚历山大名垂青史，但他的秘书却不为人所知，那么拿破仑的名气再大，也不会让他的秘书扬名于世了。这巧妙的暗示，使拿破仑明白了自己的失言，又维护了双方的自尊；这样机智的下属，肯定会得到上司的信赖和欣赏。试想，如果布里昂唯唯诺诺地盲从，结果又会如何呢？

由此可以看出，向上司提意见，一定要注意方式和技巧。记住，尽量不要对你的上司直接说“不”。

心急吃不了热豆腐

几乎每一个下属都有一个或多个想法，并且无不自信这些想法若被实施将大大提高组织的工作效率。真正有事业心的下属常向他的上司提供建议，但是白领要明确一点:做这种事不必太急。

首先,从上司的角度来看,你那自认为高明的想法也许没什么了不起——事实上,也许很不成熟。而且,你要记住,他的看法与你完全不同。有许多内在的因素你大概并不十分清楚,但当它们与其他事物放在一起时,就很可能明显地表现出来,你的建议会打乱他脑子里的其他计划或是他正在实施的某个方案。你的建议有可能使你的上司与组织的其他成员,包括他的上司在内的人发生冲突,至少,实施你的建议很可能耗费他的时间,即使你认为,从长远的观点来看,你的建议会节省他的时间,但务必记住,管理者往往是注重短期行为的。

还有一个因素值得考虑:提出一个改进工作的建议,事实上意味着你认为目前的工作并不理想。换句话说,这里面含有一种批评的弦外之音。接受你的建议可能就要求上司承认,至少是默认,在他的工作中有不足之处。像我们中的有些人一样,上司有时也很自负,他们不会承认他们工作中有不当之处,在下属面前尤其如此。

向你提出这些劝告并不是说你完全不能给上司提建议,绝无此意,但是,当你真的提建议时,你应当慎重其事。

其次,注意选择提出建议的时间和地点。如果要提的建议有助于解决上司正在认真思考的问题的话,那么很显然,你在这时提出的建议一定会引起他的重视。而且,上司在情绪良好的时候,一般更容易接受你的意见。还有,给上司提建议时,无人在场要比有人在场好,除非你有把握相信,其他人会支持你的建议,并且上司对他们的支持反映良好。

最后,提建议的方式以尽可能少地打扰上司的日常工作为宜。通常的方法是事先做好大量与实施你建议有关的工作。例如,如果你认为上司应该通知生产部门注意某些顾客对产品质量的抱怨。那么,你可先试着为上司起草一封信件,如果你很了解上司的话,那么你在提建议的时候就可以把这封信交给他。一般而言,让上司签字总比让他起草要容易得多。

最后注意,在上司考虑好问题之前,不要竭力向他提出你的任何主张。推行组织变革很像打台球。当你击球的时候,不仅要考虑球往哪里打,而且还要考虑它碰上别的什么球以及它们又滚向哪里。现代组织是一个由许多相互关联、极为敏感的部门组成的复杂的有机体。身处高位的上司比你更能看到并估价这些部门之间的相互作用,但是,只要你密切注视正在发展的事物,只要你保持与你工作范围内外的其他人的联系,只要你认真研究往来信件、内部报刊、年度报告、商业杂志以及其他能表明或影响上司观念和行为的文件,你就能提出既有利于你也有利于你的上司——当然,也会有利于组织的建议。

仗无把握不开战

库克在马萨诸塞州一个研究机构工作不久，便要求增加工资。“我上司不给我调整薪水，但我坚持力争到底。”库克回忆道，“后来，终于发生了激烈的争吵，争吵中，我们比较了我的收入和别人的收入，辩论着我值多少钱而他们又值多少。言辞之激烈，我永远难以忘怀!事过不久，我离开了那家公司。”

在这里，库克违反了与上司相处的基本原则：仗无把握不开战。那么，这是否意味着你该尽力避免与上司争辩呢?显然不是，如能有效地把你与上司不同的看法表达出来，对你的工作和前途将产生深远的影响。相处久了，谁没与上司发生过争执呢?如果与你的上司进行争辩，请牢记以下原则：

(1)看准时机

在向上司提出异议之前，先向他的秘书打听一下他的心情如何。如果他心情不佳，就不该再提要求。即使不求助于上司的秘书，你也可以找其他部门，来把握好时机。如：上司急务缠身时，不要找他；午饭时间已到，他却仍在忙乱之中时，不要找他；休假前夕或度假刚返时，不要找他。

(2)心平气和

心理专家史密斯是专门教人如何去争取增资晋级的。他这样说：“如果你气势汹汹，只会使你的上司也大发雷霆，所以，首先要做到心平气和。另外，不要把你所有的不满都借机一股脑儿发泄出来。”3M 文具公司董事长说：“如果一个雇员看上去对公司的一切都消极不满，那上司就会觉得，要叫他满意是难乎其难，甚至认为他也许该另找乐园。”

(3)说清问题

有些剧烈争执的发生，是由于上司和下属双方都不明白对方心里在想些什么。演讲问题专家威德说：“有时，问题一旦讲明，争执也就自然消失。下属必须把自己的观点讲得简单明了，以便上司能够理解。”

克莱尔在纽约市财政局局长手下办事多年，她很少与上司发生争执，但是，当她认为重要的事情遭到局长否决时，她就把自己的观点写在纸条上，请上司考虑。她说：“这种做法，有助于说明问题，而且也有效。”

(4)提出建议

纽约大学医学中心的精神学副教授诺曼说：“你上司要考虑的事情已经够多了，因此，如果你不能提出行之有效的解决办法，至少你也得提出怎样处理问题的建议。”诺曼警告说：“那些在上司面前只提问题而不附建议的人很快会发现，他们常会受到上司秘书的阻拦。”诺曼解释道：“尽管上司也许不能说你的不是，但是他发现，你每次去找他他总会感到不快，久而久之，你就别想再进去见他了。”

(5)设身处地

“要想成功地与上司交手，了解他的工作目标和其中的苦衷是极为重要的。假如你能把自己看做是上司的搭档，设身处地替他着想，那么，他也会自然而然地帮你的忙。”商学教授罗伯特曾引述过某电影公司一位程序设计员和他上司进行争辩的故事。当时，为了某个软件的价值问题，双方争执得僵持不下。罗伯特说：“我就建议他们互换一下角色，以对方的立场再进行争辩。五分钟之后，他们便发现自己的行为有多么可笑，两个人都不禁大笑起来，接着很快找出了解决的办法。”

你要牢记，无论怎样：你的一切都操持在上司手中。假如争辩过火弄成僵局，也许会产生比原来更坏的影响。因此，与上司争辩要明智一点，牢记：仗无把握，请莫开战。

不要撞上司的枪口

向上司提建议时如果言辞得当，对方还是容易接受意见或建议的，如果言辞运用不当，则不能起到预期的效果。

所以说向上司提建议也有很大的学问。一定要选择时机，千万不可在他心情很坏的时候提建议。

上司每天忙于工作，苦不堪言，有时还有许多生活中的烦恼缠绕着他。当他心情好的时候，有些建议尽管不太中听，他还是能接受的；假如他工作没做好或者家中有什么不快的事，他正憋着一肚子火无处发泄，你这时提建议，特别是刺耳的良言，那就正好撞在枪口上，或许你的建议他以后采纳了，但他不会记着你的功，反而会因为你当时戳着他的痛处而嫉恨你，甚至找机会报复你。

如果是对公司有益的建议，应在开会时提出，但切忌批评上司，如果你想提出与上司不同意见，可以在私下里单独向上司提。如果上司有什么不对的地方，第三者也听不到，再加上你的态度谦虚诚恳，上司肯定会慎重考虑的。

中国古代法家代表人物韩非子认为，下属不能随便向上司进言。他的诊断虽有些偏颇，但说明了向上司提建议宜慎重这个道理。下面我们列举向上司进言者的十种危险，白领们不妨拿捏一下其中的分寸：

①上司秘密策划的事，不知情者贸然进言就会有危险。

②上司表示不一的事，谁把这个情况说破，谁就会有危险。

③在进言被采纳的情况下，如果进言的内容被他人得到了，进言的人就要受到泄密的怀疑。

④经历还不深，还没得到上司信任时，如果把自己的才能全显露出来，那么，即使谋划成功，也不会受赏；如果谋划失败，反而受怀疑。

⑤揭露上司的过失，用道德加以指责，那是危险的。

⑥上司用他人的意见获得成功，并把这个成功归于自己，知道这个秘密的人会有危险。

⑦强制上司从事自己能力以上的事，这样的事会让他很难堪，这个进言者会有危险。

⑧如果上司谈论人的品格，又别有所指，接着再谈论平庸的人，并有煽动之意，幕僚们就要有所警惕。

⑨赞扬上司宠爱的人，如果你想接近他，就会受到怀疑；指责上司厌恶的人，如果是试探，你也会受到怀疑。

⑩在向上司进言时，只说大话，毫无针对性，当仔细讨论时，就会让人反感；如果发言过于小心，就会被认为是愚笨；如果高谈阔论自己的计划，就可能被斥为信口开河。

进谏须突破上司心理防线

对于许多公众人物来说，例如公司总裁、主管、指挥官、董事以及政治人物等，最重要的莫过于保护外在形象。于是乎，他们的自我防卫系统越发牢不可破，唯有正面而肯定的评语，他们才听得进去。

如果上司对我们的谏言充耳不闻，则多说无益。此时，应找出一些方法，让上司能够把该听的话听进去。为了突破心理防线，我们在提供谏言之前，应充分表达我们对上司的尊重以及实话实说的可贵：

"对于你的工作成就，我一向推崇备至，同时也希望你不要介意我有话直说。"

"我非常了解你的意图，而且我也知道你宁可听实话。"

如果我们能够掌握上司的行事动机和追求目标，并由此导入我们的谏言内容，则上司自然就比较愿意察纳雅言。上司关心的是升官?是利润?是顺利连任?还是既有的名望?当然，别忘了，还有整个组织的共同目标。只要我们能够了解上司所重视的是什么，并将我们的谏言连接在一起，如此便能引起他们听的兴趣，而不会只想到面子问题了。

"我认为你目前的做法将会影响到××(上司看重之事)，我能够发表一下个人的看法吗?"

"我希望表达我对此事的看法，这关系到你目前正在推动的工作。"

突破心理防线的另一种方式，便是主动分享我们的经验，并指出其中的异同之处，如此可以带动对方，让沟通更顺利。

"我很了解你目前所面临的挑战，因为我过去在××(与之相关的)方面有过类似经验。"

"我能够体会你的反应，因为我过去在碰到××的时候也有相同的反应。"

一般来说，针对政策的谏言比针对上司个人行为的谏言来得容易，但是若是碰到死硬、固执型的上司，他们会坚持既定的立场，别人的话都听不进去。此时，我们应该采用下列的方式：

①"有一些话也许你并不想听，但是基于下列各项原因，你实在应该听听看。"

②陈述原因，其中包括上司个人利益及组织共同目标的冲击在内。

③等到上司愿意倾听并且不预先设限之后，才提出谏言内容。

④有了充分的准备，谏言才能发挥效果。

实际提出谏言内容时，必须做好准备工作，充分顾虑对方的感受，否则上司会以为你是在攻击他，而不是关心他，产生自卫性的反击，让下属就算有话也不敢讲了。

特别是负面的评语，绝对要对事不对人。例如，应该说："由于你始终不苟言笑，因此别人会觉得紧张。"不要说："大家都怕你。"上司不可能让自己变一个人，但是他可以改变自己的行为，偶尔以笑脸迎人，舒缓大家的情绪。

为了降低上司的自卫心态，谏言者应多以第一人称的方式来形容自己的感觉，而不要以第二人称的方式来描述对方的行为。例如：

以“根据我的研究显示，此一政策将会带来若干负面的效果”来取代“你的政策将会带来负面的效果”。

以“我相信诚实就是上策，因此我认为我们应该立刻将资料予以公布”来取代“你不发布资料就是不诚实的做法”。

第一人称的陈述方式更为真实而有效，而且由于不具控诉的语气，因此比较不会引起对方的反感。

当然，敏感的问题私下提出来比较好。如果你是领导，自然也会希望别人这么做。如果上司身边始终有助手在的话，我们就应该请求单独晋见的机会，或是视情况决定该不该讲话。

所谓过犹不及，谏言太多也不见得好，因为这会让上司变得过于自省，进而失去了前瞻性的眼光。有些人建议，为了维护良性的互动关系，每一句批评的话应该搭配五句肯定的赞美。当然，“五句”这个数字也许没有什么科学根据，但是此原则大体上是不错的。如果我们充耳所闻全都是批判性的话语，那么我们就对别人太过严厉了。

给了谏言之后，便期待上司立即予以采用，这是不切实际而且错误的想法：一来，我们的谏言不见得一定中肯；二来，时机不见得一定成熟。事实上，有些时候上司必须坚持他们的立场；如果每次听到谏言就马上改变立场的话，这种上司还不如没有的好。白领们必须明确，突破上司的心理防线，首先要学会换位思考，而后才能有的放矢。

巧妙地对上司施加影响

“管理上司、向上影响”观念的提出，是想改变上司与部门间一成不变的“管”与“被管”关系，进而强调两者之间是一连串互相管理的互动过程。这些权力与影响力的建立，不是用来谋图私利，而是站在组织整体利益上，充分发挥下属的活动空间，增进绩效。

它的着眼点在于一个组织若仅依赖上司的努力，而没有下属站在相对立场上提出意见，指正缺点，甚至督导、催促其作业者，必定难以在竞争环境里脱颖而出。

到底国人在这方面使用的方法如何呢?最近几年来，已经有一些学者开始重视这个隐晦不明的“黑箱”，通过研究发现，倒可让我们大开眼界。白领为了自身好处或公司整体利益，向上司提出建议或要求时，可以运用下列方法：

①理性安排：包括理性分析、提出相关资料和事前拟妥计划等。

②交际应酬：包括请客喝酒、拜访送礼、陪伴打牌、跳舞等。

③拥兵自重：包括提供前例、说明大都有相同的看法等。

④虚假欺瞒：包括隐瞒事实、强调只有上司有能力解决问题和先提出很高的要求再逐步妥协等。

⑤讨好奉承：包括对上司毕恭毕敬，向上司保证将好好表现，在众人面前力捧上司等。

⑥婉转迂回：包括在开玩笑中或等上司心情较好时提出要求，暗示和向上司好言相劝等。

⑦援用制度：包括遵循公司提案制度，引用公司规定和请教其他部门的专家等。

⑧情绪刺激:包括冷嘲热讽,故意说上司没有能力,直接向上司报告等。

⑨威胁利诱:包括威胁将放出谣言,向上司打小报告以求好感,答应上司给他好处等。

⑩攀拉交情:包括凑近身体表现亲密,向上司暗示以前给他的好处等。

⑪纠缠坚持:包括紧跟在身边,重复要求和不断强调自己的看法等。

⑫哀兵求助:包括泪眼相对,强调自己走投无路,不断叹息或沉默不语等。

⑬友善赞美:包括发自内心的赞美上司,装扮自己以留给上司好印象等。

⑭亲密撒娇:包括撒娇和打情骂俏等。

这十几种方法中,白领在进行向上影响时,多以“理性安排”和“拥兵自重”为主;相对地,“交际应酬”、“哀兵求助”和“亲密撒娇”较少使用,而“讨好奉承”、“婉转迂回”和“援用制度”亦频繁运用。

较常使用的方法亦即较能帮助下属提出要求和建议,而“哀兵求助”和“亲密撒娇”是最无效果的方法。至于最少使用的“交际应酬”,其效果并非最差,仍有奏效的机会。具体应该使用哪种方法,必须兼顾时间、地点、人物等因素,所谓“运用之妙,存乎一心”。

闲聊时“灌输思想”

大凡有见识的白领,都一定知道向上司“灌输思想”的重要性。上司一旦接受了你的某种观点,就会自然而然地运用它来指导自己的决策,使他的方案能够沿着你预定的轨迹前进。

这种方法含而不露,形式灵活,影响力长久而隐匿于无形,实属高招中的妙手。

许多白领正是靠着那种与上司之间的随意交流甚至是休闲娱乐,逐步启发、诱导着上司,使自己的种种想法得以实现,并使自己成为上司不可或缺的“宠幸”之人,发挥着巨大的甚至是无可替代的影响力。

在整个第二次世界大战期间,斯大林在军事上最倚重的人有两个:一个是军事天才朱可夫,一个则是苏军大本营的总参谋长华西里耶夫斯基。

众所周知,斯大林在晚年逐渐变得独裁,“唯我独尊”的个性使他不能允许世界上有人比他更高明,更难以接受下属的不同意见。在“二战”期间,斯大林的这种过分的“自我尊严感”曾使红军大吃苦头,遭到本可避免的巨大损失和重创。

一次,提出正确建议的朱可夫被斯大林一怒之下赶出了大本营,但有一个例外,他就是华西里耶夫斯基,他往往能使斯大林在不知不觉中采纳他的正确的作战计划,从而发挥着杰出的作用。

华西里耶夫斯基的进言妙招之一,便是潜移默化地在休息中施加影响。在斯大林的办公室里,华西里耶夫斯基喜欢同斯大林谈天说地地“闲聊”,并且往往还会“不经意”地“顺便”说说军事问题,既非郑重其事地大谈特谈,讲的内容也不是头头是道,但奇妙的是,等华西里耶夫斯基走后,斯大林往往会想到一个好计划。过不了多久,斯大林就会在军事会议上宣布这一计划。于是大家都纷纷称赞斯大林的深谋远虑,但只有斯大林和华西里耶夫斯基心里最清楚,谁是真正的发起者,谁是真正的思想来源。

正是在这些闲聊中，华西里耶夫斯基用自己的思想启发了斯大林的思想，以至于斯大林本人也认为这些好主意正是他自己想出来的，但不管怎样，从效果上看，华西里耶夫斯基达到了他的目的，使自己的建议能够被斯大林所采纳，并成为斯大林最为倚重的人之一。

白领们在与上司接触的时候，不妨也采用这种迂回战术达到目的，发挥自己的价值。

向难缠的上司进谏

"谏"历来是人们所提倡的。何况在现代商战中，上司和下属都为共同的目的而努力，只要"谏法"得当，无论怎样难缠的上司，也会听你"谏"的。

你的谏言如果遇有麻烦，通常会是下面几种"受谏"者——上司的问题：

(1)上司不喜欢批评

这些上司常是很有能力、颇优秀的人物，对于一时的失误，往往不愿接受别人的批评。尽管如此，如果下属能够把准时机，巧妙地进谏，还是可以起到助其纠正失误的作用的。

要知道，一个优秀的上司，不喜欢轻易接受批评，但是下属的意见如果合理，他们仍然是会采纳的，这是他们优秀的原因之一。

下属对这样的上司进谏时，必须注意方法。首先在态度上要尊重上司；其次对你自己的意见，要说明得有理有据，并且要强调是你"个人的"意见，尤其值得注意的是，要能及时收场。因为自尊心强的上司，你越和他争论，他就越不肯认错，尽管有时他明知错了，也不肯认输。既然你肯定自己的意见正确，作为一个精明的上司，也不会不明白，但须让上司有时间否定自己的主张，采纳你的谏言。

另外，还要注意的是不可恃功自负，当得知上司改变了自己的错误决定，采纳了你的建议后，不要扬扬自得，最好不要多提此事，以后上司便会更加重视你的意见。

不喜欢批评的上司并不是不能批评，只要你批评得恰到好处，自然也会成为一个善"谏"的"良臣"。在这里，白领需要掌握春风化雨的沟通技巧。

(2)上司不重视谏言

有些上司有时会当面应付你，也有时会当面根本不做什么反应，这种情况是不是还可以"进谏"呢?作为一名下属，要想在竞争激烈的现代商战中立足，也要尽可能为自己创造机会，绝不该因为上司不愿听"谏言"便不去"谏"。

对待不重视下属的上司，在谏言之前，你必须充分调查，充分考虑其必要性，使上司不得不予重视。对于上司原本已经当面答应了，但后来却音信皆无的情况，你自己便要反思一下自己谏言的方式是不是合适，口气是不是过重，是不是无意中表现了轻视上司的意思。

一个高明的谏者，遇到不喜欢听谏言的上司，都会选择一个适宜的场合去谏。比如，可以利用"人多力量大"的原理和同事们一同谏言，由周围的人共同提醒他，以防他再说"不知道"。这种方法实际有一点强制的意味，但对这样的上司，又不得不如此，这也是不得已而为之吧。

(3)上司不立即答复

还有一种上司对于谏言一般都不立即做出结论。这些上司一般处于中间管理阶层，因为后面有“后台”，便常常要考虑多方面的因素。

这些人确实也有他们自己的难处，尤其是那些做事谨小慎微，怕负责任的上司更是如此。经常会以“我不知道上面是什么意思”来对付你的谏言。这时候，合适的办法是暂不争辩，稍后一段时间再说。因为每一位上司都希望企业的管理更加科学、合理，对于好的建议，他们必定会给予适当的注意。

给苦药包上糖衣

你终于下定了决心，今天下午就去找上司对他说“不”。你不想眼睁睁地看着一个曾经关照过你、鼓励过你、提拔过你的人就这样一路错下去，你想和他促膝深谈一番，帮助他解决难题。提忠告，尤其是给上司的谏言绝不是随随便便就可说出口的，你必须下一番工夫来准备：

(1)以诚心向上司提出忠告

让他明白只有真正关心他的人，才敢向他提出这样的忠告。不要让他感觉你是为了个人的目的而向他提出忠告，这样做会立即让上司给你扣上个“冒犯上司”的大帽子，诚挚的心是让别人坐下来听你说他坏话的前提条件。

(2)弄清事实，不要因信息错误造成尴尬局面

把事实完全搞清楚，可以让你更有机会接近他，有资格和他商讨问题，如果你只是盲目地听信谣言加上妄自推断，却又以教导者的身份去教育别人，那么即使是同事们也不会给你好脸色看，别说是你的上司了。

(3)用体谅的口吻与之交流

也许上司也是因为经受了很大的压力，无从选择的情况下不得已而为之的，也许在他的内心深处也怀着深深的自责。这个时候如果你说一些类似于“真奇怪，像你这样聪明的人又怎么会犯这样的错误”或是“你怎么当时没有想到……”的话，的确很伤别人的自尊心。所以在这个时候，你的言语要时刻流露出同情和理解，以体谅的口吻与之交谈。

你可以说“我猜你一定是有什么难处才……”或“我知道像你这样的上司位置是很难做的”等等之类的柔和而略带同情之类的话。如果你能把角色演得适当，很快上司就会向你吐露一些他心中的不快与内疚，甚至会告诉你他无从选择的原因。这个时候不要争着搭话，显出很意外的样子，而且应该静静地坐在一边，耐心地聆听一下上司的诉苦，渐渐地你会发现他对你不再是充满敌意而是开始把你当做一个可以依赖的朋友了。

(4)注意用委婉的语言提出忠告

史书上曾经讲过邹忌讽齐王纳谏这样一段佳话：一日邹忌给齐王讲了一个与自己有关的故事，早晨起来邹忌换好朝服照镜子，忽然感觉自己十分俊美。于是就分别询问

他的妻、妾、前来办事的朋友:他和另外一个当时很出名的美男子相比哪一个更美呢?他们三人的回答都是邹忌美。

邹忌听了很高兴,过了几天那个有名的美男子拜访邹忌,邹忌这才发觉自己实际上无法与之相比。于是他对齐王说,我的妻夸我因为爱我,妾夸我因为怕我,友夸我因为有求于我。随即跪奏:“你是当今天子,你周围都是爱你、怕你和有求于你之人,如此一来,你就会像我一样再也听不到真话了。”齐王听了很是感动,立刻就颁布了鼓励进谏的诏书,使前来讲谏之人“门庭若市”。

俗语道“良药苦口利于病,忠言逆耳利于行”,既然现在的苦药都加上了糖衣包装,非但利病而且适口,那么你为什么还要傻乎乎地坚持进谏逆耳忠言呢?

借题发挥巧进谏

给上司提建议,有很重要的一个方面,那就是一定要注意时机和场合,以便使上司更能用心领会你的意见,并不会导致对你的反感。在娱乐活动中,一般上司的心情比较好,这时候提出建议会使上司更容易接受。特别是如果你能把所提的建议同当时的情景联系起来,通过暗示、类比等心理活动的作用,则会对上司有更大的启发。还有些比较成功的下属善于接住上司的话茬儿,上承下转,借题发挥,巧妙地加以应用,从而很好地触动了上司,使许多悬而未决的问题得到了解决。

某地方,一个公司刚购置了一批计算机及相关设备,并准备修建一个机房。但在机房安置空调机一事上,上司却不肯批准,认为公司的成员都在没有空调的情况下办公,不宜单独对机房破例。虽然有人据理力争,说明安装空调是出于机器保养而非个人享受的需要,但仍不能打破上司的老脑筋,说服上司。

有一次,公司的上司与大家一起出去旅游、参观。在一个文物展览会上,上司发现一些文物有了毁坏和破损,就询问解说员。解说员解释说,这是由于文物保护部门缺乏足够的经费,不能够使文物保存在一种恒温状况下所致;如果有一定的制冷设备,如空调,这些文物可能会保存更加完善。上司听后,不禁有些感慨。

此时,站在一旁的机房的负责人老王趁机对上司低语:“刘局长,机房里装空调也是这个道理呀!”

刘局长看了他一眼,沉思片刻,然后说:“回去再打个报告上来。”

后来,这位上司果真批准了机房的要求,为他们装上了空调设备。

从例子可以看出,正是由于老王能够不失时机地将眼前的景象同自己所要提出的建议联系起来,使上司产生由此及彼的类比和联想,从而很好地启发了上司,使他能够接受老王的意见,使问题得以解决。在其他情境中的寥寥数语竟胜过郑重其事的据理力争,这是不能不引起下属深思的,更值得白领们加以借鉴。

向上司推销你的“点子”

一个天才的创意，或者花费了五个月时间的企划案，上司一句“没有意义”就寿终正寝了。白领们如何避免这种挫折，专家们有一些良好的建议。

(1)你的想法为什么被否决

当想法被否定的时候，“挫折”是我们最常见的反应。不过，难过之后，你必须控制自己的情绪，回过头来认真分析，上司为什么要否决你的点子。

应当相信上司的才华与能力，否则他也不可能成为一个主管。当然上司可能是一名“黑哨”，但首先应当假设他是一名公正的裁判。

仔细记录上司所有的观点，并分析这些观点。牢记一点：你记得越多，你的点子起死回生的可能性也就越大。

(2)能否用更好的方式说明你的点子

曾经有一个出色的点子，却因为在向公司高层上司汇报过程中，一个不恰当的笑话而遭到全盘否决。后来经过当事人不断的道歉和沟通，才起死回生。

太多的点子是被一些完全无关的因素所封杀。所以，在适当的时机不妨问问你的上司，或者是其他的手握生杀大权的人：“除了点子本身，我还需要加强哪些方面？”

(3)你的点子能否获得大多数人的支持

把你的点子告诉部门内其他可能赞成的人，然后通过他们把自己的想法告诉自己的上司。因为大家都赞成这个点子，他的想法或许可能改变。

千万注意：必须谨慎行事，别让大家认为你在上司后面搞阴谋。

(4)能否向别人推销

如果上司仍然不接受你的点子，或许别人会有兴趣。仔细考虑一下，自己的点子能否给别的部门带来好处？如果有，就不要犹豫，直接去找该部门的负责人。

当然，如果你担心引起“办公室政治效应”，就不能采取这一招，因为这样做是直接打击你的上司。如果不怕，这可能是最好的解决方法。

(5)必须放弃吗

有时候点子再好也没有市场。如果你按照前述的建议做了努力，而上司仍然无动于衷，就算了吧。把精力投入工作，准备一个新的点子。

如果你一直不能推销自己的点子，问题或许就不是点子本身，而是你或者你的上司有问题。最好的建议就是应当考虑更换一个工作了。

改变上司的错误想法

当你试图说服上司去干你所希望的事情的时候，他可以干脆拒绝你，然而，如果你试图阻止他去干他想干的事情，他可能会耿耿于怀。

所以如果你试图改变上司的主意,就必须妥善而巧妙地加以处理。

首先你应当有足够的理由说明上司的主意很糟糕。你的上司也许觉得他的做法可以得益更多。你不仅应摸清上司究竟想干什么,而且要弄清楚他为什么要这么干,他的理由是什么。

整理、综合、分析你所了解的一切材料,下一步的任务是提问。你的提问可以引出更多的信息,而且能间接向上司对计划或项目提出你的反对意见。

措辞要谨慎诚恳,使他理解你的意思而不对你发火或戒备。

有一位成功的下属就是运用这种手段的老手。因为在美国涉足政坛多年的缘故,他出色地同所在州的执政党内的形形色色的上司建立了良好的关系,并最终使他自己成了该州历史上最年轻的党派领袖。这个奇特的家伙几乎从不与他人争执,无论是上司还是下属。他的脸上几乎每时每刻都带着微笑,并且总是提着问题。每当他的工作即将结束时,他却能把本人对计划的工作方针、安排的异议放到桌上,让它们的提出者去考虑。而且,气氛总是那么热诚、友好。

当你提问题后,上司可能不为之所动。这时,你只能把注意力集中到他所要干的事情的价值上去。纵然这个主意在你看来不怎么样,但上司在决定它的过程中可能倾注了他的情感和期望,你绝不能漫不经心地对待这种投入。

无论你对这个想法是怎么看的,你都应该忠实地向上司汇报,而不是有意掩饰你的怀疑。假如上司的想法真如你认为的那么糟糕,那么在许多细节上你都能暗示你的异议。

当上司理智地接受了你的看法并改变了他的主意的时候,你千万不可自鸣得意而忘形。无论如何,这都是对上司不愉快的事情。

如果你没能成功阻止上司改变错误的想法,你应怎么办?除非上司的所为是不合法、不道德的或是显然要威胁到你、你的下属或组织本身的话,你仍应坚持与上司同舟共济而不是破罐子破摔。

让上司接受批评

上司批评下属是天经地义、司空见惯的事情;下属批评上司则往往受到种种局限。这主要是因为上司掌握着支配下属的权力,下属不敢轻易冒犯的缘故。

我们提倡敢于批评上司,目的有两个:一是通过批评加深与上司的友谊,进一步搞好合作共事;二是克服"唯上"的通病,正确辅佐上司,避免和减少上司的失误,促进事业的发展。

批评上司,要讲究方式方法,使上司接受批评而不感到过于难堪。要让上司接受批评,关键的一点就是要给他足够的尊重,不使他太丢面子。我们说要尊重上司,这一点在对上司进行批评时尤为重要。

批评上司,可以采用以下一些灵活的方式:

(1)用称赞的方法批评

发现上司的成绩同时也发现错误、缺点时,可以用讲成绩称赞的方法去批评上司,但这种称赞要适当,要真实,要留下"缺口"让上司思考醒悟,使上司感觉到你已经看出了他的不足之处，由于尊重他而没有说出口，要让他自己去感受。

(2)用“转口”的方法批评

感觉到上司有某些错误，并且已在公司中造成影响，而上司自己还没有觉察，那么下属可以带着私人感情，借别人(不指名)或大家之口，给予提醒，引起上司警惕。

(3)用商量的方式批评

用商量、讨论的口吻提出上司的某些失误或失当之处与之研究，并请上司作出判断。

(4)用“提供信息”的方式进行批评

当上司失误初现端倪，立即提供准确信息加以证实，促使上司及时采取措施匡正失误或把失误减少到最低限度。

(5)用阐述的方式批评

发现上司有较大的失误，要准备充分的理由、事实、数字依据，选择较为恰当的场合，如单独会见或上司心情较好时，提出自己的看法。如果上司询问，则要以忠诚的态度，由浅入深，把根据摆出来，周密而又有条理地阐述自己的看法。上司同意了是一件好事；如不同意，要自我下台，缓和地表示“你的看法有道理，我再想一想”，留下再提建议的“伏笔”，切不可跟上司来“横”的，直颜犯“谏”。

不管采取哪种方式，都要以上司的忠实合作人的态度出现，要表现得恭谨有礼，以“低姿态”衬托上司的“高大形象”。如果上司坚决拒绝、不耐烦、表现尴尬，或者嘴上说“你把心里话都说出来”，表情十分不自然时，要停止批评，并向上司表示：“我考虑很不成熟，有些看法可能不够妥当，请你多多指教。”

将种子“移植”到上司心中

向上司、决策者贡献自己好的建议与计划，是我们每个白领应尽的职责。然而，在献计献策的时候往往会遇到不受重视、不被采纳的苦恼。尤其是当一个经过自己潜心研究、周密思考，确信是一个非常合理、非常优秀的建议和计划被上司断然拒绝的时候，白领的苦恼会更剧烈。

碰到这种“进而不纳”的情况，人们往往抱怨上司，说：“能遇上一个知人善用、从谏如流的上司就好了。”这几乎成了所有下属一种传统的、固定的思维模式。他们之中很少有人愿意换一种思维方式来考虑“进而不纳”的问题。

其实，新的思维模式往往能给我们带来新的出路。

美国第 28 任总统伍德罗·威尔逊，在他鞍前马后工作的许多人都觉得他是“一扇老橡木做的门”，任何新鲜的意见都被毫无例外地拒之门外。威尔逊有才能、自负，所以对别人的意见往往瞧不起，要么不采纳，要么根本不予理睬，但是，有一个人是例外，这个人就是他的助理豪斯。

豪斯有什么绝招呢?豪斯自己说，有一次他被单独召见，他明知总统不容易接受别人的建议，但还是尽自己所能，清楚明了地陈述了一种政治方案。因为他苦心研究过，自认为相当切实可行，所以说得理直气壮。然而他没有得到与其他同事不同的命运。威尔逊当即表示：“在我愿意听废话的时候，我会再次请你光临。”

但是数天之后，在一次宴会上，豪斯很吃惊地听到威尔逊正在把他数天前的建议作为总统自己的见解公开发布!这件事使豪斯大彻大悟，懂得了向总统贡献意见的最好方法：避免他人在场，悄悄把意见“移植”到总统的心中。开始，使总统不知不觉地感到兴趣，然后使这计划可以作为总统自己的“天才构思”而公之于众。最后，使总统坚定不移地相信是他本人想出了这个好主意。

换句话说，不用强调某某计划是豪斯的主意，为了使一个好的计划被总统采纳，他得自愿牺牲“版权”，而把“版权”让给总统，并且是悄悄地、神不知鬼不觉地转让。这样，他的计划就能顺利地被总统采纳。

例如，1914年春季，豪斯奉命赴法国做外交上的接洽。出发前，威尔逊原则上同意了豪斯的计划，但态度相当谨慎，距离被正式批准还相当遥远。豪斯到巴黎后不久，寄回了他同法国外长的谈话记录。在谈话中，豪斯把自己想出的、经总统谨慎同意的计划，说成是“总统的创见”，并热烈赞扬说，这是“天才，勇气，先见之明”的表现。看了记录，威尔逊总统毫不犹豫地正式批准了这个计划。计划的实施，给两国带来巨大的利益。豪斯为自己实际发挥的作用由衷地高兴。同时威尔逊总统也更加由衷地喜欢豪斯，对他更加倚重，但有一件事是永远心照不宣的：豪斯从来不表示某项计划是他想出来的。

若干年后，豪斯说道：“我不愿意称那些计划是我的，并不仅仅出于讨总统喜欢。我的计划充其量是一棵树种，要长成参天大树必须有土壤、水分、空气和阳光。只有总统才有这些条件。把树种变成大树的，公平地说，是总统。我只不过把种子移到了总统心中。”

在威尔逊执政期间，豪斯都采用这种简单而有效的“种子移植”的策略。然而他对威尔逊的影响，比当时成群的政治领袖加在一起都大。看到这里，白领朋友有什么想法呢?用自己的思想影响上司，方式方法很重要，我们要曲径通幽，则战无不胜。

厚黑方略十六

脱颖而出，待机晋升

晋升是每个职场中人的梦想，但我们不能坐待天上掉下馅饼来，而应主动出击，因为“凡事预则立，不预则废”，与同事的晋升之争是一场没有硝烟的战争，必须待机脱颖而出方可傲视群雄。

以请教为名行进谏之实

下属提出一个建议，试图让上司接受，这不仅取决于建议内容本身的合理性，还往往取决于下属提出建议的方式。注意提建议的方式方法，就是要时刻注意上司的心理感受和变化轨迹，就是要求下属在提出建议的时候首先要获得上司的心理认同。

许多的经验表明，以请教的方式提出建议更易让上司接受。

请教，是一种低姿态。它的潜在含义是，尊重上司的权威，承认上司的优越性。这表明下属在提出意见之前已仔细地研究和推敲了上司的方案和计划，是以认真、科学的态度来对待上司的思想的。因而，下属的建议应该是在尊重上司自己的观点基础之上的，很可能是对上司观点的有益补充。这种印象无疑会使上司感到情绪放松，从而降低对你建议的某种敌意。

每个人都是很有这样的体会的：当你还是个高中生的时候，你会遇到初中的小弟弟、小妹妹们向你请教各种问题，充满敬仰地要求你谈谈自己的学习方法，等等。这时，无论你多么不高兴，多么忙，你都会带着一些骄傲解答他们每一个稚嫩的问题，并从他们的目光中得到某种心理满足。

如果能静下心来仔细分析这样的经历，我们会发现，成就感是多么早又是多么牢固地根植于我们每个人的心灵深处。别人向我们求教，这就表明自己在某些方面是具有优越性的，如果说我们受到了崇拜，这大概有点儿过分，但说我们至少受到了重视、具备了一定的影响力，却是一点儿也不假。

在被别人请教时我们心中涌起的愉悦感和自豪感往往是并不能为我们自己所清醒意识到的，但它却主宰着我们的情感，甚至是我们的理智。每一个健康的、心智正常的人类都会对这种感受乐此不疲，即使是上司也不能例外。

请教的姿态，不仅仅是形式上的，更有内容上的意义。这样你可以亲自聆听上司在这方面的想法，这种想法在很多时候是他真实意志的浮现，而他却并未在公开场合予以说明，而且很有可能是下属在考虑问题时所忽略了的重要方面，这样，在未提出自己意见之前，首先请教一下上司的想法，可以使你做到进退自如。一旦发现自己的想法还欠深入，考虑得不是很周到，你还有机会立刻止口，回去后再把自己的建议完善一下。如果你的建议仅仅是源于未能领会上司的意图，那么你的建议不仅是毫无意义、分文不值，而且还暴露了你自己的弱点，这对你绝非是什么幸事。

向上司请教有利于找出你们的共同点，这种共同点既包括在方案上的一致性，又包括你们在心理上的相互接受。

下属在提出建议之前，先请教一下自己的上司，寻找谈话的共同点，建立彼此相容的心理基础。如果你提的是补充性建议，那就要首先从明确肯定上司的大框架开始，提出你的修正意见，作一些枝节性或局部性的改动和补充，以使上司的方案或观点更为完善，更有说服力，更能有效地执行。

如果你提出的是反对性意见呢？有人会说，这到哪里去找共同点呢？其实不然，共同点是不仅仅局限于方案的内容本身的，还在于培养共同的心理感受，使对方愿意接受你。而且，可以说，越是你准备提出反对，你就越可能招致敌意，因而越需要寻找共同点来减轻这种敌意，获得对方的心理认同。此时，虽然你可能不赞成你的上司的观点，但你一定要表示尊重，表明你对它的理性的思考。

你应设身处地地从上司的立场出发来考虑问题，并以充分的事实材料和精当的理论分析作依据，在请教中谈出自己的看法，在聆听中对其加以剖析，只要你有理有据，上司一定会心悦诚服地放弃自己的立场，仔细倾听你的建议和看法。在这种情况下，上司是很容易被说服，采纳你的意见和建议的。

捕捉升迁机会的网

古人云："凡事预则立，不预则废。"无论做什么事，莫不如此。循规蹈矩是不能造就升职加薪的机会的。不要奢望机会会自动找上门来，天上会掉馅饼，你也不会自然而然地就得到上司的赏识并获得升迁和加薪，务必自己不断去寻找机会才行。

假如公司出现了一个高级职位空缺，这当然是一个绝好的升迁机会。在一群同事之中，上司经过仔细筛选，发觉你和其余两位下属是较为突出的，因而把目标集中在你们三人身上。这样一个升迁的机会，你的心里当然是激动，也变得患得患失，提心吊胆。结果出来后，宣布的却不是你的名字，你肯定对此大失所望。

除了感到万分沮丧之外，令你更为难过的是，你深信错过了这次机会就很难再获得另一次升迁的机会了。其实这种想法大错特错。在现代社会中，生活的节奏很快，而且变化多端，"过了这个村，还会有这样的店"，而且，有可能比这个店更好。机遇总是"轻轻的走了，正如它轻轻的来"，关键看你是否善于发现，而且为它做好准备。明白了这个道理之后，从此刻开始，你就应当时刻为机会做准备，犹如蜘蛛捕捉苍蝇和蚊虫一样，把网结得又大又坚固。

如何为机遇做准备，并不是一件困难的事，每个人都能做到，也不像一般人想象的那么神秘。你只需在以下几个方面注意就好了：

(1)健康状况良好

"身体是革命的本钱"，当然，身体也是你获得晋升的本钱，这一点无须再做进一步的说明。尽管你有很好的才华，但是如果体质弱的话，上司是不愿把重任交托给你的，因为他会怀疑你的身体承受不住这样的负担，反而会误了大事。充足的睡眠，适当的运动和均衡的营养，是三大保健要素，缺一不可。力不从心是最悲哀的。因此，为机会来临所做的第一项准备，就是保持健康的体魄。

(2)人际关系良好

人际关系是由人与人之间的各种紧密联系组成的，如果一方主动伸出友谊之手，而另一方毫无反应，就无法建立关系。人们常说的一句话是："感情是互动的。"有些人只选择有影响力的人做朋友，而看不起职位卑微的人，这是晋升的大忌。

在现代社会中，人与人在人格和尊严上是平等的，没有什么高低贵贱之分，假如"狗眼看人低"的话，就会自食苦果，这种人不会有市场，人们根本不会买账。因而，不要人为地制造一些升迁的障碍。记住，人际关系不好的人是无法得到升迁的。建立良好人际关系的秘诀有四个字:主动、热诚。虽然你不一定要做到“爱你的敌人”,但是,在最低限度上你也不要抨击他。这样做实际上对你本人的好处更大,因为可以让他疏于防范。为自己考虑,你也不要使更多的人对你戒备森严,虎视眈眈。

(3)具有克制力

在职业生涯中,你必然会遇到许多看不顺眼的事,同时也会遇到不少利益的诱惑,从而不小心做出过于激烈的反应和背理的行为。这种行为有可能直接影响你的事业和前途。因而,你必须具有克制自己的能力,免得一败涂地。

举一个简单的例子。比如挪用公款,这是非常严重的办公室罪行。无论所挪款项的数目是多是少,性质都是一样的,其行为必然被判断为不可再信任。有了这种印象后,上司永远都不会晋升你。

然而,一般说来,年轻人缺乏克制力,在看到大量的钞票每天在自己手中出入时,是极容易做出犯法的事的。由此,“一失足成千古恨,回首已是百年身”,若想挽回残局,比登天还难。

(4)寻找问题

无风无浪,没有挑战性的工作,干起来尽管很轻松顺利,但却不能显示你具有更佳的潜质。商业社会是“攻”的世界,只重“守”的人是不能达到更远大的目标的,也无法脱颖而出。因而,假如你所从事的是一份稀松平常的工作,就应当在平淡的工作之中不断寻找出新问题,使上司能注意到你的进取精神。

你还可以不断产生出新的创意,并与上司商量这些创意是否可行。这种进取精神会使上司感到你是一个取之不尽、用之不竭的宝藏,因而对你会更加器重,也会想着把你提升到一个更高的职位。

选择有利于晋升的上司

一些同时走上工作岗位的青年人,在供职初期,他们的起点基本一样,但是几年之后,他们在职务的晋升上将拉开了距离。有的晋升得快,有的晋升得慢,有的没有得到晋升。晋升得快的人在谈起他们的进步时,就要把上司的帮助和提携放在首位。晋升得慢的人,也往往对自己的上司流露出一种哀怨的情绪。

所以,选准上司对获得晋升是十分重要的。

一般来说,上司是不能由自己选择的,但是,你可以创造条件去接近心目中认定的比较理想的上司,并疏远那些不理想的上司。

选择上司时,不仅需要看上司的思想意识、他们对下属的关心程度及提携下属的能力等,还要看你自己的意思和想法以及你的兴趣。有一些人在工作中追求的是职务的晋升;有的则是追求比较安定的环境;有的是追求比较高的经济收入;还有的是为了事业的充实;也有的是图名声。目的的不同,对上司的要求也不同,选择上司的标准当然就不一样。在这里提供几种类型的上司供不同目的的人来选择。

第一种是年轻有为,才华学识都在平常人之上,在前程上被人普遍看好的上司。这些人积极上进,对集体荣誉看得很重。跟着这种上司干,除了挨累,在个人利益方面可能什么也得不到，但是，一旦他们被提升，不仅会给你空出位置，而且还有利于你今后的进步。一方面，他日益增大的权力更有利于对你的提携；另一方面，他的积极奋进的斗志和由此带来的成功必然刺激你的上进心，名师出高徒，对于一些想奔远大前程的人，必须寻找这样的上司来帮助你。

第二种是资历深远、德高望重的上司。这些人曾经有过辉煌的历史，也不乏才能和经验，但是，因为种种原因，他们在仕途上进入了停滞期，尽管样样工作干得不在人下，终归是晋升无望。他们的权威性和成熟的人际关系可以保证下属在工作中比较顺利，在物质利益方面也能给下属带来这样或那样的好处；而且你能从他们那里学到很多经验性的东西。可是，如果你想高人一头，必须等到他们退休以后。因为他们不能被提拔，也就没有你可占据的位置。

第三种是喜欢清净无为的上司，他们才学一般，所主管的不是什么要害部门，所承担的业务分量不是很重。他们对名利看得很淡，对自己的提拔考虑得不是太多，对下属的要求也就不怎么太严，甚至对部门的过错也抱睁一只眼、闭一只眼的态度。你跟着他们干，唯一的好处就是不挨累，没有任何压力和负担，但是，除此以外你也不会轻易得到其他东西。

还有一种是道德品质和业务水平确实很糟糕的人。他之所以能够作为这个部门的上司，是因为上级暂时还找不出合适的人来代替他。如果你是一个愿冒风险的人，可以选择这样的人做你的上司，一旦时机成熟，你可以取而代之。

攀升必自“卑”

要想从低位爬上高位，必须学会先“卑”后“尊”，从“卑”处做起，向“尊”处靠拢，具体做法可从如下诸方面着手——

①分内的工作要重视。只有出色完成本职工作，才能得到上司的信任。

②学会积累经验。人人都会犯错误，懂得汲取经验教训的人才会有长进。

③要有自信。自己对自己都没有信心，上司对你更没有信心。

④要有较高的驾驭文字的能力。要练习写作技巧，写的东西比说的东西更有分量。上司评价下属，很注意写的能力。

⑤善于安排时间。会不会有效地利用时间，与上司愿不愿意提拔你很有关系。

⑥设法达到公司的目标。不但要知道公司的目标，还要知道如何去达到，才能比别人更快地升迁。

⑦设法掌握信息。不论想把什么事做好，掌握信息必不可少。你得懂得如何去得到这些信息。

⑧工作要有计划。凡事有条不紊，显示出你的控制能力。

⑨富于进取。凡是在事业上出类拔萃的人都有强烈的进取心，他们懂得如何有效地与人合作，把工作做好。

⑩善于运用权威。懂得如何适度地运用权威，上司比较愿意提拔你。

⑪ 要多听。一般来说，上司都比较喜欢你听他的，而不是他听你的。

⑫要会问。问题提得好,上司会特别注意你。好的提问一般会有这样的回答:“唔,这个问题我还没考虑过。”

⑬要会读。要会速读,会跳读,要迅速了解文件要点,掌握内在含义,并对本职工作、公司实际提出建议。

⑭言谈要得体。言谈就像演戏,说服他人更是如此,切不可干涩无味或道貌岸然。

⑮不要喋喋不休。最好一句话就把事情说清楚。否则不是你的主意不好,就是你的口才不好。

⑯事实不清不要发言。起码有一半人,事情的来龙去脉还没搞清楚就急于表态,你不能做这种人。

⑰该说的说。不要因为你年龄小或者职位低就不敢开口,好主意不受年龄、资历限制。

⑱对自己要求要高一些。当你得到做某事的指示时,先要考虑怎样才能做得比要求更圆满。

⑲要会预料,能预料到上司的意愿,也就是说要摸清他的脾气。

⑳不做沉默的人。有句西班牙谚语说得好:“儿子不吭气,即使是母亲也不懂他的意思。”

㉑不要急于加薪。正确的做法是要求做更多的工作,担更大的责任。要知道即便给你加薪也不会比你的直属上司多,尽快坐上他的位子岂不是更好。

㉒不要忽视小人物。小人物可以说是你铺筑升迁阶梯的石头,你要高声地感谢他们。你的亲切一定会换来你的声望。

㉓培养广泛的兴趣。你懂得越多就越受人尊敬,生活也越有趣。尽量发展你的各项特长,不要把它们埋没。

㉔保证健康。满身是病痛,心情就不会轻松,谁也无法保持心智平衡。

面对晋升,当仁不让

中国有句古话:“人往高处走,水往低处流。”一个愿意对社会做出许多贡献的人,往往想追求权力,追求升迁,这本身并没有错,无可非议。在公司中,如果有晋升的机会,看准了,千万别错过。

一般来说,权力和地位的大小与一个人价值体现程度是成正比的。当然,也有的人权力很大,却大而无功;地位很高,却高而无德。甚至有些人权力越大,地位越高,对社会越有害。然而,对于这些人来说,他们的价值也得到了社会的检验,也得到了一定的体现,只不过他的价值是低劣的,或说是负价值。

每个有事业心的人都会不满足于现状,总是想着让自己怎样出人头地、做个最优秀的人,做个能够不断得到晋升的人,因为只有这样方能满足自己在各方面的需求和欲望。没有任何欲望和需求的人是不可能得到晋升的。

(1)晋升意味着人际关系的扩展

权力的大小和交际面的大小往往是成正比的。假如你是一个一般的办事人员,和你发生业务联系的人是有限的,而且往往你是主动,对方是被动的。而一旦你掌握了一定的权力,交际面立刻就扩展了,而且你是被动的,对方是主动的。

权力升迁,对于扩大交际面有必然性,但对于能不能保持和提高交际的层次,却并没有必然性。这就要看掌权者的人格、风度、魅力和凝聚力如何。

当你把拓展人际关系,强化自己在社会中的凝聚力、感染力、影响力作为一项追求,写在自己晋升追求的目标中时,无疑有助于增强动力,调整步骤,掌握方法。

打开权力人物的史册,我们看到,古往今来的大政治家都是高朋满座,门庭若市。"谈笑有鸿儒,往来无白丁"就是这种广泛交往风度和能力的生动写照。

不断升迁,会遇到人际关系方面不断地扩展的新问题。可以说,升迁的道路就是扩展人际关系的道路。以直接交往关系带动间接交往关系,以个人交往增强权力影响力和工作效率,是一种高超的艺术,也是对每一个追求晋升者提出的要求。

(2)晋升意味着更大发展的转机

往往有这种情况:对一个人来说,失去了一次晋升机会,就可能永远不会再晋升;而获得了一次晋升机会,却可能连连晋升。这是因为晋升意味着更大发展的转机。

一个人,在与其他人平起平坐的竞争中崭露头角,往往更困难一些。而一旦获得了晋升的机会也就获得了充分施展、表现,被人发现和重视的机会。同时也获得了在更大的范围内和更高的层次上去经受锻炼、获得知识、经受检验的机会。

晋升之所以值得追求,其意义正是在于它的连续性、转机性和对未来前途的启动性、扩展性。试想,如果你知道一次晋升就是终点,那么它还会有多大的吸引力呢?

同时,晋升一次就等于受到了一次社会的承认和接受,也表明了对自己的一次肯定,因而有利于自信心的增强。

当然,晋升之途对于每个人来说是长短不一的,并不是对每个人来说都是无限长的。是终点还是起点,关键在自己,但每次晋升,从客观上来说,总是为一个人提供了更为广阔的舞台。他只要能在这个舞台上作出出色的表演,就能由此转换到新的更大的舞台。

我们说,晋升意味着人生价值的体现,并不是权力、地位本身就是人生价值的直接的标志。而是说,有了一定的权力和地位,就有了体现你的人生价值的机会和条件。当你到了一定的位置上时,你就受到更多人的关注,而且要回答许多人对你的期望和要求。一般来说,位置越高的人,人们对他的期望值也就越高。当他能较好地满足这种期望值时,那他的人生价值无疑就得到了更好的体现。

人往高处走,水往低处流

众所周知,人往高处走,水往低处流,这是天经地义的事。任何一个上班族都不可能不想向上爬,不过,有些人能轻而易举地脱颖而出,而有些人则费尽九牛二虎之力也只能原地踏步。这说明,向上爬是需要技巧的。以下是有助于你爬到高位的两个步骤:

第一步,你一开始所要找的必须是合适的工作,最好是不容易做好的工作。

除非你证明自己能做这种工作,否则你的上司不敢冀望你会产生使他和你都能被提升的表现。因为容易的工作是不可能为任何一个人取得高分的。

“在我们公司的工程部门”，福特汽车公司前总裁宝南·皮特森指出：“凡是负责棘手工作的人，在发布一项新产品时，都会提到他们的名字。当你必须签收一项工作时，那是非常真实的。和那些永远把工作做得很好，却老是停留在‘进行’中的人比较起来，他不但测试了车子，加以改进，并且还写好了测试说明书。

“即使那种永远停留在进行中的人，曾经做好一件非常完美的工作，但他们的表现还是不同于那些能一口气完成设计手刹车、方向盘装置及底盘设计等工作的人。

“你也会找出那些你以为是理想接棒者的人，可是经过 10 年、12 年，他们从不承担起任何一项设计工作。当子弹擦身而过时，他们只会去闪避它，而不试着反击。”

第二个步骤是：为自己建立一个永远正确的名声。

它的诀窍是除非你有十分把握，否则不要发表绝对的声明或意见。不论如何深思熟虑，你都得把你的意见和你对事情坚定的主张区分开来。

所以，在发表你的意见之前，切记要加上一句开场白：“我想……根据我的看法……我认为……”，千万不要用这种口气：“现在听我说……”

当然，你对自身工作的实质内容，应该永远有把握，十分肯定。对于这方面，虽然各人观点不同，但你应该让你的上司知道：当你在陈述你所做的困难的活动时，你说的就是绝对的真理。

这就是你在向上司做报告之前，应该自动自发地做好准备工作。不过，许多高层的上司都坚持，做准备工作绝不能像做例行公事一样。

“有些人常会冒一种风险——尤其是那些刚从学校毕业的管理硕士们。”

美国航空公司前资深副总裁汤姆斯·普莱斯凯指出：“他们老喜欢乱放炮。他们常会提出一份看似合理的分析报告，由于他们除了收集资料，做出一些虚浮的结论外，什么事也没做，因此，一旦你开始深入调查这份报告，它就轻易瓦解了。”

有一次，美国航空公司有意将几项租用契约业务的价格提高，普莱斯凯的几位手下针对此事拟出了一份建议书，交给他过目，普莱斯凯一看之下，立刻询问他们用来修正价格的成本数字是否正确。

经过深入调查，他发现这几位手下在制定建议之前，曾向财务询问过一架飞机由甲地飞往乙地的成本如何。像平常一样，财务处提供给他们的是完全配置好的成本费用，由于每架飞机都须负担一部分公司的总经费，因此，这笔费用也包括在财务处所提供的成本费用之中。

“但是，租用契约业务是一种将资产增加利用来获利的方法。”普莱斯凯说。

如果不运用这些飞机，它们将会闲置在那儿，既然如此，租用契约的价格便能降低——实际上，你必须订出具有竞争力的价格才行。

由此可见，普莱斯凯的手下们并不了解他们所取得的这些数字。

简而言之，你必须做好充分而周全的准备工作，在陈述事实时，确定你自己所说的是对的才行。

有一点要补充的就是：

你必须对你的上司完全坦白，正如你要求你的下属直率对你一样。你绝不能让你的上司觉得你有可能在某个时候蒙骗他。

“如果我发现一位公司经理向我所作的报告，有任何不坦白的地方，”黎朔机电公司的董事长包波克指出，“他将得不到分文奖金。因为，他不该用那套‘推销作风’来对付我。”

不过,话说回来,要让你的上司知道你的成就,又是另外一回事。在这方面,白领需要用一点间接、迂回的技巧,才能避开自我吹捧令人反感的地方。

抓住改变命运的瞬间

美国畅销的心灵读物《人生的99个瞬间》的卷首语就是“命运的改变就存在于那一个个精彩的瞬间”。有时候,你与上司会有那种极短暂的照面时间,如果你能利用这稍纵即逝的机会来表现你自己,自然也能引起上司的注意。你需要用简洁的语言,简洁的行为来与上司形成某种形式的短暂交流。

(1)情景之一:电梯之中

假如你在电梯之中遇见你的顶头上司,毫无疑问,你的一分钟表达将决定着他对你的印象,简洁这时候最能表现你的才能。如果你在电梯中遇见了公司的老总,如果可能的话,你应主动向他问好,并表现你的修养与仪态,也许你大方、有礼、自信的形象会在他心中停留较长一段时间。美国《生活》杂志的总裁戈登·克罗斯将这称为“电梯语言艺术”,他说:“所谓‘电梯语言艺术’是指当你在电梯里同上司在一起的一分钟内所表达的包罗万象并能形成行动的一系列的思想和事实。”

(2)情景之二:工作餐中

吃工作餐也是你能与上司接触的机会。如果上司在工作餐中有会见安排,你最好不要再进来。如果上司没有特殊的安排,你便可以一展身手。你应尽量与他接近,搭上几句话,最好能有幽默的效果,因为工作餐不是工作时间,要制造轻松欢快的气氛,也许上司也很累,如果你能用简单的话语或简洁的行动使他感到轻松,他会很注意你。如果上司没有自己的位置,你可以主动站出来让出你的位置,不要怕别人嘲笑,下属尊重上司本来就是正常的事。

(3)情景之三:走廊之上

有时你所能得到的使上司听取你意见的机会是跟着他在走廊上从这个办公室直到另一个办公室,这时,你就应该十分清楚该如何最大限度地利用这个机会了。考特在《总经理》一书中说道:一位下属在上司从大厅里正准备进自己办公室的时候与其上司之间的谈话,在随和的气氛中,就广泛的话题交流了许多有用的信息,但整个对话可以只用两分钟。看到上司在走廊上,你至少要走过去打声招呼,问一声好,然后用简单的词语概括出你要对上司说的事,千万不要仅仅与上司擦肩而过。

(4)情景之四:在酒会上

在这种社会交场合,你更要制造机会让上司把注意力投向你,哪怕几十秒钟也好。你可以在上司一个人的时候,举杯向他致意,轻松谈上几句,既让他感到轻松,又消除了他暂时的寂寞。时间要短,行动要快,这是要点。如果你能博得上司的朋友、亲人或是公司重要客户的好感,赢取他们的掌声或是笑声,将无疑会把上司的眼光吸引过来,这时你也应当非常绅士地对上司报以友好的一笑。

(5)情景之五:娱乐场所

在公司以外的各种娱乐场所,你也可能遇到自己的上司,你当不失时机地与之间候,如果他需要帮助的话,你可尽力而为。

能表明你与上司兴趣相投的场合是再好不过的了,你千万不要避免让上司看到,相反要主动迎上走,上司怎能不欣赏那些与他兴趣相投的人呢?匆匆的一遇可能决定着你的未来。你为什么不主动出来争取“注意”呢?

升迁前的热身工作

并非每个上司都是明智的。在很多时候,上司需要经过下属在言语或行为上的提醒,才能触发起升职的概念。当你了解上司是这种被动的人之后,与其期望他对你主动作出提升的安排,还不如好好为自己的将来动脑筋来得实际。

为自己创造升迁机会之前,必须先做好一些必要的热身工作:

(1)让上司依赖你

多花些时间搜集有关工作的资料,遵守公司的规则,多找些机会与上司接触。久而久之,上司已经习惯于依赖你的工作,你就奏响了获得晋升的前奏。

(2)发挥各方面的才能

别老是专注于一项工作的专长。否则,上司为了怕找不到合适人选替代你的位置,就不会考虑到有关你的升迁问题。虽然专心投入工作是获得上司赏识的主要条件,但除了做好本身的工作外,也要让他知道,你具备各个方面的才能。在其他同事放长假时,你可以主动提出替同事处理事情。这样做一则可以从中学到更多的东西,二则证明你对公司有归属感。

(3)与上司建立友谊

这是不容易做到的。特别是异性之间,太过亲密反而会使同事产生误会,从而对前途有害。不过,你不要奢望上司会对你付出真正的友谊,他只是需要感到你的友善罢了。然而,能够达到这一目的也就足够了。

(4)了解公司的制度

先了解公司的晋升制度,才能有明确的为之奋斗的目标。一般来说,公司的晋升制度有以下几种:

第一种:选举晋升。一小部分人选出某人晋升,人事关系的因素较大。

第二种:学历晋升。上司深信,学历高的下属会为公司带来更大的利益。

第三种:交叉晋升。是指由一个部门升级到另一个部门。

第四种:超越晋升。是指由于贡献特大,从而获得较大幅度的提升。

以上所列,是带有普遍性的大多数公司中的晋升制度。每一家公司都有其晋升制度。如果你所在的公司是以循序渐进的方式晋升的话,那就很不走运了。尽管你很有才干,也得熬上多年,才能期望得到一个较大的晋升机会。对于一个有才干的白领来说,在这种晋升制度的环境下工作,才能会得不到充分发挥。

因此,积极进取和自信的人,应选择可以超越晋升和交叉晋升的公司,挑战性比较大,个人的发展前途也比较光明。在一个理想的环境之下,遇到公司有高职位的空缺,如果你对这个职位有兴趣的话,可以参考下列程序进行操作,这对你获得晋升会大有裨益。

①了解该职位谁有资格胜任。所谓知己知彼，百战百胜。虽然了解别人并不一定必胜，但是最低限度，你能由此知道，需要拥有什么条件才能获得晋升，从而为了下一次晋升机会做好准备，打下基础。

②不妨让上司知道，你对该职位有兴趣，而且提出具体的建议，证明你有足够的资格胜任那个位子，对公司做出更大贡献。这似乎有点令人难为情。实际上，不少上司为了选择合适人选大伤脑筋，而你这样做是在给他解决难题。正如毛遂自荐那样，也需要具备一定的自我推销能力。中国人的过分含蓄和谦虚，在现代社会是吃不开的，往往会成为前途的绊脚石。

③让上司知道你将对公司做出贡献，而不是考虑在晋升后能得到什么报酬。这一点很重要。上司最担心和讨厌那种一味追求个人私利的人，他们觉得这种人过于自我钻营，实际上也是华而不实，没有多少能力。假如把这种人提升到较高职位的话，只会给公司带来不利影响。因此，你应该让上司感到你并不是那种单纯追名逐利的自私之辈，而是有很强的事业心和责任感。让他觉得你之所以想得到较高职位，是为公司的前途和利益着想，是为了实现自己的事业心。

④尽管晋升的人选最终落在了别的同事身上，你也不要因此沮丧和不合作。你的每一个表现，都看在别人的眼中。因此，你要表现出大将风度，不以一城一地之得失而或喜或悲，应把眼光放长远些，为下一个晋升机会的来临做准备。

与上司的亲密接触

同上司的交往，是有一定限度的，就是再接近群众的上司，也不同于群众之间的接触。所以，你必须充分利用好同上司接触的机会，发展你同上司的关系。我们认为，同上司交往的时机和场合的选择，不可忽视。

(1)从全天时间的选择看，你与上司的交往最好安排在上午或下午至上班的时间

这个时候，上司还没接触其他工作，精神和情绪都处于较佳的时刻，你这时去汇报工作，他会耐心听取；你去请示工作，他会认真答复。你尽可能避免快下班时或工作一天的下午后半时去上司那里，此时，他可能因长时间的劳累而心绪烦躁，也许他下班后有约会或要去商店、市场买东西，因此，他对你的接待可能不热心，即使接待了你，也往往缺乏认真和热情，对工作对你都不可能是有利的时机选择。

(2)在上司空闲、心绪较好的时候同他去交谈

一个白领，当他从上司办公室门前走过时，听到屋内传出哼哼流行歌曲的声音，于是他估计上司此时心绪一定很好，也一定没有急着要办的工作，便轻轻敲门(不要重敲门，影响他的情绪)，得到允许后进去了。果然，上司见了他非常热情，让座、倒茶，并主动问他："有什么事要谈吗?"于是，他把对当前本公司工作的几点建议同上司谈了。上司听了很高兴，说："你这些建议都很好，我准备逐条采纳落实。看来，你对咱们公司的工作真费了心思，我们公司多几个你这样的职员就好了。"

果真，这位白领的建议大部分被上司采纳了。

还有一位白领，他选择了同上司打乒乓球并且在上司连赢两盘的情况下，他跟随上

司来到办公室，提出个人关于工作方面的要求，上司欣然答应，表示最近给予研究。

同上司一起参加一些文体活动，也是一种接触方法，也可以增加同上司接触的机会，增进友谊。有的人愿意在休息时间、业余或节假日，同上司打桥牌、下象棋、玩扑克，以及偶尔玩玩麻将，可以使你与上司之间关系融洽。

有一些性格怪僻的人，抱着"无事不登三宝殿"的态度，很少接近上司，就是有事也不愿到上司那里去。上司要一个资料，也让资料员、收发员送去，他一次又一次地主动放弃与上司接触的机会。上司有不清楚的地方，也无法向他问一问。如此下去，上司定会对此人有看法，至少也认为这个人摆知识分子的架子。本来上司就是一个工农干部，定会对他印象不佳。

(3)开会时要积极发言

上司主持开座谈会、讨论会时，是听取大家的意见，也是了解公司职员思想、工作水平的一个机会。他此时的心情是希望大家发言，发言就是对他的支持，做上司的主持会议，最怕大家闷起来，使他感到难堪。讨论时积极发言，打破僵局，谈出自己看法，会给上司留下好印象。

当然，你的发言要经过思考，并列有提纲，使上司感到你的发言从内容上有道理，从形式上有层次，系统而不乱，这将使他对你的印象的画板上加上一层耀眼的色彩。

会上发言，讨论问题，实际上就是同上司对话，是思想上的交流，工作上的切磋。为了你同上司的交往，此机会万万不可失掉。

(4)有些小事可随时打招呼

在你同上司接触中，不要太正规化了。事事都要到他的办公室郑重其事地去汇报，去请示。那样也会使你们之间的关系过于严肃，也许会使上司产生对你这个人还不太了解的感觉。因为你们的活动都是在一本正经的环境里进行的。

当你同上司一齐上楼梯时，可以同他说："昨天你交给我办的给某某打电话的事，已办了……"或者同坐汽车外出时，也可以在车上说说一般工作，既沟通了情况，又打破了车上的沉默。

(5)在上司遇到困难问题时，可与他交谈，帮助出主意

上司工作很多，有些工作他也会感到困难，举棋不定，或无路可走。这时，你从工作中如果了解了上司的心绪，不妨找个适当的时间，与他一起聊天儿，随便谈谈你对某问题的看法，以启示上司从哪个方面去解决这个问题。如果你对此问题的看法有道理，会帮助上司解决难题，这要比在正式的会上去争论更有益处。因为此时上司很需要人帮助，他愿意听听别人的意见，最主要的是，他现在正遇上难题，无门可出，举棋不定，他把你的意见当成一张选票，对其选择事情的处理方案可能起到关键性的作用，也会使上司感到你的关切和协助，产生"患难与共"的感情。

当然，这种聊天儿要看形势而定，如果你发觉上司对你的话感兴趣，就可以深入聊下去。如果发觉上司有厌烦情绪，他可能还想自己反思，你就见机退场，不要再寻无趣。

(6)有些事也可以到上司家去谈

我们主张，一般工作上的事不要到上司家去谈。同事最反对某些人经常往上司家里跑，好像上司不在机关上班似的，什么都到上司家去说。这种人的确是在溜须拍马，或别有企图。

当然，有些特殊的事，比如私人的事，在公司都很忙，也没有机会坐下来说，也可以

利用业余时间到上司家去谈。这样，环境清静，说话方便，可以使上司耐心听完你的意见，对于问题的解决是有好处的。

(7)上司在玩儿得兴趣正浓时，你最好不要去打搅他

有的朋友以为工作很重要，于是在上司玩儿兴正浓时去请示工作，这样做效果是不会好的。你不是同他理论该玩儿不该玩儿，而是要正确处理工作问题。上司在工作中，利用休息时玩儿一下，也是合乎情理的。他那里象棋正双马卧槽，眼看将死对手，可是你这一说话，他一走神，对方的象飞了一匹马，他会高兴吗?另外，上司正玩儿棋，你去问工作，他的思想不集中，对事情的处理也是不利的。别人和上司都说："这个人太不懂世故，没有眼力，不看场合。"

有眼力的人，这时不但不请示工作，还会帮助上司出出主意，使上司的棋尽快取得全胜。当上司取胜收棋以后，你再同他谈工作，才是适合的时机。

(8)区区小事不要去麻烦上司

无论公事还是私事，都要掌握一个分寸，自己能克服的困难和能办的小事情，不要去麻烦上司。否则他会感到你这个人太无主见，缺乏独立工作能力。

(9)注意在众人面前与上司的交往

有些人，想接近上司，又不讲场合。比如，有的人在开会时非要每次都坐在上司的身旁，一边开会一边同上司咬耳朵。大家看着很不舒服，认为他(她)是有意讨好上司。就是上司本身也不见得舒服，他会不好意思的。

总之，在你与上司来往中，不要掺杂其他目的，一切都是正常的，那么时机和场合也就不难掌握了。

让上司看到你能干

一个下属要想尽快晋升，业绩上表现突出一些是最有说服力的，但这需要一个过程。光干得好还不够用，还要说得好才行，那么，当你完成一项工作之后，怎样说才能使你的业绩更有亮色呢?

(1)复述一遍上司的命令，让上司放心

上司做完指示后，你理解了上司的意图后，可以用这样的言语简要地重复一次："你说的意思是不是这样……"或"你看刚才你的话这样说……行吗?"这样做的目的是让上司放心地把工作交给你干，上司会对你产生这样的印象："他办事，我放心。"而且这样还可以记住命令的内容，不至于遗漏或做错。

(2)得体的言谈举止也能给上司留下能干的形象

在你未做出工作业绩以前，你要赢得上司的重视，你的言谈举止至关重要。

如果能记住一些别人忽略的偏僻知识并在公共场合讲出来，你会一"鸣"惊人。虽然你没读过几本鲁迅全集，但你若能把别人都没注意到的几部作品的写作时间、作者的写作心情及写作背景熟练地说出来，大家定能觉得你对鲁迅很有研究，从而对你很仰慕。

声音洪亮些，给别人一种自信的感觉，可以压倒听众。若是紧张得连话都说得不自然，那么你的才华就像"茶壶里的饺子"一样"倒"不出来。

姿态端正，给上司有魄力、有活力的感觉。古人说："站如松，坐如钟，行如风"是很有

道理的。站在那里要昂首挺胸,充满自信;坐下来挺胸伏案,才有个官样;走起路来要快而有节奏,给上司一种“每天很忙”的感觉。

与上司交谈,要双眼注视着上司,以示你在专心听他讲话。同时,要坐在椅子前端的三分之一处,身子前倾,以示你谦恭和正在认真地听取他的指示。

(3)服饰对你的精干形象关系很大

如果你穿衣服破破烂烂、皱皱巴巴,会给人一种龌龊的感觉,让人觉得你活得窝窝囊囊。记住:要把脸刮干净,把头发梳齐,穿衣服要考究、整齐干净,皮鞋一定要擦亮。这样才能给人以活力、生气。

(4)接打电话也能表现出一个人能干

接到电话时,要露出笑容。也许你认为对方看不见,干吗要这样做。心理学实验表明,你的心情一开朗,音调中自然会发生相应的变化,对方也可从中“听”出你的笑容,从而对你产生好感。

电话铃响后,比别人抢先接电话,给人以机灵、勤快的感觉,上司会看在眼里,喜在心里。接电话必须把内容搞清楚。例如,某高校学生组织要向你公司寻求赞助,你就应尽可能地多了解情况:寻找赞助要搞什么活动?这个活动能给公司带来什么收益?赞助的形式、金额、时间等都应搞清楚。这样向上司汇报时才能不被上司问住。

(5)学会使用带尾数的数字

为什么要这样做呢?我们可举例说明:一个部门经理要做一个项目急需资金,向上司申请了456万元,上司问他“为什么不申请500万元”,他回答说“456万元就够了,多申请了也用不着”。上司被这位下属为公司精打细算的敬业精神所打动,很快就批准了那个经理所需的钱。

所以,你应为公司着想,为上司着想,在工作中尽量把数字精确到尾数,这样上司会被你的节俭精神所感动而加深对你的印象和信赖度。

代替上司下地狱

上司所管的事情很多,但并不是每一件事情他都愿意干、愿意出面、愿意插手,这就需要有一些下属去干,去代上司摆平,甚至要出面护驾,替上司分忧解难,赢得上司的信任。

有些人很不注意上司愿意干什么工作、回避什么事情,往往容易得罪上司,惹出麻烦。某县化工厂因产品质量问题严重,引起社会关注。省电视台记者到该化工厂采访时,最先碰到该厂办公室主任刘某,刘某怕说不好承担不起责任,就对记者推卸说:“我们厂长在办公室,他说了算,有事你找他去吧!”结果,记者闯进厂长办公室,把厂长抓了个正着,厂长想回避也躲不开了,硬着头皮接受了采访。事后,厂长得知刘某不仅不提前通风报信,还说了那样一句话,很生气,很快便炒了刘某的“鱿鱼”。

刘某的教训很深刻,记者采访质量问题本不是光彩的事。按道理,从为上司着想的角度讲,他除了应实事求是地讲明问题的原因外,还应该维护上司的面子,替上司分忧,而不该把事情全推到厂长一人身上。

一般地讲,上司有几愿几不愿。白领对此要了然于胸。

(1)上司愿意做大事,不愿做小事

从理论上讲,上司的主要职责是"管"而不是"干",是过问"大"事而不拘泥于小事。实际工作中,大多数小事由下属承担。

从心理学的角度分析,上司因为手中有较大的权力、较高的职位,面子感和权威感较强,做小事在他看来显然降低了自己的"身份",有损上司的形象,比如接电话、组织市场调查等都是上司不愿意干或不愿介入太多的。这些事情只能由下属分担了。

(2)上司愿做"好人",而不愿做"坏人"

工作中矛盾和冲突都是不可避免的,上司一般都喜欢由自己充当"好人",而不想充当得罪别人或有失面子的"坏人"。

一位作家在《如何与上司相处》一书中举了个实例,香港有位企业巨头,是出了名的"好好先生",那是因为任何人跟他谈任何事情,从来都不会得到否定答案。当然他并非是有求必应的"黄大仙"。碰上他真想合作的对象或他肯出手相帮的人,就会亲自出面,卖个人情。不然的话,一律由他的下属以各种不同的理由回绝对方,他是不会露面的。

愿当好人,不愿演丑角的心理是一种很普遍的上司心理。此时,上司最需要下属挺身而出,充当马前卒,替自己演好这场"双簧"。当然,这是一种较艰难而且出力不讨好的任务,一般情况下上司也难以启齿向下属明说,只有靠一些心腹揣测上司的意思然后再去硬着头皮做。做了上司心里有数但不会公开表扬你;如果下属因为粗心或不看上司的暗示而把他弄得很尴尬,上司肯定会在事后发火。

(3)上司愿意领赏,不愿受过

闻过则喜的上司固然好,但那样高素质的人却寥寥无几。大多数上司是闻"功"则喜,闻"奖"则喜,鲜有闻过而喜者。在评功论赏时,上司总是喜欢冲在前面;而犯了错误或有了过失之后,许多上司都争着往后退。此时,上司亟待下属出来保驾,敢于代上司受过。

代上司受过除了那些原则性或特别严重的错误外,实际上无可非议。从组织工作整体讲,下属把过失揽到自己身上,有利于维护上司的权威和尊严,把大事化小、小事化了,不影响工作的正常开展。从受过的角度讲,代上司受过实际上培养了一个人的"义气",并使自己在被"冤枉"的过程中提高预防错误的能力。结果,因为你替上司分忧解难,赢得了他的信任和感激,以后上司一定会回报你,给你"吃小灶"。

行动胜过语言

事实胜于雄辩,行动胜过语言。人生难得机遇,在上司面前,不要错过表现自己的好机会。

(1)挺身而出

常言道:"疾风知劲草,烈火见真金。"在关键时刻,上司才会真切地认识与了解下属。当某项工作陷入困境时,你若能挺身而出,定会让上司格外器重你。当上司本人在思想、感情或生活上出现问题时,你若能妙语劝慰,也会令其格外感激。此时,切忌冷漠无助,畏首畏尾,胆怯懦弱。这样,上司便会认为你是一个无知无识、无情无能的平庸之辈。

(2)精明强干

上司一般都很赏识聪明、机灵、有头脑、有创造性的下属,这样的人往往能出色地完成任务。有能力做好本职工作是使上司满意的前提。一旦被人认为是无能无识之辈，愚蠢、懒惰，便很危险了。

(3)不争功劳

中国人在讲自己的成绩时，往往会先说一段客套词：成绩的取得，是上司和同志们帮助的结果。这种套话虽然乏味得很，却有很大的妙用，显得你谦虚谨慎，从而减少他人的嫉恨。越是好东西，越是舍不得给别人，这是人之常情。要是你有远大抱负，就不要斤斤计较眼前成绩的取得究竟你占有多少份，而应大大方方地把功劳分给你身边的人，特别是分给你的上司。这样，做了一件事，你感到喜悦，上司脸上也光彩，少不了再给你更多的机会。如果你只会打眼前算盘，急功近利，则会得罪身边的人，上司也会认为你是功利心重之人，将来一定会吃亏。

(4)善举无声

比如说自己的一些功劳悄悄地让给上司。不过，对上司让功一事切不可到处宣传，如果你不能做到这一点，倒不如不让功的好。对于让功的事自我宣传总有些邀功请赏，不尊重上司的味道，千万使不得，最好由被让者来宣传。虽然这样做有点埋没了你的才华，但你的同事和上司总会还给你这笔人情债，给你一份奖励。因此，做善事就要做到底，不要让人觉得你让功让得虚伪。

(5)勇担责任

上司在工作中出现失误，千万不要幸灾乐祸或冷眼旁观，这会令他极为寒心。能分担责任就分担责任，不能分担责任可帮他分析原因，为其开脱。此外，还要帮助他总结教训，多加劝慰。持指责、嘲讽的态度更易把关系搞僵。那样，你就再不要指望上司赏识你了。

(6)不发牢骚

不要在私下发上司的牢骚。须知"隔墙有耳"，打小报告的人正在寻找材料好去告密，你的议论为他的拍马屁正好提供了时机，倘若把你的话添枝加叶，传到上司的耳朵里，你辛勤工作的成绩可能会因几句牢骚话而抵消殆尽。

不要轻易说"不"

当手边的工作堆得像山一样高的时候，难免会让人喘不过气来。若不是碰到特殊状况，就是上司认为你还做得来。能力不佳的人是不会有一大堆工作可做的。

因此，即使你被工作压得喘不过气来，你仍然必须好好地自我调适。如果你一面对繁杂的工作就摇头叹息或大发牢骚，那你可就无法出人头地了。

即使面对堆积如山的工作，你仍要一件一件地耐心处理，在翻过重重崇山峻岭之后，总有拨云见日的一天。只要能够渡过这个关卡，你的实力就会受到肯定，更能够受到公司的信任。

当上司交代工作给你的时候，千万不可说："做不到！"或是"这太难了！"

你这么回答很容易就会让上司认为你是个"没有能力的人"、"缺乏工作热忱的人"、"毫无韧性的人"。

况且，一旦你有了第一次拒绝上司的经验，第二次也会满不在乎地拒绝，然后这就变成了你的习惯。这才是一件很可怕的事。

在业务员的销售技巧上有一招:从一开始就让顾客回答"是",在回答几个肯定的问题之后,再提出购买要求比较容易成功。

和这个道理一样,当你一开始说"做不到"或"不行"的时候,你就已经陷入了否定自己的旋涡,然后你会拒绝任何的工作机会而成为一个消极的人。

所以,你必须努力地做个绝不说"不"的人。当他人都认为你是个"不会拒绝工作的人"时,你就是个有金字招牌的积极上班族。

然而,人的能力终究是有限的。当上司要求你在一定的期限内完成工作,而你根本就做不到的时候,那该如何是好?

当上司要求:"10号以前完成!"

你可千万不要回答:"不行!"

你可以告诉上司:"12号完成可以吗?我一定会努力做的。"

当上司询问:"这件事你一个人做会不会有困难呢?"

你可以回答:"如果有一名助手的话,可以提早完成。"

至少"不"字不是从你口中说出来的,这一点就可以让上司对你另眼看待,认为你是一个积极的工作者。

但是,你可不能因为不可说"不"而轻易地答应任何事,要根据具体情况灵活掌握。

做埋头苦干的老狐狸

在公司里,白领表现自己的长处,要把握好分寸,最好是做一只埋头苦干的老狐狸,出力又讨好。

(1)表现勤快些,可以给上司留下干练的印象

现在有这样一种不良的风气:工作效率低,做事拖拉,上司交给的工作不能及时完成,在上司面前摆架子等。患有这种"病"的人为数不少,特别是刚刚走出校园踏入社会的大学毕业生。他们中的一些人往往不屑于做那种扫地打水之类的小事,而大事又做不了。这种下属是不可能给上司留下好印象的。

相反,对于一个勤快的下属,上司会青睐有加的。毕业于某名牌大学的张建军在进了某公司后,勤勤恳恳,并没有把自己在校园中的"傲气"带入机关。对公司的上司和年长的同事,见面时都热情地打招呼。每天早晨提前半小时就赶到公司,把办公室的地板拖干净,每个同事的办公桌也擦干净,然后去打开水,给上司和同事先沏上一杯。上司对他的印象很好,同事们也交口称赞。

这里,我们奉劝刚刚走上工作岗位的年轻人:人际关系和业务能力对一个人的社会声誉都是很重要的,千万不要因为是件小事就不屑于去做。其实,小事更容易表现出一个人的处世态度和办事效率,更容易在上司面前表现自己。

(2)学会察言观色,领会上司的意图和潜台词

上司交代你去做一件事,有时不便直截了当地告诉你。有时把话说到七分,剩下的三分就要靠你去揣摩。经常听到上司说某某"悟性太差,一件事交代了几遍也领会不了

意图”,也听到有的上司说某某“脑瓜灵,一点就透”。

当然,“揣摩功”要想练好并非易事。李莲英堪称这方面的大师级人物。李莲英原来只是一个给慈禧梳头的很不起眼的小太监,慈禧性格喜怒无常。在李莲英之前的几个小太监都是因为悟性太差而被杀头。白领要在工作中时时、事事、处处练习判明上司的意图才能早日成功。

(3)该出手时就出手,换取上司青睐的目光

俗话说“不怕不识货,就怕货比货”,一个人在公众场合下表露自己的水平和能力,就是为了创造一个可比较的局面。上司要提拔某个下属,但怕众人不服,只有拿他的能力和业绩与其他的人相“比”,让事实说服众人,上司才能免遭偏袒之嫌。因此,一个聪明的下属应能体会到上司的这种难言之隐,多在公共场合下表现自己,以此换取上司的垂青。

(4)能谋大事,方能受到上司的器重

小事比较容易表现自己,但在小事上做得好只能博得上司的好感,而不一定能得到上司的重用。因为,上司器重一个下属的能力和业绩,而不只是他的品德,仅靠做小事博得上司好感的人也许只能平平凡凡地度过一生。

因此,如果你想成大事,必须有自己的一手“绝技”,别人完成不了的事你能做得很好,这样一比,上司对你的印象就深刻多了,以后你也许就红运当头了。

(5)自我表现时,不能与上司作比较,给上司一种满足感

一些能力强、学历高的人在表现自己的才华时往往恃才自傲,与上司形成对比,甚至贬低、蔑视上司。这样的下属很容易被上司打入“冷宫”,自己的优点再多,但因刺激了上司的自尊心而不能引起上司的心理共鸣,只能束之高阁。

李才杰是某名牌外语大学毕业生,分配在外事部门工作。由于他一口英语讲得很流利,开始时上司很器重他,准备派他出国深造,但一年后,这个很让人眼红的机会给了另一个和他一起进入这个公司的同事。而此后,李才杰在公司待得也很不顺心,最后辞职去了另一家公司。

事后,有人问起他原因,他不无遗憾地悔恨自己在原公司太爱卖弄了,动不动和上司交谈两句英语,正巧这个部门的一位副职上司是位老干部,没学过英语,所以小李的行为很让这位上司厌烦,于是这位上司就把“小鞋”给他穿上了。

由此可见,具备出色的能力以后,白领还要学会低调做人,才能处理好各种关系,为自己赢得腾飞的机会。

走好自己的晋升之路

晋升之路并非坦途,而是充满了种种艰险与不确定性。白领们必须头脑清醒、保持冷静,才能一路走好。

(1)先要好好表现

在工作中,积极主动承担新挑战是使自己得到更高的位置的一种办法。只是往前迈一步——积极主动——常常会唤起你内心世界中获胜的必要的东西。从某种角度讲,你

要积极主动做那些你认为完全有机会成功的事。

积极主动帮助某人排练演讲。把自己当做听众,共鸣板或是一个批评家。积极主动批阅某人的报告、重要信件或战略计划。例如积极主动承担一些你上司最近想要解决的难题,让他知道你愿意帮助解脱他的压力。当然,在任何情况下你都不要主动做那些既费时间又费精力的事情,只主动去做那些在你的能力和精力所能及的事情。

当让你承担新的具有挑战性的任务时,你原有的其他的任务也许需要重新分配或安排。总之,随着你们公司里的人越来越认识到你的价值,精明的上司会让其他人处理比较低水平的事情。他们绝对不会让明星去抬冷水器的。

(2)要好好争取

你首先要想好自己晋级幅度。参考的相关因素包括你部门的配额和你所在岗位的提升幅度。如果你事先没有搞清楚,就估定一个合理的百分点,其后就去约见上司。如果这样做太声张,可以换个方法,至少定一下时间。你也可以请他(她)用午餐。无论如何,你应该让他明白你有要事和他讲。不要细谈,仅告诉他你想就晋升一事和他商谈,以便于他有时间准备答复。

一旦你们面对面要开始谈时,一定等双方落座。如果你站着讲话,谈话会缩短。也许是上司被叫走;也许是长时间站着为自己争利益令你不舒服。因此坐着与上司讲话能赢得时间。你要清楚既然上司已经明白你有要事和他讲,那么说好了。开始的措辞要无可驳斥:你一直工作很好,独立性强,能够预测困难并做出相应准备,帮助他人,加班加点,对公司而言价值日升等。如果有用的话,提出平等待人问题。并指出其他公司相同经历、学历和年龄的人拿多少薪金。也许你的上司本人可能轻视你的理由,但你的说法毕竟留下了印象。如果你能做到的话。准备一些确切数据,最好写下来,以支持你的要求,证明你不是空口无凭。

(3)要耐心等待

如果每次谈话你都达到了目的,你是赢家。但常常是你的上司提出下次再谈谈,你要表示同意。而这期间,工作还要继续努力,闭口不提这个问题。如果再会面谈起时,要补充新的观点,如前一周你完成了什么,你主动承担整理了什么计划,你几次打电话过问并确定了什么。你不但要提到你所做的有目共睹的事,还要强调你所做的而别人忽略了的小事。如果对方还没有答应,应该说:"那好吧,下一次什么时候谈?"让你的上司做出承诺。如果他(她)说"下个季度"、"六月份前"或下一次什么时候前,很好。切记,有些情况下,你的上司确实财力有限,给他(她)时间筹措。

走好你的晋升之路,你终会出人头地。

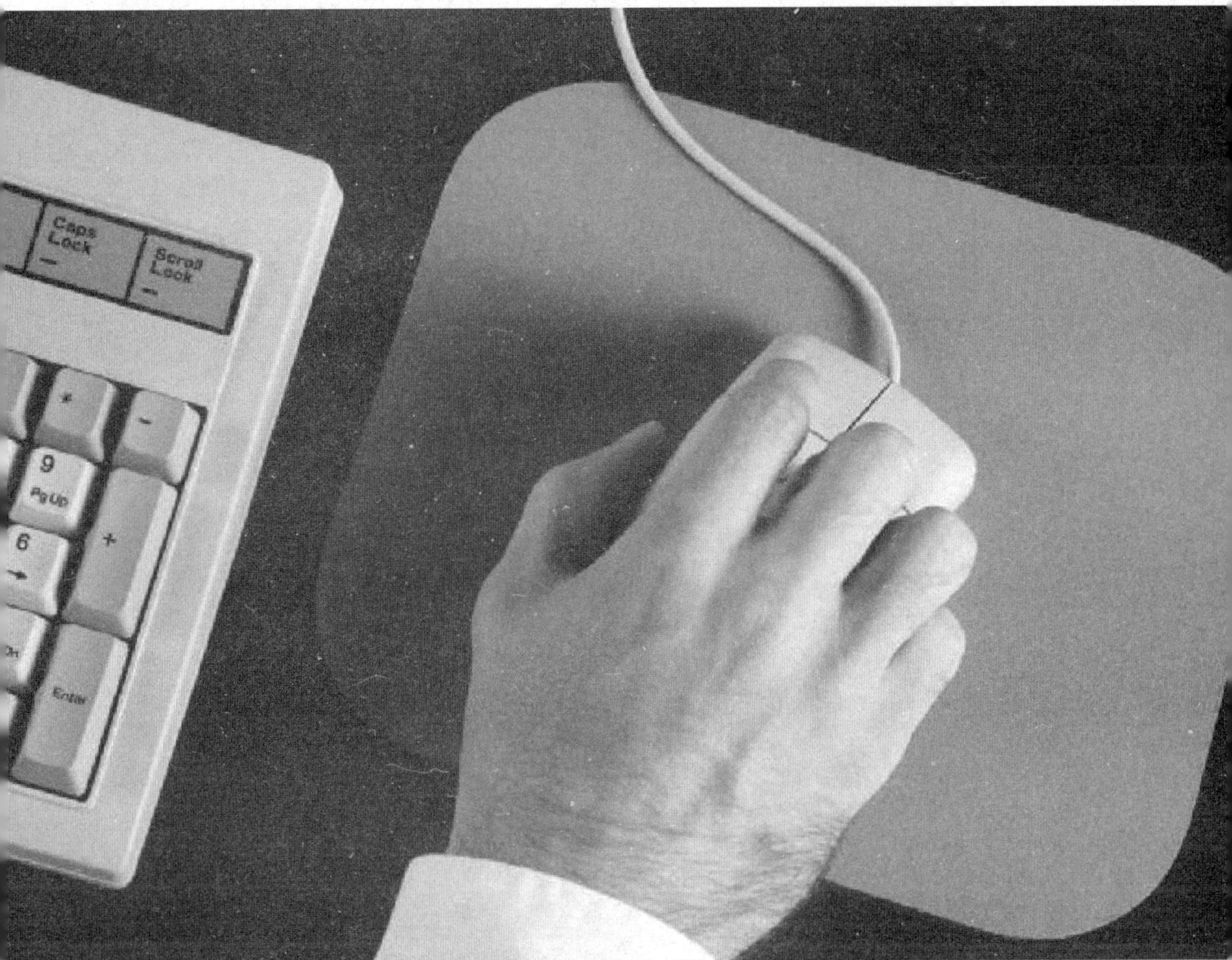

下 篇

为人不可太露，
为人不可太躁，
为人不可太狂，
为人不可太善。

厚黑方略十七

天生我材，与众不同

天生我材必然与众不同，这个世界永远只有一个你，你是不可替代的。一定要树立“我最了不起”的信念，这不是狂妄，而是一个人自尊、自信的起点。自尊者，人尊之；自信者，人信之。

全力打造自己的招牌

你是否问过，什么是妨碍你成功的最大敌人？可能你不会想到，人的一生妨碍自己成功的最大敌人便是自我贬低——自己瞧不起自己。自我贬低的表现多种多样，比如说，你在报纸上看到一则招工广告，那可能是你朝思暮想的职位，但是你却不敢应试，因为你想："我不够格干这事，为何要去自寻烦恼？"或者你想追求某个出众的女孩儿，却不敢向她表白，因为你老是觉得自己配不上对方，自然就不可能将她追到手。由此可见，自我贬低极大地妨碍了自己的长处的发挥，也就为你的成功大大地打了折扣。

如果你对于某项工作确实不能胜任，不妨交给他人去做，但是切忌自己把自己看低。在竞争中，如果你连尝试一下的勇气都没有，未战先降，就是妄自菲薄的典型表现。患上妄自菲薄病症的人，一定要设法脱离苦海，尽量以一颗平常心看待自己和他人。

自古以来，哲学家们便已经给了我们一个极重要的忠告：了解你自己。但是许多人却把这一忠告译成是仅仅了解消极的自我，他们过多地看到了自己的缺点、短处和无能。

知道自己的先天不足是一件好事，因为任何人毕竟都有缺陷。但是，如果仅仅知道自己消极的一面，那情况就很糟了，这就会使你觉得，自己生活的价值不大。其实，每个人都会有自己的特长，也会有自己的缺点。长期传统的封闭教育，使中国人大多以谦虚为美德，而太露锋芒则会遭人妒忌。所以，对自己的长处，人人都会下意识地加以隐藏，即使人家称赞自己，也往往会觉得不好意思。

凡事不可太过，谦虚固然是一种美德，但是如果谦虚过度，以为自己真的一无是处，或者说自己看不起自己，就会陷入妄自菲薄的境地。

下面是几个帮助你打造个人招牌的办法：

①了解你的几个主要方面的长处。请几个客观的朋友来帮你寻找优点，也许有你的妻子，你的上司或者一位教授参加。总之，找一些聪明的人，他们会给予你真实客观的看法。

②在每个优点之下，写下一个成功者的名字，而这些人都是你认识的，已取得极大成功的人。但在这几个方面，他们却比不上你做得好。

当你结束这一练习时，你会发现你超越了许多成功者，至少在某个方面超越了他们。这样你会得出一个结论，你比你想象中的自我要伟大得多。为此，让你的思想跟上真正的你，再不要瞧不起你自己！

世界著名拳王阿里在赛前总要自我吹嘘。他告诉新闻界："我将在五秒钟之内把对手打倒，他将会招架不住。"他说这句话究竟有何目的呢？其实只是为了最大限度地利用自己的长处，抑制对手长处的发挥，仅此而已。事实也是如此，他的对手听到这话时，自信心就开始动摇，不敢肯定自己。比赛前当裁判解说规则时，阿里便瞪着他的对手，像是告诉他，"哼，你不行，我将给你颜色瞧瞧！"这些做法都帮助他在比赛中把自己的长处发挥得淋漓尽致。

还有一个同样的事例，据说在国际乒坛上横扫千军万马、常胜不败的邓亚萍，之所以令所有对手望而生畏，原来她有一个秘密武器——那双锐利、凶狠的眼睛。凡是与邓亚萍打过比赛的人都有这样一个体会，即不敢看她的眼睛，在比赛中谁要是不小心看到她的眼睛，心里准发毛，技术水平很难正常发挥出来。而此时的邓亚萍则可以充分发挥自己的特长。此长彼消,比赛焉能不胜。

在人的一生中,将会有各种的对手,各类的障碍。你的每一天都好像是在竞赛,你可以是胜利者,也可能被打败,那么为何不成为胜利者呢?这将会是更刺激、更有趣的美妙时刻。

其实你完全不必告诉你的对手,你将给他们颜色瞧,你只要积极地告诉自己,你是最伟大的,你肯定行就可以了。马上去做吧!现在立刻把视线从书本移开,大声地说:“我是最伟大的!”假如你现在是一个人独处,那么就大喊它三次,使整个墙壁都震动起来。相信那声音听起来一定很过瘾,不是吗?

任何时候你都要记得,你的长处远远没有发挥出来。科学家告诉我们,人类平时使用的能力充其量也只有其全部能力的十分之一。这话可能有点笼统,但有一点却是可以肯定的,如果你有较强自信心的话,那么你的表现肯定会比现在更好。

所有成功的人士,固然有多种不同的方式,但总归起来却只有一句话:全力打造自己的招牌,使自我潜能得到最大限度的发挥。这样,你将会发现自己很了不起。

把自己卖个好价钱

热心于推销自己的孔子常常将原则抛在脑后。

公山不扰是季氏的家臣,他占领了费城造反后,派人来请孔子,孔子很快地就到他那里去了。于是他的大弟子子路很不高兴地说:“若真是没有地方去,那也就罢了!为什么一定要应公山不扰这个人之请呢?”

孔子听了说道:“凡是来请我的人,难道会毫无诚意地来请我吗?他总会有用我的心啊!如果有肯用我的人,我便可拿文武周公的教化去治理,使鲁国重振,而成为东周。”

在那个时代,即使是在鲁国,支配者间的争斗也很激烈。反对党中的五个人季寤(季桓子弟弟)、公狃极、公山不扰、叔孙辄、叔仲等都要求阳货的保护。于是阳货放弃季桓子,立季寤为首,叔孙辄为叔氏之首。而阳货本身则放逐孟懿子,自为孟氏之首,企图利用自己的学派独占鲁国。但这个计划事前已被执政者察觉,政变失败。而这时,连公山不扰也以费城为根据地起兵造反,以支援阳货等人的政变。因此,平日知道孔子是强调“君君、臣臣”等上下支配秩序的子路,认为孔子原本无论多么难以找到工作的时候,都不愿屈就,而这回孔子却到叛逆者手下就职,这不是自相矛盾、自打嘴巴吗?于是苦言相劝。

但正希望为人所用的孔子,从年轻时就已学会了种种技艺苦于没有机会可以表现,况且在形式上鲁为周之臣、季氏又为鲁之臣,正是所谓分公司的分公司的分公司,而若进入这最底层的分公司,也可借此获得出人头地的机会。所以也就顾不得理论上的前后一贯性了。而西周为犬戎所灭之后,平王将都城移至洛阳欲复兴东周,而其所复兴的又哪里是周的文化呢,只不过是在错误的前提下想要建立真理而已。李卓吾忍着羞耻以救民众、五代的冯道侍奉过五朝八姓十一君的情形更被批评为无操守的代表,而其所获得的成就不正和所受的恶评相互矛盾吗?孔子也许正是因为一直未受重用而心急,所以才会沦落到这种只要有人肯用他他就去的地步。

后来他虽听从子路的话，没有去找公山不扰，但仍继续找机会想做官以一展身手。

佛慎是晋大夫赵氏的家臣，他派人来请孔子，孔子想到他那里去。而子路却说："从前我曾听夫子说过：'真正坚硬的东西，任你怎么摩擦，仍然不会变薄。真正白的东西，任你怎么去染，它也都不会变黑。'所以我不管走到哪里，遇到何种情况，也都不会改变的。"

当时，晋国的派系之争也很盛。有力的派系赵简子因受其敌对派系范氏、中行氏的攻击而逃入晋阳。晋定公率兵包围晋阳，与赵简子同党的荀栎、韩简子、魏襄子等则移兵攻打范氏，范氏、中行氏败走朝歌。这时，范氏的家臣佛慎，拥有中牟而投向卫国，这很明显是反叛晋国的行为。而子路自然对孔子接到这反叛者送来的就职通知而感欣喜一事大惑不解，故苦苦相劝。因此，孔子又放弃了这次任官的机会，但他却丝毫没有放弃做官的念头。

了贡见孔子不去做官，便譬喻着说："这里有一块美玉，是该放在柜子里藏起来呢？还是该求得好价钱把它卖掉？"

孔子说："卖掉！当然要卖呀!我正在等待合适的买主上门呀！"

社会生活中，每个人都追求自己的人生价值，渴望赢得成功，说到底，是要把自己卖个好价钱。

拼出自己的权威来

权威就是一种高高在上的社会事物，它是一种被广泛接纳和认可的个人成就或团体成就。权威不同于权力，权力在人类文明较低的水准上，充满了血腥、暴力、镇压等阴暗的色泽，而权威则带有更多公益、创造、与他人无害等方面的可肯定的因素。

权威是一个人或一个群体经过高度努力后的大成就，大接受。一个在知识经济时代竞争的人，应该具有这种创造性的大成就，这种大成就也即是专家化、权威化、多有创造和著述等。在这种意义上，权威也即是一种品牌效应。这种品牌可以是个人的，也可以是机构的，也可以是一种观念的。

作为一种品牌，权威可以待价而沽。尤其在商业主义消费文明中，品牌更是商家争取市场和消费者的一种强力手段和方式。品牌可以直接用铜板兑换。如果一个人或一种商品能够具有一方面或某方面的权威性(即一般品牌)，那它便具有了超常的价值标准。

譬如中国影后刘晓庆，一本关于她的传记，只有一个标题，并无内文，便以 108 万元人民币的天价转让出手。刘晓庆这部个人传记，如果没有刘晓庆"中国影后"的品牌(行业权威性)效应，便可能一文不值了。稍后的新影后巩俐，有人对她的传记也开口 50 万元人民币索要，这都是个人品牌在起作用。

鉴于此，追求个人品牌或团体品牌，应是现代社会人们努力的一种方向和价值尺度。

但是具有权威并不是一件十分容易的事情，这种在最高层面上的角逐会有更多因素起作用才能生效。这犹如在针尖上较劲，比画动作、站住脚都很难。这除了具备专业方面的知识和能力外，非专业性的知识和能力也至关重要。换句话说，一个成为权威的人或商品或其他什么东西，都必须有很过硬的专业能力和水准。同时还要具备其他很多一般性的各类条件。

过硬是权威的一般要求。譬如阿根廷足球明星马拉多纳，他要在世界足球界、阿根廷足球界获取名声和权威，就必须有超常的意志，超常的训练，超常地调动自己的身体和智力，同时遇上较好的老板、教练、比赛机会和临场发挥时机等，这些是要蜕三层皮，熬过百般艰难，然后才能看见成功希望的。最后，马拉多纳才能挺起成功者的腰板。这样看来，马拉多纳作为世界足球先生的胜利者的微笑不是轻易能够笑起来的。

在优胜劣汰的现实竞争中，要建立自己的权威和自己的品牌，必须动一番脑筋，下一番苦功，做到这样，才能够成为生活的宠儿。

“吹”出你的锦绣前程

你的信心除了来自你的形象、心态以外，口才也是不可或缺的。

(1)多用肯定的语气

在日常的谈话中，说者往往无心，但却常造成听者有意。如要我们处处以肯定的语气表达我们的想法，有时虽会被误解为独断独行、自高自大，但是一般给予人的印象是“有自信”、“有魄力”、“有主见”。相反，模棱两可、含糊不清的话语，虽说有时能收到左右逢源的效果，但更多的是使听者不耐烦，给人的印象是“缺乏自信”、“优柔寡断”、“性格懦弱”。

说到底，用肯定的语气谈事情，可表现为人乐观、开朗的一面，而乐观、开朗的一面则让人联想到其他更多的好印象。如“有进取心”、“有干劲”，像这样拥有这么多优点的人，谁不愿意与其交往呢?

说话多用肯定的语气，就意味着要少说“不”字，尤其是谈到自己时，即使是想表现谦虚的态度，最好也不要使用“不”字。

“不行，不行！像我这种低微的人怎么担当得起重任”、“我的能力不够，恐怕有负你的厚爱”，像上述这些自我贬低的话，我们常可听见。或许本人的意思是想表现谦逊的态度，但如果你不想被人认为是个忧郁的人，你最好不要轻易使用这种“自贬语”。

不断地说自己不行，绝不会获得谦恭的美名，只会将自己那原本还有一些的好印象毁得一塌糊涂。

在谈到自己时，一定要像谈到其他事情一样，多用肯定的语气：“我能行!”

(2)不要支支吾吾地小声说话

通常，在会议上声音大的人比声音小的人占优势。声音大的人所提出的意见确实会引起别人的注意。因为声音大，首先在气势上就能给人一种冲击。这必然会对听者产生一种良好的效果。

支支吾吾地小声说话容易让人觉得：这个家伙是不是心中有鬼而在试图遮掩呢?一旦人家有了这种先入为主的成见，你在别人心中的印象就算完蛋了。就是你的话语内容再精彩、再天花乱坠，人家也不相信你了。总觉得你在花言巧语。

而且，更为致命的是，你的支支吾吾小声说话容易给人带来听觉上的困难。语言前后不连贯，声音又小，容易让人无法了解你在说什么，想传达什么样的信息，这样，听者就更对你不放心了：他连你对他说的话都不知道，怎么能够信任你!

克服支支吾吾小声说话毛病的一个重要方法就是在你起头说话时，就应以高嗓门的形象出现。如果你在说第一句话时就有气无力，就很难指望下面的话声音洪亮了。

如果能做到说话的过程中抑扬顿挫，该高的高，该低的低，那就更能打动听者的心，你在他心目中的印象马上就会高大起来。

(3)充满信心地常用大人物的乐观词汇

你经常读人物传记吗?你会发现那些大人物的言辞有一个共同特点：他们在激励别人时经常使用乐观词汇，诸如“我们即将成功”、“我们战无不胜”等。

难道事情真的有这么乐观吗?不一定，更多的时候事情是扑朔迷离、难以预料的。但如果大人物本身都表现出迷茫不知所措的样子，那么他的下属就更不知何去何从了，事情还没开始就没了高昂的士气，成功的机会必会大大减少。

我们虽不是大人物，但可以仿效他们。一个人所掌握的词汇量固然重要，但更为重要的是他对这些词汇的运用以及这些词汇对他人的影响程度。

当你说或写时，从某种意义上讲，你是一架给别人放映电影的放映机。你所制造的这些图像反过来又将决定你自己及他人的思想情绪反应。

假如你告诉大家说：“对不起，我得告诉大家，我们失败了。”这些人将会想到什么?他们只会想到由“失败”一词联系的很多东西：一切努力都白费了；前途悲观；沮丧……如此悲哀的群体再想振作起来，恐怕就不那么容易了。

但是，同样面对失败，你可以拿出“二战”时丘吉尔面对伦敦被炸时的勇气，坚定地告诉大家：“我们的努力暂时遇到一些麻烦，但我们的热情和理智还存在，这儿还有一种办法，我想我们最终还会成功的!”此言一出，大家必会振作精神，以图再搏。

自尊者，人尊之

自尊心人皆有之。自尊的人在交往中很有自信心，因此他们在与他人见面和交谈时能够做到不卑不亢，落落大方。遇到强者，不会自惭，失去风度；遇到可能遭受的误解或困难，毫不气馁；遇到人格蒙受侮辱，则敢于挺身而出，进行自卫；遇到弱者，会同情帮助他们。总之，自尊的人在交际应酬中总显得一身豪气，游刃自如，也能得到别人的尊重。

在社交中，自尊心强的人往往性格活泼，喜欢接触人，好胜心强；他们喜欢说心里话，喜欢发表自己的见解，却不专心听取别人的意见；他们很容易兴奋、冲动，却很难抑制这种兴奋与冲动。

自尊心较为平常的人能够较自由说出自己的见解和表达思想感情，说话办事能够考虑场合和对象；他们把人与人之间的关系看成是美好的，不多愁善感，却容易满足，不求进取；当受到批评和指责时，不会为此感到烦恼不安，但会引起很大的警觉。

自尊心弱的人往往自卑自贱，不相信自己，整天无精打采；他们既感到孤独不幸，又不喜欢交际；他们以沉默回答别人的挑逗，好像有什么灾难威胁他们。显然自尊心太弱是不利于交往的，倘若把自己看成是生活舞台上可有可无的角色，自觉得事事不如人，自轻自贱，自暴自弃，“足将进而趑趄，口将言而嗫嚅”，那么便会永远窝囊地活在世上，无益于在社会立足和处世。

那么我们应该具有怎样的自尊心呢?自尊，有自爱、自重之意。具体来说有这样几种含义：

第一，爱护名誉。墨子讲："名不徒生，而誉不自长。"名誉是人们对一个人的评价，是社会对一个人价值的衡量。人生在世，应该爱护自己的名誉，并且把这与爱护集体的荣誉统一起来。

第二，爱护自己的历史和前途。历史是自己的过去，前途是未来。自尊，就要爱护自己的历史和前途。

第三，爱护自己的生命。随便糟蹋身体如狂食暴饮之类，随便糟蹋生命如轻生之类，显然都不是自爱的表现。

第四，爱护时间。一切存在于时间与空间之中，没有时间就没有一切。爱护自己，就不能不爱护时间，要一以贯之，并赋时间以意义。

第五，爱护人格。人格即人品，人的道德品质。人格囊括了情操和志趣，谦逊和自尊，忠诚与信义，正直和诚实，勇敢和谨慎，俭朴与慷慨，廉洁和奉公，热忱与淡泊，等等。

简而言之，自尊就是自己瞧得起自己，不因自己的地位低微而自贱，也不因职业平凡而自卑。可现实生活中总有人做不到这一点，觉得自己这也不舒心，那也不如意，自怨自艾，妄自菲薄。

一个青年人刚从大陆到香港工作。有人在电话里问他，有什么新鲜的感觉。他告诉说，他有一个非常强烈的印象，就是大陆的服务质量比香港相差太多。在香港，各种服务周到规范，而最令他震撼的是，那些服务人员都很自尊。比如负责他房间保洁的是一个老太太，她高高兴兴地干自己的工作，以极其坦然的态度和客人聊天，一点也不觉得自己比别人矮一头。

美国人的自尊与香港人有着大致相同的特点。《读者》杂志中有一篇文章，也谈到了类似的现象：很多美国人虽身为社会下等阶层，但也是心满意足。当你出入豪华宾馆时，为你叫车的男孩不卑不亢，你会感到他的自信。他未必羡慕你选择的道路。千千万万的美国人按照自己的实际情况选择了职业，选择了生活的各个方面，也活出了一份自尊。于是，让那些在本国高高在上的贵人们到了美国就傲气顿失。

不被狗眼所看低

某先生讲过一件很普通的事，很值得我们深思：

夏天的一天傍晚，我去看望一位香港来客，因这家饭店距我家很近，因此我没有更换整洁点的衣裳，穿着旧布衬衫就去赴约。守门的警卫见我穿着如此寒酸，立刻绷紧了头脑里的那根弦，盯着我上电梯又走过来盘问，弄得我一时非常尴尬。我不得不面带嗔怒地给了他几句，他才不好意思地悄悄走开，不过我的心里却感到很别扭。跟朋友说了这件事，他笑笑说："你这身打扮是差点儿。"从此只要是去这些地方，不管多么匆忙，我都要换件像样的衣服。

诚然，"狗眼看人低"，以貌取人让人觉得没有教养，其实反过来一想对穿着打扮不花一点心思，任由自己的性子来，是否对人也不够尊重呢？

就拿佩戴首饰来说吧。许多女性佩戴首饰，完全不是出于美容或炫耀目的，而是为了社交需要，为了能在正式的场合中体面。身为人妻且丈夫聚会很多者、从事公关或礼仪接待工作者等多半属于此类。一位妇女的心态是这种心理的鲜明写照:“其实我不喜欢戴首饰,平时在家或外出我就不戴。但每逢到我丈夫有宴会或要参加一些重大聚会活动时,我就不得不戴了。这样庄重的场合,不戴有些不合体统。而我先生这样的活动却很频繁,因而我不得不买了很多首饰。”

其实,做人的技术很大部分不过是创造一个好形象,只要有办法做到,让人不敢小瞧是再正常不过的事情。下面有几个办法供选用:

(1)购买“豪华配件”

只要你外表不像吝啬,不知者不会知道你吝啬。一件豪华配件,例如一块“劳力士”,其实很能保值。不少古董表更能升值。花几万元买一只名表,充完阔佬之后,将来万一卖掉,说不定还有钱可赚。

曾有一个洋朋友开法拉利跑车,好不威风,开这样的车,人人都说他是豪客。其实此人托人买到便宜的二手车,每次卖车都赚钱。于是他每年换车,像有钱人。

在佩戴首饰的女子大军中,不乏这一类人,主要目的是要在人群中体现其高雅、家庭殷实富有,以示鹤立鸡群。有着这样心理的女性,往往追求高级名牌的首饰,并常以此为资本在同事或同伴中炫耀。

(2)流行时尚也会给人很“酷”的感觉

时下的偶像明星,穿着打扮上无不出奇制胜,就是希望留给观众鲜明而深刻的印象,吸引更多影迷、歌迷。

跟随这阵偶像旋风,不少人都染黄了、染金了、染白了头发;男子蓄长发穿长裙,女人理平头穿西装打领带——男不男,女不女,老不老,少不少,乱七八糟,奇形怪状,似乎是这股潮流的重点。跟潮流花费金钱不至于很多,正适合年轻人。

俗话说“人微言轻”,如果你的穿戴不够体面,就无异于是唆使别人看不起你。要想人前人后脸上有光,不动番脑筋是不行的。

另外应切记:无论你多么卓尔不群,也不要在公众场合大肆说时尚的坏话,因为流行物便代表大众——包括你的熟人。你去谴责时尚便是骂他们,绝不会给人好印象。人们会在心里说:“你又有什么了不起的,看起来像个小丑、乞丐,可笑得很!”要心随精英,口随大众。愤世嫉俗,不愿承认以貌取人的社会现实,会死于众生的唾沫之中。

让自己与众不同

发展我们自己的风格,可以让别人感觉到我们的独特魅力。当然,这并不意味着非要你违背社会公德,弄得奇形怪状不可。

美国蒙斯大佐长得一副“上不得场”的矮小身材,还有令人见了为之气短的迂缓性格。照理说,这样的性格是不太适合交际的。

但他就是以这样的外表和不适合交际的性格,仍然成为一名交际能手,最后连威尔逊总统也成了他的密友,进而他还成了威尔逊手下的第一要人。他的应酬诀窍就是与众不同,发挥自己的一技之长。

他的一技之长就是:能以最快的速度熟记别人名字及说过的话,能准确地摸清别人的喜好。仅凭这两点，他就能在一次宴会中交几个甚至十几个朋友。

有一个著名的模特儿，她是被一个毫不突出的男人从乡下提携出来的。当有人问提携她的男人如何慧眼识英雄时，他回答说："虽然她并不漂亮，但当我带她走进拥挤喧闹的场合时发现人们都看她，于是知道了她有一种特殊的吸引人的地方。"

就凭她的"一种特殊吸引人的地方"，最终使她成为了一位著名的模特儿。或许，我们当中很多"不幸"的人是没有独特魅力的，但这其实并不重要，独特的风格往往就不是由许多十全十美的东西组合成的，甚至可以说，那些所谓的独特风格，从某种角度看反而是一种缺陷。

有人举例，譬如舒同的字，如果拿到中学去交书法作业，只怕要吃不消；马蒂斯和赛尚的画，如果参加早期学院派美展，恐怕也会被踢出去。

美国总统罗斯福，不仅相貌平平，而且嗓音沙哑，鼓眼，还有一副暴露在外、参差不齐的丑牙。可罗斯福却成为美国人民最喜爱的总统之一。他就是一个"巧妙利用自己缺陷"的人。

他首先把自己的沙哑声练成一种独特的很具有感染力的声音，然后努力练习讲话和表演能力。他还积极参加游泳、骑马、赛球等激烈运动，从而锻炼自己的自信、勇敢、意志和健壮的体魄。除此之外，他还修养自己的耐性、和善等优良品性。

通过这些努力，他终于成为一个精力超众、强健愉快、善辩而幽默和富有个性的应酬家。罗斯福自己认为，正是这些缺陷给了他一生的奋斗精神。这些缺陷是他成就一生伟绩的最可贵的资本。

不做坏了一锅汤的臭鱼

在日常生活里我们常会遇到一些人，由于一些微不足道的缺点，让大家都感到不快，使他们成为一个不受欢迎的人。他们这些微不足道的缺点像那遮住明月的乌云一样，掩盖了他们原有的美丽与皎洁的光辉。为人处世，懂得自我克制很有必要。

(1)不要当众打呵欠

当你和朋友在一起谈话的时候，尤其是当你的朋友在滔滔不绝地发表意见时，那时你也许感到疲倦了，你能按捺住性子让自己不打呵欠吗?在大庭广众中，你能忍住不打呵欠吗?假使是你和老朋友谈话，你知道在老朋友面前打呵欠会引起老友不快吗?打呵欠在社交场合中给人的印象是，表现出你不耐烦了，而不是你疲倦。

(2)不要当众掏耳和挖鼻

有些手痒的人，只要他看见什么可以用，就会随手取一支来掏耳朵。尤其是在餐室，大家正在饮茶、吃东西的当儿，掏耳朵的小动作往往令旁观者感到恶心，这个小动作实在不雅，而且失礼。即使你想洗耳恭听，此时此地也不是时候。同时，用手指挖鼻孔也是非常失礼的动作。

(3)不要当众剔牙

宴会席上，谁也免不了会有剔牙的小动作，既然这小动作不能避免，就得注意剔牙的时候不要露出牙齿，而且把碎屑乱吐一番是失礼的事情。假如你需要剔牙，最好用左手掩住嘴，头略向侧偏，吐出碎屑时用纸巾接住。

(4)不要当众搔头皮

有些头皮屑多的人，在社交的场合也忍耐不住皮屑刺激的瘙痒，而搔起头皮来。搔头皮必然使头皮屑随风纷飞，这不仅难看，而且令旁人大感不快。搔头皮这种现象在公共场合，尤其在社交场合和乱放臭屁一样实在失礼。特别是在宴会上，或者较为严肃、庄重的场合，这种小动作是很难叫人谅解的。

(5)不要当众双腿抖动

这种小动作多发生在坐着的时候，站立时较为少见。这种小动作虽然无伤大雅，但由于双腿颤动不停，令对方视线觉得不舒服，而且也给人有情绪不安定的感觉，这也是失礼的。同样，让跷起的腿钟摆似的耍秋千也是相当难看的姿态。

(6)当众放屁

放屁原属生理现象，是一种有益于人体的细菌在肠内制造出来的。人在正常的生理状态下也不能够不放屁。但是在公共场合，一个屁足可以破坏整个会场的气氛。即使放个闷屁，其臭味也叫人恶心。据一个有经验的人说，在预感要放屁的瞬间来三次深呼吸就可以制止。要不，就悄悄地离开人群一会儿。

(7)拉链和鞋带不要松着

这是一种疏忽，是种难以叫人宽恕的疏忽，鞋带忘记系上或男士的裤子拉链忘记拉上，在大庭广众的场合无疑是件有伤大雅的事。

(8)不要留长指甲，指甲不要有污垢

留长指甲可能是一种癖好，但也有一些人却疏于修剪，而且也疏于清理指甲的污垢，这就近于失礼了。当和对方握手、取烟、用筷，半月形的指甲污垢赫然在目，实在不雅之至！

细节决定成败，个人形象是一张无形的名片，想要赢得他人敬重，发展良好关系，我们首先要成为一个受欢迎的人。为此，戒除那些令人生厌的小毛病是很有必要的。

给人留下好印象

怎样能给人留下一个好印象？一位美国专家曾提过如下建议：

(1)发挥自己的长处

如果你发挥自己的长处，别人就会喜欢跟你在一起，并容易同你合作。一个人要首先了解自己，把握自己的特点，如外貌、精力、说话速度、声音的高低和语气、动作、手势、神情以及其他吸引别人注意的能力等。要知道，别人正是根据这些特点来形成对你的印象的。所以，与人交往要充满自信，并尽可能发挥自己的长处。

(2)保持自己的本色

最懂得与人交往的人，永不会因场合不同而改变自己的性格。保持真我，保持最佳状态的真我是给人留下美好印象的秘诀。不管是与人亲密地倾谈，还是在发表演说，都要保持自己的本色不变。不要给人造成言行不一的不诚实的感觉。

(3)善于使用眼神、目光

不管是跟一个人还是一百个人说话，一定要记住用眼睛望着对方。有些人在开始望着你，但才说了几个字，目光就移到了别处。进入坐满人的房间时，应自然地举目四顾，微笑着用目光照顾到所有的人，不要避开众人的目光。这会使你显得轻松自若。

笑容也很重要。最好的笑容和目光接触都是温和自然的，并不是勉强做出来的。

(4)先听后行

参加会议、宴会或面试时，切勿急于发表意见。要稍微等一会儿，先了解一下当时的情形。看看会场气氛如何?别人的情绪怎样?是高涨还是低落?他们渴望聆听你的意见，还是露出厌烦的神色?只有你觉察到别人的情绪，才能比较容易地接触他们。

(5)集中精力

怎样集中精力? 一位专家说:“我在跟别人见面之前，通常会静静地坐下来集中思想，然后深呼吸一下。我会思考这次见面的目的——我的目的和别人的目的。有时候我步行几分钟，使心跳加速。这样踏进门口，就不会再想着自己。我把注意力全集中到那人身上，尝试找出他值得我喜欢的地方。”

(6)态度肯定

肯定的态度很重要。我们常常看到有些人说起话来声音越来越小，甚至用手捂住自己的嘴巴。没有人愿意跟一个态度迟疑的人打交道。冷静是必要的，小心谨慎也可以，但切勿迟疑不决。

(7)放松心情

要使别人感到轻松自在，你自己就必须表现得轻松自在。不管遇到什么严重的事情，心理上都要尽量放松。学点幽默，不要总是神色严峻，或做出一副永远苦闷的样子。你应该把心情放松一下，否则家人、朋友和同事会对你感到厌倦。

总之，不要突然改变自己的性格。不要摆出虚假的姿态。只要保持真我——最佳状态的真我——就足够了。事实上，你已有了给别人留下良好印象的神奇力量，因为没有人能比你自己把你表现得更出色。

拥有“大人物”的自信

有时大家都会有这样的感觉:“大人物”比“小人物”好相处。这里面的原因很多，其中之一就是“大人物”的自信心在起作用。当人们的自信心比较强时，他们常常表现得欢快、大方和宽容，乐意倾听他人的意见，他们既考虑自己的需要，也顾及他人的愿望。这些人因个性较强和安全感较多而乐于进取，勇于承担失误和责任，甚至敢于面对挫折、指责和轻视，因为所有的挫折都无法从根本上动摇他们的自信。

在第一次世界大战期间有这样一个故事: 有一次一个士兵冲着另一个人大叫:“你××的，快把烟熄灭!”这个士兵后来才知道，对方原来是一位显赫的将军，他后悔不已，正想道歉，可将军却拍拍他的肩膀说:“很好，孩子，我不是你的班长。”显然，一个普通士兵不会危及一个将军的地位。将军的自信使他在受到污辱时而不动容，能冷静处理与士兵的交往。

然而，对于那些自信心不足的人，别人一句不敬的话语，甚至不敬的一瞥，也会酿成大祸;对于那些神经质的人，有时你还不知道是哪句话冒犯了他，他就不高兴了，他们甚至可以从对方最诚恳的言语中能挑出“刺”来，可以说，这都是他们自信心不足的表现。

那么，如何与缺乏自信心的人交往呢?

如果你明白了“自信的降低就意味着阻力和挫折”的道理，将有助于你与这一类自信心不足的人打交道，有助于你理解他们的行为原因及其方式，以确定和他们交往的方式和应注意的问题。

一个有效的办法是使他们更加自爱。要记住,只要你理解他人的自尊,以真诚的言语表达内心的敬意,而不是口是心非的谄媚,每一个人都是好说话、好相处、好合作的。

要善于寻找别人的成功之处,并向他表示衷心的祝贺;要善于发现他人的优点,并向他表达你的敬意。每天你不妨至少给出五个祝贺和敬意的表示,这一习惯将对你的人际关系的改善有极好的作用。

学会与缺乏自信心的人相处,这只是问题的一个方面。你要想成功,要想成为一个容易相处的人,你就必须使自己具有十足的自信。

有些才气平平的普通人所以比那些有杰出才能的人取得了更大的成功,其原因就是他们对自己的事业充满信心。所有伟大的领袖,都知道充满信心的行为是多么重要。

拿破仑领会了充满信心后人们行动的魔力,并从始至终都恰到好处地应用了这一魔力。在他第一次被放逐后,当法国军队去追捕他时,他不是逃跑或躲起来,而是勇敢地迎上前去,孤身一人对付一支军队。他坚信,他是局势的主宰者,这种自信发生了不可思议的作用,他把前来追捕自己的部队看做是来接受自己的检阅、领取自己命令的部队一样。终于,他的自信心征服了部队,士兵们又在他的率领下冲锋陷阵。

可见,自信心是一笔多么重要的财富呀!当然,人们不可能打开你的大脑,看看其中究竟有多少自信因素。但你却可以通过很微妙的方式表现出来。如走路的神态,一般来说,胆小鬼走起路来都显得前怕狼后怕虎,步履犹豫。而内心充满自信的人,走起路来透露出一股子果敢,挺胸抬头,两眼炯炯有神,阔步朝着自己的目标迈进。

再如握手的风度,要知道关于你的情况,别人从你与他人的握手中得到的信息,远比从你其他的言行中得到得多。软弱无力的手,表明这人信心不足。如果你看到一个人在言行中极力想表现出自己的实力,你必须明白,这是信心不足的人常用的方法,你可以得出这样的结论:此人在虚张声势。有的人在握手时故作凶狠,这表明此人善于补偿自信心的不足,显然,他是想借握手之机,向你暗示他的自信。坚定但不凶狠的手,意味着“我过得不错,且胸有成竹”。

此外,语调也能表达你的情绪和感情。比如,你说话是充满信心还是死气沉沉,明确地反映出了你的情绪的好坏和内心情感的强弱程度。

记住,自信使交际变得更容易。如果你相信自己的话,就在行动上表现出来吧,这样,他人也会信任你,并乐于与你打交道。

愉快地接受你自己

看到这个题目时,你也许诧异:“难道还有人会不喜欢自己吗?”但是,如果我问:“你有自卑感吗?”你也许就不觉得奇怪了。的确,我们周围有不少人有自卑心理。所谓“自卑”,就是对自己某方面(或全部)的拒绝和不满,也就是说他们自惭形秽,不愿意接受自己。

不接受自己的人,会发现自己近来极为嗜睡,心情郁闷,对生活中的一切都没兴趣;他认为自己思想怪诞,怀疑自己患有某种精神病;他还抱怨周围的亲友、同事、邻居不能理解他等。对这样的人要坦率地告诉他:实际上,他没有任何精神病,问题在于他不能接受自己,从而影响到他对别人的接受,并进而产生其他方面适应的困难。由于他不曾意识到这点，无病自扰之，表现出自暴自弃的倾向。根据他的经历与体验，经过冷静切实的分析，他一定会明确自身问题的症结所在，心觉豁然并欣然归去。

可见，对每一个人来说，正确评价自己、接受自己至关重要。它关系到建立正确的自我观念，适应环境，促使性格健康发展。接受自己，去除自卑感，是精神健康的重要保证。

怎样才能增进自我接受感呢?

(1)要克服完美主义，体验自己不可能做到十全十美

因为这世界并不完美。家人、友人一样有缺点。十全十美是可遇而不可求的，所以，应当“知足常乐”。容忍体谅不但使你与他人相处容易，亦使你对自己的行为不致苛求。不要做时间的奴隶，尽可能地在时间限制内完成工作，记住“欲速则不达”。要明白讨好所有的人是不可能的，根本不必去尝试。

“受欢迎”的本意是使他人赏识你的本人，而不是你的最好表现。尝试一下“言所欲言”，坦诚和直率能消除许多障碍与心理压力。要对自己有信心，你如任何人一样有可取之处。勿过分自责，任何人都有彷徨的时刻;不必为“爱”与“恨”过分担心。勿自卑自怜，你的遭遇并不重要，你对遭遇的反应才是最重要的。

(2)要做到真正了解自己

自知者明，自胜者勇。你可以通过比较法(与同龄、同样条件的人相比较)、观察法(看别人对自己的态度)、分析法(剖析自己，了解自己的工作成果)等来认识了解自己。只有真正了解自己，才能做出正确决策，体验胜利的喜悦。

(3)要树立符合自身情况的奋斗目标

这样会使你有机会充分发挥自己的才智，力所能及的胜利能增加你的自信心。一些人的目标脱离实际，所以难免遭遇挫折，这样一来自然就会对自己产生怀疑丧失信心。

(4)要不断增长自己的生活经验

每个人都要经历适应环境的过程。在这一过程中你也许发挥了才干，也许暴露了缺陷。这没关系，正反两方面的经验都将促进你对自己的了解。

要接受自己，最重要的是诚实坦率、平心静气地分析自己。要有勇气承认自己在能力或品质上的缺陷，肯定自己的长处，扬长避短，确定自己的生活方式和事业目标，为增进自我接受感到的动力。

最大的敌人是你自己

许多人常感到怀才不遇，苦于无人赏识，但他不知道，自己身上的太害羞的毛病会使自己丧失大好的机会。能够勇于承认自己的这一缺点，才能夺取胜利。这里有两个关于勇气战胜自我的故事，它的主人翁都是获得了成功，你是否觉得自己也应鼓起勇气一搏呢?

(1)承认胆怯

为了争取大宗巨额的保险契约，贝德加必须拜访当时的汽车大王费兹先生。他好不容易才和费兹的秘书接上了线，约定了某时去拜访。当他终于走进了那豪华的大办公室，看到了费兹先生时，他竟怯场了，两手发抖，牙齿上下打哆嗦，身子也颤动不已。

费兹以为他病了，亲切地问他哪儿不舒服:“不!不!”贝德加鼓起了勇气:“费兹先生，我因为……因为一直就想来拜见你，好不容易……今天遂了愿。却没想到，我见到

你,就害怕起来了!”

结结巴巴,总算把话说完了,但是,就在这当口,奇迹却出现了,畏惧的心理,紧张的感觉一散而空。当然,眼前的费兹先生成了个实体,桌上的烟灰缸已不再是个轮廓的重叠了。他镇定地落了座,滔滔不绝地道出了原已准备好了的说辞,终于赢得了那笔巨大的保险契约。这是因为什么呢?贝德加先生告诉我们:“自己胆怯,自己立即承认。”

(2)勇做毛遂

毛遂自荐的成语故事,几乎人人都知道。但实际生活中由于怯懦,不知又有多少人面对机遇缩头缩脑。看到别人出头后,才说,“怎么会是他?我比他强多了。”不管事后你多么遗憾和气恼,再也于事无补了。这里有一则勇做毛遂的故事,也许能给你些启发。

1818年,玛丽亚·米切尔出生在美国一个渔民家庭。当时女子极少上学,她父亲为了让女儿受到教育,不顾世俗,毅然送她上学。玛丽亚热爱天文学,她每晚通过顶楼上安装的小巧的天文望远镜观察太空。1847年10月1日,她独立发现了一颗新彗星,这一成果被哈佛大学的天文学家所验证。为了取得更大的成绩,玛丽亚写了不少自我推荐的求职申请书,递给美国东部的各大学。但均受拒绝,只因她是一个女人。多少年过去了,直到1861年,玛丽亚最后鼓足勇气向瓦萨学院申请,她终于被聘为该学院的第一个天文学教授,也成为全国第一个负有盛誉的女教授。

假如玛丽亚不是如此顽强地自荐不已,她将只是一个不为人知的普通妇女罢了。自己的抱负最终也只能落空了事。可见要想成功,“勇做毛遂”是必不可少的一种做法。

戒绝消极言辞

我们周围有许多人物常常散发消极悲观的想法,如果我们在心理上丝毫不设防,那么要保持积极进取的心境便难如登天了。

因此,你要不时地检查自己的言行和他人的建议,分辨出其中消极与积极的内容,对许多广为流行的消极话语也要保持高度警觉,总之,你要戒绝下列各种言辞或心态:

(1)“小心一点”

在此我们指出一个道理:凡事但求“小心一点”的人,绝对不可能有什么成就。小心谨慎并非处理问题的正面方式,反之,我们要敢作敢为,积极地驾驭问题。

(2)“别紧张嘛”

当然,我们遇到困难时该沉着应战,而不应紧张兮兮或歇斯底里。但一般人常挂嘴边的“别紧张”,往往都是要我们故作轻松,这会松懈我们的斗志,使我们出现守株待兔的心态。切勿期待别人能完全替你解决问题,好像解决之道是从天而降似的。“别紧张嘛”,这种心态不能帮你处理困难以获得真正的轻松,反而抑制了你的才智,扼杀了你主动创造的能力。

(3)“绝不可能的”

这句话真不知道扼杀了多少积极观念!不要把它挂在嘴边,也不要让别人对你灌输这种消极的态度。实际上,只要我们愿意付出时间、精神与耐力,则任何事情都“可能”有解决之道。

(4)“马马虎虎”

你一定有这种经验:你好意问你的朋友最近过得怎样,但他们大都是说:“马马虎虎啦!”这是一句消极的话,虽然无伤大雅,却能在情绪上引起自觉平庸之感,久而久之,更减损了对生命的热爱和工作的干劲。

你要切记:虽然你不能控制环境,使它事事尽如你意,但你却可以控制自己的情绪。你要跟自己说,我过得很好。这不是要你像阿Q般自欺欺人,而是要你调适心态,以便创出一番局面。要知道,整个抱着“还可以”心态的人,是很难有什么“很好”的成就的。

(5)“这就是终点”

没有事情算是绝对的终点,任何事情都是过渡性的。这意思是说,每个结束都是新的开始。不要为过程所困扰,因为过程不是终点,更不是绝对的终点。这即古人所云:“山重水复疑无路,柳暗花明又一村。”

总而言之,你要把心灵的频率调好,以聆听辨别出积极消极话语间的差异,进而把后者逐出心灵之外。也许任何难题之解答,总是生于积极进取的心态中的。

积极一点吧!你面对的难题是可以解决的。就算不能彻底解决,起码你也能加以处理,使之不致恶化。你可以有效地处理(即使不是解决)问题,甚至是从其中汲取人生智慧。不过,你必先能积极地掌握你的生命与思想。换言之,你必先能自我主宰,不受制于诸多外在的力量。

人比人得死,货比货得扔

在人际交往中,具有高度自信的积极心态是获得成功的条件之一。人与人之间确实存在着许许多多的差别,有些差别还是难以改变的,比如性别、年龄、容貌等,有些差别是能够改变和缩小的。俗语说“人比人得死,货比货得扔”,这话从积极意义上理解,说明人与人之间的可比性不大,不要机械地对比。若从消极方面理解,则是一种典型的心理障碍,实质上是缺乏自信心的表现。与他人面对面沟通能否顺利进行,关键要铲除不想交往、不敢交往、不会交往等心理障碍。

(1)克服自卑心理

在现实生活中,确实存在着职务比你高,收入比你多,能力比你强,学问比你大,事业比你顺的人,与之相比,容易产生自愧不如、自暴自弃、丧失信心的自卑心理和胆怯行为。

自卑属于性格上的缺点,是过低的自我评价,是交际成功的心理障碍。造成自卑心理的原因很多,最主要的是不能正确认识自己和对待自己,往往是把别人看成一朵花,把自己看成豆腐渣。事实上,人无完人,别人不会一切都好,自己也不会一切都不好,而且好和不好也是相对的、可变的。

闻名美国乃至世界的成人教育家卡耐基幼年平平,青年时也无惊人之处,可是他经过多年刻苦学习和实践,竟成为举世瞩目的公共关系专家、人际交往大师。他所以成长、成熟、成名,是必胜的信心帮助了他。人缘好可以成尧、舜,只要具备足够的条件、时间、环境等多种因素。而其中最基本的一个条件就是要有信心,要有积极的心态。否则,莫说交往成功,就是与人正常接触都难以进行。

(2)克服恐惧心理

社会是个万花筒,既存在着无数赏心悦目的好事,也存在着不少丑恶奇怪的坏事。中国传统文化留下的“人情冷暖,世态炎凉”等警世格言还有市场。由于曾受过“朋友”欺骗、玩弄甚至出卖,在一些人心中出现了社交恐惧症,觉得与人交往,耗费时间、精力尚属小事,弄不好会带来威胁自己的后患,所以,他们时时抱着“害人之心不可有,防人之心不可无”的心理为人处世。

与人交往之前,做好一定的心理准备是应该的,这也是使交往顺利进行的前提,但不能心中如临大敌,好像与对方接触,就像赴“鸿门宴”一样。应该掌握的一个基本常识是:社会上有好人有坏人,还是好人多。在正常的交往中,不会有嘲笑、欺骗、冷漠以致暴力,恐惧又从何而来呢?说到底,还是需要有“我能行”、“我能和你交流”的积极心态。

(3)克服畏难心理

社会人际交往,商品经营推销,确实是件不太容易的事。这不太容易体现在两个方面:一是不易了解对方心理,俗话说“人心隔肚皮”,需要经过一定的观察思考,才能真正了解其需求;二是不易控制社会舆论,比如,与比你强的人交往,有攀高附贵之嫌;与领导、上司交往,有溜须拍马之嫌;与异性谈笑风生,又可能有“轻浮”、“居心不良”的微词。

对此,有三条解决办法:明确交往动机,自信、自尊、自强,把交往当做增长才干、丰富人生的良机;适应外界刺激,从刺激中激发勇气,提高观察、解决问题的能力;去掉虚荣心,脚正不怕鞋歪,落落大方,心胸坦荡,走自己的路。

世界上任何国家或地区,任何一个时代,任何一个行业,都有成功者,如果仔细观察,我们就会发现成功者都有一个不容置疑的特点,那就是这些人有信心、有抱负。不少元帅是从当士兵开始的,不少经理、董事长也有过推销员的经历,既然别人都能去干,能干好,你就不想试试吗?

关键时刻腿不软

说到不自信,说到人与人的不平等,社会地位低贱的人直不起腰来,不能不说说鲁迅先生笔下的阿Q这个人物。

这个阿Q既让人笑得流泪,又让人为他哭得无声,那就是他从来没有把自己看成和别人是一样的人。对和他同样可怜的人,他压根儿看不上,放肆地欺负;对压迫他的人,他也看不起,但看不起归看不起,身子却紧麻起来,因为他几乎本能地想到别人要打他。

当然,他也有不平的时候,这是对的。他为虱子掐得没有王胡那么响而生气,为假洋鬼子不让他革命而不平。他的革命是什么?深夜里到别人家里搬东西,要谁就是谁,小尼姑、吴妈、赵司晨的妹子,邹大嫂的女儿过几年再说……

他尤其是服“有些来历”的大人物,如“大团圆”的那一节,“他下半天又被抓出栅栏去了,到得大堂,上面坐着一个满头剃得精光的老头子……他便知道这人一定有些来历,膝关节立刻自然的宽松了,便跪了下去。”虽然人家吆喝他不要跪,但他还是站不住,身不由己地蹲下去了,趁势改为趴下了,像是天生的腿软。

心中没有平等,也就不自信,自己也就不是人而是奴隶了。平等,别人能做的我也能做,这是成功者必有的心态。否则,无成功可言。

平原君跟楚王在朝堂上讲重建合纵、出兵救赵的事，从早讲到太阳当顶，平原君讲得唇干口燥，台阶下的19位门客也像热锅上的蚂蚁，可谁也不知道该怎么办。有人冒了一句："毛先生，看你的啦！"

毛遂真嚷了起来："合纵不合纵，三言两语就可以谈好。怎么讲了大半天还没讲妥呢?"毛遂一边嚷，一边飞步上了台阶，威风凛凛地站在楚王面前。

楚王这时很不高兴，明知故问地对平原君说："这是什么人？"

平原君说："是我的门客毛遂。"

一个门客、普通的老百姓，敢在大王面前如此说话，楚王抓到把柄了，便呵斥毛遂说："我跟你的主人商谈国家大事，轮不到你多嘴，还不赶快滚下去？"

毛遂也不示弱，按着宝剑跨前一步，说："用不着仗势欺人，我的主人在此，破口骂人算什么？"

毛遂凛然不可侵犯，在他眼里，楚王也不过是个普通人，仅仅是手里掌握着一个国家而已。眼下面对面，一对一，他和凡夫俗子有何不同！看到毛遂的狠劲，楚王也害怕起来，便换了口气问："先生有何高见可以指教我们?"

毛遂于是便揭楚国失败的老底子：败兵、国王被俘、迁都逃跑、国家蒙耻。楚王羞愧得满脸通红，恢复了普通人的面目，也答应毛遂与平原君出兵救赵了。

这便是因才能而求平等，因平等而激发才能。

在上者不可傲下，傲下则无德，失人心；在下者则可傲上，无所失，却必须有才华做后盾，这样便是上下平等。孙中山与张之洞的交往便是这样。张之洞是清王朝末期较有作为的官吏，孙中山想鼓动他同情革命。

一天，孙中山去张之洞的府上拜见这位清朝大员，递上印着"孙中山"三字的拜帖，简单说明拜访因由，请门房传进去。那时，张之洞声名显赫，孙中山在他眼里不过是个初出茅庐的小伙子，他不想见他，就传话开侧门，让孙先生吃一顿请他方便。孙中山很生气，绝不进侧门，又叫门房传话，说："孙先生一定要面见张之洞兄弟，面谈当世大事。"

张之洞捻着胡子想：这个孙先生有意思，胆敢称我兄弟，真狂!不禁灵机一动，也许是个人才呢?他想试试"孙先生"，便出个对子要孙中山对。于是叫人传出上联——持三字帖，见一品官，先生胆敢称兄弟。

看门的人传出上联，孙中山听清了，在门前略一思考，立即对上——读万卷书，行千里路，布衣本可傲王侯。

看门的人当即忙不迭地把孙中山的下联传进去。张之洞一听，又惊又喜立即传命："开中门请孙先生。"

孙中山见了张之洞，便向张之洞陈述中国只有走民主革命的道路，才有出路。

由于二人思想有天壤之别，终于谈不拢，但孙中山的平等思想，卓越才华，使张之洞一点都不敢摆大官的架子。

在基本的生存与发展的权利平等的情况下，人对自己也应该有平等的要求，要求别人做到的，自己也要做到。

自己看不起自己，打不起精神，没有锐气，没有进取心，这是对自己不公平；过分地看重自己，抬高自己，处处自己优先，信心变成狂妄，进取心变成强取豪夺。这也是不平等地对待自己。

对社会而言，一切不平等都造成压抑，人的心理尤其如此。而平等使人正常，也同时获得堂堂正正的感觉与形象，而自信也就随之而生了。树立平等思想，则可充分自信地去生活，去开创事业。

厚黑方略十八

祸从口出，谨言慎语

古今中外的政治家、军事家，一言可以兴邦，一言可以丧国。对于我们一般人而言，三寸之舌虽不致招来杀身之祸，却也常常捅出娄子。嘴上多个把门的，以避免祸从口出，这是有百利而无一害的。

别说让自己后悔的话

语言可以修饰一个人的外表,一开口说话就必须很注意才行。古人有教导"病从口入,祸从口出"就是这个道理。身为一个现代人,每天都在不停地说话,一定要非常小心才能避免闯祸。

从说话所使用的词汇及内容,就可以了解这个人的性格。古人多主张少开口说话,所以有"沉默是金"的谚语。

但好朋友之间的秉烛夜谈就不能说是长舌,这时就可以天南地北随兴地聊,不必担心引起他人的不快。

"沉默是金"之类的格言或谚语,并不是要告诫大家不要说话,而是希望大家不要不知节制地任意发表意见。所谓"祸从口出",乃是指朋友之间一旦关系变得亲密就容易口不择言。而每个人的情绪都是随时在变的,当心情不好时、身体不舒服时、有烦恼时、心中有所顾虑时,这时的行为表现都与平时不同。因此,即使是对于亲密的朋友,也要正确地使用词汇及注意礼仪。

有些人表面看起来很博学多才的样子,即使对于自己一知半解的事,他也滔滔不绝地表示自己的意见。但实际上他是个半吊子,那些舌烂莲花的功夫只能唬唬刚见面的人,深入交往后就会让人感到厌烦。这是因为这样的人所提出的都只是自己主观的个人见识,并没有客观的事例及数据,谈来谈去,都只有同样一些事。

还有些人喜欢辩白,辩白往往是因为不想为过去说过的话负责。朋友之间的交往最重要的是它不会成为过去时,而是现在时或未来时。絮絮叨叨地辩白只是因为规避责任或拖泥带水、鲁莽、不加反省的性格所致。如果对方是个不肯坦诚面对过错,总是不肯以积极的态度面对问题的人,那就最好不要和他交往。

另外还有一项要注意的是词汇的使用。对于年长者、身份地位高的人或是同辈、同年龄、没有利害关系的人,最初使用的词汇,即使日后愈来愈亲密也不可有所改变;而粗暴、低俗的词汇绝对不可使用。如果让对方觉得自己说话不诚恳,交往就很难细水长流。人是有感情的动物,很容易会因为环境或立场的改变而动摇,最好不要说让自己后悔的话。

刀只有一刃,舌却有百刃

说话是人的天赋本能,但良好的谈吐却要靠后天的练习。说话,对于一个人来说是一门艺术。言语是人不可缺少的一种传达思想感情的工具。善于说话,小则可以欢乐,大则可以兴国。虽然每个人都知道说话,但话说得好的人却不多,说话并不见得比写文章容易,文章写好了可以修改,而一句话说出来了,要想修改是比较困难的。正所谓"说出去的话,泼出去的水",就是这个意思。

有一则流传已久的笑话,说的是一位工会主席召集五个委员开会。开会的时间早已过了，可是只来了三个人。他叹气说道："唉，该来的没有来！"有个委员听了这话觉得很不自在，他想：莫非我是不该来的人？于是这个委员悄悄地走了。工会主席见状，又叹道："唉，不该走的走了！"剩下的两个委员听主席这么说，误认为他俩是该走而没有走的人，于是一气之下全走了。可见，只因为说话不妥当，非但会议没开成，而且还得罪了人。工会主席用舌头给对方心里留下的阴影，恐怕短时间内难以抹去。

字为文章之衣冠，言语为个人学问品格的衣冠，有许多人衣貌堂堂，看上去高贵华丽，但是不开口还可以，一开口则满口粗俗俚言，使人听了非常不愉快，对其仅存的一点点敬慕之心，也立马全部消失，这种情形并不少见。可惜的是有些人并非学问品格不好，不过一时大意，自己不知道改正自己。俏皮而不高雅的粗俗俚言，人们初听时觉得新鲜有趣，偶或学着说说，积久便成习惯，结果是随口而出。那些话试想在社交场上给人听见了，会产生怎样的反感呢？不习惯说这种话的人，听到时会觉得难堪的。

说话是一种艺术，也是一种诀窍，一个人只有掌握这种巧妙的方法，充分利用自己的三寸不烂之舌，才能获得成就。在说话的时候要认清对方，顾虑别人的感受，坦白直率，细心谨慎。宜常常谈话，但每次不可太长，说话的时候不可唯我独尊。中外古今的政治家、军事家，一言可以兴邦，一言可以丧国。对于一个人来说，不仅要移花接木，而且应落地生根。因为你老是说空话、放空炮，时间久了，你的话就再也没人听了，那么你也就失去了叩开成功之门的机会。切记"刀只有一刃，舌却有百刃"；舌头捅的娄子，用手是填不平的！

当着矮子不说短话

《韩非子·说难》篇中曾对龙作了如下描述：龙的性情非常柔顺，人们可以和它亲近，甚至可以把它作为自己的坐骑。然而，它的喉下有一块长约尺许的逆鳞，如果有人触摸了它，那么它必然会发怒，以致伤人致死。

其实，岂止龙有自己的忌讳之点，世界上每一个人都有自己的忌讳，也就是常说的"短处"。鲁迅笔下所描绘的阿Q、孔乙己、祥林嫂都是我们大家所熟悉的人物，他们虽然性格各异，但在他们身上却有一个共同的特点，那就是都有一处最怕人触动的"短处"。

阿Q最怕的就是有人说他头上的疤，谁要是犯了这个忌讳，他准会去找人家拼命，小D就曾为此领教过他的拳脚。孔乙己最怕人揭他的短，若有人说他便涨红了脸，强词夺理、竭力争辩。祥林嫂的忌讳是她曾嫁过两个男人，这是她精神上最大的负担和面子上最大的耻辱，她捐过了门槛后，本以为自己变成了干净女人，动手去拿供品，但四婶大喊一声，使她旧病复发，精神崩溃了。

人们之所以有忌讳，怕别人揭自己的短处，说到底是自尊心问题。怕脸面上过不去。所以，你若想获得朋友，就一定不要触动他们的短处。

古代有一则故事，说的是有一个叫鱼子的人，生性古怪，对人尖酸刻薄，总好揭人短处并以此为乐事。有一天，朋友们坐在一起吃酒，其中一个叫吴丑的因老婆管得太严厉而不敢多喝。鱼子便吵吵嚷嚷地说："你们知道吴丑为什么不敢吃酒吗？是他的老婆管教得太严了，有一次，吴丑喝醉了酒，还被老婆打了几个耳光呢！”吴丑被鱼子当众揭了短处，恼羞成怒，拂袖而去，大家不欢而散。

生活中像鱼子这样的不乏其人，他们似乎认为，只有揭了别人的“短”，才足以证明自己的“长”，以此来获得心理上的满足。孰知这样的结果只能使人们对他们避而远之。

大凡具有一定修养、品德高尚的人是从不揭人之短的，这样的例子在历史上比比皆是。据唐朝封演的《封氏闻见记》载：曾做过唐朝检校刑部郎中的程皓，从不谈论别人的短处。每逢朋友中间有人说他人的坏话时，他从不跟着掺和，而且还说：“这都是大家乱说的，其实不是这样。”然后再说一番他人的好处。像程皓这样的人能不赢得他人的好感吗？人们肯定会愿意与这样的人交朋友。

人们对于自己的忌讳，通常极为敏感。由于心理作怪，往往把别人的无意当成有意，把无关的事主动与自己相联系。有时，你随口谈一点什么事，也很可能被视为对他的挖苦和讽刺，正所谓“说者无心，听者有意”。因此，我们不仅应避免谈论别人的忌讳之点，同时也应注意不要提及与其忌讳之点相关联的事物，以免造成对方的误会，以致使他的自尊心受到无谓的伤害。

史书记载：明太祖朱元璋曾当过红巾军，被官家称作“红巾贼”。所以，朱元璋对“贼”字和与“贼”同音的“则”字最敏感，也最忌讳。一次，浙江府学教授林元亮作了《谢增俸表》，呈送朱元璋，上有“上则垂宪”一句话；还有位北平府学训导赵伯宁写了《贺万寿表》，上面有“垂子孙而作则”一句话。这些本来都是吹捧朱元璋的谄词，无非说他可作后世的楷模。不料朱元璋因对“则”字过敏，见到“则”字，便以为别人在骂他为“贼”，于是竟把这两位都杀掉了。自然，朱元璋的所作所为有些过于敏感，但是它所留下的教训却是深远的。

俗话说：“当着矮子不说短话”。对于个头低矮的人，最好是不要提及“短”、“小”以及“木墩”、“武大郎”等与矮小相联系的话语，免得他因多心而伤心。

对于犯过罪、判过刑的人，最好不要提及“监狱”、“罪犯”等与他的忌讳相关联之事。否则，他会认为你在指桑骂槐。

孟子说：“恭者不侮人，俭者不夺人。”荀子说：“与人善言，暖于布帛，伤人以言，深于矛戟。”古人的话语非常值得记取。

人生在世，各有所长，各有所短。若以我之长，较人之短，则会目中无人；若以我之短，较人之长，则会失去自信。这是人际交往中尤要注意的一点。事实上，明确了不揭人短的要义，我们往往能左右逢源，人情练达。

说违心话，做违心事

许多时候，我们在做着自己并不想做的事，说着自己并不想说的话，甚至还很认真。因为慑于压力、屈于礼仪、局于制度、限于条件，我们进了不想进的门，陪了不想陪的客，送了不想送的礼，笑了不想笑的笑……都常有。

人都想自由自在，都想随心所欲，但是，世界从来不是看你的眼色行事的，倒是相反，我们每个人都在被动地做一些自己不想做的事。因为，我们不仅有自身还有环境，不仅有现在还有未来，不仅追求实现自我还在追求安全、友爱和形象。奉献出自己的一部分心愿换取平静、换取尊严、换取良好的环境还是十分必要的，尽管你对这种自我背弃并不很乐意。

一对情侣，一个脆弱，一个诚实。忽然有一天诚实的一个得知脆弱的一个患了绝症，如果直言相告必然加速脆弱者的死亡。于是，他平生第一次编出一段绝症可治，治愈不难的谎言，这可是一个最不愿说谎的人对一个最需要诚实的人说的谎啊，那滋味不是可想而知吗？

再说“文革”期间，每人每天都必须进行“早请示”、“中对照”、“晚汇报”，面对这充满迷信的一日三颂，每一个有思想的人无不晓得它的愚昧和可笑，内心当然激烈反对。但是，如果你真那样去反对，是要坐牢甚至被杀头的。一个人头只有一个，要求人们那样去做显然是苛求，那么，你只有违心顺应。顺应对一个麻木的人倒也无所谓，可对于一个清醒的人，那是怎样一种痛苦啊！所以，违心在多数情况下无异于折磨和受刑。

当然，并不是所有违心都有痛苦，弄巧时也可以是一桩妙事。如果你的上司十分喜欢听好话，偏偏你又不得不指正一下他的差错，这时你开门见山直言要害当然既省时间也符合你痛快为人的个性，但是，那样无论是对单位还是本人都将很糟。如果你试着先讲一通上司的成绩，再讲出存在的问题和解决办法，尽管那些优点是勉强的，有些还不单属他一个人，然而，却使上司既改了差错又让他刮目看你，这不是两全其美吗？

就是我们自身，出于片面和执迷，也并不是处处都在为自己着想，给自己设路障，捅娄子的事也常有，违着自己的心愿接受一下旁观者的点拨和训导也有别番风光的可能。

有位年轻人小时候很不想读书，迫于父母的强制和周围的压力，才不得不违心于书本之中。后来，他 18 岁考上计算机专业，毕业后分进一家化轻公司工作。公司只缺财会人员，经理要他改行为单位解难，他很爱自己的专业，出于无奈，服从了需要。谁知后来他在会计与电脑的交叉点上开发出了会计电算化技术，不仅专业未丢，还成了单位的技术骨干和后备干部。可见，违心也有利己的时候，至少利于纠正主观偏见、克服个人膨胀和和谐全局。

这个世界上，我们不仅要自己高兴，同时也要大伙高兴，世界如果因为你的服从和委屈而有了风光，也不会少了你的那一份。当然，这风光也不会无限。如果你处处由别人支配，事事处于无自我状态，把自己规范成一钵盆景，只要别人喜欢，别人满意，自己扭曲成怎么奇怎么怪都可以，那就怎么也风光不起来了。

我们生活在社会中，社会的环境、制度、礼仪、习俗无不作用并制约着你。台湾作家罗兰早有所告：“我们几乎很难找到一个人能够成天只做自己喜欢做的事，过他自己所想过的生活。”随着社会文明的深化，人际间的纵向联络会日趋淡漠，但横向间的联络只会加强。如果你在交际中没有妥协、忍让和迁就的准备，那只能处于四面楚歌之中，纵使有三头六臂，也将牵制得你疲惫不堪而无法前进。所以，虽然妥协、迁就都有“不得不”的那种心态，但仍不失为人际间的“润滑剂”。

几乎每个人都对自己的能力、智力和贡献作着偏高的估计，为了保护这种偏高带来的进取心和期望值，我们，特别是领导都应当多看他人的优点少说他人的缺憾。当然，这一多一少，无疑偏离了真实，显然也有了违心的成分。但是，这确实是促成并发展企业凝聚力和激发员工工作热情的成功经验。只要优点是存在的，都应挖掘，只要缺憾无损大体或可通过暗示而改正,都应避讳。

其实,为了群体和未来我们都有过献身和忍受;为了增强目标方向的合作我们都不应以自己为中心;为了避开更大损失都有过委曲求全;为了争取人心甚至我们都有过“这样想却去那样做”的经历,都曾扮演过“两面派”。为了融洽和顺利,违心应当允许。

不图一时的口舌之快

如果你在生某人的气,不吐不快,尽管发泄,只是别在气头上轻言处罚。因为在气头上所说的话,往往使你后悔莫及,终生遗憾,难以付诸实施,只会造成不便以及尴尬。

例如孩子发火、闯祸怎么办呢?如果让怒气冲昏头脑,你会脱口就骂“你这浑小子!”这是第一句谎言,“从来不听我的话!” 第二句谎言,“从来不照我的话去做!” 第三句谎言。

接下来,你会叫他进房间去,给予严厉的处罚。但关上房门后,孩子会有不同的表情,这个小孩在里面被恨浸泡十几个小时,他会哭,辗转反侧,不停地想着:我不是浑小子,我也听话,也照他的话去做过!爸爸不公平,一派胡言,一派胡言!十几个小时之后,他出来了,心情比刚进去的时候还恶劣。

可见,逞口舌之快,使用语言暴力很容易,但是恶言既出不得收回,造成对方永远的伤痛,影响深远你不能不顾;如此这般脱口便骂,素质远不如能自我控制的人。

如果你想责备员工尽管去,但是别在紧要关头说:“你在这公司待不下去了,有办法我一定会开除你,我给你六个月时间观察,这期间没有加薪”,等等。你应该对员工说——正如你该对你儿子说的——“我明天和你谈,再决定怎么办。”如果真要骂人,在这期间,你要盘算事情怎么错法,违规事件到底有多严重,后果如何,若要惩处,何者最有效果,最能改正错误。

气头上的任何决定多半引起反作用,使犯错的人丧失颜面与自尊,处罚不成反成你的负担。记住当你开口骂人的时候,表示你不喜欢他,失去对他的敬意,他便关闭心扉,不再听你的话,你个人的信誉不在,职业道德也荡然无存。可见,气头上伤人并无好处。

嘴上多个把门的

从呱呱坠地到咿呀学语,人们的三寸之舌从笨拙到灵巧,然后伴随着一生无休的“唠叨”。谁能知道,到底制造了多少绝词妙句、豪言壮语、警世箴铭,同时又制造了多少废话、蠢话乃至一言而失天下?

人们的舌头的确经常惹麻烦、搬弄是非。但是,是否因此就缄口不言,沉默不语,放弃大自然赐予人类最宝贵的天赋呢?

生活的道理如此相通。人们常说,眼睛是心灵的窗户。其实,嘴的功能亦不能忽视。嘴是心灵的大门。人们常对失言者说:“你嘴上缺个把门的。”

对于这种人,我们奉劝他采取下列措施:

①说话之前先考虑成熟，不成熟的话不要说。

②上帝给了你两只耳朵一张嘴，就是让你多听少说。在聆听的时候，我们的耳朵，往往会根据自己的爱好拣选喜欢的资料，遇上不合自己的东西，不应立刻反驳，甚至批评。

③有些喜欢卖弄知识的人，他们时常引经据典，所用的术语又比较深奥沉闷，作为一个聆听者，很容易表露出疲倦或没有兴趣，这种不礼貌的态度，理应避免。

④社交倾谈时我们会被其他的东西所吸引，而造成心不在焉的毛病，又或因别的事牵挂，而令自己分心，这是应该切忌的。

另外，一定要记住，尽量少采用揭对方短的方法进攻他人，这种方法会让对方"以你之矛攻你之盾"；此法一经使用便覆水难收，你很难再和对方复交了。在道义上来说，尽可能避而不用，尤其是有关生理上的特点——胖猪、矮冬瓜、瘸子、聋子……及身份上的卑贱——乞丐、私生子、拖油瓶、妓女……及白痴、阳痿、性冷淡、无生育能力……一旦触及到上述三点任何一方面时，对方的理智立刻消失，代之而起的是一种动物性的原始的防卫本能。因此，让自己嘴上多个把门的，是避开敌视、赢得友爱的必要手段。

不在人后说人

中国有句俗话："宁在人前骂人，不在人后说人。"这个意思就是说，别人有缺点有不足之处，你可以当面指出，令他改正，但是千万别当面不说，背后说个没完，这样的人不仅会令被说者讨厌，同样也会令听者讨厌。

在我们的日常生活中，背后说人坏话的人却并非少数，有一句话叫做："谁人背后无人说，谁人背后不说人。"这话虽然说得有些绝对，却也说明了一个道理，那就是大多数人都多多少少地在背后说过别人，只是所说的是好话还是坏话，就无从考证了。不过有一点，经常在背后说别人坏话的人，肯定不会是受欢迎的人。因为凡是有点儿头脑的人，都会自然而然地这么想："这次你在我面前说别人的坏话，下次你就有可能在别人面前说我的坏话。"这样一来，你在别人的印象中就不可能好到哪里去。

在日常生活中，常常会遇到别人在你面前说另一个人的坏话，对此，你就得端正态度，用辩证的思维去考虑这种事。因为说对方坏话的人，总是有着各种各样的原因，充分地分析讲话者的心理及原因，对做到端正自身大有益处。王先生就有过这样的体会——我的朋友中，有两个朋友因为一个女人而闹得互相之间很不愉快，两个人虽然平时见面还都装着一副无所谓的样子，但是一旦分开，就会对第三者发起"攻击"，将对方的"坏"处添油加醋地讲出来。身为朋友，我当然成了他们双方发泄对对方不满的汇集点。我知道他们之间的一切原因，所以当甲对我说乙的坏话时，我尽可能地保持沉默，在适当的时候加进一两句劝导的话，不对乙加任何评语；当乙对我说甲的坏话时，我也同样不对甲加任何评语，同样在适当的时候对乙劝导几句。同时我还做到一点：所有的话，无论是甲说的还是乙说的，都让它们到我这里截止，再不外传。

一段时间过后，当甲乙二人都冷静下来时，回想起他们在我面前所说的那些话，他们自己都觉得不好意思。由于我处理得当，致使他们之间的矛盾没有进一步激化，好朋友终究还是好朋友，后来甲乙二人都对我感激不尽，对我更加尊重，并且愿意将所有的心里话对我倾诉。

如果换一种情形，王先生是对他们一意奉承，在甲面前附和着说乙不好，在乙面前附和着说甲坏话，那么结果可想而知。

从这件事中，我们得到了一个经验，那就是当别人对你说第三者的坏话时，无论你是否明白其中的原因，你都必须保证做到一点，那就是“入耳封存”，同时还得充分了解对方，如果发现对方是无缘无故，只是天生有背后说第三者坏话的习惯，那么你就得注意，在以后的应酬中有意识地疏远他。

当你当着对方把第三者说得一无是处的时候，你自己的形象在对方的心目中也同样已经一无是处了。所以我们在日常应酬中，尤其应该注意，尽可能地不在交谈对象面前说第三者的坏话。如果别人有什么缺点，你可以寻找适当的机会当面向他提出，背后议论别人的方法绝不可取。

不要直接说人不对

你可以用眼色、语调或手势代替语言示意某人的不对。如果你直接说他不对，你想他能同意吗?绝对不会，因为你说话时就已经伤了他的自尊心。

这样做，他可能要报复你，但他绝不会改变自己的见解。你可以用柏拉图和康德的所有逻辑观点来说服他，但未必能使他改变主张，因为你伤了他的感情。

任何时候都不要以这样的话开头：“我来给你证实一下。”这不好。这实际上等于说：“我比你聪明。我跟你一说准能让你改变自己的观点。”这是一种挑衅行为。它能使对方在你刚同他谈话时就反对你的意见。

即使在最有利的情况下你也难以改变别人的主张。何必自找难堪呢?如果你想论证些什么，你就要尽量使人不知道你的意图。说得巧妙点，不要让对方发觉你在试图说服他。

假如某人提出一个主张，你认为不对或确信是错误的，再好不过的方式是这样对他说：“我不同意你的意见，但我的看法可能也是错误的，我是经常犯错误的。如果我哪里说得不对，请你给予纠正。咱们共同实事求是地分析一下。”这是很有魔力的话。任何人任何时候都不会反对这种说法。

科学家们正是这样做的。有一次我和在极圈度过了 11 个春秋，其中有 6 年光是靠食肉和饮水过活的著名发明家、科学家斯蒂芬逊聊天。他向我介绍了一条经验，我遂问他想以此来证明什么。我永远忘不了他的回答。他说：“科学家从来不想证明什么，他只是想寻求事实。”你也希望提高自己的科学思维能力，不是吗?要知道，除你自己外谁也不会妨碍你提高思维能力。

倘若你勇于承认自己难免犯错误，就永远不会陷入窘境，也会使对方像你一样开诚布公，促使他承认自己也难免犯错误。

假如你明明知道某人有错误，于是就直截了当地给他指出，那结果会怎样呢?让我给你举个具体例子。

C 先生是纽约市的一个年轻律师，前不久，在联邦最高法院审理一宗涉及巨款和违法的重大案件时他出庭辩护。该律师发言时一名法官对他讲：“根据军舰制造厂限制条款，你的当事人应判 6 年刑，难道量刑不当吗?”C 先生停下来，看了法官一眼，尔后开门见山地说:“尊敬的法官,这种条款是不存在的。”

事后C先生说:“法庭鸦雀无声,室内温度好似突然降到了零下。我是对的,法官是错误的。于是我就向法官直言陈述了自己的观点。可你想他能同意我的观点吗?不会的。但我仍然相信自己的观点是符合法律规定的。我觉得这次辩护发言比以往任何一次都成功,但就是没有说服法官。当我向这位著名学者指出其不对时,我已经是在犯一个大错。”

只有很小一部分人的思想是符合逻辑的。大多数人生来就具有偏见、嫉妒、贪婪和高傲等。人们一般是不愿改变自己的观点的,不管是否涉及宗教等原因。

假如你喜欢对别人的不妥之处加以指责,那就请你每天早晨把哈维·鲁宾逊教授所著一书中的这段话读一遍:“我们有时会在没有受任何指责、没有引起内心不快的情况下改变自己的主张。要是有人直言不讳地说我们不对就会引起我们的不满和怨恨。我们经常对自己的信念是否对没有把握,当有人劝我们回心转意时,我们却又固执己见。显然,观念并不值钱,值钱的是我们受到威胁的自尊心……‘我的’这一不甚显要的字眼是人生和整个人际关系中最重要的一个词。懂得这一点就说明开始变聪明了。该词无论同什么词搭配使用,对一个人来说都具有同等意义,‘我的’午餐、‘我的’狗、‘我的’房子或‘我的’父亲、‘我的’国家、‘我的’上帝。我们都喜欢继续相信我们早就以为正确的东西,如果有人怀疑我们的主张是否正确,我们当然感到不满,就会寻找能说明自己正确的理由,以坚持自己的主张。”

否定一个人很容易,但也容易伤害到他人。在这里,我们要掌握说“不”的艺术。

给嘴巴贴上封条

袒露之心如一封摊开在众人面前的信,会使你受人摆布。对人交心是危险的,因为你有了让人控制的把柄,会成为任人驱使的奴隶而不能自主。在现实生活中,不是所有的悄悄话都能长久悄悄下去。有以下三种话即便“悄悄地”也不能说:

(1)捕风捉影的话不要说

捉贼要赃,拿奸要双,这就要求我们说话办事要有真凭实据,如果我们向对方说的悄悄话,如风如影,纯属无稽之谈,那是很危险的,尤其是对一个人的隐私更是不可在私下信口开河,胡编乱造。如你说,某男与某女(均有家室)在街道的树荫下拥抱亲吻,那情景真比演电影还卖力。若被听者传出,当事人可能恨你骂你,伺机报复你,甚至当面计较,对抗,要你说出个所以然来,你怎么说呢?把悄悄话再说一遍,请拿出证据来!你当时又没有摄像,又没有录音,怎么能够证明某男与某女曾有这种热烈的表演呢?只有掌嘴!不赔礼道歉还行吗?人家本有如此这般的举动,而你并无证据,这样的悄悄话,属捕风捉影一类,是万万说不得的。人心难测,不一定对,但不无道理,我们说悄悄话也不能只图一时痛快,而不计后果。

(2)违纪泄密的话不要说

小至单位大至一个国家在一定时期,一定范围内都有秘密,我们只能守口如瓶,不可泄露。有的人轻薄,无纪律性,就私下把机密“悄悄”说出去了,弄得一传十,十传百,家喻户晓,有些心术不正的人如获至宝,拿去作为牟利的敲门砖,给单位乃至国家造成严重损失。即使诸如涉及人事变动的内部新闻,你也不要去向有关的人说悄悄话,万一中途有变,你如何去安抚别人呢?如果为此而闹出了矛盾谁负责呢?向亲友泄密,不是害人便是害己。你一片热心向他说了悄悄话,他可能认为这是泄露机密,于是,他当面批评、指责你,甚至状告你,你的体面何在?有些人并不喜欢听那些悄悄话,他不领你的情,这就没有意思了。“多情应笑我,早生华发”,还是封锁感情,守口如瓶吧。

(3)披露悄悄话的话也不要说

需知这世上有些人很怪,情投意合时无话不说,无情不表;一旦关系疏淡,稍有薄待,便反目成仇,无情无义,甚至添油加醋,不惜借此陷害,从而达到他不可告人的目的。殊不知,这些抖出悄悄话的人也要吃亏的。

我们知道,悄悄话大多是在两人之间传播,试问,你一个人能够证明我有此一说吗?甚至对方出于愤怒会狠狠还击,跟编小说一样编出你的悄悄话,以十倍于你的兵力将你置于有口难辩的境地,纵然两败俱伤,也没有白白被你出卖。结果如何呢?你本是讨好卖乖,求名逐利,或发泄私愤,算计别人,不巧却被悄悄话所害。

所以,假使你听了悄悄话,也没有必要往外抖,任何人在这个世上都有一片自由的天地,还是讲究信义,以善良为本,何必让人反咬一口呢?

善意的谎言也很美

人们在谈交际的问题时,都觉得应该遵循诚实的原则,“精诚所至,金石为开”,这固然是对的,诚实能够取信于人,但是绝不可以把事情绝对化,以为“真诚”所至,任何“金石”都会为之动容,这恐怕不是生活的全部。

实际上生活是错综复杂的,丰富多彩的,有时秘而不宣,声东击西,反倒收到好的效果。有时你再怎么推心置腹,那“金石”总是不开,在这种情况下,如果不采用变通的手段,是不能达到交际目的的。因此,可以这样说,有些时候,善意的谎言也很美,它比那些刻板的真诚效果要好得多。

可以这样说,善意的谎言也是一种很美的交际方式。自然,如果一个人以制造谎言为业,把它作为一种主要的交际手段,当然是不可取的。

如果谎言是一种可能的选择,那么,一个人首先应该寻求诚实的方法。只有当一个谎言是最后的手段时,一个人才开始考虑在道德上它是否能得到辩解。就是说谎言是不得已为之,且要符合道德规范。生活中的谎言类型是很多的:

(1)对付邪恶,保护自己正当利益的谎言

某县一位粮食局局长,被省粮食厅长“借”去了价值五百多万元的粮食,久久不还,造成这样大损失,被以渎职罪提起公诉。在案件调查中,他冥思苦想,想到一个小小的阴谋,他主动请检察院给他下了一张拘留审查的传票,并请公安人员监押他去省城厅长家。临行前他买了几十盒山楂丸,去盒加工,换上冠心舒合丸的包装。

一到厅长家,进屋就大口喘气,掏出“冠心舒合丸”往嘴里扔,见到厅长,一把鼻涕一把眼泪,“家有八十岁的老娘,四个未成年的孩子,老伴风湿病,我有心脏病,检察院已下传票了,我这个家完了,请厅长可怜可怜。”公安人员及时出示拘留审查证,他又掏出“冠心舒合丸”往嘴里扔,然后又大喘气,用手摩擦前胸,看样子马上就要倒下了,把厅长闹了个手足无措,赶忙表示“明天就解决”。于是他又感激涕零,并说明“今天晚上就住在厅长家了,等候天明钱到手就起程”,掏出“冠心舒合丸”又往嘴里扔。厅长的小孙子恐惧地说："爷爷，这位伯伯不会死在咱们家吧？"厅长有苦难言直摇头。没出三天，五百万收回了。局长走出厅长家大门找个垃圾箱，哗地一声把"冠心舒合丸"都倒进了垃圾箱。

(2)精神安慰的谎言

如果你的朋友万分惆怅，你和他也一同泡在悲伤的泪水里，那朋友一定备受痛苦的煎熬，精神安慰的谎言则可以帮助朋友摆脱痛苦，鼓起生活的勇气。

女工小A从小生长在被扭曲的家庭中，她沉默寡言，甚至没有一个可心的朋友。一天又旧病复发，实在得不到一点亲人的关怀和温暖，心情灰暗沮丧，对人生失去了希望。与小A同室的女工小B，很同情小A，但尽力安慰也无济于事，便心生一计。

第二天，她就模仿男孩子的笔迹，以小A同学的口吻，给她写了一封信，信中写道："我其实对你的好感已有几年了，遗憾的是你未曾察觉，因你从不愿与人说话，使我没有表示的机会。别人都说你悲观消沉，孤陋寡闻，可我就是喜欢你的文静，你知道吗？这才是女性的沉稳、温馨之美……只要你对生活充满信心，改变对生活的态度，你的眸子就会放射出光芒来……我随时都愿意为你效劳。"

小A收到了这封没有地址没有署名的来信，激动万分，她在梦里还笑着说："他是谁？这个世界上居然还有人爱我，我怎么不知道？"从此她感到世界是温暖的，世界是可爱的，后来她组织了小家庭，有了能干而体贴的丈夫，她自己又聪明又勤劳，几次当上了劳动模范。一番谎言，竟然使濒临绝境的人获得新生。

(3)应付生活中尴尬的谎言

在生活中的某些情况下，如果实话实说，可能会闹得彼此都难堪，造成不好的效果。如果恰如其分地说些"谎"话，就能收到较好效果。

有这样一件事：有一家旅馆招收一名职员，有甲、乙、丙三位男性应聘者进行应试，老板问："假如你无意中推开房门看见女客一丝不挂在淋浴，而她也看见你了，这时你怎么办？"三个应聘者的回答分别是：

甲：说声"对不起"，就关门退出。

乙：说声"对不起，小姐"，就关门退出。

丙：说声"对不起，先生"，就关门退出。

结果是丙被录用了，原因是丙回答比其他两位巧妙，甲乙虽然说的是实话，但于事无补。而丙说的是谎言，确实是非同凡响。女客见到一位男服务员看见自己光着身子淋浴，心里自然不快，也很害羞，可是对方竟称她为"先生"，她就会想：他竟连我是女的都没看出来，那大概是没有看清楚吧。这样就大大降低了尴尬的程度。男服务员一方面故作糊涂，而顾客也可能深信对方而不产生怀疑，真可以说是两全其美了。

生活中需要用"谎言"点缀的地方还很多，只要我们用得恰当，就能让你的交际活动放射出异彩。

"恭维"是女人的食粮

赞美对于一个女人来说，似乎更为重要，因为女性是常以情感来体验生活的。作家里昂·梅尔逊和他的妻子梦丝是在2月23日结婚的，里昂说："我永远不会忘记我们结婚的日子，因为那是在华盛顿生日的后一天。"但他的妻子却说："我永远不会忘记华盛顿的生日,因为那是在我们结婚的前一天。”

做女人的好处之一,就是可以常常听男人赞美她,而男人就没有这福气。所以,一个懂礼貌有修养的男人,必须学会恭维女人。这是一门处世艺术,但不是所有的男人都能运用自如。

有些男同胞,以为见到什么女人,都可以简单地赞叹:“小姐,你美极了!”如果相貌实在太困难的女士听到这话肯定会不高兴,还以为你讥讽她。但有这么一位先生就会因“地”制宜地尊重女性,绝不当面说些让女士们难堪的话。

一次一个长相欠佳的女士专门来拜访这位先生,以求证他真的很会恭维女人。“先生,我很丑吗?”那个女士开门见山地问道。

这位先生和善地说,“噢,尊敬的女士,可不能这么说,其实所有的女人都是天上掉下来的天使,但有些天使掉下来时,不幸是鼻子先落地了。女士,这不是你的错。”

避开具体的“她”,笼统地赞美所有的女性,再巧妙地指出,她的丑不是她的错误,这种恭维,可谓中肯又中听。

太直露的赞美,往往显得肤浅,由于这类话听多了,其震撼力就不大,这是赞美“抗药性”提高了的缘故。所以,有水平的男子善于含蓄地恭维。一个外国男孩曾对一个中国女孩说:“你的父亲是罪犯吧?”

“不是,怎么啦?”女孩有点吃惊。

“那么,是谁偷了天上的星星放进你的眼睛里?”

“好小子!”这时,那女孩才领会了男孩的赞美:你的眼睛好亮啊!

动了口还不够,接着他动了手,翻开她领子后面的衣服牌子,“原来你是天堂制作的!”又一次含蓄地赞美她为“仙子”。

恭维女人,绝不仅仅表扬人家的脸蛋,虽然这很重要。根据不同的人,其实还有许多方面可以赞美。具体一点往往更可信,对方听了也觉得比较实在、真诚。比如,某小姐穿一件不是太好看的晚礼服,但你可以说:“好高贵啊!”某小姐长相平平,你可以说她气质出色,鹤立鸡群;如果她是个文化人,你可说她很有品位;如果她是个胖女人,你可以说她好性感,有韵味;如果她是个大声大气的女孩,你可以说她好帅气;如果对方胆小如鼠,你可以说她温柔、贤惠;如果实在不知怎么表扬,不妨虚晃一枪:你给人一种梦幻色彩。

避开缺点,挖掘优点,或适当夸大优点。虚实结合,不落俗套;看人说话,不可生搬硬套……所有这些,再加上幽默一点,效果会更好。比如,文化大革命那个年代,一个漂亮的女红卫兵出现在批判会场时,一位戴眼镜的知识分子机智地表扬她说:“你长得好革命!”后来,那女红卫兵对他很照顾,因为她明白:漂亮就是“革命”,“革命”就是漂亮。

当然,单要嘴皮子还不是最好的恭维,还要表达一种你很乐意接近她的愿望。如不停地邀她跳舞,为她倒酒,替她开车门,还可以说些诸如此类的话:“与你交谈很轻松”、“听你一席言,有如沐春风之感”、“如果早几年认识你就好了”、“可不可以留下你的电话号码,我很喜欢与你交谈”……其“主题中心”无非是表达一种欣赏的态度,一种喜欢的心情。女人总喜欢被男人关心、呵护和爱慕,而这正是恭维的另一大功能。

拍马要拍屁股

常言说，金无足赤，人无完人。对每个人来讲，既有他的优点和强点，也有他的缺点和弱点。优点和强点很容易赢得赞美，而缺点和弱点则不然。

那么，赞美一个人为什么要了解他的弱点呢?了解弱点是为了对症下药，使你的赞美真正发挥得淋漓尽致，收到更好的效果。

首先，了解对方的弱点才能利用对方的弱点。用其弱点的对立面去赞美他，使他得到心理上的满足，从而实现你想要的结果，不妨看一个极端的例子。

李莲英与慈禧太后的关系是奴才与主子的关系。李莲英之所以受到慈禧的宠爱，就是因为李莲英对慈禧太后的弱点了如指掌。并不失时机地利用了她的弱点。在别人看来，慈禧喜怒无常的脾气是难以揣摩的，而刚刚入宫不久的李莲英通过给慈禧梳头慢慢摸透了她的弱点：爱美，爱表现，爱虚荣，接受恭维，心胸狭窄，嫉妒心理和报复心理强。掌握了慈禧的弱点后，李莲英毫不懈怠，恭维备至，巧为周旋，修建颐和园的主意就是李莲英想出来的，其中不乏极夸极拍的言辞。

一次，李莲英与慈禧谈话时，说："奴才有句话不知当讲不当讲?"慈禧点头道："但说何妨?"李莲英说："依奴才看来，主子心胸开阔，既有乾隆爷的洪福，也有乾隆爷的英明，可今非昔比，要不是主子镇得住，大清国还不定是个什么样子呢?说开了还是下边人没能耐，不给主子做脸，欺侮主子仁慈。乾隆爷修了那么多园子，谁敢说个不字?可主子为国操劳，为百姓操碎了心，要修个园子，他们却唧唧喳喳，奴才对此就是有点不平。"

李莲英的这一番话正是抓住了慈禧庸碌无能，自感心虚的心理弱点，把她与乾隆皇帝相比，意在奉承她功高德厚。这番话自然正中慈禧下怀，为他的言辞所动，说："除了你明白我的心思，又有谁同情呢？"李莲英更是步步紧"拍"，道："有道是'无例不可兴，有例不可废'，照祖上规矩，皇上也该修个园子孝敬太后哩!"这样，慈禧建颐和园的主意算是定下来了。

上面这一事例说明李莲英对慈禧的弱点确实摸得透极了，这样，他的阿谀之词句句落在慈禧的心坎上，从而得到厚宠。

生活中，适当恭维对方，满足对方的虚荣心理是很必要的，关键是，一定要抓到关键部位，否则就可能适得其反，带来麻烦和祸害。

厚黑方略十九

深谋远虑，防患未然

“患生于所忽，祸起于细微。”智者深谋远虑，居安思危，明察忧患之预兆，以求防患于未然。在险象环生的人性丛林中生存，须有非常之头脑，非常之眼光，非常之手段，否则，大祸临头还不自知，将会死无葬身之地。

患生于所忽，祸起于细微

汉代刘向在《说苑》中说："患生于所忽，祸起于细微。"祸患的发生大多是因为事情初期的怠惰和松懈。就好像有人患病一样，开始病情轻微，对身体好像没多大影响，就自以为体质好能抵御得了，因而抱着无大碍的心理，结果往往因为延误了治疗而酿成重病甚至丧身，后悔时已经迟了。"有病早治，无病防身"这句话也可以运用到日常工作和事业经营管理上去。

怠惰松懈、马虎随意，或焦躁厌烦、急功近利等，都可能导致对细微问题的忽视，或是不能觉察，或是有所觉察而认为无所谓，都因一念之疏忽造成了事情的恶化，而后果严重时又惊慌失措，以至于发展到不可收拾的地步。这种教训在日常生活中可说是屡见不鲜而且很深刻的。

现实生活中的小人如没有过人的才能，就无以为乱国家，如他们的才能肯为国家重用，尚可容于君子。但是，往往他们不知天高地厚，唯恐天下不乱，一旦有机会，就会跳出来，蛊惑人心，兴风作浪，是国家的不安定因素。

判断这样的人处理这样的事，有时必须从细微处着眼，一旦发现有不利因素的苗头，就应立即采取措施，断然扼制于未然。

西周时期，姜太公因辅佐武王姬发灭殷有功，被封为齐君。当时齐国有个华士，国人都称赞他的贤德，但他下决心不侍仕于天子，也不结交诸侯。太公曾三番五次召请他，他也不来，于是太公杀了他。周公旦对此非常震惊，责问为何杀之?太公答：

"华士决心不去侍奉天子，又不去结交诸侯，那我还能用他为臣或与他交友吗?由此看，他是个无用之民；其次，屡召不到，是忤逆之民的表现。此人若被立为榜样，我岂不高处不胜寒了吗?我还能去做谁的君主呢?"

从此往后，齐国便没有怠惰的臣民了。

无独有偶，孔子也做了件类似的事情：

少正卯是一位学富才高的贤者，与孔子同一时代。他甚至几次有压倒孔子，压走其入门弟子之势。后来孔子做了鲁国的司寇，便杀死了少正卯。于是孔子弟子子贡进见说：

"少正卯乃鲁国有名望之人，你杀掉他，岂不是很大的失误吗?"

孔子答："人有五种大恶，但盗贼不属其列。一是行为邪僻而顽固不化；二是内心通变而阴狠毒辣；三是窥人隐私而无所不晓；四是言辞虚伪而巧佞辩饰；五是顺适逆流而冠冕堂皇。这五条，若有一条对上号，就不见容于当权君子，今少正卯兼而有之，此乃小人中之枭雄，当诛之。"

诚然，少正卯能够利用时机，煽动孔门弟子背师弃贤，如此之人能与之共事于朝廷吗?孔子之所以下狠手，不仅因为少正卯能够一时巧言乱政，并且也是为了提醒后人提高警惕，以防小人以学术"杀人"。

千里之堤，溃于蚁穴。想做一番大事，不能体察细微之处的种种情势，很难实现预期目标。

明察忧患的征兆

有时候，事情虽然还没真正发生，迹象其实已经显露。如果不能从初期的迹象去掌握即将发生的事实，就会像无知的雀鸟，筑巢所在的柴薪已经冒起烟火，还优哉游哉不知躲避防范，这是非常危险的。而有智慧的人则不然，只要见到一点迹象，就能判断出事情未来的发展，而采取合宜的行动。

一般来说，忧患的来临必有其征兆；如果不预先设法消除，将后悔莫及。这种防患于未然的做法，正是明哲保身的借鉴。

春秋时，秦武王派甘茂攻韩国的宜阳(公元前308年)，甘茂担心会遭人诬陷诽谤，于是对武王说：

"以前，曾参住在费的时候，鲁国有个叫曾参的杀了人，人家告诉曾参的母亲说：'曾参杀人。'他的母亲说：'我的儿子才不会杀人。'继续自在地织布。不久，另一个人又告诉她说：'曾参杀人。'他的母亲依旧自在地织布。不久，又有第三个人向她说：'曾参杀人。'他的母亲立刻丢下梭，离开织机逃走了。"

"以曾参的贤明，和他母亲的信任，有三个人接连地造谣，他的母亲都怀疑、害怕了。我去攻韩国小人进谗言则无处容身，请主公明察。"

这就是"深谋远虑"、"老谋深算"，是重要的上策观点，是处理当前与将来长远关系的至高准则。封建时代，很多大臣就是在这个题目上做文章，充分显示出他们的聪明才智。

汉朝初期，汉高祖刘邦派樊哙以相国名义带兵去平定谋反的燕王卢绾。发兵之后，有人揭发樊哙在刘邦生病时，与吕后勾结，等刘邦一死，就要把戚夫人一家杀绝。刘邦很生气，就派陈平骑马去传达命令，让周勃代樊哙指挥军队，并立即在军中把樊哙斩首。

陈平接受任务后，私下里同周勃商量说："樊哙是功臣，又是吕后的妹夫。皇上只是一时恼怒，想杀掉他。但是皇上已经病重，未来是什么情况，并不明白。所以还是不把樊哙马上斩首，只是把他押回来让皇上自己下命令杀掉为好。"周勃也同意这样做。

后来，在押送樊哙回京的路上，陈平听见刘邦去世的消息。他急忙赶回向吕后报告逮捕樊哙的经过，吕后叫他把樊哙放了。因为他没有照刘邦的旨意杀死樊哙，所以吕后还是相信他，又让他做太子的老师。以后吕后的妹妹要为樊哙报复陈平，在吕后那里也通不过了。

时间是一个连续的过程，只看到眼见，不能预见未来，我们就会犯短视的错误，不能消除即将到来的祸患。

不拿鸡蛋碰石头

生活中，免不了与上级打交道。领导往往有着很强的尊严感。行使权力、发布命令，使事情向着自己所预想的目标发展，会给他带来这种感觉。而尊严是一个人最敏锐、最脆弱的感觉,因为它总是同一个人最本质的某些东西相联系的,侵犯尊严便等于是对人的污辱和蔑视。这在自认为理所应当享受别人尊重的领导眼里,是绝对不能被容忍,更不能被谅解的。

许多时候,下级的冲撞会使领导下不了台,面子难堪。如果领导的命令确有不足,采用对抗的方式去对待领导,这无疑会使他感到尊严受损,以敌意来对抗敌意。特别是在一些公开场合,领导是十分重视自己的权威的,或许他会表示,可以考虑你的某些提议,但他绝不会允许你对他的权威提出挑战。

下级冲撞领导,一般都会使用比较过激的言辞,特别是一些很伤感情的过头的话,这些话会像一把把尖刀直冲向领导的内心,这势必会惹得他怒火中烧,大发雷霆,视你为敌。在这种情形下,你可能是出于某种忠心才说的,但如言辞不当,反而会使领导认为你是一直心怀不满。他会想:“这家伙隐藏得好深,竟骗过了我!原来他一直对我有意见、一直是三心二意,今天终于暴露出来了!”一种算总账的仇恨就会像火焰一样地烧起来,以至于失去冷静的分析。

对抗会使领导失去理智。一旦尊严受损,便觉得权威受到挑战,在面子感到相当狼狈难堪时,会使他把事态看得十分严重,一时也不会考虑什么是非曲直,只有一味地宣泄。在此种情形下,领导一般都会十分激动,甚至是头脑发昏,恼羞成怒。失去冷静的判断,你就成了他的第一号敌人,过激行动常常会因此而发生。即使是当时比较克制,事后也会是越想越是气恼,找机会报复你。

抗上所引发的悲剧,下属不得不引以为鉴。

三国时,诸葛亮初展才华,火烧博望坡,杀得曹军大败。曹将夏侯惇对曹操说:“刘备如此猖狂,真是心腹之患,不可不先下手为强,除掉他。”而曹操也认为刘备、孙权乃自己统一天下之大障碍,所以决定发兵讨伐,扫平江南。

而有一大夫,叫孔融,却是迂腐得很。他以刘备是汉室宗亲,孙权虎踞龙盘为名,称曹操是“兴无义之师,恐失天下之望”。因此惹得曹操大怒。孔融退出,仰天长叹:“以最不仁义去讨伐最仁义者,怎么能不败呢!”结果被人听去,报告了曹操,曹操于是大怒,诛杀了他的全家。

据说,早就有人对孔融说过:“你这人刚直得有些过分了,这是你自取祸患的根本。”

孔融不谓才不高,但他未领会领导的意图和决心,出言不逊,特别是以“最不仁”来形容曹操,这怎么能不使曹操心怀懊恼,必欲杀之而后快呢!

所以,下属在与上级说话时切勿激动,而是要时刻提醒自己,即使自己是对的,也要注意态度、方式方法和时机问题,不要冲撞对方,引起上级的怒火,使他怨恨于你。鸡蛋碰石头的结果,下属一定要牢记于心。

避免功高震主

对于许多聪明人来说,人生的最大害处不在外部,而在自己。一旦做出一番事业,就难免要居功自傲,而这样做的下场往往比无所作为的人更惨。所以,一个有修养的人应该知道居功之害。

古人很早就意识到,不论任何好事,都要守住自己的本分,绝对不可以功高震主,否则轻的招致他人恼恨,重的甚至惹来杀身之祸。自古以来,如果能与别人共同拥有完善的名节,就可以避免意想不到的别人的加害。

事实证明,只有像张良那样功成身退,善于明哲保身的人才能防患于未然。同样对那些可能玷污行为和名誉的事,不应该全部推诿给别人,主动承担一些过错,引咎自责,具备这样涵养德行的人才算是完美而清高的人。

汉代时晁错自认为其才智超过文帝,更是远远在朝廷诸大臣之上,暗示自己是以前的佐命大臣,想让文帝把处理国家大事的权力全部委托给自己。这正是功高震主的表现。唐宣宗初即位,看到功高权重的李德裕,心里忌惮,很不平衡,以致头发被汗水浸湿了,这与汉大将军霍光为汉宣帝护卫车乘,而宣帝忌惮心畏,像有芒刺在背有什么区别?功劳高了,人主震慑,这样的功臣当然会有自我矜傲的表现。

而韩信可谓功高盖世,但因为其声名显赫功高震主,最终也下场可悲。秦末韩信从项梁、项羽起义,为郎中。其献策屡不被采用,投奔刘邦,被萧何荐为大将。楚汉争雄时期他出奇兵占领关中。后来,刘邦与项羽相持于荥阳、成皋间,他被委为左丞相,领兵破魏、代,平定赵、齐,被封为齐王。后与刘邦会师于垓下,击灭项羽。汉朝建立,改封楚王。因受人诬告谋反,降为淮阴侯。陈豨叛乱时,有人告韩信与其同谋,欲起兵长安,被吕后诱杀于未央宫。

从韩信之死来看,功臣极难自保。联想到像自己这种功劳很高,使人主震慑惧怕的功臣,如果再有什么居功自傲的表现,恐怕就得不到安宁了,弄不好就会招来灾祸。

如何使自己避免功高震主以求自保呢?有人总结出如下几条:

(1)要守法

从历史上看,循吏最易保全。《史记·循吏列传》中,司马迁所说的循吏,就是遵循法规,忠实执行命令,能知时务识大体的臣子。

后世人以为只有慈有仁惠、和善愉快,以仁义为准则的官吏,才称得上"循吏",那就大错特错了,首先应该是遵守法令,严格地约束自己,这才是循吏的作为。在一个组织里,注意按照规则办事,就是守法的表现。

(2)不参与

即不把自己的私利参与在自己所执掌的权力中去。《论语》中有"巍巍乎,舜禹之有天下也,而不与焉"。即舜和禹真是很崇高啊,贵为天子,富有四海,但一点也不为自己。把自己的私利参与在政事之中是很不廉洁的举动,似乎可得一时之利,但最终为人们所厌恶,他的功劳再多、苦劳再大也终会抵消。

(3)不长久

古人说:"日慎一日,而恐其不终。"身居高位时一天应比一天更谨慎,如同行走在危险的高崖之上,即使自己注意了,能得到善终的人也太少了。所以,位置越高,权力越大,怀疑猜忌的人越多,不可不防,不可不早做撤退的打算。

(4)不胜任

古人说:"懔乎若朽索之驭六马,栗栗危惧,若将殒于深渊。"即身居高位所面临的危险惊心动魄得就像以腐朽的缰驾驭着六匹烈马,万分危险,所以千万不要居功自傲,要时时谦让,功成身退,可得善始善终。

(5)不重兵

在古代，功高的臣子如果能够主动交出兵权，那么对君主的威胁就减少了，所以“不重兵”，就是自我裁军，以求自保的意思。

(6)多请教

古人说，三人行必有我师。作为你的上司，他必然有其独到之处，所以一旦在做事之前一定要主动向你的上司请教，探听他的意见，这样在办事时就有所凭借，既能保全自己，又显示了自己的谦虚。

脱光自己的衣服

即使仅仅出于安全的考虑，以伪装的面目出现也不一定就是最佳方法，有时倒还是把自己和盘托出，让别人透彻地了解自己更加有效。

西汉的开国功臣陈平，有一次只身逃亡，船上的艄公看见他身带宝剑，知道是个军官，就觊觎他的钱财，陈平怕他由于误会而害自己性命，就故意脱了衣服光着膀子帮他摇橹，艄公见他除了一把剑之外，无有分文，也就不多费手脚了。

陈平曾为刘邦六出奇谋，功劳很大，这种让别人“洞烛”自己的小计只能算儿戏。唐朝中兴名臣郭子仪在功成名就之后，一直保持这样一种全无城府、一无遮拦的情况。

郭子仪是平定“安史之乱”的首功之臣，被封为汾阳王，堂堂王府每天总门户大开，任人出入，不闻不问。一次，属下的一位将军离京赴职，前来告辞，适逢他的夫人和爱女正在梳妆，只见她们差使郭子仪拿毛巾、端洗脸水，同使唤仆人丫鬟没有什么两样。将军走后，郭子仪的几个儿子都深感羞愧，一齐来劝谏父亲以后分个内外，郭子仪就是不听，孩子们急了，哭着劝父亲自重。

郭子仪却笑着对他们讲其中的道理：“朝廷给我的爵禄已经很高了，再往前没有什么可追求的了，但往后退，也没有什么可仗恃的。如果我一直修筑高墙，关闭门户，和朝廷不相往来，那么万一有人与我结下怨仇，诬陷我有二心，再加上那些妒贤嫉能之辈在中间加油添醋，造成确有其事的样子，那么我全家九族都会粉身碎骨，到时候后悔就来不及了。现在我坦荡无邪，四门洞开，即使有人想以谗言诋毁我，也找不到任何借口来加罪于我。”

几个儿子听了，深深佩服，一齐拜倒在地。

中国历史上多的是功高震主的大臣，但能够善始善终的则寥寥无几，郭子仪却是其中之一。他历经唐代七朝，身居军政要职六十年，被唐朝史臣裴洎称为“权倾天下而朝不忌，功盖一世而上不疑”，这不能不部分归之于他的这份厚黑功夫。然而，要是把它仅仅看做一种谨慎，那是对人性、对中国人的人生境界的低估。

人生活在世界上，大部分时间里和大多数场合中都在演戏，都在扮演种种角色。在古代中国这样礼法烦琐的国家里，每个人更会感觉到这套角色服装的沉重，它像盔甲，更像桎梏。所以，能够摆脱这种种束缚，达到心灵的四门洞开，无所隐匿，一切话都可以说于人前，一切事都可以做在当面，实在是一种人生大智慧。所以，不妨脱光自己的衣服，赤条条见人。

以不变应万变

在古代兵法之中,危战是在人们处于潜在危险环境中的作战方法。人善于在安全时觉察到危险,而采取预防措施,这就是危战之术。《孙子兵法》中说,想要获得胜利,也不要忘记败的可能。也就是说要居安思危,假设万一失败的话,要事先制定好应变措施。由此可见,未雨绸缪,绝非杞人忧天,而是为了确实获胜,所以必须小心谨慎,以防患于未然。

同样,智者永远都不会满足现状,因为他们的目光总是投在远处,总能居安思危。

(1)*居安思危*

战国时,智伯想讨伐卫国,就给卫君送去四百匹马和一块玉璧。卫君很高兴,群臣都祝贺,只有大夫南文子面有忧色。卫君问他:"大国与我们交好,而你面有忧色,这是为什么?"南文子说:"无功而受赏,没出力而得到礼物,这是不能不明察的。送四百匹马和一块玉璧,是小国间的礼节。而大国这样做,大王就要有所提防了。"卫君把南文子的话告诉了边境部队,部队加强了防范。后来智伯果然起兵袭击卫国。等到了边境,见到卫国已有准备,就回去了。智伯说:"卫国有贤人,已预先知道了我的计谋。"

俗语说:"无功不受禄。"智伯无缘无故地送卫国重礼,必定是有所图谋,南文子料定智伯是故意做出与卫国交好的姿态以掩盖起兵袭卫的真实目的。

现实生活中也有一些像智伯这样的人,很善于用虚情假意打动对手,使对手麻痹大意,而出其不意地采取行动。南文子对智伯的行为从一开始就有所警惕,清醒地认识到别人根本不会无故地给你好处。这等违反常理之事不可不查明原因,以防后患。南文子的这一韬略可于今日在各种情况下借鉴。

(2)*居安买义*

居安买义是中国古代圣哲历来倡导的生活谋略,但真正体会它的意义并不容易。

孟尝君派他的门客冯谖去薛地替他收债。临走时冯谖问孟尝君:"收完债买些什么回来?"孟尝君说:"看我家少什么就买什么吧!"冯谖到了薛地,召集所有向孟尝君借债的人,将借据收集以后,就假传孟尝君的命令,将借据全部烧掉了。薛地的百姓都呼"孟尝君万岁"。冯谖很快返回了齐国,孟尝君奇怪他怎么回来得这么快,问道:"债都收完了吗?"

冯谖说:"收完了。"孟尝君又问:"买了什么回来?"冯谖说:"你说看你家所缺少的买,我看你房中藏有大量珍宝,外面犬马很多,美女也无数。只有一件缺乏,那就是义,所以就私自决定为你买了义回来。"孟尝君不以为然:"买义有什么用?"冯援说:"目前你只有薛这一小小的封地,但却不爱护薛地的百姓,只知从那里取利。因此,我假托你的命令把借据都烧掉了,百姓们都非常感激你,这是我为你买的'义'。"孟尝君此时不明白是怎么回事,心中不大高兴。

一年以后,齐王疑忌孟尝君,就免了他的宰相,让他到薛地去。结果薛城的百姓扶老携幼,远远地都来迎接他。这时孟尝君才明白了冯谖买"义"的深意。

孟尝君为战国时著名的四公子之一,尚不能居安思危,幸亏有冯谖从中料理。今日社会变化更为常事,万不可顺境时忘乎所以。

(3)遇喜不可忘忧

宋真宗时,陈晋公陈恕做三司使,总揽天下财计。宋真宗命令他将宫廷内外的府库中的钱财、粮食全部统计一下上报给他。陈恕当即答应,但却未统计上报。拖了很久,真宗屡次催促,陈恕始终没有上报。真宗命令宰相去质问他。陈恕回答说:“天子还很年轻,如果他知道府库这样充实,我怕他会生出奢侈之心。”陈恕报忧不报喜,确有远见。

总之,人们在办理事情时,要考虑到失败的一面,损失的一面,两者兼顾,方能周全。用最大的努力去争取好的结果,同时做好失败的心理准备和物质准备,以及应变措施。遇喜不忘忧,才就能以不变应万变,永远立于不败之地。

照实回答不如巧妙回答

恋人之间的关系即使发展到了很深的地步,但仍有很多对方所介意的地方,稍不注意就会影响到两人之间的感情。恋人相处,常常会碰到许多难以回答的问题。对这些问题,如果照实回答肯定会引起对方不快,甚至会导致双方关系破裂,但不回答也过不了关,因为这些都是要求你必须回答的问题。所以,怎样回答这些难以回答的问题便成了许多朋友最头疼的事。请朋友们不要怕,我们把这类常遇到的难题列举出来,并告诉你巧妙的回答方法。在你以后遇到这类难题时,就可以轻松应付了。

(1)“你和别人也是这样吗?”

这是一个很令人头痛的问题,通常是在情侣们一番亲热之后有一方提出的。这时,你只能说:“啊,不,亲爱的,没有人能和我们的关系作比较。”或许这只是谎话,但反过来,任何正面作出比较的回答,都是有害的,不是破坏了你们之间所建立的那种默契,就是损害了你以前情人的形象与精神。

(2)“你真的喜欢我的家人吗?”

这也是一个严重的问题。当你爱上一个人,你自然只能与他(她)结婚,而非和他(她)的家人结婚。但是,那些结婚多年的人会告诉你,有时你简直也像与他(她)的家人结了婚。所以,如果男友(女友)问你这个问题,你可以这样回答说:“啊,他们真有趣。”这不一定是说谎,因为毒蛇也挺有趣的。你这样答比回答“哼,我恨透他们了”,不是更好么?也许你可以补充:“我觉得你爸爸很不错,只是,你能否叫他让我们自己决定度蜜月的地方?”

(3)“我要减肥吗?”

如果你要被迫回答这个问题,你就要仔细推敲答案。对方是真的想知道你的建议吗?多半不是的。她想知道的是不论她多重,你依然关怀她。所以你最好这样答:“我认为你身材挺棒。啊,我想起来了,可惜你不再穿那套蓝色裙子!它本来多么适合你!”就这样,你虽有点说谎,但其实也暗示了一点真话。

(4)“是谁打来的电话?”

要当心这个问题。如果你的男友或丈夫是个易于嫉妒的人,恰巧他又知道你有一个前任男友,那么,即使你和前任男友的通话毫无机密可言,他也有可能醋意大发。所以,可以笑着跟他说,是一个女友打来的。有些女孩子会特别有意地刺激男友的嫉妒心,即使只是女友打来的电话,也硬说是前任男友的,还谎说他很爱自己,这样只会令你俩的关系恶化,是很不理智的危险行为。

(5)“你想念我吗?”

如果他刚出差后回到家里,劈头第一句话便问你这个问题,你怎么回答呢?尤其因为你其实并非很想念他;他离开你不过才几天,你难得有几天自己自由自在地去玩的机会,或跟女友聊天(反正他不欣赏),但你最好还是回答:“啊,我想死你了!”

(6)“你以前有过很多女朋友吧?”

在一对情人的恋爱初期,女的往往喜欢问男的这类问题。她们想知道对方的底细。如果你以往一直颇为花心,或者一直爱好纸醉金迷的生活,即使你现在已经痛改前非,也不宜立即就和盘托出。现在,还是先答道:“啊,实在没有。我一向是不大外出的。”

(7)“你目不转睛地看着那女子,是不是喜欢上她了?”

两个人相爱和结婚,并不就表示他们不会为俊男或美女所吸引,这样也丝毫不表示你不再爱对方。不幸的是,当你发觉对方正在以欣赏的眼光看着俊男或美女,便自然醋意大发。所以,如果他或她问到你时,你最好还是这样回答:“什么?我看什么?不,我什么也没看,我只是在动脑筋,动得眼睛发呆了吧。”

从以上各个难题的应答办法中可以看出,在实际生活中,特别是在恋人相处碰到难以回答的问题时,巧妙地说谎话,既不碰钉子,又消除了许多难言的尴尬。这些无伤感情的谎言,其效果却是许多大实话无法比的,我们可别小看它的作用,在以后遇到这类难题时,不妨试一试。

此外,与他人相处,处理其他事务时,我们也不妨学着巧妙回答,避免因直率引起各种误解和不必要的麻烦。

保护好你的小辫子

人与人之间充满了各种竞争。抓人小辫子,诬陷对方必须寻找对方的错处,以此作为把柄,最后再借助领导人与上级的力量扳倒对手。一般来说,他本人是不会直接出面与对手进行面对面的正面交锋,而且往往做出推心置腹、亲密无间的姿态,使对手放松警惕。

1996 年 9 月,董阳出任湖北省黄石市石灰窖区河口镇党委书记,他一上任就烧了“三把火”:一是狠抓廉政建设,杜绝大吃大喝。来客一律在政府食堂吃 5 元钱的盒饭,镇干部下乡吃饭必须交钱。

二是改变干部作风,狠杀赌博风。在到任的第一次干部会议上,董阳明确宣布,目前正值汛期,干部上班、下乡时严禁打牌,谁违反撤谁的职。

三是对机关干部实行优化组合、双向选择,大量裁减机关和企事业单位临时工。对优化组合掉的包括 3 名党委委员在内的 7 个人统一抽调到政府督办组,督办水利建设进度。

这“三把火”引起当地一些干部的反对。1997 年 3 月,包括 6 名镇领导在内的 18 名机关干部联名上书区委反映董阳的问题,并强烈要求将其调离。同年 8 月,董阳被调任区科技局局长。

区里的一些干部认为:“董阳是个有个性、有特点的人,放到某些岗位上也是能干些事的人。他瞧不起有些区、镇干部,包括市里的,缺乏人情味,有次副市长和农委主任来了,到食堂连盒饭也没吃上。他是个清官,但也是一个不适应农村市场经济的人!”

区委分管组织的副书记陈声信说:"调动董阳的起因是18名机关干部的上告信。我认为信中反映的问题都很客观,我也知道老百姓都很拥护他,但现在从上到下风气不好,让上面的人都吃盒饭,来一次别人都不愿再来了!最终还是影响河口的工作。"

董阳的被迫下野,其主要原因还是锋芒太露,被人抓住了小辫子。他没有像许多下级一样对来的上级曲意逢迎,服务欠周到,吃没吃好,玩更谈不上,叫领导心里很不舒服。自然会被某些领导认为太死板,不灵活,不适应"农村的市场经济"。

姑且不去评论这件事的是非对错,单从结果来看,董阳的做法的确欠火候。实现自己的目标,把事情办成,是唯一选择,在这里保护好自己的小辫子就成了做人做事的艺术,也是一种大事必备的心计。

知止所以不殆

世间万物能知足就安乐,贪婪必定招祸甚至身亡。试观人生之祸大多是由于不知足而起的。《红楼梦》第一回就记载了"因嫌纱帽小,致使枷锁扛"。因嫌官职小而钻营上爬,结果落得触犯国法,锒铛入狱。这就是贪婪带来的恶果。唐人李群玉在《放鱼》中说:"须知香饵下,触口是 铦钴"

世上又有多少贪食贪财之人,还不是在铦钩上送命?在今天的社会上,那些形形色色的案犯,又有几个不是由于贪而面对铁窗的呢?几千年前的道家鼻祖老子对此看得清清楚楚。他在《道德经》中说:"名与身孰亲?身与货孰多?得与亡孰病?甚爱必大费,多藏必厚亡。故知足不辱,知止不殆,可以长久。"其意是说,声名和生命相比哪一样更为亲切?生命和货利比起来哪一样更为贵重?获取和丢失相比,哪一个更有害?过分地爱名利就必定要付出更多的代价,过于积敛财富,必定会遭致更为惨重的损失。所以说,懂得满足,就不会受到屈辱,懂得适可而止,就不会遇见危险;这样才可以保持长久的平安。由此可见,"知足常乐"、"知足常安"。

老子又说:"知止所以不殆。""知止",适可而止、适时而止,见好就收。"殆",危险也。

三国时代的曹操,之所以能力挫群雄,统一北方,这与他卓越的政治、军事才能分不开。他遇事"知止",见风使舵,及时避险,在中国历史上被誉为:"治世之能臣,乱世之奸雄"。

一次,他挥师进攻被刘备占领的汉中,初战告捷后,正在思考下一步部署,此时大将司马懿进言道:

"应立即加紧进攻,乘胜追击,将大军推进蜀地,消灭刘备。否则,就会延误时机。"

然而曹操却说:

"人最苦于不知足,既已得陇后,何需再贪蜀焉?"意思是说:不要冒险攻蜀了,见好就收吧。知难而退,也是一种战略。

几年后,刘备气势汹汹又攻入汉中,曹操亲自率兵应战。刘备采用"以逸待劳"、"釜底抽薪"的战术,切断了曹军的粮草补给线。精于战略战术的曹操对此深感不安。他深知劳师远征,粮草不济的危害,战则不利,因而有退兵之意。夜晚,巡夜官前来问当晚的口令,曹操正吃鸡肋,信口说了声:"鸡肋"。诸将不解其意,唯有主簿杨修知曹操心思,他悄悄吩咐士兵们收拾行装,准备撤兵。有人问杨修何以知之,杨修说:"鸡肋,食之无味,弃之可惜。而汉中犹如鸡肋,居之无益,不若弃之,是以知之。"后来曹操以蛊惑军心杀了杨修,但还是退兵了,保住了曹军的元气。

曹操遇事知道适时而止,适可而止,所以,得以维持政治、军事的优势,最终奠定了曹魏政权的基础。而后来的子孙们不"知止",导致了司马氏的篡权。可见人贵"知止"。

这年头,谁怕谁

个性懦弱的人常自惭形秽。在人际交往中,懦弱内向的人对于别人的误解、责难爱用"我没有这样想,事情是这样的,你误解了"等话来为自己解释。而外向的人、强悍的人则常用攻势。

小赵一直被上司误解、发难,他从心理咨询专家那里学到了自我肯定的训练方法。有一天,他吃过午饭回到办公室自处(因为大家欺侮他,不如自处轻松),经理走进办公室大声吼道:"你太糟糕了,你怎么把复印室弄得乱七八糟?"

小赵习惯地想解释说:"我今天可连复印室都没进呀。"但马上想到刚学到的自我肯定的办法。即从容地从桌边站起,目不斜视地盯住他平时敬畏的上司,大声地说:"你马上向我道歉!"经理被平时像绵羊似的小赵的举动惊呆了:"为什么?""为什么,就是因为你不问清楚而随便大声吼叫就必须首先道歉。"

结果,他有生以来第一次反驳成功了,从此他在同事眼里的形象再不是一个忍气吞声的出气筒了。至于对别人的要求自己无力相助,或心中不想接受,同样需要不加解释地回绝,千万不要拖泥带水,吞吞吐吐。

个性懦弱的人常会坐失良机,他们永远等待机会,但这样是不行的。有一位朋友的人缘极好,一副和蔼可亲的样子,谁都对他有无限的好感,他虽然有做大事的野心,但是,他在初出校门的时候,却当一个工程制图员,而且并无怨言。

他一直留心着寻找机会,后来有一个博览会,他知道那里一定是需要工程人才的,于是就辞去职务跑到那边去,因为他有讨人欢迎的脾气。所以不久就和一位有政治势力的人做朋友,他们两人合股经商,包做了电话公司不少的工程。后来他被聘为工程师了,现在他是一位拥有千万家财的富商。

由此可知,个性懦弱只要善于抓住机会同样可以大出风头。

树立不好惹的形象

俗话说"软的怕硬的,硬的怕不要命的",吃柿子专拣软的捏。生活中一些蛮横霸道的恶人之所以能够得意一时,就是因为社会上老实人太多。他们作威作福、发火撒气往往找那些软弱善良者,因为他们清楚,这样做并不会招致什么值得忧虑的后果。

在我们身边的环境里到处都有这样的受气者,他们看起来软弱可欺,最终也必然为人所欺。因为一个人表面上的软弱事实上也助长和纵容了别人侵犯你的欲望。

人是应该有一点锋芒的,虽然不必像刺猬那样全副武装,浑身带刺,至少也要让那些像凶猛的动物般的人觉得你不好惹才是。对于那些没事找事的恶人,你只能是"腰里别副牌，谁来跟谁玩"。

树立一个不好惹的形象，是确保自己不受欺侮的一条很重要的处世技巧。这一形象在时刻提醒别人，招惹你是要承担后果并付出更大代价的。

在社会中生存和发展，只要能够显示出你是一个不容欺侮的人，你就能够做到不受气。当然你不必现还现报，立竿见影，只要能抓住一两件事，大做文章，让冒犯者品尝到你的厉害，就能收到一种"杀鸡给猴看"的效果，起到某种普遍性的威胁作用。这就好像是冷战时期美苏的核威胁，因为谁都知道它的威力，所以谁也不敢试。不在数量多少，只要你拥有了原子弹，别人就不敢小瞧。

哪些形象最不易受欺侮呢?这里不妨略举一二：

(1)泼辣的形象

所谓的泼辣，便是敢说别人不好意思说出口的话，敢为别人不好意思表现的举动。谁敢让他受气，谁当面就会下不来台。他敢哭敢闹、敢拼敢骂，口才好，又敢揭对方的老底儿，所以，很少有人敢惹这种人，以免自讨没趣。

(2)爱玩命的形象

其实，人类一切的弱点都可归结为一个"怕"字，而怕死则是人类最本能的一种东西。那些爱玩命的主儿，往往喜欢用武力解决问题，以玉石俱焚的态度来实现自己的意志，这种游戏自然是常人不敢玩，而且也玩不起的。

(3)有仇必报的形象

人人都知道，仇恨是一种非常可怕的东西，而其最可怕的地方莫过于它的爆发没有时间的限制，令人防不胜防。所谓君子报仇十年不晚，就是这个意思。当然，我们这里并非提倡人们动不动就去玩儿命，而是说在大是大非的原则问题上，应该做到还以颜色。

(4)实力派形象

塑造实力派形象需要你在平时就注意展示你雄厚的力量，比如，令人羡慕的专业本领、广泛的人际关系、神秘莫测的后台等，这些都会在周围的人群中造成一种印象。如果你是一个能量巨大的人，不发威则已，一旦发威则后果难当。那么人们一般不敢招惹你，持有这种形象的人也很少受气。

总而言之，树立一个不好惹、不受气甚至敢玩命的形象是很重要的，有了这一形象，就好比是种下了一棵大树，从此，你便可以在树荫下纳凉，再也不用担心别人敢平白无故地欺侮你招惹你。

轻松应对"揭短"

你正在兴致勃勃地向你的朋友讲述你怎样从池塘里钓上两条大鱼。你的妻子却在一旁插话说："别听他的!他钓了两天，一条小鱼的影子都没见着!那鱼是花钱买的!"

你正在和新结识的女友吹嘘："我最近上了一个戏，这是我头一次独立执导，故事非常精彩，上演后一定会轰动。"旁边却走过来一个朋友："嘿，不怕西北风闪了舌头!姑娘，别听他瞎编，他哪是什么导演，只是个场记而已!"

你正在帮助你的邻居修理电视机："原因可能在天线，也可能是显像管出了毛病……"这时，你的亲戚走过来："嗨，他只会拆零件。前天我那台彩电，没修前还能看两个频道，让他一修，这两个频道也看不了了!"

妻子、朋友、亲戚，有时会开玩笑似的揭你的“短”，弄得你有点下不来台。你想默认又觉得窝囊，想还口又觉口吃。

怎样从困境中摆脱出来？不妨运用幽默的语言、滑稽的表情和笑料冲淡这尴尬的处境，活跃气氛。

你可以接着妻子的话说：“不错，我往池塘里扔了五元钱，那两条鱼就自动跑进我的网兜里了！”

你也可以接着朋友的话说：“场记怎么啦？导演都得先干场记，不信你去问问黑泽明！”

你也可以接着亲戚的话说：“每个电视机有不同的毛病，修不好你的，不见得修不好他的！”

显然，设法改变处境比保持沉默要主动，但有一点应明确：那些“揭短”的人通常是你的配偶、亲友，你不能采用气愤的话予以还击，而幽默的解嘲是最好的办法。

在对付“揭短”时，尤其要注意：

(1)尽量不怀疑他人别有用心

如果我们神经过敏，对别人的每一句话都琢磨一番潜台词、话外音，那就会自寻烦恼。因为在许多场合，对方往往是脱口而出或即兴联想的玩笑话，根本没想到会伤害你。不知者不为过，我们何必胡乱猜疑呢？

(2)不可反唇相讥

有人听不得半句“重话”，动辄连珠炮似的反讥，常因此挑起唇枪舌剑，使良好的关系破裂。一般说来，开玩笑的人若是得到严肃的回报，脸上常挂不住。所以我们不能为笑话失去一个朋友，甚至给人留下心胸狭窄的印象。

(3)泰然处之

遇到人“揭短”，如果羞怯万状，既不能正常地保持沉默，又不能机智地改变处境，以致失态，那就显得有些“小气”了。而保持泰然自若的风度，暂时把“揭短”抛置一边，寻找别的话题，或点起一支烟，端起一杯茶，转移别人的视线等，才是上策。

巧妙摆脱性骚扰

异性骚扰是令许多女子颇感烦恼的事。当今社会，年轻美貌的女子在生活与工作中与男人的接触越来越多，自然令一些男子心动神摇，产生非分之想。如何摆脱性骚扰者，同时又不至于使双方关系弄僵呢？

(1)给性骚扰者戴一顶“高帽子”

在谈话中先对他加以恭维，给其一个响亮的称呼，从而使对方于盛名之下难以胡作非为。

有一位女子，相貌出众，在一家公司负责产品销售策划。一次跟某公司经理谈判之后，经理悄悄邀请她：“小姐，晚上陪我吃夜宵好吗？”为生意起见，她不得不应邀赴约。

见面后，经理情意绵绵。两人边吃边谈。女子竭力向经理劝酒，滔滔不绝地向他介绍公司的发展计划，并不时赞扬这位经理，称他是一位有修养、有气质、讲信用、受人尊敬的现代企业家。

经理颇为得意，故作谦虚：“你过奖了。”最后两人以共舞一曲而告终。临别时，经理握住女子的手，郑重地说：“你是个自尊自爱的女子！我心里会永远记住你这个完美的女孩形象的。”

(2)给性骚扰者一个"下马威"

一般说来,性骚扰的小人对你生非分之想时,总或多或少有所顾虑。问题是男人一时情绪冲动,早将事情的后果置之度外。因此,聪明的女子此时便必须将此后果向他言明,给他一个威胁,促使他收回原意。

有位女子,其丈夫是海员,长期漂泊在外,孤独和寂寞陪她度日。为了消磨时光,她报考了夜大。第一次上课,发现丈夫中学时的一位同学也坐在教室里。此同学与丈夫相处不错,因此她跟他自然亲近起来。

每晚她下课回家都要经过他的宿舍,他邀请她去坐坐,聊聊天,她都欣然答应。这样使她感觉生活充实了很多。但是没料到这位同学却在暗地里打她的主意。

一个星期六的晚上,他又邀她到宿舍喝咖啡。谈了一阵子,就请她看录像带。电视屏幕上出现了不堪入目的场面。他挨她坐下,手搭在了她肩上。

女子这才觉察到这位同学的不良动机,她马上站起来,关掉电视机,十分严肃地对他说:"俗话说:'朋友之妻不可戏。'你是我丈夫的朋友,他平时对你那么好,要是我把今天你给我看黄色录像的事告诉他,不知他会怎么想啊!"

同学一听,大惊失色:"你可……千万别这样!"赶紧打开门,让女子回去了。

(3)向性骚扰者施以"缓兵之计"

性骚扰的小人纠缠女子,一般见于两人单独相处的场合。若有旁人在场,他是不敢放肆的。因此,女子一旦发觉与自己相处的男子心怀不轨,便应与之巧妙周旋,以等待"救兵"的到来。

有位女子,在一家合资企业给外籍经理当秘书。她天生丽质,极富女性魅力。经理也是个年轻人,年方三十,长得高大漂亮。他生意做得精明,讨女孩欢心的鬼点子也很多。

他到中国就像在外国一样浪漫,女子不答应他的约会邀请,晚上他就到她家楼下弹奏小夜曲,吵得左邻右舍都不得安宁。可惜女子并不想嫁给他这个外国人,而且她已有自己的意中人。

外国经理对女子频频发动进攻,多次到她家拜访。每次都是她父母在场,他倒也表现得比较规矩。

有一次,女子正在家洗头,门被推开了,又是那位外国经理!他见家中无人,心里不禁生出欣喜之情。女子马上警觉到情况不妙。怎么办?她看着经理那双热情奔放的眼睛,心生一计:先跟他谈点别的,以等待父母回来!

于是,她故意找来一份英文报纸,向他请教其中一些词语的意思。外国经理为了讨好她,自然是不厌其烦地加以讲解,有时还用上一两个比喻,以炫耀自己的学问。不知不觉一个小时就过去了。

正当外国经理按捺不住自己的激情,想抱住女子亲吻时,门铃响了,女子的父母回来了!外国经理无可奈何地耸耸肩,后悔自己错过了时机。女子终于凭自己的机智,拖延时间,使自己渡过了难关。

(4)施展女性的绝招

在你遭受性骚扰的时候,千万要记住,撒娇是女人最好的武器。

在上司对你动手动脚的时候,你可以半开玩笑地说他把自己"捏"疼了,或者调侃说:"老总,你是不是在和我玩老鹰抓小鸡的游戏?这可是一个不错的锻炼身体的办法。不过,我们下面还是说点正事吧,如果你没有别的事,家里人还在等我回去。"这样,也好给老板一个台阶下。

厚黑方略二十

多结良朋，少树劲敌

“多一个朋友多一条路，少一个朋友添一堵墙。”处世之法当多交朋友少树敌。人生瞬息万变，别人伸出一只援手或伸脚使个绊子，都可能改变你的一生。还是与人为善的好。

多一个朋友多一条路

现代社会,形势瞬息万变,下一分钟你将会遇到什么事情真是难说。这些疑窦不仅是在诡谲多变的政治领域才会发生,每个人的人生旅途上都会有同样的境遇。

当生病、挫折、失恋、失业等不幸的情况来临时,倘若在你的身边有着能向你伸出援手、对你给予温暖鼓励的伙伴,此时,你的心里该是如何地踏实!有没有知心的伙伴,其间差异是多么地大啊!

个人为突破现状,有所成就,往往有必要去阅历人生,做一番人间的行脚之旅。从中寻找机会,结交那些拥有自己所欠缺优点的伙伴。

俗话说:“在家靠父母,出门靠朋友。”究其实质,这句话本身并没有错。一个人长大成人之后,脱离了父母,一旦有了什么难处,身边除了老婆孩子,不靠朋友又靠谁呢?

“多一个朋友多一条路。”朋友多,路子就广,求人成功的可能性就越大。

如果有人问:“你有没有朋友?”一定有很多人答不上来,即使能够回答得出来,大致也都是学生时代的同学或办公室合得来的同事,所想得出来的不过几个人而已。

这些关系虽然也可直接结为朋友,但是严格地讲起来,朋友的关系应范围更广,基础更深才行。

有时,我们在阅读名人传记时,会发现这些成功的人士似乎都有深厚的“背景”,查一查这些政治界、金融界的名人家谱,他们的祖宗三代地位显赫,无论祖父、祖母、父亲、母亲都出于名门,似乎国家的命运都掌握在他们的手中,人家有如此雄厚的人际关系资本,简直让平头百姓羡慕不已。

由此观之,仿佛纠朋结众是和我们普通人绝缘的;其实不然,我们知道,交友是每个人所必需的,并不是政治家或金融家的专利品,而且如果渴望广结人缘,在我们周围,就有不少人选,待你去发现。

比如你的长辈、兄弟在哪一家公司做事,而工作内容和你毫不相关,同时他们也交有一些朋友,就这样,长辈和兄弟也可以作为你广结人缘的桥梁,也就是说,如果以长辈和兄弟为媒介,还能够找到更多的朋友。

再看看你父亲的那一边吧!假如父亲的兄弟还健在的话,以年龄来看也许已经达到相当的地位了;同样地,你母亲这边也应检查一下,同辈的堂表兄弟们,也可以作为你交友的来源。此外,连你的姻亲,都是广结人缘的对象……就这样靠你血缘的关系,也可以使你的交友网络逐渐地扩大起来。

其次把目标转移到你的家乡,“老乡见老乡,两眼泪汪汪”,“亲不亲,故乡人”,由于同乡的关系,能够顺利地结成朋友。

再来谈谈同学!人们一谈到同学,就会勾引起青梅竹马的甜美回忆。

你们也许是曾在球队一起赛球的队友;也许是一起参加某个社团的朋友;还有可能毕业后在同一个单位工作过,这些人都是你结交的有利对象。

除了办公室的同事,在单位内和你有过接触的人,也是你可以考虑结交的对象,但是问题在当你离开这个单位以后,交往是否能继续进行。

只要你有心广结人缘,机会多的是。像共同兴趣的集会或是社团,还有各种活动中心,都是你交友的场所。就连咖啡馆里也能交朋友。

那么,如何去寻找朋友呢?首先不妨参照前面曾提及的方法——从身边现有的人际关系中去发现你所想要结交的对象。

固然,从其他渠道去寻找亦可行,不过毕竟在尚未了解对方之前,即使你认定对方是个有用之才,值得与之深交,但对方未必有此同感。因此,想要获得真正的伙伴,首先必须先消除彼此心理上的障碍,如此一来,才能真正地展开友谊。

无“度”不丈夫

人们常将一句古谚写成“无毒不丈夫”,其实原话是“量小非君子,无度不丈夫”,这才是它的本来面目。这里的“量”和“度”都是指人的心胸、气量、气度,心胸宽阔,朋友相处才能长远。

交友,要严于律己,宽以待人。严于律己,就是要严格约束自己,做事尽量减少差错;宽以待人,便是对人要宽厚容让、和气大度。

苏东坡年轻的时候有一个朋友,叫章敦,后来做上了宰相,执掌大权。他把持政局时,把苏东坡发配岭南,后来又贬至海南。后来,苏东坡遇赦北归,章敦正垮台被放逐到岭南的雷州半岛。苏东坡听到这个消息,给章敦写了封信,说:听到这个消息,我很惊叹,这么大年纪还得浪迹天涯,心情可想而知,好在雷州一带虽偏远,但无瘴气。安慰章敦的老母亲,并对他儿子说过去的就别提了,多想想将来云云。可想而知,苏东坡如此大度,章敦自是羞愧不已,一家人都对苏东坡心存感激。

苏东坡的胸怀就是比一般的人宽广，对一个几乎将自己置于死地的人，他在落难时,还能尽朋友之责。

一个人不仅要自己的胸怀宽广,度量恢弘,更要注意朋友的自尊。一个人如果损失了金钱,还可以再赚回来,一旦自尊心受到伤害,就不是那么容易弥补的。甚至可能为自己树起一个敌人。

朋友的自尊伤害不得。现在的人,越来越强调个性,好胜心极强,常常把事做“绝”,表明自己的正确或胜利才罢手,如此就会伤及感情。在一些小事小节上,你大可让朋友“赢”上一把,高兴高兴。

要想重视友人的自尊心,必须先抑制自己的好胜心。不然,光顾着神吹海侃,旁若无人地使自己出尽风头,一味地过把瘾,不仅得不到友情,而且会伤了友人的自尊心。

一位先生在闲暇时找朋友联络联络感情,两人对弈。一上手,他就对朋友猛攻猛杀,搞得朋友顾前不顾后,十分紧张。而且,他自以为棋术高超,故意露了一个破绽,朋友发现,立即进攻,不想他使出杀着,还得意地说“你死定了”。把朋友弄得灰头灰脸,老大不高兴。此后,他再去找朋友,人家就一副爱答不理的样子,再不肯与他下棋。

本来是一场轻松、愉快的友谊赛,却搞得紧张不堪,赢了棋,输了朋友。可见宽心待人就必须要抑制自己的好胜心。

万事让人先，自己当配角

刘备邀请诸葛亮出山，听人说诸葛亮“每常自比管仲、乐毅”，当时的名士司马徽则赞之为：“可比兴周八百年之姜子牙，旺汉四百年之张子房。”这样，刘备心中有了底。一顾茅庐，诸葛亮避而不见，张飞要脾气：“量一村夫何必兄长自去，可使人唤来便了。”当刘备二顾茅庐，诸葛亮又避而不见，连一直极为老成持重的关羽也耐不住了。可刘备留下一书，以表诚意；三顾茅庐，诸葛亮故意仰卧草堂迟迟不起，让刘备等三人拱立阶下几个时辰，最后才欣然出山，“定三分隆中决策”，开创“两朝开济老臣心”的伟业。

刘备的“诚心”终于感动了诸葛亮，真可谓“精诚所至，金石为开”。人都需要被尊重，特别是一些已经有了较高社会地位、有所建树的能人学者，往往自然或不自然地表现出一些清高或傲气。但是为了事业，为了有所成就，与他们交往时，就必须礼让三分，让他们成为事情的中心。一旦你的诚心感动了他们，他们会加倍地信赖你，也会用各种形式来报答你。不要说你有什么小困难，就是天塌下来，他们也会同你一起顶。

万事让人先，自己甘愿当配角。一个领导如果能做到这一点，他的部下将会努力地工作，甘愿献出一切。而如果你持无所谓的态度，即使他们与你合作，也可能心猿意马，把事情搞糟。

社交场合，我们习惯一一介绍来宾，这时你恰当地把他们自以为见长的优点介绍一下，他们一定会从心里感激你。工作有所成绩时，你先说这项工作是谁先提议的，再说谁在工作中有过特别贡献。如果你能把每个人的贡献都记在心里，时常挂在嘴边，大家也会认为你是一个值得信赖的朋友。会议上，沙龙里，共事时，你都把朋友放在受到大家关注的位置，这既符合人人需要尊重的本性，也在别人心中树立起了你宽厚的形象。

在熟悉的朋友中，假如你还敢于承认自己的弱点，同时说这件事某某人是有特别研究的，这是突出对方的一种方法。不要以为这样会降低自己的身份。其实，人人都有不懂、不会的方面，而你此刻借暴露自己的短处抬高对方，不但不损害你的形象，同时，又为朋友增加了一个大显身手的机会。

公元前202年，刘邦在洛阳南宫举行的盛大酒会上，对诸臣将帅谈论得天下之道时说：“运筹帷幄之中，决胜千里之外，吾不如子房(张良)；镇国家，抚百姓，给饷馈，不绝粮道，吾不如萧何；连百万之众，战必胜，攻必取，吾不如韩信。”刘邦巧妙地把三位能人贤士推到打江山的头功名榜上，自然取得手下诸将领的忠心。

宁得罪自己，不得罪他人

与人交往的基本原则应该是不可过多树敌，更不可过多得罪别人，这样你的朋友就会增多，你的敌人就会减少。处世之法不宜树敌太多，因为树敌太多会触犯众怒。中国传统上认为“多个朋友多一条路，少一个朋友添一堵墙”，自古恃才高气傲之人常犯这类错误，最后都会导致失败。

香港巨富胡金辉在介绍他的成长时，曾告诫说："处世方面，另外有一点，我觉得好重要的就是千万不要得罪人!越有地位，越应该不得罪人。"

美国总统林肯以伟大的业绩和完美的人格获得了人们的衷心敬仰，他的许多事迹世代被人们传颂。但在他在成长道路上也曾因为爱得罪人而经历了不少的坎坷。

林肯年轻时住在印第安纳州的一个小镇上，不仅专找别人的缺点，也爱写信嘲弄别人且故意丢在路旁，让人拾起来看，这使得厌恶他的人越来越多。

后来他到了春田市，当了律师，仍然不时在报上发表文章为难他的反对者。有一回做得太过分了，把自己逼入困境。

1942 年秋天，林肯嘲笑一位虚荣心很强又自大好斗的爱尔兰籍政治家詹姆士·休斯。他匿名写的讽刺文章在春田市报纸上公开以后，市民们引为笑谈，惹得一向好强的休斯大发雷霆，打听出作者的姓名后，立刻骑马赶到林肯的住处，要求决斗。林肯虽然不赞成，却也无法拒绝。后来在双方代理人的排解下，决斗风波才告平息。

这件事给林肯一个很深的教训，他认识到批评别人、斥责别人甚至诽谤别人的事就连最愚蠢的人都会做，而一个具有优秀品质并能克己的人，常常是扬弃恶意而使用爱心的人。林肯从此改变了自己对人刻薄的做法，以博大的胸怀赢得了民心，林肯的教训及成功是值得我们仔细体味的。

怪罪人两面不讨好

怪罪人是我们受情绪支配下的一个意识习惯，当有人做了错事、失误、对不起我们，或应该做的事没有做到等，我们就爱怪罪他们，抢白他们，结果于事无补，却人我两气。仔细考察一下，怪罪人大概有这样一些两面不讨好的地方。

第一，事情已经发生，无法更改，无法追回，不是发下脾气就能改变的。相反，责备人、怪罪人，不仅让他人继续感觉不好，也让我们气胀胸怀。大家纠缠在相互埋怨之中(他人也有自己的理由)，把其他应该做的事情耽搁了。

做错事的人已经知错了，如小孩打碎了一个碗(属于失误，他无意犯错)，他心里本来就不好过，甚至很害怕。这时你完全没有必要再训他，道理他也明白了。可是你下意识地大发脾气，吼他，骂他，甚至打他，这会让他更委屈，更惶恐，甚或产生逆反心理。其实不就是一只碗吗?而且已经破了，吼骂不能让它复原。不如不加责怪，只是叫他以后小心，这样容易扎坏手脚。这样处理事情孩子不会有惶恐感，心中还会感激家长不施责罚。体谅他人的过失，会给他人一种温暖感，他人更容易承认自己的错误并改正错误。大多数孩子都不会因为你宽容他们的过失而放纵起来，要相信孩子已经能够辨明是非对错，并有向善的天性觉悟。

某人做了对不起你的事，他是故意做的错事，但木已成舟，如楚汉战争时，韩信和刘邦的一段故事。一次刘邦被围，危在旦夕。韩信却运气很好，在齐地打了胜仗，要求被封为齐王。这使刘邦非常恼火，破口大骂韩信，可是在谋士的暗示下，刘邦立即反应过来，封韩信为齐王。韩信出于做作，要求封自己为假王，刘邦给他封了个真王。

因为此时刘邦已经明白，训斥韩信不仅无益，反而僵化了关系，为渊驱鱼(楚汉战争中,韩信统领的力量倒向楚,楚胜,倒向汉,汉赢,刘邦必须抓住韩信),不如佯装无谓,心中却有数,下次有所警戒,而不必让对方知道你心中所想的。发脾气,正是让对方知道了你心中的底。不动声色,甚或雍容大度地无所谓,反会给对方施放了烟幕弹,让他们摸不着底细。这样既能缓解矛盾,又于自己长远有益。

第二,别人没有做到应该做的事。这可能有多种原因。也许是他们能力有限,也许是他们机遇不好,也许有更复杂、人算不了的理由。不管因为什么,人家在给我们做事,不管做好没做好,做到没做到,他们都在为我们出力,我们都应该在感情上体谅他们,不能把事情的结果当做唯一的衡量尺度。这样,他们下次可能把事情做得好一些。

怪罪人会让人干脆放弃他们的责任，甚至走到我们的对立面。这样我们亏得更多了,可能全部亏了。三国时袁绍委托张郃攻打曹操,久攻不下,曹操又偷袭了乌巢(袁军粮草要地),张郃担心袁绍责备(袁绍爱责骂人),于是横下一条心,在正面战场上投降了曹操,使曹操更轻易地赢得了官渡之战。

如此来看,喜欢怪罪人确实不好。事情已经发生了,不会因为你的怪罪而再度变好。不怪罪人,人情还在;怪罪人,连人情也不在了,事情仍然是先前那样,甚至比先前更糟。这是一种双料吃亏。你能不能尝试着这样做,当有人再做错了什么或对不起你时,你可以体谅他,不责怪他,不追究他,告诉他,这没有什么,一点小事。在那种情况下,我也可能出错,我也做不到。这也是人之常情,人非圣贤,谁没有一点私心呢?只要对你有益,我认了。这样,不是显得更大气一些,更高深莫测一些吗?

绕着树根来耕地

有人曾经说过:“假如你做自己的工作,不去理你的仇敌,有一天会有别人来替你对付他的。”

“要知道,你向仇敌找麻烦,可以浪费你许多时间和精力。”

不过,你不理会他,不等于他也不理会你。如果你的仇敌偏偏要来惹你,那该怎么办呢?

有这样一位农人,新买了一处农庄。这一天,他正沿着农庄的边界走着,遇到邻居。

“慢着,你且别走,”邻居说道,“在你买进这块地时,你同时买到了我对你的起诉,你的篱笆越过了我的界线10英尺。”

这是一个可以延续数百年、造成世代仇恨的争论的开始。

可是新主人微笑着说:“我本以为可以在这里找到些和气的邻居，我也希望自己是个和气的邻居,你可要帮我的忙,将篱笆移到你指定的地点,费用由我来付。你会满意,我也快乐。”邻居看看界线,走来走去并自言自语。

那道篱笆始终不曾移动过,很可能成为仇敌的人也改变了。以后这位挑衅者成了一位友善的好邻居。

看来,好的界线比好的篱笆更有力量。

仇敌也许看似渺小而又无足轻重,但又不得不小心。不要给出理由让别人把向你报复作为事业。路口上那个卖报童是讨厌些,但对他态度要好,不然,他会横下心来苦干,要发财,为着买下你正住着的大楼,将你轰出去。

别大骂那个势利眼的金发接待员，虽然她毫不客气地挡了你的驾，不让你进去见老板。说不准，到哪一天，丝毫不需怀疑地，她和老板结婚了，也许这样做仅仅是为了对你报仇。

仇敌各式各样。如何分辨，从而躲开他们，是一种实实在在的生活艺术。

学学农人，绕着树根来耕地；或者消除掉那些恶劣因素，你会多几个朋友。

有位园丁曾在给华盛顿时期政府农业部的信中写道："以我所懂得的一切，加上从书本上看到的，连同你们那些小册子在内，所有关于如何除去蒲公英的方法我都试过了——可是，我在我的园子里总是没有办法消除它们。"

他得到了这样的答复：

"亲爱的先生，假如你试了一切的方法而园里仍然有蒲公英，你只有一个办法，学习去爱它们。"

这答复中，正包含着人生的道理。

与别人融洽相处

从前，苏格兰有一位伟大的国王，名叫威廉。他有三个儿子。

有一天，威廉忧虑地问他的谋士们：

"我在想，我死了以后，我的儿子们能干什么?因为除非他们聪明而强健，否则，他们就不能保住我给他们建立的王国。我真没有办法断定，我死了以后他们三个人中哪一个应继承王位。"

"噢，国王!"谋士们说，"只要我们事先知道你的儿子们最喜欢什么，我们就能够说出他们将来会是什么样的人。也许向他们每个人提几个问题，我们就能看出他们中哪一个最适合接替你统治国家。"

"这个计策很值得试一试，"国王说，"把孩子们叫到你们面前，然后随意向他们提问。"

谋士们谈了一会儿，之后都同意把年轻的王子们叫出来，一次叫一个，用同样的问题问每一个人。

"王子，"其中一个人说，"回答我这个问题：假如上帝不让你是一个男孩子，却要你是一只鸟，那么你愿意做哪种鸟呢?"

长子罗伯特回答："我愿做一只隼，因为其他任何鸟都不能像它那样使人想起一个勇猛而英俊的骑士。"

次子威廉回答："我愿做一只鹰，因为它是鸟中之王，其他的鸟都怕它。"

三子亨利回答："我愿做只八哥，因为它彬彬有礼，和蔼可亲，谁看到它，谁都高兴。它从来不想掠夺和辱骂它的邻居。"

谋士们谈了一会儿，统一了意见就去向国王报告。

"我们发现，"他们说，"你的大儿子罗伯特，将是个勇猛而英俊的人。他将做出一些伟大的事业，扬名于世。但是最后他将被仇人征服，死于监牢。"

"第二个儿子威廉，将像雄鹰一样勇敢而强健，但是他的残暴行为将使人们恐惧和憎恨。他将过一种邪恶无端的生活，最后将可耻地死去。"

"最小的儿子亨利，将是个聪慧、谨慎而温和的人。他只有在不得已的时候才会和敌人作战。在国内他将受到人们的爱戴,在国外将受到人们的尊敬,他将在获得巨大财富之后平静地死去。”

最后的结局同谋士们所预言的非常相似。罗伯特正如他百般赞赏的山隼一样,胆大而鲁莽。他丢掉了他父亲给他的全部领地,最后被关进监牢,一直到死。

威廉非常专横和残暴，他过着一种邪恶无端的生活，最后当他在森林中打猎的时候,被自己的一个下属杀死。

至于亨利,成了英格兰的国王,成了他父亲全部领地的统治者。

有一个伟人说,一个人的成功与否,25%在于个人的才干和技能,而75%在于处世待人的艺术和技巧,和大众融洽地相处,以和谐取悦于人,这是一件很不易做到的事情。

也可以说,对待别人的艺术是艺术上一门最难学习的科目。因为每个人都觉得自己是重要的,倘能留意尊重别人的立场,也就得到讨人喜欢的秘诀了。

研究处世的艺术,有下列条件:

①对人对事物有热忱。

②微笑近人。

③对人有真实兴趣和好感。

④肯聆听别人的意见。

⑤不要利用别人。

⑥不要胡乱应允,除非你力量能做得到。

⑦令对方觉得自己重要和受尊重。

⑧不说他人坏话。

⑨不要批评别人的信仰。

⑩常常想怎样才能与人和谐相处。

以上都是不难做得到的事情。

你所有的思想及言行,造就全部的你。因此,为别人提供好的服务,善意地对待别人,对自己一定会有帮助;相对地,处心积虑地伤害别人,自己也得不到内心的宁静。

你之所以会成功,是因为别人喜欢你;别人之所以喜欢你,是因为你拥有一些令他们欣赏的特质,这些特质是你可以预先设定,然后朝这个方面前进而产生的一个结果。

假如你能够满足别人的需求,不同的需求,更多的需求,你所有的愿望都一定会实现。

低头不见抬头见

邻里之间“低头不见抬头见”,处好关系要注意做到以下“六戒”:

(1)一戒自扫门前雪

居家过日子,总有个缺东少西的时候,哪能万事不求人。一旦自己有了为难的事儿,就要靠大家帮忙。这样,你帮我,我帮你,在大家互相帮助下,一些事情就解决了。“鸡犬之声相闻,老死不相往来”,这样的孤家寡人是绝对不行的。

(2)二戒多心多疑

凡是邻里间闹不和气,往往是由于误会,或是自己心胸狭窄造成的。结果是弄得自己不痛快，别人也别扭。“疑邻偷斧”的故事就是一个很好的例子。当然，这个故事并没有闹出不愉快的结果，可现实生活中，确实有不少因为多疑而引起了悲痛事件。我们提醒这种多心多疑的人，要把心胸放宽些。

不要为了点儿小事，弄得自己心里不痛快，别人也别扭，更不要闹出可悲的结局。

(3)三戒护短

一般都体现在孩子身上。现在大多数家庭一家只生一个孩子，都很娇惯，怕孩子受人欺负，一见孩子哭就心疼。一旦自己的孩子和邻居的孩子玩耍时出了点问题，就不分青红皂白，一味护着自己的孩子，这就容易闹不和睦。

比如两个孩子玩着玩着，其中孩子A突然哭了，孩子A的妈妈就去找孩子B的妈妈，说是欺负了自己的孩子。而孩子B的妈妈认为自己孩子老实，不会干欺负人的事，于是两位妈妈各自站在保护自己孩子的立场上争吵了起来，结果是关系闹得很僵，彼此谁也不理睬谁。事过几日，孩子B承认是他打了孩子A一巴掌。

事情弄明白了，孩子B的妈妈主动给孩子A的妈妈道了歉，两家的矛盾才缓和了，疙瘩解开了。由此看来，要处理好邻里关系，做父母的不能为孩子的缺点护短。就是自己的孩子没有错，也要把度量放宽些，不能为孩子间的事伤了大人的和气。

(4)四戒斤斤计较

要搞好街坊邻居关系，不能为一点小事斤斤计较。有不少院里，常为几毛钱电费、水费吵得脸红脖子粗，甚至出现大打出手的现象。其实，在收电、水费的问题上，很难做到绝对合理。只要大家相让一点儿，不过分较真，就没事了。为几毛钱，气得不得了，是没有任何意义的。

(5)五戒大声喧闹

随着人们生活水平的提高，电器越来越多了。这本是一件好事，可一旦处理不好，也容易闹矛盾，影响邻里关系。院子里的人由于年龄不同，体质有别，工作性质各异。有的要早歇息，有的要学习，有的要娱乐。面对这种情况，开录音机、影碟机、电视机时不要声音太高，以免为此事影响邻居间的关系。再说，有意干扰别人休息、学习、工作的做法，也是十分不道德的。应该特别注意。

(6)六戒以邻为壑

邻里之间，要互相尊重，互相体贴，不能只顾自己方便，而做出影响他人的事。比如，在寒冷的冬天，不要随便往院子里泼水，以免地上结冰，摔伤人；夏天天热时，一般人家都乐意在院子里吃饭，这时就要注意不要扫地，免得尘土飞扬，弄脏人家的饭菜，更不要见难不救，幸灾乐祸。

把敌人变成朋友

林肯曾骄傲地说道：

“不论人们怎样仇视我，只要他们肯给我一个略说几句话的机会，我就可以把他们征服，跟他们化敌为友!”

化敌为友是成功致富的秘诀之一。

著名的工程师莱惠尔,有一次,以最好的方法使一个对他怀有相当成见的人心悦诚服地吸收他的意见。

这个人是老工头,在工人当中很有声望。他自认年岁比莱惠尔大得多,经验必比莱惠尔丰富得多,所以他相当看不起莱惠尔,认为这个小娃娃有什么资格来指挥我呢?我吸的烟比他吃的饭还多哩!由于这种轻视心理作祟,渐渐由轻视变成敌意,样样事情都跟莱惠尔为难,使得莱惠尔做起事来十分吃力。

有一次,莱惠尔设计了一套工作计划,准备把这系列工作效率尽量提高。那位老工头一接到这份计划后,看也不看一眼,就气冲冲地跑到总经理处大吵一顿。他的理由是:这是张废纸,那个负责设计的小娃娃莱惠尔,根本连机器房都没有进去过,怎么能够制订出一套完善的计划来呢?

总经理给他吵得没有办法,只好把莱惠尔的计划暂时搁下,等待机会再付诸实行。

莱惠尔听到这个消息很是难过。他独自关在房间里,沉思了好半天,下决心弄明白这个刚愎自用的工头,到底为什么这般地憎恨他?

于是莱惠尔仔细地推理一番,列条写下来,你看看他的分析:

第一,我跟这个工头到底有什么仇怨呢?为什么他要处处与我为难呢?

这个问题之下,他又分成三个小题:

甲:是不是自己有什么地方开罪他?

乙:自己的工作是否跟他发生了不可协调的冲突,使他把自己当成仇人?

丙:是否自己的工作损害了他的权益?

第二,自己的利益是否跟他有了冲突?

此问题下,他又分为三个小题:

甲:是否自己设计了这份切实可行的工作计划,就会直接打击了他的声誉?

乙:是否自己的成就会严重地损害了他的利益?因而使他生怨。

丙:是否自己的成就会给他带来更大的麻烦,因而使他产生了敌意?

答案全都是:否。

由此,莱惠尔确定那位老工头之所以憎恨他,必定是误会了他,以为他是个目中无人的家伙,为了面子问题而处处与他为难,给予无情的挫折。如果能尊重一下他的意见,可能会把这个敌人征服的。

于是莱惠尔决定采取三个步骤。首先亲自去拜访那位工头,看看他的口气与态度,见机行事,摸清楚他为什么会对自己产生恶感?如果他不是有很大的恶意,就把那份工作计划拿出来向他请教,看看他反应如何?假如他一口拒绝,就证明自己的成就直接妨害了他的利益;倘使他答允指教,就可确定他是误会自己是个骄傲的家伙,故意跟自己抬杠,使自己遭到无法解决的困难。

那天晚上,莱惠尔冒着严寒,挟着那份计划去拜访那位老工头。那时,老工头正在进晚餐,很悠闲地跟老妻说着家常,看见莱惠尔突然来访,很是奇怪。

莱惠尔诚恳地请他继续用餐。他只是遭遇到一个难题,想向老前辈请教。

老工头匆匆地结束晚餐,赶来陪伴莱惠尔这个不速之客。他的态度显然变得和蔼得多了!

两人坐定,客气地寒暄一阵以后,莱惠尔就展开那个计划,说出自己制订这个工作计划的动机。由于自己对机器房的工作不甚了解,所以特地来请他指导。

老工头客气一番之后,就把那份计划留下,劝莱惠尔早点回去休息,不要在路上冻着。

第二天,老工头把那份计划交还莱惠尔,并且亲自到总经理处大力称赞莱惠尔,说他是个了不起的设计天才,他制订出来的计划是最完整、最妥善,而又切实可行的方案,他的机器房愿意首先试用。

莱惠尔的诚恳,征服了一个刚愎自用的人。在人生的道路上,我们总要与各种人发生关系,甚至产生矛盾。

莱惠尔化敌为友的妙方值得我们钦佩,他的经验值得我们学习。

希望你们能化每个敌人为朋友,朋友是一股成功的动力!

照顾别人的感受

日常的交谈中在表现自我的时候,需要有谦谦君子的心态,学会安抚他人的心灵,即是说,不可以使对方产生相形见绌的感觉。

一位女士的宝贝女儿,从剑桥毕业回国之后,在特区一家金融机构供职,每月数万港元薪水。作为宝贝女儿的母亲当然相当自豪,她面对亲朋好友时,言必称女儿的风光,语必道女儿的薪俸。偶然被女儿发觉,极力制止母亲,说总夸自己的女儿,突出自家好,人家会有什么感受,不要因此伤害了他人。

女儿的话在情在理。可见在叙述自我时,要防止过分突出自己,勿使别人心理失衡,产生不快,以致影响了相互的关系。

有位朋友讲了这样的故事:

说有两位要好的女友,甲靓,乙平平。她们一起去参加舞会,舞场上的许多男士频频与甲共舞,却不知不觉中冷落了乙。甲下意识地感觉不妥,于是托词身体不适,奉劝朋友们邀请乙,男士们尊重了奉告,乙被男士们卷入了舞池,乙的快乐是不言而喻的。

甲以友情为重,不想女友被忽略,于是机智采取一种平衡手段,使乙的心灵得到抚慰,这必定会使她们的友谊更加深一层。

英格丽·褒曼在获两届奥斯卡最佳女主角奖后,又因在《东方快车谋杀案》中的精湛演技获得最佳女配角奖。然而,她领奖时,一再称赞与她角逐最佳女配角奖的弗沦汀娜·克蒂斯,认为真正获奖者应该是这位落选者,并十分由衷地恳请:原谅我,弗沦汀娜,我事先并没有打算获奖。

褒曼作为获奖者,她没有喋喋不休地叙述自己的成就与辉煌,而是对自己的对手推崇备至,尤其是那一句恳请式的原谅语,又是何等真诚地安慰了对方,极力维护了对手落选的面子。无论谁是这位对手,都会十分感激褒曼,会认定她是倾心的朋友。一个人在获得荣誉的时刻,如此善待合作竞争的伙伴,如此与伙伴贴心,实在是一种文明典雅的风度。

以上的故事告诉我们,为了维护良好的人际关系,你的一言一行需要为对方的感受着想,学会安抚对方的心灵,不可以使对方产生相形见绌的感觉。与此同时,你自己的心灵也会因安然自慰,而有一个极好的心情。

经常可看见一些人大谈自己的得意之事,这是不好的。对方不仅不会认为“了不起”,甚至被对方认为不成熟、回忆过去好时光的人等。所以,享受成功的荣耀时,尽可能不要提得意之事。

然而，每个人都想被人认为好，被评价得高一点。明知不可谈得意之事，但却情不自禁地想谈，这是人性中比较麻烦的一面。所以，全面性地不谈得意之事当然不可能，但同样是谈得意之事，不妨注意一下谈的方式。

需要注意的是，至少在别人未谈得意之事之前，自己也不要谈。也就是说，单方面地谈得意之事不雅，所以先让对方发表之后，那种坏印象也就淡薄了。所以聪明的人就先煽动对方："你的见闻广博"，促使对方发表得意之事，然后若无其事地说："我也知道这样的事"，如此这般，穿插自己的得意之事。

不要把狗逼进胡同

在社交中常会进行一些带有比赛性、竞争性的文化活动，比如棋类比赛、乒乓球赛、羽毛球赛等。尽管这是一些文娱活动，但大家都希望成为胜利者。有经验的社交者在自己"实力雄厚"、能绝对取胜的情况下，往往并不使对方失败得很惨而狼狈不堪，反倒是有意让对方胜一两局，既不妨碍自己总体上的获胜，又不使对方太失面子。

比如有些象棋高手，在连赢几盘棋后，往往会有意走错几步，让对方最后赢一两盘。与人处事正像下一盘象棋，只有那些阅历不深的小青年，才会一口气赢对方七八盘，对方已涨红了脸、抬不起头，他还在那儿一个劲儿地喊"将"。

其实，这些社交活动，并非正式比赛，对输赢不必那么认真，主要目的还是交流感情，增进友谊，满足文化生活的需要；否则，计较起来，会给对方造成不佳的心情。

据说国民党元老胡汉民极爱下象棋，又把输赢看得很重，在一次宴会后与棋艺不凡的陈景夷对弈时，本来已一比一平局，却要下第三局，在残局时被对方打了个死车，顷刻间胡汉民脸色苍白，大汗淋漓，又急又恼，当场晕厥，三天后竟因脑溢血死亡。

我们不但要尽量避免因自己的不慎造成别人下不了台，而且要学会在对方可能不好下台时，巧妙及时地为其提供一个"台阶"。否则，很可能会由于方法不当，本来是帮助对方下台，结果反而弄得对方更尴尬。这里也有几点应注意：

(1)要注意不露声色

既能使当事者体面地"下台阶"，又尽量不使在场的旁人觉察，这才是最巧妙的"台阶"。有一则报道很能启发人。一次，一位外国客人在天津水晶宫饭店请客，请10个人要3瓶酒。饭店女服务员小丁知道10个人5道菜起码得有5瓶酒，看来客人手头不那么宽裕。于是，她不露声色地亲自给客人斟酒。5道菜后，客人们的酒杯里的酒还满着。这位外宾脸上很光彩，感激小丁给他圆了场，临走时表示下次还来这里。如果小丁想让这位外宾"出洋相"是太容易了，但那样就会失去一位"回头客"。善于交往的人往往都会这样不动声色地让对方摆脱窘境。

(2)要注意用幽默语言作为"台阶"

幽默是人际交往的润滑剂，一句幽默语言能使双方在笑声中相互谅解和愉悦。作家冯骥才在美国访问时，一位美国朋友带着儿子到公寓去看他。他们谈话间，那位壮得像牛犊似的孩子爬上大冯的床，站在上面拼命蹦跳。如果直截了当地请他下来，势必会使其父产生歉意，也显得自己不够热情。

于是，冯骥才便说了一句幽默的话:“请你的儿子回到地球上来吧!” 那位朋友说:“好,我和他商量商量。”结果既达到了目的,又显得风趣。

(3)要注意尽可能地为对方挽回面子

有时遇到意外情况使对方陷入尴尬境地,这时,你在给对方提供“台阶”的同时,如能采取某些妥善措施,及时为对方面子上再增添一些光彩,那是最好不过的了,会使对方更加感激你,帮助对方挽回面子,会使他对你感激不尽。

让朋友胜过你

一个人可以没有财产,但他绝不可以没有朋友。拥有许多朋友的人具有比别人更大的优势和别人无法比拟的更多的机会。当一个人的事业处于低潮或上升阶段时,朋友就显得更为重要了。许多人以为自己交际很广,似乎拥有很多朋友,但当他真正需要朋友时却发现并非如此,因为他们根本不懂得择友处世的方法。

朋友间当有人高谈自己的光荣历史时,我们会脱口而出:“那有什么了不起!我的过去比你更值得吹嘘呢。”就因为这样,我们失去了许多朋友。

法国哲学家罗修夫曾说:“若想树立一个敌人,只需打败你的朋友就可以了。若要结交一位挚友,就要让对方胜过你。”西德有句俗话,也是相同的意义——“没有任何一件事比看到别人失败更能让自己感到高兴的了。”

的确,在我们的朋友中就有这种人,他们兴高采烈地看着我们失败。

如果自己一旦成功了,就要注意尽可能只告诉自己最亲密的亲友,这样就可保持成功。

赢得朋友的方法有很多,下列方法不妨一用:

(1)为了赢得一个好朋友,请让朋友赢得胜利

那些愈夸大自己成就的人,就愈没有成就。我们应该尽量心存谦虚,切勿自我标榜。有时,为了让朋友更出色,还可以采用让功劳的办法。

晋朝王导为宰相,有一个叛贼,他不去讨伐,陶侃责备他,他复信说:“我遵养时晦,以待足下。”陶侃看了这封信笑说:“他无非是‘遵养时贼’罢了。”王导“遵养时贼”以待陶侃,即留下现成的功劳准备让予人。

(2)多为朋友着想,多体谅对方的难处

友谊不会自己生长,需要悉心培养。平时多倾听朋友的述说,人人都渴望得到别人的理解。倾听朋友的诉说,就是表示理解的最佳方式。多为朋友想想,多体谅对方的难处,这样才能让你更受人喜欢,赢得友谊。

(3)关键时刻要有克制

情绪冲动或发怒时说的话,对友谊的破坏性最大,所以在你的脾气将要爆发时,最好从朋友处离开。记住,没有人喜欢与态度不友善的人交往。

(4)自己的坏情绪不要影响朋友

如果你强求别人顺应你恶劣情绪,谁也不会靠近你。人们都喜欢快乐,所以你必须给人愉悦的体验,而不是把忧伤带给对方。

(5)经常表示对朋友的关切

见面说几句话，寄一张生日卡片，打个问候电话都表示你时时关心着朋友，这是给朋友最好的礼物。

有理也让人

生活中常有这样的事发生：有的人一听到别人对他的批评和劝告，就大发雷霆，他们不是去虚心听取，反省其身，却反唇相讥："也不看看你自己是什么德行，却来教训我。"言外之意是对方也有缺点，不配来批评他。

须知"金无足赤，人无完人"，如果只允许没有过失的人批评自己，那么你终生都不会听到对你过失的批评意见了，一辈子也不会得到他人的帮助。久而久之，陷入孤立无援的境地，既害了自己又损害了事业。所以，当别人批评时，应该本着感谢他的批评，才有益于自己改正过失，哪还有心思去计教他人是有过还是无过呢?

与此相反，在现实生活中，有的人批评人，气势汹汹，似乎"得理不让人"，这实在是于事无补。要想迅速而有效地改变另一个人的行为或想法，必须持尊重别人的审慎方式。

(1)要善于保住别人的面子

世界上任何一位真正伟大的人，都善于保住失败者的面子，绝不浪费时间去捞取个人的胜利。

1922 年，经过几个世纪的敌对之后，土耳其下决心把希腊人逐出土耳其领土，最终获胜。当希腊的迪利科皮斯和迪欧尼斯两位将领前往土耳其总部投降时，士兵们对他们大声辱骂。而总指挥凯末尔却丝毫没显现出胜利的骄傲。他以军人对待军人的口气说："请坐，两位先生，你们一定走累了。战争中有许多偶然情况，有时，最优秀的军人也会打败仗。"

同样，批评一个人时，无情地剥掉了别人的面子，伤害了他的自尊心，那样就容易抹杀你与别人之间原有很深的感情，你将得不偿失。

(2)要懂得从正面称赞入手

当听到别人对我们某些长处表示赞赏之后，再听到他的批评，心里往往会感觉好受些，也容易接受批评。

美国总统柯立芝有一次批评女秘书，他是这样说的："你今天穿的这件衣服很漂亮，真是一位迷人的小姐。不过，希望你以后能对标点符号稍加注意，那么，你打的文件会跟你的衣服一样漂亮。"

(3)要懂得间接地提醒别人的错误

查尔斯·史考勃有一次中午经过他的钢铁厂，看见几个职工在"严禁吸烟"的大招牌下吸烟。史考勃没有简单地斥责他们："难道你们都是文盲吗?!"那样只会招致工人对他的憎恨，而是使用了充满人情味的方式。他走向前，友好地递给他们几根雪茄，然后说："诸位，如果能到外边抽烟，那我真是感激不尽了。"吸烟人都不好意思，知道自己违反了规则，自觉地掐灭烟头。同时对史考勃产生了好感和尊敬之情，这样的人谁不乐于和他共事呢?

可见，"有理也让人"确是一种很成功的处世方法。间接地指出别人的错误更容易被接受，这是建立良好关系的技巧之一。

厚黑方略二十一

人性本恶，不可不防

人生从某种角度看也是一场战争。在这场战争中，为了求生存，必须要有慎重的生活方式和态度。社会上鱼龙混杂，到处都是陷阱、圈套，必须小心提防。所谓“害人之心不可有，防人之心不可无”。

人性本恶，防着点

中国古代大哲学家荀子在论人性时说：“人之性恶，其善者伪也。”这句话的意思是说，人的性质如果看来是善的，那是他努力装扮成这样的，人性本来就是恶的。

人性究竟是善还是恶，绝非三言两语能够说清楚。但是在现实生活中，与人打交道时的确要谨慎小心，对人不妨考虑一些防范对策，预防万一，否则待事情发展到糟糕程度时就为时晚矣。

一般人都不喜欢谋略意识强烈的人，也就是心眼太多的人。然而，在现实社会里，欺骗、狡诈的人大有人在。大到国家之间的争端，小到个人之间的利害关系，这种欺诈无处不在。因此，与其说欺瞒他人不正当的行为太卑鄙，倒不如说吃亏上当的人太单纯、太大意。

人生从某种角度看也是一场战争。在这场战争中，为了求生存，必须要有慎重的生活方式和态度。这样才不至于上某些人的当，吃大亏。当然，并不需要自己去欺骗别人，但是，社会上鱼龙混杂，到处都是陷阱、圈套，必须小心提防。所谓“害人之心不可有，防人之心不可无”。

那么，究竟什么样的人应该提防呢？

《庄子》中指出：“以利合者，迫究祸患害相弃也。”就是说，因利害关系相结合的人，在遭遇困难逆境时，很容易背弃对方。与此相反，“以天属者，迫究祸患害相收”。以“以天属者”是指彼此结合的关系是建立在极为信赖的基础上，这种朋友关系即使在逆境中，也会经得起考验，彼此相互帮助，同舟共济，患难与共。

而因为利害关系结合的朋友，早晚会中断。比如在商业关系中，许多朋友只是生意场上的朋友，因此，当你飞黄腾达时，这些人都会奉承你，沾你的光。而当你一旦失势，这些人便会抛弃你，另攀高枝了。这种事在官场和生意场上都很常见。

生活中的朋友也是如此。有些人交朋友只知道利用别人，而自己却很少为别人做些事情。这种朋友关系，很难维持长久。因此，交友时一定要慎重，尤其是那些有利害关系的朋友，交往时更要小心谨慎，保持距离。

心中自有照妖镜

人们通常所说道高一尺，魔高一丈，只要为官清廉，奸术自败。历史上许多清廉的官员正是以这样的精神将辨奸之术运用于为官从政之中，使一个个奸人落入法网。下面几个事例就足以说明了辨奸之术的重要，可为我们作鉴。

(1)系绳弃井

尚书李兑出任邓州长官，有富人责打其仆人至死，系绳子径弃井中，用自缢作为解释。

李兑说：“投井固然不能自缢，自缢又岂能投井？这一定是官吏受到贿赂，教富人这样说使其不承担责任罢了。”不久查明，果然如此。

(2)哭井知奸

丞相张升以朝官出任润州长官，有一妇人，丈夫外出数日不归，忽然听到菜园井中有个死人，去到井边一看，便号哭说："这是我的丈夫!"于是立即报告官府。张升令属下吏役召集邻里到井边看是她丈夫不是，大家都说井深不能辨认，请捞尸体来验看。张升说道："大家都不能辨认。妇人独何以知道尸体是她丈夫?"遂把她逮捕起来交给所管机关审问，果然是奸夫杀害了她的丈夫而妇人是参与其谋的。

(3)自伤诬人苦肉计

楚国春申君的结发之妻叫做四甲，妾叫余。余为了谋得正妻的地位，她有一次抓伤了自己的脸，说是四甲抓的，春申君便打算把结发妻夫人的地位取消。后来通过他仔细辨问，方才真相大白，余终于受到了应有的惩罚。

(4)上瞒下骗法

唐朝时，武则天归政给中宗皇帝，中宗只知淫乐，不理朝政，凡出圣旨皆由上官婉儿代笔。韦皇后通奸武三思，迫害忠良，但皇上圣旨总必经中书省下达。武三思与韦皇后、上官婉儿三人合伙造出一种墨敕，只说由中宗手谕，不必经中书门下。

由于中宗手谕由婉儿代笔，大臣们不能分辨哪是皇帝的真手谕，他们三人用这种瞒天过海的方法，先将中宗庶子谯王重福贬为均州刺史，又用一道墨敕将奉迎他们的郑普思、叶静能授为秘书监国子祭酒。就这一个墨敕，他们上瞒中宗，下骗大臣，干尽坏事。最后阴谋败露，他们终究没有逃脱覆灭的下场。

社会生活充满了复杂性，有时候其险恶程度远远超出我们的想象。所以，有所防备，明辨忠奸，才能以不变应万变。

一样米，养百样人

要你"小心应付"某些人，实在是件令人伤感的事。可是"一样米，养百样人"，你不小心应对，便有吃亏的可能，并不是所有人都如你想的是"好人"。

一般情况下，以下这些类型的人你要小心应付，不敢说这些经验和看法是对的，但你不妨当做参考。

哪些类型的人呢?

(1)甜嘴巴

这种人开口便是大哥大姐，叫得又自然又亲热，也不管他和你认识多久；除此之外，还善于恭维你，拍你马屁，把你"哄"得舒舒服服。并不是说这种人就是必须防备的"坏人"，而是这种人因为嘴巴伶俐，容易使人心不设防，如果他对你有不轨之心，你的陶醉不就上了他的当?而且，你会因为他的会奉承而不去注意他品行上的其他缺点，容易把小人当君子，把坏人当好人。

此外，这种人可以轻易对你如此，对别人当然也可如此，他并不是对你特别。所以，碰到嘴巴甜会奉承的人，你必须升起你的警戒网，和他保持距离，以便好好观察，如果你冷静地不予热烈回应，若对方有不轨之心，便会自讨没趣，露出原形。不过，为了避免"以言废人"，你不必先入为主地拒他于千里之外，但是要叮咛你一句：古时很多朝代，就是被这种嘴巴甜的佞臣弄垮的。

(2)笑面虎

这种人好像没有脾气，你骂他、打他、羞辱他，他都笑眯眯的，有再大的不高兴，也摆在心里，让你看不出来。这种人也不见得是坏人，因为他的个性就是如此，成天笑眯眯，不得罪人。可是你就搞不清楚这种人心里在想些什么，也搞不清楚他的好恶及情绪波动。

碰到这种人，真的让人无从对付，也因此，如果他对你有不轨之心，你是无从防备的；因此对这种人，你要避免流露出内心的秘密，更不可和他谈论私人的事情，他不一定会害你，可是，或然率在50%!所以，不如保持礼貌性的交往，他打哈哈，你也打哈哈，同时，也要避免做出得罪他的事，他生气也就算了，他不生气才可怕。

(3)藏镜人

这种人把自己隐藏起来，不让你知道他的过去、家庭、同学，也不让你知道他对某些事情的看法，换句话说，是个深沉莫测的人。这种人有的是因环境的影响所造成，不见得是个“坏人”，但和这种人交往是很恐怖的，最好的办法还是保持距离。这种人有的还拼命打探你的一切，像这样，甚至已失去与人相处的诚意，趁早远离可也，否则被他害了，想哭都哭不出来。

(4)墙头草

这种人最大的特色便是“见利思迁”，见风使舵，哪边好靠哪边，所以他的待人处世会以“利”作取向，也会为“利”而背叛良心，伤亲害友，可以今天和你好，也可明天将你害。所以和这种人，打哈哈就可以了，不必有利益、人情上的往来，甚至宁可故意向他显出你“无利可图”的一面，以免他没事就来找你，这可不是好事。至于如何分辨“墙头草”，只能从平常作为中观察，并无秘方!

这几种类型并不足以代表所有“你该小心应对”的人，介绍给你的应对方法也只是参考，不过，聊胜于无吧!

小心驶得万年船

一般说来，你在生活中如果遇到下列情况，你就应该多加小心，详细审视一下对方的目的和企图再谨慎行事：

(1)主动和你打招呼的人

出门在外，谁也不认识谁，这时有人主动过来和你打招呼，而且热情得令你感到过分的话，你应该留神了。

这时候，虽然你还不能就此断定这个人就是坏人、骗子，可是，你也不能排除他是骗子，因为任何骗子都要通过语言和行为同他人发生关系后，才能达到行骗目的。

(2)在你面前炫耀的人

不管他炫耀什么，高贵的出身，富有的财富，特殊的地位和与权贵名流的交往，甚至出众的口才，都是炫耀。

他为什么要炫耀呢?当然是要引起你对他的注意。为什么要让你注意他呢?这就是你应该多加思索的问题。如果你是个有利可图的人，也许他想取得你的信任，进入你的生活，了解你的秘密；如果你是个美貌的少女，也许他想让你崇拜倾慕他，按他的意志办事，最后跟他上床；如果你是个官员，手中拥有职权，也许他想让你认为他能耐超群，以此得到你的赏识和重用。

如此种种，都可能是他向你炫耀自己的目的，你甚至不必理睬他向你炫耀的一切究竟是真是假，你只需将他炫耀的目的弄清楚就行了。就这么简单，便能将他们的鬼花招揭穿。

(3)一见面就给你好处的人

这种人往往很热情，一副自来熟的样子，几句交谈之后，或者是先敬一支香烟，或者送上一罐饮料。看似平常，里面大有文章，那香烟、饮料中说不定就有迷幻药物在其中。所以，出门在外，见到陌生人，千万不要贪小便宜。

平时多长几个心眼

平时骗子很多，稍不留神就容易被其伤害，因此，平时要多长几个心眼。根据观察，在生活中，下列方法可能对你有帮助：

第一，认清哪些人最可能骗你。例如，某人可以从你这里得到不少好处；某人觊觎你的某样东西；某人一定要你接受他的建议等，这些人都有可能骗你。

第二，不迷信一个人的过去。一个人过去从来没骗过你，并不能肯定他现在不骗你。

第三，不受外表的蒙蔽。一个人诚实与否，是不能用眼睛看出来的。

第四，要积极揭露骗子。如果你发现了一个骗子，不能睁一只眼闭一只眼就算了。这样他会继续行骗。

第五，表明你只要事实。让人们都知道，你只尊重说实话的人。

第六，听到不愉快的事，不要紧张、生气，否则，下次别人只好骗你了。

要识别他人骗人的伎俩，其实也很简单，告诉你一个特别直观的判断方法，你可以观察嘴巴，人在说谎时，大多会觉得嘴唇和喉咙发干，因此常用舌头舔自己的嘴唇和使劲地吞咽。也可以观察手脚，人在说谎而感到不安时，会用手指轻敲桌面或椅子扶手。脚轻敲地面也是一样的道理。还可观察眼睛，你的朋友在说谎时，眼光往往不敢与你对视，这是最强烈的暗示。

同样，观察衣着时，说谎的人往往会不经意地扯衣服上并不存在的皱折，或弹并不存在的灰尘。这样可避免与对方目光接触。观察其领带或项链也能分辨他，说谎的人会不断地整理领带或项链。这一动作只能表示对方心里不安。

此外，观察腿部也很重要，人在说谎时，腿不断跷起又分开，分开又跷起，借此舒解心中的不安。

以上说的只是生活中的小骗子，至于社会中的大骗子就更要留神了。古人指出，对于欺世盗名者要提防上当受骗，他们常表现为：无智略权谋，强勇轻战，侥幸于外；有名无实，掩善扬恶，进退为巧；语无为以求名，言无欲以求利；虚论高议，以为容美，穷屋静处，而诽时俗，此奸人也；不图大事，贪利而动，以高谈虚论，悦于人主；为雕文刻镂，技巧华饰。而有此几种表现的人历朝历代都不在少数。

五代十国时，南唐元宗有克复中原、再复大唐基业的大志。他攻下福建后得意忘形，认为消除天下纷乱、诸国割据的局面不费吹灰之力。但南唐与诸国相比，势单力薄，这是不可能的事。

大臣魏岑趁侍奉唐元宗酒宴时说道："微臣少年时曾游魏州元城，喜欢当地的美丽风物，待陛下平定中原时，微臣只求到魏州做官。"元宗听后大喜，就答应了，魏岑连忙跪下拜谢。大家觉得魏岑说大话讨好皇上是个奸佞小人，于是就纷纷远离他。

同流而不合污

《老子》曰："挫其锐，解其纷，和其光，同其尘。"意思是要孝养纯熟，和合自然，与世俗同流而不合污，自掩光华而不混迹尘境，此实为太阴太阳之道。内秀正在于同流而不合污。同流可全身避祸，不合污则可屹然自立。

许处长由于工作成绩出色，很受老总器重，最近被任命为人事处处长。从此身价百倍，送礼的人络绎不绝，使许处长应接不暇。但许处长并没有让送礼的人的笑脸迷惑了头脑，以为他们真的是冲着"老交情"、"老街坊"、"老战友"、"老叔老舅"来的。

许处长有自知之明，当然不敢收下这些"不成敬意的薄礼"。他清楚，一旦自己心慈手软，收下礼物，"吃人家的嘴短，拿人家的手软"，以后的工作就会很难办，但许处长也不愿得罪别人，谁知道将来哪块云彩下雨，说不定对方是个小人，哪天自己偏偏又犯到他手里。

那么，如何拒绝对方的礼金而又不会得罪小人呢？

①半真半假地开玩笑：你也太吝啬了吧，就这点东西还拿得出手？

如果对方识相的话，也就知道你廉洁的心意；若不识相的话，下次可以会带来更重的礼物。你如法炮制，让他觉得你是个无底洞，以后就不敢来了。

②索性代收，然后以他的名义把钱捐给"希望工程"。

你告诉他，这次我帮你捐献了，下次还是你自己亲自来吧，省得我在中间多一道手续。

③假装迷糊：现在还没过年吧。

巧妙地暗示：他的礼物是黄鼠狼给鸡拜年，没安好心，还是乖乖地收起礼物，有话直说吧。

④晓之厉害："老兄，是不是要看我的笑话。我可不希望像刘青山、张子善那样一枪给崩了。我可贪生怕死得很哩。"

社会上许多人因收受贿赂而锒铛入狱。你可以向他明示这一点，指出自己的隐忧，希望他能体谅你的苦心。

⑤提醒他注意：天下没有不透风的墙，若想人不知，除非己莫为。

有实权的人不能存半点侥幸心理，用"你不怕隔墙有耳"这句话拒绝，表明你拒不受贿的立场。

⑥转做善事：主动集资向灾区献爱心。

这适用于送礼者过多的情况，你可以稍微费点心，把所收的礼物、礼金列好清单，在适当的时候全部捐献给受灾严重的地区，然后在单位门口贴一张大红榜，写清他们的名字及钱财数目。

天机不可泄露

在生意场中，竞争不可避免，若遇竞争对手，特别注意不可泄露机密。日本有位经营高手在竞争中十分注意机密，因而在近乎赌命的竞争中获得了胜利。

季山英太郎为了买下日本著名的“中山制钢公司”的25%的股票，以便加入公司董事会，进行了一场惊人的股票战。该公司发行10亿日元股票，票面50元共2 000万股，公司掌握75%(属中山一族和与他们有特殊关系的人)，流动的只有25%的股票，因而股票行情往上涨。想要卖空头股票的话，就只有给中山族贷股出售，中山族收取高额的费用，然后当股票便宜时，又全买回来。在涨跌之间，中山一族赚了很多钱，而公司给股东们的股息特别低。

这件事惹得季山英太郎愤愤不平。他经过调查，得知能掌握中山制钢公司3%的股票，就可召集临时股东大会，要求增息，于是他花了5.5亿日元买了60万股，兴致勃勃地准备召开股东大会时，得到的回答是：“只有3%的股居然敢开口问什么时候增息，真是太放肆!”

这更激怒了季山英太郎。他发誓要参与中山制钢公司的经营。但需要购25%的股票才行。由于有他父亲的支持，经过各方收购，股价已涨到2200日元/股，花了近100亿日元买足25%的数目。

这时，中山制钢公司纠集银行逼债，原借期为2年未到期的也要收款。季山英太郎只好从自己好不容易收齐的股票中又秘密地拿20万股去卖了，还了账，躲过了舆论和危险。这种“天机不可泄露”的一招，连他的妻子和最重要的心腹都瞒过了，只有他一个人知道，最后，他终于成功了。他说：“关键时候的秘密，即使心腹的部下也不得不瞒一瞒。每件事都要解释一番的话事情就不好办了。”

不要疾“小人”如仇

“小人”每个地方都有，这种人常常是团体纷扰之所在，他们造谣生事、挑拨离间、兴风作浪，很令人讨厌，所以有些人对这种人不但敬而远之，甚至还抱着仇视的态度。

仇视小人固然足以显出你的正义，但在人性丛林里，这并不是保身之道，反而凸显了你的正义的不切实际，因为你的正义公然暴露了这些小人的无耻、不义。再坏的人也不愿意被人批评“很坏”，总要披一件伪善的外衣，这是人性，而你特意凸显的正义，却照出了小人的原形，这不是故意和他们过不去吗?

君子不畏流言不畏攻讦，因为他问心无愧，小人看你暴露了他的真面目，为了自保，为了掩饰，他是会对你展开反击的。也许你不怕他们的反击，也许他们也奈何不了你，但你要知道，小人之所以为小人，是因为他们始终在暗处，用的始终是不法的手段，而且不会轻易罢手。你别说你不怕他们对你的攻击，看看历史的血迹吧，有几个忠臣抵挡得过奸臣的陷害?

再说，每个人都有着自己的好恶标准，对问题的看法也就不可能相同。做官的离任之后，继任的人对前任的缺点和过失都容易看得见，这样就完全要依靠接任官员为他掩饰短处，弥补过失。只有那种居心叵测、心地奸狡的接任官员，才喜欢揭自己前任的疮疤,同时夸大自己的长处。假如是前任因迁升而离职,那么这种做法还可以聊以解嘲,平衡一下自己的心理。如果是前任因为有事等候补缺,让他听见了,前任一定会觉得大失面子,无地自容。后来的人看现在的人,就好像现在的人看过去的人一样。如果我们和人相处,不给别人留一点余地的话,别人也不会为我们留任何余地。这样做的话,只不过是损害了一个人的忠厚品德,而这种做法是有道德的人所不屑的。

为人处世,自然有一定的原则。倚仗他人,一切以别人的意见为意见,一定会对任何事都毫无原则地表示赞同;而一切事情都自以为是,势必造成对任何事情都毫无原则地加以反对。毫无原则地赞同别人的意见,不免随波逐流;毫无原则地反对别人,也势必会矫枉过正。这两种态度都是错误的。只有认真地考虑事物的客观情况,不存在任何个人的偏见或他人的偏见,那么才不会出现任何处理不当的情况。所以,一个人可以和正人君子共同享受功劳,也不妨在某些时候给那些小人分些讥嘲。

和小人保持距离就行了,不必疾恶如仇地和他们划清界限,他们也是需要自尊和面子的!何况你也不可能完全"消灭"小人,因为小人是一种人性现象,而人性是亘古存在的,因此不如和他们保持一种"生态"上的平衡,而且,有他们的存在,才能彰显你这正人君子的价值与可贵啊!另外有一点也必须了解,小人有时也会有一些"正义",会不留情面地揭人隐私,这对游走于法律边缘的人,未尝不是一种威胁,小人还是有某种存在价值的啊!

绊人的桩子不在高

有一则寓言:一只鹿瞎了左眼。鹿走到海边,在那里吃草。它用好眼对着陆地,防备猎人袭击,用瞎眼对着大海,以为那边不会有什么危险。恰好有人坐船从旁边经过,看见这头鹿,一箭就射中了它。鹿倒下时自言自语地说:"我真倒霉,原以为陆地危险,严加防范,而去投靠大海,想不到遇上了更深重的灾难。"这则寓言提醒你在与小人交往时,一定要睁大双眼,时刻提防。

一般来说,所谓小人都是些人品低下、手段卑劣之辈。在利用他们的时候,一定要加一百二十个小心才是。否则,一旦你得罪或者激怒了小人则往往陷入绝境,因为小人做事向来是不择手段的,他们会小题大做、添油加醋或凭空捏造事实在暗中对你下手。

秦桧以"莫须有"的罪名置岳飞于死地,当时韩世忠争辩说:"'莫须有'三字何以服天下!"这真是以"以君子来度量小人了"。因为秦桧根本不需要"服天下",只要他捏造的罪名经由"最高领导"认可,他的目的也就达到了。

春秋时期,宋国即将与郑国开战。战前,宋国的统帅华元杀羊犒赏三军,可能是一时疏忽大意而没有给他的驾车人羊斟吃肉。等到作战时,羊斟说:"前天杀羊犒军的事,由你做主;今天驾车作战的事,由我做主。"于是,他故意把车驶入郑军之中,致使华元被俘,造成了宋军大败。

战国时期,齐国有个名叫夷射的大臣,有一天他受齐王之邀参加酒宴,因为已经喝得酩酊大醉,便到门外吹风。守门的是个曾受过刖刑(断足,古代的一种酷刑)的人,他向夷射恳求说:"若有剩酒,请赐我一杯!"

"什么?到一边去!像你这样的囚犯还敢跟我要酒喝,真是大胆之极!"当守门人还想再恳求时,夷射已经离去。这时,天刚好下了一阵小雨,门前积了一片小便状的水滩儿。

第二天早晨,齐王出门时看到了这滩“小便”,大为不悦,厉声问道:“是谁在这里随便小便?”当时,在门前小便是一种极不礼貌的行为。

“我不是太清楚,但小的昨夜只看见大臣夷射一个人在这里站了好一会儿,再没看见其他人来过这里。”守门人诚惶诚恐地汇报说。

结果,齐王立即赐夷射毒酒而死。

一碗肉,一杯酒,本来不算什么,华元和夷射却在不经意间给自己留下了陷阱,被很不起眼的小人轻轻地送上了断头台。

历史上这些沉痛的教训,提醒你要随时提防小人在你背后下绊子、打闷棍!

小人比蚂蟥还可怕

余秋雨先生在一篇散文中曾提到“小人”的问题,他的意思是,英雄们在临终的时候,觉得最为痛恨的人不是自己的劲敌,他们往往从牙缝里挤出两个字:小人。看来,“小人”不小,他们的能耐大着呢!他们可以做汉奸、叛徒,他们可能做出种种可怜的样子,以博得你的帮助,当你失去利用价值的时候,他们就可能反过来咬你一口。蚂蟥的可怕之处是它以不经意的亲热方式去吸人血,小人比蚂蟥还可怕。

所谓“明枪易躲,暗箭难防”。在人生的舞台上,时刻都有这种人存在,他们在各种环境中挖空心思地寻找漏洞,然后见缝下蛆,当蛆们长大了,爬上你的桌面时,那种滋味是让人不得不恶心的,但是,他们做得非常巧妙,不到关键的时候,他们不可能让你知道蛆的存在,关键的时候,你就是知道了,也已经来不及了,这是他们最高明的地方。

这就涉及两个过程,一个是你先要鉴别对方是不是一个小人。再一个你要研究孤立他的方式,生硬的方式不好,他们会因此记恨你,并想出什么莫名其妙的办法来陷害你,那就得不偿失了,所以,你要选择一个恰当距离,跟他们平等交往。时刻小心警惕,倒不是因为你怕他们,自古邪不压正,可是,从古至今很多帝王将相也确实栽在小人的脚下,这种事从来都不知道上哪儿去说理。真刀真枪地干,无论失败还是成功,都是明明白白的;可是暗箭就说不清楚了,来自什么方位谁射的,你可能永远都不知道,就是林肯、拉宾也不能幸免。

特别是知人知面不知心,有些人在你身边生活了好多年,你也没觉察到任何阴谋诡计的蛛丝马迹。所以,你时刻都要穿好“防弹衣”,而且不要总是听某个人的话,这样才能或多或少地减少一些损失。如果你发自肺腑地讨厌小人,那么在自己的为人处世中千万别沾染任何小人的痕迹,否则,你想重新做人都很难。因为一个人如果在别人的印象中是小人,他基本上就已经走出了主流的行列,因为跟他不值得交往,谁也别上小人的当,他能把你卖了,你还替他数钱。

所有的小人都研究人们的心理。举一个例子来说,推销是一门艺术。“王婆卖瓜,自卖自夸。”商家若不自我推销,怎会赢得更多的顾客?而且这里也确有学问,推销者想在赢利的同时达到商品的宣传效应,必须谙熟对方的购买心理。可是,这事让小人操作起来就不一样,他有办法让你不得不买他的东西。于是,这艺术就显得有些走样儿。

王先生曾经偶遇过一例:一个穿着整洁的北方小伙儿登门推销一种微型按摩器。因其几次声称“免费赠送”,王先生不想伤害人家的热忱,就打开了门,推销员详细介绍商品并恳请帮他“宣传”。在推销员的诚挚目光中,王先生只有同意“试用”他的商品,此时,推销者亮出了底牌:“先生,十元钱方便吗?”王先生知道自己莫名其妙地遭遇了小人,“对不起,不方便!”明明说好免费赠送的,怎么不讲信用?其实,他们的心里最明白,在推销之前,已经对推销场景做过几十次的设想了,非让对方乖乖掏腰包不可。你看,淳朴的老百姓一天天地上小人的当,是多么的容易!

苍蝇不叮无缝的蛋

防范小人,首先要从修炼自己做起。“苍蝇不叮无缝的蛋”,只有清醒地知道自己的弱点,并且时时注意制约自己,改进它,小人才无可乘之机,才会失去生存繁衍的机会和条件,我们才会避免使自己堕落成小人。

公元前210年的冬天,秦始皇在巡行天下的路上得了病,自觉将不久于人世,于是让赵高代为起草遗嘱给远在塞外御敌的公子扶苏,意欲立扶苏为皇位继承人。

遗嘱已成,尚未传送出去,秦始皇就死掉了。丞相李斯担心皇帝死在路上,诸公子闹事,天下徒生大乱,便严密封锁消息,秘不发丧。因此,众人中只有胡亥、赵高及受宠的宦官五六个人知道皇上已不在人世。

秦始皇在世时,曾格外尊崇蒙恬、蒙毅两兄弟。蒙恬与扶苏交好,共戍边关;蒙毅也是忠心耿耿,并依法治过赵高的罪。因此,赵高对蒙氏兄弟恨之入骨,伺机挟隙报复。

秦始皇一死,赵高认为时机已到,便与胡亥一起密谋,准备假借皇帝的命令,杀掉扶苏,立胡亥为太子。二人自然是一拍即合。赵高知道此事重大,不拉上李斯,难以成功,于是就去找李斯。

为了保全相位,李斯倒向了胡亥一边。他与赵高一起合谋,伪造秦始皇给丞相的遗诏,立少子胡亥为太子;并篡改秦始皇给长子扶苏的信,斥责扶苏不能为国家建功立业,屡次上书诽谤皇上;蒙恬失职,不能及时规劝扶苏改邪归正,二人一并赐死。

忠厚老实的扶苏闻言便自杀了。这样,胡亥如愿以偿登上了皇帝的宝座,即秦二世。赵高由于政变有功,由管理宫中车马的中车府令升为郎中令,全权掌管宫中警卫,成为最高决策者的一员,深受胡亥宠幸,并逐渐掌握了朝廷内外的大权。而李斯则仅保住了他的丞相职位。

赵高乃一地道的小人,他依仗胡亥,为所欲为,干尽了坏事。但同时他又忌惮李斯的谏言,便设计除掉了这个掌握自己把柄的人。

李斯就因没有防范好自己,才令小人有了可乘之机,结果害人又害己,自己也没有逃脱覆灭的命运。

那么,李斯当初为什么会顺从赵高参与大逆不道的事情呢?我们分析,李斯至少有三个弱点被利用了。

第一,李斯希望保护自己的既得利益,不愿意别人将自己的丞相职位取而代之。

第二,李斯对比自己更受公子扶苏欢迎的蒙恬怀有敌意,把对方看做自己潜在的对手。

第三,李斯短视,只为眼前利益所动,没想到自己作为知情人并且是别人独揽朝纲之路上的“绊脚石”,迟早要受到算计。

有这么多的弱点可以被人利用,李斯的失足也就是理所当然的。

厚黑方略二十二

自己做主，不为人奴

摆脱对别人的依赖，做自己的主人，因为自己并不比别人少一条腿，别人能做成的事，自己也一定能够做成。你只能做二流的别人，却能做一流的自己。请记住：活出自我来。

你不比别人少条腿

遇事首先想到别人，追随别人、求助别人，人云亦云、亦步亦趋，没有自恃之心，不敢相信自己，不敢自行主张，不能自己决断，在家中依赖父母、爱人，害怕爱人出差，在外面依赖同事、依赖上司，就是不敢自己创造，不敢表现自己，害怕独立。这都意味着人格没有成熟，没有健全，是身体懒惰和心理懒惰的伴生物，取其名曰“依赖”，可算是另一种安然。

依赖之心，就来源于惰性。

小时候父母包办过多，没有独立行动、自作主张的训练，吃饭、穿衣及日常起居没有较早地自己处理而让别人侍候，总是绕着妈妈的围裙转，不敢离开几步，于是直接形成了依赖心理，形成了惰性。

此外，父母给予你的凭借过多，几乎不用努力奋斗也能生活下去，这更是形成依赖心理、不能独立自恃、不能健全发展个性的重要原因。

所以，如果你得到父母的凭借过多，你的父母并不是爱了你，而是害了你。他们使你不能健全发展和成熟——人生的损失还有什么比这更惨重的呢？

处处依赖别人，白白地消费这个世界，没有创造和贡献给这个世界，甚至不能谋取维持自身生存和必需条件，更谈不上给妻儿父母什么幸福了。那么在这个世上存活简直就是废物。

不能独立地办成任何事情，便无从谈起操纵和把握自己的命运，命运只能被别人操纵。如果你有利用的价值，人家便会利用你。如果你的利用价值消失了，或者已经被利用过了，人家会把你抛开，让你靠边站。只因为你太软弱无能，只因为你的心目中只能相信别人，不敢相信自己，更不能自信胜于他人。

依赖性强的人是一个可怜而孤独的人。四处碰壁，不被信任，不受欢迎，遭人鄙视，是依赖所导致的必然结果。依赖性强的人就好比是依靠拐杖走路的不健康的人。马斯洛认为，一个完全健康的人的特征之一就是：充分的自主性和独立性。

如果如此这般地度过一生，实在是枉为一生，太遗憾、太悲哀了。

依赖别人，即使跟着别人获取过成功，拥有过什么，占据过什么，实际上也是一无所有。因为依赖别人而成功的，实质上那是别人的成功，而自己仍然是一个不会独立、不会创造的失败者。物质上的拥有和占据，填补不了精神的空虚和苍白。常言道：吃别人嚼过的或剩下的馍馍不香。靠自己的能力和才干所获取的成功，才是最有价值、最耐自己咀嚼回味的享受。

终身依赖别人，当你告别这个世界的时候，回首苍白的一生，只有悔恨，别人不会在你的坟前洒下热泪。相反，别人会指着你的坟头笑话说：世上又少了一件废品。

其实，脱离对别人的依赖，独立地发展和锻炼自己，扔掉拐杖，走出成长的误区，并不是一件非常困难的事情。因为自己并没有比别人少一条腿，别人能够做成的事，自己也一定能够做成。

走你自己的路

遇事犹豫不定，做后马上后悔，是少许人的坏毛病，遇事毫无主见，分不清轻重缓急，人云亦云，这样的人处世做人都难免后悔不迭。所以后悔药不好吃。刘伯温先生对他们有一言可谓对症下药："人之于事也，能辨识其何者为主，何者为客，而不失其权度，则亦庶几乎寡悔矣夫。"意思是说在做事前要考虑周全，做起来才不会后悔，如果人云亦云，那么失去主见就更不知所从了。

汉献帝初平三年，王允与吕布合谋杀死董卓，对如何处理董卓的部下一时拿不定主意。吕布主张全部杀掉，王允不同意，有人主张大赦，王允也不同意。

这时，王允错杀了蔡邕，董卓的部下更加惊慌，便派人请求王允下赦免令，但王允坚决不肯。结果双方发生激战，王允被杀。王允这种无针对性的乱逞威法，无疑是属于暴察、狂妄之列。

有这样一则古老的寓言：一对父子牵着马走路，路人说："好傻呀!一人骑上多好!"听了这话，儿子就让父亲骑在马上，自己牵着马走。走了一段，又听人说："儿子好可怜呀!"于是父子交换，父亲牵马，儿子骑在马上。此时，又听到"好一个不孝子"的闲言。父子两人思索了一会儿，为了不再受人责难，便决定两人同时骑在马上，认为这样就可以安心赶路了。岂料又被人指责说："真是虐待马啊!"他们听了觉得有道理，于是便双双下马，又恢复到原先牵马走路的样子。

可以再推想一下，如果又开始有人说："好傻呀!一人骑上多好!"那么这对父子又该怎样做呢?不外乎他们有两种选择，一种是还像先前那样，听到别人的议论便没了主意，诚惶诚恐地一次又一次地改变做法。一路怕被人责难，却还是注定被责难。也许因为过于紧张，最后连方向都迷失了；另一种是彻底地认识到，只要是行路，途中受到各种批评是在所难免的，而在批评声中丧失主见却是愚蠢的。于是他们采取一种自认为最合理的方式上路了，并且顺利地抵达目的地。

许多人失败的原因是在乎别人怎么看，但实践证明，如果你过于有意识地关心"别人怎么想"，如果你过于谨慎地想取悦于别人，如果你对别人真正的或假想的不赞成过于敏感，那么，你就过多地得到了否定反馈，你会多疑造成抑制和不良表现。

在社会中你过于谨慎，想要造成一个好印象，反而阻塞、限制和压抑了你的创造性自我，其结果是造成一个不好的印象。给别人造成好印象的方法是：永远不要有意识地"想"让他们对你印象好，永远不要仅仅为了有意识地达成别人期望的效果而行动或者不行动。永远不要有意识地"猜想"别人会怎样考虑你和评价你。

著名教育家维加姆博士小时候自我意识太强，在课堂上简直不能背诵课文。他躲着别人，在同别人谈话时总是低着头。他不断地与自我意识作斗争、努力要克服它，但是没有成功。

后来有一天他产生一个新的想法，发现自己的问题不在于"自我意识"，而是过多的"他人意识"，对于别人如何考虑他所说的或做的一切，他过于敏感了，因此被束缚起来，不能清晰地思考，也想不出该说什么话。独自一个人的时候他就没有这种感觉，而是十分平静、放松、泰然自若，能够产生很多有趣的想法，有很多有意思的话要说，而且能够完整地体会到自我的存在。这时候，他就不再苦苦挣扎着克服"自我意识"，而是集中精力培养更多的自我意识，改正这种看法后他和别人相处得更好，并且继续从事他的事业——给别人当顾问，向广大群众发表演说，"一点也没有自我意识感"。

其实生活中最简洁最明确，也是最为有效的一条计谋，就是看似不是计谋的，但确实是名言的"走你自己的路"。

求人不如求己

对于个人来说,求助于他人也许有助于成就大事,但如果没有独立自主的个性,即使面对再好的机遇也不可能获得成功。所以,求人不如求己,这是自古以来办事的恒定规律。

马克思曾说:“任何一个存在物只有当它用自己的双脚站立的时候,才认为自己是独立的,而且只有当它依靠自己而存在的时候,它才是用自己的双脚站立的。靠别人恩典为生的人,把自己看成一个从属的存在物。”

鲁迅认为对于子女,也应该“交给他们自立的能力”。“全部为他们自己所有,成一个独立的人。”

一个人不得志时应该怎么办呢? 古人曾借一个失意之人的经历告诉人们一个真理:君子当自强,而不甘自弃。生活中有许多人,特别是读书人常埋怨自己时运不济,他们叹道:

我有智慧,却为什么生在这个时候?是时运呢,还是命运呢,让我独自受苦难。这样叹息不能改变现实,对这些人来说,自信是成功的关键。

举例说,赤城山上有座石梁高四丈,小路狭窄并且光滑得像龟背,下面是千丈深谷,悬泉从上面流下来,四周被潮湿的苔藓覆盖,也没有藤萝用来攀缘。有个打柴人背着柴就能越过它,而且到达对面不留足迹,看见的人都不住地赞叹。有人让他回去再越过一次,那个人站立那里望着石梁,摇动双足却怎么也抬不起来,眼睛不敢往远处看。

过瞿塘峡而不恐惧的人,是因为他未曾见到过江水的惊险;见了牢狱而不心慌的人,是因为他未曾有过犯法的经历。许多人是因为事先恐惧而失去了勇气和自主,而不是他们自己的能力达不到,所以君子当自强,而不能自甘自弃。

西尼十六岁来到了纽约。当时他仅上过一年半学,他到美国黑人剧团应试,因念不下台词,主考官打断了他:“别再浪费我的时间了。”

回去后他买了台收音机,几小时几小时地收听广播,模仿播音员的发音。后来,西尼再次来到美国黑人剧团,他成为了世界上最好的演员。这就是强者对挫折的态度。

美国加州的一位大学生,急于找一份工作,他几乎是冲进一家报馆,对经理说:“你们需要一个好编辑吗?” 对方答:“不需要。”“记者呢?”“不需要。”“排字工人呢?”“不,我们现在什么空缺也没有!”“那你们一定需要这个东西!”大学生从公事包中拿出一块精致的牌子,上面写着“额满暂不雇用”。经理看了牌子,笑了,立刻打了个电话,把这件事说给老板听。随后经理笑嘻嘻地说:“如果你愿意,请到我们广告发行股来工作。”后来这个年轻人成了这家报馆出色的经理,事实证明,只要努力自强,真正有用的人是会自己找到位置的。

做自己的主人

你是否很在意他人的看法?你是否有下列表现:

在饭店里吃着不合你口味的牛排,却不敢退回,因为你要退回,侍者就会不高兴。

没有得到你亲近的人的赞同,不敢做一件大事。

当得到对你具有影响力的人的允许,你才购买某种东西。

对能言善道的推销者表示怯懦,所以不得不购买你并不喜欢的东西,或者害怕他对你不满而不敢把自己不满意的东西退回。

热衷于传播小道消息,说一些关于抢劫、凶杀、离婚之类的事,不过是为了让别人更加注意你。

为了引人注目而行动怪异,为了外界的称赞而毕恭毕敬,在公众场合大声说笑;身上穿着西服,脚上却是球鞋;这些都是在希望引人注意,寻求赞许的行为。

在所有的场合都迟到,也许你自己还没有觉察出来,但这也是用来引起人们注意而寻求赞许的一种方式。

为了给别人留下深刻的印象,竟然捏造出某种事物来告诉别人。

从以上例子中,我们可以得知,期望取悦于人,寻求他人的赞许是目前一种较为普遍的现象,在世界各地都可以看到。

当取悦于人成为一种需要时,便令人讨厌了。很显然,这等于是放弃了自己,把自己的感觉、责任和言行准则交给了别人,交给了那可能会称赞你的人。同自暴自弃一样,取悦于人的寻求赞许包含了许多自我挫败的行为。在别人的称赞之中,你已经不是你自己了。

传统的生活一再鼓励人们去取悦于人,并且把这一行为作为生活的规范。不愿意独立思考,不习惯独立思考,总以为独立思考是违背习俗的。"不要过分相信自己"已经成为约定俗成的格言。由于别人的意见比你自己的还要重要,所以如果你得不到别人的赞许,你就会感到沮丧、无能,甚至产生一种罪恶感。

取悦于人就像是一个巧妙的操纵者,使你把自身的价值寄托在别人身上。要是他拒绝施舍赞许,你便毫无价值,显得一无是处。你需要越多的恭维,就越是受别人的操纵。因此,你要记住,要做自己的主人,而不要取悦于人。

像国王一样饮食

有一次摩拉在一条小道上走着,那是条偏僻的小道,太阳下山,黑夜降临了。忽然他感到害怕,因为对面来了一群人,他想:这些人一定是暴徒、盗贼,周围没人,就我自己。怎么办?于是他翻过附近的一道墙,发现自己来到了一个墓地。他就躲了进去,让自己冷静下来,闭上眼睛,等着那批人过去,然后他可以回家。但那批人也看到他在那里。摩拉突然越过墙头,不禁使他们害怕。这是怎么回事?有人躲在那里干什么见不得人的事吗?于是他们全都越过墙头。

现在摩拉肯定了:我是对的,我的推测是对的,他们是危险人物,现在毫无办法,只好看运气了。于是他屏住了呼吸,一动不动。但那群人看见有人翻墙,他们十分担心。他们围在坟墓四周,他们发现了摩拉,问他:"什么意思?你在干什么?你为什么待在这里?"摩拉看看他们,然后肯定不会有什么危险,他笑了,说:"看,你们问我为什么在这里,我还想问你们为什么在这里呢,我在这里是因为你们,你们在这里又是因为我!"

这是一种恶性循环:你害怕别人,别人害怕你,你的整个生活乱成一团,放下这种胡思乱想,放下这种恶性循环,不要在意别人。你的生活就足够了,不要顾虑别人。如果你无牵无挂地生活，你的生命就会开花，别人也会分享你的生命。你乐意分享，你也乐意给予，但首先你必须停止顾念其他人，以及他们对于你的想法。

这种顾虑是很危险的，谁都不自在，谁都不放松。因为其他人也顾念别人，每个人都跟在另一个人后面——生活成为地狱。

做!不要顾虑你在做什么——全心全意地做，于是，做本身就成为极乐。不要考虑什么大事，事情没有大小之分。不要想你是在做大事，演奏伟大的音乐，绘制伟大的画作，你要成为毕加索或凡·高或伟大的作家莎士比亚或弥尔顿等。没有什么——没有大事，也没有小事，只有伟大的人和渺小的人，但事情不分大小。一个伟大的人能把这种色彩带进他所做的每一件微不足道的事：他与众不同地吃，与众不同地睡，与众不同地行。他将其伟大的品质带进他的所作所为。

什么是伟大?自然……没有比自然更伟大的了。像国王一样饮食。这并不取决于食物的质量，而是取决于吃的人以及他从中取乐的方式。即便只有面包、黄油和盐，你也能做一个国王。

你不能再回家

我们都不希望人生坎坷，但坎坷是不可避免的，只是在数量和程度上每个人不同罢了。其实，我们在感受压力时，压力带来的负面影响往往是由于自己的认知造成，也许在你认为痛苦难耐、无路可走时，稍微改变一下认知，就会“柳暗花明又一村”了。

一位女子从小就长得很胖，肥胖成了她的一块“心病”，使她感到生活很不快乐。她不敢去参加同学们的聚会，只要有可能，她都远远躲开他们，她的潜意识告诉她，自己是很讨厌很不受人欢迎的人。随着年龄的增长，她变得越来越神经质、越来越自卑、越来越伤感、越来越觉得自己活着没有意思，好几次想自杀。

但一个偶然的机会，改变了她整个生活。一天，她去看自己的外婆时，外婆谈到自己如何把孩子抚养长大时说：“不管发生了什么事，我始终认定他们将成为他们自己。”这话提醒了她，刹那间，她觉得自己之所以有如此多的伤感就是因为自己非要把自己塞进一个不适合自己的模式中去。

仅一夜之间她变了!她开始成为她自己。她研究自己的个性，研究自己的长处，以适合自己的方式去打扮自己，还出去交朋友，努力学习。现在，她已大学毕业，建立了幸福的家庭，她非常快乐。她时时不忘告诫别人：不管情况怎样，你都要成为你自己。

在这个世界上，每个人都以自己这个独立的个体存在，你只能以自己的方式歌唱、以自己的方式绘画。你是由你的经验、你的环境、你的遗传基因所造成。无论好坏，你只能耕耘自己的小园地，只能在生命的乐章中奏出自己的音符。

当你了解自己，你就会扬长避短，不会用自己的短处去和别人的长处相撞击，也不会为本来就不可能成功的事发愁、怨恨自己，你会欣然接纳自己，从而摆脱了那无法接受、无法认可自己的痛苦。

成为你自己，除了要接纳自己之外，还必须学会自己支配生活，逐渐离开过去的指导者(亲人、师长、朋友等)，逐渐地摆脱对他们的依赖。在我们的成长过程中，我们需要同指导者们交谈，需要他们帮助成长，需要他们提供一种安适感和一种我们也能与他们匹敌的感觉——这种他们所给予我们的希望预言了一种自我实现的未来，给了我们一种以实现自己梦想的额外的动力。

在成长中，不管我们选择谁为指导者，总有一天我们必须准备抛弃他们，回复自由之身而变成我们自己。我们已超越出他们加给我们的信仰，而步向我们自己的信仰。为了变成你自己，有一天你不得不告别你的指导者，离开你的指导者意味着你已学到足够的方法来支配自己的生活。你会发现，不管你多么倾慕他们，如果你追随大学中的导师、高中时的朋友、那些帮助你在就业后的第一种职业中成为专家的老人，或那些曾引导你生活的可敬老前辈或朋友，你便无法实现自己的理想。

美国学者伍尔夫的名句“你不能再回家”，意思是你必须长大成为独立自主的人，而不能像小孩一样还凡事依赖父母。只有你成为你自己，你才能完全肯定自己的独立存在，完全证明你自己已成长且超越了那段过去的自我，可以有能力去面对生活中的一切。

别对权威顶礼膜拜

对权威的不服从，在传统角度看来是犯了弥天大罪。在某些学术权威看来，在他领导的这个学科几乎已成为他一个人的自留地，不允许他人发挥与其不同的意见，如有违反便要遭到无情的打击。这种权威在传统的服从习惯影响下，失去了其固有的理性，几乎成了新一代的学阀。

有一位高等院校的知名教授，在自己所从事的学科上造诣甚高，在国内外颇有影响，用现在的话说就是“知名度很高”。但是，有一次他的一名硕士研究生在他所研究的领域内提出了一个新的概念，并且取得了一些新的成果。不过，这个新的概念却是和这位教授的原有设想完全不同的，因此，所推导之结论也自然大相径庭。

事情终于被这位鼎鼎大名的学者知道了，这次他那修养有素的态度受到了强烈的挑战，原来颇为自信的内心也遭到了重重的刺激。他冷静不下来，总觉得这位自己辛辛苦苦培养出来的学生，一旦翅膀硬了，就故意拆自己的台。于是他决定反击，虽然他也觉得对方的见解和看法并非全无道理，而自己的理论也不见得无懈可击。可是自尊心却使他认定不管什么场合之下，都必须尽一切力量来维护自己的理论，保全个人的面子。他这样想了，也立即这样做了。他的那位学生开始感到迷惑，不知道自己的老师为什么对自己的工作会有那么强烈的反感，所以他总想找个机会，去向他解释。但是事实证明这一切都是徒劳无益，他的每次耐心阐述和解释，得到的总是越来越带有敌意的责难和反击。这时，他逐渐相信老师是认为自己在蔑视他的权威，是陷进了过分相信自己的误区，但是对为什么会产生这种情况，他却百思不得其解。

科学是客观的，正确的科学理论和方法是不会因为个人的好恶而消失。所以，那位青年的成果到底还是得到了普遍的承认，并经受住了实践的检验。然而，为此他已耗费了比理应付出的要大几倍的精力，原因就是他遭受到这方面的权威、他自己的老师强烈的反对。

早在两百年前，西方的一位学者向当时的学术权威提出挑战，却得到了鼓励和支持。

法国科学家洪堡德(1769—1859)是一位德高望重而又豁达大度的科学家，正当他事业顺利发展的时候，一位刚刚崭露头角的新秀盖·吕萨克(1778—1850)却向他发起了挑战。

盖·吕萨克是后来享誉世界的化学家,在气体基本定律上有突出贡献。当时他正在研究气体受热膨胀的规律。经过实验,他发现洪堡德的研究有误。于是他发表论文,尖锐地批评了这位前辈的疏忽,并提出了后来以他名字命名的新的气体定律。

盖·吕萨克的论文无疑是对这样一位有名科学家的冲击,但是洪堡德却不曾仅仅为了个人得失而斤斤计较。当他通过认真研究,发现真理在对手一方的时候,他的不安顿时冰释,并且主动地来到盖·吕萨克的住所,开门见山地对他说:"你的论文很有道理,虽然语气刻薄了一些,但是你是对的。"随后他诚恳地道出自己此行的目的:原来他想约请盖·吕萨克和他一道参加对空气进行测定的研究。

随后洪堡德兴致勃勃地向盖·吕萨克介绍了自己在美国考察了四年的情况,并提出去意大利、德国的考察计划。他不仅建议盖·吕萨克一起来整理自己在美国考察的工作结果,而且还计划在新的考察中,与这位年轻的化学家共同设置流动实验室。

老科学家的诚挚无私感动了初出茅庐的盖·吕萨克,他立即愉快地接受了这个盛情而真诚的邀请。最后的事实证明,他们的合作是愉快的,而且更是有成效的。

上面两个例子,一中一西,恰好反映了中西方人们对权威的不同态度,也给我们处世许多有益的警示。

不被俗事牵着鼻子走

常听到有人说:"最近忙得团团转!"你是否也如此呢?目前,我们生活的物质环境相当丰裕,而我们每天为俗事缠身,但却不知在忙些什么。

在某国,有人提议设置写上"在这么狭小的国土上,何必匆忙地赶路呢?"的交通安全标语。

许多人早饭不吃,便赶着上班和上学,走到十字路口,连红灯也不耐烦等,一看到没有车辆就闯红灯。

整天就是忙着从这儿到那儿,回到家里,匆匆地解决晚餐又赶着看电视了。

在路上碰到朋友,互相寒暄:

"好吗?最近过得怎样?"

"哎呀!老样子,总是忙得团团转!"

大家似乎总是这样回答,好像忙碌是一件值得夸耀的事。

就拿我们自己来说,也常希望能悠闲一点,但却一天天忙碌起来,很自然的就加快了步调。譬如,家中来了访客、电话响了、收报费或出外应酬等,这些都是不便拒绝的事,若拒绝应酬,往往无法建立良好的人际关系,同时也会受到他人的批评:"他真是个怪人,不太好相处。"

于是,不得不牺牲该做的事或休息时间,而忙碌于应酬。然而,仔细想想,交际的幅度愈大,工作量也就增加得愈多,随着忙碌而来的是机械化的生活,一切反而更显得不灵活,更得不到好的成绩,对于这种结果,我们自己也推卸不了责任。

即使日常的生活再忙碌,也不要受工作和琐事所左右,应采取主动的方法,如果听其自然,事到临头才想做的话,事情一定不能处理得好。

有一次,一个旅人向旷野西方走去,发现一条深不可测的大河阻挡了去路。河的南岸有熊熊的烈火，河的北岸则没于水下，只有中间留着一条宽约四五寸的细长白道，一直通往西岸。

旅人正犹豫不决，不知如何是好的时候，背后出现了许多强盗和凶猛的野兽，似乎随时准备扑上前来。旅人心想："我现在要是后退的话，一定会死。可是，前进或留在这里，还是会死!我到底应该怎么办呢?"

这时东岸传来一个声音："你要赶快下定决心，朝那条白道走去，只要顺着白道前进，一定不会死的，如果你犹豫不决，就会必死无疑。"

接着西边也传来一个声音说："你一心正念，快走过来吧!我会保佑你的。不要害怕掉入水火之中!"

当旅人顺着白道走过去时，身后的强盗和野兽都大声喊道："喂，回来呀!那条路太危险了!"

可是，旅人不再理会，一心一意地走过白道，终于到达西岸，而得救了。

在这个故事中，东岸比喻烦恼多的时间，西岸比喻极乐世界，强盗和野兽是指我们的感觉作用，河水象征贪婪，白道代表我们的信心。

这个"二河白道"的比喻，就是要我们不可受异端学说的困扰，要抛弃偏见与独断的想法，追求宇宙的自然真理，以全副心灵生活。

"时间是现在，事情就在身旁，该做的事情就要立刻去做，此时此刻永远不会再回来了。"即使每天过着忙碌的生活，也不可失去原则，对自己的事要仔细选择，然后放手去做，才能得救。

不要寻求虚拟的"光环"

赫尔墨斯是古希腊神话中天神宙斯的儿子，是主管商业之神，他想考证一下自己在人间百姓中的地位到底有多高。有一天他化装成一位顾客来到雕像店。他指着宙斯的头像，问雕像者："这个值多少钱?""七赫拉。"他又走到自己的雕像前，心想，自己是商业的庇护神，地位一定比宙斯高，便问："这个值多少钱?"雕像者指着宙斯的像说："假若你买那个，这个算添头，白送。"赫尔墨斯本想听听卖雕像者对自己的赞赏，抬高自己的身价，谁知讨了个没趣，只得灰溜溜地走了。

人从出生落地到离开人世，往往喜欢把个人的快乐、幸福和价值感建立在别人认可的基础上。好像别人说你行，你就觉得自己行;别人说你不行，你也就觉得自己不行。

应当承认，别人的评价对自己有一定的促进作用。在受到别人赞扬时，我们都会感到很光彩，很快乐，感到自己有价值。所以，我们每个人都希望听到赞扬，得到鼓励，博得掌声。这种精神享受确实有益于我们开发潜能、提高素质，有益于认识自我价值，树立自信意识。

然而寻求赞许的心理如果不只是一种愿望，而成为一种必不可少的需要，像赫尔墨斯一样去寻求自己虚拟的"光环"，这便落入了人生自恋型性格障碍的误区。

一旦寻求赞许成为一种需要，做到实事求是几乎就不可能了。如果你感到非要受到夸奖不行，并常常做出这种表示，那就没人会与你坦诚相见。同样，你也不能明确地阐述自己在生活中的思想与感觉。你会为迎合他人的观点与喜好而放弃你的自我价值。以别人的看法和评价来确立你的自我形象和价值。这就好像把房子盖在流沙上，是靠不住的。

如果你依赖他人来评定证实你的价值，究其根底，那只是他人的价值，而不是你的。

常言道:“慧眼识英雄”、“狗眼看人低”。别人是慧眼还是狗眼不正是别人的价值吗?而你是英雄还是狗熊,这个是你的价值。所以,自我价值不能由他人来评定和证实。

的确,应付受人斥责的局面很不容易,而采取为人所赞许的行为则容易很多。如果为回避困难而选择后者,那就意味着你认为别人对你的看法比你的自我评价更为重要。这是一个在我们社会中难于避免的危险陷阱。

世俗和传统使人养成一种说话办事总是需要得到别人的认可和赞许的习惯。童年时代习惯于得到父母和老师的赞许,长大成人需要得到领导者的认可。如果自己的某个举动和主张得不到别人的认可和赞许,就会感觉到出了问题,放心不下。于是你在无形之中就放弃了主宰自己、独立行事的权力,凡事都受别人的控制和摆布。这种习惯大体表现为以下方面:

①你对别人的需求大都随声附和,有时心里不满,也要依从别人的意志去办。

②你有自己的事情和计划,但难以拒绝朋友的邀请和要求,以免别人对你不满意。

③你总是看领导的眼色行事,明知不对,也要忍气吞声地服从。好像领导的时钟总是准的,而你的时钟总是不准,只能和领导对表,不相信自己的手表。如果因此而窝火憋气只能拿比你地位低的人出气。

④不好意思和权威人士、著名人物交往,如果这类人物对你责怪批评不公正,你也不敢说出自己的看法。

总之,一个人习惯于接受别人的摆布,就会经常被迫去说话,去做事。这样的生活当然很累,很乏味。其实,这样的人生只是终生劳役,不会有任何光彩和乐趣。试想,古今中外,世界上有哪一个有所作为、有所成就的人是光为了面子而生活的,是放弃了独立行事的权利,接受了别人的摆布而取得了成功的?拿职业选择来说,一个人应当争做自己感兴趣、有爱好的工作,因为个人的兴趣和爱好是最大的驱动力。

曹雪芹是为了表达自己的生活感受而写作《红楼梦》,爱因斯坦是为了满足自己的好奇心才创立了相对论。这些人都不是为了服从别人的意志、寻求别人的赞许才会呕心沥血、孜孜以求的。如果不是独立自主、宠辱不惊,如果不是自我价值、自我评定,曹雪芹、爱因斯坦、贝多芬、鲁迅这些伟大人物是不可能出现的。

希望得到别人的赞许,这是正常的心理需要,如果你必须得到别人的赞许,那就是将自己的价值交给他人去评定。一个人将自我价值置于别人的控制之下,这不是谦虚谨慎,而是缺乏独立自主的意识,由别人随意抬高或贬低自我价值。人家反对,你就灰心丧气;人家施舍给你赞许之词,你才会觉得自己不错。凡事如此,你还有什么价值?如果人家不说你好,你又该怎么办呢?

在现实生活中,我们不可能让每个人都满意。以清醒的头脑预计到会有不同意见,自己也会有缺点错误。不必期望人人都表示赞许,这样,我们就不会自寻烦恼,情绪消沉,也就不会因为别人对你某一点的否定而视为对自己整个人的否定了。

林肯说得好:“……假使要我读一遍针对我的各种指责——更不要说逐一作出相应的答辩,那我还不如辞职了事。我是根据自己的知识和能力尽力工作的,而且将始终不渝地这样工作。如果事实最后证明我是正确的,对我的反对意见将不攻自破;如果事实最后证明我是错的,那么即使十个天使起誓说我是正确的,也将无济于事。”

这话说得多么实在而深刻呀!所谓独立行事、自我仲裁,也就是实事求是、光明磊落地为人处世的态度。

铲除虚伪的劣根性

真的谦逊是很难得的，因而成了一种宝贵的东西，所以就有许多假的来冒充，使人世间发生了许多的不幸和烦恼。这假冒的东西是什么呢?就是大家所不喜欢的虚伪!

现在，我们从心理上来研究探索这虚伪的产生和效果。

古代的罗马人就已知道："谁爱一个常为苦痛所困的人呢!"他们实在是最早的无意识的心理学家，他们攻击这些常为苦痛所困的人，希望这些人绝迹于世间，然而他们是失败了，这些人不但没有因为他们的攻击而绝迹，而且这些人的势力至今愈加发达了。当然，所谓常为苦痛所困的人，自不能比之于早年的基督教殉难者的。这犹如科学界中的牺牲者，他们牺牲了自己的生命，方使人类得到幸福，免除灾难。自不能比之于安坐在家里终日烦闷受苦的人的，因为庸人的受苦和烦闷，对于人类社会的福利，亦无贡献，他们虽然谦逊，却是虚伪的谦逊。

希腊大哲学家苏格拉底曾经讲过谦逊的光荣给他的学生听。他竭力攻击人类装腔作势，用假的优点来弥补他们的缺点，用虚伪的自尊来掩饰他们的卑劣。所以他对于穿了漂亮的衣服在穷人面前摆架子的学生，会大加叱责其行为的荒谬；反之，如有一个实在富有而且心里也以富有为光荣的人，却在穷人面前装出一副穷酸相来的时候，他也要叱骂那人的虚伪。

虚伪的谦逊，其卑劣较之自夸还要厉害，因为自夸是自私自利的直认，而虚伪的谦逊者的卑劣行为，他还自认是一种德行哩!虚伪的谦逊，可以引到自动的殉难的路上去，然而这种自动的殉难，心理学家和精神病专家告诉我们，是和变态的性欲狂一样；变态的性欲狂者是以被异性所奴役所虐待或伤害为快乐的。这样的人，当没有苦痛加到他身上的时候，他会自己虐待自己，自己责罚自己。

在儿童时代，如果你和别人一同犯了行为上的罪过，因此抑郁不快，感觉惭愧，而当别人长大成人之后，谈过恋爱，结过婚，把儿童时代的事情已经忘记得一干二净的时候，你却还是念念不忘那罪过，而且因为那罪过的自责，你就不敢走到人群社会里去，以为你是不配和人类交际的；如果有人来访问你，希望你在一桩慈善事业上帮一点忙，你也不肯，双手拒绝，因为你自以为这种高尚的事业是不配你参加的。无论如何恳请，总不能感动你的心，改变你的决定。

于是，我们就可以明白：你的谦逊实在是虚伪的，不过是拒绝和社会合作的一种掩饰罢了。你本可以帮助那慈善事业，为社会做一点好事，可是你情愿在"谦逊"中过着寂寞的生活，因为你要避免你的不体面的身体出面，你要避免污辱了那纯洁的事业，这样，你就心安理得，自以为很高尚了。然而，你的谦逊不过是表示了你的虚荣、利己、不合作、优胜的心理罢了，于社会人群毫无好处。

世上没有一个人，谦逊到甚至不能帮助他人的程度的，如果有，便是虚伪的谦逊。

虚伪的谦逊是一种恶习，绝不是德行。他借此可以逃避一切义务和责任，推托一切合作和事业。因为真正的谦逊，是从他的力量和成就中感觉出来的。

倘能铲除你那虚伪的劣根性，你便有救，就会有好的结果。你要从你的假面具的后面出来，脚踏实地，切切实实做一个平常人；这个如果做不到，那么赶紧去拜访一位精神病专家，要他告诉你如何可以得到社会的重视，和如何可以驱走你的苦痛和烦恼。

厚黑方略二十三

虚怀若谷，戒骄戒躁

谦虚的人将自己的野心藏起来，将自己的欲望隐化去，正如一个富足的人却又手持大碗身着破衣向人乞讨一样。而这样的人恰恰能获得别人的同情和帮助，轻易地达到自己的目的。

人贵有自知之明

从前有一只蚂蚁，它的力气很大，开天辟地以来，像这样的蚂蚁大力士还不曾有过，它能够毫不费力地背上两颗麦粒。若论勇敢，它的勇气也是空前未有的：它能像老虎钳似地一口咬住蛆虫，而且常常单枪匹马地和一头蜘蛛作战。它不久就在蚁穴之内声名大振，蚂蚁们谈论的几乎都离不了它这位大力士。

弄到后来它的头脑里塞满了颂扬的话，它一心想到城市里去一显身手，到城市里去博得大力士的名声。有一天它爬上最大的干草车，坐在赶车人的身旁，像个大王似地进城去了。

然而，满腔热望的蚂蚁大力士碰了一鼻子的灰！它以为人们会从四面八方赶来，可是不然，它发觉大家根本不理会它：城里人个个忙着自己的事情。蚂蚁大力士找到一片树叶，在地上把树叶拖呀拖的，它机灵地翻筋斗，敏捷地跳跃，可是没有人瞧，也没有人注意。所以，当它尽其所能地耍过了武艺，便怨天尤人地说道：

"如果我觉得城里人都是糊涂和盲目的，难道是我不可理喻吗？我表现了种种武艺，怎么没有人给以应得的重视呢？如果你上我们这儿来，我想你就会知道，我在全蚁穴是赫赫有名的。"

那天回家时，蚂蚁大力士就变得聪明些了。

聪明的蠢材就是这样没有自知之明，自以为名满天下，恍然大悟时方才知道自己的名声仅仅限于蚁穴的范围而已。

自豪——一旦它与骄狂、偏见及狭隘同行，一旦它与同情、谦逊及友谊分手，就成了一种消极的品质。这种虚幻的自豪感是褊狭、傲慢和无知——对创造性生活的无知，对朴实、谦恭和果敢的无知。

人能通过积极思维和想象力找到自己的理想和目标。而妄自尊大意味着人只是在运用扭曲了的想象，这种充满谬误的想象伤害他人，同时也在无形之中伤害了自己。

妄自尊大的悲剧在于：它阻止人们达到完美和正直。试问，你能在妄自尊大的同时怀有真正的自尊吗？不能！你能在妄自尊大的同时拥有对他人的理解吗？也不能！

真正的自豪感来自于对自己的理解，这是一种由成功和谦恭结合而成的幸福。

人非圣贤，孰能无过

"人非圣贤，孰能无过？"朋友之间免不了发生一些不愉快的事情：比如感情冲动，话说过头，事做过火；由于方法不当，说错了话，办错了事等。遇到这种情况，丝毫不要羞羞答答、扭扭捏捏、遮遮掩掩，最少不了的是勇敢地向朋友道歉。衷心的道歉不但可以弥补破裂的关系，而且还可以增进感情。

有些人认为，朋友之间还用得着客套？即使有所冒犯也无需道歉。其实错了。生活中因为一件小事、一句言语、一次口角、一个行为就使老友翻脸、夫妻反目的事不是常有的新闻吗？因为不肯道歉和认错，或者找各种借口来掩饰自己的过错只能加深矛盾，使朋友生气。道歉，并非耻辱，而是真挚和诚恳的表现；道歉，可以避免一场纠纷的爆发。

真正的道歉不仅仅是承认一个错误，它还表明，你意识到自己的言谈举止有损于你与他人之间的关系，而且对补偿和重建这种关系有着相当的愿望。

这绝不是一件轻而易举的事情，承认错误是令人难堪的。

但是，一旦你迫使自己勇敢地这样去做，克制自己的骄傲心理，它将会成为一种奇妙的医治创伤的清洁剂、愈合剂。

作为一个“人”，我们都需要学会道歉的艺术。让我们老老实实地回想一下，有多少次由于你严厉刺耳的评判和尖刻的话语使你以失去朋友为代价而受到了惩罚。然后，你计算一下，有几次你曾坦白、诚恳地表明了你的歉意。你是否会感到吃惊呢?因为每当我们犯下一个哪怕是很小的过错，我们那奥妙的理智都会感觉得到，某种有关伦理道德的心理平衡就会受到干扰，直到这个过错得到承认并且表达了歉意为止。

记住，向人表示道歉不是一件丢脸的事，而是成熟和诚实的表现。即使是伟人也能道歉。丘吉尔对杜鲁门的第一印象十分不好，后来他告诉杜鲁门自己曾一度严重地低估了他——这是一句用高明的恭维话表示的一种歉意。

一位当大夫的朋友曾对笔者讲过这样一件事：

一位诉说有各种各样病痛的男人到他那里去看病，这个人头疼、失眠、消化系统紊乱，可是却找不到任何生理上的原因。最后，这位朋友对他说：“除非你告诉我你的良心上有什么不安，否则我是无法帮助你的。”

经过痛苦的思想斗争，这个人终于承认，他作为父亲指定的遗产执行人，一直对住在国外的弟弟欺瞒了他的遗产继承权。马上，这位明智的老大夫便敦促这个人给他弟弟写了一封信，请求弟弟的宽恕，并随信附寄了一张支票作为第一步的补偿。然后，他一直护送这个人把这封信送到邮局，当这封信在检信口消失的时候，这个男人流出了热泪。“谢谢你”，他说，“我相信我的病都治好了。”他的的确确恢复了健康。

诚挚的道歉不仅能够和解被损坏的关系，而且还可以使这种关系变得更为牢固。

李先生是北京一所著名大学里的老师。有一次，其所在系的领导对他的工作提出了许多非难，原来是同他熟识的一位教授说了一些诽谤他的话。这些话传到他的耳朵里，他不得不默默地吞吃了这些苦涩的黄连。

后来的某一天，他接到了一封这位教授写来的信。当时他已经调离了那所大学。教授在信中说，自己一直错误地评价了他，并希望他能接受他的歉意。于是乎，在一瞬间他的所有敌对情绪都冰消雪融。教授使他深受感动，他立刻写了一封回信，如实地把他的感受告诉了他。从此以后，他们成了好朋友。

人非圣贤，孰能无过。自己做了错事以后主动道歉，能够显示自己广阔的心胸，求得心理上的平衡，从而在社会生活中更饱满地投入自己的精力，取得更大的成功。

不要掩饰你的毛病

请扪心自问，你是不是一个豁达大方的人?你可能认真思索才肯定地回答一个“是”字。不过，无论你是好人、坏人、奸险小人、正人君子、西方人、中国人……你的心中必然有一个没有人知道的秘密，而且也有一个自己无法说服、也不希望别人去碰触的弱点，你会与知己良朋畅所欲言，话尽辛酸——除了把那个秘密抖出来。

你愿意忘掉自我，为朋友而赴汤蹈火，但是谁也休想改变你，尤其是你那个被埋于心中深处的弱点。你会说："我什么事情都可以依你，就是那件事我要独自处理。我就是这样的人，我当然知道自己的弊病在那里，只是现在仍不是改变它的时候。"

你那根生命中的刺是什么?那可能是嫉妒、小气、贪婪、虚荣、奢侈、搬弄是非、不负责任、狂妄自大、自卑自怜、好大喜功等。由于它的存在，你深深感受到人性的丑恶，无论你如何隐藏这只可怕的怪兽，希望带给每一个人良好的印象，但你的努力终会付诸东流，为什么?

理由非常明显，你有没有看过残疾的人?他越是装出常人一般的走路姿势，穿起牛仔裤、皮鞋，打扮新潮，你越会觉得他身上的残障十分碍眼，替他感到难堪!想尽办法掩饰自己的毛病，谁料欲盖弥彰，得到相反的效果，诚是可怜可哀矣!

收拾心情，面对现实，虽是说易行难，但世上本来就没有不流一滴汗水便能获得的东西。每个人都有弱点，分别在于有人一生被这个大魔头折磨，有人则能慢慢脱离它的魔爪，靠自己的理智与它和平共处，接受它是性格的一部分，让时间与经历把它的棱角磨掉，朝着一个完人的目标迈进。

坦诚面对自己的弱点，拿出足够的时间与勇气克服它，不断自我提醒。同时也接受自己时而软弱惧怕的事实，对人处事更要谨慎端正，一切的问题将再也无法困扰你。

美国罗伦治医院负责人史蒂芬医生说："谦虚接受人家的批评，好好反省，努力改进，消除恶习与弱点，是每个人应该学习的功课。"如果你总是觉得听到人家指出自己的错误是一种耻辱，令你面红耳赤，无地自容，终而恼羞成怒则对个人成长有百害而无一利。以下有一些建议，或能助你克服惧怕批评这种心理上的障碍，慢慢懂得从批评中吸取教训。

①世界上没有一个完美的人，所以你不必介怀人家的批评。你的弱点无损你的价值，无需一概以敌视的态度对待意见与你相左的人。

②如果别人对你的工作表现颇有微词，你应该知道人家是针对事情提出意见，而不是故意与你作对。

③千万别把"我的工作不被接受"，解释为"我不被接受"。

④听到人家对你的批评后，暂且不要马上反唇相讥。你应回去好好想一想，看看对方是否真的恶意中伤，抑或只是说出真相。

⑤假若你对于人家的批评半信半疑，不妨多跟几个朋友倾谈，客观听取别人的意见，你会对自己有更深刻的了解。

⑥如果你觉得人家误解了你，你不必与对方发生争执，只需把你的意见说出来，保持心平气和，批评便再也不能影响你了。

喜欢听赞美是每个人的天性。忠言逆耳，当人家对着自己狠狠数落一番时，不管那些批评如何正确，大多数人内心都会感到不舒服，有些人更会拂袖而去，连表面的礼貌也不顾了，令提意见的人尴尬万状。下一次就算你犯更大的错，相信也没有人敢劝告你，这岂不是你最大的损失?

对于逆耳之言，人都不爱听，听起来如芒刺在背，令人难以接受，可它正是我们所需要的"苦口良药"。逆耳之言有两种：一种是无端的指责，一种是刺耳的忠告。对于前者，虽有辩白解释或回击的必要，但也可从侧面或反面使自己深思。鲁迅就是常常从无端的指责中坚定自己的方向、修正自己的方法。对于后者，既是忠告，但也不容易听进去，甚至产生反感。以致常常会把朋友当仇人。唐朝李世民当了皇帝之后，开始是很难"纳谏"的，可魏征的多次逆耳忠告，使这"一代明主"从纳而变为愤，几次想杀他，要不是皇后说情，魏征很难保住性命。后来，李世民听其忠言，才使魏征帮助太宗制定了利于唐王朝巩固发展的政策，才出现所谓"贞观之治"的太平盛世。

做错了就认错

当你做错事时就勇敢的认错，不要因此做些无谓的辩解。"失败乃兵家常事"，这根本就不足为奇。而且，当你勇于承认时，你往往会得到更多实质性的好处。

我国有一家彩电厂，一次一位用户来信说："正看着电视，突然在荧光屏上出现一道白烟，随即图像消失了。"工厂经检查发现问题发生在进口的滤波电容器上。一位负责人算了一笔账，一年共卖出电视机 8 万台，其中有 40 台出了毛病，返修率不过万分之五，远远低于国家规定的标准，完全可以不予理睬。

然而，厂领导却认为，对厂里来说是"万分之五"，对用户来说却是万分之万。因此决定把卖出的 8 万台电视，全部为用户换下滤波电容器。但是，这 8 万台电视机已销到 28 个省、市、自治区，都挨个换下电容器谈何容易。有人主张给找上门的修，没找上门的就算了。厂长不同意，他们组织该厂在全国的 126 个维修点出面，在当地报刊、电台上登广告，请买了这批电视机的顾客一律到维修点，免费更换电容器。

最后经过核算，厂里拿出 100 万元作为修这批电视机的费用。表面上看，他们虽然在经济上受到一些损失，但却赢得了对用户负责、质量第一的好名声，从而赢得了更高的信誉。

我们在日常生活中，也不乏这样的实例。做错了事情要承认错误，这其中就涉及了这样的问题：认错的艺术。

有关专家给出这样的一些意见：

(1)时机的选择

这是个重要因素。如果你认识到了自己的不对，你就应该立刻去道歉。当然，当对方心情愉快，时间悠闲的时候效果是会好一点的。但比如说，你今天犯错了，隔了几天才认错道歉的话，往往不能收到预期的效果。因为，事情过后你再去道歉，人们往往会怀疑你的真诚度。

(2)认错道歉要堂堂正正，不必奴颜婢膝

认错本身就是真挚和诚恳的表示，是值得尊敬的事情，大可不必为此一蹶不振。即便认错的时候，也不必觉得自己低三下四，而应不卑不亢，表现出应有的人格来。

(3)态度要诚恳，要坦率

当你有某件事想要对方谅解时，态度是很重要的。你应该坦率地向他说出这事中的缺点、错误，并表示改正，这才能证明你希望获得谅解的决心。

(4)敢于承担责任

既然是你已经做错了，就无需掩饰，勇敢地承担起责任才是获得谅解的最好办法。

推卸责任或避而不谈，只能适得其反。而且除了要在口头上有所表示，更重要的是在行动上来弥补。

某家公司通常在开会前，都会配给出席者一些资料，但有一次却漏印了部分的资料，而这错误是因为负责影印的新进职员忽略所致。虽然这一部分资料对会议的进行并没有造成什么大的阻碍，但这位新进职员将会受到上司的指责，这一点是毋庸赘述的了。

但是，这位新进职员却对上司说："请你把资料再借我一下"，并且表示要重新影印，把完整的资料送给出席会议者。

这时，上司对该职员的能力重新作了肯定。这是因为不只是道歉，而且他想办法要补救的态度，令上司觉得他有强烈的责任感和诚意。当然，他并非有意这么做，但结果却给了上司一个好印象，因此可以说他做了很好的自我表现。

对于犯错，当然是可免则免，这就要求在工作时，我们都应该加以小心对待，不应粗心大意。但对于一些无法改变的错误，你还可以这样对对方道歉："真是对不起，我知道不论我如何抱歉，也无法求得你的原谅，但是我希望有补救的机会，不论任何事我都愿意做。"相信当你这样表示的话，对方多半都会原谅你的，当然，你必须是真诚的。

不要吝啬说声"对不起"

人生在世，难免会有对不起别人的地方。遇到这种情况时，有些人往往不愿道歉，怕丢面子，怕抬不起头；但是这样一来，又时常私下心情不安，甚至有点惶恐。为什么会这样呢？因为良心不安，因为若有所失，因为内疚于心。

那么，何不说一声"对不起"呢？须知，每个人都会有对不起人的时候。真正的道歉不只是认错，它是承认你的言行破坏了彼此的关系；而且你对这关系十分在乎，所以希望重归于好。

承认自己不对，心理会很难受，脸上挂不住，做起来更不容易。不过你一旦决心面对现实，不再倔犟，便会发现，认错对消除宿怨、恢复感情确有奇效。

有时，我们迟迟不道歉，是因为怕碰钉子，碰了钉子就要没面子了。这种令人难堪的可能性是有的，但是不大。原谅别人可以祛除心理怨恨，而怨恨是损伤心灵的，有谁愿意反复蒙受痛苦和愤怨的折磨呢？

我们要学会道歉，认识到这是一门安抚自心、避免创伤的生活艺术。该怎样进行道歉呢？一般来说应注意以下几点：

①如果你觉得道歉的话说不出口，可以用别的方式代替。吵架后，一束鲜花能令前嫌冰释；把一件小礼物放在餐桌旁或枕头底下，可以表明悔意，以示爱念不渝；大家不交谈，触摸也可传情达意，千万不要低估"尽在不言中"之妙。当然，这是就夫妻生活而言。

②切记道歉并非耻辱，而是真挚和诚恳的表现。伟人也有道歉的时候。丘吉尔起初对杜鲁门的印象很坏，但后来他告诉杜鲁门，说以前低估了他，这是以赞誉方式作出的道歉。

③除非道歉时真有悔意，否则不会释然于怀，道歉一定要出于至诚。

④道歉要堂堂正正，不必奴颜婢膝。你想把错误纠正，这是值得尊敬的事。

⑤应该道歉的时候，就马上道歉，越耽搁就越难以启齿，有时甚至追悔莫及。

⑥假如你认为有人得罪了你，而对方没有致歉，你就该冷静应付，不可闷闷不乐，更不要生气在胸，写封短笺，或由一位友人传话，向对方解释你心里不痛快的原因，并向他说明你很想排除这一烦恼。你若能减低对方道歉时的难堪，他往往就会表示歉意，说不定他心里也不好过。

⑦你如果没有错，就不要为了息事宁人而"认错"。这种没有骨气的做法，对任何人都没有好处。同时，要分辨清楚"深感遗憾"与"必须道歉"的区别。比如你是领导，某一下属不称职，势必予以革职。你会觉得遗憾，但是不用道歉。

拿得起，放得下

常人都乐意听好话、听表扬、听奉承话、听恭维的话、听鼓励的话、听抬举的话。听到这些话，不论是当面听到还是背后听到，也不论这些话是真的还是假的，也不管说这些话的人是诚心善意的还是虚情假意的或恶意的，都喜欢听。也不论他是这话的直接发出者还是转述者，你都喜欢他。总觉得耳顺，心中舒服，脸上有光。

与此相反，常人总是讨厌听批评指责的话，讨厌听不满自己的话，讨厌听指出自己失误的话。不论这些话是当面听到还是背后听到，也不论这些话是真的还是假的，也不管说这些话的人是诚心善意的，还是有意中伤的都讨厌，都不愿意听到。他们如果是这些话的直接发出者你会讨厌他，恨他，甚至可能恨他一辈子。他如果是这些话的转述者，你也可能讨厌他、恨他，认为他是赞同这些话的。听到这些话总觉得逆耳，心中不愉快，脸上挂不住。

殊不知这正是常人常犯的一种错误，一种由心理脆弱或无自知之明，或追求虚荣所导致的一种错误。

面对批评和赞扬，人们近乎本能地拒绝前者而喜欢后者。这除了可能是批评者缺乏批评艺术的原因外，更主要的是批评和赞扬的本身会使人产生两种相反的心理反应。当一个人受到批评时，往往会觉得丢脸、难堪、悲伤、恼火而生气，而在得到赞扬时，会有振作、兴奋、自豪、惬意、快乐的感受。因此，人们一般不会认为挨批评是件舒服的事。

一个人为了维护自己的面子和自尊，或担心缺点和错误被人看穿，影响自己的成功和发展，常常就会有意无意地以种种方式来拒绝、逃避批评，很少有人会真正地把批评看做是针对自己的行为而不是人格。即使是"忠言"，听起来也"逆耳"。

从理智上说，没有多少人不懂得"人无完人"的道理，也没有多少人不知道对待批评应本着"有则改之，无则加勉"的态度。平时，我们不难听到或看到人家使用"欢迎批评"一类的词语，甚至自己也不止一次地用过。但实际上，一旦有人果真提出批评时，受批评者往往就会像遇到电击一样立即缩回，采取拒绝、逃避的形式为自己辩护。

这种经历和体验，你、我、他大概都不陌生吧!面对批评，人们脑子里首先想到的多半不是自己的过错，而是"大家跟我差不多，你为什么单和我过不去"；"你不拿镜子照照自己，有什么权力批评我"；"我哪里得罪了你，你何必这样"；"你无情，别怪我无义"等一类的反应。

因此，如果批评者是你的上司，你即使不便顶撞几句，也可能耿耿于怀，在工作中消极抵抗；如果批评者是你的同事，你即使不大发雷霆，也可能会报以讽刺挖苦，或伺机找茬;如果批评者是你的同学或朋友,你即使不和他争吵一番,也可能会责怪对方背叛了你,并把你们之间的情谊打上句号。

然而,不幸的是,拒绝批评并非意味着可以免受批评,而且还会失去许多忠言善意的劝告,以及可能断送他人对自己的信任和友谊。一个人如果老是拒绝批评,那就无异于把自己以“完人”自居。这显然害多益少。

走出这一陷阱的办法,单靠笼统地告诫自己下次要虚心接受批评是缺乏约束力的,而应该把问题具体化,并分两步来解决。

(1)要耐心倾听批评

当别人对自己提出批评时,你既不要急于反驳,辩解,或阻止,或拂袖而去,也不要嬉皮笑脸,满不在乎,或漫不经心,假装糊涂。既不要轻易断言批评者怀有恶意、敌意,居心不良,或故意挑剔,对人不对事而大动肝火,也不要惊慌失措、再三道歉,或无地自容,低声下气,把自己看得一钱不值。而应该保持自然大方的表情和姿势,认真而耐心地听完对方的批评,然后用自己的话简明地概括出他批评的大意,并问他是不是这个意思,还有什么要补充的。

在倾听批评的过程中,如果你感到自己快忍不住了,可立即这样提醒自己如果他用意、动机不良,那他便暴露了自己,便于你早做准备并寻找对策。怕就怕别人对你早有意见,心怀不满,表面上又对你一副笑容,明着赞扬,却在背后搞鬼,或在关键时刻突然对你发难。

(2)要学会接受批评

如果你无法容忍别人的批评,惯于采取这样或那样的方法拒绝、逃避批评,那么,将心比心,你就明白自己没有批评人家的权力。因此,首先要有能够接受批评的胸怀;其次,要有接受批评的勇气。

如果别人发现了你的缺点、错误,批评得有道理,你不要拒绝人家的好意,更不必担忧接受批评便矮人一等。拿出勇气改正自己的缺点和错误,你下次也许就不会出现类似的差错了。

(3)要有接受批评的智慧

如果别人批评得有道理,但方式、方法不对,你可以把它改为自己可以接受的方式、方法来理解;如果别人批评错了,你也宜先表示谢意,然后再作必要的解释。

至于对那些为了发泄个人的嫉妒、怨恨,纠缠早已结束的往事,或怀有其他恶意的批评者,你当然既有权提出正告,又没有义务去接受。

聪明反被聪明误

大至什么是人、什么是宇宙,小如单细胞的变形虫和原子核等问题,都有人喜欢夸口说:“我最在行了!”

会这么夸口的人,其实并没有什么内涵。

有些事物越研究反而越迷惑,所以,谦虚的学者不会轻易地承认自己在行。如果事事夸口,无异于承认自己的研究不够成熟。

欧几里得在几何学下了“两点间的最短距离为一直线”的定义,可是,由平面的地图上所标示的飞机和轮船的航线来看，却是以曲线为最短距离，直线反而是长距离。为什么呢?因为地球是圆的。

所以，唯有当实测面是平面时，欧几里得的几何学定义才能成立；相反的，若物体为球面时，这个定义就无法成立了的。

“柱子是天花板的支柱”的定义也是如此，若以有平面的天花板的立方体建筑物为前提，这个说法就可以成立，因为，天花板和柱子可以区别出来。

相对的，若是拱形的建筑物，天花板和柱子的材料及结构都相同，就分不出何处为天花板，何处为柱子了。

“界限”是人类为了方便而加以制定的，自然本身并无“界限”，就好像候鸟会因季节而飞越国境，在天空中自由飞翔，而草、树、虫也都不受界限的束缚。

“定义”也是为了行事上的方便而定的，因此，东西南北和上下左右等方位，事实上在地球是根本不存在的。

将虚像看为实像，且深信不疑，其中的寓意这就如同下面这则故事一样。

当释尊住在舍卫国时，有一个愚者站在池塘边，忽然看到水面上映着自己的影子，就高声叫道：

“救命呀!”

附近的人们纷纷赶来，问他发生了什么事。

他回答说：

“我溺死在水里了!”

大家迷惑地说：

“胡说!你怎么会溺死在水里呢?你不是好好地站在这里吗?”

他走到池塘畔，用手指了指水面说：“我不是已溺在水里了吗?”

大家听了笑着说：

“你真笨!那不是你，是你的影子，你看我们的影子不是也在水里吗?”

他仍然一本正经地说：

“你们也溺死在水中了，谁快来救救我们呀!”

他又叫又跳，最后发狂而死。

这个故事告诉我们，如果过于固执，迷信错误的道理，而不知悔改，不但难以看清世界的真实面目，甚至会误了自己的一生。

我们必须明辨虚实，避免以虚代实，而产生错误的看法。当爱因斯坦遭遇到问题时，在尚未了解真相以前，他从不轻易地下断言。

一个贤明的人，绝不会摆出一副“凡事都懂”的姿态，他会在深思之后，再以谦虚的态度做出判断。

谦虚是美德

“良贾深藏若虚，君子盛德，容貌若愚。”这是老子教诲孔子做人的道理。意思就是说善于做生意的商人，总是隐藏其宝货，不令人轻易见之，而君子之人，品德高尚，而容貌却显得愚笨。因此,谦虚在中国人看来既是一种策略,又是一种处世态度,更是一种美德。

谦虚是一种美德,懂得谦虚的人往往能得到别人的友善和关照,从而为将来事业的成功打下良好基础。

谦虚作为一种处世态度,也是每个人走好人生之旅的必备态度。只有谦虚,才会不断地要求上进,才会妥善地处理好自己与他人的关系,才会使别人器重你,才能达到你所要的目的。谦虚也是一种廉价的人情投资,可以得到你平常所需要而得不到的回报。汉代的学士张良就是因为具备了谦虚的美德,善于用谦字铺路,才得到了《太公兵法》,为日后发达铺平了道路。

在中国人看来,谦虚的魅力是无穷的,在人际关系上作用巨大。在人际关系上,谦恭具有你意想不到的效果。

谦虚是一种以退为进的人生谋略,古人称:"鹤立鸡群,可谓超然无侣矣,然进而观于大海之鹏,则渺然自小,又进而求之九霄之凤,则巍乎莫及。"在做学问时,只要以谦字铺路,你就会在人际关系上做到游刃有余,将来才会对自己、对社会尽到责任,也一定会有所作为、有所成就。

有些人的谦虚多少有虚伪成分,因为他是一种谋求同情和请求帮助的方法。谦虚的人将自己的野心藏起来,将自己的欲望隐化去,正如一个富足的人却又手持大碗身着破衣向人乞讨一样。谦虚的人也有其深刻社会原因,一方面,欲求利益而又不能公开争权,另一方面还要争取一个不计名利的好名声,这两种对立的人生需求构成了人格中的两个方面,而正是由于两重性格的存在,有些人的谦虚品质便有了无限的外延,以至虚伪。

假设你的公司招聘一名女秘书,你问应考人"是否有丰富的社会阅历"?她说:"我经验不足,还要锻炼提高"。那么你就弄不清她究竟是真的阅历不足还是一种谦虚的姿态,但无论是哪一种你都会觉得很受用,因为她给你了一副弱者的态度,她让你觉得你有责任帮助她。

谦虚是为了体现一种广泛的品德,同时又能使自己获得一种容易受到同情的人际地位。长期的道德压迫和人身管制使中国人养成了憎恨强者、同情弱者的思维定式,这也是一种逆反心理。

假设有两个人发生冲突,围观者支持哪一方呢?要这样决定:看两者身份而同情低贱的;看两人的年龄而同情年老(或年幼)的;看两人的性别而同情女的;看两人的态度而同情胆小的;若有一方哭起来,那必定得到广泛同情而无疑。

中国有句古语"枪打出头鸟",中国的古训也说"谦受益,满招损",这里"打出头鸟"和"损"人者都是那些有能力扶植和打击别人的人。在中国社会中你如果不谦虚就会遭到别人的嫉妒,群起而攻者有之,暗地中损人者有之,所以说"木秀于林,风必摧之","直木先伐,甘井先竭","山突起则丘陵妒"。锋芒露尽,就要"先竭",被"先伐"。有多少人因才华出众或遭贬,或丢命。汉代杨修就是因"满"而招"损",因"秀"而招"摧"的典型。

杨修才华横溢,思维敏捷。有一次,曹操曾建造一园,造成后,曹操去看时,没有发表任何意见,只挥笔在门上写了一个大大的"活"字。众人不解,只有杨修说:"门里添个'活'字,就是'阔'了,丞相嫌这园门太阔了。"众人这才恍然大悟,工匠赶紧翻修,曹操心里非常高兴。但是当他得知是杨修把他的意思"翻译"出来的时,嘴上不说,心里却已经开始妒忌杨修了。

又有一次,塞北送给曹操一盒酥饼,曹操在盒上写了"一合酥"三字便放在一边。杨修看见后,竟招呼众人把这一盒酥饼分吃了,曹操知道后便问为何这样?杨修回答说,你明明写着"一人一口酥",我们怎敢违抗你的命令。曹操心中更加妒忌杨修了。

后来,刘备攻打汉中,曹操亲率四十万大军迎战,于汉水对峙日久,曹军进退两难。一日,厨师端来鸡汤,曹操正若有所思,见碗底鸡肋,心有所感。这时夏侯惇入帐请教夜间号令,曹操顺口说:"鸡肋!"于是,"鸡肋!鸡肋!"的军令便在军中传开了。杨修听到这个号令后便命军士收拾行装、准备撤退。夏侯惇闻讯一惊,忙把杨修请到自己帐中询问。

杨修说:"鸡肋者,食之无肉,弃之不舍。今进不能胜,退恐人笑,在此无益,来日魏王必班师矣。"夏侯惇仔细一想,觉得很有道理,也命令军士打点行装。曹操闻讯,不由暗叹杨修的心计,杀杨修之心更甚,于是以扰乱军心的罪名将杨修斩了。

你看,无论你天分多高,不讲究谦虚的策略,总会遭到妒杀的下场,而像诸葛亮那样德高才敏却能够自谦,这才是施展宏图所应具备的素质。

泰山不让土壤

"满招损,谦受益",也就是老子所说的"故物或损之而益,或益之而损"。其意是说,一切事物,如果减损它却反而得到增加;如果增加它却反而得到减损。这也是忠告世人要经常保持虚怀若谷的心态。

古代帝王为警省自己,在身边的座位左侧放着一个欹器。欹器是古代用来汲水的陶罐,因提绳位于罐体中部,所以一旦装满了水就会翻倒,当水满一半时能端正直立,当水空了就倾斜。把这种器具用来警省自己的言行心态,的确是一个聪明的办法。要知道一个人的内心如果充满了妄想和杂念,便会失去真心,代之而起的是骄狂傲慢之心。处于这种心态之下,自然会像欹器一样翻倒。就事理而言也确实如此,一个人一旦有了骄狂的态度,就容易招致他人的嫉恨,于是千方百计设法陷害,那么这个人在四面楚歌的情况下岂有不败之理?

俗语说"泰山不让土壤",此话是说:泰山如此之高大,也不拒绝再接受一粒泥土,所以,越来越高大。

自然界这样,人类也是如此。只有不知满足,虚怀若谷,大度能容,才可以成为伟大的人物。

战国末年,韩国阴谋用派水工帮助秦国修理灌溉用水渠为名,企图削弱秦国的势力。事发后,秦皇室震惊,乃至上下草木皆兵,请秦王驱逐在秦朝的一切外援客卿。

当时,楚国客卿李斯也在被逐之列。在被逐之前,李斯冒死给秦王上了一表,此表乃历史上有名的《谏逐客书》,表说:

"今日秦国能如此强大繁荣,都是秦历代君主起用贤能之士的结果。秦能容士,故天下贤士纷纷慕名而来。自春秋五霸之一的穆公任用降臣百里奚以来,外援贤能之士来秦国者,络绎不绝。"

"所以说:泰山不让土壤,故能成其高;海洋不择细流,故能就其深;王者不却众庶,故能服其德。对国家来说,最为重要的是寻求贤能的人才。只要是人才,就该畅其所用。而不能因为臣子是异国人,而就怀疑他、驱逐他。眼下这种逐卿的做法,对秦国有百害而无一利呀!人才尽去,永无贤人复来,又怎么能期望国家长治久安呢?”

看了《谏逐客书》后,秦王恍然大悟,为了秦国前途,万不可自减其势。于是,立刻废除了逐客令。

秦王听信李斯的忠言,采取了明智的方法,各方人才纷纷引进秦国,为后来统一全国打下了良好的组织基础。

对此“容人之法”,许多名家所见略同。

《韩非子》有:“泰山不立好恶,故能成其高;江海不择小流,故能成其富。”

《管子》中载:“海不辞水,故能成其大;山不辞土,故能成其高;明主不厌人,故能成其众。”

可见,一个有志成大事的人,要想最终实现自己的理想和抱负,就必须要吸引各方面的人才;能虚怀若谷,有包容一切人、事、物的雅量,才能不断发展壮大自己,实现其远大抱负。

他山自比此山高

许多人最初接触的武侠小说是《射雕英雄传》,看着看着就入迷了。如果正赶上荧屏上正热播这部电视剧,特别是那首用粤语演唱的“自有山比此山更高”,再配上那一招一式的动作画面,那种感觉简直荡气回肠。

这让我想起一位老人说过的一句话,“真人不露相,露相不真人”。按照这个逻辑,在我们的周围,时刻都可能隐藏着“高人”,只是我们浑然没有察觉。武侠小说中这样的例子比比皆是,即使是武侠以外的经典版本也经常提及。

《世说新语》中有很多发人深省的故事,其中有几则就间接或直接地表达出了“三百六十行,行行出状元”的观点。这个观点也非常重要,我们生活的蓝色地球这么大,谁能说自己的行当比别人更有魅力呢?

其实,我们每天所接触的事物都是这样,大千世界的丰富多彩可以让我们时刻叹服,只是你过于繁忙,没有意识到。如今,人才正逐渐被最大限度地调动起来。因此,一个人在工作中遇到对手是一件非常普通的事情,普通到了同吃饭和睡觉一样的程度。在这个意义上讲,每个人都应该苦练内功,而且,要时刻保持谨慎的态度。因为周围什么人哪天高兴可能就随便问你一个问题,然后你就知道尴尬是个什么滋味了。人跟宇宙比起来,确实微不足道。

所以说,谦虚永远都是做人的美德。这种美德本身就是一层保护色。越是在某个领域有巨大成就的人越谦虚,这一方面源于他们在钻研过程中感受到了宇宙的浩渺,从而认识到自己的卑微,另一方面有助于舆论的营造和人际关系的和谐。何乐而不为呢?

钱钟书先生多次拒绝《东方之子》的采访,对外国记者也说自己只是一只会下蛋的母鸡,远远没有蛋重要。杨绛先生也是如此,觉得自己是平地的人,对于那些感觉自己是“山”的人来说,简直是高不可测,那种感觉如同仰视珠穆朗玛峰。

似乎可以这样推论,胜利永远属于那些谦虚向上的人,他们成绩的取得往往可以带来双倍的价值,从而得到物质文明和精神文明的双丰收。其实,人生智慧原本就不是什么“老狐狸格言”,而是一种超然的境界。猫步和虎步简直如出一辙,但是,一样吗?因此,在某些复杂险恶的生存环境中，应该谦虚；在和风细雨的生存环境中，也应该谦虚。空闲的时候别生气，也别挖空心思地算计谁，看看蓝天白云，想想天外的世界和山外的世界，至少还能悦己怡情。

多听意见少犯错

“当局者迷，旁观者清”，当事人由于身在其中，往往不能将问题看清，这就需要多听听别人的意见。

战国初期，春秋五霸之一齐桓公的儿子齐威王刚刚继承父位时，和楚庄王最初执政时有点相似。他不大把国家大事放在心上。

楚庄王“三年不飞，一飞冲天；三年不鸣，一鸣惊人”。可是齐威王一连九年，不飞不鸣。在这九年当中，韩国、赵国、魏国时常来侵犯齐国，可齐威王也不着急，打了败仗，他也满不在乎，还不准大臣们对他进谏劝说。

一天，有位琴师求见齐威王。他自我介绍说他是齐国人，叫邹忌，听说齐威王爱听音乐，将来拜见。齐威王听说琴师求见，就同意让他进宫。邹忌拜见国君后，把琴放好，调准了琴弦，像是要弹琴的样子，可是把这两个手搁在琴弦上就不动了。

齐威王问道：“你调了弦，怎么不弹呐?”

邹忌说：“我不光会弹琴，还懂得弹琴的一套大道理。”

齐威王不大清楚弹琴中的道理，就让他给讲讲。

于是，邹忌把弹琴的道理讲得天花乱坠，玄而又玄。齐威王听得似懂非懂，终于不耐烦了，对邹忌说：“你已经说了半天，为什么还不给我弹琴呐?”

邹忌反问道：“君主你瞧我老拿着琴不弹，有点不乐意了吧?怪不得齐国人瞧着你老拿着齐国这张大琴，九年都不动一个指头，也有点不乐意呢!”

齐威王立即起身说：“原来先生是拿琴来劝我的，我明白了。”

他命令人把琴拿下去，就和邹忌谈起国家大事来。邹忌劝他搜罗人才，重用有能耐的人，增加生产，节省财物，训练兵马，建立霸主的功业。齐威王听得非常高兴，就拜邹忌为宰相，帮助他整顿朝廷的事务和全国各地的官员。

邹忌做了宰相后，帮助齐威王把齐国治理得井井有条，全国百姓都称齐威王是个英明的君主。齐威王因此非常得意，邹忌见此有些担心，怕齐威王骄傲起来，就想找个机会提醒提醒他。

那一天，邹忌早上起来，穿好衣服，戴上帽子，对着镜子瞧瞧，觉得自己很漂亮，心里很得意。他问自己的妻子说：“我跟北城的徐公比起来，哪个漂亮?”他说的那位徐公，是齐国著名的美男子。妻子听他这样问，就不假思索地说：“当然是你美，徐公哪比得上你哪!”

邹忌不大相信妻子的话，就问刚走进房间的丫头：“我跟城北的徐公相比，到底哪个漂亮?”丫头说：“还是你漂亮，徐公比不上你!”

过了一会儿，有一位客人来到邹忌家，两个人坐着谈了一会儿。这位客人是来向邹忌借钱的，邹忌对他问了同样的问题，他的回答和邹忌妻子、丫头的回答也是一样的，说邹忌比徐公漂亮。

凑巧的是，第二天，城北徐公到邹忌家拜访他。邹忌一见徐公，不觉一愣，天下竟有这么漂亮的美男子!他觉得自己长得比不上徐公。他偷偷地照了照镜子，再对比一下徐公，越照越对比，越觉得自己远不如徐公漂亮。这天晚上，邹忌躺在床上琢磨来琢磨去，终于悟出其中的道理，而且想到：恰恰可以用这个道理去劝说齐威王。

第二天清晨，邹忌来到宫，把这两天关于自己和徐公的事情讲给齐威王听，自己是怎样问的，妻子、丫头、客人是如何回答的，都详细说了一遍。

齐威王听了，笑笑问："你说你比不上徐公漂亮，可你的妻子、丫头、客人，为什么都说你比徐公美呢?"邹忌说："我的妻子说我美，是因为她偏向我；我的丫头说我美，是因为她地位低，怕我；我的朋友说徐公不如我，是因为他有求于我，故意恭维我。"

齐威王说："你讲得对，听了别人的话，是得好好考虑一下，不然的话，就容易受蒙蔽。"

邹忌紧接着说："是呀! 我想齐国有方圆1000多里的土地，120座城池。王宫里的美女，侍候君王你的群臣，没有一个不害怕君王你；全国各地的人，没有一个不想得到君王你的照顾而有求于你的。从这些情况看来，你是很容易受到蒙蔽的，所以你一定要提高警惕。"

邹忌的这一番话，使齐威王觉得很有道理。他立刻下了一道命令"不论朝廷大臣、地方官吏和老百姓，能当面指出我的过错的，得上等奖赏；能以书面方式指出我的过错的，得中等奖赏；就是在背后议论我的过错的，也能得下等奖赏。"

结果提建议的人门庭若市，齐国也逐渐强大起来。

三人同行，必有我师

一个人要是没有知识或学识浅薄，表明他心灵的空虚。现代娱乐生活丰富多彩，有酒吧、茶座、舞厅、游乐园等。在紧张繁忙的工作之余，去娱乐场所放松放松，松弛一下紧张的神经，这也是完全必要的。但是，在精神上娱乐的同时，千万别忘了心灵上也需要时时吸收食粮，也就是说要用知识来充实自己的心灵，也要到知识的海洋中去浏览浏览，你会发现"书中自有颜如玉，书中自有黄金屋"，你会发现知识的海洋中竟然也乐趣无穷!

求知，最令人难忘的是孔老夫子说的"三人行，必有我师焉"，它是讲：哪怕是伟大的人物，也有他的缺点和不足；哪怕再平凡的人，也有他的长处。正所谓"尺有所短，寸有所长"。要以人之长，补己之短，就是一种学习，同时也拜人为师。

20世纪60年代，刚从大学毕业被分到科学院电子研究所从事语言声学工作的陈明远，就郭沫若发表在《人民日报》、《人民文学》上的白话诗，写信给郭老，措辞极其尖锐地批评说："读完那些连篇累牍的分行散文，人们能记住的只有三个字，就是你这位诗人的大名。编辑同志大概对你的大名感到敬畏，所以不敢不全文登载；但广大读者却对你的诗名寄托希望，所以不能不表示惋惜，甚至因失望而导致嘲笑挖苦……"

郭老给陈明远复信说："我实在喜欢你，爱你……我告诉你，你的信一点不使我'烦扰'，而且是非常高兴。"并对他敢于说真话甚为赞赏。

郭老约见陈明远，笑着问他："如果你当诗歌编辑，我的诗稿落到你的手里，你如何处理?"

陈明远仔细想了一下说："对你的来稿，我准备分三类处理。一类对像《骆驼》、《罪恶的金字塔》那样的好诗，和少数合格的诗，予以发表。二类对有可取之处但须斟酌的，提出意见退你修改，改好再定。三类对诗味索然的当做散文、杂文看待，否则，干脆扔掉。这样才能对得起广大诗歌爱好者，真正爱护你的诗句。"郭沫若这位大学问家听后哈哈大笑，连声说："好!遇到你这样的编辑就好办多了!真是求之不得啊!"

俗话说：愚者千虑，必有一得；智者千虑，必有一失。在当今信息大爆炸的时代，知识更新速度越来越快，谁也不是"万事通"，谁也不能保证自己所学的知识一辈子够用，那就需要我们牢记"三人行，必有我师"的告诫，努力做到谦虚谨慎，不耻下问，克服自以为是，好为人师的毛病，要有甘当小学生的精神。

听得老人言，前程在眼前

每一个长者，都是一座人生的富矿。青春贫乏的东西，他们却十分富有，如经验、阅历、知识等。除了这些感悟性、教育性的东西，诸如那些更实在的东西，如权力、金钱、影响、人际关系等，他们一样富有。社会，无论民主社会，还是专制社会，就权力而言，一般都是老年权力。权力阶层被老年人占据。社会生活和竞争的复杂，必然以在见识、能力、社会关系、长期经营等方面见长的年长者优胜。这都使权力拥握在年长者手中，他们几乎控制了生活的所有领域。

和长者交朋友，向长者求教，便能够向他们学习这些人生知识，获得他们的提携，以及得到其他社会生活方面的好处。这不是谁都能想到和做到的事情，尤其是你的青年伙伴。如果谁想到和做到了这样，他们就会大获其益。楚汉之争时的张良，就是得到了黄石公的真传，才能够腹藏兵机，运筹帷幄，制胜天下的。很难想象，刘邦没有他，能够建立起西汉王朝。很多武林高手，也是师承有宗才出手不凡的。此所谓名师出高徒。

在人生中，人受到阅历、经验、知识、时事的限制，很容易囿于某种情结，而做出蠢事、错事来。如，为一点恋情自杀，为一点钱财毁名，为一点义气丧身，等等，年轻人尤甚。这时如果能得到长者的帮助，那就太好了。他们能以过来人的身份现身说法，以他们达观人生的境界来化解你的偏执。人生有很多关键的地方，你身在庐山之中，不识庐山真面目，难以参透其中奥妙，长者点拨你一下，你便会茅塞顿开，闯过那些激流险滩。

新世纪的高新技术已经能够复制细胞、克隆羊，如果能够复制经验、复制智慧，那该多好呀!把一个聪明而有见识的人的大脑和胸怀 Copy 进你的脑中和心中，你将多么省事和受用啊!这听起来有点像科幻小说，不太容易做到。但殊不知，向长者学习，就接近了这种"智慧复制"。

但是老年人也有老年人的短处。知识、经验、阅历，在一定的时候是一笔难得的财富，在另一些时候，却有可能是一大堆包袱。随着社会环境的变化，知识、情趣、价值观的变化，老年人也会受到他们知识、经验、习惯的限制，在知识更新如此快捷的时代，老皇历会显得过时而无用。再者，老年人随着岁月的流逝，人生已进入暮年，他们的价值观和情感状态已发生了老年性变化，人生变得冲淡、保守和无所作为。这种无为与好静的老年特征，与年轻争强好胜，积极向上，拼打天下的青年雄心，相距甚远，完全有一种断代的鸿沟。因此，年轻人在向年长者学习经验、教训、知识等时，也应有所鉴别，不能盲目。在向老人学习智谋，熟通人情世故时，也不要失去年轻人积极进取，雄心天下的人生阶段性特征。因为一个年轻人一旦失去竞争和优胜的雄心,他就成了一个废人。老年人也曾经沧海。向老年人学习,是为了在年轻的雄心上,增加更多成熟的睿智,而不是超年龄地进入无为和宁静。这是违反人生和社会法则的。

向老年人学习,只要心诚,长者一般都能诲人不倦。在长者的眼里,你总是小孩,在你的身上,他能隐约看出他年轻时的影子,出于同类相怜,他会很认真地为你出谋划策,讲解经验。但长者和后生毕竟有着太大的年龄差异,忘年之交也不可能真正不存在年龄距离。因此,和长者交朋友,要注意到这些因年龄而引起的不同需要,尊重他们的老年人格、阅历和时下的需求。老年人一般克制感情,不易投入,钱财也不会随便破费,这些都需要你体贴它,不介意它。再则,老年人已体力衰竭,你要帮他做些体力活,老年人容易感怀,你要善于体贴他的感情,老年人有着很重的人生暮年的孤独,你要留心安慰它。总之,嘴乖,务实,本质好,容易得到老年人的喜爱。我国古代,新朝皇帝王莽,年轻时就是因为能博得长者的欢心,而逐步坐正权力位置的。

听人劝,吃饱饭

每个人都可能办错事,说错话,但这并不可怕。可悲的是我们有许多人因害怕丢面子,不敢承认自己的错误,面对别人的忠告,仍旧护短遮丑,羞羞答答,吞吞吐吐,结果越陷越深。

一个人不论职位高低,有短敢揭短,人们就不觉得你有短;有丑敢亮丑,人们就不觉得你有丑。敢于揭短亮丑,是诚实可靠的表现,不但不会失去面子、失去威信和信任,反而会提高威信,增加影响。

人在一生中没有犯过错误,没有过错误的观点或立场是不可能的,就像一个人一辈子从来没有正确过一样,这都是绝对不可能的。人总是在不断地从错误到正确再到错误,然后再正确,重复不断,回旋往复。只有这样,人才能不断从错误中总结经验,得到发展,从而人才逐步完善,成为一个比较完美的人。

人犯错误并不可怕,这次错了,吸取教训,可以防止下次再犯错。“吃一堑,长一智”,这句俗语讲得很好。但是,如果一个人犯了错误或有着某种错误观点而执迷不悟,强硬坚持,顽固地不接受他人的意见或劝说,而是我行我素。这种做法讲得文雅一点是刚愎自用,讲得通俗一些就是顽固不化,喜欢钻“牛角尖儿”。

人生在世,要做的事情很多,要接触的新事物也非常多。然而这么多的事情不可能哪一件都做得非常好,或者说不可能什么事情、什么知识都懂,由于不懂就难免要犯错误。这时,就需要有人来指点我们或者说给我们提供好的建议。特别是我们知心朋友的建议更值得参考。

在我国古代,不管是哪朝哪代,凡是贤明的君主身边必定会有几个或几十个忠诚的大臣或谋士,专门为君王提供建议。成就霸业的君王在建国初期,没有刚愎自用的,否则他也不会霸业有成。不光是君主,就是一个但凡有所作为的人,都要非常善于接受他人的意见。

我国古代曾把比谁门下的食客多来作为一个衡量贤德高下的标尺,这绝非是攀比富贵，而确是一个集贤纳策的好方法。战国时期的四大君子：平原君、信陵君、春申君、孟尝君，都曾为自己的君王提供出高妙的建议，为君王的治国安邦作出了卓越的贡献。可以说，刘备如果没有诸葛亮在身边出谋划策，不要说是三国鼎立，就连是否能立得住脚、扯一面旗都很难说。

当然，在历史上也出现由于固执、刚愎自用而失败之人。三国时期蜀国的马谡，由于一味顽固"自信"，不接受诸葛亮的建议，而导致了"失街亭"。马谡的失败，给蜀国带来了致命的打击，虽然事后马谡自己也追悔莫及，诸葛亮挥泪斩马谡，可这又有什么用呢？世上卖什么药的都有，就是没有卖后悔药的。亡羊补牢的做法意义是不大的。

中国历史经历了那么多朝代，而历朝历代的灭亡都与君主统治的腐朽有着直接的关系。其中，君主的武断、专制、刚愎自用，不听忠言是导致腐朽的一个重要原因。

秦始皇统一六国时，国势曾是那么强大，疆土是那么辽阔。但是由于秦二世的武断、暴虐的统治，出现了秦末的陈胜、吴广起义。秦开始衰落，最终被汉所代替。如果秦二世不那么残暴，多接受些忠告，是否能使秦的寿命更长一些呢？

所以说，刚愎自用者的顽固、不肯接受他人意见是一个致命的弱点。不肯接受他人意见，对于朋友的规劝或忠告置若罔闻，不仅会使自己头破血流，还会严重伤害朋友之心。

因为只有真正的朋友才会指出你的错误，提出中肯的建议。提供建议本身就意味着坦诚和信任。如若把良药当做烂草，把忠言当做耳边风，怎能不使朋友伤心呢？

伤心和失望会使你的朋友离你而去的。没有武二郎的本事，却还要"明知山有虎，偏向虎山行"，这种做法，不是勇猛，而是愚蠢。因为明知自己打不过"老虎"，却还要去拿生命做赌注，不是愚蠢是什么呢？

没有人会同情一个由于固执己见而失败的人，相反，除了朋友在伤心之余的痛惜外，还会招来对手的痛快、嘲笑和幸灾乐祸。所以，这种令亲者痛仇者快的事是万万做不得的。

因此，要善于接受别人的意见，特别是朋友的忠告更应该虚心听取。"良药苦口利于病，忠言逆耳利于行。"奉承的语言我们可以不去理会，但诚恳的忠告却一定要用心去听，特别是在自己有了错误的时候。头撞南墙的滋味并不好受，干嘛非得要等到头破血流才罢休呢？

不管是普通人还是伟人，不管你是个小职员还是个领导者，都应该养成善于接受他人意见的习惯。但是，这种善于接受意见绝不是无主见的接受，把别人的话当做救命的稻草。就人来说，我们要慎听幼稚轻率者的献策；就事来讲，要慎听那种过激的言论。对于别人的意见，要经过自己的深思熟虑之后才能接受。

还要注意的就是不要偏听偏信。偏听偏信往往会使你由这个错误走向那个错误。"兼听则明，偏信则暗"，要有比较、有选择。

固执己见者由于过于"迷信"自己，一味地执迷不悟，有时就难免言行过激，有极端化倾向。他们顽固的"自信"，对其他人的话充耳不闻，但又生怕自己不被人重视，得不到他人的承认。于是，在顽固的"自信力"的支持下，义无反顾地沿着错误道路走下去，过激言行不但没有扭转错误方向，反而加快了失败的到来。

老百姓有句俗话："听人劝，吃饱饭。"刚愎自用、钻"牛角尖儿"，只会使前面的路越来越窄，越来越走不通，它不是成功之路，而是失败之途。

厚黑方略二十四

能忍即忍，忍者无敌

孔子之忍饥，颜子之忍贫，闵子之忍寒，淮阴之忍辱，张公之忍居，娄公之忍侮；古之为圣为贤，建功树业，立身处世，未有不得力于忍也。凡遇不顺之境者，忍为上策。

凡事能忍则忍

由于文明的变迁，现代的社会和往昔已有很大的不同，许多人可以毫无顾忌地在他人面前表现出不甘心、悔恨、愤怒、厌恶、不满、嫉妒等情感。不光是男性如此，连女性也不例外，这真是个令人感到恐怖的时代。

虽然女性不一定要在所有的场合都保持优雅的言行，可是，有许多男性都避讳的话，有的女性却能轻易地说出口，真令人难以置信。

“暴躁就是吃亏”，暴躁往往会无缘无故地迁怒他人，而从各种角度来看，也的确如此。首先，不仅自己会变得不愉快，同时他人也会感到不高兴；其次，会使别人对自己“敬而远之”。

尤其是表现欲强、任性或歇斯底里的女性，更令人难以应付。

当这种人对于事情看不顺眼时，刚才的喜悦会一扫而空，刹那间爆发出无名怒火。使人难以判断究竟刚才的她，还是现在的她，才是真正的实像。

平常我们与他人交往，只要以诚相待，必然会获得相同的回报，而对方的心情如何，我们大致都能体会出来。可是，若是面对一个歇斯底里的人，就很难预料他何时会改变脾气了。

虽然自己真诚地与对方交往，对方却无端的发怒，在和这种人相处时，就要谨慎，避免让对方生气。

有一位太太，一旦发起怒来，不管置身何处，都会不顾一切地大声责骂丈夫，并且随手乱丢东西，甚至菜刀和水果刀都出笼了。然而，平时的她倒是一个人情味很浓的人。当她听到不中听的话或看到不顺眼的事时，便会一反常态；如果此时有人敢当和事佬，不但会火上加油，而且有挨骂受打之忧。所以，碰到这种情形，他人往往只能站在一旁提心吊胆。

有本经书上说：“对一切都感到愤怒、怀恨在心、故意抹杀他人的美德、贪图非分之想、只顾外表的人，都是非人。”

许多人常因对方说话不讲道理而生气，可是，对一个不讲理的人生气，自己岂不是更不讲理吗?所以，我们应该尽量地控制自己，凡事能忍则忍。

能忍、会忍、善忍

不愠不火是一种善于忍耐的处世之道。古人说：“忍人之所不能忍，才能为人所不能为。”

成熟老练的人素来将忍耐视为一种做人的分寸。

唐代大诗人白居易说：“孔子之忍饥，颜子之忍贫，闵子之忍寒，淮阴之忍辱，张公之忍居，娄公之忍侮；古之为圣为贤，建功树业，立身处世，未有不得力于忍也。凡遇不顺之境者其法诸。”

所以，学会忍耐是很重要的。不过，当忍耐掺人了阴柔，变成了一种相安无事、与世无争、苟且偷安的处世哲学后，它就走向了反面。

因此，林语堂先生曾这样的批判：“遇事忍耐为中国人的崇高品质，凡对中国有所了解的人都不否认这一点。然而这种品质走得太远了，以致成了中国人的恶习：中国人已经容忍了许多西方人从来不能容忍的暴政、动荡不安和腐败的统治，他们似乎认为这些也是自然法则的组成部分。”

的确，如果让忍耐浓浓地烙上了保守、落后、安命不争、平庸、易满足、缺乏进取心、老衰退化、奴性、软弱、过于自卑等痕迹时，那么，这样的忍耐就变了味，一定叫人憋气，叫人难受，叫人窝囊，叫人痛苦……

那么，怎样才叫“会忍耐”呢?即什么叫能忍、会忍、善忍呢?

将忍耐作为一种谋略：“小不忍则乱大谋”是指忍的原则，“一忍可以制百辱，一静可以制百动”是指忍的效果。老子关于祸福关系的论述，为后人广为传颂，那就是“祸兮，福之所倚；福兮，祸之所伏。”因此，身处逆境，置身祸中，要学会忍，“百忍成钢”，在逆境中要学会忍，才能成就大事，忍得一时苦，方为人上人。

孟子说：“天将降大任于斯人也，必先苦其心志，劳其筋骨，饿其体肤，空乏其身，行拂乱其所为。所以动心忍性，增益其所不能。”遭受一番苦难，忍一忍，熬过去，就可以接受天将降之大任了。在困境中要甘于承受一切，这种忍耐是一种达到某一种志向的手段，是为达到某种“大谋”的退却，绝不是为忍而忍。当人们将忍耐看做是唯一的目的时，当忍耐变成逆来顺受、失去抗争时，这种忍耐就毫无积极意义了。

积极的忍耐，绝不是意味着人格的渺小，自我的萎缩，它只是将可贵的、独立的自我暂时“隐藏”起来，他仍在(默默地)干自己想干的事，仍在做(悄悄地)自己想做的事。这种人的忍耐，软中透硬，柔中带刚，不以牺牲自己独立人格为代价，不奴性十足，不苟安偷生，不窝囊，也就没有失意之感。

忍耐还可作为保存自己力量的重要手段。当敌我之间的力量太悬殊、正义与邪恶之间的势力差距太大时，忍耐，便作为一种最为明智的退却手段，不硬拼，不消磨自己的元气，将力量慢慢地蓄积起来。所以这种忍耐，绝不是对传统的习惯势力、落后势力的妥协和投降，一旦时机成熟，羽毛丰了，翅膀硬了，爪子利了，就会乘其不备，猛然一击，让邪恶永不翻身。

《菜根谭》中有一句话：“处世让一步为高，退步即进步的根本；待人宽一分是福，利人是利己的根基。”忍住自己的私欲、怒火，实际上是帮助你自己成就大业。

忍让即是抗争

世上没有绝对的东西。这里要说的即是一种相对的忍让，是另外一种抗争方式。以下的例子有助于理解这种忍让的质与度。

在改革开放后的某集贸市场上，有一个无赖，他仗着自己练过几天功夫，会耍几手拳脚，在小镇的农贸市场上为非作歹、为所欲为。最令人气愤的是，他总是拎了这个摊上的鸡，又拿了另一个案上的肉，却总是不给钱。谁要向他讨，他就说先赊着以后一块儿给。可谁真正向他要，他便或是大打出手，或是想法子弄得你无法在这儿待下去，人家对他是敢怒不敢言。

有一天，这个无赖又来到市场上。他走到一个猪肉摊前，点着一块肉要摊主割下来给他，那位摊主也是位青年，听他一说，二话不讲，操起刀就在案子边的条石上霍霍地磨了起来。这个无赖见此，只好站在那儿等着。此时，摊边上的人开始聚集过来，一半是看热闹，一半也是目睹一下这个无赖的横行。

岂知，这位摊主磨了好几分钟还没有罢手。此时，无赖急了，张口就骂，要摊主赶快。只见这位摊主不紧不慢地应了一声，把磨得锃亮的刀往阳光下一摆，一道寒光直照到无赖的眼睛上去。这个无赖心中一惊，不由得打了一个冷战，又催摊主快割肉。但语气明显缓和了一些。摊主拿着刀,对着这个无赖想要的那块肉就砍下去,只听“刷”的一声,一大块齐整整的肉就给割了下来。更令人叫绝的是,也就这一刀,把肉中连着的骨头也一点没渣地砍断了。见此情形,这个无赖心中又是一愣。

事情还没有完,摊主把肉砍完之后,并不是照一般那样,把刀搁在案子上就算了,而是出人意料地朝身边几尺远的一块木板上扔去。随着一声响, 那把剁肉刀便插在木板上,与其他几把并排。哦!原来这是他的刀板。同样令人奇怪的是,这回这个无赖并没有像往常那样,拿起肉便扬长而去,而是叫摊主称称,交了钱才回去。

在直面流氓式的挑衅时,在你的力量还不能以暴制暴时,先忍一忍可以避免直接的冲突,暂时保全自己,并在这相对安全的间隙当中考虑接下来的应付办法。用什么办法才能制服对手呢,前面例子中卖肉的摊主做得很妙。他手中唯一的武器是刀,那么就先亮它出来。他最好的手艺也许就是与切肉有关的活计了,那么也把它亮出来。这一系列又完成得自然,巧妙。让对手感觉到他恭顺之时,又适时地让其看见刀口的寒光,隐隐地提示着自己的立场,即不可侮。而此后切肉,扔刀的一系列动作更加强了这一立场。

忍让,不仅为相对的弱方赢得了应变的时间,而且借助隐忍的外表,弱方对强方的威胁会加倍地影射到强方的心里,或者说给强方一个想象威胁的空间。强方有可能会这么想:他隐忍时尚且有这般威胁,他若发怒时该是怎样啊。他那么随意一下就见功夫,若他把浑身解数都使出来,将何等厉害啊。有了这种顾虑,强者自然会收敛自己的恶行,而忍耐的一方则不战而胜。

一忍可以制百辱

老子在《道德经》中说:“曲则全,枉则直,洼则盈,敝则新,少则得,多则惑。……古之所谓曲则全者,岂虚言哉?诚全而归之。”受得住委屈,方能保全自己;经得起冤屈,事理才能得到伸直,低洼才能盈满,凋敝反得新生,少取反而多得,贪多反而痴迷。其实在危难中能够保全自己的,全都懂得这个道理。以退为进,以忍为攻,这才是为政求事的最妙法则。

宋代苏洵曾经说过:“一忍可以制百辱,一静可以制百动。”战国时有一位忍辱负重,奋斗不息的杰出军事家,他一生坎坷不平,甚至连真实姓名都没留下,只因其曾遭陷害受过膑刑(砍掉两块膝盖骨的刑罚),故史书上称他为孙膑。

孙膑少年时便下定决心学习兵法,准备做出一番大事业。成年后,他出外游学,到深山里拜精通兵法和纵横捭阖之术的隐士鬼谷子先生为师,勤奋地学习兵法阵式。鬼谷子把《孙子兵法》教给孙膑,不到三天孙膑便能背诵如流,并且根据自己的理解阐述了许多精辟独到的见解。鬼谷子为他奇异的军事才能而兴奋地说:“这一下,大军事家孙武后继有人了!”

孙膑有个同学叫庞涓,对孙膑的才能十分忌妒,但表面上却装作和孙膑很要好,相约以后一旦得志,彼此互不相忘。后来,庞涓先行下山,在魏国作了将军。他派人邀孙膑下山共同辅佐魏王。孙膑到来之后,他先是虚情假意地热烈欢迎,而后委之以客卿的官职,孙膑自然对不忘旧日同窗之情的庞涓感激万分。然而半年之后,庞涓却玩弄阴谋手段,捏造罪名,诬陷孙膑私通齐国,对他施以膑刑,脸上也刺上字,目的在于从精神上销蚀孙膑。

对庞涓所做的一切,孙膑起初毫不知情,后来当他知道使自己成为一个不能行走废人的元凶就是庞涓时,下定决心要报仇雪恨。他摆脱庞涓手下的监视,暗地里潜心研究兵书战策，准备有朝一日逃离虎口。为了蒙骗监视他的人，孙膑甚至装疯卖傻，以粪便为食，与牲畜做伴。

不久，齐国使者来到魏国，暗中探访孙膑把他藏入车中带回齐国。在一次王公贵族的赛马活动中，大将田忌将足智多谋的孙膑推荐给齐威王。在齐威王面前，孙膑畅谈兵法，尽叙平生所学，受到齐威王的赏识，被任命为齐国军师。从此，孙膑开始在战国风云齐聚的军事舞台上大显身手。

公元前354年，魏国派庞涓率大军围攻赵国都城邯郸，企图一举消灭赵国。孙膑与田忌商量，提出"围魏救赵"的作战方针。不但解了邯郸危急，并且在次年的桂陵之战中以逸待劳，大破魏军。此战，魏军几乎全军覆灭，庞涓仅率少数兵士仓皇逃脱。

桂陵之战后十三年，魏王又派庞涓率兵攻韩。齐王答应救援，派田忌为大将，孙膑为军师，攻魏救韩。孙膑冷静分析了敌我双方的具体情况，根据魏军悍勇轻敌和急于求成的心理，提出退兵减灶的作战方针，忍一忍魏军狂妄之气，诱敌深入。而后齐军故意作出怯战的样子，减少锅灶表示齐军已大多逃亡，以此来麻痹敌人。魏军果然中计，穷追猛赶，齐军却一味退却，最后在山高路窄，树多林密的马陵道设下埋伏。同时，孙膑还命人把路旁一棵大树的树皮刮去并写上"庞涓死于此树之下"八个大字，并吩咐士兵说："夜里发现红光，就一齐放箭!"

天黑之后，庞涓率兵马不停蹄地追到马陵道。但见路上横七竖八地扔着许多木头，便命士兵下马下车，准备开路追击，却忽然看见路边的白色树干上隐隐约约有几个大字。庞涓疑心特重，便命人点火观看，但没等看完就连叫不好。但为时已晚，齐军乱箭齐发，魏军顿时大乱，四面被围，箭如雨下，既无法抵抗，又无路可逃。庞涓自己也身负重伤，眼见败局已定，绝无挽回的余地，只好垂头丧气地拔剑自刎，齐军大获全胜。这就是历史上著名的马陵之战，而孙膑则从此名扬天下。

孙膑的确是位杰出的军事家，同时也是一个深知忍字秘诀的人。面对命运的不公，面对"朋友"的诬陷，他仍能忍隐不发，潜心等待时机的到来。这不但需要一份惊人的耐力，同时也需要有一种卓越的审视力和观察力。

是可忍，孰不可忍

夏天催人欲睡的季节，教徒们被牧师又长又臭的布道轰得个个昏然欲睡。有些人甚至忍不住打起瞌睡来了，最后教堂里的人几乎都在打瞌睡。只有一个绅士，上身挺直，专心听道，跟四周的人完全不一样。

他不是别人，正是当时鼎鼎有名的英国首相格莱斯顿。

后来有人好奇地问格莱斯顿："奇怪，每一个人都听得打起瞌睡，甚至干脆小睡一场，为什么只有你那么用心地听?"

格莱斯顿微笑着说："是这样的：听这么一无可取的讲道，老实讲，我也很想打瞌睡，可是，我突然想到：何不用这件事来试试自己，能够忍耐到什么程度?我聚精会神地从头听完。刚才我还告诉自己：你呀，忍耐得好，以这种耐力去面对政治上的种种难题，还有什么事不能解决呢?所以说，我对今天的讲道，感触至深，对我的好处和启示，可真是太大了。"

当"智慧"已经失败，"天才"无能为力，"机智"与"手腕"也已没用，其他各种能力已束手无策，宣告绝望的时候，走来了一个“忍耐”。由于坚持，得到了成功，不可能的成为可能。

在别人都已停止前进时，你仍然坚持，在别人都已失望放弃时，你仍然进行，这是需要相当的勇气的。使你得到比别人更大的成功，正是这种坚持、忍耐的能力，不以喜怒好恶改变行动的能力。

忍耐的精神与态度，是许多人得到成功的关键。

在商业界中，能做成最多的生意，获得最多的主顾，销售最多的商品的，往往是那种不灰心，能忍耐，不在回答中说出“不”字的人。忍耐的精神，谦和的礼貌，足以使别人受感动而成全他。

一受刺激就不能忍耐的人，不会有很大的成就。

定下一个目标，然后集中全部的精力去实现它。这种能力能获得他人的钦佩与尊敬。

你一朝树立了有毅力、有决心、有忍耐的名誉，就不用怕世界上没有你的地位。但是假使你显出一些意志不坚定与不能忍耐的态度，人们会明白，你是白铁，不是纯钢。他们要瞧不起你，不信任你。而没有人们的信任，事业的成功是很难的。

忍让如同金子贵

中国人发明了一个“忍”字，那是心字头上一把刀，言简意赅。从里到外透着一个理儿：没有勺子不碰锅沿的。人和人不是一个模子刻出来的，脾气秉性哪能一样？一旦产生摩擦，撸胳膊挽袖子地针尖对麦芒，日子还能消停吗？所以说，“忍一时风平浪静，退一步海阔天空。”在这个世界上，没有解不开的疙瘩，也没有化不了的矛盾。只要彼此都做到体谅，自然会拨云见日，雨过天晴。

但是，谁都知道，这话说起来容易，做起来难。冤家路窄的事儿经常会遇见。今天你让我不顺当，明天我就想尽办法让你穿小鞋；去年你媳妇骂了我老婆，今年我非得找个机会当众出你的丑。这样，本来没多大的事儿，却结了不小的冤家。你说这是何苦呢？更何况，这种事情从来都是让人身心俱疲的，双方受到的伤害都很大。医学早已证明，报复心理是铸成疾病的元凶之一。高血压、心脏病、胃溃疡等大都与长期积怨、高度紧张有关。

一个人经历一次忍让，会获得一次人生的重塑。

古时候有个叫杨翥的人，以忍让聪慧闻名。有一次，他的邻居丢了一只鸡，指骂姓杨的偷鸡不得好死。家人愤愤不平，杨翥却非常淡然：“满世界又不只我一个人姓杨，随他骂去吧。”还有一次，屋外下着瓢泼大雨，一个邻居把自己院中的积水排到了杨翥家中，全家深受潮湿的苦楚。杨翥仍然很淡然：“不要斤斤计较，总是晴天的时日多，落雨的日子少。”久而久之，大家都被杨翥的忍让打动了。后来，有一伙强盗密谋抢夺杨家的财宝，就是这些邻居们自发组织起来，才避免了这场灾祸。

生活中的事情就是这样，只要不是什么原则问题，最好做到能忍则忍，特别是在日常工作中，“小不忍则乱大谋”。一时的冲动往往会导致日后的悔恨，实在有些得不偿失。与其说这是一种勇敢，还不如说是一种莽撞。人只要活着，就不可避免地受到一些有意无意的伤害，任何人都是如此。所以，聪明的人总是尽可能地迁就对方，这看似懦弱的举动其实正是生存的智慧。既能让你避免耿耿于怀地自我折磨，又能让你维持健康的人际关系，一石双鸟的事儿，你还固执什么？

可是，生活中还是有很多人坚持认为，丢什么也不能丢面子，失什么也不能失身份。当然，爱惜自己的尊严是极为必要的，但是，你总得思考事情的来龙去脉，分个孰轻孰重。

因此，我们完全可以得出“忍让如同金子一般可贵”的结论。拥有这样心灵的人不可能整天拿鸡毛蒜皮当回事儿，你别觉得我站着说话不腰疼，如果你整天琢磨着整人报复这点事儿，不仅腰疼心也疼。特别是那些这辈子的使命就是来报仇的人，他们的生活质量实在是不敢恭维。其实，任何人之间的事儿要想多小就有多小，要想多大就有多大。

忍耐——发财的秘方

古河市兵卫是日本矿业大王，他的成功秘诀似乎就是两个字“忍耐”，他自己也是这么说的。

古河小时候做豆腐工人，然后被放高利贷的人雇去，专做收贷员，这可是份苦差事，但他靠“忍耐”这一招法，干出了名堂。

有一天晚上，古河前往一个借贷者处催着要钱，对方以淡漠、不理睬的态度对待他。让古河一个人在那儿干坐，到睡觉时干脆熄灯就寝，就像没有古河这个人。古河也不为所怒，静静地坐在那里，忍冻挨饿一直乖乖地等到天亮。第二天清晨，古河端坐如初，脸上照旧堆满笑容，没有露出一丝怒意。对方被古河的耐性所感动，态度为之一变，恭恭敬敬地把钱还给他。

古河这种认真随和而又富有耐性的工作、待人态度，老板也大为欣赏。没多久，老板就介绍他去财主古河家做了养子。之后，他便进了豪商小野组(相当于现代公司一类的组织)服务。因工作屡出佳绩，几年后就升为经理。后来，德川政府将政权还给了明治天皇，明治初期物价暴跌，商品滞销，豪商小野组也倒闭了，欠了一屁股债。在这种情况下，古河毫不吝啬地把自己的私产全部献出替主人还债。此举在当地引起轰动。

好心必有好报。两年后，古河买下一处废铜矿——足尾铜矿时，正愁无钱开发，感于他的替主人还债的义举，第一银行董事长涩泽荣一主动不需要担保便借给他一万两金子，作为开发铜矿的资金。

这个足尾矿井是一个早已为他人放弃的废矿井，世人皆认为该矿已经是一块铜矿石也没有了。因此，他一开始掘凿，人们就不断嘲笑，认为得不偿失，视古河为疯子，借他一万两金子的涩泽也是神经病。然而，古河不为人所动，靠耐心和意志，跟矿工们一起日夜辛苦地挖掘，但结果十分令人失望。

一次失败，他没灰心。他又从西欧引进新技术，买进新机器，接着再干。他在挖掘新矿坑时受了伤，但他并没有因此而打退堂鼓，伤还未完全好就出现于矿坑现场，继续苦干。两年过去了，资金天天减少，但却不见铜的影子。古河一点儿也不气馁，面对困境，咬紧牙关，抱定死在矿山的决心，跟矿工们同甘共苦，每天挖掘不止。经过四年艰苦奋战，在一万两金子几乎全部耗尽之时，苦尽甜来，终于挖出了铜矿，完成了别人认为不可能成功的事。

有人问古河成功的秘诀，他说：“我是把别人已经掘尽的，再挖掘一次罢了。”“我认为发财的秘方是忍耐两个字。”“能忍耐的人，能够得到他所要的东西。”“有了忍耐，就没有一件东西能阻挡你前进。”

不磨不成玉，不苦不成人

人人都会遭遇困难险阻，能战胜它则是英雄，不能战胜它则是凡夫。俗话说："不磨不成玉，不苦不成人。"在困难面前，你绝不能俯首帖耳，屈服于它，只有勇猛奋起把它打得屈服在你的脚下，你自然是胜利者、成功者了。

你如果不能忍受奋斗的困苦，那么在你一生之中，充其量不过是在"人的动物圈"中享受着对他人的顶礼膜拜、鞠躬作揖。这样，何处去寻找你的安逸与快乐、幸福与和平呢？在人生这个大舞台上，不管你所担任的是什么角色，你能不能成功，这就纯粹要看你的表演技能如何了。你越是能坚持，越是能奋斗，你成功的希望就会越大。

孟子说："自暴的人，不必与他交谈。自弃的人，不必与他同事。"对于自暴自弃的自杀心理，我们谨慎地防范它。我们知道，在古今中外的历史上，所有特殊的伟大人物，都是从艰难困苦中甚至危险中奋斗过来的。拿破仑、华盛顿、甘地等人都是这样的。汉高祖刘邦以前只是一个小小的亭长，明太祖朱元璋曾是一个庙里的小和尚。再从中国上古来看，"舜曾是一个庄稼汉，传说曾是一个建筑工，胶鬲曾是一个鱼、盐的商贩，管仲曾是土人，孙叔敖曾是渔民，百里奚曾是秦穆公用五张羊皮换来的。"

这就是说，我们不要把自己的发展力量估计得渺小，把环境的束缚力量估计得太大。只要我们坚定一种必胜必成、不死不休的精神，勇敢地与外力拼搏，一定能有成就。

困难可以诱发人们生命中的坚忍潜力，危险可以开启生命中勇敢的潜力，这两者都能引发出生命的光芒。而困难越多、危险越大，成功与发出的生命光芒也越大。

中国辛亥革命的成功，就是孙中山先生以大无畏的精神，不屈不挠，艰苦奋斗才有的结果。法国革命经历了长达80年的奋斗，几千万生命的死亡，大量财产的损失，才取得成功。而美国的独立战争，也是经过八年的奋战才取得成功。

在民国革命史中，黄兴是一位很有成就的将领，他除了天生勇敢之外，最重要的是一刻也不忘战斗的精神。只要有机会，绝不放弃，将生命置之度外，赴汤蹈火也在所不辞。他在许多次战斗中，都是冒死奋斗，才取得成功。他曾经说："天下没有难事，只有坚忍二字，才是成功的要诀。"

培养自己的"度量"

一个善于应酬的人，他的忍耐力是必不可少的，而一个人如果过分压抑，缺乏宽容，会形成"不满现状"的心理，"不在沉默中死亡，就在沉默中爆发"。这种状况在应酬过程是可以遇到的。原因很简单，他们的忍耐力不到家，常常无法适应有时会在应酬中出现的那种紧张的无形压力。心理承受不了，就会冲动蛮干。

当我们在听到别人陈述或解释，即使明知他说谎或是强词夺理，也不该迅速表现出不满的态度。随时随地使用谦恭的语气与人交谈，这在当今社会，已经成为一条众所周知的应酬法则。要想成为一个善于应酬的人，就必须懂得随时以谦恭的态度对人，唯有如此方能表现出自己的风度和良好的修养。

在今日的社交场上，人们常常为了自己的立场和利益，即使是明知错误，也往往是放不下"自尊"，不能痛痛快快地认错。也许，找借口以求解脱是所谓人之常情，在所难免的吧！与其编造一些谎言或来个支吾其词，倒不如痛痛快快，坦率地向对方道歉来得有效。

许多主管面对部属诚实地向他道歉，而不以别的理由作为迟到的借口时，多会看在他那诚实无伪的态度上，立刻原谅他，不再追究。但是，对于一些部属一味地掩饰，不但会给以严厉指出，还会因此对他的为人大打折扣。

其实，主动承认自己的过失是争取上司信任的一种巧妙的捷径，有勇气对自己的过失开玩笑的人必定对自己有坚定的信心，相信自己在其他方面的成就。能够勇敢承认错误的人实际上在要求自己拿出修正错误的办法。要会与人相处，一定要有勇气，有风度，痛痛快快的承认自己的过失，而不是磨磨蹭蹭地先一件件地抖落自己的长处。

我们每一个人在日常的应酬中，对于自己或他人的过错，都应表现出平和和坦诚的态度。人都是有情感的，当你欺骗他的时候，他就会有一种莫名其妙的"我被非人对待"的感觉，这在应酬上是很危险的。

而当你有过错时表示一下"度量"，他就会在瞬间对你认同。所以说，应酬需要度量，目的不仅可以为别人，也可以为自己。

培养自己的"度量"在平时的生活上也很重要，假如你是一个脾气不佳而又耐性不好的人，在应酬时，你也要有自觉，起码要忍耐极短的时间，把应酬的时间敷衍过去才行。

吃亏就是占便宜

东京横山町有名的岛村大楼业主、岛村产业公司及丸芳物产公司董事长岛村芳雄，早年便背井离乡，前来东京一家包装材料店当店员，薪金只有一万八千日元，还要养活母亲和三个弟妹，因此他时常囊中羞涩，身无分文。

岛村回忆说："下班后，在无钱可花的情况之下，我拥有的唯一的乐趣只是在街上闲逛，欣赏人家的服装和所提的东西。"

他对凄凉落魄、身无分文的生活并没发过牢骚，也没有失去他爽朗的个性。

有一天，他在街上漫无目的地散步时，注意到女性们，无论是花枝招展的小姐，徐娘半老的妇人，除了都拿着自己的皮包之外，还提着一个纸袋，这纸袋是买东西时商店给她们装东西的手提袋。

"嗯!这样提纸袋的人，最近越来越多。"

机会就是成功的开端，在对一项事情一见倾心之后，对它的兴趣日益加深，然后把全副心神凝注在这事情上面开始下苦功，就可慢慢地走上成功之路了。

他如此一想，整个心就被纸袋和绳索占据。两天后就到一家跟商店有来往的纸袋工厂参观。果然，如他所意料，工厂忙碌得像刚发生火灾的现场一样。参观之后他怦然心动，毅然决定无论如何非大干一番不可。

"将来纸袋一定会风行一时，做纸袋绳索生意是错不了的。"

然而身无分文的他虽然有万丈雄心，但是却有无从下手的感慨。最重要的是资金要从哪儿得来呢?世上有锦上添花的人，但却少有雪中送炭的人。"但是让这个机会溜走，也许以后永远不会再有机会了。我必须紧紧的把握住它。"

以后几天，缺乏资金问题一直困扰着他。最后他决心硬着头皮去各银行试一试。

一到了银行，他就对纸袋的未来远景，纸袋绳索制作上的技巧，以及他的原价商法，该事业的展望等说得口干舌燥，但每一家银行都冷冷淡淡不理睬他。不仅不把他放在眼里，甚至有的银行以对待疯子的态度来对付他。

"我每天前去走动拜访，只要全神贯注，全力以赴，总有一天他们会改变主意的。"他如此想，于是他就决定把三井银行作为目标，连日不间断的前去展开波状攻击。

然而他疯人般的热心，在三井银行也没有得到同情。起初态度冷漠连他的话都不屑一听的职员们，过几天，对他蔑视的态度就逐渐表面化，终于耐不住厌烦大发脾气，一看到他就以怒目相向。有时他一来，大家就发出一阵哄笑来取笑他，有时他一进来就把他赶了出去。

皇天不负苦心人，终于前后经过三个月，到了第六十九次时，对方竟也被他那苦心孤诣、百折不挠的精神所感动，答案贷给他日元一百万元。

当朋友、熟人们知道他获得银行贷款一百万日元，于是他们也纷纷伸手帮忙，有的出资十万元，有的贷给他二十万日元，不久就有两百万日元的资金可运用。

如此，岛村就辞去店员的工作，立即设立丸芳商会开始绳索贩卖业务。

岛村深信，虽然他的条件比别人差，但用自己新创的"原价销售商法"干下去的话，一定能在竞争激烈的商业界立足的。

岛村的原价销售法相当有名，但方法很简单，没什么花招。具体来说包括如下几点：

首先，他就前往黄麻产地冈山的麻绳索厂商，一条四十五公分长的麻绳以五角钱大量买进，然后照原价一条以五角钱卖给东京一带的纸袋工厂。

完全无利润反而赔本的生意做了一年之后，"岛村的绳索确实便宜"的名声远播，应接不暇的订货单就从各地像雪片纷飞般源源而来。

接着，岛村就按部就班，采取他的行动，他拿购货收据前去订货客户处诉说："到现在为止，我是一毛也没赚你们的钱。但是这样让我继续为你们服务的话，我便只有破产的一条路可走了。"

这样跟客户交涉的结果，客户也为他的诚实的做法深受感动，心甘情愿的把交货价格提高为五角五分钱。

然后，他又到冈山找麻绳厂商洽谈："你卖给我一条五角钱，我是一直照原价卖给别人的，因此现在才有这么多的订货。如果这种无利赔本的生意让我继续下去的话，我只有等关门倒闭了。"

冈山的厂商一看他开给客户的收据存根，便大吃了一惊，这样甘愿不赚钱做生意的人，他们生平头一次遇见，于是就不加考虑，一口答应以后供应他一条四角五分钱。

如此一条赚一角钱，在当时他一天的交货量一千万条算起来，一天的利润就有一百万元，比以前当店员五年的薪金还要多。

创业两年后，岛村就成为名满天下的人，同时把丸芳商会改为公司组织。

他回忆说："有一次我遇上以前去三井银行时，把我赶出来的银行职员，他知道我发了大财，因此一看见我就面红耳赤地望而却步，一会儿，就默不作声的逃之夭夭了。"

创业十三年后，他一天的交货量至少也有五千万条，其利润实在难以计算。现在袋子绳索更是讲究，有塑胶带、缎带、绢带等，一条卖价五元左右，这些高级品的利润更是可观。

岛村的成功，究其原因一方面是他有先见之明，在十多年前就预料，纸袋流行的时代一定会到来；其次是他的原价商法得到了业界的信任，使他不花一文宣传费，顾客便自动替他宣传，使他无往不利，在几年间就从一个穷光蛋摇身一变成为日本绳索大王。可以说，他的原价商法，即是"吃亏就是占便宜"商法，是一项最高明、最高超、奥妙无穷的招财进门的法宝。

忍一时风平浪静

忍耐和愤怒是造福和招祸的一个重要关口。忍是“心字头上一把刀”,表示如果不忍,就会招来灾祸。每个人来到世上后,都会遇到许多不顺心、不如意的事,甚至还会碰到被冤枉、被欺负的事,在此关头是忍还是怒,可能在这短暂的时间内就能决定你的祸福。

有许多人,为了一些小利益的争执或是一些鸡毛蒜皮的事而发生口角之争,互不相让,以至大吵大闹,进而大打出手,结果往往两败俱伤。有的在为了物质利益上的争执,闹出了人命案子,打死的一方肯定会阴魂不散,而另一方则要“杀人偿命”。由此可见,忍字是多么的重要。古人云“忍一时风平浪静,退一步海阔天空”。当然忍也有个原则,例如国家的利益受到损失,国家的荣誉受到侮辱,这都不能忍,要挺身而出。

说白了,忍让,实际上就是让时间、让事实来表白自己。它能够摆脱相互之间无原则的纠缠和不必要的争吵。

忍让者,忍耐也,谦让也。一般来说,社交过程中如果产生什么矛盾的话,双方可能都有责任,但作为当事人,如能主动地“礼让三分”,多找自己的原因,往往能云消雾散,和好如初。

据说清代中期有个“六尺巷”的故事。当朝宰相张英与一位姓叶的侍郎都是安徽桐城人。两家毗邻而居,都要起房造屋,因地皮发生了争执。张老夫人便修书北京,让张英出面干预。宰相到底见识不凡,看罢来信写上一首打油诗劝导张老夫人:“千里家书只为墙,再让三尺又何妨?万里长城今犹在,不见当年秦始皇。”张老夫人见书明理,马上将墙主动退后三尺;叶家见此,深感惭愧,也把墙让后三尺。因此,张叶两家的院墙之间,形成了六尺宽的巷子,成了有名的“六尺巷”。

其实,忍让是一种美德。朋友的误解,亲人的错怪,流言制造的是非,论传导致的轻信……此时恼怒不会春天化雨,生气无助雾散云消,只有一时的忍让才能帮助你恢复应有的形象,得到公允的评价和赞美。

但忍让并不是懦弱可欺,正相反,它更需具备自信和坚韧的品格。“忍”字至少有两层意思:其一是坚韧和顽强。晋朝朱伺在《晋书·朱伺传》中说:“两敌相对,惟当忍之;彼不能忍,我能忍,是以胜耳。”这里的忍正是顽强的精神体现。其二是抑制。宋代爱国诗人陆游,胸怀“上马击狂胡,下马草战书”的报国壮志,也曾写下过“忍志常须作座铭”。这种忍耐,不也正凝聚着他们顽强、坚忍的宝贵的品格吗?岂能说他们是懦弱可欺呢?

歌德有一天到公园散步,对面走来了一位曾经对他作品提出过尖锐批评的批评家,他站在歌德面前大声嚷道:“我从来不给傻子让路!”歌德回答道:“而我正相反!”边说,边满面笑容地让在一旁。歌德的幽默消除了自己的恼和怒,避免了一场无谓的争吵。从某种意义上讲,既为自己摆脱了尴尬难堪的局面,顺势下台,又显示出了自己的心胸和气量。

欲速则不达

急迫地追求短期效应而不顾长远影响;追求眼前的区区小利,而不顾全局的根本利益，这都称之为急功近利。

古语讲，欲速则不达。急功近利是成就大事业的绊脚石。

急功近利者，一定是戴着功利名位近视眼镜的目光短浅者。一叶障目，不见泰山，只闻到了芝麻的香，而忘却了西瓜的甜。只看到目前的境况，只看到暂时的贫富盈亏。头痛医头，脚痛医脚，是急功近利者一贯的行为方式。为了治好头而不顾脚，为了治好脚又可以不顾头了。为了摆脱眼前的状况，可以不顾未来的利益，为了求得一时的痛快，而以长远的痛苦为砝码。其实这往往是得不偿失的。

你如果患上了急功近利的毛病，就一定心胸狭窄，胸无大志，总是盲从世俗，脑袋长在人家的脖子上。别人说军人时髦，你便想法穿上军装。别人说文凭重要，你便马上去混文凭。别人下海捞钱去了，你如同热锅上的蚂蚁，马上削尖脑袋下海去。

你根本不管人何以为人。什么人格啦、德行啦、人生境界啦、品行操守啦、灵魂啦、优美啦，在你看来一钱不值。你以为人生在世唯吃好穿好玩好乐好便就是好，便就是实在，便就是价值。于是，为了达到吃穿玩乐之好，你可以不择手段，不顾廉耻，出卖灵魂。

然而这世间的事情也真怪，越是急功近利者越不容易得到功利，没有一个不顾廉耻，出卖灵魂的人能够得到真正的快乐。

无论什么样的急功近利者，总是瞪着一对贪得无厌的眼睛，死死地盯着名利二字。然而名利之对于你好似一个西方哲学家打过的一个比喻一样，如同吊在车把前面的一块肉对于拉着车的车夫一样。车夫总想抓住那块肉，却总是抓不到。无论你把车拉得多么快，那块肉始终在你的车把前面，始终抓不到你手中。你成天绞尽脑汁，时刻伺机投机取巧，而且忙忙碌碌、大汗淋漓、辛辛苦苦，到头来仍然一无所有。你仍然功未成、名未就、利未得。

大凡急功近利者，虽与好高骛远者殊途，却同归。同归于二：一同于一事无成，二同于无幸福可言，只有空忙一场。急功近利者不可能成就什么事业，因为你本来就没有什么长远追求，没有成就什么事业的志向，你的全部精力，全部时间和全部生命都无形地消失在你的短期行为之中，消失在你虚浮浅薄的劳作之中。你也许一时得利，可是你付出的太多，得到的终归微不足道。而且你活得太累。所以，你不可能有真正的快乐和幸福。

难道快乐和幸福首先不是一种心灵的优美和灵魂的安泰吗?——所有急功近利者，无论年轻人的急躁、中年人的急进、老年人的急迫，莫不如此：无功无利无幸福。

可见，孔圣人没说错：欲速则不达。我们在成长、发展的道路上务必要目标和眼光长远一些，追求自己真正需要的东西，而不是为身边诱惑束缚住手脚。

让人骂个够

与人相处，由于利害的冲突和恩怨的纠葛，指责和谩骂免不了会发生。当有人骂你，最好的应对方法不是回骂，而是沉默以对。

在一次会议上，主办单位中的一个人和会中一位来宾有过误解。当这位来宾发言时，他竟不讲重点，反而当着二三十位来宾面前，把那个人骂了一顿，扯了很多过去的账，而且用词尖刻。人们都很担心场面会失控，但被骂的那个人却一点表情也没有，一句话都不回。结果骂人的慢慢骂不下去，匆匆收拾桌上的文件，走了。

姑且不论他们二人之间的是非恩怨，倒是应该佩服被骂的那个人的定力，换成别人,早就拍桌子挥拳了也说不定。“让人骂个够”,这是对付指责谩骂的最好方法。

为什么说这是最好的方法?理由为:

①打架要有对手才能“打”,对方还手,才能越打越起劲,若对方不还手,这个架当然就打不下去了。吵架也是如此,人若不还口,对方也会骂不下去。

②你若不还口,对方气势会越来越弱,此时会出现几个状况,第一是草草收场;第二是下不了台,脸红脖子粗地硬撑场面,最后气急败坏地鸣金收兵;第三是为了维持气势,不是不持续“骂”下去,但因为你不还口,对方缺乏你言语上的刺激,他必须不断搜寻骂你的理由和字眼,有时甚至会前后矛盾,自露马脚,无法自圆其说,结果把自己弄得窘迫不堪。

③不管你有理或无理,骂不还口可“塑造”你的“弱者”姿态,引发旁人的同情;当然,相对的,也会引发旁人对骂者的不以为然。而你的“风度”,相信也会获得别人的认同。

因此,骂不还口,可使自己处于绝对的上风;不过这相当不容易做到,因为一被骂,自卫的本能立刻升起,但如果你口才不佳却硬要回骂,有理也变无理,不过如果你自恃口才好,唇枪舌剑一来一往,你也不一定占得了便宜。骂赢了对方,对方若心怀鬼胎,这对你也不是好事。不妨沉默以对,让对方无功而退,因为他已经骂过了你,你又没还口,如此他怀恨的可能性便会降低。

有个政治人物据说常使用这个方法——当有人骂他时,他先是沉默,当对方骂完时,他则笑着说:

“对不起,你刚刚说的我没听清楚,是不是请你再说一遍?”

对方会不会再骂他一遍,看来是不可能,因为他骂完,气势已经下降,不可能在刹那之间重新处于既高且壮的状态;而且人家不吭声地让你骂,自己已处于不利的立场,再被这么一说,哪有脸有理再骂人一次?

当对方脾气暴怒的时候,让他骂个够,这是借力打力的技巧。就像太极拳一样,把对方的力化解掉。所以,这也是个好方法!

脸上唾沫自己干

人生在世,常常会遇到令人十分苦恼的境况,如无法自明自己的时候,或无须、不值得为自明自己花费太多精力的时候,更要学习等待,学习忍耐,不要玉石俱焚,不要纠缠不清。

唐代苏州寒山寺的两位名住持寒山与拾得于此有过一番很精彩的对话。一日,寒山对拾得说:“今有人侮我,冷笑笑我,藐视目我,毁我伤我,嫌恶恨我,诡谲欺我,则奈何?”拾得道:“子但忍受之,依他,让他,敬他,避他,苦苦耐他,装聋作哑,漠然置他。冷眼观之,看他如何结局?”

这可是炉火纯青的忍耐艺术了。虽然这种忍耐是消极避世的方法,但“冷眼观之,看他如何结局”,却别有一番正气在,包含了一种俯视人生的态度和清冷于荣华纷利的风骨。

据《旧唐书·娄师德传》记载,娄师德是一个既有学问又气量宽宏的人,名相狄仁杰就是他举荐的。但狄仁杰入相后并不知道这件事,还因为看不惯娄师德而经常排斥他,以至于到后来娄师德只好出京城而远到边地去任使了。

武则天知道后,就拿出往日娄师德举荐狄仁杰的表章给狄仁杰看,说你怎么这样对待有恩德于你的人呢?狄仁杰看了,大为惭愧,说,啊呀,他从来也不与我辩是非,也不对我说这件事,我受娄公如此包涵还不知,我比他真是差得太远了!娄师德为朝廷的重臣几十年,谦恭勤谨,从不懈怠,严于律己,宽于待人,在矛盾重重的中枢机构中从未有过帮派之争,也未有大起大落的经历,始终受到人们的推崇,这与他稳重的做人规范是不无关系的。

因此,适当的容忍也是一种有效地自我保护措施,是一种智者的风度。娄师德的弟弟当上了代州刺史,临行之时,娄师德对弟弟说:“我辅助宰相,你现在又管理一个州,受皇上的宠幸太多了,这正是别人所嫉妒的,你打算怎样对待这些人的嫉妒以求自免灾祸呢?”娄师德的弟弟跪在地上,说:“从今以后即使有人朝我脸上吐唾沫,我自己擦去唾沫,绝不叫你为我担忧。”娄师德说:“这正是我所担忧的。人家向你吐唾沫,是对你恼怒,如果你将唾沫擦去,那不是违反了吐唾沫人的意愿吗?别人会因此而增加他的愤怒。不擦去唾沫,让它自己干了,应当笑着去接受它。”

这种做法可说是宽以待人的极致了。当有人侮辱你时,能躲开就躲开,躲不开不妨忍下这口气。

忍而后发制人

在与人交往的过程中,有许多必要的原则,但在许多原则中,忍耐可称为是第一要则。因为只有忍耐才能了解对方,只有忍耐才能完成彼此的沟通,同样,只有忍耐才能养成与人交往时的高度修养。

日常生活中,我们听见一件事情,这事情使我们感觉极度不满,但在没有探究出真正的原因时,需要绝对的忍耐。进一步说,即使弄清了真正的原因,也应忍耐,因为发怒无益问题的解决。我们听到别人陈述或解释,即使明知他说谎或所言无理,也不该迅速表示不满的态度。有些人会在这种场合下说:“不要说了,你的意思是……”这样说不是一种好的应酬。

心理学家纳德曼说,当我们听到一件不惬意的事,再听了它的经过之后,常常就拿来修正自己的观念,以为事情有许多值得原谅的地方了。

有了适度的宽容忍耐之后,我们就可以抓住机会运用智慧进行反击了。反击应是很巧妙而富于机智的。

苏格拉底是古希腊哲学家,有一次和一个批评家相遇,批评家是个秃子。秃子一见面就批评谩骂苏格拉底。苏格拉底一声不吭。批评家余怒未消地问:“你还有什么话说吗?”苏格拉底淡淡地说:“没有,没有。我只是羡慕你。”批评家奇怪地说:“你羡慕我什么?”苏格拉底回答:“我羡慕你的头发,它真聪明,那么早就离开你的脑袋了。”苏格拉底的言外之意是:批评家的脑袋装了许多乌七八糟的东西,从他嘴里吐出来的当然不会是什么好话了。

忍耐是为了获得了解对方的时间,忍耐同时也给我们赢得了思考对策的时间。因此,如果有人对你大不敬,那么你要在忍的同时仔细品味一下,在心里想好反击的策略。其实,所谓的反击,都是在防守之时有所酝酿,借着对方的意识稍稍用力一转,就将对方击败。所谓的“后发制人”,其实就是对那些能在社交场合中保持忍耐而言的。

厚黑方略二十五

多用脑子，少用性子

一个人要时刻保持清醒、不犯迷糊是很难的。不少人往往因为意气用事或抵挡不住诱惑，落入别人设下的圈套，轻则丢财，重则丧命。奉劝各位：多用脑子，少用性子。

心平气和万事通

生活中非理性的因素很多，我们常常会因为某些非理性的因素而控制不住自己的情绪，造成一些不该有的后果。

(1)愤怒

这会使人失去理智思考的机会，在许多场合，因为不可抑制的愤怒，使人失去了解决问题和冲突的良好机会。

尤其是一时冲动的愤怒，可能意味着事过之后要付出高昂的弥补代价。在实际生活中，愤怒造成的损失往往是难以弥补的。你可能从此失去一个好朋友，失去一批客户，而别人对你的合作也会产生疑虑。

人在愤怒情绪的支配下，往往不顾及别人的尊严，并且严重地伤害了别人的面子。损害他人的物质利益也许并不是太严重的问题，而损害他人的感情和自尊却无异于自绝后路。

(2)狂躁

狂躁给人以一种假象，仿佛此人精力充沛，说话与做事都那么有感染力，显得咄咄逼人。

初次接触狂躁者时，许多人都会产生错误的感觉，以为他是那么的具有活力，使人感动。可是，随着时间的推移，以及了解的加深，你也许会发现，狂躁其实不过是一张白纸。

你会发现他狂躁表面下隐藏的缺陷：

他的谈话没有深度，他行事缺乏条理和计划性；他说过的话转眼就会忘记，交给他的任务也不会受到认真对待。

狂躁的情绪容易使人陶醉，因为狂躁者的自我感觉好极了，他会显得雄心勃勃。可是，世界上没有狂躁者成功的例子，狂躁是情绪的极端。

(3)猜疑

猜疑是人际关系的腐蚀剂，它可以使触手可及的成功机会毁于一旦。

许多猜疑最终都证明是误会，如果相互之间的沟通顺畅，那么猜疑的霉菌就无处生长。对成功路上艰难跋涉的追求者来说，猜疑将是一个随时可能吞没你整个宏伟事业的陷阱。因为你的猜疑可能随时被别人利用，而蒙在鼓里的你还浑然不觉。其实，只要你细加分析，就不难发现，猜疑是多么的没有道理和破绽百出。

猜疑的另一个原因是对自己的控制能力缺乏足够的自信。为什么会猜疑?因为担心自己的利益受到损害，而这种担心显然是由于对自己控制局面的能力信心不足。

(4)嫉妒

嫉妒使人心中充满恶意、伤害。如果一个人在生活中产生了嫉妒情绪，那么他就从此生活在阴暗的角落里，不能在阳光下光明磊落地说和做，而是面对别人的成功或优势咬牙切齿，恨得心痛。

易嫉妒的人伤害的首先是自己，因为他把时间、精力和生命不是放在人生的积极进取上，而是日复一日的蹉跎其中。

嫉妒同时也会使人变得消沉，或是充满仇恨。一个人如果陷入这种不良精神状态，那么他距离成功也就会越来越远。

(5)紧张

适度的紧张使我们能集中精力，不致分神。但紧张过度却会使我们长期的准备工作付诸东流。

一个成功者，他也许一直都有些紧张的情绪，但之所以成功，是因为他已经学会了如何控制紧张。美国历史上最著名的总统林肯，当众演讲时始终有些紧张，可是他知道如何控制和巧妙地掩饰过去，不让台下的听众觉察出来。

如何控制以上所说的非理性因素造成的不良情绪？我们看看下面这个故事。

美国一家公司的经理想出了一种很好的办法，以发泄他的怨气。年轻的时候，他在本公司里做一个小职员。当然，提升的渴望和现实有很大的出入，于是，他提起纸笔，想写辞职信。

在写辞职信之前，他为了发泄自己的不平，就在纸上写下了对公司中每个上级职员和经理的评判。写好后，他拿去让一位老朋友看。

那位朋友很有心计，他取出一支蓝色水笔，让这位不平的朋友把公司中那些人的才能也写下来，同时列出在十年之内如何提升自己的计划。

当这些东西都写出来后，这位公司职员的怨气消了很多，他决定继续在这个公司做下去，因为与他相处的上级职员和经理既有缺点，也有优点，兼顾二者的话，他认为自己没有充分的理由离开这些人。

从此，这位职员学会了一种发泄不平的方法，凡是忍不住的时候，他都要把心中的情绪写下来，看一看，心境就平和了许多。

有勇更要有谋

古往今来，作战打仗靠的是谋略。作为一个统帅，时时刻刻要想到战胜敌人的谋略，这是古代兵书中所总结出的重要法则。

值得指出的是，打仗要有勇有谋。在很多情况下，有谋比有勇更为重要，例如行军所到之处，必须多问，多思考。既自己独立思考，又广泛地向别人询问，这都是好谋的具体表现。

我国古代名将王璞山带兵，有名将之风，每次与敌军相遇，在交战的前一天晚上，他都要传令各营军官齐集，与他们畅谈敌情、地势。他特别注重倾听部下的意见，在战前会议上他常从衣袖中拿出十几张地图，分给每个与会者一张，让诸将对诸如如何进兵，如何分派，某营埋伏，某营并不参战、只是等到战斗结束后专门负责追剿之类的问题各抒己见，畅所欲言。待诸将一一说完，王璞山才说出自己的方案，然后给每人发一张纸，上面写的就是已经议定的意见。第二天战斗结束后，如果发现谁的所作所为与当初议定的意见不符合，即使有功也必须受到处罚。而在平日无事时，王璞山也每三天必定要传召各营军官，熟论战守之法。

古代军事家指出，像这样使部队形成一套好谋制胜的作战制度比之寻常的操练和用兵不知要高明多少倍。军队的战斗力就是这样逐渐提高的。

好谋制胜说到底就是要对对方的心理有一个准确的把握，谋在对方之前就可能占据主动。这一方则也同样适合于筹办各类事情的安排之中。

在第23届奥运会之前的历届奥林匹克运动会,没有哪一个主办国不亏损的。而由美国第一旅游公司副董事长尤伯斯负责承办的在美国洛杉矶举办的第23届奥运会却不仅没有亏损,还有赢利。这是为什么呢?原来尤伯斯在充分了解人们的心理活动之后,果断采取了一种“拍卖荣誉”的方案。

尤伯斯利用大家向往奥运会的心理,向市民发出邀请:凡自愿为本届奥运会义务服务者,每人发两套制服,供应一顿快速午餐,免费看几场球赛。这为奥运会节省了大量服务开支。

例如,火炬传递是奥运会的第一套程序,这届奥运会火炬传递仪式于1984年5月8日上午9点30分在纽约市联合国大厦前开始,要在7月28日奥运会开幕时准时到达洛杉矶纪念体育场。历时82天,全程15000公里。奥委会做出决定,火炬传递权以每公里3000美元的价值出售。也就是说,分若干小段出售给那些想过一过瘾的人,仅这一项可赢得4500万美元。

尤伯斯成功的秘诀,就在于他善于使用谋略安排好了每一个细节,特别是他将奥运会的荣誉及参与权以金钱或义务服务的方式拍卖给了想过一过瘾的人们。从而不仅节省了开支,而且创造了更多的赢利。

得意不要忘形

在这个社会上,有些人总喜欢夸耀自己,往往认为自己的学识高人一等。每遇亲朋好友,就迫不及待地大肆吹嘘自己的心得、经验,却不知这样常令一旁的好友不知所措。

举个例子来说,一个嗜赌如命的人,看到不会赌钱的人,很可能会揶揄他一番:“你怎么不会赌博,那人生还有什么快乐可言?”这话传到朋友的耳里,肯定不会让他感到愉快的。

所以,每逢开口说话,不管是什么内容,都要注意别让别人产生被比下去的感觉。

有一次,一位先生约了几个朋友来家里吃饭,这些朋友彼此都是熟识的。他们聚拢来主要是想借着热闹的气氛,让一位目前正陷低潮的朋友心情好一些。

这位朋友不久前因经营不善,关闭了公司,妻子也因为不堪生活的压力,正与他谈离婚的事,内外交迫,他实在痛苦极了。

来吃饭的朋友都知道这位朋友目前的遭遇,大家都避免去谈与事业有关的事。可是其中一位朋友因为目前赚了很多钱,酒一下肚,忍不住就开始谈他的赚钱本领和花钱功夫,那种得意的神情,在场的人看了都有些不舒服。那位失意的朋友低头不语,脸色非常难看,一会儿去上厕所,一会儿去洗脸,后来他提早离开了。

一出门,他愤愤地说:“老吴会赚钱也不必在我面前说得那么神气。”

人人都会经历人生的低谷,人人都会遇上不如意的时候,这时,在失意的人面前炫耀自己的得意之处,无异于把针一支支地插在别人心上。既伤害了别人,对自己也没有什么好处。

因此提醒你,与人相处,切记——不要在失意者面前谈论你的得意。

如果你正得意,要你不谈论不太容易,哪一个意气风发的人不是如此?所以这种做法也没什么好责怪的。但是要谈论你的得意时要看场合和对象，你可以在演说的公开场合谈，对你的员工谈，享受他们投给你的钦慕眼光，更可以对路边的陌生人谈，让人把你当成神经病，就是不要对失意的人谈。因为失意的人最脆弱，也最多心，你的谈论在他听来都充满了讽刺与嘲弄的味道，让失意的人感受到你“看不起”他。

当然有些人不在乎，你说你的，他听他的，但这么豪放的人不太多。因此你所谈论的得意，对大部分失意的人是一种伤害，这种滋味也只有尝过的人才知道。

一般来说，失意的人较少有攻击性，郁郁寡欢是最普遍的心态，但别以为他们只是如此。听你谈论了你的得意后，他们普遍会有一种心理——怀恨。这是一种钻进到心底深处的对你的不满，你说得口沫横飞，却不知不觉已在失意者心中埋下一颗炸弹，多划不来。

失意者对你的怀恨不会立刻显现出来，因为他无力显现，但他会透过各种方式来泄恨，例如说你坏话、扯你后腿、故意与你为敌，主要目的则是看你得意到几时，疏远你，避免和你碰面，以免再听到你的得意事，于是你不知不觉就失去了朋友。

当你有了得意事，发了财或是一切顺利，切忌在正失意的人面前谈论。

就算在座没有真失意过的人，但总也有景况不如你的人，你的得意还是有可能让他们反感，人总是有嫉妒心的，这一点你必须承认。

所以，得意之时就少说话，而且态度要更加的谦逊，尤其是在面对你的商业客户时，更应谨记。

知道自己能吃几两干饭

老百姓说话最实在，一个人总得知道自己能吃几两干饭。但是，生活中几乎没有谁能客观地评价自己。这可以被认为是绝对的，如果你非说自己做到了客观那也只能是相对客观。

无论人们嘴上怎么说，在他们心目中，自己总是比别人强，即使是一个乞丐也可能这么想；不把自己当回事儿的人也有，比如说绝望的人群，那是一种自卑，评价同样不客观。做到客观很难，但是又很重要。这基本上决定了一个人的素质。所以，人们以“自知之明”为贵，这个提法准确得很，但是，操作起来味道就变了。那大抵是在强迫人们谦虚，这就更加不客观了。

在十几年前，一位“大众作家”很有姿态地说：“你以为你是谁?”这话很有意思，如果阿Q在世，一定会跟他对应一句：“你以为你是阿Q吗?”其实，从另一个角度来看，“大众作家”基本上提出了一个“客观评价自己”的问题。

在鼓励包装炒作的时代，很多人都想最大限度地膨胀自己。文化界也是这样。最近美女作家出炉，就很有这股子味道。美女作家公然发表高见：用身体写作。但是，我们读到的文字及其内容跟美的距离太大。那简直是把生活中的“丑”赤裸裸地展示给你看，这还是艺术吗?

她们以为在艺术前面加上“前卫”两个字，似乎就解决了一切问题。但是，任何“前卫”艺术具有生命力的标准都是要经得起时间的考验，纵观世界艺术发展史，所有的作品无不如此。可是，美女作家想让自己的作品接受时间的考验，怕是不容易，而一些人自己的“前卫”作品是一种含混的述说,少有想象空间的延展。当然,艺术评论是一件见仁见智的事儿,这里绝没有抨击谁的意思。

说一句实话,美女作家们勇气可嘉,最起码她们都懂得承认自己,只是承认得过于夸张了。这时候,考虑“人贵有自知之明”的问题也好,但有些问题是比评论更现实的问题。如今,很多人都跃跃欲试于自己根本不懂的事情,如果通过刻苦的钻研,最终补充自己的知识,那当然是一件好事儿。可是,有些人知道自己在某个领域毫无建树也不可能有所建树,在那里面硬撑着。这种状态深一思考让人感到滑稽,再品味就有点可怕了。

这是一种双重的可怕。一方面是对工作的对象而言,一方面是对自己来说。外行终归是外行,他存在的意义本应仅仅是为内行提供一个反面教材。可现实中往往不是这样。他们会极力地在各种领域表现自己,而藐视内行的谦让。而且他们一旦有机会领导内行,往往就变本加厉。但是,越是这样越是没有什么好处。因为内行永远不会发自内心地佩服你,而你自己又毫无所得,甚至是永远失去了充实自己的机会。当然,你或许根本就不在乎这些,可是,耽误别人又最终对自己没什么好处的事情,做它到底干什么呢?

我最佩服的人就是那些既承认自己的能力,又看清自己不足的人,这些人的心态大都非常健康。有他们在环境里往往会产生一个团结合作的团体。这时候,“人贵有自知之明”已经不仅仅是一种人生素质,更是时代需要的工作准则了。

脾气暴躁,易进圈套

《教父》里,杉尼是唐·科利奥尼的大儿子,生性率直,脾气暴躁,身子骨长得好,依仗浑身的力气,舞刀弄枪,不把谁放在眼里。杉尼打打杀杀,在纽约黑社会也有些名气,他是唐·科利奥尼家族中的打手头目。

杉尼在纽约黑社会中多有积怨。杉尼家族的对头,纽约另一大黑社会势力(以经营卖淫业为主)欲除掉杉尼。他们买通了杉尼的妹夫卡洛,让他故意死命殴打杉尼的妹妹康妮,杉尼和他妹妹康妮平时关系最好,康妮在科利奥尼家中是唯一的女儿,很受宠。康妮挨打必会向杉尼诉苦,杉尼脾气暴躁,不爱用脑,他听说康妮挨打后,必会找那个平日他根本看不起的妹夫算账。这样,人家便能将杉尼从他的窝中调出,伺机干掉他。杉尼的仇敌果然计算正确了,杉尼一接到康妮哭哭啼啼的电话,便立马火冒三丈,立时为康妮做主,要为她报复。其时正是夜深时分,杉尼拿起手枪,也没带保镖,开着车便直奔康妮住处。

路过一个交费站时,杉尼减速,在站口让人查验交费卡。验完,那人将卡还给杉尼,转身便向交费岗里走去,一晃消失了。杉尼一下子感到不对,欲开车调头,可是晚了,预先埋伏在岗亭里的枪手一齐开火,把杉尼打成了一个马蜂窝。那些人走出岗亭,还不解恨,又对着杉尼的脸部一阵猛扫,直到把杉尼面部打得七零八落了,看不出个形貌后,才扬长而去。杉尼被他的仇家除掉了。

杉尼落得这个下场,直接是他的个性所致。平日他因自己火暴的脾气,动辄与人厮杀拼打,甚至连警察他也不怕,这使他积怨甚多,成为他人眼中的倒刺,不除不得安身。

在他仇家的这个设计中，杉尼也完全没有动脑筋。康妮挨打的时候，正是杉尼的家族和另一个黑社会家族火拼的时候，深夜出现这种情况，杉尼应该有所省问，这是在江湖中闯荡的第一反应，这样才有可能避免随处都有的陷阱。可是杉尼没有这样。他被自己的情绪控制着，出气心切，把其他的一切都忘了。再说深夜离开家族根据地，应该带上保镖，让他们在前开路，这样对方的诡计就有可能要落空。杉尼又没有这样，只是单枪匹马，恃勇妄为，这只能去送死。

脾气暴躁，并非杉尼一人如此。我们很多人也有这种急性子。遇事不能冷静，摆脱不了情绪的控制。常常性子一起，什么稀里糊涂的事情都做得出来。这样，最终吃亏的当然是我们自己，于事无补，败事有余。脾气暴躁至少有这样三点不好：

①性子起来时，好口出拙言、秽言、厉言，极易伤害对方，让对方也激怒起来，跟我们顶牛，一件小事也会惹出大祸来；

②人在发脾气时很可笑，有时连话都说不出来，没法跟人争论，连自己有的理也讲不出来了，只能自己气自己，自己干发急，其他的人也不明白你对在哪里，也没有人支持你；

③脾气暴躁时，感情迷失了理智，情绪控制了大脑，人不能置身事外，冷静地分析事物，看待问题，出最好的招。相反，以情论事，率性而为，眼睛只看在鼠目以内，焉能看出更多的事理，或嗅出可能的风险?像杉尼那样，人家给出一个“诱饵”，便蠢头蠢脑地反扑上去，怎么不中人家的圈套呢?凡是这种以性子和身体与人抗争的，没有不败的，没有不吃亏的。遇事要冷静，要多想几个为什么，有话慢慢说，自己不急，让对方去急(急了伤脾)，这样才会避免情急出错，情急犯痴的短处。从杉尼的不幸下场中，你看出脾气暴躁的危险了吗?

心急吃不了热豆腐

有一个男孩在草地上发现了一个蛹。他把蛹捡起来带回家，要看看蛹是怎样化为蝴蝶的。

过了几天，蛹上出现了一个小裂缝，里面的蝴蝶挣扎了好几个小时，身体似乎被卡住了，一直出不来。

男孩看着于心不忍，于是，他拿起剪刀把蛹剪开帮助蝴蝶脱蛹而出。可是这只蝴蝶身躯臃肿，翅膀干瘪，根本飞不起来。

男孩以为几小时之后，蝴蝶的翅膀会自动舒展开来；可是他的希望落空了，一切依旧，那只蝴蝶注定要拖着臃肿的身子与干瘪的翅膀，爬行一生，永远无法展翅飞翔。

大自然的道理是非常奥妙的，每一种生命的成长都充满了神奇与庄严，瓜熟蒂落，水到渠成；蝴蝶一定得在蛹中经过痛苦的挣扎，一直到它的羽翅强壮了，才会破蛹而出。男孩善意的一剪，反而害了它的一生。

从这个故事里，我们可体会“揠苗助长”、“欲速则不达”的真谛。炖、熬、磨炼、挫折，这些都是成长必经的过程。急于成功的人，别忘了日本名将德川家康的一句名言：“人生必须背负重担，一步一步慢慢地走，总会有一天，你会发现自己是那走得最远的人。”

人们常说，一口不能吃成个胖子，这句话不仅适用于刚刚创业的生意人，也适用于急于在人际关系中站稳脚跟的年轻人。任何公司，任何生意，任何成功，都是从无到有，从小到大，一步步踏实地走过来的。

当今世界第一富翁比尔·盖茨曾经退学在父亲朋友的电脑公司干活，积蓄了一定的资金后，和几个朋友先是共同投资创办了一家小小的电脑公司，然而现在微软公司已成为电脑行业当之无愧的龙头老大。

对于一般的商人而言，都是利用手头有限的资金，从小本生意做起，通过艰苦的创业，灵活的经营，才逐步把事业壮大起来。为人处世也是如此，也有一个由小到大、苦心经营的过程。

心急吃不了热豆腐，性急喝不了热锅粥，凡事不可操之过急，只有一步一步、脚踏实地，这才是通向成功的现实出路。

给自己泼水降温

受到不公平待遇，遇到他人辱骂，办事不顺心，这些事情都可能使我们大动肝火，情绪激愤。

但轻易发怒一般不仅不利于问题的解决，还对自己的身体有危害。现代医学研究表明，发怒是改变人体化学反应获得较大能量的一种方式，这对脑血管有问题的，容易引起脑血管破裂，导致中风，患有心脏疾病的人也容易引起心脏病突发，造成生命危险。另外情绪激动之下，有可能会做出许多不理智的举动，给他人或自身造成伤害，而等冷静下来时便后悔莫及了。

因此当你因某人某事生气而情绪激动时，应先默默对自己说："冷静!冷静!再冷静!"防止直接冲突。因为你此时头脑发热，往往语气粗暴，语不达意听不进别人的解释，结果会使问题变得更糟。你不妨一个人去散散步，使头脑清醒一些，仔细整理一下思绪。也可以与一两个局外人交谈一下，发泄一通内心的怒气或接受一些劝告。如果这样不足以平息你心中的怒火，试着去找更剧烈的发泄方式：如狂跑一阵，打一场网球等。

情绪平息后，你再与当事人作直接交谈。交谈时，要彬彬有礼，有理性，不要直呼其名，粗暴责备，讽刺挖苦甚至进行威胁。谈话内容应对事不对人，更不要进行人格污辱。在说明自己的观点的同时，注意倾听别人的意见。努力学会说："是的，我能理解你的观点。"一个人自尊心强固然是好事，但必须学会尊重和理解别人。只有这样才能期望得到别人的理解。

更重要的是努力提高自己的修养，开阔心胸，"宰相肚里能撑船"。善于谅解别人的过错，所谓"大人不记小人过"，这样才不会为一些小事而耿耿于怀，以致轻易发怒。当然这里也有一个度的问题，该忍的就忍，不该忍的还是要勇于反抗，这是张弛有度的道理。

偏激则有失冷静

常听人说某某不好相处，仔细观察就会发现，这一类人主要是做人太偏激，疾恶如仇，眼里容不得半点儿沙子。这种人到哪都没有好人缘。

由此可见，与人相处不可太偏激。处理问题头脑要冷静、客观，全面地想问题，切忌忽左忽右，极端片面。有的人天性偏激，就要通过后天的训练去克服，这时方法的运用就很重要。

我们可以尝试一下运用宽心法克服狭隘的痛苦。努力工作，奋发学习，加强思想修养，热爱并创造新的生活，思想境界提高了，心境也就放宽了。

运用遗忘法克服仇恨的痛苦。对过去的历史不必再去追溯。企图从回忆中捕捉虚幻的甜蜜，往往会增加烦恼。运用排除法克服失意的痛苦。主动置身于欢乐的环境中，参加一些集体活动或出外旅游，这样可以振奋精神，开阔胸襟。

运用寄托法克服失恋的痛苦。根据自己的兴趣，选择一种追求目标。比如可以争取在本职工作中有所创造革新，也可以在业余活动中争取成绩。

另外，还要克服社交中的攀比情绪，对人不要抱有对立情绪，时时处处提防别人，使自己与别人的关系经常处于紧张状态。

完成工作后不要滔滔不绝地自我吹嘘。你的功过大家自有评价，最好保持谦虚谨慎的态度。

与朋友相处，要有自己的独到见解，但不要固执己见，听不进他人的意见。

做人要有责任心，与人交往要负责任，对别人委托的事和自己与别人共同参与的工作，都要主动负起责任，绝不要敷衍了事。

对人不要报复心太强。人与人之间难免会有些矛盾和冲突，如果受点委屈就耿耿于怀，便很难与人有正常的交往。越是有才能越要谦虚。切忌狂妄自大，自命不凡，谦逊而有才干的人是最受人爱戴的，那种有才能但自负的人，准会在人际交往中栽跟头。

吹吹拍拍惹人嫌。尊重领导是正当的，但刻意追求，不择手段地竭尽吹捧奉承就另当别论。随着岁月的流逝，人的社会分工会不断发生变化，绝不要因自己职位的提高就嫌弃过去的朋友。

待人要平等，不要把人分成三六九等、尊贵卑贱。这种庸俗的待人方式令人生厌，大凡有头脑的人，都不会与这种势利小人做朋友。

在荣誉和奖励面前要谦让人，在困难和责任面前要勇于承担。这样的人走到哪里都会受到大家的尊重和爱戴。记住别人对你的帮助，适当的时候给予回报。你对别人的帮助应视为理所当然，谁都愿意和你交朋友。

以德报怨，人人敬之。处理怨恨的最高尚、最明智的方法就是不计前嫌，以德报怨，以怨情为友情。当你发现自己伤害了别人的时候，要及时道歉，求得别人的谅解。不能因为别人对你的伤害产生怨气就忍受不了，想方设法为自己的行为辩解甚至不承认自己有错。

“迷汤”能够灌死人

一个人只要有权或有钱，他身边必定会有一些拍马逢迎的人，“贫在闹市无人问，富在深山有远亲”。他们的目的无非是要攀龙附凤，借你的权力或金钱之便，为自己谋取升官发财的机会。有的更是借此招摇、敛财、敲诈等不一而足。

陈小姐快四十岁了，还没有结婚。一次，她乘火车去看姑母，这时候走过来一位英俊的中年男子,他指着陈小姐旁边的空位很有礼貌地问:“对不起,请问这儿有人吗?”

陈小姐摇摇头,说了声请。这位先生便坐下来,非常爽朗地自我介绍道:“我叫李胜文,是深圳的开业律师,很高兴认识你。”

陈小姐朝他友好地点了点头。过了一会儿,李先生转过脸来仔细地打量着陈小姐,很惊讶地叫了一声:“天哪,怎么会这么巧,我们又见面了!”

陈小姐吃惊地望着李先生很久,脸上布满疑惑:“对不起,你肯定是认错人了。”

“不,我没有认错,你还记得去年夏天在北海海滨浴场吗?”

陈小姐摇摇头:“我没有去过北海。”

“你怎么会忘记呢?当时你在北海浴场时可真开心呢,你那么漂亮、迷人,我们好几位男士都被你迷住了,差点还为你打架呢。”

“这是真的吗?”陈小姐忍不住问自己。是的,她曾经梦想过自己要去北海海滨度假,可是一直没有成行。

“你真的一点都不记得了吗?当时你穿着一件浅绿色的游泳衣,上面还绣着几朵丝绒花,真是太漂亮了。”

陈小姐的确喜欢绿色衣物及丝绒花,今天她还穿着一件绿衬衣呢,领尖上分别绣着两朵绒花。不过,不细心的人是看不出来的。

“说真的,北海的牡蛎可真是不错,你吃牡蛎的样子可真够优雅的……”

李先生继续追述着去年他们在北海海滨的故事,陈小姐渐渐相信了他所讲的故事,还不时指出李先生讲述中不准确的地方。

接着,他们谈到了彼此职业生涯中的许多事情,李先生的故事一次又一次让陈小姐发出欢快的笑声。他们谈笑风生,谁都看得出来,他们是一对多年的老相识了。

车到广州站,李先生告辞下车,两人互留了电话号码。陈小姐一直目送他走出月台。

列车从广州站开出后,列车员走过来验票,陈小姐一摸口袋,大惊失色,她装有五千多港币的小包空空如也,火车票也不见踪影了。

列车员问清情况后,叫来了乘警。乘警把一本厚厚的照片簿摊开到陈小姐面前:“这是一些经常在我们列车上进行诈骗和偷盗的嫌疑犯的档案,你看能找出那位可恶的家伙吗?”

陈小姐打开簿子,一页页翻动着,其中一张照片上的先生和李先生实在太像了……

这个故事再一次向我们说明:谎言说一万遍也会成为真理。那个骗子李先生一遍又一遍对陈小姐进行攻心战术,描述那次子虚乌有的北海海滨之行,让陈小姐在不断重复与强调中掉入幻觉之中,和骗子一道欺骗自己。

从作恶的蛛网中自拔

有时人们会陷入作恶的蛛网中而不能自拔,因为他放弃了努力。于是他们就又被纠缠得愈来愈紧,直到最后遇到一次重大的经历,他们才被释放出来。吉姆·弗斯的情况就是这样。

吉姆·弗斯是这样的人:许多年来,他一直违背戒律。第一次他违背了“你不可偷窃”这条戒律，这时他还在大学读书。有一天他偷了 92.74 美元，乘飞机前往佛罗里达州。不久，他又持枪抢劫，被抓获投入监狱。后来他得到了大赦，参加了军队，然而，即使在军队中，他仍没放弃作案。

事情就是这样在进行。吉姆在人生的道路上不断地滑下去。但他行恶愈久，就愈感到内疚。开始吉姆还没有自觉地感到更多的内疚——因为他的犯罪的自觉意识变得迟钝了。但是他的下意识心理却在积累着内疚情绪。

吉姆从军事监狱里获释后，结了婚，搬到了加利福尼亚州。在那儿他开了一家电子咨询商店。一天，一个自称安地的人来找吉姆，他谈到一个想法，用一种电子装置去打击其他种族的人。在几个星期内，吉姆便深深地陷入黑社会中去了。为此，他有了一辆价值 9000 美元的汽车，并在郊区拥有一所漂亮的房子。他的业务多得使他忙不过来。

一天，吉姆同他的妻子发生了争吵。她要了解所有这些钱是从哪儿来的，他却不肯说，所以她哭了起来。吉姆不忍看他的妻子哭泣，因为他爱她。为了安慰妻子，吉姆提议开车到海滨去。在去海滨的途中，他们碰上了交通阻塞；几百辆汽车涌进了一个停车场。

“啊，看呀，吉姆，”爱丽丝说，“那是格拉汉!我们去听他讲演吧，这可能蛮有意思呢。”

吉姆想迁就她，就走了过去。但刚坐下不久，他就变得十分烦躁不安。他觉得格拉汉似乎是在直接对他讲话，良心使吉姆感到不安了。格拉汉的论点是：

“如果一个人获得了整个世界，却失去了他的灵魂，这对他有什么好处呢?”

接着格拉汉又说：

“这儿有一个人，他听到这些话时，受到良心的谴责，他想要离开他的老路，却未作出决定。但这将是他最后的机会。”

他的最后的机会?对吉姆说来，这个说法叫他吃惊。这位教士的意思是什么呢?

吉姆想知道正在发生的事，为什么他总想哭呢?他突然对妻子说：“我们走吧，爱丽丝。”爱丽丝顺从地走向一边，但吉姆抓住她的一只胳膊，把她的身子转过来。

“不，亲爱的，”他说，“走这边……”

几年后，吉姆完全改变了他的生活。他在洛杉矶发表了一次演说，讲了他的经历，特别是他下决心的那天的情况。那天他被通知飞往圣·路易斯城去执行一次窃听任务。“我决定不到圣·路易斯去，”他说，“我发现了勇气。”

吉姆·弗斯讲演以后，一位妇女走到他面前说：“弗斯先生，我想你也许想知道一件事情，当你打算到圣·路易斯去的时候，我正在市长办公室工作，就在那一天，我们收到联邦调查局发来的一份电传，说你在圣·路易斯碰上了一群暴徒，你被他们开枪打死了。”

在吉姆的故事中有一个极好的经验。吉姆之所以能祛除他的内疚情绪，是因为他遵循了一个我们每个人都遵循的公式：

首先，当你听到可能改变你的生活的忠告、演讲时，你要好好地倾听。

然后，你就不难对你所做的错事由衷的感到惭愧，也不难于做法真诚的忏悔。

你必须迈出前进的第一步，这是很重要的。当吉姆迈出那一步时，就等于他向公众宣布：他已对他的过去感到惭愧，现在准备改变他的生活了。

还有，你必须迈出前进的第二步：立即开始纠正每一个错误。

如果你正为坏事的引诱所苦恼，以及随之而来的内疚使你不能把你的能力应用到工作和生活的方面，你就学习摆脱内疚的公式，并把这公式同你自己的生活联系起来。应用这个公式，可以迈步走向成功。

不因小节妨碍大事

对胡雪岩来说，他对男女私情抓得极紧；另一方面，胡氏对于钱财黄白之物，则手头甚松。

胡雪岩初次离开杭州，雇了一艘“无锡快船”，带着老哥老弟一帮子人，远去上海公办。那艘船的船主，有个二八年华妙龄女儿，名叫阿珠。阿珠聪慧异常，品貌出众，只可惜生来小姐身子丫鬟命，再怎么样都是船家女儿，身份高不到哪儿去。

船主老张说了，希望阿珠能老老实实找个摇船的同行嫁掉算了，什么人什么命，认了吧！但那阿珠总是心想能捞个有身价、有地位的如意郎君。胡雪岩一行人上船之后，阿珠小姐一颗芳心可就挂在胡雪岩身上。

胡雪岩对于阿珠也甚中意，眼看一出男欢女爱就要上演，胡雪岩却克制住自己，硬是不碰阿珠。胡雪岩知道，自己正是创事业打根基、脱衰运交好运的时候。没工夫应付婚外情，一旦沾上了阿珠，以后没完没了。

阿珠也不是简单人物，小小年纪就知道要手段弄心眼。旅途结束之后，她看胡雪岩没啥表示，紧接着就要她老爸上门探口风，要她老妈去胡雪岩家刺探胡太太脾气习性，她甘心作小，非要把胡雪岩黏上不可。

胡雪岩其实已经心动，有意纳阿珠为妾，但他还是不慌不忙，一心一意放在事业上。对于阿珠，胡雪岩谋定而后动，整个纳妾过程不慌不忙，有条不紊，绝不操之过急。并且，在万事齐备之前，碰也不碰阿珠。

这份定力真称得上是“能屈”、“能紧缩”。搞企业的名商大贾，对于女人就得学学胡雪岩这份定力。

胡雪岩对男女关系守得紧(逢场作戏固然疯狂为之，但招小、纳妾之事，则谨慎为之)；至于对铜钱银子则看得甚开，该花则花，一点也不心疼。

胡雪岩风云际会，开了“埠康”钱庄。钱庄开业那天，众多同业都卖面子，弄了大笔银锭，存入“埠康”。这把戏不稀奇，专业术语叫“堆花”，取其“花花轿子人抬人”之意。不过，这种“堆花”没法子持久，过了几天，存进来的钱还是会提走。

过去十几家新银行开业，每家银行开业那天，也有大量同业拿资金存进去，显显场面，求其热闹。这些临时充场面的资金，日后还是会流走。因而，银行业者必须另外动脑筋，拉拢顾客。这一方面，胡雪岩有高招，简直是这一行的祖师爷。

胡雪岩挪用两百四十两银子，分为十二份，每份二十两，分别开立十二份存折，送给巡抚等官员的家眷。大官家眷平白无故得了胡雪岩存折馈赠，一方面见情，以后有钱就存入“埠康”；另一方面，这档事口耳相传，外面知道之后，都晓得“埠康”有抚台、藩台衙门内眷撑腰，招牌靠得住，口碑打响之后，生意自然源源而来。

这一招叫做“放长线钓大鱼”、“舍小饵诱大鱼”。一般生意人可没这份胆识，按普通角色逻辑，做生意当然是将本求利，哪有平白无故送放银子的道理?这一点，可以看出胡雪岩脑中自有丘壑，看得准拿得稳，银子该舍则舍，真是能伸能放。

当局者迷，旁观者清

一事当前，当局者迷，旁观者清，这是人们最常遇到的情况。所以，当人们急于办成某件事而深陷其中，以至忘记了什么是重要的，什么是不重要的，甚至连办事的初衷也忘得干干净净。这样的办事者最终看起来好像把事办成了，其实失去的更多。

据《史记·魏公子列传》记载：魏国的公子在赵国一住十年不回魏国。秦国得知魏公子在赵国，于是日夜出兵攻打魏国。魏王很着急，忙派使者到赵国去请魏公子回来。谁知魏公子一向刚愎自用，且自尊心极强。自认为在诸侯中有相当威信，狂妄自大，听不进劝告，见了使者，很不高兴，对手下人说："有谁再来替魏王劝我回去，我就杀了他！"

这样一来，魏国许多有才华的人纷纷背叛魏国，跑到赵国去了，没有人敢劝魏公子回国。

这时毛公和薛公二人来见公子，对他说："公子你所以在赵国受到器重，在各诸侯中享有盛名，就是因为魏国存在。现在秦国攻打魏国，魏国形势危急，你却置之不理，让秦国攻占你的祖国，你自己的祖庙要被夷为平地，还有什么脸见天下英雄？"

话没说完，魏公子惭愧得脸色都变了，立即驾车回国了。

古谚说："皮之不存，毛将焉附？"一个人失去了自己的根基靠山，立足于世的利益也将不复存在。魏公子之所以立即回魏，就是因为他终于懂得了这个道理。

春秋时，公孙仪任鲁国的宰相，他很喜欢吃鱼，国内的人都争相买鱼献给他，公孙仪一概不接受。他弟弟问他："你既喜欢吃鱼，为什么又不要呢？"公孙仪回答："正因为我喜欢吃鱼，所以才不接受别人送的鱼。如果接受了别人的鱼，必然要按别人的意愿办事，那就可能触犯法律；触犯法律，就会被免去宰相；免去宰相，虽然喜欢吃鱼还会有谁给你呢？不接受鱼而不被免去宰相，这样，虽然没有要人家的鱼，但却能长久地自己买鱼吃。"

公孙仪的头脑在他身居宰相高位时能做到十分清醒。他很辩证地认为只有不吃别人的鱼，才能真正长远地靠自己吃鱼。世上不知有多少人没有公孙仪这份智谋，在小利面前，贪心过盛，结果被别人牵住了鼻子。特别是一些已取得一定地位和成功的人，由于权力和影响超出常人，人们对他一般都是有所求的。一些居心叵测的人当然会对他曲意逢迎，投其所好。如果贪图小利，成了别人的工具，那么违法乱纪之事就在所难免了。

合抱之木，生于毫末

如果你好高骛远，那就在人生操作上犯了一个大错误。你以为可以不经过程而直取终点，不从卑俗而直达高雅，舍弃细小而直为广大，跳过近前而直达远方。

结果，黄粱美梦一场。也许你这场梦做得很长很长，梦中昏昏沉沉，翻来覆去。你忽而好似神思泉涌，著作等身，做了享誉世界的学者；忽而财源滚滚，成了腰缠百万的大亨；忽而官运亨通做了国王，成了总统。

窗外一声"收酒瓶了"的叫卖，撞碎了你的酣梦，一觉醒来，你依然如故。不仅著作没有等身,没做成享誉世界的学者,连你不屑一顾的豆腐干文章也没发表几块。不仅没有财源滚滚做成百万大亨,连你小孩的入托费还要等10天后到那干瘪的工资袋里去抠。官运也没亨通,没做国王也没当总统,副科级三年了至今还没有扶正。

你奈何得了命运之神吗?你跳得开人生的怪圈吗?你越是厌卑近而骛高远,你便越深地陷在卑近,高远永远对你高远着。

为什么?果真是命运之神压制你,限定了你吗?你果然命里只有八斗米,走遍天下不满升吗?绝对不是。

你心性高傲、目标远大固然不错,但目标犹如靶子,必须在你的射程之内才有意义。如果目标太偏离实际,反而无益于你的进步。同时,有了目标,还要为目标付出代价,如果你只空有大志,而不愿为理想的实现而付出辛勤劳动,那"理想"永远只能是胡思乱想,一文不值的东西。

好高骛远者首要的失误在于不切实际,既脱离现实,又脱离自身。你总是这也看不惯,那也看不惯。或者以为周围的一切都与你为难,或者你不屑于周围的一切,成天牢骚满腹,认为这也不合理,那也不公平。张三不行,李四也不怎么样。唯有自己出类拔萃——不能正视自身,无自知之明,是为好高骛远者的突出特征。你该掂量自己有多大的本事,有多少能耐。沾沾自喜于过去某方面的那一点点成绩。从来就不知道自己有什么缺陷。总是以己之所长去比人之所短。于是心中唯有自己的高大形象,从不患不知人,唯患人之不知己。一天又一天,一年又一年,总是抱着怀才不遇的感觉,无用武之地的感觉。

结果当然是悲惨的。小事瞧不来不愿做,而大事本想做却做不来,或者轮不上你做,于是一事无成。眼看着别人硕果累累,你空有抱怨,空有嫉妒。

怎么办?如果你已经开始悔恨,如果你发誓从头开始,那么,所有美好的前途仍在向你招手。你不再技术犯规,不再发生人生操作方面的失误,你将仍然可以并入强人之列——

"图难于其易,为大于其细。天下难事,必作于易;天下大事,必作于细。是以圣人终不为人,故能成其大。"

要想渡过人生的难关,战胜人生中的种种磨难,完成天下的难事,要在你年轻单纯的时节,觉得为人处世容易和顺利的时候就开始。要想成就高远宏大的事业,实现你的理想和追求,必须从最细小最微不足道的地方做起,从最卑贱的事情开始。

你知道,合抱之木,生于毫末;九层之台,起于累土;千里之行,始于足下。你就从那细小的萌芽开始生长,就从那一撮泥土筑起,就从此时此刻开始,从坚实的土地上迈步,一步一个脚印地往前走。

免费午餐最好不吃

不少女老板在商界威风八面,其做法有时也用美女战术。

"我是最怕与女老板打交道,真的……"某商行总经理说,"她们太厉害了,这不仅仅是指生意手段,而是说……"

他举例说,两个月前,一自称是某公司经理的吴女士找到他,说有一吨五粮液酒。尽管眼下白酒不太走俏,但因对方开价不高,该经理答应"先看看货"。吴女士秀眉一挑,用纤纤细手从包里拎出一瓶,打开后,果然是"合格货"。她笑吟吟地说:"很可惜是在你的办公室，不然我可以陪经理喝几杯……”弄得该经理忙推说：“岂敢与酒城来的客人斗酒？”玩笑开过，生意也成交。

货到后，验收是没问题的，货款也随之划走，可待到了销售点，却有人举报里面有假酒。一查，果真如此，该经理好不容易找到吴女士，而人家却仍然笑吟吟地说：“总经理，我们也算是朋友了，会整朋友？说话可要负责的。会不会是你的下属……当然，我只是瞎猜……”能咋样呢？只好哑巴吃黄连，自认倒霉。

某厂拥有两百张床位的招待所准备装修。为揽到这笔总费可达98万元的活儿，很多单位找上门去用尽了各种该用或不该用的手段，但主管工程的老赵就是不肯点那个“宝贵的头”。

一日，一位香气袭人的女子找到老赵，称“有事相商”，并呈上一张同样散发着香气的粉红色名片，那上面印有“××装饰公司经理”的字样。那女子开门见山，说此行的目的就是要承包招待所的装修业务。接着，她介绍了她们公司的情况，除了中南海、白宫、克里姆林宫以外，似乎都有其公司的业务。老赵说：“还得研究。”女子笑笑，表示“理解”。

第一次不行第二次，第二次不行第三次……见面地点由办公室、餐厅到舞厅。暗暗的灯光下，迷人的舞曲中，双方跳舞时的“间距”也越来越小。即使这样，女子还取笑老赵没按“国际舞”要求跳。按其要求，五个“接触点”之一便是腹部……老赵很快成了“国际舞”的实践者，当然，待女子不经意地问“工程包给我们定了吗”时，老赵只得点一点那“宝贵的头”。

当招待所以99.7万元(据说增加1.7万元是考虑物价上涨因素)的价格包给女子所在公司后，一些自视“实力雄厚”的单位大骂自己，办事员更是恨自己只长胡子不生秀发……

这类例子屡见不鲜。一位厂长说：“那帮姑奶奶不好伺候，你一旦被缠上便休想脱身。这与男性打交道可不一样。女老板表情之丰富你根本跟不上。一会儿又沮丧透顶，好像这笔生意谈不成就只有去上吊。还有的更做得出来，往往令你难堪……说实话，我现在从不单独接待女老板……唉！现在的女人真有点……那话咋说？对了，让人搞不懂……”

还有的女老板则乖乖更了不得！在某国道旁边，一家店老板因给过往司机出具假发票、为赌博提供场所而被工商、公安部门各处理过一次。后来县公安局不断接到村民举报，说那是个“黑店”，不地道。白天店门时开时关，东西贵得离奇，晚上常有男男女女在店里鬼混，不成体统……这样的小店主要利用女色勾引人，对钱财猛诈狠取。“鱼儿”一旦上钩，一伙人便冲进屋拳打脚踢，以“告官”相威胁，利用嫖客不愿丢人现丑的心理，将其钱物一夺而空。钱少的嫖客则被打得遍体鳞伤，扒光衣服，扔在公路。

社会生活充满了复杂性，其复杂程度有时超过常人的想象。还是那句老话，免费午餐能不吃最好不吃。

厚黑方略二十六

心黑手辣，胜者为王

在大自然中，一山难容二虎。在情场上，爱是排他的。在商场和政坛上则是“卧榻之地，岂容他人酣睡”。竞争因此便是必然的，要在竞争中生存并发展起来，免不了要心黑手辣，否则只能任人鱼肉。

不要有“妇人之仁”

楚王命令成得臣为大将、斗勃为副将进攻宋国。宋襄公与司马公孙固研究对策，公孙固剖析宋襄公靠什么取胜，宋襄公回答说：“宋国虽然兵甲不足，但仁义有余。从前武王只有三千猛士，却战胜了殷纣王的上万军队，靠的完全是仁义。”

于是，宋襄公在战书的末尾批上十一月初一，双方在泓阳交战。又命令制作一面大旗插在大车上，旗上写着“仁义”两个大字。公孙固暗暗叫苦不迭，私下里对乐仆伊说：“战争本来就是厮杀，如今却说仁义，我不知道我们国君的仁义在什么地方啊?上天夺回了主君的灵魂，我认为已经很危险了!我们一定要小心行事，不使国家灭亡就万幸了。”

楚军成得臣在泓水岸北驻扎，斗勃请令说：“我军应五更时渡河，以防宋兵布好战阵攻击我军。”成得臣一笑说：“宋襄公做事迂腐至极，一点不懂兵法。我军早渡河早交战，晚渡河晚交战，有什么担心的呢?”天亮以后，部队才陆续渡河。公孙固请襄公下令出击，说：“楚军在天亮才渡河，过于轻敌。我们乘他们没渡完，冲上前去厮杀，是以我们全军攻击他们部分，如果让他们都渡过来，楚兵多我军少，恐怕不能得胜，你看怎样?”

襄公指着大旗说：“你看见‘仁义’两个字了吗?我堂堂正义之师，岂有乘敌军渡一半而出击的道理?”公孙固又暗暗叫苦。一会儿工夫，楚兵全都过了河。成得臣戴着精美的帽子，上面扎着玉缨，上身绣袍，外着软甲，腰挂雕弓，手执长鞭，指挥士兵东西布阵，气宇轩昂，旁若无人。公孙固又对襄公说：“楚军正在布阵，尚未形成队列，现在立即击鼓进攻，楚军一定会大乱。”

襄公往他脸上吐唾沫说：“呸!你贪图一次冲锋获得的小利，就不怕不配千秋万代的仁义之名吗?我堂堂正正之师，岂有乘敌人没列成阵就进攻的道理?”公孙固只好再次暗暗叫苦。楚兵摆好阵势，只见人强马壮，漫山遍野，宋兵人人面带惧色。襄公下令击鼓，楚军中也响起击鼓声，襄公自己举着长矛和护卫的官兵催马向楚阵冲来。

成得臣见宋兵来攻，暗自传下号令，开了阵门，只放襄公一阵车马进阵。经过一阵冲杀，宋军大败，“仁义”大旗已被楚军夺走。襄公身上受了许多伤，右腿中箭，折断了膝中之箭，已站不起身来。幸好公孙固赶来，把襄公扶到自己车上，用自己身体挡在前面，奋勇向外冲出。等到冲出楚阵，护卫的官兵已没有一个生存。宋军的战车兵甲，十丧八九。

成得臣乘胜追击，宋军大败。公孙固与襄公连夜逃回都城。宋兵死的人很多，他们的父母妻子都聚在一起讥讽襄公，埋怨他不听司马的话，以致有此大败。襄公听到这些话后，感叹道：“君子不重伤别人，不擒拿年纪大的人。我要用仁义带兵，岂能仿效这种乘别人危险而行动的事情?”举国上下没有不讥笑他的。

心慈手软对政治家、军事家来说，都应该算是致命的弱点，是他们失败的一个重要原因。因为他们面对的是你死我活、你上我下的斗争，对敌人的仁慈就是对自己的残忍，这个道理是显而易见的。比如楚汉之争，本来是你死我活的事情，项羽在关键时刻，却来个“妇人之仁”，放刘邦一马，放的结果是虎归山、龙入海，项羽最后只能“霸王别姬”。

当我们面对你死我活的争斗时，也不可有“妇人之仁”。要知道，世间的规律本就是“适者生存，胜者为王”。

揪出狐狸的尾巴

对于那些别有用心的奸佞小人，要不为其谄言所动；不为其求怜同情；不为其馈赠所贪心。行走人世间，必须识破他们的奸谋，不屈不挠地同他们做针锋相对的斗争。

朱博本是汉代武官，但他任左冯翊时，却很有狡诈文官的制人手段。

长陵大隆中有个叫尚方禁的，年轻时曾因强奸罪被人用刀砍伤面额。官府的功曹受了他的贿赂，不但没有革除他的官职，反而调他作了守尉。

朱博听说这件事后，就找了个借口召见了尚方禁。朱博支开左右后径自问他："你脸上的伤是怎么回事？"

尚方禁知道朱博已了解实情，不敢隐瞒，具实报告了经过。

朱博笑着说："大丈夫难免犯错误，我想为你洗刷耻辱，你愿为我效力吗？"尚方禁又喜又怕："万死不辞！"

朱博命令他不得向任何人泄露今天谈话的内容，让他有机会就记录下同僚中的不好言论，随时报告自己。

朱博以此为突破口，自此长陵上下的大小事情，他都知道得一清二楚。尚方禁因怕朱博因过去之罪处罚自己，就全力效忠以求赎过。

过了一段时间，朱博又召见了那位受贿的功曹。朱博关上门，一一列举了功曹的过错，痛加斥责。然后，又要他把所有受贿勒索的事一一写下来。

朱博收好他的罪状之后，对他说："现在给你戴罪立功的机会，要好好改过自新！"

功曹回去后，果然把平时的气焰收敛了十分，小心谨慎，如履薄冰，生怕有半点闪失。

朱博就是利用这种"撒手锏"，使那些不服于自己的同僚，一一拜倒在自己脚下，乖乖俯首听命。

谁狠谁就赢

在大自然中，一山难容二虎。在情场上，爱是排他的。在商场和政坛上则是"卧榻之地，岂容他人酣睡"。竞争因此便是必然的，清代山西两大典当铺的龙争虎斗便印证了这一点。

清初年间，山西豪富亢氏在原籍平阳府开设有一家当铺，后来有人在亢氏当铺附近也开设了一家当铺。亢氏眼见自己开办的当铺营利被别人抢夺，很不甘心，决心挤垮这家当铺，于是，每天派人到这家当铺中典当一个金罗汉，典价银1000两，连续典当了三个月，把这家当铺的资本几乎典当光了。

这家当铺的主人着了慌，忙问典当人何以有这么多的金罗汉要典当？来人答道："我家有金罗汉500尊，现只典当了90尊，尚有410尊金罗汉要拿来典当哩！"这家当铺主人听了大吃一惊，急忙向来人施礼，询问来人的主家，才知原来是平阳府巨富亢氏。当铺主人自知不是亢氏的对手，只好托人与亢氏协商，请将金罗汉赎回，自己关门闭业含泪远走他乡。

商场就是这么残酷。你争我夺，这一轮大战的硝烟未散，新一轮大战的帷幕又悄然拉开。商场之中,几家欢乐几家愁。每一个成功者都会身经一次又一次的较量,不管自己承认与否,实际上每一步前进都是在践踏对手的耻辱与悲伤。

竞争是必然的,否则就没有进步。竞争是一种狠的较量,谁狠谁就赢。

设个圈套让人钻

在日常生活中,如果你与对方发生冲突,或不能用说服的手段来使对方就范时,不如顺着敌人的意愿,引导他发生错误。即在说话时,故意设置一种圈套,进了这个圈套,对方则犯了错误。设得巧妙,迷惑性大,诱惑力大,才能牵着对方的鼻子走。

一天,街上走着一位漂亮姑娘,有位"摩登"男子见后紧随其后。当姑娘问他为什么要跟踪时,男的说:因为你太漂亮了,我非常爱你。姑娘说:"我的朋友就在你身后,比我还要漂亮。"男子回头找了半天,也没找到,于是追上已经走远的姑娘,质问她为什么骗人。

这位女青年说:"不,是你骗了你,如果你真心爱我,那么为什么去追另一个女人,经不起考验,还想跟我交朋友,请你走开!"

摩登青年被说得面红耳赤,讪讪地溜了。

这位女青年之所以能制伏"摩登"男青年,是顺着对方贪图美色的心理,对方不知是计,却去追更美的姑娘,这就使其丑恶的嘴脸暴露无遗。女青年顺水推舟,让对方自暴其丑,达到了目的。

运用这一方法可以大大减少正面进攻中的阻力,其成败的关键在于"诱"字。但这种"诱"并不能简单地看成是用假象迷惑、欺骗对方,而是诱导对方随从自己的意愿向真理低头的方法。

钓鱼不能让鱼察觉钩上的饵;捕兽不能让兽发现浮土下面的陷阱。诱敌就范法是用别人意想不到的策略来取得攻心的胜利。

也许你有这样的经验,当你停步于百货商店的专柜前,数着钱包里的钱,正在犹豫是否该买哪一件衣服时,如果对方是位精明的售货员,她会暂时观察正在迷惑的你,然后提供选择说:"颜色方面,你是希望明亮些还是稳重些?"

事实上,你犹豫并非是由于颜色或款式的关系。但此时售货员却把你要购买作为既成的前提,直接展开第二阶段的提问,这种"两者必居其一"的提问,导致你忘记了刚才所犹豫的真正原因。最后,售货员还会补充道:"这个,……就你的体形和年龄看,我建议你还是选择色彩明亮一点的为好。"

如此一步一步地,你就被诱导以购买为前提来思考问题。这样,你早先那是否要购买的选择,不知不觉地就被她那或买明亮的或买稳重的色彩的选择所代替,而且还使你错觉自己是做了一项自由的选择。

暗设"陷阱"法还有一种方式是,提问人根据一般人对后来提出的问题印象最深的特点,有意识地将自己的真正要求放到后一选择方案里。这样,对方在选择了后一方案后,还不觉得是掉进了人家的"陷阱",而且以为是做出了一项明智的自由选择呢。

第二次世界大战期间,日本某家百货商店让售货员询问大批的采购客户:"是替你把东西送到府上,还是由你自己带回去?"就是这么一句话,便使送货的工作量少了70%。因为当你提问时,许多人不由自主地选择了后者。

在论辩中，有时对方也会设置一些圈套，诱使我方上钩，我方在了解对方意图的基础上，在对方设圈套之外再设一层圈套，让对方在实施预定计划的过程中，落入我方的圈套，这就是论辩中的“套中套”。

新疆某地法官钟声旦同志遇到了这样一件事。一日，一少妇来到他的办公室，一进门就说：“我要离婚，但与其他要离婚的女方不同。”“为什么？”老钟仍像平常一样发问。“我是被他强奸后不得已才与之结婚的。”她的态度有几分认真。“你当时为什么不控告？”老钟一副疑惑的样子。“那时我是插队知青，他是一个刚落户的自流人员。不过，他有背景：他表哥是这个公社的党委秘书，有权有势。”

老钟有意撇开了话题，绕着圈子和她闲扯起来，几分钟后才拐到那个党委秘书身上：“他这个人怎么样？”“这个人可厉害啦！”她十分认真地说。“真的？”老钟笑着追问了一句。“真的!不信你打听去。”老钟装出一副犯疑的样子，微笑着问道：“要是他强奸你，你敢怎么办？”她歪着头，态度有十二分的认真，连连说：“我告!我告!”

这时，老钟收敛起笑脸，严肃地说：“一个普通农民把你强奸了，你说不敢告；一个‘有权有势’的党委秘书强奸你，你连连说要告，这话怎么解释？”她无言以对，只得悻悻离去。后来，老钟了解到：她想先与那本分的丈夫离婚，而后再回到城里去。

在这里，少妇费尽心机编造谎言，为了达到离婚的目的。而法官老钟发现破绽后，将计就计，诱其上钩，用她的“后语”揭穿了她的“前言”，从而了解到真实的案情。

恐怖故事低声讲

“眼睛像嘴巴那么会说话”，这句话不仅指说话的内容，同时也包括说话的声调。激动时，任何人声音都会升高，心情不好时，声音会低沉。流氓在威胁人时，故意把声音压低，为的是向对方表示：“在这种情况下我还是很镇静的。”

常听人说开会时声音大的人占上风，但想说服人的时候，大声反而引起反效果。因为越是大吼大叫，对方听起来越觉得那是强迫式的，即使明知对方有道理，也很容易兴起反感的感情。因此如果想说服别人的话，小声说话才是上策。对方也比较容易打开心扉。另外，小声说话，对方为了怕听错，也会探出身子，洗耳恭听。

某先生有一个很小的事情，但颇启发人：一位滥用权威的警员为了停车超过一小时而给了我一张罚款单。他的态度并不十分果断，于是我走向他。他正站在十字路口。

“警官”，我低声地说，“我打算着手调查这个城镇里的停车问题。你可知道从这儿到‘一小时停车’标志有多远？”

“我猜大概蛮远吧”，他回答着，并将罚款单拿走了。

低声讲话容易使人信服，因为它能显示说话人坚定的信心，而且没有虚张声势之嫌疑。

当别人侮辱你，别涨红了脸，别像个自信的巨人般高视阔步。假使你觉得他想欺骗你，你就把有力的证据摆在后头。你的麻烦愈是大，你所表现出的力量就要愈是小。只有懦夫才又威胁又大叫的。

交际中常有这样的情况：声音最大、吵得最凶，往往是有十分害怕的痛点的，选出其痛点为突破口，则可一举击败对方。

一位税务人员接到举报去查封一家偷税的烟店。当税务人员一开口询问有关的情况，老板就大声地指责税务人员偏听偏信，并大骂同行嫉妒他、诬陷他，那劲头仿佛是税务人员得罪了他，被他数落似的。

但这位税务人员从他丰富的工作经验中得知：越是这种人越有问题。于是不与他正面冲突，只平淡地丢下一句："你先别吵，过几天我们带几个人来查查再做结论。"烟商听了这话越发摸不到底。虽然强作欢颜送客，但客人已明显看出其怕查的痛处。那税务人员嘱咐他的住在烟店对面的一位正直的朋友暗中注视他家的动静，一有情况立即打电话通知。

当天晚上烟商用一辆平板车装了二十多箱香烟准备转移，被及时赶来的税务人员当场查获。如果税务人员和这烟商刀对刀、枪对枪地干起来，最终只能落入烟商的圈套，既不能完成任务，也不能制伏对方。

在这场对抗中，税务人员使用了敲山震虎、打草惊蛇的恐吓，而成功的关键就是在打草时不图张扬，只此一句，却起到了真正的惊吓作用。如果太过吓唬，对方不但不会受惊，而且会以为你在诈他、唬他，于是在心理上会产生对你的怀疑和防范。

以子之矛，攻子之盾

傲慢无礼之人，常自大。与之交谈，其言语多半不敬，甚至具有侮辱性、挑衅性。言者不逊，听者不悦。若愤起而以武与之抗衡，且不说力量悬殊，后果难以预料，就是你胜了，他也未必服你。高明的人会把握住对方的逻辑，以牙还牙，让他服输。以下这则典故也许是对"以牙还牙"的最好注解之一了。

春秋战国时期，齐国和楚国都是大国。有一次，齐王派大夫晏子出使楚国。楚王依恃自己国势强大，想乘机侮辱晏子，显示一下楚国的威风。

楚王得知晏子身材矮小，当晏子来时，叫人在城门旁边开了一个五尺高的洞，要求晏子从这个洞钻进去。晏子看了看，对接待的人说："这是个狗洞，不是城门。只有访问'狗国'，才从狗洞进去。我在这儿等一会儿，你们先去问个明白，楚国到底是个什么样的国家。"守城门的人立刻把晏子的话传给了楚王。楚王只好吩咐大开城门，把晏子迎接进来。

晏子见了楚王。楚王瞅了他一眼，冷笑一声说："难道齐国没有人了吗？"晏子严肃地回答："这是什么话？我国首都临淄住满了人，大伙儿都把袖子举起来，就能够连成一片云；大伙儿都甩一把汗，就能够下阵雨；街上行人肩膀擦着肩膀，脚尖碰着脚跟。大王怎么说齐国没有人了呢？"楚王说："既然有这么多人，为什么打发你来呢？"晏子装着很为难的样子说："你这一问，我实在不好回答。撒个谎吧，怕犯了欺君之罪。说实话吧，又怕大王生气。"楚王说："实话实说，我不生气。"晏子拱了拱手说："敝国有个规矩：访问上等的国家，就派上等的人去；访问下等的国家就派下等人去。我最不中用，就派到这儿来了。"说着他故意笑了笑，楚王也只好赔着笑。

晏子使楚期间，有一天，楚王正设酒席招待晏子。一会儿，有两个武士押着一个囚犯从堂下走过去。楚王见了，问他们："那个囚犯犯了什么罪？他是哪里人？"武士回答说："犯了盗窃罪，是齐国人。"楚王笑嘻嘻地对着晏子说："齐国人怎么这样没出息，干这种事情?”楚国的大臣们听了,都得意扬扬地笑了,因为这可以使晏子难堪、丢脸。

哪知晏子面不改色,对楚王说:“大王怎么不知道啊?淮南的柑橘又大又甜,可是这种橘树一种到淮北,就只能结又小又苦的枳,这不是因为水土不同吗?同样道理,齐国人在齐国能安居乐业,好好劳动,一到楚国,就做起盗贼来了,也许是两国的水土不同吧。”楚王听了,只好赔不是说:“我原来是想取笑大夫,没想到反倒让大夫取笑了。”从此,楚王十分尊重晏子。

晏子骂了楚王,而楚王反而收起了傲慢,并从此尊重起晏子来。这也许也是傲慢无礼者的一个可爱之处吧,只要你顺着他发话的逻辑,矛头一挑,直指他身上去,他没法不服。想想晏子,在生活的某些时候,做个外交家,感觉会很妙,结果会更好。

心软说不出“不”字

不要心太软,就是要学会懂得拒绝。

我们知道,“不”是个十分强而有力的字眼。幼儿到两岁左右,就知道说“不”是表现个性的方法,只要拒绝合作并坚持到底,最后总能达到目的。对拒绝这个观念的认识,恐怕是人一生中最关键的时刻了。

长于拒绝的艺术可以避免承诺过多,分身乏术。还有:

可以避免食言而肥。

可以避免退而求其次的心态。

可以避免心力交瘁。

如此即可依自己的条件,而不是他人的条件,作110%的付出。可以毫无保留地发挥自己。

某公司的行销部门就有一位不好意思开口说“不”的业务人员。每当开会时征求自愿者拜访某家公司时,他必然自告奋勇接下来;他的档案中永远堆满有待开发的客户资料。奇怪的是,只要有充分的时间,他的表现绝不令人失望,但贪多嚼不烂,他往往力不从心。

这对公司、对个人而言都是一种损失。他所达成的业绩无法弥补从指缝间溜走的机会;如果他懂得拒绝,相信可以有更好的成绩。少揽下一些工作,反而可以更有成就。说与不说“不”这时就格外重要了。

该拒绝就拒绝,但每个中国人都深知不能随便拒绝别人,所谓情面难却,就是一道安全阀。

然而,人又不可能样样都随人所愿地满足他人的要求,特别是在某些原则性问题上或者在他人以此为试探,有得寸进尺的可能的情况下,如何把握分寸,拒绝别人而又不伤和气,就颇见智慧了。

宋高宗时,苗傅和刘正彦发动叛乱,逼高宗让太后垂帘听政。大臣朱胜非劝降了苗、刘二人,朝廷授他们淮南两路制置使之职,要他们即刻上任。但是苗、刘二人硬要皇帝给他们立铁契作为不计前嫌的保证。退朝后他们找到朱胜非要求办理此事,朱胜非当着他们的面写好给皇帝的奏折,并让下属查一下有关先例。

第二天,苗、刘又派人到朱府催促赶快举行赐铁契仪式。朱胜非没有直接回答他,却回头问部下:“我让你们去查先例,查到了没有?”

部下回答说："无先例可查。"

朱又问："那就按过去制作铁契的办法做，你们知道怎么做吗？"

回答说："不知道。"

朱又问："这么说来能给他们铁契吗？"大家都笑了起来，苗、刘派来的那个人也笑着说："我已经拿到了，"说完，就回去交差了。

朱胜非面对不合理要求，不是一口回绝，更不是"义正词严"地来上一通大道理，而是在与手下的一问一答中，让对方自己意识到要求过分，从而自行撤回要求。不拒而绝正好平息了一个若拒绝有可能酿成大祸的事端。

没什么不好意思的

动物会不会有"不好意思"的行为，这得问动物学家才知道，不过看来是没有，因为动物的动作都出自本能，无论是觅食或是求偶，想做什么就做什么。

人和动物不同，人会不好意思，之所以会如此，除了本身性格因素之外，礼教的束缚及文化的熏陶也是重要的原因，所以有些人动不动就"啊，不好意思"。这种"不好意思"的特质有时很"可爱"，有益人际关系，但相对的，有时也会让人失去很多该有的权益及机会。因此，"不好意思"的性格特质有必要加以调整。

事实上，不好意思都是自己想的。也就是说，这是一种个人的反应，像有些事根本与道德、羞耻无关，别人也不认为做了这种事应"不好意思"。但有些人就是不敢做，例如追求女朋友，有人就会"不好意思"，这种"不好意思"就是"自己想的"，而不是别人想的。

人人暴露欲望，个个展现实力，慢一步就没有了机会，因此面临生存竞争，你应该认清"不好意思，自己想的"的真相，大胆地表现你的想法，并采取必要的动作。否则你不好意思，别人反而笑你笨，尤其以下三件事，你绝对不能"不好意思"。

(1)关于权益的事

你千万不可不好意思，你应该大胆地争取、保护，你如果因为"不好意思"而丧失权益，是不会有人感激你的。

(2)想拒绝的事

很多人就因为同事、朋友、亲戚的关系而"不好意思"拒绝，于是借钱给别人、为人作保、甚至为其"两肋插刀"。结果一句"不好意思"，帮了别人，害了自己。

(3)该要求的事

很多人就因为"不好意思"，而有很多话"不好意思"说，结果事情做不好，对方得不到好处，你也苦了自己。尤其是当主管的，在工作上，绝对不可以"不好意思"要求，否则将失去权威，被部属欺瞒。

这几件如果能做到不会"不好意思"，在人性丛林里就不会有生存的问题了。

不过，"不好意思"的性格要去除不是很容易，只能慢慢学习，逐步改善。只要你愿意，也能了解生存竞争的残酷，经过一段时间后，自然就不会动不动就"不好意思"了。

小蛇也能吞大象

在中国,李嘉诚与英资决战的故事,给我们树立了小蛇吞大象的好榜样。

在李嘉诚的创业生涯中,最值得一提的是1977年。这一年是李嘉诚经过20余年的稳扎稳打、步步为营的奋斗后,真正脱颖而出的一年。在与实力雄厚的香港置地房地产公司的竞争中,大获全胜,开了华资吞并英资之先河,被人们称之为是“小蛇吞大象”。

1977年5月,香港政府为兴建中区的地铁中环和金钟站地面建筑而举行了公开招标。各大财团为争夺这块黄金地段的兴建权展开了激烈的竞争。

李嘉诚这次的主要竞争对手是英资怡和财团控制下的置地公司。因为它背靠香港政府这棵大树,又有强大的财力后盾,素有“地产皇帝”之称。结果李嘉诚的“长实”战胜了实力雄厚的“置地”,被人们誉为“长江实业扩张发展中的重要里程碑”、“华资地产的光辉”。

原来李嘉诚在招标之前已对此次招标情况作了详尽的分析,制定了周密的投标方案。他了解到地铁急需回笼资金以减轻负担,提出兴建优质大厦高价出售,并将工期安排与地铁建设同步进行的方案,这样通车之日便是商厦竣工之时,地铁部门可以较快收回巨额投资。置地公司没有考虑到地铁的愿望,仅提出了兴建楼宇供出租的方案,相比之下,置地公司的方案就有些不太令招标部门满意。

首战告捷,更加激发了李嘉诚向英资公司大举进军的雄心。

在香港,较大的实业生意全都控制在历史悠久、规模庞大的四大英资洋行的手中,这四大洋行是怡和、太古、汇丰、和记。他们资本雄厚,在香港经济生活中发挥着举足轻重的作用。李嘉诚通过投标竞争战胜了怡和财团属下的置地公司后,又开始打起了英资产业的主意。他准备通过自己强大的实力,吞并几家英资企业,进而向英资财团发动进攻。

水泥是最重要的一种建筑材料,香港当时地产建筑业所需要的水泥大多是从外地运来的,常常供不应求,使工程建筑受到影响。另外,一些水泥中间代理商还乘缺货之际,哄抬价格,使地产商深受其害。李嘉诚心想,要是自己有一家水泥工厂就好了。此时他看中了英资青州水泥公司,他想吃掉这家水泥厂。

“青州英泥”是香港唯一的一家水泥工厂,因为管理者安于现状,不思进取,加上设备陈旧,产量不高,质量也很差。李嘉诚准备在购进“青州英泥”后,更新设备,生产高质量的水泥。他还想通过搬迁工厂,做一笔地皮生意。

“青州英泥”位于红堪海一带,占地几十万平方英尺。水泥是高污染工业,一般说来必须建在城市的远郊。青州水泥厂开始建厂时周围一片荒凉,杂草丛生。但是香港经过了二三十年的发展,昔日冷冷清清的红堪海一带,早已成为人口稠密的繁华住宅区了。

使人感到非常不协调的是,在精致漂亮的现代化的楼宇之间,水泥厂的巨型烟囱,日夜不停地排放着自己的废气。由于水泥生产线的密封技术不高,水泥粉尘漫天飞舞,周围的居民深受其害,连窗户都无法打开。当地居民多次向政府投诉,要求工厂搬迁。香港政府为此责令水泥厂改进生产技术,减少废气污染。水泥厂本来经营管理得就比较差,要想迁厂真是谈何容易。

1978年，李嘉诚在股市上不露声色地购买“青州英泥”的股票，等到已拥有25%的股票数额时，他出任了该公司的董事，再等到股数达到40%的时候，他就当上了该公司的董事长。

“青州英泥”在英资财团手里是一个勉强维持的企业，但到了李嘉诚手里，却给他带来了巨额的财富。他买下“青州英泥”后，立即请求香港政府在较远的城郊重新拨地，以便将水泥厂从市区迁走。同时，他又向香港政府申请追补地价，将原水泥厂的地皮改建为住宅区。由于李嘉诚的请求为政府解决了污染市区的头痛问题，因此，很快就获得了批准。不久，政府在郊外拨出土地让他再建新厂，并给予了一些优惠条件。

李嘉诚的妙计真可谓“一石二鸟”，他为此又发了一笔大财。

懂得利用人的弱点

在希腊长大的航业大王欧纳西斯，17岁时带着一点微不足道的旅费，背井离乡，远渡重洋到阿根廷首都布宜诺斯艾利斯，想在外国开创新天地，首先到处去做各种各样的小生意，节衣缩食储蓄，聚少成多，有了一笔小小的存款之后，便跟在希腊的父兄联络，从中东输入烟叶。

欧纳西斯刚做起这项生意时，每天都到H.G香烟公司，无精打采地站在董事长室门口。董事长觉得很奇怪，每天都有一个陌生少年站在门口，好像要找他似的。但一见面，这位少年却闷不吭声，只是面带愁容，望望他而已。

这样经过三个星期之后，有一天，这位董事长忍不住问了少年：“你要做什么？”

年轻人回答：“我要出售我的烟草。”

“噢，那么，请你去购买处！”

一个17岁背井离乡的外国人，又没有一点人事关系，没有一点门路的小伙子，要把货卖给一家阿根廷的大公司不是那么容易的，这简直比登天还难。

但他默默站立三个星期的努力发生作用了，使这位董事长觉得这位年轻人有些可怜，也有些可取的地方，他就对欧纳西斯说：“等着，年轻人，我给你打个电话。”

如此便打电话叫购买处人员来，当面介绍他。

利用董事长的威风，他的商品也顺利地打进H.G公司，花三个星期的工夫，苦苦等待的耐心和作战终于开花结果。

就这样，欧纳西斯卖给H.G公司的烟草数量逐渐庞大，不出几年就能够开一家香烟制造工厂。以后称霸世界海运界的这位奋发有为的青年，在二十多岁就以五万美元，买下已破产的船舶公司价值五十万美元的旧船只，接着又从加拿大的船公司以二万美元买下六艘以二百万美元建造的旧船只。这位世界闻名的大财主就是如此发达起来的。

年纪轻轻就如此善于利用人性弱点，为了开辟自己的一条道路，任何艰苦都能忍耐的精神，确实具备着成大事的条件。因此，欧纳西斯能成为名满天下的大企业家，也就毋庸置疑了。

清除定时炸弹

一旦发现下属不称职，或者是人所共愤的小人，你肯定不愿让这样的定时炸弹留在身边，需要尽快把他清除出自己的阵营。鱿鱼的炒法有多种，你准备采用什么策略呢?

最近一位商场经理发现下属的工作表现不佳，而且此人品行很坏，经常在同事中搬弄是非。经理决定炒他的“鱿鱼”。经理“炒鱿鱼”，经常采用“三部曲”政策。

不过，通常情况下，在他使出第一招后，该名雇员就会立刻“警觉”，自动卷铺盖走人。

这位老板究竟是怎么做的呢?

首先，他在公司内散播某某人有意离开的消息。请注意：当他这样做时，还在别人面前装作很烦恼、很忧虑的样子，然后配以适当的解说词：“唉，小贾说走就走了，我又得忙着物色新人，接替他的工作了。想想就让人头疼。”

经理的目的，自然是要让其他职员把这个“消息”传到该名职员的耳朵里。当所有人反复问后者他准备去哪儿高就时，正所谓空穴来风必有所因，该雇员心里应该明白公司这是在下逐客令了，识相的还是借这个台阶，体面地离开得好。

但也许他是名资质愚钝的雇员，又或者是死皮赖脸地不肯走。那么，经理就要采取第二步骤了。接下来，他就要找这名下属的茬儿，在开会时加以揭发，不留情面地进行批评，令下属很没有面子。

假若他还不肯走，经理才使出最后一招，实行面交大信封，塞入本月的工钱，直接炒鱿。据说，经理很少使出过最后一招，顶多第二招，“鱿鱼”早已溜之乎也。

处理一些事务的时候，对那些破坏分子发仁慈是没有任何意义的。在这种情况下，狠下心执行自己的决定，才是上策。

厚黑方略二十七

怒上心头，一忍为高

日常生活中，当你被激怒时，千万不要轻易发火。谁要轻易地做了怒气的俘虏，谁的生活就会倾斜，谁就可能成为愚蠢与后悔的人。记住：怒上心头，一忍为高。

不让愤怒的野马脱缰

当你与他人发生矛盾，当你受到他人的侮辱和侵犯时，激愤之情便会膨胀起来。愤怒就像一匹脱缰的野马，一旦让它狂奔起来，后果是不堪设想的。

美国得克萨斯大学的科学家证实，人的大脑和免疫功能之间存在着密切联系，从而解释了为什么一个人在紧张、抑郁和心理不平衡的情况下容易生病的道理。因为人体防御系统的主力军——血液的白细胞，具有一种能够接受激素 ACTH 的受体，这种激素在人体紧张时可大量释放，与白细胞相结合，削弱了人体的免疫能力，各种病原体在向人体进攻时便得不到主力军的有力反击。因此，常发怒的人易生病。

还有一点同样重要，那就是愤怒会使你成功的人际关系毁于一旦。成功的人总是善于克服愤怒的人。

西汉时，韩信在街上受恶少胯下之辱，愤怒的热血一下子涌遍周身，可他咽下了这口气，从恶少胯下钻了过去。不仅如此，当韩信功成名就，回乡报恩时，还到处寻找当年的“恶少”，对他表示感谢。这一千古流传的故事形象的注释了不发脾气的首要条件——忍耐。所以古人云：小不忍则乱大谋。忍耐可以说是交际修养中的重要原则。

平等地对待别人，能有效地制止发脾气或少发脾气。下属办错了事，有些领导居高临下，大声训斥，似乎天经地义；儿女不听话时，有的父母常火冒三丈，轻则破口大骂，重则棍棒相加，似乎理所当然；学生犯了错误，有的老师把桌子一拍，审讯似地训一通，甚至将其赶出教室，似乎合情合理……领导、父母、教师之所以在下级、子女、学生面前一触即发，是因为他们总觉得居人之上。殊不知，这样极力维护的尊严，反而更容易丧失。

(1)写信发泄法

你如果心事重重，觉得非要把自己的烦恼和不平之事倾诉一番，你可以给自己写封信，将自己的情感毫无保留地倾吐在信中的字里行间，详细地诉说他人的误解和对自己的不公平，一吐为快。

情感发泄完毕后，请把信烧毁，不要将它邮寄出去。写信使你得到了发泄，你会体会到一种巨大的轻松感。更重要的是，感情的发泄使你不再需要向他人倾吐了。有时需要写上两遍，甚至三遍才能将淤积在心中的烦恼发泄干净。一旦你一吐为快后，你会发现自己再也不想去考虑那些使你不愉快的事情，更不愿和他人谈起这件事了。

(2)转移法

试试转移法，你先要记住，在你生气或者完全失去理智的时候，千万不要做出任何决定。对物不对人，对事不对人，也是息怒之道。有些人在自己要发脾气时，赶紧离开这个“典型环境”。想一想生活中美好的东西，或者把自己关起来，闭目养神，在寂静中灭掉愤怒之火，“唯有知道什么是孤独的人才真正懂得息怒”。或者拼命地工作、活动，转移注意力；或者说几句笑话，让笑声淡化怒气，减轻情绪上的压力；或者伏案疾书，让愤怒之情化作诗文……

(3)建立固定的条件反射，用理智战胜怒火

民族英雄林则徐，脾气暴躁，有几次差点因发脾气误了正事。他奉命到虎门禁烟前后，为了不因怒气误事，特意在自己的居室和“办公室”里贴上“制怒”的条幅。每当要

发脾气时，一看到这两个大字，便如同听到了无声的命令，也就慢慢心平气和、三思而行了。这样用某种方式提醒自己，也不失为息怒的妙方。

日常生活中，当你被激怒时，千万不要轻易发火。谁要轻易地做了怒气的俘虏，谁的生活就会倾斜，谁就可能成为愚蠢与后悔的人。记住：怒上心头，一忍为高。

不要压抑，但也不要冲动

有人将人们那些一触而发的爆发性情绪比做是圈在牢笼中的猛虎，一旦放出去危害是难以估量的。所以那些办事水平高的人总是能够克制自己的情绪，让笼中猛虎温顺而服帖。

举例来说，如果你曾给人留下很好的第一印象，同时却又允许自己越过界限，去大叫大嚷，去对人怒目相向，甚至做一些连你自己也要后悔的事情。这样一来，又有那样一个"你"被别人记住了，你好不容易赢得的积极印象就可毁于一旦。而每次出现诸如此类的爆发，你就得花九牛二虎之力才能把它补偿回来。

假想你穿了一身刚买的时装在街上行走，忽然一辆汽车从你身边擦身而过，溅了你一身肮脏的积水，还险些把你撞倒，而司机却头也不回地扬长而去。这时你脸色发白，微微颤抖，额头冒汗，心跳加速，满脸怒容，你简直想把那家伙杀了。

如果你的想法比较宽容："也许那个人没看见我，或者发生紧急事故要赶时间。"这里你的善意克制了怒气，起码你宽大的心胸联想到多种可能性，怒气也就无从爆发。亚里士多德说，人只应有适度的怒气。的确，愤怒是很容易失控的。富兰克林也说："任何发怒多是有理由的，只是很少是教人信服的理由。"

平息怒气的常见方法是：独处以便让怒气冷却，此外，深呼吸或放松肌肉等松懈的方式也很有帮助。可能是因为这可以使身体从愤怒的高度警戒状态改变过来，也可能是因为注意力可从愤怒的原因转移开去。

但如果你在冷却期间不断思索引发愤怒的事件，就达不到冷却效果。因为每一线思维都是一条导火线。转移注意力的根本意义就是让你暂停与愤怒有关的思考。多数转移注意力的活动都有助于平息怒火，诸如看电视电影、阅读等，但疯狂采购或大吃大喝则没什么效果，因为你在逛街或狂饮暴食时可能仍在思索引发愤怒的事件。

有些人认为发泄怒气不失为处理愤怒的好方法，一般的说法就是"心理会爽快一点"。事实上这对平息怒火效果微乎其微(因为愤怒本身的特殊激昂感，发泄者可能会一时觉得爽快)。在某些情绪下发泄或许可能达到出气的效果，直接发泄在愤怒的对象身上，让你重新取回掌控权或觉得正义得以伸张，或是给予对方"适度的惩戒"，使其翻然悔悟而又不会对你施以报复。然而，怒火一发足以燎原，这些条件说来容易，做起来难上加难。

发泄怒气是冷却怒火最糟糕的方式，发作时常会使情绪中枢火上添油，结果只是更加愤怒，或使愤怒的情绪更加延长。比较有效的方式是先冷却一段时间，然后以较建设性的态度与对方面对面找出解决方案。有人问西藏高僧应如何处理愤怒，他的回答是"不要压抑，但也不要冲动。"

不让怒火烧昏头脑

有些人性子急，非常容易发火，搞得大家都不愿理他，他却感到莫名其妙。因此，不论你有多高的地位、多好的人际关系，都不能随便发火。要记住：多年建立起来的人际关系往往会在一把怒火中烧得干干净净。

要学会制怒。被人误会了，不要大光其火，而要以平静的心态仔细回忆事情的来龙去脉，弄清楚发生误会的原因，再决定采取什么样的行动予以澄清。这里特别要提醒的是，被人误会确实是让人生气的事，但要努力平抑怒火。因怒而不能解释清楚，出了大乱，酿成悲剧往往追悔莫及。

《三国演义》中，关云长大意失荆州，兵败身死，刘备、张飞便怒不可遏，举大兵向东吴问罪。谁料想，未曾出师，张飞因为造白战袍之事，重责部属，范疆、张达两人由惧生恨，割了张飞的脑袋。刘备更是“悲”从心头起，怒向胆边生，不顾诸葛亮等人的苦苦劝阻，亲自统率大军征讨东吴，为两个义弟报仇。但报仇心切，筹划不当，刘备被东吴大将陆逊烧了个大败西归。刘备悲愤愧悔，病卧床榻，最终落个白帝托孤，身死灯灭。

而同是《三国演义》中，司马懿则恰恰相反，“卒华临之而不惊，无故加之而不怒。”魏蜀两军对阵五丈原，诸葛亮急欲速战，而司马懿则分析当时形势是蜀军劳师伐远，粮草必然不足，不宜速战。于是，即使诸葛亮用激将法，给他送来女人的衣服、首饰嘲弄他，他也置之不理，忍辱不攻，最终诸葛亮的激将法没有发挥任何作用。

制住怒火，能让你冷静地分析问题，查清原因，有效地解决问题，化解怨恨。

现代生活充满了复杂的争斗和各种利益纠葛，因为一些事就轻易发怒，怎么能成大事呢。

控制你的情绪

美国一位来自伊利诺伊州的议员康农在初上任时就受到了另一位代表的嘲笑：“这位从伊利诺伊州来的先生口袋里恐怕还装着燕麦呢!”

这句话的意思是讽刺他还没有挣脱农夫的气息。虽然这种嘲笑使他非常难堪，但也确有其事。这时康农并没有让自己的情绪失控，而是从容不迫地答道：“我不仅在口袋里装有燕麦，而且头发里还藏着草屑。我是西部人，难免有些乡村气，可是我们的燕麦和草屑，却能生长出最好的苗来。”

在这里，康农并没有恼羞成怒，而是很好地控制了自己的情绪，并且就对方的话“顺水推舟”，作了绝妙的回答。这种做法不仅自身没有受到损失，反而使他从此闻名于全国，被人们恭敬地称为“伊利诺伊州最好的草屑议员”。

有的人在与人合作中听不得半点“逆耳之言”，只要别人的言辞稍有不恭，不是大发雷霆就是极力辩解，其实这样做是不明智的。这不仅不能赢得他人的尊重，反而会让人觉得你不易相处。采取虚心、随和的态度将使你与他人的合作更加愉快。

我们在与人相处时，不可能事事都一帆风顺，不可能要每个人都对我们笑脸相迎。有时候，我们也会受到他人的误解，甚至嘲笑或轻蔑。这时，如果不能控制自己的情绪，就会造成人际关系的不和谐，对自己的生活和工作都将带来很大的影响。所以，当我们遇到意外的沟通情景时，就要学会控制自己的情绪，轻易发怒只会造成反效果。

凡是允许其情绪控制其行动的人，都是弱者，真正的强者会迫使自己控制情绪。一个人受了嘲笑或轻蔑，不应该窘态毕露，无地自容。如果对方的嘲笑中确有其事，就应该勇敢地承认，这样对你不仅没有损害反而大有裨益；如果对方只是横加侮辱，且毫无事实根据，那么这些对你也是毫无损失的，你尽可置之不理，这样会愈发显现出你的人格。

能否很好地控制自己的情绪，取决于一个人的气度、涵养、胸怀、毅力。历史上和现实中气度恢弘、心胸博大的人都能做到有事断然、无事超然、得意淡然、失意泰然。正如一位诗人所说：忧伤来了又去了，唯我内心的平静常在。

宰相肚里能撑船

性情急躁的人，最大的特点是容易兴奋，容易发怒，自我控制力差，动不动就发火，甚至不惜与人争斗。怎样同这种人相处呢?且听下边两则故事。

首次获得诺贝尔奖的范特霍夫提出碳原子新理论之后，遭到德国有机化学家哈曼·柯尔比的强烈反对。范特霍夫当众表示：“柯尔比老先生的宏论，从头到尾没有推翻我研究出来的铁一般的事实。”柯尔比听到此话，怒气冲天，不远千里赶到荷兰找范特霍夫辩论。当柯尔比怒气冲冲踏进范特霍夫的办公室时，范特霍夫热情地接待，冷静而谦逊地阐述自己的观点，结果使柯尔比消除了误解。两位科学家从此“化敌为友”，欣然携手合作。

这则故事告诉我们，应如何对待性情急躁者的“急躁”与粗暴。

(1)宽宏大量，一笑了之

遇上性情急躁的人向你冒犯时，你一定得保持头脑冷静，置之不理，或者瞪他一眼，或者一笑了之。这种“一笑了之”的笑，可以是泰然处之的微笑，可以是表示藐视的冷笑，也可以是略带讽刺的嘲笑……最好的是泰然处之的微笑，它不仅可以使自己摆脱尴尬的局面，而且还可以向对方泼冷水，使对方欲进不得，避免事态发展。

(2)暂时忍让，避开锋芒

当性情急躁者向你冒犯时，如果你自己也是个急躁的人，急躁碰上急躁，针尖对麦芒，很容易着火。你应当压住心头的火，暂时忍让，避开锋芒。待对方锋芒钝减时，再充分地、轻言细语地说服对方，也可讲事实摆道理消除对方的误会。

(3)开阔胸怀，宽宏大度

只要你有宽阔的胸怀，你就会对别人的态度不加计较，对自己的行为勇于承担责任，做到任劳任怨。他吵，你不吵；他凶，你不凶；甚至他骂，你不骂。这样就吵不起来了。

“宰相肚里能撑船”，你只要有温和的态度，有宽广的胸怀，有宽宏的“海量”，就会使本来发火的对方火气消减，自感没趣，收剑更弦。

(4)察言观色，防患未然

性情急躁的人，当他着火时，最容易对周围的一切人“发泄”。这时你就迁就一下。

如果你与他计短长，就会成为他的“出气筒”。所以，你一定得察言观色，揣摩对方心理状态，先退一步，然后待他情绪稳定下来时，再进两步，谈你所要谈的一切。

把愤怒吞进肚子

每个人都有愤怒的情绪，每个人都有愤怒的时候，一发起怒来，常会演变成燎原的大火，使我们变成另一个人。

愤怒是一种激烈情绪的表现，是一件坏事，也是一件好事，问题在于如何去利用它、操纵它。

这里，我要特别告诫年少气盛的青年小伙子们，千万要控制自己愤怒的情绪。遇到些狡猾的人，常常会故意激怒你，使你完全陷于被动的境地，处处挨打！

你看看这个故事！

在证券交易所里，詹姆斯是个最善于激怒对方的人。他炒卖股票时，如果碰上对手，就马上设法激怒人家，使对方失去理智。有一次，他看到一家大纺织厂的股票将会上涨，就准备大量购入。可是他碰到劲敌了。亨利也是个有眼光的人，他看中了这家纺织厂的股票，也准备大量购入。这一来，自然而然地形成两个壁垒分明的阵营，都在抢购同一家股票。

股票价格由二十元上涨至三十五元，在两班人马大量的抢购下，眼看还可以继续上涨。

詹姆斯看到股票涨到三十七元时，突然抛售出三万股。亨利不明白对方突然抛售的原因，就采取观望的态度。于是情势大变，股票迅速下跌，低到与原来价格一般。这时，詹姆斯异军突起，马上购入二十万股，价钱马上又飞涨起来！

气得亨利大发脾气！这一发脾气，阵脚便乱了，马上败在詹姆斯的手下了。

詹姆斯先生骄傲地笑道：“我最喜欢看到人们大发脾气。他们一发脾气，就松了劲，乱了阵脚，使自己陷入绝境。”

所以，无论在什么场合，首先要牢牢记住一个原则：“不要轻易地给别人激怒”。

不要给人家激怒，有一个好办法，这是美国总统马可利曾经使用过的。请看他冷静的功夫！

想不到吧，马可利总统是个脾气大得不得了的人，一遇到不如意的小事情，往往会大发脾气，扯发、捶胸、顿足、狂叫，甚至还会摔东西哩！可是，他却是个善于操纵脾气的人，任何人都很难得能激怒他！

有一回，马可利委任一个人出任税务局局长，遭到议员们群起反对。反对党的议员们，还组成一个小集团，当面质问他凭什么理由作出这样的措施。在这些议员中，有一个脾气很大的家伙，他一见到马可利总统的面，不由分说的破口大骂，最最难听的话也出口了。他的政敌以为这么一搞，一定使得总统暴跳如雷，有一场好戏可看了！

但是，出乎意料地，总统却微笑地默然不语，任凭那位议员大发脾气。看到总统这般和颜悦色，那位议员反而觉得难为情起来，觉得自己身为议员实在也太失礼了。

等他发完脾气之后，总统耐心地向他解释“为什么委任某人为税务局局长”的理由，那位议员奇迹般的不断地点头称是，认为总统的决定完全正确！

马可利总统利用了那位议员的愤怒情绪，把他征服了！这可以说是一个大政治家风度！

朋友们，学学马可利总统：别人发怒的时候，保持冷静；别人用尖酸刻薄的话语来嘲笑我们的时候，装作没有听到；别人用狡猾的手段来激怒我们的时候，如同置身事外，对于这些卑劣的手段，毫无感觉。

或许，你认为这样“忍气吞声”，岂不使每个人都变成了唯唯诺诺的庸才，会为一般的人看不起。

但是，说起来容易，做起来甚是艰难的“忍气吞声”，有时会产生巧妙无穷的效果。

如果你懂得了矛盾规律，就会知道，一件事在某种情形下看起来是坏事，但却随时可变成好事哩！

君不见叱咤风云一时的德国铁血宰相俾斯麦，他念小学时，成绩极差，遭到退学的处分。但他从此忍气吞声，潜心自修，成为一个军事天才，战场上所向无敌。这就是由坏而好的矛盾规律的明证，也是愤怒之下忍气吞声的结果。

由此看来，只有聪明的人，才会领悟到忍气吞声的奥妙。只要你能善于利用愤怒情绪，善于运用“忍气吞声”，随时会获得意想不到的益处！

大人不生小人气

口出恶言的人大都没有涵养，属于粗鄙庸常之人。倘若你与他们争嘴边的胜利，无异于降低了自己的身份。所谓“大人不生小人气”、“宰相肚里能撑船”，你若想成为一个真正的“大人”，就不要对小人发怒，不与他们争一时之短长。这里有一些具体的方法：

(1)忍让

古人有“退一步海阔天空，让三分风平浪静”之说。让三分可以省去很多麻烦。要知道人生中有许多正事要做，不要把时间和精力丢在与小人斗气上。

(2)礼让

惹起对方口吐恶言，也许是因为你的不好，比如不小心碰掉了别人的东西或踩了别人的脚，对方缺乏修养而辱骂你，你呢？不能以牙还牙，而应该先赔礼认错，争取对方的原谅和周围人的同情。如果对方不依不饶，你也不要同他斗气，退让几分就罢了。

(3)说服

如果对方所吐恶言都是对你的误解，或者对方虽然一时出言不逊，却也算不得胡搅蛮缠的人，对这样的人你应该采取适当说服的办法，讲清原因，摆明道理，争取对方的理解就可以了。

(4)正告

你心胸宽豁，能忍别人所不能忍，却也不要失去做人的原则，不要让小人觉得你好欺负，对有些赏脸而不要脸、非要“踩你鼻子上天”或“骑你脖子屙屎”的人，你要对他们提出严正警告。让对方所言所行不要太过分，否则惹了麻烦是双方的，谁也别想在斗气上占便宜，这样可以给对方口出恶言的气焰降降温。

(5)惩处

这是在你实在忍无可忍的情况下所采取的最后一招。人人都有一个承受恼怒的极限，如果对方欺人太甚，所出恶言过于嚣张，使你的人格和尊严遭到严重破坏并产生了不良的社会影响，在屡次警告都不见效的情况下，你就应该惩罚对方了，但要切记“君子动口不动手”，惩处对方不一定非要伸手打人，可以找领导，找组织，找法律，以正义之剑杀掉对方的嚣张气焰。

不被激怒才不被消灭

有句话说:“要消灭他,先激怒他!”

激怒他,那不是挑起他的斗性,反而替自己带来麻烦吗?

此问有理,然而挑起他的斗性正是激怒他的目的之一。本来他是不打算同你斗的,但你挑起了他的斗性,你便有了对手,有了对手,不管斗上多久,总会有个“结果”,而“麻烦”当然是“副产品”,但如果能“消灭”他,这“麻烦”便不算什么了。

那么,“激怒”他,就真的能“消灭”它吗?

如果是有计划的,谋定而后动的激怒,那么消灭对方的可能性就很高,因为对方的反应都已在你的掌握之中,而对方在被你激怒之后,常会因失去情绪和理智的平衡而做出错误的判断和决定,你甚至可以不动声色,便使他处于不利的境地。

说这么多,并不是要你去激怒别人,好达到你的目的,事实上,要激怒别人,还得有两把刷子才行,费心筹谋,多辛苦。但是,你不去激怒别人,别人却有可能为种种目的来激怒你,你若不察、不慎,便会掉入别人为你设计的情绪圈套当中。

一般来说,别人激怒你有两种方式:

第一种是在言语上激怒你,譬如说讽刺你、笑你、挖苦你,或指桑骂槐,无中生有,含沙射影……

第二种是在工作上激怒你,譬如故意为难你,左一句“很难配合”,右一句“可行性不高”……

如果对方有心激怒你,这些动作都会使得不瘟不火,甚至姿态摆得很低,你明知他是故意的,却一点办法也没有,唯一的办法只有忍下来,不动声色。他的言语,你不要去理会,若要反驳,也要笑着反驳,轻柔地说明;他在工作上的为难,你平心静气地、一而再再而三地请求,或请同事朋友帮忙,他姿态低,你的姿态要更低。

你千千万万不可被他激怒,你一怒,大家都会看着你而不看着他,大家只看到你丧失理性的怒火,而没看他的伎俩。于是,本来你是无辜的,怒火一烧,你也变成理亏了。如果你不易控制自己的情绪,怒火可能让你说了很多不该说的话,做了很多不该做的事,也给了别人很多把柄。他分毫未损,而你已遍体鳞伤,甚至一蹶不振!

所以,不管在什么样的情况下,千万别被激怒,有老僧入定的心情,那些激怒你的动作自然会消失于无形。而且,见识了你的定力以后,再也不会有人来激怒你了。

把愤怒变成汽油

“我的成功说来很奇怪,是发了一顿大脾气后,马上立下决心,把愤怒藏在心里,造成一股促使我自己不断前进的原动力,使我能够披荆斩棘地沉着前进,奋斗到底,不达成功,永不休止。汽车,没有汽油就不能开动,不能飞速前进。人,也是这样。愤怒,可以说是人类的汽油,它不断地促使着人们前进。所以,一定要善于运用自己的愤怒,使它成为人类的一股黑泉,带着你走向成功!”

这是一怒成功的纽约谷业银行经理贝勒一段精彩的讲话!或许,说出他成功的经过,使各位更明白此段话的深意!

事情从这里开始。当贝勒筹备在长岛兴办一家银行时，为了想吸收更多的宝贵经验,而且希望获得同业的支持,就很虚心地向一位银行界的先进求教。

可是,这位声望很高的银行家竟然用冷嘲的口吻对他说:“你要开一家银行吗?只要你的寿命够长,也许有一天,你真的可以在长岛开出一家银行来!”

说完,头也不回地起身告辞了!

贝勒愣了好一会儿,接着爆发了一顿大脾气,几乎震塌了整个屋子。但脾气发过之后,他就把这愤怒化成了一股力量,立下石沉大海的决心,要尽快开设一家银行来,而且在四年内,他银行的营业额一定要超过那位银行界先进所经营的银行,而成为全美银行业的巨柱。

有志者事竟成。四年后,贝勒先生真的实现了这愿望。不仅他银行的营业额远远超过那位银行先进,而且他在银行界的声誉也远远超过那位先进之士,成为银行界的巨人。

朋友,这股由愤怒所激起的力量,是何等的大啊!

我们一定要善于运用自己的愤怒。否则,愤怒会误事的。你看看詹姆的失败与成功!

詹姆是外交部的一个文官,职位不算低,只要继续努力,随时会有升迁的机会。但是他的脾气很不好,动不动就拉长脸,如下雨前般昏天黑地的,令人看了很不舒服。

他这样的态度,这样的脾气,使他的上司对于他的晋升,有着很大的戒心,有一回,外交部有个高级文官病逝了,按照资历,按照工作成绩,詹姆应该是可以提升来担任这个工作的,但却遭到了大多数人的反对。理由是:詹姆是个脾气极坏的家伙,常常意气用事,生怕他本性难移,误了国家大事。

就这样,詹姆升迁的希望破碎了!

消息传来,詹姆斯非常气愤。他发了一顿相当大的脾气,恨不得用他的自卫枪去把那几个反对晋升他的人杀死,才能消了心中这股怒气。

他的一位女同事黛丝小姐,看到他情绪相当不稳,于是邀他一起出去吃晚饭,跟他细细地谈了好一会儿。黛丝小姐的看法是:詹姆应该大大地发一顿脾气,但这脾气一定要发在自己身上,因为今天的失败是由于自己的坏脾气所致,今后,如果获得更好的机会,必须把这习惯改正过来。气愤得拿枪要去杀人,只不过是用犯法的做法以求取愤怒情绪的发泄而已,真是一件极愚蠢的事情。

那天晚上,詹姆非常烦躁,他再三使自己的情绪安静下来,以使思路清楚,仔细的考虑黛丝小姐的意见。但他失败了,他始终无法平静烦躁的心情,根本无法去想黛丝小姐所说的话。

他发了一顿惊天动地的脾气,把镜子、玻璃杯都摔碎了。这样,他才心平气和地俯伏在床上,呼呼地睡着了。

第二天,他的情绪开始平复了,他的脾气也逐渐改变,变得亲切和蔼多了。五年后,他变成了另一个人,而他的职位也越来越高了。

他诚恳地告诫那些脾气暴躁的人:

“我愤怒的时候,觉得自己根本无法控制自己的情绪,而是情绪牵着我的鼻子走,它要我往东,我就往东,它要我向西,我就向西。要是它要我去杀人,相信我也会拿起枪管子的。因为在那时候，我已经变成了一个毫无主见的傀儡了！

但当我以最大的努力克服自己的暴躁性格，开始转变的时候，我发觉自己的理智开始发生操纵情绪的作用。这时，我才由一个傀儡变成一个人——一个有理智有主见的人。

无论我能否获得晋升的机会，我能够使自己变成一个真正的人，就是我最大的喜事了！"

是的，朋友！务必使自己成为一个真正的人——有主见有理智的人，千万别让愤怒冲昏了头，一定要善于运用自己的愤怒。

要怎样才能善于运用自己的愤怒呢？

这里有几个切实可行的办法：

第一，我们要把愤怒看成是一种原动力，它会促使我们去做一件平日认为无法做好，或不易做好的工作。

第二，愤怒会促使我们去改正自己的缺点，使自己的人格变得更完美。

第三，愤怒会增加我们的勇气，使我们勇往直前，走上成功的道路。

但是，需要注意的是，愤怒用得不恰当，会产生很可怕的后果：

①愤怒会使我们陷于绝境，完全丧失了理智，变成一个狂人。

②愤怒使人们对我们产生一种不良的印象，觉得我们不容易跟别人相处。

③敌人随时会利用我们的愤怒，轻而易举地击败我们。

对此，我们要有清醒的认识，注意把握好分寸。

以德报怨，赐人恩典

在社会丛林中，要求别人都像保护大熊猫一样保护你，是不现实的。更多的时候是别人伤害了你，对不起你。反应的办法有两个：一是怒上心头，以血还血，以牙还牙，这是黑的办法，再一就是"以德报怨"，这是厚的办法。

所谓以德报怨，用大白话说，就是别人有对不起我，算计我的地方，我不生气，不与他计较，反而好好待他，甚至顺其心意，满足其愿望。作为一条合乎道德的行为原则，以德报怨本意是让人超越个人之间的恩恩怨怨，与人为善，容人之过，宽宏大量地协调好人际关系。

但从厚黑学的角度看，由于以德报怨所创造的极为明显的回报效果，使得这个道德原则在现实的社会生活中，很容易同时成为一种驾驭别人的谋略。因为人一般都有点自知之明，自己的所作所为心里多少是清楚的，所以在对不起他人的地方，难免有愧疚之意。心态本来就比较低，一旦得到了不曾想到的原谅，甚至对方主动让自己得遂所愿，这种由巨大反差所引发的感激之情，不是语言所能表达的，这种恩典也不是语言所能报答的。

楚庄王的"绝缨大会"大概是经常被人引用的以德报怨的实例。

楚庄王大宴群臣，突然蜡烛燃尽了，有人趁暗中拉扯劝酒的王妃的衣袖，结果被王妃扯走了帽缨。楚王听了王妃的申诉后趁蜡烛尚未点燃、肇事者身份不明之时，命群臣全部摘去帽缨，投诸火中，保全了这位大臣。以后在楚国攻郑的战役中，有一员战将表现十分突出，楚王询问之下，方才得知此人即是那个被扯去帽缨者。楚庄王以德报怨，臣下以德报德，一直传为佳话。

历史上这类故事不胜枚举。孟尝君原谅了一个同其夫人私通的门客，并举荐和资助他去卫国担任要职,后来此人冒生命危险谏止了卫君攻打齐国的打算。

汉光武诛杀了一个谋反者,收缴到群臣中与此人相勾搭的书信千封,不予追查而付之一炬,以使群臣放心。曹操战胜袁绍后也有过同样的举动。

尽管楚庄王、孟尝君、汉光武等人的做法,很可能出于超出常人的心胸和气度,像汉光武就没有诛杀一起中兴汉室的功臣,这在开国皇帝中是不多见的。但以德报怨所带来的极好效果绝不可能逃过注重实利的中国人的眼睛。楚庄王的故事结尾,一定要把楚庄王的赢利情况交代清楚,就反映了这一点。在中国人看来,道义上的成就感如果再加上点实利方面的盈余,绝不是一件坏事。从这一点再往下推,那么仅仅只实利的盈余,作为交易也值得一做了。

北宋时守边大将钟世衡能征惯战,足智多谋。当时胡人中有一个部落最强大,其首领叫苏慕恩。一天,钟世衡请苏慕恩来饮酒,还让一个长得很美的侍妾在一旁劝酒。席间钟世衡有事进了里屋,苏慕恩酒入情怀,乘机调戏侍妾。钟世衡出其不意,突然转身出来,"活捉"了苏慕恩。苏慕恩十分惭愧,请他原谅,钟世衡却笑着说:"你要她?那就送给你了。"从此,凡胡人部落中有怀二心的,钟世衡都让苏慕恩去讨伐,每次都大胜而归。

至于钟世衡这种做法是不是道德的,这里丢开不管。他能撇开个人的面子,牺牲自己的爱妾成就一件大事的精神却是颇得"厚"的神韵的。

他怒你不怒

他人对你大发其火,通常出于下列原因之一。可能是因为你说了什么或做了什么,也可能是对方以为你说了什么或做了什么。有时对方是和别人闹别扭,却把怒气发泄在你身上。

不论其怒火从何而来,也不论他是谁——雇员、顾客、客户、业务伙伴或朋友——都需要你找出问题以便迅速纠正,和他重归于好。要找出其发怒的原因其实并不难,可以多向对方问一些为什么,直至发现对方为什么发怒。你是否有责任,如果不,谁负有责任,该如何解决。为了确保万无一失,可以再问一问还有没有其他原因。

如果确实是你的错,就应该马上承认,并真诚地向被你伤害之人道歉。在这一点上,吉姆的事例很值得我们学习。请看他的故事:

吉姆曾经写信给一位律师,律师让他很不快。他认为律师向他收费过高,就如实告诉了律师。他想他是太冲动了,因为他的话过于刻薄,而他本不想那样。他电话明确地告诉律师对他和他的话是什么看法。律师真的动了怒,奋起反击。趁律师喘息之机,他插话说:"布莱德,真的很抱歉写了那封欠考虑的信。真不该那样做。我为我的话道歉。你有权发火,请原谅。"

律师沉默了一会,然后说:"没关系,吉姆,我真佩服你能有勇气承认错误并道歉。我的收费可能高了一点,我想也应该道歉。我给你一个新账单,让我们重新开始做朋友,可以吗?"

你看,错了就马上承认错误并道歉可以立即消除被你伤害之人的怒气,并将其转化为持久的友谊,在这方面亦可做更大努力,得到更好的结局。

即使你没错,也说对不起。如果没错,你可以大度一些。如果说一声对不起就可让家庭找回往日的安宁,或让俩人重归于好,那就说一声。你会更加珍视彼此的友谊,而不必在孰对孰错的问题上耿耿于怀。

面对那些因为感觉自己受到轻视、忽视或冷落而恼火的人,要消除他的怒气,最好的办法是关注他，让他感到自己的价值。因为这种人希望受到关注，为了受到关注他不会不遗余力。缺少关注会损伤他的自我，让他感到自己不重要，是个多余的人。

你可以请求他的帮助，征求他的意见，听从他的忠告。这样，他的怒气很快就会消除了。

让愤怒为你效劳

洛克菲勒在某案件中受审时，在面对对方激愤的询问时持平和的态度和做不动声色的答复，使他赢得了这场官司。那个质问的律师在态度上似乎明显地怀着个人的恶意，如果洛克菲勒也发怒，本来也是人之常情，不过他太聪明了，不会那样鲁莽。

“洛克菲勒先生，我要你把某日我写给你的那封信拿出来!”那律师用一种很粗暴的声音说。这封信是质问关于美孚石油公司的许多事情，而这些事件那个律师在法律上并无权利去质问。

“洛克菲勒先生，这封信是你接的吗?”法官问。

“我想是的，法官。”

“你回那封信了吗?”

“我想我没有。”

然后律师又拿了许多别的信出来，洛克菲勒也照样都说“我没有回复”。

“你为何不回复那些信呢?你认识我，不是吗?”那律师问。

“啊，当然!我是认识你的!只是从法律上你是无权询问那些事情的，所以我没有回你的信。”

洛克菲勒答复这句话时仍然很平静，但那律师气得差不多要发狂了。全庭寂静得毫无声息，洛克菲勒坐在那里纹丝不动。

不要因为别人发怒，你便怒不可遏。要知道那正是你应当平和的时候。

芝加哥第一国家银行董事会会长维特摩亚说：“如果某人发怒，我总觉得对于我自己的地位反而有帮助。”

如果你想发怒的时候，便先想想这种爆发会发生什么影响。如果你晓得发怒必定会有损于你自己的利益，那么最好约束你自己，无论这种自制是怎样吃力。

如此说来，一个人永远都不可发怒吗?这也不然，有许多人就是对于这一点想错了。他们举出许多例子来说明发怒是不好的，于是结论以为一个人永远都不可发怒。这是错误的。

那是因为我们容易误用愤怒，并不是我们就因此而永远不发怒。所以发怒应视时机，愤怒在人生中有一种很高的价值，用得得当就是很好的东西。

有的天才的大人物，曾经驾驭过别人，胜过一切阻碍其发展的力量，是靠的他那种大怒的脾气的帮助。热烈的情绪是包含着能力的。

铁路大王喜尔先生就是一例。当他发怒的时候，一切的人都要躲避。他忍受不了那些无能的人；庸碌之徒必须躲开他。对于无能的人，包括懒惰的、无头脑的、特别是不可信任的，他的愤怒时常发出来。这些人在他那阵狂风之前都各自赶紧躲避，于是他便安静下来。他对于努力的人，非常亲近。

当你发怒的时候，要记着这个原则：你是要做一件有目共睹的事，不可压制一切行为，因为压迫反而增加紧张，会令人受不了的。你是要做一件事，不过这件事必须要有价值。

约束愤怒并不是压迫愤怒，而是把愤怒引导为一种行动，以发展自己的事业。

厚黑方略二十八

韬光养晦，深藏不露

古语云：木秀于林，风必摧之；堆出于岸，水必湍之；行高于人，众必非之。俗话说：枪打出头鸟。所以聪明人务须懂得韬光养晦，深藏不露，以此明哲保身。

鹰立如睡，虎行似病

古人云："鹰立如睡，虎行似病。"这是它们攫鸟噬人的法术。故君子要聪明不露，才华不逞，才有任重道远的力量。这大概可以形象地诠释"藏巧于拙，用晦而明"这句话的具体含义。

一般地说来，人性都是喜直厚而恶机巧的。而胸怀大志的人，要达到自己的目的，没有机巧权变，又绝对不行；尤其是当他所处的环境并不如人意时，那就更要既弄机巧权变，又不能为人所厌戒，所以就有了鹰立如睡、虎行似病的藏巧用晦的各种做人方法。

安禄山做杨贵妃的干儿子就是个例子。还有一种正面的"拙行"，如唐初的重臣李勣，本是李密的部下；后随故主投于李渊父子的麾下。此时天下大势已趋明朗。李勣懂得只有取得李渊父子的绝对信任才有前途，于是他把"东至于海，南至于江，西至汝州，北至魏郡"的所据郡县土地人口图派人送到关中，当着李渊的面献给李密，说既然李密已决心投降，那我所据有的土地人口就应随主人归降，由主人献出去，否则自献就是自为己功、以邀富贵而属"利主之败"的不道德行为。

李渊在一旁听了，十分感慨，认为李勣能如此尽忠故主，必是一个忠臣。李勣归唐后，很快得到了李渊的重用。但是李密降唐后又反唐，事未成而"伏诛"。

按理说，一般的人到了这个时候，避嫌犹恐过晚，但李勣却公然上书，奏请由他去收葬李密——惟其"公然"，才更添他的"高风亮节"，假设偷偷摸摸，则可能会有相反的效果。"服缞绖，与旧僚使将士葬密于黎山之南，坟高七仞，释服散。"这纯粹是做给活人看的。表面看这似乎有碍于唐天子的面子，是李勣的一种愚忠，实际李勣早已料到这一举动将收到以前献土地人口同样的神效。果然"朝野义士"，然推他是仁至义尽的君子。从此李勣更得朝廷推重，恩及三世。

李勣取的是一种"负负得正"的心理效应，迎合了人们一般不信任直接对己的甜言蜜语，而相信一个人与他人相处时表现出来的品质——即侧面观察的结果，尤其是迎合了人们普遍地喜爱那种脱离于常人最易表现的忘恩负义、趋吉避凶，奸诈易变的人性弱点而表现出来的具有大丈夫气概的认同心理。看似直中之直，实则大有深意，这是"藏巧于拙"做人成功的典型。

李白有一句耐人寻味的诗，叫"大贤虎变愚不测，当年颇似寻常人"，则揭示了另一种意义上的保藏用晦的做人法。这是指在一些特殊的场合中，人要有猛虎伏林蛟龙沉潭那样的伸屈变化之胸怀，让人难预测，而自己则可在此期间从容行事。

元末的朱元璋在攻占了南京后，因为群雄并峙，为了避免因崭露头角而为众矢之的，他采用了耆老朱升的建议。以"高筑墙，广积粮，缓称王"的策略赢得了各个击破的时间与力量，在众人的眼皮底下暗渡陈仓，最后吞并群雄当上了大明皇帝。

别人都站着，你别坐着

个性是个人之本，人有个性始有魅力。个性表现得越充分，个人魅力越大。个性的形成，既有先天的因素(生就的眉毛长就的相)，也有后天的因素(学习、教育、训练)。但是，不恰当地张扬个性，对人并非有益，尤其是在社会众生中，其危害更深不可测。

社会是个什么地方?社会是一片是非之地，虎狼出没的地方。人际关系微妙、复杂，社会灾险不可穷估。从根本上说，社会是消弭个性的。个性，即是与社会和他人为敌。试想，你行你素，你率性潇洒，人家怎么会痛快呢?对你的亲人、朋友或那些较宽容的人来说，也许他们还能接受你的这种个性和行为，但是对社会大众来说，你无疑犯众了。

在人群中富有个性，这样不好。你把自己暴露在众目睽睽之中，赤裸裸地毫无遮掩，这无异把肉放在砧板上，让人家想怎么剁，就怎么剁，这不愚蠢无比了?是的，这是一种十分愚蠢的行为。你把自己暴露在你毫不知晓的各色人等面前，你不知道他们是些什么人，你不知道他们在怎么想，自己也不知道他们将怎样做，你毫无遮掩，使自己置身在他人的十面埋伏之中。

如果你知道他们是些拿枪使刀的人，要弄权谋的人，心怀叵测的人，小人，蠢人，宰狗杀猪的人，街上要赖的人，心很黑的人，你的感觉又将如何呢?难道不会汗毛倒竖，内心发虚吗?很多人不知道这种凶险和厉害，青年人尤甚。他们爱我行我素，我讲我话，率性而为，极力标榜自己的个性，欲与他人不同，而且似乎深怕别人不知道他们那些很个人化的东西。这样，他们便把自己张扬成了诸如嬉皮士、卡通一代这样的人物，个人很过瘾，有时还能成为文化和艺术，不亦美哉!不过，并非全都如此得意，因个性十足而吃亏上当，遭人宰杀的更比比皆是。三国时的才子祢衡就是一例。

祢衡年少才高，目空一切。二十来岁时便跻身在名士权贵之中。而且祢衡很瞧不起那些人，把他们视为酒囊饭袋，行尸走肉。祢衡眼下，举世无才。

汉献帝初年间，孔融上书举荐祢衡，大将军曹操欲召见他。祢衡不知道天高地厚，出言不逊。曹操心中不快，最后给他封了个击鼓小吏，以羞辱他。祢衡也因此更嫉恨曹操。

一次曹操大会宾客时，让祢衡穿鼓吏衣帽击鼓助乐，祢衡竟当众裸身击鼓，以羞辱曹操，扫他们的兴。曹操对之深以为恨，但曹操聪明，不愿杀祢衡而脏了自己的手。他把祢衡送给荆州牧刘表。不久，祢衡又因倨傲无礼而得罪了刘表。刘表也聪明，不杀祢衡，把他打发到江夏太守黄祖那里去。

祢衡在黄祖那里，仍是率性如前。一次，祢衡竟当众顶对黄祖，骂他“死老头，你少□唆!”黄祖气极，一怒之下把他杀了。祢衡死时只有二十六岁。祢衡的杀身之灾，全因他的才气和性情所为。人有才情，本是天赐良物，正好周济人生。祢衡却相反，恃才傲物，因情害事，不知天下大于人才，权柄重于才情。最终唐突权贵，以身涉险，终被人杀。这是极使个性、才情而不得善终的一个典型事例。

从祢衡只知个人使性，不知顾念他人来看，祢衡的所谓才智是十分有限的。才智，除自身的审美和创造外，也包括对他人和环境的审视、知晓和防范，以至利用。而不是糊里糊涂地，以一己之小暴突世界之大，最终横遭不测。

从根本上说，社会是消弭个性的。跟他人在一起，要收敛个性，不要只图自己想干想说，好干好说。要多从他人角度，想想他人又会怎样想，他人又会怎样说，他人将欲怎样做，这样才不致四面树敌，让自己丧于他人之灾的浪潮之中。记住，别人都站着的时候，你不要一个人坐着!不过，这样成熟而富有城府地处世为人，也会失了很多性情上的乐事和人生的潇洒，这就只好退而求其次了。

非有城府不足以立世

为人处世非有城府不足以立世，韬光养晦来自于自我控制的能力，能够像云雾缭绕的山峰一样兀立于世人的视线内，让人摸不透，却又不可小觑之宏伟、高大，其强大的威慑力使小人难以进犯。要做之事莫轻易讲出，等到事情成熟之后再公之于众，使人无法掌握透视你的线索。

汉景帝时，郎中令中有个叫周文的人。最初，他是文帝的御医，后来被任命为太子的私人医生。太子即位，是为景帝，周文被升为郎中令。

周文办事很有“韬晦”之策，他言谈十分谨慎，每当景帝问他对于臣子们的意见时，他总是说：“请你自己判断吧。”从不说牵扯大臣们命运的话。

周文衣着十分朴素，虽身为郎中令，却总是穿些补丁衣服，肮脏的裤子，故意弄得很邋遢，让人对他既怜悯又信任。景帝连寝宫都让他随便出入，甚至做房事时也让他在旁边侍候。

后来，他从长安迁居到阳陵，景帝送给他不少东西，他一一辞谢，以防别人看了对自己眼红；诸侯和群臣送去的东西，他也一概未收。

因为如此的“憨厚”，武帝即位后，仍把他作为先帝的宠臣而加以器重。不久后，他因病告老还乡，带着俸禄隐居起来，直到寿终正寝。

在那个风雨时代，作为皇帝身边的宠臣，能像他那样经历三朝而不倒，又能平安地颐养天年的人实在是太少了。

与人打交道，各种凶险和变数难以预料，多些城府才能处世老世，始终立于不败之地。

以弱示人并非弱者

在事业和竞争中为了取胜，当然不可以弱示人。但在特定情况下公开承认自己的短处，有意暴露某些方面的弱点，往往是一种有益的处世之道呢！

示弱可以减少乃至消除不满或嫉妒。事业上的成功者，生活中的幸运儿，被人嫉妒是客观存在的。在一时还无法消除这种社会心理之前，用适当的示弱方式可以将其消极作用减少到最低限度。

示弱能使处境不如自己的人保持心理平衡，有利于团结周围的人们。示弱能表现一个人实事求是的作风，客观上给积极进取者以鼓励。

要使示弱产生积极效果，必须善于选择示弱的内容。地位高的人在地位低的人面前，不妨展示自己学历不高，经验有限，知识能力有所不足，有过种种曲折难堪的经历，表明自己实在是个平凡的人。成功者应多在别人面前说自己失败的记录，现实的烦恼，给人以“成功不易”，“成功者并非万事大吉”的感觉。对眼下经济不如自己的人，可以适当诉诉自己的苦衷：诸如健康欠佳，子女学业不妙以及工作中诸多困难，让对方感到“他也有一本难念的经”。某些专业上有一技之长的人，最好宣布自己对其他领域一窍不通，袒露自己在日常生活中如何闹过笑话，受过窘等。至于那些完全因客观条件或偶然机遇侥幸获得名利的人，更应该直言不讳地承认自己是“瞎猫碰到死老鼠”。

示弱可以是个别接触时推心置腹的交谈,幽默的自嘲,也可以是在大庭广众下,有意以己之短,衬人之长。

示弱有时还要表现在行动上。自己在事业上已处于有利地位,获得了一定的成功。在小的方面,即使完全有条件和别人竞争,也要尽量回避退让。也就是说,事业之外,平时对小名小利应淡薄疏远些。因为你的成功已经成了某些人嫉妒的目标,不可再为一点微名小利惹火烧身,应当分出一部分名利给那些暂时的弱者。

示弱是强者在感情上体贴暂时在某些方面处于劣势的弱者的一种有效的手段,它能使你身边的"弱者"有所慰藉,心理上得到平衡,减少或抵消你前进路上可能产生的消极因素。愿事业上的强者都能学会示弱!

当好士兵才能当元帅

任何一位薪水阶层人士,都无时无刻不在思索:如何能尽快获得晋升?但近年来,注重家庭的人愈来愈多,有的人已开始不注重公司里的升迁问题,认为家庭能够美满、快乐最重要,其实这种想法更有助于补贴人生的幸福。

另一方面,目前的时代和过去不相同,由于僧多粥少,使得升迁的机会大大降低。前些时候,只要是一流大学的毕业生,便可以保证升迁到某种职位。但最近则不可能如此简单,一般的情况,无论是否是一流大学毕业,顶多只能升到部门经理,何况是二流大学毕业的当然更不容易获得升迁。于是,原先抱着满腔热忱指望升迁的人也开始觉悟,即使努力奋发向上,也常常是徒劳无功。

虽然有一些公司视学历如敝屣,只是注重实力,不注重学历,但这种方法多少也有一些弊端,容易使感情因素占了上风,使公司对个人能力的评判变得更加不合理。

云锋是一个有想法的薪水阶层人士,他信奉"不想当元帅的士兵不是好士兵"的训诫,经常很有决心地说:"有朝一日我一定要登上董事长的宝座。"

他这种想法很重要,因为,每一个人想在将来达成什么愿望,都应该先有坚强的决心,然后树立绝对的信心,并朝着这个目标奋进,否则就无法达到目的。

虽然说,他是一个相当有野心的人,不过他也很努力工作,丝毫不敢懈怠。当然,他更不会忘记对上司的奉承与服务。但因为云锋过早地暴露了野心,冒犯了同事之间相处和竞争的辩证关系,把自己树成了每位同事的对手,因而也就成了众矢之的。

有人问他:"你对于当董事长,果真如此有信心?"

"是的,我相信只要我努力就一定能当上董事长!"他挺起胸说。

"可是,要当董事长必须获得足够的选票,也必须有那种命运!"

"选票?命运?"他很怀疑地问。于是朋友告诉他,有位很熟悉财经界的餐厅女老板所说过的话,她说,有能力和有人缘,这是升迁的基本条件,但人的命运很难预测,有时候认为这个人顶多只能当上部门经理,但结果当上董事长,这种例子相当多。有一次她指着前面的啤酒上端说:"很多人一旦爬到这般境地,便无法再爬上去。这必须看当事者有没有那个命,看同事们是不是抬举他,上司是否提拔他。"

她说这些话时,真是感慨万千。

"命运与同事的支持和上司的提拔?"他若有所思地说。

朋友最后又真诚地告诉他："年轻的时候不要太贪心、太急躁。同时，年轻就成名，也容易受到竞争对手的注目而遭到嫉妒，反而对自己不利。还是暂时将雄心大志隐蔽起来，等待时机再行施展。"

"我懂了。"自从那一次之后，他就完全改变态度，不再把"我一定要……"这句话挂在嘴边，结果使得过去疏远他的同事，渐渐对他表示好感。这是因为，在他努力想获得升迁的过程中，表现得过于激进，缺乏一份缓冲的幽默感，故使人对他敬而远之。

此后朋友又问他："你仍然决心当董事长吗？"

他只是笑而不答。朋友发现，经受一段挫折之后，他果然学乖了。

直木先伐，甘井先竭

古人说"直木先伐，甘井先竭"，就是说修理房屋一般所用的木材，多选择挺直的树木来砍伐；水井也是涌出甘甜井水者先干涸。有一些才华横溢、锋芒太露的人，虽然容易受到重用提拔，可是也容易遭人暗算。所以那些聪明的人懂得如何来自我保护。

上古有一种很会鼓动翅膀的鸟，与别的鸟毫无出众之处。别的鸟飞，它也跟着飞。傍晚归巢，它也跟着归巢。队伍前进时它从不争先，后退时也从不落后。吃东西时不抢食、不脱队，因此，很少受到威胁。它所奉行的就是明哲保身术。

表面看来，这种生存方式显得有些保守，但是仔细想想，这样做也许是最可取的。凡事预先留条退路，不过分炫耀自己的才能，这种人才不会犯大错。这是现代高度竞争社会里，看似平庸，但是却能按自己的方式生存的一种方式。

汉朝兴起的时候，功臣受到封爵的有一百多人。当时天下初定，所以大城名都散失的户籍、逃亡的人口很多，可以计算到的户口只有十分之二三。因此大侯的封邑不超过一万户。小侯只有五六百户。经过几代以后，人民都回到故乡，户口增多。

萧何、曹参、周勃、灌婴之辈，有的增到四万户，小侯的封邑也增加一倍，定足和大侯一样。他们的子孙骄奢淫逸，忘记了祖先的创业精神，专门干淫邪的事情。到武帝太初年间，只过了百来年，后来仍然为侯的只有五人，其余的都犯了法，丧了性命，亡了国家。这是因为他们都不认真地遵守法令，因此，无论你有多大成就、势力，守法是唯一能使你保证平安的方法。

世上不知有多少人没有这份智谋。在小利面前，贪心过剩，结果被别人牵住了鼻子。特别是一些已取得一定地位和成功的人，由于权力和影响超出常人，人们对你一般都是有所求的。一些居心叵测的人当然会对你曲意逢迎，投你所好。如果贪图小利，成了别人的工具，那么违法乱纪之事就在所难免，最后的结果必将丧失以前所有的一切。千里之堤溃于蚁穴，所以一切有志者对唾手可得的名和利都要慎之又慎。

富贵本是身外之物，不仅带不来拿不走，而且会惹来横祸。因此，真正精通世事的人都懂得在最关键的时候弃财保命。

汉朝末年，群臣叛乱，诸侯割据，汉室已名存实亡。一次，汉献帝被叛军软禁在长安。后来，在一帮大臣的帮助策划之下，汉献帝找准一个机会逃了出来。可是叛军不久就发现了他，并且马上派兵紧追不舍。

眼看叛军即将追上来了，怎么办呢?献帝急得像热锅上的蚂蚁。这时，随身老臣董承建议献帝及其随从将随身所带之金银财宝全撒到路上。献帝依照董承的建议行事，让车上所有的人将自己随身携带的珠宝等物统统扔到路上，最后连皇后的首饰等都扔掉了。

追赶献帝的士兵看到一路上金银财宝纷纷跳下马来，发疯般地一哄而上，抢夺财宝，而将追赶献帝的事扔在了一边，随行军官们的大声斥责也丝毫没能吓住他们。

就这样，汉献帝保住了性命，安全地逃到了洛阳。

出头鸟容易挨枪子儿

古语云：木秀于林，风必摧之；堆出于岸，水必湍之；行高于人，众必非之。俗话说：枪打出头鸟。

古往今来，多少仁人智士，因其才能出众，技艺超群，行为脱俗，招来别人的嫉妒、诬陷，甚至丢了性命。

周公因谤而离朝，韩信遭诽受竹刀。于是，避招风雨就成为一些智仁之人处世的技法之一。

《孙子兵法·军形篇》中说："善守者，藏于九地之下。"意思是说，善于防守的人，像藏于深不可测的地下一样，使敌人无形可窥。与人交往，也要谨以安身，避免成为别人攻击的目标。

避招风雨的处世方法，初看好像比较消极，其实，它并不是委曲求全，而是通过少招惹是非，少生麻烦的方式，更好地展现自己的才华。

三国荀攸，智慧超群，谋略过人，他辅佐曹操征张绣、擒吕布、战袁绍、定乌桓，为曹操统一北方、建立功业，做出了重要贡献。

他在朝二十余年，能够从容自如地处理政治旋涡中上下左右的复杂关系，在极其残酷的人事倾轧中，始终地位稳定，立于不败之地，就在于他善于谨以安身，避招风雨。

曹操曾高度地评价荀攸："公外忌内智，外怯内勇，外弱内强，不伐善，无施劳，智可及，愚不可及，虽颜子、宁武不能过也。"

荀攸平时十分注意周围的环境。参与军机，他智慧过人，连出妙策；迎战敌军，他奋勇当先，不屈不挠。对曹操，对同僚，他却不争高下，表现得总是很谦卑、文弱、愚钝、怯懦。

有一次，荀攸的姑表兄弟辛韬曾问及他当年为曹操谋取袁冀州的情况，他却极力否认自己的谋略贡献，说自己什么也没有做。

他为曹操"前后凡划奇策十二"，史家誉之为"张良、陈平第二"，但他本人对自己的功勋却守口如瓶、讳莫如深。

他与曹操相处二十年，关系融洽，深受宠信，从来不见有人到曹操处进谗言加害于他，也没有一处得罪过曹操或使曹操不悦。

建安十九年，荀攸在从征途中善终而死，曹操知道后痛哭流涕，赞誉他为谦虚的君子和完美的贤人。

老人面前不逞狂

“有些人在谈话方式上，只图博得机敏的虚名，却并非真心与别人讨论问题，仿佛语言形式比实质内容的价值还高。有些人津津乐道于某种陈词滥调，而其盛气凌人之程度令人生厌。这两种人一经识破，就难免成为笑柄。”

上面是培根讲过的一席话，他是就谈话艺术问题而言的。如果我们细加品味，培根所抨击的“有些人”很难把老人包括进去。若用年龄来圈定一下，划在里面的大约百分之九十以上是未到“不惑”之年的人。血气方刚，夸夸其谈，哗众取宠，言过其实，这是某些青年的“常见病”。如果你细心观察，就会发现在这种场合下，听众中反应最强烈的首先是老年人。有时从他们的表情上可以看出，他们对青年人这种“常见病”，简直深恶痛绝，不可容忍。

这就引出了我们所要说的话题：在老人面前，青年人如何抑制自己特点中那些属于缺点的部分，以及与老人特点完全相悖的方面，不至于使这些令老人难以接受的“特点”毫无顾忌地得到淋漓尽致的发挥。

这一点，对于我们主动与老人搞好关系十分重要。

从青年人这一方来说，要让老年人喜欢自己，日常交往就应避免引起老人反感，这是最起码的要求。而事实上，生活中让老人引起反感的现象却很多。有些青年的无礼、恶作剧、狂妄自大等，使“耳闻目睹”的老人恼怒，甚至在事后很久还议论纷纷。所以，青年人必须从理智上发出警告，严格检查和医治自己的“常见病”，不然，就很难和老人处好关系。

在青年人容易引起老年人反感的常见病中，最有害的是狂妄自大。少年存壮志，敢想、敢说、敢做，这可以说不是缺点，而是青年人性格中积极、闪光的一面。但在少数青年身上，人为地把这“光”闪得过于耀人眼目，以致少年壮志成了狂妄自大。

中国历史上有这样一段故事，说来很典型。

据传，东汉时期有个叫陈蕃的年轻人，有一天他父亲的好友薛勤来访，见他独居一室，屋内杂乱，龌龊不堪。当时薛勤便问：“孺子何不洒扫以待宾客?”陈蕃答道：“大丈夫处世，当扫除天下，安事一屋乎?”薛勤反问一句：“一屋不扫，何以扫天下?”薛勤的反问，明显地透出对陈蕃的自命不凡产生了反感。是的，一个懒于或不屑于去“扫地”的人，他真的会去“扫天下”吗?即使他真有这样的“意愿”与“壮志”，也只是“水中月”，“镜中花”而已。

在今天，像陈蕃这样在长辈面前故出惊人之语的青年人并不鲜见，这怎么能使老人不反感，又怎么能沟通两代人的思想感情呢?因此说，“少年狂”，最好不要“狂”到长辈的眼皮底下。

让人为师，不好为人师

爱当别人的老师是人的通病。有知识的人，所谓才子，更喜欢这样。喜欢对人评头论足，喜欢对人指指点点，喜欢揭人的短处，以显示自己的高明。就是在身份悬殊的情况下，场合不适的情况下，人也敢僭上冒犯他人。

除了知识分子、才子如此，寻常百姓也不例外。稍有这样表现自己的地方，便会大加夸张，毫不放过。如我们老爱抓住别人的口误，大肆张扬；在书中发现了一两个印刷错别字，也会十分自豪地把它们标示出来，以显示我们的才学。其他百分之九十九的地方，我们也许一窍不通，可是我们对之却能安之若素，不致脸红。独独对我们能够发现的他人的一点瑕疵，肆意批评。这种难得律己，好为人师的德行十分不好。既容易开罪于人，又学不到任何东西。

从人的心性上来看，人都自视甚高。据此可以说，没有人喜欢你当他们的老师。你硬要当他们的老师，只会让人生厌，别无他益。但是我们却天生喜欢让自己尴尬，喜欢扮着老师的面孔吓唬他人，教育他人，满足我们的虚荣心。为什么没有人喜欢的事，我们却偏要做呢？为什么我们自己也不喜欢的事，却要强加于人呢？老祖宗说："己所不欲，勿施于人。"可作为我们的座右铭。

一般来说，没有人喜欢你当他们的老师。在下面几种情况下，他人更讨厌和嫉恨你冒充他们的老师。

①我们很浅薄，却自以为很高明，结果，浅薄的人自告奋勇地批评高明的人，让人且怒且好笑。

②我们是对的，但在那种场合，不合适指出别人的短处，如对方是领导，正在作报告。又如，我们是客边，对方是东家。

③我们是高明的，但因身份的差异，不能指出对方的错处，如下级对上级，臣民对皇帝。

④他人极需要荣耀的时候，如在女朋友面前，等等。

如果在上述情况下，我们不明情理，冲撞他人，他人定会异常恼怒，会视我们为仇敌。糟糕的是，好多人都难明这种事理，常常自觉不自觉地因此而得罪他人。树敌生怨，结果惹下乱子或敌怨，我们还不知道咎由何取，谁是祸首，糊里糊涂地在人际关系中失败，影响了我们生活的诸多方面。

爱当别人的老师，不仅不讨人喜欢，更会制造敌怨。很多人就因为这种几乎没有目的和必要的闲言碎语而敌怨于人，遭惹杀身大祸和积年仇怨。

唐朝大诗人刘禹锡就因为改了两句襄阳才子牛僧孺的文章而让后者嫉恨了若干年，当上唐朝宰相后还耿耿于怀。这件事，让刘禹锡大为震惊自己早年的轻率。看来好为人师并不是一般的小错或坏事。

可是凡人无论年幼的，年长的；聪明的，愚蠢的；有才干的，没才干的；有知识的，没知识的；有身份的，没身份的，却偏有这种心理缺憾，爱自视高明，率身为师。这样确实贻害颇多。不如降格虚心，旁观看人，犹如看戏看电影，欣赏他们的一言一行，一举一动，而不必和他们费口舌之争，显得清闲许多，也显得境界颇高，又不产生敌怨，不亦洒脱而超然物外？

的确,爱当他人的老师,既使他人不喜欢,自己也得不到什么好处,还会因此开罪于人,这样两头不讨好的事情,我们做它干什么?

把锋芒藏起来

一个聪明的人,本来应该保持谦恭有礼、不露锋芒的态度,可是很多人反而夸耀自己的本领高强,这种人表面看来好像很聪明,其实他的言行跟无知的人并没有什么不同,那他的事业到时候又如何不失败呢?实际上,这种人不仅仅事业要失败,有时连自家的性命都会丢掉。

《孟子·尽心下》记载:盆成括刚在齐国做了官,孟子就断言他的死期到了。没多久盆成括果然被杀掉了。孟子的学生惊问其故,孟子说:盆成括这个人有点小聪明,但不知道谦恭,处处锋芒毕露。这样,小聪明也足以伤害他自身了。小聪明不能称为智,充其量只是知道一些小道末技。小道末技可以让人逞一时之能,但最终会祸及自身。

"聪明反被聪明误",《红楼梦》中的凤姐不就是"机关算尽太聪明,反误了卿卿性命"?真正的聪明可使人伸展自如,也只有真正的聪明才是人生的依凭。

同时,以不聪明的人对付不聪明的人,以愚人困惑智人。可谓为人处世的绝妙手段。

人际交往中,有若干种层次、类型。因此交往时的言行举止、方式方法都应因地、因时、因人而异,不尽相同。

孔子周游列国时,马跑脱吃了庄稼,庄稼的主人很生气,扣留了马。孔子弟子子贡能言善辩,主动前去说情,可是他费尽口舌,庄稼主仍不放马。孔子说:"你拿人家听不懂的大道理去说服人,就好像是用马牛羊三牲去祭奠野兽,用悦耳的音乐去娱乐飞鸟,怎能行得通呢?"

孔子派马夫去对庄稼主说:"你不在东海种地,我不往西海旅行,我的马哪能一点也不碰你的庄稼呢?"庄稼人便接上了茬,两人谈的很高兴,也放了马。

子贡"对牛弹琴",结果事与愿违。孔子圣明,人尽其用,使马夫可成子贡不成之事。

"以愚困智"运用得当,也会产生很好的效果。历史上宋太祖巧选陪伴的故事便是典例。

南唐三徐皆以知识渊博在江东颇有名气,其中尤以徐铉知名度最高。南唐派徐铉到宋朝谈判朝贡之事,宋朝派差官做陪同。当朝臣相都担心差官辞令不及徐铉,十分为难。宋太祖见状,思考片刻便传旨:"命将殿侍当中不识字者录名十人,进呈。"下面照办,持名册于太祖,太祖大笔一挥道:"此人便可。"文武大臣都愕然,但见太祖主意已定,不敢再谏。

殿侍接旨,不知为什么,只好硬着头皮去南唐迎使。开始徐铉口若悬河,旁观者惊讶不已,殿侍无法应对,只好哼哈答应。徐铉不知宋朝"葫芦里卖的是什么药",还是侃侃而谈,试图从差官口中得到点什么。可是几天过去了,差官只是"守口如瓶",徐铉无奈,只好无言。

太祖将《孙子兵法》中"不战而屈人之兵"的战略,用之于政治,可见太祖的大智大勇。

以愚应愚,容易沟通;以愚应智,智者无计可施,真乃处世之妙法也。

永远位居第二

许多高智商者往往无视一个极简单的道理：在某一领域显露出的才华并不能确保你在其他方面也成功。

维克多·加姆是哈佛商学院毕业生，靠推销小电器挣了百万之巨。1988年，加姆买下了“新英格兰爱国者球队”，可要经营一个人事纷纭的足球队与推销电动剃须刀完全是两码事。果然，加姆接手后球队就频频失利，随后又因球员对一名女记者的性骚扰而闹得沸沸扬扬，球队因此声名大跌。等到加姆从中脱身时，他已经赔进了几百万。

那些卓有成就的人士和真正聪明的成功者都能明了在这些失误中所蕴涵的教训。他们乐于倾听他人意见，绝不自以为是；他们能与各种各样的人打交道，绝不画地为牢；他们遇事深思熟虑，也深知自己才智的限度。

山姆·沃尔特就是这样一位真正的商业才子，这位以5美元起家而到如今拥有550亿美元的沃尔特王国的商界大亨，从不满足于待在他的公司总部里，而是坐着他的飞机到各地去考察他的那些为数众多的连锁店。他能耐心倾听各种各样的“同事”(他称雇员为“同事”)们的意见，甚至常常亲自站柜台将商品装在购物袋里递给顾客。

沃尔特的谦卑即是他成功的秘诀之一，那些竞争者往往因此而低估了他，而他自己的雇员对他则无比信任，能与之畅所欲言。“我们并不精明，我们只是能根据意见善于变化而已。”这是老沃尔特留下的一句箴言。

哈罗特·丁克尔在他长达39年的教学生涯中发现一个引人深思的现象：最有成就者几乎都不是那些智力顶尖的学生。这些人往往明白这样一条道理：“当你位居第二时，你会更加努力。”

神龙见首不见尾

我们知道，龙可称得上天地之间威力较大的动物了，但龙如此强大，还是经常的隐藏自己。所以龙在日常的活动中，根据情况能大能小，能升能隐；大则兴云吐雾，小则隐介藏形；升则飞腾于宇宙之间，隐则潜伏于波涛之内。这其实就是韬晦之计。

韬晦之计是在自己力量尚不足、羽翼尚未丰、战机尚未到时，隐瞒自己的真实意图，避免对手发现自己和谋害自己，从而保存自己，以待今后再战的计谋。

韬晦之计在我国历史上可谓是丰富多彩，特别是那些面对君王之威，深陷官场险恶之中的官吏来说，他们如果不懂得一两种韬晦之计的话，是很难保全自己的性命的。下面就拣取历史上的几种加以举例说明：

(1)装疯卖傻可以保身

燕王部属葛诚被建文帝收买，骗朱棣入京(南京)，建文帝本想将他扣留，但一时找不到借口,便又放他回了燕京。燕王一回,立刻装疯卖傻。有一次出门几天不回,后来有人找到他,见他睡在泥淖里,把他扶起来,他还大骂:“我好好睡在床上,干吗要扶我出去?”他在暑天穿着皮袍围着火炉还浑身打抖,说天气太冷了。以此瓦解了建文帝对他的猜忌。

(2)自伤避祸

在国民党抓壮丁时,有一位青年农民将自己的右手食指砍掉,抓兵的见没有食指,无法扣动枪的扳机,便没有抓他,从而躲避了战死的厄运。

(3)安睡保身

宋神宗年间,苏轼被人诬陷而下狱。一天夜里他正要入眠,忽有一人走进囚室,放下一箱子做枕头,倒地便睡。

苏轼以为他是新来的囚犯,未予理会,只管安睡。不料在天快亮时,那人推醒东坡,对他说:“恭喜,你安心吧,不用愁了。”

原来那人是皇上派到狱中观察东坡的太监,他回宫里禀报:“苏轼很安静,夜间睡得很沉。”

神宗点头说:“我知道他问心无愧。”

不久,苏轼就被释放出狱了。假如苏轼没有狱中安睡的胆魄,真不知会怎样。

(4)巧为避祸

中国古代有个叫周玄素的画家,一天皇帝高兴命令他在宫殿的墙上画一幅《天下江山图》。周玄素说:“我还没有游遍全中国,不敢接受你的命令。只有请你先勾勒一个草图,我好加工润色。”于是皇帝就亲自拿起笔,画出了规模宏大的模样,让周玄素加工。然而此时周玄素又说:“皇上山河已经确定,哪能稍作更改呢?”皇帝听他这样说,也只好笑着作罢了。就这样,周玄素巧妙地违抗上命,躲避了可能因不合旨意而招来的灾祸。

厚黑方略二十九

凿壁借光，善用外力

俗话说：孤掌难鸣、独木不成林。就算我们浑身都是钢，也打不了几个铆钉。一个涉入社会生活的人，必须寻求他人的帮助，借他人之力，方便自己。一个没有多少能耐的人必须这样，一个有能耐的人也必须这样。

与名人扯上关系

萨洛蒙·安德烈是19世纪末20世纪初瑞典著名探险家，为了得到北极圈内有关的科学数据，填补地图上的空白，他组织了一次北极探险。

1895年，经过周密计算和安排，安德烈在瑞典科学院正式提出乘飞艇到北极探险的计划。在此之前，安德烈曾在美国学习了有关航空学的全部理论，并且制造过由气球而发展起来的飞艇，有关飞行试验在美国和欧洲曾引起轰动。随之而来的便是经费问题，由于人们对此不信任和不关心，因此也就很少有人提供经费。没有钱，一切都无从说起。

安德烈整天奔波，挨家挨户去找那些大富豪和大企业家，但有谁愿意投资干一项与己毫无关系的事业呢？又有谁愿意投资于一项也许没有任何成功机会的冒险事业呢？安德烈每天总是带着失望和疲倦回到家里。

经过很长时间的奔波，总算有一位好心而开明的大企业家表示愿意提供赞助，他甚至表示愿意承担全部费用，同时他还向安德烈提了一个很重要的建议：希望这项冒险计划得到人们的关注，如果就这样悄无声息地走了，是不是削弱了这次探险的意义呢？

安德烈听完觉得很有道理，于是两人经过商量，决定让安德烈继续去募捐、扩大影响。但是，尽管安德烈想尽办法，跑遍全城人们的反应仍然很冷淡。安德烈非常着急，情急生智，他想出了一个大胆的办法，就是把自己的探险计划写成一篇极其详细严谨的论文，用大量证据论证了这项计划的可行性及其意义，然后，他请那位开明的企业家想方设法把这份文章呈献给国王。

经过很多周折，国王终于见到了这篇文章，他对这个大胆的计划感到很新奇，于是召见了安德烈，并询问有关探险的一些具体情况。两个人谈得很投机，最后安德烈要求国王象征性地提供一些小小的赞助，国王慨然应允。

这个消息很快就传开了，新闻界对国王关注此事予以报道。既然国王都对这件事感兴趣，那么许多名流、富豪也都跟着对探险一事纷纷予以关心，捐赠了大笔费用。许多普通民众也因此开始对这项计划感兴趣了，大家都明白了探险的意义。安德烈的事业终于不再是他一个人苦苦奔波的事业，而是变成了一项公众的事业。安德烈终于成功了！

巧借他人的力量和威名以达到自己的目的，这是一种韬略。安德烈正是借助国王的力量，才使自己的探险事业取得了成功。

借贵人打个背景光

清政府的官场中历来靠后台，走后门，求人写推荐信。军机大臣左宗棠从来不给人写推荐信，他说："一个人只要有本事，自会有人用他。"左宗棠有个知己的儿子名叫黄兰阶，在福建候补知县多年也没候到实缺。他见别人都有大官写推荐信，想到父亲生前与左宗棠很要好，就跑到北京来找左宗棠。左宗棠见了故人之子，十分客气，但当黄兰阶一提出想让他写推荐信给福建总督时，当时就变了脸，几句话就将黄兰阶打发走了。

黄兰阶又气又恨，离开左相府，就闲逛到琉璃厂看书画散心。忽然，他见到一个小店老板学写左宗棠字体，十分逼真，心中一动，想出一条妙计。他让店主写柄扇子，落了款，得意扬扬地摇回福州。

这天，是参见总督的日子，黄兰阶手摇纸扇，径直走到总督堂上。总督见了很奇怪，问："外面很热吗?都立秋了，老兄还拿扇子摇个不停。"

黄兰阶把扇子一晃："不瞒大帅说，外边天气并不太热，只是我这柄扇是我此次进京，左宗棠大人亲送的，所以舍不得放手。"

总督吃了一惊，心想：我以为这姓黄的没有后台，所以候补几年也没任命他实缺，不想他却有这么个大后台。左宗棠天天跟皇上见面，他若恨我，只消在皇上面前说个一句半句，我可就吃不住了。总督要过黄兰阶扇子仔细察看，确系左宗棠笔迹，一点不差。他将扇子还与黄兰阶，闷闷不乐地回到后堂，找到师爷商议此事，第二天就给黄兰阶挂牌任了知县。

黄兰阶不几年就升到四品道台。总督一次进京，见了左宗棠，讨好地说："宗棠大人故友之子黄兰阶，如今在敝省当了道台了。"

左宗棠笑道："是嘛!那次他来找我，我就对他说：'只要有本事，自有识货人。'老兄就很识人才嘛!"

黄兰阶能够官拜道台，是以左宗棠这个大贵人为背景，让总督这个小贵人给他升了官，实在是棋高一着的鬼点子。当然，欺世盗名，瞒天过海，是应该遭受谴责的，清政府的官场腐败也令人惊诧而痛恨。

单从借力的角度，为自己寻求一些贵人作为背景，从而使自己尽快得到提拔，英雄有用武之地，却是很值得研究。现结合现代社会的特点，给诸位提供四项具体可行的建议：

(1)找寻贵人

是指在层级组织中职位比你高且能帮助你晋升的人。有时你得费心地去分辨谁具有这种能力。你或许以为，你的晋升几率取决于顶头上司对你的评语好坏，这观念或许是正确的。但是更高的管理阶层可能觉得你的顶头上司已到达不胜任阶层，因而可能不在乎他的推荐和好恶。所以，不要太肤浅，仔细深入观察，你将能找到能帮助你晋升的贵人。

(2)激励贵人

不激励贵人等于没有贵人。值得注意的是，在层级组织里，贵人帮助你往上晋升后他有什么好处，如果他不帮助你晋升，他有什么损失。让贵人明白其中的得失，会让人更有把握成功。

(3)以退为进

康庄大道永远是最好的途径。试想你正置身于游泳池内，你努力地往高处的跳水板爬，可是当你爬到半途时，前面一名也想跳水的人挡住了你的去路。那人爬到一半便已失去勇气，双眼紧闭，死命地抓住栏杆，既不会掉下来，也不再向上爬，而你就是无法超越他。这时，站在跳水板上的朋友虽然拼命为你呐喊加油，结果还是无济于事。

同样地，在工作上的层级组织中，如果你的上一层职位被某一个不胜任者占住，那么你花再多力气或你的贵人再有心提拔你，也都将徒劳无功。

为了到达跳水板顶端，你必须爬下那座被堵塞了的阶梯，横越到另一侧没有障碍的阶梯，然后再顺利地爬上顶端。同样地，在层级组织中，你必须离开挡路人那条升迁管道，然后从另一个没有阻碍的管道往上晋升。如果那人仍有资格获得晋升，他便不算是挡路人，而你也不必躲开他。只要稍加忍耐多等一些时日，他将获得晋升，届时出现空缺，你的贵人便能立即提拔你。

(4)争取多位贵人的提拔

“多位贵人的共同提拔，可产生乘数的提拔效果(指贵人人数乘以个别提拔效果)。”乘数效果的产生，系由于这些贵人在他们的谈话里，不断地互相强化你的优点，因而使他们决心提拔你。假使你只有一个贵人，你便得不到这种强化的效果。所以，拥有多位贵人便能获得晋升的机会。

肥水不流外人田

中国的老乡关系是很特殊的，也是一种很重要的人际关系。既然是同乡，那涉及某种实际利益的时候，“肥水不流外人田”，只能让“圈子”内人“近水楼台先得月”。也就是说，必须按照“资源共享”的原则，给予适当的“照顾”。

如此看来，如何搞好老乡关系是非常重要的，不仅可以多几个朋友，最重要的是可以获得许多有用的东西，也许一辈子都会受益无穷。

讲老乡，就必须讲地域，老乡的判断标准就是从地域来分的，一个村、一个乡、一个镇，大到一个县、一个市、一个省，都可以称之为“老乡”。就是到了外国，碰到同一国籍的人，也可以称为“老乡”。

既然是老乡，就必然有共同的特点存在于双方之间，其中很重要的一点就是“乡音”。

中国的语音丰富多彩，历史悠长，由于受到不同地域文化及民风的影响，到今天来说，中国大致可分为八大方言区。虽然八个方言区都是源自汉语，但在表达方式上，会有很大的不同。尤其是在发音上，同一个词语或句子从不同方言区的人嘴里说出来，你会发现许多不同之处，那差别有时可以说是天壤之别，令你感到有些匪夷所思，你也会感叹中华语言的魅力所在。正是有了这些方言，才会使中华语言多姿多彩；也正是有了这些方言，对于后人研究先人的地域文化及历史有着非常重要的作用。

说了这么多，其实就为了一点，乡音是很特殊但又普通的一种声音，而它在处理老乡关系上却起着异常重要的作用。

清朝末代的大太监李莲英的发迹可以说正是运用了此种技巧。在封建社会，很多贫苦人家的子弟，为生活所迫，只好到宫里当太监，过着不男不女、屈辱的生活。但李莲英却是与众不同，他进宫当太监是为了追求荣华富贵，出人头地，毕竟，在过去的历史，太监专权、富可敌国的例子不在少数。

可在当时，有这种目的的并不只有李莲英一个人，若没有一点关系的还真进不去。

李莲英出身贫苦，个子瘦小，若以当时清朝宫廷太监的标准来衡量，他是根本不够资格的。可一次偶然的机会，李莲英听说在宫廷中有一个太监是他老乡，且是同一村的。于是，李莲英大胆地去找了这个老乡。

李莲英当时很穷，没有钱买东西去送礼。但他知道这位老乡很重乡情，怎样做才能引起老乡的注意却一直在困扰着他。

终于，他想出了一个办法。一天他瞅准了正是这位老乡出来当值时，他才去报名，然后用一口地道的家乡话说出了自己的姓名与籍贯。李莲英的这位老乡听了这声音，身体不由抖了一下，遂抬头看了看眼前的这位小老乡，心里暗暗记了下来。

后来，在这位老乡的帮助下，李莲英做了慈禧太后梳头屋里的太监，以梳得一头好发型深得慈禧宠爱，最后成了慈禧太后面前的大红人。

李莲英只说了几句话，就博取了对方的注意与好感。但要注意的是，这几句话是家乡话，是乡音，而对方也恰巧是同乡人，且又同处异乡；在这种情况下，李莲英轻而易举地争到了一个名额就不足为奇了。

用家乡话作见面礼，可以说是独树一帜的，它不需要物质上的东西。在这里，有一点是相当重要的，那就是运用这种方法的场合，最好是在异乡。因为在异乡才会有恋乡情绪，才会“爱乡及人”，这时再来个“他乡遇老乡”，哪有不欣喜之理。对方离乡愈久，离乡愈远，心中的那份情就越沉、越深，因此，越是这种情况，越要运用“乡音”这种技巧，你就会得到老乡所给你的种种好处。

另外，还有一种场合一定要注意，那就是在一定的公共场合与交际场合上。在这些场合中，一般是较为正式的，都有正式的社交礼仪与社交技巧，这时就尽量少用“乡音”去找老乡，希望对方引起共鸣。其实，这样经常会弄巧成拙，正式场合中满口方言，不是你老乡的会诧异地看着你，从心底会有一种不自主的排斥感；而就是你的老乡，也会在心里认为你缺乏教养、举止不文明或“丢面子”，更别说老乡在这个时候附和你，从心里感到欣喜异常了。

总之，在老乡关系中，“乡音”会引起对方的思乡之情、恋乡之绪。各地的方言是各地的语言特色，犹如“山东一般是大汉”的俗语，只要你一张口，从你的口音与言语上就能分辨出你是哪个“乡”的。因此，恰当运用“乡音”这个技巧，在处理起老乡关系上，你就会得心应手。

借棵大树暂寄身

要想成就一番大事业，单靠自己一方面的力量是不够的。在力量不强大时，就要善于借助他方的力量，扛起有名望或有实力一方的大旗，寄人篱下，寻找大靠山。在他方的大树下面开辟一片新天地，这不仅仅是谋略，也是一种成功经验的智慧产物。

公元 617 年 5 月，一直处在韬光养晦中的隋朝太原留守李渊，见时机成熟，毅然起兵反隋。

当时东、西突厥再度强盛，太原又地处突厥骑兵经常出没袭扰的地方。为解除后顾之忧，李渊亲自用十分卑躬的口气给突厥写信求和，又以厚礼相赠，希望得到援助。突厥始毕可汗却回答说，李渊必须自立为天子，突厥才会派兵援助。

眼看强大的突厥希望李渊成为天子，李渊属下将士包括文臣谋士，无不欢呼雀跃，纷纷劝谏李渊赶快做把龙椅，登上皇位。李渊当然也做称帝的美梦，但此时，他却异常冷静，考虑得深远。

根据当时的局势来看，全国农民起义风起云涌，他们大多打着明确的推翻隋王朝的政治旗帜，使饱受隋炀帝横征暴敛的穷困百姓趋之若鹜，农民军声势迅速壮大。李渊当然也想取代隋炀帝，但他考虑自己还不是农民起义军，因为他所要依靠的对象主要是新兴的贵族、官僚和豪强势力。

这股势力中的人与农民不一样，他们具有浓厚的“忠君”意识，他们只反对某一个皇帝，只想用一个“明主贤君”去代替当朝的“暴君昏君”而已，绝不容许有人推翻整个政治制度。目睹当今隋王朝行将没落，中央集权名存实亡，而地方贵族、官吏则拥兵自重，具有很大的实力，他们为确保自己割据一方的地位而控制着武装力量，无论在武器装备还是在战斗方面，并不亚于朝廷的正规部队，手持锄头、竹竿而又分散的农民力量是无论如何也无法与其相比的。

再者，从隋炀帝前不久镇压杨玄感反兵之迅速、果断和残忍来看，杨广对于贵族阶层的叛乱更为深恶痛绝。隋朝虽行将就木，但它毕竟是一国之政权所在，如果隋炀帝集中力量来剿灭李渊，那么此时此刻恐怕有十个李渊也是难逃灭顶之灾……

经过深思熟虑之后，李渊否决了部下的建议，不仅没有自立，反而打出了“尊隋”的旗号，尊隋炀帝为太上皇，立留守关中的杨广之孙代王杨侑为新皇帝，并移檄郡县，改变旗帜。这样，在突厥方面看来，李渊声势浩大，马上便要自立，自己的建议已被采纳，也就不再随意侵扰，并有条件地给予支持。而在隋朝当权者看来，当然怀疑李渊身藏野心，但他竟打着“尊隋”的旗号。现在明目张胆地推翻隋朝政权的农民军比比皆是，这些都无力对付，哪还能专力去攻李渊?因此，除了作一些少量的防御布置外，一时从未对李渊发起过主动的攻击围剿，李渊便乘机有计划、有步骤地发展壮大起来。

更重要的是，李渊的尊隋旗帜迎合了“忠君”思想浓厚的贵族士大夫阶层。而且李渊新立代王杨侑为帝，在这批人看来，朝廷官僚便有一次大换班的过程，对他们来说，则是一次难得的升官发财的机会。谁先加入李渊部队，谁便会抢到更好更多的先机。于是，众多手握精兵的贵族士大夫们纷纷投入李渊部下。李渊的实力急剧强大起来。

当然，李渊“尊隋”毕竟是个权宜之计，他只把隋朝当做一棵正在快速腐朽过程中的大树。当自己刚刚破土、尚处幼苗之时，机敏地把苗根一下扎在这棵大树之上，饱吸树中水分养料，又借大树遮挡风雨，甚至让大树误认为这棵小苗乃是自己身体的一部分而加以悉心保护，李渊从而获得迅速壮大的有利条件。而等到时过境迁，李渊便一脚蹬开隋朝这截烂木头，建立唐王朝，自己去赢得更为广大的民众之心。

借棵大树暂寄身。唐军借此办法迅速地从幼小变成了强大，李渊用计何其妙也!

借刀杀人不见血

汉文帝时，袁盎和晁错一向合不来。只要晁错在座，袁盎总是回避，袁盎在座，晁错也总是回避。两人从不同堂讲话。汉景帝即位，晁错被任命为御史大夫。他派遣官吏调查得知，袁盎曾私自接受吴王刘濞的钱财，并向景帝报告。景帝便把袁盎免官为庶人。

吴、楚等诸侯王发动叛乱。晁错又乘机想置袁盎于死地，他对丞史说：“袁盎接受了吴王不少钱财，专门为他们辩护，说他们不会造反。现在，吴、楚都已经造反了，还有什么可说的?应该把袁盎抓来审问，察知他的阴谋。”

丞史却说：“吴、楚当初还没有造反时，要是处置袁盎，或许还能阻止他们造反。现在都已经反了，再去处置袁盎已经没什么用处了。再说，袁盎好歹也是个大夫，不见得会有什么阴谋。”把晁错给挡了回去。

晁错正在犹豫不决时，有人把这件事告诉了袁盎。袁盎心里很紧张，心想：好你个晁错，你一次又一次和我过不去，现在又要加害于我，我也不能坐以待毙。他连夜找到窦婴，商量这件事该怎么办?窦婴曾位列三公，是朝中重臣。不久前就因为吴、楚之事被免官在家，他对晁错早就恨之入骨。现在袁盎找上门来，他便如此这般地给袁盎谋划了一番。

窦婴虽说已免官，地位、影响还在，他将此事直接向汉景帝奏报，意思是说，吴、楚之所以造反，其原因袁盎最清楚，可召他上朝。袁盎上朝时一看不觉一惊，原来晁错也在。他只得说“吴王既可铸钱，又可煮海水制盐，这么富足，怎么会造反呢?”还说他有计谋，可以退吴、楚兵乱。景帝紧迫不放，忙问何计。袁盎说：“军机不可泄露，不便让人听到。”景帝只得把左右屏去，晁错无奈，只得悻悻离去。

袁盎四顾无人，便低声对景帝说：“臣听说吴、楚连谋，彼此书信来往，无非是为了封地之事。偏偏出了个晁错，提议要削掉藩王之地，对其造成威胁，他们造反是冲着晁错而来。只要陛下将晁错处斩，赦免吴、楚各王，归还故地，他们定会罢兵谢罪，安然无事。要是这样，还用得着派兵征伐吗?”

景帝心里清楚，晁错是上过“削藩”之策。见袁盎这么一说，希望就此息事宁人。于是，立即召中尉入宫，授予密诏，令其入御史府传旨召晁错进宫。没想到，车没把他拉到宫中，却拉到了长安东市。当晁错明白过来时，他的脑袋已经落地了。

袁盎在晁错的逼迫下，借皇帝这把刀，杀了自己的政敌。借刀杀人，是借助外力达到个人目的的策略。作为一种行动谋略，它要求当事人必须明确判断各方实力与利益善于先谋后动。

借来梯子往上爬

一种客观存在的外在力量，乍看起来，对于自己是一种现实的威胁，是一种不利因素。但是若能施巧借功，这种威胁之力正可以成为我扬帆之风，使不利变成了有利，他力变成了己力，何乐而不为。所以善于利用一切有利条件，精于借助他人的力量，实现自己目的者，大有人在，而且屡试不爽。

胡雪岩攀贵而发家的故事便很能说明问题。胡雪岩是清代著名的大商人，名光墉，浙江仁和(今杭州)人。生于1823年，1885年病故。他出身贫困，后经商致富，并与洋务派官僚左宗棠相交，得以为官。由于屡建功勋，被皇帝赏给头品顶戴，穿黄马褂。但他并未放弃经商，始终保持亦官亦商的身份，人称“红顶商人”。

胡雪岩小时，家中贫穷，无力送他去私塾读书，他便在家自学，慢慢地粗通文墨。后经亲戚推荐，到杭州阜康钱庄当学徒。三年满师后，胡雪岩被升为钱庄跑街。所谓跑街，即为钱庄招揽生意和讨要债款者。当时的杭州，有很多候补、捐班的官吏。他们花钱捐了官，就等着有空缺时外放做知县、知府一类的实职官员。由于花了很多钱捐官，在候补期间，他们中许多人两手空空，只能向钱庄借贷度日；即使补了缺，上行时打点也需要钱，还得向钱庄借。

胡雪岩充当钱计跑街，主要就是招揽这批人的生意以及督催他们到期还钱。这是一个不好干的苦差事，想做得圆满，即需处处小心，笑脸相陪，软不行时还得来点硬的，软硬兼施。胡雪岩以他坚强的毅力挺了下来，并逐渐锻炼得机敏、泼辣，善于投机，留给他人的印象则是慷慨好义，能济人急难，所以赢得了人们的信任。这一切都为他后来的发迹打下了基础。

关于胡雪岩的发迹致富，有种种传说，比较流行的是说他曾借钱助人，受助者后来为报恩又支持他开钱庄，以至发迹。至于他所助之人，一说为王有龄，一说为湘军的一个营官。王有龄是当时的浙江巡抚，年轻时因父亲去世，曾贫困潦倒，流落杭州。一天他遇到正跑街的胡雪岩，胡见他气度不凡，不像没出息的人，便询问他为何这般落魄。王将自己的处境对胡讲了，胡表示愿助一臂之力，可送他进京谋官，遂将刚为钱庄收上来的一笔500两银子借给他，他不愿接受，怕胡回去后会受老板责罚。胡表示没关系，有什么风险自己一人承担。

王有龄千恩万谢地拿了钱北上，终于找到有权有势的故交，当上了浙江粮台总办。王得官职后便去找胡雪岩，将以前所借的银子加上利息奉还，一再致谢，又让他辞了跑街工作，支持他自办钱庄。几年后，王有龄升任浙江巡抚，又保荐胡雪岩接任粮台，使胡成了掌管浙江粮食的最高官员。胡本有经商才能，钱庄已经营的很红火，加之掌管粮食，其事业就更兴旺了，相继开设了不少店铺，并与外商做生意，手头周转之钱常以千万两计，终成为富甲杭州的大商人。

还有一种说法，是说湘军的一个军官到胡雪岩所在的钱庄借贷银2000两。当时老板不在，胡雪岩自作主张借给了他。老板回来后知此事大怒，将其赶出店门。不久军官来还钱，在路上遇到已失业的胡雪岩，见他似乎很穷困，问明原因。听说是为自己借钱事所至，深觉过意不去，便请他去军营，供以鲜衣美食，并把自己暴得的10万两白银交给他去开钱庄，后又辗转把他引荐给浙江巡抚王有龄。由于王的扶持，胡雪岩从而渐渐致富。

不管哪种说法，都能看出胡雪岩之发迹与王有龄密切有关。正是受知于王有龄，他才有了官府做经商的靠山，故能事事顺遂。自然，王有龄对胡倾心倚重，也在于他自有让人信赖的品质和能力，而且是一般商人所难以企及的。

有了人情路子宽

在这个世界上，若想活得滋润，活得风光，就必须有一些能使自己成才、成器或成事的路子，包括生存的路子，发财的路子，升官的路子或者成就某一事业的路子。

这些路子都不是能靠自己单枪匹马的力量硬闯出来的，必须借助他人指引、引荐、支持或帮助才能找到方向，踏上征程。从某种意义上说，这些路子都是别人给的，或者说是别人帮助开拓的。那么，天下之大，人事之繁，别人为什么要单给你路子?为什么乐意帮你开拓路子?答曰：人情使然，有了人情也便有了路子，人情大路子宽。

人情是一种爱心，是一种义气，是一种恩德，这是很难用价值来衡量的。人情对每个人来说都是沉甸甸的，它压在人的心里，让人经久难忘，让人既有一种欣慰感，又有一种负债感。而且对这笔人情债，没有人会抵赖的。一旦有了偿还的机会，人们便毫不犹豫地回报给对方，好像除了讲义气，还了却了一桩心愿似的。

钱钟书先生一生日子过得比较平和，但困居上海孤岛写《围城》的时候，也窘迫过一阵。辞退保姆后，由夫人杨绛操持家务，所谓“卷袖围裙为口忙”。那时他的学术文稿没人买，于是他写小说的动机里就多少掺进了挣钱养家的成分。一天500字精工细作，却又不是商业性的写作速度。恰巧这时黄佐临导演上演了杨绛的四幕喜剧《称心如意》

和五幕喜剧《弄假成真》,并及时支付了酬金,才使钱家渡过了难关。

时隔多年,黄佐临导演之女黄蜀匠之所以独得钱锺书亲允,开拍电视连续剧《围城》,实因她怀揣老爸一封亲笔信的缘故。钱锺书是个别人为他做了事他一辈子都记着的人。黄佐临40多年前的义助,钱锺书40多年后还报。

这真是“多一个朋友多一条路”,没有40年前的人情,也就难有40年后的路子。

看来确属如此,若想人爱己,先须己爱人。处世之道也是为人之道,平时多长一点乐善好施、成人之美的心思,才能为自己多储存一些人情的债权。这就如同一个人为防不测,须养成“储蓄”的好习惯,这甚至会让各位的子孙后代得到好处,正所谓“前世修来的福分”。黄佐临导演在当时不会想得那么远、那么功利。但后世之事却给了他作为好施之人一个不小的回报。

篱笆立靠桩,人立要靠帮

人们要想干一番大事业并且取得成功,从来都需要共同协作,没有独自取胜的先例。所以中国古话说得好:“篱笆立靠桩,人立要靠帮。”

那么,你是否研究过怎样借助于别人的力量呢?从古代实践经验来看,其中有借势、借机、借德、借智、借力之分。

(1)借势

就是借助或倚重别人的力量造成一定的声势,中国古代最讲究做任何事情都要看它的势,一旦势形成则功可成。《孙子兵法》中还有专门的造势篇,用现代的语言来解释,就是办事情首先要看它是否顺应历史潮流;符合不符合客观规律。

因此,在现代经营术中,往往有乘势而兴的例子。就像买电脑,人们首先是到北京的中关村电子城,那里的产品形成了势,所以赢得了人们的信赖。也有许多公司为了打出产品,借助于各种传播媒介,进行广泛的宣传,这是自我造势。在一次广告效应调查中显示,跟着电视广告买名牌的顾客高达百分之七十,这充分说明了借势的重要性。

(2)借机

就是把握事物发展的有利时机,或借助于别人创造的时机,来达到自己的目的。用现代理论讲,机遇对于每个人来讲都是公平的,但只有自身准备充分的人才有可能得到它。因为机不可失,失不再来,捕捉机遇是在瞬间完成的。

(3)借德

就是仰仗于有德者的威信、信誉,使自己的声誉尽快建立起来,用现代理论来讲,声誉是事业的命脉,失德者必自毙。

(4)借智

就是集中人才的智力优势,广泛征集各方面的意见和建议,做出最科学的方案,来保证事业的成功。

(5)借力

就是依靠别人的实力做自己的事业。这要求我们必须掌握身边的各种资源,加以利用。

由此可见,不论古今,要想成就大事业,先要发展自己的实力,在借助别人力量的种种情况中,借力最不可取。

一个好汉三个帮

俗话说:孤掌难鸣、独木不成林。就算我们浑身都是钢,也打不了几个铆钉。一个涉入社会生活的人,必须寻求他人的帮助,借他人之力,方便自己。一个没能耐的人必须这样。一个有能耐的人也必须这样。何况我们大多烂泥一团,没有多少真材实料。

不过,“他人”只是一个泛泛的概念,有些不着边际,而且这些“他人”大多都是你的陌路人,不太熟悉的人,关系很一般的人,他们大多都不能实际地帮助你,具体地帮助你。

“他人”中只有一种人能够实际地帮助你,具体地帮助你,那就是——朋友。这些贴近你的亲朋好友,总是给你各种各样的帮助。你遇有危难紧急,总是他们帮你排忧解难,渡过危机。或者当你吉星高照时,也是他们为你抬轿唱喏。朋友,是一个特定的圈子。圈子虽小,作用却难以估测。这有点像个小帮派,其实,社会的本质和特点就是拉帮结派,朋党相携,人多势众,相互利用。

“利用”不是一个丑恶的东西,而是各取所需。一个人,无论在工作、事业、爱情和消闲哪方面,都离不开这种人与人之间的相互利用。朋友就是如此。因为各人的能力和局限,以及人际关系所不同,而必须相互利用。借朋友之力,正是一个人高明的地方。

在自然界也是这样,动物们相互利用,以有利于捕猎、取暖和生殖。兽王更是利用了彼此之间的相互关系,以及在这种关系基础上建立起来的秩序和习惯,以享受最大的优越:可以吃得最多最好,可以占有最美的雌性和最年轻的雌性,等等。而要单的动物,被淘汰者居多,无论其多么凶猛强悍,如老虎、狮子、独狼,等等。群居动物(相互利用了对方的长处和力量,哪怕是极微弱的力量)则容易繁衍和生存,如蚂蚁、蜜蜂、家鸡等。

就社会和自然状况来看,孤单的斗不赢拉帮结派的。一个人在社会中,如果没有朋友,没有他人的帮助,他或她的境况会十分糟糕。普通人如此,一个成就大事业的人更是如此。如果失去了他人的帮助,和不能利用他人之力,任何事业都无从谈起。

借朋友、他人之力,为自己服务,让自己能够高居人上,这是一个人很难能可贵的地方。尤其对自己所欠缺的东西,更要多方巧借。

黄巾乱世之中,刘备、关羽、张飞邂逅相逢,桃园三结义,成就了千古美名。也奠定了西蜀王朝的根基。以后三分天下,西蜀称帝。刘备始为皇帝,关、张也成了开国元勋、西蜀重臣。回头看看,刘、关、张结义之时,三人均是下层草民。刘备虽是汉室皇亲,却落得流浪街市,贩席为生。张飞只是一个屠夫,粗人。关羽杀人在逃,无处立身。三人结义后,彼此借重,相得益彰。

董卓之乱时,吕布枭雄。刘、关、张大战吕布,却只打成平手。可见吕布何等英雄。但吕布匹夫无助,枉自豪勇,最终被曹操所杀。而刘、关、张却在三国中彼此相仗,日益得势,最终立国树勋。这是借朋友之力的一个典型例子。

西汉刘邦,也是一个善借朋友、他人之力者。刘邦出身低微,学无所长。文不能著书立说,武不能挥刀舞枪,但刘邦天生豪爽,善用他人,胆识无双。早年穷困时,他身无分文,却敢独坐上宾。押送囚徒时,居然敢私违王法,纵囚逃散。以后斩白蛇起义,云集四方豪杰,无论哪种背景的人或敌方的人,最后都为他所有。如韩信、彭越、英布，这些威震天下的悍将英雄，原先都是他的死敌项羽手下的人。至于刘邦身边的谋臣武将，如萧何、曹参、樊哙、张良等，都是他早期小圈子里的人，萧何、曹参、樊哙更是刘邦的家乡故邻，亲戚六眷。他们在刘邦楚汉争战中，劳苦功高，最终帮助刘邦建立了西汉王朝。也可以说刘邦利用他们成就了自己的帝王之业。

不仅帝王将相需要借他人之力(帝辇虽高，却须将帅垫托)，就是平民百姓也离不开三朋四友，这样，平时有个三长两短，紧急偶然，也有几个说话的，帮衬的，遇事方能应付。俗话说：一个好汉三个帮，一个篱笆三个桩。好汉也离不开帮手，篱笆要站稳，离不开几个桩。这都是在讲利用他人之长，借用朋友之力。

朋友应该相得益彰，彼此借重，不要成为闲散朋友，只为无聊和打发时光。更不要狐朋狗友，沆瀣一气，相互为恶，那就既害人又害己了。失去用人之长、彼此有益的初衷了。

朋友之间，互为己用，也不是说说就能做到的。人与人之间的关系，多有微妙之处，不细心地维护，断无收获可言。这要多从对方的利益、性情和人际关系等方面出发，将心比心，善结人缘。不要忘记，朋友也是人，跟你一样，也有自己的私心和打算，你要小心待之，弄不好，反目成仇，那就麻烦了。这些来自你身边的敌害，更容易拆你的台，更为致命。因此，对朋友关系，更要慎重和多有心思。因为你很可能“成也萧何，败也萧何”，不能不格外谨慎。

中国有个寓言：狐假虎威。狐狸把老虎带到森林里转了一圈，把大大小小的野兽都吓跑了。不知道狐狸和老虎算不算朋友？但是狐狸把老虎的威风却实在地借用了。你会借用朋友之力吗？你会借助他人的优势吗？尤其当你能力有限时，你知道巧借身旁之物吗？问问你自己。

“君子”掠人之美

爱因斯坦曾经谦虚地说，自己之所以能发现相对论是因为“站在巨人的肩上”。把这句话用到“心术厚黑学”方面来，就是如何借他人成功的表演来呈现自己的自我形象。

齐国是战国时期的一个大国，后来由于齐闵王无道，被燕国打败，整个齐国只剩下两个小城没被攻下，齐闵王自己也被人杀了。当时，齐国靠田单守住即墨城，反攻燕军，收复失地，还迎回太子庸，即位成为齐襄王，而田单则当了相国，他爱护百姓，很得人心。

一次，齐襄王和田单外出，看见一个老人涉水过河，由于天气寒冷，老人过了河就坐在沙滩上不动了。田单见状脱下自己的皮袍给老人穿上。齐襄王见此十分反感，怕田单施小恩小惠笼络人心，日后要夺自己的王位。当时一个采珠人听到齐王的自言自语，就给他出了个主意，让齐王借褒奖田单把田单的善举变成自己的名声。齐王回宫后，告示全国说田单的做法非常好，田单的爱民之举是在为他分忧。

过了几天，采珠人又来见齐王，让他早朝时召见田单，亲自慰劳他。齐王还发出布告，收容生活无着落的人。不久，老百姓都纷纷传说田单爱护百姓，原来都是齐王教导出来的。

齐襄王没有多大本领，但能听取别人意见，虽然气量不是很大，但能从积极方向去改善君臣关系,这在皇帝中也算聪明的了。

真正有智慧的是那个采珠人,他应该是个隐身山野的厚黑高手。他不但设法缓解了齐王嫉恨功臣的心理,而且使君与臣在爱护百姓方面搞起了“和平竞赛”,这是一件有百利而无一害的大好事。即使不考虑这一“大节”,仅仅以他那条以赞扬别人的善行来宣扬自己的善心的计策就很见厚黑智慧。

一般来说,揭露别人卑劣心理的人一定比别人有着(或懂得)更为卑劣的心理,而赞扬别人德行的人至少是能够欣赏德行的人,再稍加努力,也就不难树立起一个比有德者更有德的形象。

站到“巨人”肩膀上去

人们往往需要凭靠有钱有势的“巨人肩膀”来实现他的企图。一旦认定了攀附的目标,其专注投入的尽头绝不应亚于在半空中盘旋,最终发现美餐的鹰隼。所谓“好风凭借力,送我上青云”。在蒋介石发迹的历程中,没少使用这种“手段”。

1916年5月18日,沪军都督陈英士遇刺身亡。当时蒋介石只是陈英士府上的一个团长。陈英士一死,大家作鸟兽散,蒋介石也被迫脱下军装,进租界混碗饭吃。可是,下一步投靠谁呢?

一天,他偶然在街上遇见自己在都督府时混熟的酒肉朋友陈果夫。陈果夫认识上海滩的大人物虞洽卿。蒋介石眼睛一亮:这不正是他所巴望的吗?

陈果夫没有食言,蒋介石顺利地见到了虞洽卿。但蒋介石只不过在陈英士手下做过团长,在帮会中却没有地位,因此并不受重视,被安排在商行中做一个小职员。

蒋介石虽极力讨好虞洽卿,无奈在帮会中没有辈分,总不能受重视。他知道,要想尽快出人头地,必须设法进入青帮,拜过硬的老头子。于是,他特意准备了厚礼,希望虞洽卿能帮他介绍。

虞洽卿耐不住蒋介石软磨硬泡,终于答应把他介绍给上海滩的青帮大亨黄金荣。

有了虞洽卿的电话和推荐信,黄金荣自然不敢怠慢。不久蒋介石就拜过牌位,成为黄老太爷门下的弟子,从此事业兴旺起来。

也许连虞洽卿、黄金荣自己也没有料到,十年之后,这个落魄失意的蒋介石竟成了威风八面的国民革命军总司令。1927年蒋介石发动“四·一二反革命政变”时,虞、黄二人已成为蒋使用起来得心应手的作恶工具了。

蒋介石拼力攀附青帮势力,果然为他的前程打开一片光明大道。历史上和现实生活中许多人往往就是具备着这样的眼光和执著劲儿,借助人际关系的力量轻而易举地站到了权势与名利的更高阶层。

厚黑方略三十

假痴不癫，大智若愚

有智慧的人表面看来往往有点傻。其实装傻可以掩盖自己的聪明，更可以掩盖自己的失误。装得最傻的人，一定是个厚黑高手，一定是个胸中有大沟壑的人。你若是这样一个人，那几乎攻无不克。

得糊涂时且糊涂

没有人不承认清朝大画家郑板桥是一位大智者,但他却有一方闲章:“难得糊涂。”此章一经刻出,便立刻变成了某些人津津乐道的座右铭,仿佛有许多人生的禅机一下子从这四个字中折射出了哲学的辉光。

于是,这世上便有了糊涂哲学。

人活于世,显得太傻气不行,显得太聪明也不行。所谓“不智不愚”,其实就是假借糊涂之象乃行聪明之道的大哲学。

纵观世上那些有大智慧的人,往往不在众人面前,尤其不在同行、同事或同伴面前显露才华,外表上好像很愚笨,其实,这既是一种至高的人生境界,又是人生之大谋略。

就智慧而言,这种人像风一样自由,无牵无挂,无拘无束,俗世的一切都在身外。就愚笨者而言,是在人前收敛自己的智慧,一副混混沌沌的样子。在小事上常常不如一般人精明,应变能力好像差一些。殊不知这正是城府很深的表现。韬光养晦,让人以为自己无能,让人忽视自己的存在,而在必要时,能够不动声色,以自己的智慧,先发制人,让别人失败了还不知是怎么回事!

明代大作家吕坤在《呻吟语》中说:“愚者之人,聪明者不疑之。聪明而愚,其大智也。夫《诗》云‘靡者不愚’,则知不愚非哲也。”用现在的话讲,他的意思是:愚蠢的人,别人会讥笑他;聪明的人,别人会怀疑他。只有聪明而看起来又愚笨的人,才是真正的大智者。《诗经》上也说“没有哲人犯傻的”,可见不犯傻的人并非真正的聪明人。

据说美国第九任总统威廉·亨利·哈里逊原出生在一个小镇上,他小时候是个文静怕羞的孩子,人们都把他看做傻瓜,常喜欢捉弄他。他们经常把一枚5分硬币和一枚1角的硬币扔在他的面前,让他任意拣一个,威廉总是拣那个5分的,于是大家都嘲笑他。

有一天一位好心人问他:“难道你不知道1角钱比5分钱值钱吗?”“当然知道”。威廉慢条斯理地说,“不过,如果我拣了那个1角的,恐怕他们就再没有兴趣扔钱给我了。”

还有宋太宗,他在北陪园饮酒,臣子孔守正和王荣侍奉酒宴。二臣喝的酩酊大醉,互相争吵不休,失去了臣下的礼节。内侍奏请太宗将二人抓起来送吏部去治罪,但是太宗派人送他们回家去了。

第二天,他俩酒醒了,想起昨晚酒后在皇上面前失礼,十分后怕,一齐跪在金銮殿上向皇帝请罪。宋太宗微微一笑,说:“昨晚,朕也喝醉了,记不得有这些事。”

宋太宗托词说自己也醉了,不但没有丢失皇帝的体面,而且使这两个臣子今后也会警戒自己。宋太宗装糊涂,既表现了大度,又收买了人心。

小事愚,大事明

人一生不应对什么事都斤斤计较,该糊涂时糊涂,该聪明时聪明。有句成语“吕端大事不糊涂”,说的正是小事装糊涂,而在关键时刻,才表现出大智大谋。中国古代这样的大智若愚者是很多的。

宋代宰相韩琦以品性端庄著称,遵循着得饶人处且饶人的生活准则,从来不曾因为有胆量而被人称许过。可是在下面两件事上的神通广大,实在是没有第二个人可比。这才是“真人不露相”的注脚。对于这样的老好人谁会防范呢?他因此而得以在无声无息中做了这两件大事:

当宋英宗刚死的时候,朝臣急忙召太子进宫,太子还没到,英宗的手又动了一下,宰相曾公亮吓了一跳,急忙告诉宰相韩琦,想停下来不再去召太子进宫。韩琦拒绝说:“先帝要是再活过来,就是一位太上皇。”韩琦越发催促人们召太子。从而避免了权力之争。

担任大内督知职务的任守忠很奸邪,反复无常,秘密探听东西宫的情况,在皇帝和太后间进行离间。韩琦有一天出了一道空头敕书,参政欧阳修已经签了字,参政赵概感到很为难,不知怎么办才好。欧阳修说:“只要写出来,韩琦一定有自己的办法。”韩琦坐在政事堂,用未经中书省而直接下达的文书把任守忠传来,让他站在庭中,指责他说:“你的罪过应当判死刑,现在贬官为蕲州团练副使,由蕲州安置。”韩琦拿出了空头敕书填写上,派使臣当天就把任守忠押走了。

如果换上另外的爱耍弄权术的人,任守忠会轻易就范吗?显然不会,因为他也相信一贯诚实的韩琦的说法,不会怀疑其中有诈。这样,韩琦轻易除了蠹虫,而仍然不失忠厚。所以大智若愚实在是一种人生的最高修养,也是一种做人的谋略。大智若愚的人总有更多的成功的机会。

另一个晋代人谢万,是谢安的弟弟。曾经和蔡系争一个座位,蔡系把谢万从位子上推了下去。谢万慢慢站起来,拍拍衣服,边坐回座位上,边说:“你差点儿弄伤我的脸。”蔡系说:“本来就没有考虑到你的脸。”后来两人都没有把这件事挂在心上,当时人们都称赞他们。

这些都是历史上有名的忍让的故事,受侮受损的一方都没有为自己的难堪的损失而大发其怒,记恨于心;相反的,都表现出宽宏大量、毫不计较的美德和风度,结果得到了大家的敬重,也使伤人者感到无地自容。

大智若愚,从一个角度来说,也可理解为小事愚,大事明。对于个人来说是一种很高的修养。所谓愚,是指有意糊涂。该糊涂的时候,就不要顾忌自己的面子、自己的学识、自己的地位、自己的权势,一定要糊涂。而该聪明、清醒的时候,则一定要聪明。由聪明而转糊涂,由糊涂而转聪明,则必左右逢源,不为烦恼所扰,不为人事所累,这样你也必会有一个幸福、快乐、成功的人生。

客观的经验告诉我们,在交际方面不要过于“精明”。交际应是人与人情感的沟通和交流。只要诚恳待人就足够了,难道还需要掺杂什么别的东西吗?对人,不必精明;对朋友,傻点更好。交际中的“精明”容易把应该淳朴真挚的关系,人为地弄复杂,使人感到刁钻奸猾,会敬而远之。这样精明的结果,只能以自己成为孤家寡人而告终。

有一种情况是:聪明反被聪明误,自逞聪明,引火烧身。三国中的杨修,可谓绝顶聪明吧,他的几次“聪明”过了头,才智太显露,结果引起了曹操的嫉恨,最后被杀掉。

人和人的正常交往是平等的,如果你举止不讲究,言辞不考究,说话占地方,居高临下,只能孤立自己,招致他人的“不屑一顾”。

在朋友中间装一装糊涂,别人不会把你当成傻瓜廉价处理掉的。糊涂,是维护人际关系的一种质量颇高的黏合剂。

糊涂的核心是:外表糊涂,内心不糊涂。这种糊涂,只是装糊涂,并不是真糊涂。装糊涂本身,是一种大智慧。

不要事事都较真

人非圣贤，孰能无过。与人相处就要互相谅解，经常以“难得糊涂”自勉，求大同存小异，有度量，能容人，你就会有许多朋友，且左右逢源，诸事遂愿。古今中外，凡是能成大事的人都具有一种优秀的品质，就是能容人所不能容，忍人所不能忍，善于求大同存小异，团结大多数人。他们极有胸怀，豁达而不拘小节，大处着眼而不会鼠目寸光，从不斤斤计较、纠缠于非原则的琐事，所以他们才能成大事、立大业，使自己成为不平凡的伟人。

不过，要真正做到不较真、能容人，也不是简单的事，需要有良好的修养，需要有善解人意的思维方法，需要从对方的角度设身处地地考虑和处理问题。多一些体谅和理解，就会多一些宽容，多一些和谐，多一些友谊。

比如，有些人一旦做了官，便容不得下属出半点毛病，动辄捶胸顿足，横眉立目，下属畏之如虎，时间久了，必积怨成仇。想一想天下的事并不是你一人所能包揽的，何必因一点点毛病便与人生气呢?可如若调换一下位置，挨训的人也许就理解了上司的急躁情绪。

有位同事总抱怨他们家附近副食店卖酱油的售货员态度不好，像谁欠了她二百吊似的。后来同事的妻子打听到了女售货员的身世：丈夫有外遇离了婚，老母瘫痪在床，上小学的女儿患哮喘病，每月只能开二三百元工资，一间12平方米的平房。难怪她一天到晚愁眉不展。这位同事从此再不计较她的态度了，甚至还想帮她一把，为她做些力所能及的事。

在公共场所遇到不顺心的事，实在不值得生气。素不相识的人冒犯你肯定是别有原因的，不知哪一种烦心事使他这一天情绪恶劣，行为失控，正巧让你赶上了，只要不是侮辱了人格，我们就应宽大为怀，不以为意，或以柔克刚，晓之以理。

总之，不能与这位与你原本无仇无怨的人瞪着眼睛较劲。假如较起真来，大动肝火，刀对刀、枪对枪地干起来，酿出个什么后果，那就犯不上了。跟萍水相逢的陌路人较真，实在不是聪明人做的事。假如对方没有文化，一较真就等于把自己降低到对方的水平，很没面子。另外，对方的触犯从某种程度上是发泄和转嫁痛苦，虽说我们没有分摊他痛苦的义务，但客观上确实帮助了他，无形之中做了件善事。这样一想，也就容过他了。

清官难断家务事，在家里更不要较真，否则你就愚不可及。老婆孩子之间哪有什么原则、立场的大是大非问题，都是一家人，非要用“阶级斗争”的眼光看问题，分出个对和错来，又有什么用呢?

人们在单位、在社会上充当着各种各样的规范化角色，恪尽职守的国家公务员、精明体面的商人，还有广大工人、职员，但一回到家里，脱去西装革履，也就是脱掉了你所扮演的这一角色的“行头”，即社会对这一角色的规矩和种种要求、束缚，还原了你的本来面目，使你尽可能地享受天伦之乐。

假若你在家里还跟在社会上一样认真、一样循规蹈矩，每说一句话、做一件事还要考虑对错、妥否，顾忌影响、后果，掂量再三，那不仅可笑，也太累了。头脑一定要清楚，在家里你就是丈夫、就是妻子。所以，处理家庭琐事要采取“绥靖”政策，安抚为主，大事化小，小事化了，和稀泥，当个笑口常开的和事佬。

具体说来，作丈夫的要宽厚，在钱物方面睁一只眼，闭一只眼，越马马虎虎越得人心，妻子给娘家偏点心眼，是人之常情，你根本就别往心里去，那才能显出男子汉宽宏大量的风度。

妻子对丈夫的懒惰等种种难以容忍的毛病，也应采取宽容的态度，切忌唠叨起来没完，嫌他这、嫌他那。也不要偶尔丈夫回来晚了或有女士来电话，就给脸色看，鼻子不是鼻子脸不是脸的审个没完。看得越紧，逆反心理越强。索性大撒把，让他潇洒去，看他有多大本事，外面的情感世界也自会给他教训，只要你是个自信心强、有性格有魅力的女人，丈夫再花心也不会离开你。就怕你对丈夫太"认真"了，让他感到是戴着枷锁过日子，进而对你产生厌倦，那才真正会发生危机。

家庭是避风的港湾，应该是温馨和谐的，千万别把它演变成充满火药味的战场，狼烟四起，鸡飞狗跳，关键就看你怎么去把握了。

有位智者说，大街上有人骂他，他连头都不回，他根本不想知道骂他的人是谁。因为人生如此短暂和宝贵，要做的事情太多，何必为这种令人不愉快的事情浪费时间呢?这位先生的确修炼得颇有城府了，知道该干什么和不该干什么，知道什么事情应该认真，什么事情可以不屑一顾。

要真正做到这一点是很不容易的，需要经过长期的磨炼。如果我们明确了哪些事情可以不认真，可以敷衍了事，我们就能腾出时间和精力，全力以赴认真地去做该做的事，我们成功的机会和希望就会大大增加。与此同时，由于我们变得宽宏大量，人们就会乐于同我们交往，我们的朋友就会越来越多。事业的成功伴随着社交的成功，岂非人生一大幸事乎?

水至清则无鱼

有位商人为了开拓新的客户，一天跑了好几家单位，拜访的对象都是科长级的人物，其中有一个单位是处长出来接见。当然因各个单位的规模和设置各有不同，同样的交涉事宜，由科长或处长出面都不足为奇。这一天他已经拜会了好几个单位的科长，且也拿到了好几张冠有头衔的名片，因此他误把这位处长认为科长，在会谈中一直都以"科长"来称呼对方。

事后回到自己的公司，这位商人整理名片时，才发觉这个错误而感到惊慌，急忙用电话道歉，而对方表现出不介意的态度，"这事已经过去了!我一点都不在意的。"这种人在面谈的时候身为"处长"却一直被称做"科长"，不但没指出对方的错误，更没显出不愉快，而是继续热心地听着对方的谈话。这位商人认为这位处长真是个大度的人，一直都敬重着这位处长。

在我们的日常生活中，也有很多这种类似的事情。在小孩子的学习上或教养上，自己发现的错误比别人指出的容易改正。不管是父子、母女、老师和学生之间的关系，在被纠正错误时，往往会使自尊心受到伤害。所以让人自己发现错误，才是搞好人际关系的基本原则。

对一个初见面的人，指出一些小错误，不但会中断彼此间的谈话，更会引起对方的不快。因为当面被指正时容易产生一种羞愧的心理，于是就很难再重返到自己原有的状况来。

以这一点而论，那位处长先生处理得非常明智。如果指出对方的错误，恐怕这位被指责的商人在惶恐的同时，会对自己的错误置之不顾，而埋怨那位处长是"拘小节的人"。当然视事情的性质而言，重大的错误必须指出来。但把"处长"叫做"科长"这种事，则应视作无关紧要。他的这种判断和做法都是非常正确的。

所以像这类我们不在意的错误，或不影响话题内容的小差错，特别在初见面时微妙的人际关系中，还是把它当做没看到的好，这样，所得出的结果如同现在这个例子一样，不仅可以避免对方一时的紧张，而且最后大多能得到好的结果。

由此，我们再一次体会到那句老话的意义："水至清则无鱼，人至察则无徒。"能宽容别人，迁就别人的个性或是习惯，将会给你带来更多的朋友。

修炼"愚"的本事

"愚不可及"这句话已经成为生活中的常用语，用来形容一个人傻到了无以复加的程度。但要是查一下字典，此话最早还出于孔子之口。原先它并不带贬义，反而是一种赞扬："子曰：'宁武子，邦有道则知，邦无道则愚。其知可及也，其愚不可及也。'"（《论语·公冶长》）

宁武子是春秋时代卫国有名的大夫，姓宁，名俞，武是他的谥号。宁武子经历了卫国两代的变动，由卫文公到卫成公，两个朝代国家局势完全不同，他却安然做了两朝元老。

卫文公时，国家安定，政治清平，他把自己的才智能力全都发挥了出来，是个智者。到卫成公时，政治黑暗，社会动乱，情况险恶，他仍然在朝做官，却表现得十分愚蠢鲁钝，好像什么都不懂。但就在这愚笨外表的掩饰下，他还为国家作了不少事情。

所以，孔子对宁武子评价很高，说他那种聪明的表现别人还做得到，而他在乱世中为人处世的那种包藏心机的愚笨表现，则是别人所学不来的。

其实，真正学不到的是宁武子的那种不惜装愚以利国利民的情操。在这个意义上讲，宁武子是个不折不扣的厚黑高手。至于装愚本身，历来是中国人习用的一种策略。中国人素来是很精明的，越是精明的人越知道聪明人处世难，容易招致嫉妒、非议，甚至为聪明而丧生。曹操因为嫉妒杨修的才能(当然还有其他原因)而杀了他；隋炀帝因为嫉妒王胄的诗才，也把他杀了，还吟着王胄的诗句："庭草无人随意绿"，扬扬自得地说："你还能写出这样的好诗吗?"所以，从老子开始，中国人就深悟了"大智若愚"的道理，越是聪明，表现得越是愚笨，以便在别人的轻视和疏忽中经营自己的天地。宁武子实质上也就是运用了这一道理。

装愚可以掩盖自己的聪明，更可以掩护自己的失误。中国人喜欢"藏拙"，把自己不行、不能的地方藏起来，不让人发现，而最好的藏拙办法就是装愚。愚笨似乎总是一个可以并且应该得到原谅的缺点。一个人已经愚笨了，对他还能有什么要求?特别是处于某种轻重不得的尴尬局面时，装愚也许是最佳选择了。

明武宗南巡，扬州知府蒋瑶要接待圣驾，但蒋瑶为人清廉方正，不肯横征暴敛来巴结皇上身边的那些小人，因此得罪了他们。

明武宗是个游猎钓鱼迷，这一天正好钓到一条大鲤鱼，想找个人卖给他。御钓之鱼岂是常人买得起的?那些小人一看机会到了，就对皇帝说，这条鱼卖给扬州知府最合适了。明武宗听了，真的把蒋瑶叫来，要他买下鲤鱼。

蒋瑶回家取来了妻子的首饰和几件好一点的衣服，跪在地上献给皇帝，说道："皇上，此鱼乃无价之宝，臣这里只有妻女的一些首饰和衣物，臣死罪死罪。"

蒋瑶一则拿不出钱，二则拿得出钱也难以同皇上做买卖，三则更不能同皇上斗智，冒犯了龙颜，就正好遂了小人们的心愿。所以，蒋瑶进退无路，干脆装傻，好像同普通渔翁做生意一般，把妻女的东西拿来换。这样做，充其量出一回洋相罢了。

一半鸽子一半蛇

做人最起码的规则就是：在原则问题上绝不退让。但是为了达到目的，你必须应有鸽子的纯真和蛇的狡黠。鸽子的温顺是表象的，并不意味着同小人同流合污，而是一种麻痹小人的手段，最终的目的还是要贯彻自己的原则。

丁谓诡诈阴险，是历史上有名的奸相。他有两大绝招。一个绝招是把宋仁宗孤立起来，不让他和其他的臣僚接近，文武百官只能在正式朝会时见到仁宗，朝会一散，各自回家，谁也不准留身。第二个绝招是排除异己。凡是稍有头脑，不附和丁谓的执政大臣，丁谓一律把他从朝中赶走。

所以，朝廷中一切军国大事都以丁谓的意志为转移，舆论一色，政见一色，丁谓则高踞于权势的顶峰。

参知政事王曾看在眼里，记在心里。他虽身居副宰相之位，却整天装作迷迷糊糊的憨厚样子。在宰相丁谓面前总是唯唯诺诺，从不发表与丁谓不同的意见。朝会散后，他也从不打算撇开丁谓去单独谒见皇上。日子久了，丁谓对他越来越放心，以至毫无戒备。

一天，王曾“痛苦”地对丁谓说：“我有件家事不好办，很伤心。我从小失去父母，全靠姐姐抚养，得以长大成人，恩情有如父母。老姐姐今年已80岁，只有一个独生子，在军队服役。他身体太弱，受不了当兵的苦，在军营中多次受鞭刑。姐姐多次向我哭诉，求我设法免除外甥的兵役……”

丁谓说：“这事容易，你朝会后单独向皇上奏明，请皇上开恩就是了。”

王曾装出犹豫不决的样子：“我身居执政大臣之位，怎么敢为私事去麻烦皇上呢?”

丁谓笑着说：“你别书生气了，这有什么不可以的?”

王曾迟疑了一阵，答应明天面圣。

第二天清早，文武百官朝见仁宗之后，便各自打马回府，只有副宰相王曾请求留身，单独向皇上奏事。宰相丁谓当即批准他的请求，把他带到太后和仁宗面前，自己退了下去。

但是他心中毕竟有鬼，放心不下，留下来守在阁门外。

王曾一见太后和仁宗，便一五一十揭发了丁谓的罪恶，还将早就准备好的书面材料呈报给太后和仁宗。

王曾在太后和仁宗面前谈了足足一个上午，丁谓等在阁门外，见王曾很久都不出来，揣知王曾绝不是谈什么外甥服兵役的事，一定是谈军国大政。他气得一个劲自怨自艾：“上当了!”

最后王曾终于靠“一半鸽子一半蛇”的机智，成功地将奸相丁谓逐出朝廷。

低头走路容易捡到钱

问你一下，当对手向你迎面走过时，你是昂头举目，眼不斜视，还是低头示弱或含而不露呢?当有人用眼睛逼视你的时候，是你先将眼睛低下，或将眼睛移开，还是你一直拿眼睛和他比凶呢?在小路上有人偶然和你相撞，是你主动让开，还是站在那里横眉冷对呢?你想一下，大多数情况你可能都是：

①当你的对手向你迎面走来时,你昂首举目,不屑一顾。

②当有人用眼睛逼视你的时候,你毫不示弱,一直拿眼睛和那人比凶。

③要是在小路上有人和你相撞,你根本不愿意向他让开,也许还要朝那人啰唆几句。

这样,你很牛气,心里很以为胜利。其实这种胜利是不必要的,你也并没有因此而胜利。恰恰相反,硬碰硬地对抗或咄咄逼人,往往捡不到什么便宜。中国古人很懂这方面的道理,他们往往不先出击或先占你的上风(如曹刿论战,齐人三鼓后,曹刿才挥师出击,大败齐师),而爱以退为进,后发制人。这种招数用在战略上威力更大。

向对方"低头"就是这种以退为进、后发制人谋略的一个招数。低头的举动很微妙:我怕你;我敬佩你;我退让了。这样,对方的虚荣心便会鼓动自己满足,以为占了上风。他认为他赢了,你输了。他在满足中,会轻视你。这他就大错了。

自古都是"骄兵必败"。尤其在大庭广众面前,他的骄傲程度会更深,因此,他的失败可能也会更大。其实他的心理高视一点也没有改变你的什么,你还是你,假若你低着头从他身边走过,你仍然带走了你的思想、观念、情感和智谋,以及你的人际关系,你一点也没有损失什么。

如果说你代表着军棋的一方,你仍然有军旗、司令和军师旅团营,以及连排工兵、炸弹和地雷,你的编制仍很完整,实力毫不弱人。假如他代表了军棋的另一方,他也不过和你棋鼓相当,他却在你"低头"的迷招中,误入了自己情绪的错觉之中,飘飘然地开始进入某种失算。这时如果你突然袭击他,他定然措手不及。

我认识一个人,他身量较小,但学过武术,手脚很厉害,周围许多人都不敢惹他。有个大个子得罪了他,那人依仗身大力不亏,敢和他做对。一天,小个子神情恭顺地在大街上拦住他,递给他一支烟,帮他点上火。大个子很得意地接过烟,含到嘴上,凑过去接火。就在点烟时,小个子突然双拳直轰大个子的脑门,一下子便把大个子打懵了。小个子双拳收势时,又猛地一脚踹在大个子的小腹上,大个子五体朝天地倒了个仰巴叉。以后他见了小个子就怕了。

小个子之所以两拳一脚便把大个子解决了,这与他先使用了"低头"示弱的手段分不开的。如果他不以此麻痹了对方,让大个子准备好了再与他对抗,恐怕就是他打赢了,也会多费很多拳脚和力气,甚至胜负都尚难料定。这是低头示弱战绩的一个实例。

日本人也很善于使用这种让自己表现出心理劣势的技巧打败敌人。这种向人示弱的手段很管用。大文学家歌德,在路上遇见魏玛皇室的车马时,便会退至路边,低首鞠躬。无怪乎魏玛皇室养活了他几十年。大音乐家贝多芬对此很不以为然。他牛气冲冲地硬举着脖子,站在那儿,绝不向魏玛皇室躬身。所以贝多芬穷困潦倒了一辈子。话说回来,为什么要比人高呢?他们喜欢你比他们低,你就比他们低,不也乐在其中?你比他人低,皇帝喜欢奴才低眉顺眼;你比他人低,领导喜欢有人溜须拍马;你比他人低,同僚喜欢被人重视和赞美;你比他人低,连小人也需要别人说他能。这么多人要求你低头示弱,你何乐而不为呢?

尝试一下低头示弱的妙处,不占他人的上风。上电梯时,让他先上,出去时,让他先出;开车时,不和他抢道,让他先走;从他身边经过时,给他留开很大的路面(像皇帝的那样),让他感到你对他很小心。还可以举出很多,你用心去补充一下。

总之,生活是一个巨大的竞争,你需要谨慎和小心。记住哲学家老子的话,最高的山最容易被雷击倒,最大的树最容易被风吹折,最锋利的地方最容易被磨钝。

细想一下风暴过后的景象,被风吹折的往往都是大树高枝,而地上的萋萋弱草却安然无恙。也不要忘记中国古人的以退为进,和日本人的示弱技巧。这会避免很多风险和灾难,也能巧胜很多直鲁粗人。

装得越傻越高明

懂心术厚黑学的人，一定擅长韬晦，擅长韬晦的，一定是个厚黑名家。这是一个亘古不变的规律。

说起韬晦，人们自然会想起越王勾践“卧薪尝胆”和曹操与刘备“煮酒论英雄”的故事。所谓“韬晦”，通俗地说就是“装傻”。这种“装傻”的背后是对自我的严格控制。

由美国社会心理学家斯奈德发明的自我监控技术，就是典型的现代装傻术。

1972年斯奈德提出了他的自我监控理论，主要关心下述两个问题：第一，个人在社会交往中力图自觉控制他人关于自己形象和印象的程度；第二，采用这一策略对人际关系的发展会有什么影响。

自我监控就是个人运用他人自我表现的暗示或线索来控制自我表现的过程，是个人进行自我表现和印象管理的工具或手段。自我监控技术是由一个精心设计的自我监控量表来代表的。这个量表主要量度自我表现五个方面的问题。

第一个问题，“是否关心自我表现的社会适当性”，实际上测量的是人们对自我监控的态度问题。事实证明，在这个问题上得分低的人，在其他问题上的得分必然也低。不过，每个人有每个人的活法，如果你对别人对你怎么看根本不在乎，完全以“四大皆空”的态度对待周围的一切，那倒也罢了，你可以对自我监控的这套技术完全不予理会。但是，你能做得到吗?

世俗之人总有七情六欲和喜怒哀乐，所以，关心自我表现的社会适当性是当今为人做事的第一要务。而要这样做，就必须发展他人观念和情境意识，以他人对自我表现的反馈和情境对行为表达的要求作为自我表现的一面镜子。

第二个问题，“是否注意社会比较信息，将其作为自我表现情境适当性的线索”，测量的是人们在自我表现中的模仿能力。模仿是学习的一个重要机制。善于模仿，就会有良好的自我表现。如果你对“我发现我很难模仿他人的行为”“我只能证明我已确信的思想”“对于选择电影、书籍或音乐，我很少需要朋友的劝告”等陈述回答“真”，那就说明你不注意社会比较信息，把它作为自我表现情境适当性的线索，自我监控的能力就低；如果你回答“假”，那么情况则完全相反。

第三个问题，“控制和调整自我表现和行为表达的能力”，有如下陈述：“甚至对于我几乎不了解的论题，我也能做即兴讲演”“我想我会装出一副样子来打动或取悦他人”等。如果你对它们的回答是“真”，那就表明你的自我监控能力高，否则，就低。

第四个问题，“在特定情境中对这种能力的运用”，有如下陈述：“我有时对他人显示出经历了比我实际上要更深的情感”“即使我对自己不欣赏，我也常常表现出有美好的时光”等。回答“真”，表明你的自我监控能力高；回答“假”，则相反。

第五个问题，“行为表达和自我表现适合特定情境的程度”有如下陈述：“在不同的情境中和不同的人在一起，我常常表现得像个不同的人”“当我不喜欢别人时，我也可以使他们错以为我很友好”“我并不总是我看起来的那种人”等。回答“真”，说明自我监控能力高；回答“假”，则相反。

自我监控量表不仅可以用来测量人们自我监控的分数，而且可以用来指导自我监控，发展人们的自我监控能力。它的这种教育作用是第一位的。这一量表的运用有如下发现:第一,自我监控量表得分高的人社会适应性强,他们善于控制其行为表达,能够有效地操纵他人对自己的印象;第二,高自我监控的人比低自我监控的人更具有首创性。

也就是说,装得最傻的人,一定是个厚黑高手,一定是个胸中有大沟壑的人。与这种人打交道时,你不妨多两个心眼儿;反之,你若是这样一个人,那几乎攻无不克。

夹着尾巴做人

事业成败,以德、能、勤、绩为四个支点。对人的评价,是一种综合素质的判断。你才华横溢,却恃才傲物,肯定会与上级疏远。因此,与上级领导相处,必须能大能小、能升能隐,绝不可轻狂、傲慢。

某县县长胡啸云恃才傲物,他走向失败的经历,会给人一个深刻的启示。

胡啸云当县长期间政绩卓著,修路搭桥,改善平民菜篮子,好事确实做了不少。一时间,在地区、省上都赢得了口碑。但随着业绩的建立与积累,他内心的自我极度膨胀,犯了当领导的四大忌讳:

一是恃才傲物,目空一切。工作中取得了一番成绩,就把自己凌驾于上级之上,唯我独尊,不服从领导,不服从调遣,工作也不请示、不汇报。觉得自己是功臣,能力比别人强,要搞特殊,要上司对自己另眼相看。

二是执行上司指示打折扣。有了可恃之功,依仗可恃之才,就变得有恃无恐,怀疑领导的能力。对工作任务开始挑剔,许多事情自作主张,无视上一级领导的权威和尊严。

三是锋芒毕露。胡县长邀功心切,内心自我的天平必然失去平衡。于是,好端端的一个有能力、有才干的县长,仿佛一夜之间,变得对上级领导说三道四,犯自由主义。在处理工作矛盾上,以我为中心,口气大、表情蛮。

四是恣意擅权越位,越权决策。本来不属于本身职权范围内决定的事情,也自行表态。在名利面前,争荣誉,抢功劳。在公开场合,讲话发言喧宾夺主,降低领导的威信。

胡啸云县长触犯了以上四忌,最终众叛亲离,威信扫地,成了孤家寡人。

"夹着尾巴做人"是智者的忠告。这句话看起来消极,其实包含着一种深刻的处世哲理。它提醒那些有才华、有能力的人辩证地看自己,正确地评估自己,无论处在什么位置,对自己的上司千万不要傲慢与疏远!"谦受益,满招损",把自己看低些的人才功底深、有实力、成大器。

含糊人不含糊

中国人的含糊其实早有历史根源。从宏观来看古人则天一、地二、人三,天地自然不过三尺厚。古代那些诗人在文章中提到"一二三"至"千百万"总是信手拈来。含糊是宏观,含糊是深奥,含糊是暗示,含糊是中国人表现一切的独特形式。

如果你仔细观察就会发现含糊的中国人在很多场合中都表现出一种"含混"。中国人在接受人的谢意时,在索取自己报酬时,在谈及自己的利益时,在表达自己的爱情时,甚至在骂人时都表现出含糊不清的样子，这里含糊不清既表现出他们的修养，保全了他们的面子，又充满狡猾和回旋余地。

含糊的中国人不愿意坚持那些不符合人情的法律，不愿意非要那些别人不愿意支付的钱财，不愿意明确的索要自己劳动所得的权利。

模棱两可是人们处理商品社会中让利、佣金、回扣等敏感的金钱交易中的润滑剂，好也是它们，坏也是它们，于是只能称道它们。中国人利用含糊造就了位于法律与正当商业交易之间的许多利益获得方式，诸如“回扣”、“倒节”、“小金柜”、“翻译公司”、“皮包公司”等含糊收入的方式，世传所称的“擦边球”是中国人含糊情商的最佳体现。

有人称“中国人是最不会被饿死的一群”。此语似嫌吹牛，表示一种信心倒还合适。因为没有一种困难能难倒中国人，他们会在含糊的智慧中给自己创造更多的机会，所谓“上有政策，下有对策”可以说是对中国人含糊智慧的概括。

有一个著名的故事可以说明含糊的中国人的聪明天性。有三个考生去赶考之前曾求教于一位著名的相命先生。相命先生在听罢三个人的具体情况以后，故作神秘的伸出一个手指，眯缝着眼，一言不发，三个人待要追问，相士曰：“天机不可泄露。”

待一年后三人再去访问相命先生，连称其神。因为三个人中只有一个人考取进士，相命先生伸一指不就是这个意思吗?但算命先生却有他自己的秘密：如果三个人中中二人，那么伸一指就表示只有一个不中。如果三人全中，那么伸一指就表示没有一个不中，因此无论如何，算命先生都是正确的。

在处世含糊学指导下，不知有多少智慧的中国人极其聪明地、极其隐蔽地成功兜售了自己的处世秘诀。现代商品经济社会千变万化，含糊的中国人仍然有其聪明的变通法。譬如有人把让利叫做明扣，把回扣叫做暗扣，就已体现出回扣已不同于让利，硬要搅和在一起，显然是想让“明扣”拉“暗扣”兄弟一把，让暗扣兄弟也能得点好处。而让利对于被让的某个集体说是集体受惠，回扣则主要是对个人，是个人受惠。因此才不入账、不签字，作暗中交易。

中国社会一直处于僵化的管理状态下，这时候中国人的聪明劲就来了。中国人聪明，求理不及、说理不得、甚至无理可说的时候，就开始施展各种含糊法术、改头换面，明知不可为而为之。

不战而屈人之兵

某机关有一个女孩子，平日只是默默工作，并不多话，和人聊天，总是微笑着。有一年，机关里来了一个好斗的女孩子，很多同事在她主动发起攻击之下，不是辞职就是请调。最后，矛头终于指向了这个女孩子。

某日，这位好斗的女孩子抓到了那位一贯沉默的女孩子的把柄，立刻点燃火药，劈里啪啦一阵。谁知那位女孩只是默默笑着，一句话也没说，只偶尔问一句：“啊?”最后，好斗的那个主动鸣金收兵，但也已气得满脸通红，一句话也说不出来。

过了半年，这位好斗的女孩子也自请他调。

你一定会说，那个沉默的女孩子“修养”实在太好了，其实不是这样，而是那位女孩子听力不大好，理解别人的话有困难，而且总是要慢半拍，当她仔细聆听你的话语并思索你话语的意思时，脸上又会出现“无辜”、“茫然”的表情。你对她发作那么久，那么卖力，她回你的却是这种表情和“啊?”的不解声，难怪要斗不下去，只好鸣金收兵了。

这个故事说明了一个事实：“沉默”的力量是何其地大，面对“沉默”，所有的语言力量都消失了!

只要有人的地方，就会有斗争。这不是新鲜事，本就弱肉强食，和平相处才是怪事。因此你要有面对不怀善意的力量的心理准备；你可以不去攻击对方，但保护自己的“防护网”一定要有，我们的建议是：不如装聋作哑!

聋哑人是不会和人起争斗的，因为他听不到，说不出，别人也不会找这种人斗，因为斗了也是白斗。

不过大部分人都不聋又不哑，一听到不顺耳的话就会回嘴，其实一回嘴就中了对方的计，不回嘴，他自然就觉得无趣了；他如果还一再挑衅，只会凸显他的好斗与无理取闹罢了。因此面对你的沉默，这种人多半会在几句话之后就仓皇地“且骂且退”，离开现场，如果你还装出一副听不懂的样子，并且发出“啊”的声音，那么更能让对方“败走”。

不过，要“作哑”不难，要“装聋”才是不易，因此也要培养对他人言语“入耳而不入心”的功夫，否则心中一起波澜，要不起来回他一二句是很难的。

学习装聋作哑，除了以不战而胜之外，也可避免自己成为别人的目标，而习惯装聋作哑，也可避免自己去找人麻烦，好处真是不少。

攻人于不备之时

我方既处于不利的情势，与其争面子或意气与敌人硬碰撞，不如运用智慧，忍一时之屈辱，谋长远之大计。甚至不惜诈降称臣，使敌人误以为你已失去雄心斗志，对你疏于防范。你再伺机东山再起，才能一举成功。

康熙做皇帝的时候，还是个小孩子，大权完全掌握在辅政四大臣手里。这四大臣中以鳌拜战功最著，野心最大，飞扬跋扈，横行无忌。他用尽心机独揽大权，给康熙造成极大的隐患。

当时，康熙只有 14 岁，他心里很清楚：自己的实力很单薄，如果要对鳌拜采取什么制裁，偶有不慎，势必酿成大变，危及皇位，甚至他的性命。

康熙权衡利弊，审时度势，想出一个好办法。一方面，他再也不和鳌拜争辩了，鳌拜要怎样就怎样，而且他还加封鳌拜为一等公，特别表示恩宠。

另一方面，他在宫内亲自遴选了几十名身体壮健的小太监，天天与他玩“布库”的游戏，并请专人教练。

“布库”是满族的一种民间斗技游戏，类似我们今天的摔跤。鳌拜知道了这件事，以为是小孩子好玩，满族习俗一向尚武，所以毫不在意，反而觉得康熙天天玩耍，不问政事，他更加肆意妄行了。

就这样，康熙跟小太监玩儿了一年多，到康熙八年(公元前 1669 年)五月端午节前夕，他认为时机成熟了，便在鳌拜进宫朝拜那天，令小太监们一哄而上，把鳌拜拿下。

然后，他马上在乾清宫召集议政王大臣会议，将鳌拜的罪状宣示中外，没收家产，革去官职，将鳌拜的党羽十余人尽数斩首。对鳌拜，康熙念及他战功卓著，从宽免死，下旨永远囚禁。

攻人于不备之时，这正是康熙以弱胜强的秘密所在。

厚黑方略三十一

人走高处，野心有理

人生如逆水行舟，不进则退。世界上所有成名之士都是坚信“人往高处走”的人，只有志存高远，才能勇往直前。如果想成功就立即把自己身上的细胞都调动起来，原地踏步的事儿干得越少越好。

是人就该往高处走

社会上永远都有两种人，一种人满足于目前的状态；另一种人时刻都在谋划未来，一有机会就以挑战的姿态进取。这让我想起两句古话："居安思危"和"不进则退"。

前者是智者，后者是懦夫。居安思危的人往往能够把握时代的脉搏，同时也不断地充实自己。他们关心社会上的重要新闻，在自己钻研的领域尽量吸收最新的知识，在每一次新的时代变迁中，他们都能尽快调整自己，并找到适合的位置。

不进则退的人大都沉浸在柴米油盐酱醋茶之中。当然，他们中绝大多数人都很规矩，甚至经常得到领导的表扬，可是，他们已经没有了进取之心，退化了最可宝贵的创造意识，因此，难于驾驭新的环境，甚至都不知道怎么跟新来的领导打招呼。

安于现状的人往往都是平庸的人。因为他们没有勇气和能力挑战自己，只是想维护目前的利益。他们会经常地发牢骚，抱怨社会变化得太快，甚至干脆说社会已经变坏了。牢骚除了能证明自己的落伍，几乎什么作用都没有。关键在于，我们如何适应社会的变化，使自己事业的常青树能够枝繁叶茂。

有一本名叫《人虫》的京味小说描绘了多姿多彩的社会生活中各行各业的精英。其中有一个章节讲述的是一个"买卖虫"的故事。"买卖虫"因为妻子的事儿和别人打架坐了牢。出狱时才知道，妻子改嫁了，母亲被他气死了。似乎满世界只剩他这么个孤苦伶仃的人。

正在他茫然无措时，以前的一个老师借钱让他做点小买卖。"买卖虫"平时挺勤快，也成天琢磨事儿，因此，坎坷的生活道路逐渐平坦起来。但是他并不满足，板儿车拉好了卖糖葫芦；糖葫芦卖好了开饭店；饭店开好了又办工厂；工厂发展成集团，资产达数亿，最后谈起了跨国生意。在他办公室的墙壁上始终挂着那幅字：人往高处走。

对生活质量的追求缘于人们的眼界，眼界自然有高低之分。以前说农民就在乎自己的老婆、孩子、热炕头，出门就是那一亩三分地。他们也羡慕城里的人，但是，从来没觉得自己有朝一日能那样生活。他们会做梦似地跟你说，昨天看见慈禧太后了，慈禧太后正坐在金銮殿上啃着一张大油饼。他们觉得连啃油饼这样的生活都高不可及。不像现在的农民，个人能力和素质几乎是翻了几番。

人生如逆水行舟，不进则退。世界上所有成名之士都是坚信"人往高处走"的人，只有志存高远，才能勇往直前。如果想成功就立即把自己身上的细胞都调动起来，原地踏步的事儿干得越少越好。你看某些公园里那一潭潭的死水，冒泡发臭令人感到厌恶。做人也是如此，千万别让自己成为惰性气体。当然，这跟年龄也有一定的关系。年老的人由于身体健康等的原因安于现状情有可原，可是年轻人如果一味满足于现状不思进取，那几乎可以等同于慢性自杀。

欲望是上进的车轮

所谓成功，就是想去获得它的努力——无论是心理或身体方面——的结晶，而努力是伴随着欲望而来，欲望则是开创命运的原动力。强烈的欲望常常能带来令人瞠目结舌的结果。

就拿艾琳·福特太太的例子来说，由于有欲望支持着她，故住进医院之后，她仍然不断地工作，充满着执著与无比的狂热。介绍模特儿的行业是在一年前才开始投入，这一年间，通过经验，她领略到拼命努力地工作方为获致成功之不二法门，要使成功终归于自己，就必须以鞠躬尽瘁的精神连续不间断地工作。

二十四岁时的艾琳便已胸怀大志，并以无比的信心与冒险精神展开自己的第一桩事业——秘书服务业。她的服务中心，从老板到员工总共只有一个人，就是她自己。后来，她替几位从事模特儿工作的朋友负责联络事项，才做不久，她便发觉将这种工作转变为成立一家模特儿中介公司颇有可为，再加上她对自己充满信心，时装业界激烈的竞争又能激发她的斗志，于是，她便全力朝这方面发展。踏上这条路之后，她经常一天工作十三至十四小时，这完全由于有某种潜意识支撑着她，所以她让人感觉有用不完的精力。

她的努力总算没有白费。如今，她的模特儿中介公司已具有相当规模，旗下顶尖的模特儿便有七十五人，每天接到的电话估计有三百个。她的丈夫盖瑞便是她及其公司成长的最佳见证人。

你也许会想，像他们这种工作狂，平常不就没有空闲时间从事娱乐了吗?事实上，刚开始的时候，他们的确很少有休闲的时间与机会，直到公司业绩日趋稳定，他们才有了喘气的时间。他们两人利用这多余的时间去上夜校，学习如何做好生意的一些必备知识。也许你又要问了，这岂不等于根本没有休闲时间吗?若换成旁人，这样的生活的确令人吃不消，但盖瑞夫妇却乐此不疲。不但如此，艾琳还要业余照顾小孩与应付上门的顾客，简直就像一名女超人。

对于一对年纪不到四十岁的年轻夫妇来说，这种成就应该可以让他们满足了，但他们却不如此，艾琳与盖瑞两人觉得现在只不过是蓄势待发的阶段，只要准备妥当，他们会随时展开下一个计划。

“我想做些别的事，比如像制造一些东西——化妆品一类的东西。我有信心可以做得很好!”艾琳在她的办公室里这样说道。

由于化妆美容业界的经营十分艰辛，有人劝告她现在想搞这一行并不是那么容易，而且竞争至为激烈，一个新兴的公司恐怕很难生存。她以毫无畏惧、闪烁着光芒的大眼睛对朋友说：“没办法!从前就是这样，一旦当我们准备就绪，就一定会去完成。”

事实的确如此，想到就做，往往最快赢得成功。因为艾琳夫妇俩都是能控制自己的欲望、提早达到自己目标的人，在他们的热忱与决心之前，一切障碍尽被扫除。

良禽择木而栖

中国有句老话叫做"忠臣不事二主,好女不嫁二男"。其实,持这种观点的人未免过于迂腐。常言道,良禽择木而栖,倘若遇到一个不赏识你的上司,整天度日如年处于水深火热之中,尽管你使尽浑身的解数也永无出头之日。在这种情况下,弃暗投明改换门庭也并不是什么难堪的事。"男怕入错行,女怕嫁错郎",天下之大又何必吊死在一棵树上呢?

俗话说,识时务者为俊杰。人往高处走,水往低处流。跳槽攀高枝乃是人之常情,犯不着为此而大惊小怪。过去有句话,叫做:"此处不留爷,自有留爷处。处处不留爷,爷去卖豆腐。"后来这句话的后半段改了,改成:"处处不留爷,爷当个体户。"再后来,又有人把它改成:"处处不留爷,爷去当散户。"散户,就是以少量资金去炒作股票的人。从这句话的演变,我们是否可以得出这样的结论:为了自己的前途,每个人都可以而且应该为自己多谋几条出路。

中国著名谋略家吕尚,就是一位跳槽攀高枝的行家。吕尚又名姜子牙,是我国上古时期最为著名的政治家和军事家。

姜子牙生活在商朝末年,当时纣王无道,荒淫无度,社会矛盾急剧激化。与此同时,商王朝的诸侯周国迅速崛起,国君西伯姬昌(后为周文王)励精图治有代殷商之势。姜子牙生逢乱世,虽有经天纬地之才,无奈报国无门,潦倒半生。他曾在商王宫中做过多年带领卒,虽然职低位卑,却处处留心。他看到纣王沉湎酒色,荒废国政,几次想冒死进谏。一则想救民于水火,二则可以因此受到纣王赏识,求得高官厚禄。然而姜子牙后来见到大臣比干等人皆因直谏而丧生,只好把话咽回肚中。他料定商朝气数将尽,纣王已不可救药,自己不愿糊里糊涂地替纣王殉葬。于是,他决定另攀高枝,改换门庭。

当时,姬昌立志复兴周国,除掉纣王,求贤若渴,正是用人之时。姜子牙为了引起姬昌的注意,便在渭水之滨的兹泉垂钩钓鱼。这个地方风景秀丽,人迹罕至,是个隐居的好地方。姜子牙并非要老死林下,而是在此静观世变,待机而行。

这一天,姜子牙听说姬昌要来附近行围打猎,便假装在兹泉垂钓。这时候,姜子牙还是个无名之辈,姬昌当然不会认得他,但姜子牙却见过姬昌。为了引起姬昌的注意。姜子牙故意把鱼钩提离水面三尺以上,钩上也不放鱼饵。果然,姬昌觉得奇怪,便走上前问道:"别人垂钓均以诱饵,钩系水中。先生这般钓法,能使鱼上钩吗?"

姜子牙见姬昌对人态度谦和,果然是个非凡人物,便进一步试探道:"休道钩离奇,自有负命者。世人皆知纣王无道,可是西伯长子就甘愿上钩。纣王自以为智足以拒谏,言是以饰非,却放跑了有取而代之之心的西伯姬昌。"

姬昌闻言,大吃一惊。心想:这位老人身居深山,何以能知天下大事?更为不解的是,他怎能把我姬昌的心迹看得这么透彻?定然不是凡人!连忙躬身施礼,说道:"愿闻贤士大名?"

"在下并非贤士,老朽吕尚是也。"

"刚才偶听先生所言,真知灼见,字字珠玑,不瞒先生,足下就是你说到的姬昌。"

姜子牙装出吃惊的样子,惶恐地说:"老朽不知,痴言妄语,请你恕罪。"

姬昌连忙诚恳地说道:"先生何出此言!今纣王无道,天下纷纷,如先生不弃,请你随我出山，兴周灭商，拯救黎民百姓。”

姜子牙假意客套了一番，随即同姬昌一起乘车回宫，一路上纵论天下大势，口若悬河。姬昌如鱼得水相见恨晚，回宫之后，立即拜姜子牙为太师，视为心腹。从此以后，姜子牙官运亨通，飞黄腾达。

俗话说，姜太公钓鱼愿者上钩。作为一个老谋深算的政治家，姜子牙略施小计便攀上了姬昌这棵大树。弃暗投明，跳槽做了周国的太师。倘若他报定忠臣不事二主的陈腐观念，恐怕到老死也不过是纣王宫中的一个小官，永无出头之日。真可谓识时务者为俊杰!

要做就做一流人物

在一帮得过且过、懈怠懒惰、愚蠢懦弱者的眼里，仿佛世界上一切的好位置、一切有出息的事业，都已人满为患。的确，像他们这样懒散成性的人，无论走到哪里，都不会有他们的立足之地，没有人会需要他们。但社会的各行各业都急切需要那些肯负责任、肯努力奋斗、有主张见地的人。

一个富有思想和判断力、具有创造力、能够吃苦耐劳的人，随处都可以立足，在哪里都有希望。而另外一些人只会埋怨机会太少，或怀才不遇，那种人是一辈子都不会有出息的。

只有懦弱无能者才会一天到晚埋怨没有事做，而那些对自己的力量有把握，自信能获得好位置的人，从来不会到人家面前去诉苦，他们晓得，埋头苦干才是唯一的出路。

有些年轻人常常在心里这样想：“我不准备做一个一流人物，只要做一个二流人物就满足了。我也不妄想获得一个一流的高薪职位，只要有一个二流职位就很称心了。”这种人的见识其实并不高明，其实要做二流人物容易得很，只要故意不显出一流人物的才能就可以了。但是，要知道如今社会上最感到人满为患、自己如同滞销的劣货一般不为人所需要的，大都是怀着这种心理的、无法跻身于一流人物行列的人。

当然，如果你无法获得一个一流的职位，就只好找一个差一些的职位将就一下。但是我想，如果你的经济条件许可的话，你当然希望穿最好的衣服，吃最好的食物。即使你舍不得花费很多钱去用于高级的穿戴和饮食，但至少你的内心是喜欢高级的，这是人之常情。

二流的人物正如二流的商品一样，除非别人找不到一流人物，才会将就着用二流人物。可是，用人者都会希望找到一流人物为自己的机构服务。

如果从各方面去观察，我们就可以看出一个无法跻身于一流人物的人是什么样的。有些人常常习惯于浪费时间、空耗精力，他们的理解力也很差，言谈举止也显得很迟钝，这种人似乎不会有什么发展的余地。这种人仿佛还不配做一个二流人物，只称得上三流人物。

另外有一种人也很糟糕，他们一有闲暇时间，就放纵自己，尽情享乐，过着花天酒地、醉生梦死的生活，拼命糟蹋自己的精力、体力和脑力，结果，弄得自己人不人鬼不鬼。这种人只配称为行尸走肉。除了疯子，谁会说他们是出色人物呢?

无法跻身一流人物行列的人自然就成了社会生存竞争中的落后分子，但原因是多方面的。有的是因为从小生活在不良的环境中，不知不觉染上了不良的习气，结果就陷入了失败的深渊中；有的是由于没有受到良好的教育，或没有受过完善的为人处世的训练，以致也被挤出了一流人物的行列。

一个人唯有靠自己的奋斗，竭尽自己的心智、克服无数的艰辛谋到的职位，才算得上真正的光荣，才能获得其他人的信任和尊重。如果你现在的职位并非因为自己的苦干，而是通过其他方式谋到的，那么你做起事来感觉一定不会太好。

如果你谋得好的职位是由于父亲的面子，或是其他亲友的提携，而如果没有这些外力的介入，你要再花费多少的精力，经过多长时间，做出多少业绩，才能达到这样的地位呢?在现在的职位上，你一定会觉得事情非常地生疏难做，因而常常不容易有大的兴趣。因为这个职位不是你一步一步逐渐谋得的，而任何重要的职位绝非浅陋的学识、低劣的才干做得了的，所以，当你做事时必将到处碰壁，那时，你仍愿意在那里干下去吗?

我们经常可以看到这样的一幕幕悲剧：一位富商把自己的孩子安置在自己开设或自己担任股东的商店里，尽管他的孩子毫无本领，但职位却高人一等。在他孩子手下干事的普通员工，差不多都比那孩子努力，而且经验也要丰富得多。

试问，如果那儿子稍有些见识，他会怎么想呢?他一定会感到羞惭难当。其实，他自己心里也必定很明白，他自己的职位其实应该由一位在商界工作多年、富有经验、精明能干的人来担当，但现在他仅仅因为父亲的关系，就占据着高位，几乎是不劳而获。只要他领悟到这个问题，一定会觉得有损自己的自尊，无法在光天化日下的世界里昂首挺胸地做人。

请牢记：当你对自己的双手和头脑有十足的信心，确信自己已经具备所想要的职位的条件，并且你确信自己一旦谋到那位置肯定能够愉快地胜任、能有所建树时，你不要再灰心丧气，不要再怕吃苦，不要再急躁不安，不要再埋怨升迁太慢了。你应该一步一个脚印地走下去，你应该像裁判要求参赛者一样严格要求自己，把自己训练培养成一个适合你所期望的职位的人。

你必须懂得，如果职位不是靠自己的埋头苦干，不是基于自己过去的业绩，那么即使获得了那样的职位，也毫无意义可言，毫无价值可言。

英雄不问出处

20世纪50年代，美国黑人化妆品商场被佛雷化妆品公司独占。当时，这个公司有一位名叫乔治·约翰逊的供销员，他独立门户创建了只有500美元资产、3名职工的约翰逊黑人化妆品公司。他集中力量生产一种粉质化妆膏，然后，依附佛雷公司的名义进行强化宣传，他在广告宣传中说：当你用过佛雷公司的产品化妆之后，再擦一次约翰逊的粉膏，将会收到意想不到的效果。这样一宣传，消费者自然接受了他的产品，商场占有率迅速扩大，短短几年便把佛雷公司的大部分产品挤出了化妆柜。

有一湘君要当大老板却身无分文，一日到浙江某地，提出能贷款修建市区大桥，要求是收15年过桥费，该市市政府不同意，最后承诺租一块城区中心地段给他。这位湘君将地招标，转手卖给港商，不仅有了修桥费，自己还有了百万存款。

有一个名叫西井里的日本人，原是一名汽车司机。他进入武藏野产业几年后，有一天拿着辞呈去见董事长。

“董事长,请你让我辞职。”

“为什么呢?说说你的理由。”

“我进公司时所填的履历表可以说是伪造的,我一直为此感到难受和不安。”

“你伪造些什么?”

“我事实上只有初中结业,但是却在履历表填写高中毕业。”

“哦?难为你自己说出来了,其实我早就知道你没有高中毕业,大字识不得几个,也不懂计算,怎么会有高中毕业证呢?不过你别担心,我要的不是你的学历,而是你的人品。以后不准你再提辞职的事了!”

后来,这位伪造学历的西井里成为了该公司的业务董事。

这样的故事数不胜数,无非说明了这样一个道理:“英雄莫问出处。”

许多人都是从农村出来的苦孩子。当然都知道农村的情况。一个村,几十个人,大家一清二楚。假如你小时候屁股上有了疤,到你儿孙满堂时,大家都还念念不忘你屁股上的疤,会以此作为玩笑的引子,或者东家长西家短的议论你。假若你从农村走出来,进入城市,城市是没有根的,只要你努力,城市人也只看你的能力,谁也不会知道也不会计较你屁股上是否有一块疤。

好的目标是成功的一半

成功人士的目标各有不同,但他们都专心于自己的目标,并为之努力奋斗。

伍尔沃斯的“明确的首要目标”就是要在全美国各地设立一连串的“廉价连锁商店”,他把全部精力花在这件工作上,最后他终于完成了此项目标,而这项目标也使他获得了成功。

雷格莱专心于生产及制造一种一包五美分的口香糖,结果使他赚进数以万计的利润。

爱迪生专注于研究自然法则的工作,并努力贡献出比其他人更多、更有用的发明。

杜何帝专心于建造及经营公用事业企业,并使他自己成为一名百万富翁。

巴尼斯专心于销售爱迪生牌口授机,他在年轻时就宣布退休,那时他已经成功为自己赚进了用不完的钱。

威尔逊专心于问鼎白宫长达二十五年之久,最后终于成为白宫的主人,这应感谢他懂得坚持“明确的首要目标”的价值。

林肯致力于解放黑奴,并因此使他成为美国最伟大的总统。

李特顿在听过一次演说后,他内心充满成为一名伟大律师的欲望,他把自己一切精力专注于这项目标上。据说,他目前已成为美国最成功的律师,每一个案件的收费很少低于 5 万美分。

洛克菲勒专心于石油,最后他成为他那一时代最富有的商人。

福特专心于生产廉价小汽车,结果他成为有史以来最富有及最有权势的人物。

卡内基专注于钢铁事业,积聚了巨大的财富,他的姓名被刻记在美国各地众多的公共图书馆里。

吉列致力于生产安全刮胡刀片，使全世界的男人都能把脸刮得“干干净净”，也使自己成为了百万富翁。

伊斯特曼致力于生产柯达小照相机，为他赚进数不清的金钱，也为全球数百万人口带来无比的乐趣。

康威尔专心于发表单独的一篇演说——《满坑满谷的钻石》，结果使他获得了超过六百万美元的报酬。

赫斯特专心于创办煽情性的报纸，使他赚入几百万美元。

海伦·凯勒专注于学习说话，因此，尽管她又聋又哑，而且又瞎，但她最后还是实现了她的“明确的首要目标”。

派特森专心于发明及生产收银机，使人们大感方便，结果自己成为一名富翁。

希特勒专心于发动战争，搅得全球不安，我们绝不可忘了这项事实。

福烈兹曼专心于生产低微的小小酵母饼，结果行销全球。

菲尔德元帅专注于成立世界上最大的零售连锁店，结果成功了。

菲利普·亚莫尔专心发展肉类食品事业，建立了大企业及庞大财团。

莱特兄弟专心于发展飞机，结果征服了天空。

普尔曼专心于发展卧车车厢，这个念头使他成为富翁，使数百万人获得舒适的旅行。

毋庸置疑，成功人士都有好的目标，好的目标是成功的一半。扪心自问，你有明确的行动目标吗？这与你目前的状况有什么关系吗？从上面的经验中，每个人都应该有所思。

我想赢，结果我赢了

阿赛姆的同事中有一位青年售货员，他在工作时常常使用卡耐基的自我激励警句以控制自己的心态。他是一个十八岁的大学生，只在暑假期间到保险公司去做出售保险单的销售员。在两周的理论训练期间，他学到了不少东西，其中有：

①一位销售员在离开销售学校后的最初两周内所养成的习惯，应在他的事业中保持不变。

②当你有了一个销售目标时，你就要不断努力，直到达到这个目标为止。

③力争上进，不因外力变得狐疑和懒惰。

④在你需要的时刻，要用自我激励警句，如“我觉得健康，我觉得愉快，我觉得大有作为”去激励你自己朝着预定的方向前进。

他在有了一些销售经验之后，就定了一个特殊的目标——获奖。要想做到这一点，他至少要在一周内销售一百份保险单。

到那一周星期五的晚上，他已经成功地销售了八十份，离目标还差二十份。这位年轻人下定决心：什么也不能阻止我达到目标。他相信自己所受的教育：人的心里所能设想和相信的东西，人就能用积极的心态去获得它。虽然他那一组的另一位销售员在星期五就结束了一周的工作，他却在星期六的早晨又回到了工作岗位。

到了下午三点钟，他还没有做成一笔买卖。他受过这样的教育：交易可能发生在销售员的态度上——不在销售员的希望上。

这时,他记起了卡耐基的自励警句,满怀信心地把它重复五次:“我觉得健康,我觉得愉快,我觉得大有作为!”

大约在那天下午五点钟,他做成了三次交易。这距他的目标只差十七份了。他记起了:成功是由那些肯努力的人所保持的。他又热情地再重复几次:“我觉得健康,我觉得愉快,我觉得大有作为!”大约在那天夜里十一点钟时,他疲倦了,但他是愉快的:那天他做成了二十次交易!他达到了他的目标,获得了奖励,并学到一条道理:不断的努力能把失败转变为成功。

积极向上的心态,实际上是一种不可抵挡的力量。“我想赢,我一定要赢,结果我赢了”。一个人可以指挥这种心态力量去达到任何想望的正当目的,当然,包括控制身体疼痛和心理疼痛。

许多人宣告他们自己终生囚禁于心灵的监狱中,却不顾这个事实:他们是带着钥匙进入监狱的,他们不知道自己带有这把钥匙,这监狱就是他们在自己心理中建立起来的自我消极心态。

记住:恐惧的黑秃鹫在哪里盘旋,哪里就会有什么东西睡着了需要被唤醒,或者某种死了的东西需要被掩埋。

以积极的心态对待成功

美国人和华人在文化上最大的分歧之一是对成功的态度。

中国人在成功之后,多数会说出自己的成就,认为幸运的因素居多,自己只是在适当的时间,做了适当的事罢了,完全没有奇特的或艰苦的经过。

有些学生,读书的时候成绩不甚理想。于是乎便向那些成绩好的同学讨教,看看人家是如何努力的。

但一问之下,令自己泄气得很。他们说放学之后常常跑去看电影;在家时也常常陪家人打麻将,胡乱地一打就是一个通宵。

听了这些,你不能不想,为了考试自己忙了一整晚,到头来竟及不上通宵达旦打麻将的同学,为什么呢?

被同学一唬之下,不禁对自己的努力也怀疑起来,其实,天下哪有通宵打麻将而有好成绩的呢?

这种理由,只不过是同学之间为了怕别人超过自己,而使的一招“诈”字诀。

中国人对于这种“诈”字诀的文化,好像理解得特别深入一些,碰上成功人士,问他为何成功,总是一句幸运。他们好像怕一旦天机泄露的话,自己便失去成功的保障。

当年巴黎艾菲尔铁塔在打基础时,有一位记者前往访问,想知道工人们对此项工程的看法。

第一位工人说:“当一日和尚撞一日钟,干一天算一天。我们每天下班后,能有一杯老酒喝喝,便心满意足……”

第二位工人说:“我们一家五口就靠这份收入,所以我们必须努力地工作,以养家糊口。而且,我们知道勤奋工作必获上级赏识,希望不久后便升级加薪。”

第三位工人说:“我们正在兴建一座世界最高的大铁塔。工程完工后,全世界的游人将慕名来参观。能参与这项伟大的工程,我们觉得很荣幸,而且我们的家人也以我们为荣。”

记者归纳出,第一位工人是“为生活而工作”,第二位工人是“为工作而工作”,第三位工人是“为理想而工作”。这三种工作态度都没错,错的是好吃懒做,不工作的人。只有工作,失败了,再工作,来者必可追。所以为了你的理想,奋斗,奋斗,再奋斗,你必将会成功。

不要前怕狼后怕虎

现实生活中很多人处于一种进退两难的尴尬境地。他们一方面不甘处在目前的工作及生活环境中,他们或者是不适合自己的工作,或不喜欢自己的工作或在目前环境中没有发展余地,理智告诉他们应该另谋发展,但他们却害怕离开现在的环境后状况会更恶化,因此处于一种退也难的状况。而另一方面,他们又不可能硬着头皮在现有的工作环境中继续努力地干下去,处于一种进也难的状况。

在当今社会,为了提高生活水平和自我的发展,许多人背井离乡投奔开放和繁荣的地方,正所谓“人往高处走、水往低处流”。而固守乡土、足不出户、谨小慎微、害怕变化等观念和心态,确实有悖于商品社会的现实。

如果一个人离开了旧有的人缘、地位,离开了血亲、故土,离开经适应了的“生态圈”等就无法生存,那么,上天还怎么能“苦其心智、劳其筋骨”,他又怎么能及时而又勇敢地迎接社会开放和市场竞争的挑战呢?

这样的人在现实生活中实在是太多了,在这两种状态之间徘徊的时间越长,浪费的精力和遭受的痛苦就越多。

看过《田中角荣传》的人也许还能记得这样一个故事,田中角荣年轻时曾经干过给房顶铺瓦的体力活。一次不小心踩碎一块瓦,被工头撞见,好生奚落、责备。田中角荣一怒之下踩碎好多块瓦,头也不回地“辞职”而去。这个故事至少可以说明一个道理,任何一种工作都不一定适合每一个人,当工作不适合自己,或者自己不适合工作之时,唯有个人寻求发展才是最好的解决办法。

在中国,已经捧上一个铁饭碗的人流动起来最为困难。好一点的单位,往往超编超得飞快,动作慢半拍就别想再进去。许多要到2000年后才能发展到数百人或数千人的单位,工作环境艰苦,待遇又低,留不住人,你想调走,那么让谁留着?

当一个人进也不能,退也不是,想走走不了,想待又待不下去之时,人的心理就会发生负面的变化。这人看着那人不顺眼,这部门看着那部门轻闲,这人看着那人多挣了钱,以及甲议论乙,乙讨论丙,丙又见到子、丑、寅、卯就烦。以至于有些人天长日久心理都发生变异,整个单位里都见不到一个顺眼的人。这种状况使人感觉活着真累!

对于这种进退两难的心病采取什么办法来克服呢?

(1)硬顶法

所谓硬顶就是要明确坚决要顶的决心,一而再、再而三地顶住,绝不半途而废。

在宋代有一次赵普向太祖推荐一位官吏,太祖没有允诺。赵普不为此尴尬,第二天临朝又向太祖提出这项人事任命事项请太祖裁定，太祖还没有答应。赵普仍不死心，第三天又提出来，连续三天接连三次反复地提，同僚也都吃惊赵普何以脸皮这样厚。太祖这次动了气，将奏折当场撕碎扔在了地上。

但赵普自有他的做法，他默默无言地将那些撕碎的纸片一一拾起，回家后再仔细看重新黏好。第四天上朝，话也不说，将黏好后的奏折举过头顶立在太祖面前不动。太祖为其感动，长叹一声，只好准奏。

(2)硬退法

所谓硬退就是咬定牙关、一定要退下来，不管有多难，都要硬退，因为退下来后，活动余地更大，选择更多，这就好似古语所说："退一步海阔天空。"

例如，北京某厂技术负责人郭某，设计的产品曾多次获奖，对厂里贡献很大，厂里也奖励过他一套房子。后来厂领导怀疑他私自为外厂干活，撤销了他的科长职务，还把他调到了与技术无关的岗位。

郭某不能发挥特长，这时"顶"当然是没有办法"顶"了，只有想退路了，要求调到某三资企业，厂里坚决不放。因为此时的企业经营已经非常困难，专业队伍不稳定，厂里认为同意郭调走会使更多的技术人员外流，而不安排郭的工作也只是暂时的，以后还是要用的。这时郭某就采取硬退之法，说什么也不愿再干，一方面申请人事仲裁，另一方面积极去三资企业联系。厂里一看，只好在仲裁令下达后放他走人。

(3)进退两全法

此法一方面考虑到别人的面子问题，使别人能"退"，另一方面又坚持自己的原则，使自己能"进"，这种方法更适合于素质较高的当事人及事情尚有余地的情形。

如太史公司马迁的著作《史记·滑稽列传》记载：战国时期，齐威王荒淫无度，不理国政，好为长夜之饮。由于上行下效，僚属们也全不干正事了，眼看国家就要灭亡，可是就在这个节骨眼上却没有人敢去进谏。最后只好由"长不满四尺"的淳于髡出面了。但是他并没有气势汹汹，单刀直入地向齐威王提出规谏，而是先和他搭讪聊天。他对齐威王说："咱们齐国有一只大鸟，落在大王的屋顶上，已经三年了，可是它既不飞，又不叫，大王你知道是什么原因吗?"

齐威王虽然荒淫好酒，但是他本人却不是一个同夏桀、商纣一样的坏进骨子里的人。所以一听到淳于髡的隐语，齐威王就被刺痛并醒悟了，于是很快回答说："我知道。这只大鸟它不鸣则已，一鸣就要惊人；不飞则已，一飞即将冲天。你就等着看吧!"说毕立即停歌罢舞，戒酒上朝，切实清理政务，严肃吏治，接见县令长 72 人，赏有功者 1 人，杀有罪者 1 人。随后领兵出征，打退要来侵犯齐国的各路诸侯，夺还被别国侵占去的所有国土，齐国很快又强盛起来。

抓住缝隙中的机遇

成功学家希尔认为，抓住机遇即见缝插针。"见缝插针"的实质就是抓住时机，尽量利用一切可以利用的机会，采取行动。如果把"缝"看做是一种机遇的话，"见缝"则是要善于发现机遇，捕捉机遇，然后不失时机地"插针"，利用机遇，实施自己的宏伟蓝图。

在商业领域里"见缝插针"一直是许多精明的人信奉的生意经。"匡救一篑"是要善于探求别人功亏之因,寻求“一篑”,深入开掘,锲而不舍,进而获效。九仞高的山就差一筐土而不能完成,不能不令人深感遗憾。

世界著名的企业家阿曼德·哈默的成功之道很能说明问题。

阿曼德·哈墨于1898年5月21日生于美国纽约的布郎克斯,祖上是俄国犹太人,曾经以造船为生,后因经济拮据,大约于1875年移居美国。他的父亲是个医生,兼做医药买卖,哈默是三个兄弟中最不听话但又最富于创造精神的一个,就在哈默16岁的那年,他看中了一辆正在拍卖的双坐敞篷旧车,但标价却高达185美元,这个数字对哈默来说是惊人的。

尽管如此,他仍然抓住机遇不放,还是向在药店售货的哥哥哈里借款,买下了这辆车,并用它为一家商店运送糖果,两周以后,哈默不仅按时如数还清了哥哥的钱,自己还剩下了一辆车,哈默的这一笔交易与后来比起来根本不算什么,但当时对他来说却属“巨额交易”,在这笔交易中,哈默考察了自己的竞争能力和独创赚钱途径的本领。

第二次世界大战期间,美国人民的生活水平有了显著提高,吃牛肉的人越来越多,优质牛肉在市场上很难见到。已成为大企业主的哈默“见缝插针”,迅速筹集在自己的庄园“幻影岛”上办起了一个养牛场,他用了10万美元的高价买下了当时最好的一头公牛“埃里克王子”。“埃里克王子”像棵摇钱树,为哈默赚了几百万美元,而哈默也从此由门外汉变为牧场行业公认的领袖人物。

哈默自从1956年接管了由于经营不善,当时已处于风雨飘摇之中的加利福尼亚的西方石油公司之后,开始热衷于石油开发事业。当时,有一家叫德士古的石油公司,曾在旧金山以东的河谷里寻找过天然气,钻头一直钻到5600英尺,仍然见不到天然气的踪影。

这个公司的决策者认为耗资太多。如果再深钻下去很可能是徒劳无功,难以自拔,便匆匆鸣金收兵,并宣判了此井的“死刑”。哈默以30%的风险系数,70%的成功概率,带着妻子和公司的董事们来到这里,在被判“死刑”的枯井上又架起了钻机,继续深探,结果在原有基础上,又钻进3000英尺时,天然气喷发而出。这就是见缝插针,匡救一篑的威力。

后来,哈默又成功地运用了这个威力无穷的原理。他听说举世闻名的埃索石油公司和壳牌石油公司在非洲的利比亚由于探油未成功而扔下不少废井,便带领大队人马开往非洲,以“愿意从利润中抽出50%供利比亚发展农业和在国王家乡的沙漠地带寻找水源”的投资条件,租借了两块别人抛弃的土地,很快又找出了九口自喷油井。

“见缝插针”的关键在于“缝”,也就是机遇,机遇往往潜藏于平凡的现象背后,被表面现象所掩盖,一般人难以觉察。只有精明的人才能透过现象看本质,抓住被人忽略了的潜在机遇,在人们忽视的“缝隙”中穿插自如。

机遇的另一个特性是具有明显的瞬时性。机遇一旦出现,“缝隙”一旦露出,应万万不能延迟,不能观望,不能犹豫,必须当机立断,否则就会与其失之交臂。

行百里者半九十

古人说:“世上的事情都有一个恰到好处的分寸。因此,有一分谨慎就有一分收获,有一分疏忽就有一分丢失。十分谨慎就完全成功;完全疏忽就会彻底失败。”可见,为人处世只在讲究一个谨慎用心。

许多人在办事时,开始比较谨慎,过不了多久,就松懈下来了;有的人对大事、难事比较谨慎，对小事、容易事就疏忽。生活中不是常常有因忽略小事而酿成大祸的惨痛教训吗?到了困难的事情面前一筹莫展，还不是在容易事前疏忽而导致的吗?因此，如果不想失败，就要十分谨慎。

有俗话说“行百里者半九十”，就是指事物进展到尾声时切勿疏忽大意，以防前功尽弃。在中国历史上就有过正、反两面的教训。

战国时，秦国国富民强，气势最盛。秦武王以为从此可高枕无忧，便以骄色示人。一谋士见势不妙，便进言提醒武王道：

“诗曰，‘行百里者半九十’指的是坚持到最后关头的困难。今天的霸业是否能成，还得看各方诸侯是否出力，然而王现在就沾沾自喜，以骄色示人，而忽视图霸的准备，若让他国知道了，受诸侯攻击的恐怕非楚而秦了。”

秦武王虽精于政治，其霸业也只维系了短短的四年。可是他没有听进谋士的忠言。

在施政方面，真正做到善始善终、居安思危的，要数唐太宗李世民了。

太宗常对左右说：“治国之心犹如治病。病人希望尽快痊愈，求医心切。如果病人能认真听从医生的嘱咐，配合治疗，病就痊愈得快。反之，恐怕就要使病情恶化，甚至丧命。治国也是同理，要想保持天下安定，就得事事谨慎，若在关键时候有疏忽，必招亡国之祸。

“现在天下的安全置于我一人肩上，因此，我要慎重地警惕自己，即使歌功颂德，我还需检点自己的言行，加紧努力。但是，只靠我一人是难有作为的，希望你们能做我的耳目，发现我有所失，请直言无妨，君臣之间如有疑惑而不说，对治国是极其有害的。”

唐太宗如此开明，才引出善谏的魏征，以这种态度施政，才出现了中国历史上有名的“贞观之治”。

要想万事顺利，就要“行百里者半九十”，顺风满帆不掉以轻心，以“安全驾驶”的姿势去把持最后关头。

凌驾于短处之上

从前有个人，相貌极丑，街上行人都要掉头对他多看一眼。他从不修饰，到死都不在乎衣着。窄窄的黑裤子，伞套似的上衣，加上高顶窄边的大礼帽，难看的双手晃来晃去。

他是小地方的人，直到临终，甚至已经身任高职，举止仍是边鄙伧夫的样子，仍然不穿外衣就开门，仍戴手套去歌剧院，总是讲不得体的笑话，往往在公众场合忽然忧郁起来，不言不语。无论在什么地方——在法院、讲坛、国会、农庄，甚至于他自己家里——他处处都显得不得其所。

他不但出身贫贱，而且身世蒙羞，母亲是私生女，他一生都对这些缺点非常敏感。没人出身比他更低，没人比他升得更高。他后来任美国大总统。

这个人就是大名鼎鼎的林肯。

原来林肯并不是用每一个长处抵每一个短处来求补偿，而是凭伟大的睿智与情操，使自己凌驾于一切短处之上，置身于更高的境界。只有在一个方面，就是教育方面，直接补偿自己的不足。他拼命自修来克服早期的障碍，他非常孤陋寡闻，在二十岁以前听牧师布道，他们都说地球是扁的。他在烛光、灯光和火光前读书，读得眼球子在眼眶里越陷越深；眼看知识无涯，而自己所知有限，总是感觉沮丧。他填写国会议员履历，在教育项下填的是:“有缺点。”

他一生就是对一切他所缺乏的全面补偿。他不求名利地位,不求爱情与婚姻美满,集中全力以求达到更高的目标,他渴望把他的独特思想与崇高人格里的一切优点奉献出来,造福人类。

可是,常人必须选择可以达到的目标,不可好高骛远,妄自追求达不到的目标。

现在要讨论最后的问题:假定你有一两种自卑感,而想加以利用,转弱为强,办得到吗?

不错,并不容易。但是办不到吗?就人们过去的经验来说,并非如此,有几位伟人(男女都有)生平就是一部奋斗史,显示出补偿作用而获得成就的可能性有多大,读达尔文、济慈、康德、拜伦、培根、亚里士多德的传记,就不会不明白,他们的一生,都是个人缺陷形成的;像亚历山大、拿破仑、纳尔逊,是因为生来身材矮小,所以立志要在军事上获得辉煌成就;像苏格拉底、伏尔泰,是因为自惭奇丑,所以在思想上痛下工夫而大放光芒。

唯一的阻碍,不是我们不能改变自己,也不是改变的困难,而是我们不要改变。只要别人或是别的事物改变了,你就会看到,我们把自己调整得多好。

现在就是开始的时候了,有了明了你自己的这个窍门,你便可以过大好的新生活。你不会再让自卑感作祟而使自己觉得难堪,你会决定像一般成功快乐的人那样,好好地发挥自卑感原有的作用。虽然起初不大有把握,可是你会发现你自己不再受它的驱使,而是在利用它,将来好过更多彩更丰富的生活。

承认并巧用缺点

日本川口寅三辅在他撰写的《发明学》中提出了一个观点:“善用缺点。”

台风常给人类带来灾害,但把台风带来的雨水蓄积入水库,就可用来发电。因此,川口寅三辅强调说:“甚至可以认为,人类能取得多大的成就与能否巧用缺点有关。”

美国女专家波特夫人曾请一个心理学家和一个社会学家对其手下进行智力调查。社会学家向她汇报说:你这儿的人有两种,一种是线性思考的人,一种是系统思考的人。

线性思考的人直来直去,领导叫干什么就干什么;系统思考的人能够全面看问题,很快就能抓住问题的要害,决定自己的行动。心理学家向她汇报说:你手下的人有两种,一种是热情的人,一种是吹毛求疵的人。波特夫人一综合,作出了这样的人事安排:线性思维又热情的人,去做技术培训教师,他一定会乐意教书;线性思维而又爱挑毛病的人,去当警察,他一定会爱管闲事;系统思维而又热情的人,请他当领导、顾问,他一定既高瞻远瞩又埋头苦干;系统思维而又爱挑毛病的人,请他去当工头,别人干得怎样,他会一目了然。这样就做到了各得其所,各展所短。在我们看来,直来直去,吹毛求疵也许都是缺点,但波特夫人却“善用”、“巧用”这些缺点,从而使她的管理系统化、科学化了。

当然,善用缺点的前提,是要勇于承认自己的缺点,这样才能克服胆怯,提高勇气,从而从容面对眼前的一切困难。

对于有缺点者,作为领导,作为朋友,也应该伸出温暖、友谊之手,使执迷不悟者能清醒地认识自己,发挥自己的潜能。在这方面,日本电产公司经理永守重信采用的是“批评育才法”。

日本电产公司跻身日本“超优秀企业”行列，其成功的秘诀就是抓住了人才。然而他们所采用的人才并不是通常所说的“一流人才”，而是三流或者四流人才。那么是用什么样的教育方法把这些非一流的人才培养成一流的人才呢？简单说就是“批评育才法”。用永守重信的话说，就是对职工批评100次才表扬1次。

其实每个人的能力并没有多大差别，通常被称为“一流”的人，都是一些具备不服输、不甘落后精神的人，由于长期发扬这种精神，才变成了一流的人才。而所谓三流、四流的人，只是由于某种原因丧失了这种精神而成了自甘落伍的人。而对这部分人的批评，目的就是要唤起他们已沉睡的奋发向上的热情，使他们鼓起干一番事业、成为有用之人的雄心壮志。

实践证明，永守重信的“批评育才法”达到了这一目的。永守重信主张，在公司内要形成一种气氛，挨批评的应该是优秀者，是有希望和可靠的人，也就是说是值得信赖的人。在他看来，这些人只要有被信任的感觉，能体验到优胜的喜悦并学会取胜的方法，就可以达到一流甚至超一流。

当然，对人的批评也是有条件的，而不是盲目的。这里有两个基本点：

一是要彻底掌握被批评者的个性特点，也就是说首先要了解人。永守重信自己说过，即使是像我这种脾气的人，也绝不对新进来的职工乱加批评。首先用一年左右的时间，就对方的个人生活、思想意识以及对待事物的态度等做深入细致的调查和了解，并慎重考虑采取什么样的批评方法最合适。

二是要看被批评者值不值得批评。永守重信把职工分为两类：值得批评的和不值得批评的。前者指的是越批评越有进步的职工；后者则是再批评也不会有进步的人。在他看来，不值得批评的人，怎么教育也大都是毫无结果。一般来说，批评过一次以后，就很容易看出有无教育的价值。

攻其一点，发挥所长

任何天才都是相对于某个方面的才能来说的，举例来说，一个神箭手在百步以外放一片树叶瞄准，也许可以十发十中；但如果放十片树叶在那里，那么射中与射不中就不是人们所能把握的了。这是因为一片树叶目标单一，容易集中精神去对付，而十片几乎相同的树叶却会分散人们的注意力，准确性和成功性就会降低很多。

从前有两个神箭手比赛射箭，两人都能在百步之外百发百中，因而十分得意。而在一边观看的卖油翁却不以为然，神箭手上前要与卖油翁理论，卖油翁搁下肩上的油壶，以一枚铜钱盖住油瓶口，自己站在数米之外以壶嘴透过铜钱中的小眼注入油瓶中，动作熟练而准确，铜钱上没有溅到一星半点的油，卖油翁对神箭手说，这没什么，只是熟练而已。

卖油翁的本领其实和神箭手的本领是不相伯仲的，他们都是由于长时间从事这一工作，攻其一点而达到熟能生巧的程度。

对于上面这个故事，古人发出的感叹是：“人能一其心，何不如之有哉？”意思是说，人如果能够专心致志，那么什么事情办不到呢？确实，智出自专一，禽鸟无知，但却能感觉到人们所不能感觉到的环境变化,那是由于它们专一的缘故。

举例来说,有位朋友问著名指挥家托斯卡尼尼的儿子,他的父亲认为一生中最大的成就是什么?他的儿子回答:“在我父亲眼中,没有所谓最大的成就,只要眼前在做些什么,这就是最重要的事了,不管是在指挥一个乐队或剥一只橘子。”的确,托斯卡尼尼能取得伟大的成就,正是因为他能全神贯注于正在做的事情。

古人指出,尺有所长,寸有所短。做人没有十全十美的,要达到成功,就要避其所短而发挥其所长。

爱迪生对整个人类的贡献可说是无与伦比的,他发明的电灯让世界充满了光明。爱迪生没有受过多少正规教育,但他利用自学获得了所需的知识,在他成长的道路上曾有一位陌生人起了难以估量的作用。

早年,爱迪生经常在台脱罗市最大的图书馆里读书。有一次,有一位教师模样的人坐在爱迪生的近旁看书。他不时仔细地打量爱迪生,终于他站起身来,走到爱迪生身边,亲切地问:“我经常在这儿看见你,我想你一定读了不少书吧?”爱迪生说:“我已经读了 15 英寸厚的书了。”“那么,你到底是怎么读书的呢?”爱迪生又十分认真地回答:“我是按照书架的次序来读书的,因为我想把图书馆里所有的书全部读完。”那人听了以后对爱迪生说:“你这种刻苦读书的劲头真叫人感动。可是,书海浩瀚,学识无涯,世界上所有的科学知识你可能全部掌握吗?你就是天天读,一生也读不完啊!你应当选择一两类主要书籍,有余力再旁及其他。如果这样读,你一定会取得成就的。”

爱迪生听了这一番教诲,心中大悟,从此以后他改变了不加选择的读书方式。专攻机械、物理方面的知识,终于成了一名伟大的发明家和科学家。

爱迪生永远没有忘记那个陌生人,他称之为“终身教师”。一个人的精力和时间都是有限的,不可能成为无所不知无所不能的超人。我们必须集中力量攻其一点,才有可能达到某种高度。

攻其一点不仅可用于发挥自己的特长,形成自己的优势,而且也可以用于克服自己的缺点,以达到克弱转强的目的。

例如,李老师讲课时有个“呢”字的口头语,有一次几个调皮鬼事先约好,要统计一下李老师一节课到底说多少个“呢”。他说一个“呢”,大家就在笔记本上画一画,一下课,大家冲出教室,凑在一起对画了几个“正”字。李老师好奇地走过来,发现听课笔记上画满了“正”字,问道:“这是什么意思呢?”又一个“呢”!大家不由得“哄”地笑了。王晓把真相告了他,李老师要王晓把画着一排排“正”字的这页撕给他,王晓照办了。后来李老师口头语越来越少了,两个月后,竟完全改掉了。一天,王晓发现李老师办公桌玻璃板正中压着他画的那页“正”字。

李老师对待自身弱点的做法多么让人钦佩,而这种攻其一点的自纠之法也是最行之有效的。可见攻其一点,对于发挥优势和克服缺点具有同样的效果。

莫扎特七岁那年在莱茵河畔法兰克福开完音乐会以后,有个十四岁的少年走到他跟前说:“你演奏得多精彩!可我总学不好。”

“为什么?你再试试看,如果不行,就作曲去吧。”

“我写诗……”

“那挺有趣。写好诗大概比作曲还难吧?”

“不难,容易极了。你可以试试……”

同莫扎特谈话的少年是歌德。

歌德没有作过曲，莫扎特也没有留下诗，但他们都利用攻其一点的方法把自己的特长发挥到了极致，所以他们的成功都是辉煌的。

人老心不可老

三国的曹操不愧为一代枭雄，仅凭他的几首诗就能看出来，“老骥伏枥，志在千里；烈士暮年，壮心不已”。年轻时怎么样不用说就能够猜出来，人老了心不老，还照样有一番壮志，实在是殊为难得。其实，历史上这样的老人我们还能说出很多。

“虎老雄心在”。人的志向不能因为年龄的增长而逐渐退化。不论到什么时候，都要不断地超越自己，人生是一个永远燃烧的过程，直至熄灭那一刻之前，都应该是亮丽的。所谓“满目青山夕照明”，正是这种状态的描述。有人说“人生应从六十始”，那种重新设计规划自己人生的雄心非常值得钦佩。当然，无论你怎样不服老，跟年轻人注定是两条河流中的人了，但是，你可以尽自己所能，做出些无悔人生的事情。

一位81岁的老将军，离任前是国防科工委三十一基地副司令员，他的书法作品在中国当代书画名家大奖赛中获得一等奖。老人家身轻体健，就是脾气有点儿怪。他开始并不太配合采访，总是强调自己“对革命事业贡献微薄，采访其他老同志会更有意义”，甚至平时连“回忆录”都不写，他说自己根本就不愿意出名，“我只是一个中国军人!”可是面对我们的真诚，老人家还是回忆了那段过去的故事。言谈间，我们发现，自己正在聆听活生生的历史!

他说对自己一生影响最大的人是薄一波同志，这不仅缘于他们之间长期的交往，更重要的是，他曾在晋冀鲁豫边区为薄一波同志做过四年的警卫员。有过这样经历的人，尽管上了年纪，可是还都会重为自己进行追求的定位。

1986年，刚刚离休不到两年的他上老年大学学书画，跟书法家临柳公权楷书，每当想起多年来的军旅生涯，他都能落笔生花。1997年，因“百名将军书画联谊笔会”，他的作品还在人民大会堂展览，后来还得过中国当代书画名家大奖赛的一等奖，并被授予国际著名书画艺术家荣誉证书。

不久前他为建党80周年和两岸统一创作了两首诗，并挥洒在宣纸上，其中“阿里山高望中原，回还心切；日月潭深思炎黄，归源情真”一首，感情尤为真挚，革命气概也可见一斑。除此之外，80多岁的他还是京剧迷和篮球迷，空闲时沉湎其中不思茶饭，每天早晨他5点钟起床，还要在干休所院内练太极拳舞太极剑，生活很有规律。

低沉的状态是如何进入人们本来激昂的心灵的，这里面有很多原因，有一个原因就是衰老，因为衰老使人们力不从心了，原来能挑100斤大米上七楼，如今什么不扛都气喘吁吁的，于是，就会对自己产生失望的情绪。其实没这个必要。尽管身体不如以前了，但是经验更丰富了，没事写点回忆类日记，或者干脆到什么地方补补差，发挥发挥余热，把自己的想法尽量告诉年轻人，从他们的成功中体验到成就，继而永远保持自己的心态健康向上，是非常必要的。

厚黑方略三十二

屡败屡战，永不放弃

人生不是几回搏的问题，而是这种搏斗一刻都不应该停止。如果你不怕失败，屡败屡战，永不放弃，你想不成功都难。感谢失败吧，它让你更坚强，成功永远属于最后的坚持者。

不让失败吓退成功

成功的敌人总是让我们去想："如果我们失败了，那怎么办?我去试过了，但没有成功会怎样?"它会使你放弃努力。有一位战胜了这个对手的人，他的故事一定会对我们有所启发。

那是在1832年时，当时他失业了，这显然使他很伤心，但他下决心要当政治家，当州议员。

他着手开办自己的企业，可不到一年，这家企业又倒闭了，在以后的17年里，他不得不为偿还债务而到处奔波，历尽磨难。他再一次决定参加竞选州议员，这次他成功了。他内心萌发了一丝希望，认为自己的生活有了转机："可能我可以成功了!"第二年，他订婚了。在离结婚还差几个月的时候，未婚妻不幸去世。这对他精神打击实在太大了，他心力交瘁，数月卧床不起，还得了神经衰弱症。

1838年他觉得身体状况良好，于是决定竞选州议会议长，可他失败了。1843年，他又参加美国国会议员竞选，但这次他仍然没有成功。

要是你处在这种情况下会不会放弃努力?他虽然一次次地尝试，但却是一次次地遭受失败：企业倒闭、情人去世、竞选败北。要是你碰到这一切，你会不会放弃——放弃这些对你来说是重要的事情?

他没有放弃，也没有说："要是失败会怎样?"1846年，他又一次参加美国国会议员竞选，这次他成功了。

两年任期很快过去了，他决定要争取连任。他认为自己作为国会议员表现是出色的，相信选民会继续拥护他。但结果很遗憾，他申请当本地的土地官员，但州政府把他的申请退了回来，上面指出："作本州的土地官员要有卓越的才能和超长智力，你的申请未能满足这些要求。"接连又是两轮失败。在这种情况下你会坚持继续努力吗?你会不会说："我失败了?"

然而，他没有服输。1854年，他竞选参议员，但失败了；两年后他竞选美国副总统提名，结果被对手击败；又过两年，他再一次竞选参议员，还是失败了。这个人尝试了11次但只成功了两次。要是你处在这种境地，你会不会早就放弃了呢?这个在9次失败的基础上成功的人便是亚伯拉罕·林肯，他一直没有放弃自己的追求，一直在不懈的努力，1860年，他当选为美国总统。

林肯遇到过的敌人你我都曾遇到过。他面对困难没有退却，没有逃跑，他坚持着、奋斗着。他压根儿就没想过要放弃努力，他不愿放弃，就像你我一样，林肯也有选择权。他可以畏缩不前，不过他没有退却。你我也不必退却逃跑。

失败是必交的学费

行进于人生漫漫的旅程，你或许有过多次这样的体验：成功确确实实就在不远处跳着迷人的舞蹈。但是，当你想靠近它，它却退避了，不迎上来同你握手。而你自己呢？反而陷入莫名的泥潭，被泥浆溅了一身。

为什么会这样？是世界不公平吗？是命运捉弄你吗？不是，至少不完全是。商界巨头们的共识是：不是因为别的，归根到底是因为你还没有经历过足够的失败的缘故。

许多人生探索者都有这样一种简单的认识：尝试任何事，只有敢于冒险，敢于失败，并从失败中领悟和学到某些知识，某些经验，才有可能抓住通往成功的机会的梯子。

如果你未曾失败过，你也许习惯于一种懒散的状态，随波逐流，几乎不想或不愿去冒险，去挑战，以免让自己品尝到失败的痛苦。这将会使人失去可贵的进取心。你在学校里或在爱情上可能有过较小的挫折。但这不是一种伤心流血的失败，因此你对此可能不会在意。

华盛顿大学社会学教授艾特希涅说：几乎每个人拥有相等的机会。没有一个人命中注定要过一种失败的生活；也没有一个人命中注定要过一帆风顺的生活。机遇要靠自己去探索，去把握，去牢牢地抓住。

失败很容易被察觉，被感觉。《精明的失败》作者之一海特把失败分为三类：一是金钱的损失；二是自尊的受伤；三是地位的丧失。但对失败的最简单、最基本的解释是：没有得到你想得到的东西。

《当厄运笼罩着你》的作者卡西纳说：不是没有头脑的人应该渴求厄运，而是说厄运是很好的家庭教师。它能使你学到并深刻体验到许多知识，并对此难以忘怀。“它将使你认识到自己的能力，认识到自己的局限——这是一个人是否成熟的主要标志之一。”

商界巨头们喜欢并孜孜以求的是那些能从失败中得益的斗士。实业家、亿万富翁帕罗特说：“连续不断的成功无形中会滋长傲慢和自满。”“我需要的是这样的职员，他热爱烽火硝烟的战场，愿意并敢于面对障碍和困境。”“从事没有做过的事，比起已做过的事，可学到更多有用的东西。”

失败，说到底只是一种为迎接新挑战而付出的学费。

《人生舞台巅峰的人：美国商界的新星》作者伽费尔德说，失败，是一个沉重的意味着无望结局的字眼。有高度成就的人，很少使用“失败”这个词。他们宁愿用“搞乱”、“弄糟”、“挫折”等来代替。

尽量全面权衡可能发生的事，将有助你避开灾祸。

发展你的系统承受能力，也是很重要的。哈伊特说：“对失败的判断，有时是综合性的，是从家庭、朋友和业余癖好间取得综合平衡后，才可以得出的结论。”能支撑你整个精神生活的冒险或工作是不可能存在的。

纽约组织心理学家莫因伯格曾说：“过分依赖于一项事业，你将成为一块化石。我认识一位未被雇用的国家行政人员，他深陷于烦恼中。当我问起他的打算时，他说找不着工作。”为什么会这样？这是太依赖一项工作的缘故。

休斯敦大学教授马特森开了一门课。学生们戏谑地称之为“失败101”。马特森让他的学生设计乳白色板条制的产品模型:仓鼠的热浴缸,可在飓风中放飞的风筝。

这些主意似乎是荒谬的。马特森的学生在设计中遇到过一连串的失败。结果如何?学生们觉得,无论失败了,还是终于成功了,他们敢于自如地尝试任何事了。大多数学生在找到合适的职业以前,至少经历过5次的失败。但他们不是把失败作为最后的一颗子弹。马特森说:“他们学会了把子弹重新上膛,时刻准备再次射击。”

如果有人经历的失败足以葬送一个为之奋斗的事业的话,那么,塞奥·捷曼正是战胜的人。

1984年,可口可乐公司授权他扭转同百事可乐公司竞争引起销售下跌的不利局面。捷曼的策略是改变可口可乐的配方,以“新可乐”商标面市,并对此大肆宣传。然而,却没能保住旧可乐的市场。他的错误,从某种程度上讲要归咎于他的自负。

“新可乐”是自美国闻名的Edsel汽车市场失利以来损失最严重的新产品。仅79天,旧配方的可口可乐又回到了超级市场的货架上。一年后,受挫的捷曼离开了可口可乐公司。

失败,以及由此带来的中伤、蒙耻、破灭感,也许并不像你想象的那般坏。仅7年后,捷曼又杀回可口可乐公司。

捷曼正是一位有勇气面对解雇、降职,以及某种程度的失败,最后又能东山再起的人。

当今商界变幻莫测,偶尔的失利难以避免,我们必须有勇气应付面临的一切。哈佛商学院的约翰·考科教授说:“我可以想象得出,在20年前董事会在讨论一个高级职位的候选人时,有人会说:‘这个人32岁时就遭受过极大的失败。’其他人会说:‘是的,这不是个好兆头。’但是今天,同一组董事会却会说:‘让人担心的是这个人还未曾经历过失败。’”

比尔·盖茨在微软公司经常冒着失败的危险,他喜欢雇用犯过错误的人。“失败表明他们肯冒险,”他说,“人们对待错误的方式是他们应变的指示器。”

败军之将,更需言勇

有一句老话,叫“败军之将,何以言勇”。其实不然,在我们的周围,许多成功人士恰恰是从失败中重新站起的。很多人都曾经犯过严重错误,遭辞退、降级,或者不知怎的失败了——然后又重新爬起。

捷曼只不过是其中一例;华特·迪斯尼就业之初,就曾有一次被上司革职,而迪斯尼和享利·福特两个都曾在事业成功之前,做生意破产。

可是,为什么有些人栽倒后便一蹶不振,而有些人又重振雄风?经历过挫折的行政人员和研究领导才能的专家分析过这问题,指出成功的人有以下品质:

(1)设想下一次赢得重大胜利

遇到失败时一般人往往失去自信;适应能力强、不屈不挠的人却仍充满信心。宾州大学心理学教授马丁·赛力曼研究过30种行业雇员的表现。“能够重新振作起来的都是乐观的人,他们认为:‘我这个问题只不过是暂时的。’”他说,“悲观的人却不能东山再起,他们认为自己一败就会涂地。”

(2)勇于冒险犯难

西吉奥·齐曼因事业受挫离开可口可乐公司后，有 14 个月没有和该公司的任何人来往。“那时候很寂寞,”他说。但他没有断绝社会上的接触。他跟人合伙开顾问公司,设在亚特兰大他家的地下室,设备简单,只有一台电脑、一个电话和一部传真机,客户包括微软电脑公司和米勒·布鲁恩公司等,他的座右铭是:打破传统,勇于冒险。

后来,甚至可口可乐公司也咨询他的意见,齐曼说:“我做梦也想不到可口可乐公司会找我回去。”管理阶层告诉他,他们需要人帮助整顿业务。可口可乐总裁罗伯图·戈雪艾特说:“我们一向不容许有错,因此逐渐失去了竞争能力。一个人只在行动时才有可能跌倒。”

(3)订下具体目标

在 20 世纪 60 年代,简·莱斯利是世界十大网球好手之一。“我的目标不是要成为世界冠军,而是要在温布尔登中央球场上比赛,”这个高大结实的丹麦网球名将说:“我每次练球,都会想象自己在温布尔登打球,嗅到草地的气息,听到观众的喝彩声。”1969 年,莱斯利终于进入中央球场比赛。

20 年后莱斯利成了施贵宝公司董事长,后来莱斯利被挤出局。他花了一年时间在普林斯顿大学修读宗教和哲学课程,但从未放弃要做总裁的目标。到了 1994 年,莱斯利终于取得史密斯奇连·毕湛公司的总裁的职位。

(4)艰时能屈

历克·米勒很早就知道,世事不能尽如人意。他在破碎家庭中长大,父亲经常酗酒。

到 1989 年,米勒已成为行内顶尖人物,极负盛名,以擅长逆转公司颓势见称。他应聘挽救王安电脑公司免予破产,可是该公司问题比他所想象的困难得多。王安公司业务始终不振,米勒只好承认失败。为了挽救公司,他向当局申请重组,并售出公司的制造业务,然后自己辞职。王安公司比起以往规模只剩空壳,但能够赚钱,米勒已无所憾。

童年逆境确实有助于使人适应环境和败后复兴。屡跌屡起的人知道自己不能控制世界。成功人士视失败如青春期:尴尬,不自在,但却是迈向成熟的经历。

今天,米勒是美国电话电报公司的最高财务管理人。这家机构的总裁罗伯特·雅伦和他首次会面时便告诉他:“我认为你在王安公司的经验是非常有利的条件。”在美国电话电报公司,米勒曾问那些在担心失败的年轻职员能否“对着镜子说:‘我已竭尽所能。’要是能够的话,不论结果如何,都是成功。”

明知不可为而为之

任何人之间归根结底没有多少差异。他们之所以产生差异的原因,一般来说大致有两点,一个是刻苦,什么事只要你拼命干,几乎没有干不成的;另一个就是不怕失败,屡败屡战,对于他们来说,人生不是几回搏的问题,而是这种搏斗一刻都不能停止,这样的人能不成功吗?

能做到这一点的人都是强者,因为既要努力又要承受压力,失败多而成功少,咬着牙前进的滋味从整体来说，苦涩多于甜蜜，但是他们都无所畏惧，甚至“明知不可为而为之”，多么的难得!

失败乃成功之母，这是古今中外所有成功人士验证了一千遍一万遍的道理。许多人都非常喜欢棒球，尽管不怎么会打，原因是它那种竞赛方式，谁都必须跟在球后面拼命地追逐奔跑，不管这看起来有多么的无济于事，不仅如此，你还必须去打你不易击中的球，否则，你获得的乐趣是贬值的。

100多年前的瑞典，有一个叫诺贝尔的人，他父亲是当地著名的化学家，致力于炸药的研究，这是很危险的科研工作。每次试验都有可能发生爆炸，诺贝尔的弟弟就是在试验中丧生的。他们的父亲也因此半身不遂，可是，这一切都没有拉住诺贝尔试验的脚步。他在马拉伦湖上坚持着钻研，那是一艘神秘的大船，船上的灯火彻夜不眠，直至有一天，“轰”的一声，雷管猛烈爆炸了，实验室硝烟弥漫，人们认为失败了无数次的诺贝尔葬身火海了，但出乎意料之外的是，一个满身伤痕的男人从里面跑出来：“我成功了!我成功了!”

这就是“炸神”诺贝尔。他以生命为代价挑战失败拥抱成功。一方面是物质的：他们为人类做出了贡献；一方面是精神的：他们为此所付出的力量足以令我们仰视。

科学的每一次进步都以以往数十次甚至上百次的失败为前提，所以，在根本意义上讲，偶然性几乎是不存在的，它的一切都是必然性的发展，它是必然性跳跃发展的方式，无法独立于必然之外，因此，过程比结果更重要。

但是，有一点值得我们注意，无论你置身怎样的环境，在每一次失败中都要去找寻成功的种子，在每一次成功中都要去找寻失败的种子，所以说即使你输得惨不忍睹，也没必要失望以至于自暴自弃，只要你能审时度势并坚持着往前走，东山再起卷土重来也不是不可能的。生活这时很可能发生了一百八十度的大转弯。

对于失败和成功要辩证地看，当你万事如意的时候，似乎又是非常成功的，但是这里面可能蕴涵着失败的因子；但是沮丧不安的时候，似乎是非常失败的，但是成功可能正在浅滋暗长着，正所谓否极泰来。

这样，我们应该注重类似几个问题：失败是选错了时间、地点还是人；如果出现了意外怎么办；如果无法达到预期目标怎么办……渐渐地，你就可以重整旗鼓，迅速反击，从而获得成功。其实，失败时刻都在发生着，成功也是如此。所谓成功者只是成功多于失败的人。

在这个世界上，只有相对的失败者和成功者，你一定要知道自己的劣势和优势都在什么地方，继而达到老子所说的“弱者道之用”的状态，失败的人头上也顶着一片天，关键是他们熟视无睹，而成功者时刻都关注着流云。

阻碍不是仇人而是恩人

在克里米亚战役的一次战事中，一颗炮弹把战区中一座美丽的花园炸毁了，但是在那被炮弹炸开的泥缝中，却发现有泉水的喷射。从此以后，就有了永久不息的喷泉。不幸与忧患，也能将我们的心灵炸破，而在那炸开的裂缝中，会有新鲜的经验和欢愉，不息地喷射出来。

有许多人不到穷途末路，不能发现自己的力量。一位著名的科学家说：当他遇到一个似乎不可超越的难题时,他知道,自己快要有新的发现了。

鹫鸟一到羽毛生成,母鸟就立刻将它们逐出巢外,让它们作空中飞翔的练习,以便日后能成为猛禽中的君主,捕猎的能手。

凡是环境不顺利,到处被摒弃、被排除的青年,往往到后来有坚实的事业。那些自小不曾遭遇任何困难险阻的青年,到后来往往一事无成。

“自然”给人一分困难,同时也给人一分智力。火石不经摩擦,火花不会发现。人不遇刺激,生命的火焰不会燃烧。

塞万提斯写《堂·吉诃德》时,他困处在马特立狱中。那时他贫困不堪,甚至没钱买纸。路德幽囚在瓦特堡的时候,把圣经译成了德文。但丁被宣告死刑,在过逃窜生活的20年中,写出了他的《神曲》。

贝多芬在两耳失聪,生活最悲惨的时候,创作了他最伟大的乐曲。席勒被病魔缠扰了15年,而他最有价值的著作,也是在这个时期写成的。弥尔顿在双目失明、贫病交迫时,写下了他的名著。

阻碍不是我们的仇敌,而是恩人。阻碍之来,可以锻炼出我们克服阻碍的能力。森林中的橡树,要是不和暴风雨搏斗过千百回,树干就不能长得十分结实。同样,人不遭遇种种阻碍,他的人格、本领,也不会长得结实。所以一切的磨难、忧患与悲哀,都足以助长我们,锻炼我们。

一个大无畏的人,越为环境所逼迫,越加奋勇。“命运”不能阻挡这种人的前程。忧患、困苦,不足以损害他,反而足以加强他的意志、力量与精神。

吃一堑,长一智

失败、错误在成功路上是不可避免的,当它们降临之后,我们要做的不是去逃避、推诿,而是要以百倍的勇气去挑战失败。主动承担责任,是一个人品格真诚的魅力体现。更重要的是我们应努力追根溯源,找出失败的原因和错误的缘由:工作能力不足?准备不充分?客观条件不成熟?等等,把类似的这些问题都搞清楚了,在今后的工作中我们就能对症下药,避免重蹈覆辙。所谓“吃一堑,长一智”就是这个道理。

失败之时,也是最容易找到成功的切入点之际,因为这是发现自身不足的绝佳机会。成功者往往把失败与错误当做人生的另一种财富。美国的大发明家爱迪生曾说:“失败了一千次并不可怕,最起码我知道这一千次的努力都是不行的,于是我就会作出第一千零一次的努力……”许多人遇到错误与失败,总是一味地逃避,不愿看到自己身上有伤口,失去了极早清理的机会,最后终为伤口所累而追悔莫及。

在现场直播过程中,主持人遇到的最大困难是很多事情无法预料的。因此,就会出现各种束手无策的情况,那种尴尬、无奈真是令主持人难堪。1993年倪萍专门为几对金婚的老年朋友举办一期《综艺大观》,他们都是我国各行各业卓有成就的科学家。其中有一位是我国第一代气象专家,曾多次受到毛主席、周总理的亲切接见。

在直播现场,当倪萍把话筒递给这位老科学家时,她顺势就接了过去。对于直播中的主持人来说,如果把话筒交给采访对象,就意味着失职,因为你手中没有了话筒,现场的局面你就无法掌握了。更严重的是，对方如果说了不应该说的话，你就更被动!但那时众目睽睽，倪萍根本无法把话筒再要回来。

"我首先感谢今天能来到你们中央气象台!" 这位老专家第一句话就说错了。全场观众大笑。倪萍伸出手去，想把话筒接回来，但老专家躲开了。后来倪萍又两次伸出手去，但老专家还是没将话筒还给她。舞台上出现了倪萍和老专家来回夺话筒的情况。台下的导演急得直打手势，倪萍更是浑身出汗。

直播结束后，不少观众来信批评倪萍："不应该和老科学家抢话筒，要懂得尊重别人……" 倪萍认真地检查了自己，她知道这是她作为节目主持人的失职。面对上亿观众，她绝对不应该抢话筒，更不应该随便打断别人的讲话，更何况是年轻人对长者。但观众们又何尝知道，直播节目的时间一分一秒都是事先周密安排的。如果这位长者占了太长的时间，后面的节目就没法连接了。

问题发生后，倪萍没有刻意去推脱责任，反而主动承担了这次失误的责任。接着，她仔细回忆了当时的情景，试图从中找到失败的原因。人不怕犯错误，就怕接连犯相同的错误。她经过反复的思考和总结，得出了这样的体会：如果自己在直播前，能和这位长者多交流交流，了解她的个性，掌握她的说话方式，那天就不会出现这类尴尬的场面。

社会文明程度越来越高，人们对生活质量的要求也就越来越高，观众对主持人的要求和批评也随之增多，倪萍对此都能一一正确地对待。她知道，只有接受批评、承担责任，然后再丰富自己、勇于突破，她的艺术生命才会越来越长。相反，害怕批评，裹足不前，那么作为主持人，在失去观众的同时，最终也失去了自己。

通过这次对 "抢话筒事件" 的总结，倪萍逐渐养成一种习惯，无论是谁做嘉宾，只要在她的节目中出现，她都会提前到他们的住处进行采访，了解一些资料，体验对方那一份感情。在以后的主持生涯中，类似的情况再也没有发生。

在现实生活中，一个人不可能永不犯错误、不遇到各种失败，如果你真的错了，那就要以高昂的斗志挑战失败，把失败当做磨炼意志、增长才干的好机会。只有大胆地接受现实，才可能坦诚地分析、探究失败的根源，重新赢得获取成功的机会。

倪萍当时如果只是一味地推脱责任，没有勇气挑战失败，不主动地从主观上找出问题的根源，那她就不会从 "抢话筒事件" 中获得启示，下次碰到类似的问题同样还会手足无措，久而久之就会失去观众的信任与认可，也不可能在失败中增长才干、逐渐走向成熟并获得今天的成功。

"永不放弃"的人生哲学

我们做事的结果无非有两种，一种是成功，一种是失败。而那些善于把握时机的人，在对待挫折的态度时，有着一种不屈不挠的精神，正是这种精神激励着他们努力尽责地做好每一件事。

当然，在日常生活和工作中，个人与事业同样都不可避免地要遇到各种各样的挫折，但如果我们对于要实现的目标有坚定的信仰和不断向前的决心，那么，我们便能战胜逆境。

如果能够树立起一种“永不放弃”的个人哲学观，那么，我们便会把挫折仅仅看成是我们要越过的障碍，看成是对我们的智慧的挑战。相反，如果缺乏这种坚强的力量，挫折就会变成摧毁我们自我信念的工具，变成我们前进道路上的不可逾越的难关。

那些持消极态度的人甚至会将很小的挫折都看成是什么了不起的大事。这种看待问题的方式，与缺乏明确目标的问题联系在一起，常常导致人们把大量时间与精力浪费在大惊小怪上，把每一件事情都看成是超越了常规，并作出机械性的反应。

例如，日本著名企业家本田开发新型节能发动机和美国加州汽车业立法的故事就是这方面的典型例子。本田没有把这个立法看成一个重要挫折，而是把它当成是一个机会。尽管不知道怎么去做这种发动机，但他们坚信自己能够成功。相反，美国的汽车制造商则一直把它看成是又一个破坏商业的提案，不是去解决它所提出的问题，而是要改变立法。这是对待同一个问题的两种明显不同的态度，一个是富有远见并最终取得成功的态度，另一个则是软弱并处于被动的态度。

在这两个事例中，成功者恰如其分地看待挫折。他们认识到有些事情是他们所无法控制的，如银行利率、天气、同行的可靠性等。

为此，他们采取接受、适应的态度，以使自己的工作顺利地开展起来。而失败者把挫折当做不能实现既定目标的借口。“我的合伙人携款潜逃了”，“银行要求退还贷款”，“我们的主要供应商破产了”，这类因种种缘故而迫使人们屈服的挫折不胜枚举。然而实际上，是那些人自己放弃了，拿拳击来作个比喻的话，我们所缺乏的是一种能力：在被击倒之后十秒钟内站起来，清醒我们的头脑，集中我们的注意力，继续去实现我们既定的目标。这样，无论遇到什么样的情况，我们都能达到最后的目的。

有时候，我们之所以能达成某种目的，是因为我们在内心中充满了使命感，它使得我们战胜挫折，走向成功，不仅要求你有坚定的自信和明确的目标，而且，还要求你有某种使命感。使命感类似于决心，只不过决心可能会是一时的冲动，而使命感则是内在的坚定意志，它能经受住各种环境变化的考验。

作为成功的关键因素之一，它看不见摸不着，易于流于口头而不落于实际，而我们则必须将它深深地记在心里。

着眼于目标，矢志不渝

第二次世界大战时期著名的美国将领巴顿，其成功秘诀就是：着眼于目标，矢志不渝。

乔治·巴顿生活在一个具有文才武略传统的家庭里，从小就从长辈那里了解到许多有关战争的情况，一谈到打仗，他总是听得津津有味。他特别爱听阿瑟王和圆桌骑士们建立功勋的故事和弗雷德里克大帝、成吉思汗、拿破仑和历史上许多伟大将领的战斗故事。

当时，巴顿家里藏书极多，不仅有当时问世的最佳惊险小说，而且还有诗集和史书。小巴顿常接触这些作品，养成了一种富于想象又有骑士气概的精神，这精神成为他毕生性格的一部分。

1908年6月，西点军校的新学员中，有一位身材高大、体格健壮、举止端庄、眉宇间流露出坚毅神采的青年，他就是巴顿。他终于实现了童年时期就梦寐以求的愿望，成为著名的西点军校1908级学员。

西点军校的环境，就像它的学员一样，打扮得完美无缺。环绕在营区中心的建筑物有林立在道路两旁的老式砖木结构的军官住楼，显得古朴而高雅；道路中间是大片造价昂贵的草坪，修饰得十分整洁美丽，橡树和红枫树给整个碧绿的草坪留下了斑斑点点的树荫，树荫随风飘移，给人一种安详、静谧的感觉；学员营区位于学校右侧，一栋栋房屋坐落在花岗岩群之中，使人们十分自然地觉得好像一只有力的手臂搭落在肩上，坚定之感油然而生。

这是一所诞生于180年前，有着悠久历史的陆军军官学校。在巴顿眼中，它不仅美丽如画，简直是一处绿茵葱葱的夏日梦幻区，令人神往。他以能被选送上“西点”感到无比的光荣，正是从这一天起，他立志要做一个不同凡响的人物。

学员时期的巴顿，的确非常引人注目，在他所学习的每个课题中，他都要力争第一。他极其注意军容风纪、外表仪态，他的军服上装有垫肩，不仅完全合体，而且每天洗烫，从不间断；他走起路来，昂首阔步，有军人气概；所有的体育项目以及他下工夫的其他各项活动，他都是输不起的，丝毫不能忍受被击败；在军事技术方面，则更是追求完全成功。

第一学年时，巴顿全力以赴于列队操练，苦练基本功，并做到所有动作的完美无缺。当时队列操练在毕业成绩中只记十五分，而数学却占二百分，但在巴顿看来，努力争取队列训练的优秀成绩，是成为军人的第一步，所以他把全部时间都花在了队列操练上，尽管教学成绩已向他亮出了“红牌”，也不为之所动。结果，到学年结束时，他的队列考试成绩虽名列第二，但数学成绩却位居榜尾，这使他留了一级。这个打击强烈地刺激了巴顿的自尊心，考试失败没有使他退缩，更激起了他强烈的追求。

在重修一年级时，他没有再将其全部时间用在队列操练上，除了猛攻数学外，还悉心阅读了大量军事史，战略、战术等方面的书籍。他从初期受挫中深知，一个人除品格外，知识尤为重要。信心和果断建立在知识之上，只有对军事专业的博学，才有可能成为优秀将领，否则只能是有勇无谋的一介“武夫”。

这一年，巴顿通过不懈努力，终于如愿以偿：他的全部课程合格，队列操练仍是他在班上赖以出人头地的科目。他成为学员中公认的佼佼者。对当时大多数学员来说，他们的观点只是要求每次考试及格，免得留级留校，不怎么考虑将来的事。巴顿却不然，即使在学习上遇到困难时，他的雄心仍是想当一名杰出的军人，想当将军。为取得胜利，无论付出多大的代价，也在所不惜，志在必胜是他的性格。在经受了考试失利的考验后，他又面临着一个新的选择。

那时巴顿刚刚继承了一百万美元的财产，他的收入比其他大多数军人多得多。这在当时是很令人羡慕的，换了别人遇到类似情况，肯定会立即退学，脱离开这单调艰苦的军事生涯，去过富裕、舒适的生活。可是在巴顿眼中，军人的职业是一个能够为之献身的崇高事业，能够忠诚地献身于军队，是伟大的、光荣的，其他皆微不足道，什么也阻挡不住他想成为一名优秀军人的理想。他不仅没有退学，而且在校期间从未暗示过他的收入情况，他像其他学员那样衣食住行，毫无特殊之处。

巴顿曾对密友谈起过他想在军校达到的三个目标：在军列训练中夺冠；到第四学年时升为学员副官；在田径赛运动项目上打破学院纪录而达到A级运动员标准。他说到做到：第二学年，他升为上士学员，第三学年升为军士(此二者都是二、三年级学员中最高的军阶),第四学年真的升为学员副官。毕业时,他的队列训练第一;刷新了几项学校田径赛纪录。

巴顿的雄心和性格在同学中留下了难忘的印象。他们回忆说,巴顿是班上的“一流军人”,“任何事情他不干则已,干必力压群雄”。他严于律己,珍视荣誉,自愿承担责任。查阅巴顿在“西点”期间的记过簿,可以发现,过失的记录寥寥无几,偶尔有几件巴顿自我报告违反校规的事,不少学员认为这是他献身精神的诚挚表现。

大凡事业有成就的人,不是相信命运,不是干守待望,而是从现在做起,从零做起。只有行动,才能决定一个人在人生战场上的价值。着眼于目标,矢志不渝,这是任何人走向成功的必然通道。

攻克眼前的困难

香港有一位很勤奋的生意人,每天拼命地工作,但收获却不大。经朋友细心地分析,也找不出原因。直到有一天,他突然告诉朋友要到澳门找生意,朋友才明白其中的原因。

原来这位生意人因为工作上遇到困难,心里害怕,产生恐惧,于是开始幻想,既然香港做生意这么困难,澳门或者容易一些。

其实,既然香港困难,澳门肯定也不容易,即使真的在澳门找到了生意,更具体的问题将会出现,即由香港往返澳门的交通问题,生意人要花双倍的时间去应付澳门的客人,将得不偿失。

向外发展如果不是因为本地市场已经饱和,而是来自心理恐惧的话,同样的问题在其他地方也会出现。因为凡事没有避免眼前困难而成功的,心理的幻想并不能解决困难,只是想逃避罢了。

当朋友明白了这位生意人急于向外发展的原因是害怕困难而想逃避后,耐心地开导他,与其投下双倍的时间和心血去发展机会不大的澳门海外市场,不如集中力量去克服眼前的困难。

成功的途径只能是丢掉幻想,集中力量,攻克眼前的困难。坐这山望那山的人,将会一事无成。所以,要想成功的人,一定要戒除这种心理上的歪路,眼前碰到困难,应该加把劲努力克服,不要转移方向,舍本逐末。

历史上,秦穆公最初不肯听蹇叔劝告而招致失败。但秦穆公后来从错误中反省,吸取教训,逐渐建立起一个强大的秦国。

而对眼前的困难,攻克它才能超越自我。如果我们能够吸取历史教训而运用在事业发展上,对事业上一定会有帮助的。

接受最坏的情况

亲爱的朋友,你一定想知道一种迅速而稳妥的方法,以克服内心时常产生的烦恼情绪吧?好,这里就给你介绍一种方法,它会起到立竿见影的作用。

这种方法是由美国著名工程师威利斯·卡利尔发明的。

有一次，在纽约工程师俱乐部吃午餐时，卡利尔先生亲自介绍说："我年轻时在纽约州的法罗锻造公司工作。我接受一项任务，要在密苏里州的匹兹堡玻璃厂安装一台新的气体净化设备。我在履行这项任务时克服了许多预先无法估计的困难。机器总算安好了，但是没有达到原先的标准，结果还是失败了。这一挫折犹如当头一棒，把我给打懵了。我觉得心头翻肠搅肚，真是痛苦万分，好长时间睡不着觉。"

"后来我健康的理智提醒我，这种忧虑是多余的，我开始平静下来考虑解决问题的方法。这种强迫自己平静下来的心理状态非常起作用。30多年来我一直遵循着这种方法，遇事都会命令自己'不要激动。'这种方法非常简单，任何人都可以学会。它总共分为三个步骤：

"第一步，平心静气地分析情况，设想已出现的困难可能造成的最坏结果。面对当时的情况，心想再坏也不至于坐牢，顶多掉饭碗。第二步，对可能出现的最坏后果有了充分估计之后，应做好勇敢地把它承担下来的思想准备。要对自己说，这一失败会在我的一生中留下不光彩的一页，从而影响我的晋升，甚至丢掉工作。可是即使我在这里把工作丢掉了，还可以在其他地方找到事干，这算不得什么了不起的大事。当你仔细分析了可能造成的最坏结果，并准备心甘情愿地把它承担下来之后，你的心理状态立即发生了神奇的变化!你感到轻松，心里出现了好多天从未有过的平静。第三步，待心理平静之后，即应把全部时间和精力用到工作上，以尽量设法排除最坏的后果。

"我要是当初继续苦恼下去的话，后来绝对不会取得这样好的结果，因为苦恼只会破坏我们集中思维的能力，我们的思想会因为苦恼而不能专心致志，我们也会因此而丧失当机立断的能力。但如果我们强迫自己正视现实，准备承担最坏的后果，那么就可以打消一切模糊不清的念头，使我们有可能集中思想考虑问题。"卡利尔如此说道，"它提醒我们要两脚着地，明白自己所处的情况。如果两脚悬空，我们怎么还能认真思考事情呢?"

只要我们能够冷静地接受最坏的情况，那么我们就没有任何东西可以再失去的了。这自然就意味着我们只会赢得一切。卡利尔说："当我准备心甘情愿领受最坏的结果时，立即就会感到轻松了，心中出现了好多天从未有过的平静，于是我又能够正常地思考了。"

话虽这么说，但做起来并不容易。成千上万的人不就由于忧患而毁坏了自己的健康吗?他们没有勇气正视最坏的现实，因而也就不可能最大限度地改变这种现实。他们拒绝从废墟中拯救这可以拯救的东西，他们不去努力重新把握自己的命运，却顽固地跟他们倒霉的经历作特殊的斗争。他们只能永远愤怒地生活下去，最后成为忧郁症的牺牲品。

面对最坏的情况，勇敢承认，大胆应对，而不是自欺欺人，才能化解危机。

临阵逃脱非好汉

你有了问题，特别是难以解决的问题，可能让你烦恼万分。这时候，有一个基本原则可用，而且永远适用。这个原则非常简单——永远不放弃。

放弃必然导致彻底的失败,而且不只是手头的问题没解决,它也导致人格的最后失败,因为放弃会使人产生一种失败的心理。

如果你使用的方法不能奏效,那就改用另一种方法来解决问题。如果新的方法仍然行不通,那么再换另外一种方法,直到你找到解决眼前的问题的钥匙为止。任何问题总有一个解决的钥匙,只要继续不断地、用心地循着正道去寻找,你终会找到这把钥匙。

很多有目标、有理想的人,他们工作,他们奋斗,他们用心去想,他们祈祷……但是由于过程太艰难,他们愈来愈倦怠、泄气,终于半途而废。到后来他们会发现,如果他们能再坚持久一点,如果他们能更向前瞻望一下,他们就会得到结果。

怎样才能培养这种不放弃、打不败的态度?办法之一是永远不要说失败,因为如果你一再说失败,你很可能会说服自己去接受失败。

你听过美国海耶士·钟士的事迹吗?他是1960年高栏比赛的风云人物,他赢得一场又一场的比赛,打破了许多纪录,真是轰动一时,他顺理成章地被选为参加当年在罗马举行的奥运会选手,他参加110米栏赛,全世界都认为他能赢得金牌。

但是,出乎意料,他并没有得到金牌,只跑了个第三名,这当然是个极大的挫折。他的第一个想法是:“怎么办呢?我或许该放弃比赛。”要再过4年才会有奥运会,而且他已经赢得所有其他比赛的高栏冠军,何必要受4年更艰苦的训练?看来唯一合理的路是退出比赛,开始在事业上寻求发展。

这当然非常合乎逻辑,但是海耶士·钟士却不能安于这种想法。他又开始训练。1天3小时,1个星期7天。而后几年里他在60码和70码高栏项目上创造了一些新纪录。

1964年2月22日,在纽约麦迪逊广场花园,钟士参加高栏赛,赛前他曾经宣布这是他最后一次参加室内比赛。大家情绪都很紧张,每个人的眼睛都看着他。他赢了,平了自己以前的最高纪录。钟士跑完,走回跑道上,低头站了一会儿,答谢和欢呼。然后一万七千名观众都起立致敬,钟士感动得落下了泪,很多观众也流下眼泪来。一个曾经失败的人仍然继续坚持永不放弃,而爱他的人们就爱他这一点。

他参加1964年东京奥运会,在110米栏赛中跑出13.0秒成绩,得了第一名——他终于赢得了金牌。

临阵脱逃,并非好汉所为。要记住狭路相逢勇者胜。

坐热屁股下的冷板凳

成熟老练的人必备的成功因素是持之以恒。当一切都进行得很顺利的时候,对一项工作充满热情是比较容易的。但当条件恶劣犹如房子漏雨的时候,再满腔热忱地工作就不容易了。每逢这种情形,不成熟的人就会半途而废,而成熟老练的人就会坚持下去。

没有坚持就没有成功的希望,坚持意味着不放松、持续、保持坚定不移,那是一种忍受痛苦、压力、疲劳和沮丧的能力。凡是成功的人都有一种共同的人格特征——坚韧不拔。

有一位朋友经常发现这样的感叹:现在似乎是要渐渐融化在滔滔商海中了,肯安下心来坐一坐冷板凳的人也愈来愈少了。

是呀!坐冷板凳。比如到了某单位工作,未受到应有的器重,有才而不能尽其用,有志亦困窘不能自伸，只是做一天和尚撞一天钟，别人和自己往往就把这种无奈状况形容为“坐冷板凳”。

但做一个人，处之于世，当然要认真钻研点问题，或实实在在地做点学问，没有点坐冷板凳的精神大概是很难有所成就，也很难取得切实收获的。所谓“锲而舍之，朽木不折；锲而不舍，金石可镂”。大概就是这样的意思吧。

清初的大史学家谈迁，他穷毕生之力，不顾冬寒夏暑，孜孜以求的，是写作一部长达五百万言的《国榷》。这部编年体的明代史，据史籍记载，是他从明天启元年(一六十一年)开始编写的，到了满清入关，一统天下，他又在清顺治二年增补明末期间的种种史实，用之力勤，超乎常人，共达一百零四卷，花去了二十年的时间。但是非常不幸的是，两年之后他的全部原稿被窃失踪。谈迁几乎陷入绝望的痛苦和悲愤中，而且年与时驰，精力远不如当年那样充沛与旺盛了。可惊叹的是，谈迁平静下来后，竟又鼓起巨大的勇气，下决心重撰，又过了近十年，终于重新写成了这部《国榷》。前前后后，为修撰这部史料翔实的大著作，花去了三十多年时间。也就是说，他硬是以顽强不息的精神，坐了三十多年的冷板凳。

这样的精神能不令人肃然起敬吗？其实在严肃的学者和思想家中间，这样甘于坐冷板凳的人并不罕见。比如马克思，为了写作《资本论》等专著，天天到大英图书馆，查图书、翻资料、埋头著作，据说他那固定的座位下都留下了他明显的两个脚印痕，其用功之深于此可见一斑。可见，他们的冷板凳精神，仿佛是盗火给人间的普罗米修斯，虽吃尽千辛万苦，冷落清寂，志之所在，始终不悔。在当前心态浮躁、惶惑不安的时代，作为一个处世态度，“坐冷板凳”的精神是十分可赞叹，十分难能可贵的了。

一位著名的政治家曾精辟地描述了坚韧不拔的含义：“在这个世界上没有什么东西能够代替坚毅。才干不能，有才干而未获成功是最普遍的现象；天才不能，这个世界上到处都有受过良好教育的一文不名者。坚毅和决心几乎使人无所不能，口号‘加油’已经解决了并将永远能解决人类的竞争问题。”

你需要的正是这种坚毅，坚毅不仅能使你获得卓越的驾驭人的能力，而且还能保持这种能力，没有什么东西能够代替它。

胜利属于坚持者

我们要想把事业办成功，首先要有顽强不息、坚定不移的意志，要有不屈不挠的精神。

做人不能在千难万险中获得生存，那么生存与生活便缺少意义；事业不能在千难万险中成功，那么成就便不会流传悠久。所以说，困难好过圣贤，挫折好过英雄，失败好过成功。而意志与精神便是圣贤英雄事业成功的骨干。

作为领袖人物，尤其是要具备卓绝超越的权威意识，以贯彻到全民全军之中，使全民全军都受到这种意识的感召，从而服从行动。

曾有将领这样说：“倘若没有权威的意识，足以贯穿到一兵一卒，难以成为良好的大军统帅”；“随从的人追随领袖，无论他怎样发奋切齿，或是自惭褊狭，作为真知诚信，或作为盲从附和,或为柔顺,或为激昂,他都能有统治大众的情怀,有着刚强坚定的意志。”意志,作为人类智力的顶点,意志不坚定顽强,智力就没有着力之处,并且往往会遇到艰难险阻而中止。人们所说的为山九仞、功亏一篑的事情,就是由于意志不顽强所造成的。

我们从事一项事业,就应该有愚公移山、夸父追日的精神,用一生从事它,子子孙孙坚持它,如此哪有不成功的道理?经过一日的曝晒,十日的寒冻,事物难有生存下来的;一日的工作,十天的休息,事业绝对难有成功的;今天做这,明天做那,功业绝对难有成就的;今年到东,明年到西,行走不可能达到目的。

大禹治水,九年在外,三次经过家门而不入,小腿上的毛都磨光了,才成就了大业。

孙中山先生致力于革命40年,白手起家,最终推翻了清王朝,不是有坚强的意志,岂能如此!从前的亚历山大以不足五万的骑步兵,粉碎了拥有数百万大军的波斯帝国。成吉思汗以蒙古一族的兵力,横征欧亚两大洲。这三位创始人,不是有超人的意志,是难以成功的。

糊涂的人想成为尧、舜,成为孔、孟,一开始,见到他不讥笑他是狂妄者是很少的,待到他成功了,便说这是天意授给他的。有什么天授?意志使他这样做而已。

伯夷、叔齐宁可饿死首阳山,为了义也不吃周朝的粮食。方孝濡宁可受刀斫斧砍的罪,为了义也不愿替皇上管诏书,这些都是有了坚强的意志才能这样做的。拿破仑说在他的字典里没有“难”字,也就是说他具有坚强过人的意志。所以谚语说:“世上无难事,只怕有心人。”

天玄子说:“天也可及,海也可入,泰山可平,地狱的人都可救,可唯有意志坚韧不拔、坚强不屈的人,才能成功。”

如果没有坚强的意志作为骨干,而心中摇荡不定,不能拿出主见,怎么能有成就呢?所以说,凡是有学问没有成就,不修道德,不求名声,不立功业,只是说我的天赋不如人,我的环境不如人,我的时代不如人,我的机遇不如人,都是不合道理的胡说。这些是没有坚定不移的意志,没有不屈不挠的精神而导致的恶果。

所以说,战斗的胜利往往属于最后的坚持者,事业的成败同样如此。